中华人民共和国
乡镇行政区划简册2024

ZHONGHUA RENMIN GONGHEGUO
XIANGZHEN XINGZHENG QUHUA JIANCE 2024

中华人民共和国民政部　编

中国社会出版社
国家一级出版社 · 全国百佳图书出版单位

图书在版编目（CIP）数据

中华人民共和国乡镇行政区划简册. 2024 / 中华人民共和国民政部编 . -- 北京 : 中国社会出版社 , 2024.5
ISBN 978-7-5087-7051-2

Ⅰ. ①中 … Ⅱ. ①中 … Ⅲ. ①乡镇 - 行政区划 - 中国 - 2024 - 手册 Ⅳ. ① K928.2-62

中国国家版本馆 CIP 数据核字（2024）第 092488 号

中华人民共和国乡镇行政区划简册 2024

出 版 人：程 伟
终 审 人：陆 强
责任编辑：张 党
装帧设计：李 尘
出版发行：中国社会出版社
（北京市西城区二龙路甲 33 号 邮编 100032）
印刷装订：北京华联印刷有限公司
版 次：2024 年 5 月第 1 版
印 次：2024 年 5 月第 1 次印刷
开 本：210 mm×297 mm 1/16
字 数：700 千字
印 张：34.5
定 价：260.00 元

《中华人民共和国乡镇行政区划简册 2024》

编　委　会

编者说明

行政区划是国家为进行分级管理而实行的地理区域划分。乡镇街道是我国地域经济社会发展与管理的基本单元，是社会交流、经济活动、产业布局、公共服务的重要平台。行政区划的设立、撤销以及变更隶属关系，对加强治理能力、优化资源配置、促进经济发展、宣传人文历史都有重要影响。行政区划代码更是应用广泛的重要国家标准，是政府各类系统软件开发建设和电子信息数据共享的基础。为满足社会各界对行政区划信息的需求，我们编辑出版《中华人民共和国乡镇行政区划简册 2024》。本简册是全国最新、最完整的行政区划名录汇编。

《中华人民共和国乡镇行政区划简册 2024》全面收录了截至 2023 年年底的中华人民共和国省、地、县、乡 4 级行政区划名称和行政区划代码。本简册共由五部分组成，第一部分中华人民共和国行政区划数量，第二部分中华人民共和国行政区划名称和行政区划代码，第三部分 2023 年中华人民共和国行政区划变更，第四部分中华人民共和国行政区划名称中电脑造字，第五部分县级以下行政区划代码编制规则 GB/T 10114—2003。香港特别行政区、澳门特别行政区、台湾省的乡镇街道区划暂未列入本简册。

本书中使用的乡级行政区划代码为 9 位行政区划代码。本书提供电子数据光盘，由于不同播放软件在显示生僻字时可能出现问题，请以纸质内容为准。

在本书编辑出版过程中，得到了有关单位、部门领导和相关同志的热情指导和大力支持，在此表示衷心感谢。本书难免存在一些不足的地方，恳请各位读者不吝批评指正。

编　者

2024 年 4 月

目　录

第一部分　中华人民共和国行政区划数量

第二部分　中华人民共和国行政区划名称和行政区划代码

第一部分

中华人民共和国行政区划数量

中华人民共和国省级行政区划数量

单位：个

地区	省级合计	直辖市	省	自治区	特别行政区
全国合计	**34**	**4**	**23**	**5**	**2**
北京市	1	1			
天津市	1	1			
河北省	1		1		
山西省	1		1		
内蒙古自治区	1			1	
辽宁省	1		1		
吉林省	1		1		
黑龙江省	1		1		
上海市	1	1			
江苏省	1		1		
浙江省	1		1		
安徽省	1		1		
福建省	1		1		
江西省	1		1		
山东省	1		1		
河南省	1		1		
湖北省	1		1		
湖南省	1		1		
广东省	1		1		
广西壮族自治区	1			1	
海南省	1		1		
重庆市	1	1			
四川省	1		1		
贵州省	1		1		
云南省	1		1		
西藏自治区	1			1	
陕西省	1		1		
甘肃省	1		1		
青海省	1		1		
宁夏回族自治区	1			1	
新疆维吾尔自治区	1			1	
香港特别行政区	1				1
澳门特别行政区	1				1
台湾省	1		1		

中华人民共和国地级行政区划数量

单位：个

地区	地级合计	地级市	地区	自治州	盟
全国合计	**333**	**293**	**7**	**30**	**3**
北京市					
天津市					
河北省	11	11			
山西省	11	11			
内蒙古自治区	12	9			3
辽宁省	14	14			
吉林省	9	8		1	
黑龙江省	13	12	1		
上海市					
江苏省	13	13			
浙江省	11	11			
安徽省	16	16			
福建省	9	9			
江西省	11	11			
山东省	16	16			
河南省	17	17			
湖北省	13	12		1	
湖南省	14	13		1	
广东省	21	21			
广西壮族自治区	14	14			
海南省	4	4			
重庆市					
四川省	21	18		3	
贵州省	9	6		3	
云南省	16	8		8	
西藏自治区	7	6	1		
陕西省	10	10			
甘肃省	14	12		2	
青海省	8	2		6	
宁夏回族自治区	5	5			
新疆维吾尔自治区	14	4	5	5	

注：数据统计不含香港特别行政区、澳门特别行政区和台湾省。

中华人民共和国县级行政区划数量

单位：个

地区	县级合计	市辖区	县级市	县	自治县	旗	自治旗	特区	林区
全国合计	**2844**	**977**	**397**	**1299**	**117**	**49**	**3**	**1**	**1**
北京市	16	16							
天津市	16	16							
河北省	167	49	21	91	6				
山西省	117	26	11	80					
内蒙古自治区	103	23	11	17		49	3		
辽宁省	100	59	16	17	8				
吉林省	60	21	20	16	3				
黑龙江省	121	54	21	45	1				
上海市	16	16							
江苏省	95	55	21	19					
浙江省	90	37	20	32	1				
安徽省	104	45	9	50					
福建省	84	31	11	42					
江西省	100	27	12	61					
山东省	136	58	26	52					
河南省	157	54	21	82					
湖北省	103	39	26	35	2				1
湖南省	122	36	19	60	7				
广东省	122	65	20	34	3				
广西壮族自治区	111	41	10	48	12				
海南省	25	10	5	4	6				
重庆市	38	26		8	4				
四川省	183	55	19	105	4				
贵州省	88	16	10	50	11			1	
云南省	129	17	18	65	29				
西藏自治区	74	8	2	64					
陕西省	107	31	7	69					
甘肃省	86	17	5	57	7				
青海省	44	7	5	25	7				
宁夏回族自治区	22	9	2	11					
新疆维吾尔自治区	108	13	29	60	6				

注：数据统计不含香港特别行政区、澳门特别行政区和台湾省。

中华人民共和国乡级行政区划数量

单位：个

地区	乡级合计	街道	镇	乡	民族乡	苏木	民族苏木	区公所
全国合计	**38658**	**9045**	**21421**	**7080**	**956**	**153**	**1**	**2**
北京市	343	165	143	30	5			
天津市	252	124	125	2	1			
河北省	2254	310	1332	573	38			1
山西省	1280	219	631	430				
内蒙古自治区	1025	246	509	99	17	153	1	
辽宁省	1354	513	640	147	54			
吉林省	970	363	426	153	28			
黑龙江省	1315	407	574	282	52			
上海市	215	107	106	2				
江苏省	1237	519	701	16	1			
浙江省	1364	488	618	244	14			
安徽省	1522	287	1011	215	9			
福建省	1108	203	653	233	19			
江西省	1581	189	832	552	8			
山东省	1825	696	1072	57				
河南省	2459	700	1192	556	11			
湖北省	1260	338	761	151	10			
湖南省	1946	424	1134	305	83			
广东省	1613	490	1112	4	7			
广西壮族自治区	1256	138	806	253	59			
海南省	218	22	175	21				
重庆市	1031	245	625	147	14			
四川省	3101	459	2016	543	83			
贵州省	1510	365	831	122	192			
云南省	1426	223	666	397	140			
西藏自治区	711	35	142	525	9			
陕西省	1317	327	973	17				
甘肃省	1356	127	892	305	32			
青海省	404	42	140	194	28			
宁夏回族自治区	243	50	103	90				
新疆维吾尔自治区	1162	224	480	415	42			1

注：数据统计不含香港特别行政区、澳门特别行政区和台湾省。

北京市

行政区划代码	行政区划名称	乡级合计	街道	镇	乡	民族乡
110000	**北京市**	**343**	**165**	**143**	**30**	**5**
110101	东城区	17	17			
110102	西城区	15	15			
110105	朝阳区	43	24		18	1
110106	丰台区	26	24	2		
110107	石景山区	9	9			
110108	海淀区	29	22	7		
110109	门头沟区	13	4	9		
110111	房山区	28	8	14	6	
110112	通州区	22	11	10		1
110113	顺义区	25	6	19		
110114	昌平区	22	8	14		
110115	大兴区	22	8	14		
110116	怀柔区	16	2	12		2
110117	平谷区	18	2	14	2	
110118	密云区	20	2	17		1
110119	延庆区	18	3	11	4	

天津市

行政区划代码	行政区划名称	乡级合计	街道	镇	乡	民族乡
120000	**天津市**	**252**	**124**	**125**	**2**	**1**
120101	和平区	6	6			
120102	河东区	13	13			
120103	河西区	14	14			
120104	南开区	12	12			
120105	河北区	10	10			
120106	红桥区	9	9			
120110	东丽区	11	11			
120111	西青区	12	5	7		
120112	津南区	11	3	8		
120113	北辰区	17	8	9		
120114	武清区	30	6	24		
120115	宝坻区	24	6	18		
120116	滨海新区	21	16	5		
120117	宁河区	15	2	13		
120118	静海区	20	2	16	2	
120119	蓟州区	27	1	25		1

河北省

行政区划代码	行政区划名称	乡级合计	街道	镇	乡	民族乡	区公所
130000	**河北省**	**2254**	**310**	**1332**	**573**	**38**	**1**
130100	**石家庄市**	**276**	**60**	**140**	**73**	**3**	
130102	长安区	16	12	4			
130104	桥西区	17	17				
130105	新华区	15	15				
130107	井陉矿区	5	2	2	1		
130108	裕华区	13	11	2			
130109	藁城区	14		13		1	
130110	鹿泉区	12		9	3		
130111	栾城区	8		5	3		
130121	井陉县	17		10	7		
130123	正定县	10	2	6	2		
130125	行唐县	15		5	10		
130126	灵寿县	15		6	9		
130127	高邑县	5		5			
130128	深泽县	6		4	2		
130129	赞皇县	11		7	4		
130130	无极县	11		8	2	1	
130131	平山县	23		12	11		
130132	元氏县	15		8	7		
130133	赵县	11		9	2		
130181	辛集市	15		8	7		
130183	晋州市	10		9	1		
130184	新乐市	12	1	8	2	1	
130200	**唐山市**	**231**	**54**	**158**	**16**	**3**	
130202	路南区	11	9	2			
130203	路北区	14	12	2			
130204	古冶区	10	5	2	3		
130205	开平区	11	5	6			
130207	丰南区	20	3	16	1		
130208	丰润区	24	3	19	2		
130209	曹妃甸区	8	3	5			
130224	滦南县	17	1	16			
130225	乐亭县	15	1	12	2		
130227	迁西县	18	1	14	3		
130229	玉田县	21	1	17	3		
130281	遵化市	27	2	20	2	3	
130283	迁安市	21	4	17			
130284	滦州市	14	4	10			
130300	**秦皇岛市**	**97**	**23**	**54**	**20**		
130302	海港区	21	13	8			
130303	山海关区	9	5	3	1		
130304	北戴河区	6	3	3			

续表 1

行政区划代码	行政区划名称	乡级合计	街道	镇	乡	民族乡	区公所
130306	抚宁区	8	1	6	1		
130321	青龙满族自治县	25	1	13	11		
130322	昌黎县	16		11	5		
130324	卢龙县	12		10	2		
130400	**邯郸市**	**242**	**30**	**143**	**67**	**2**	
130402	邯山区	21	11	5	5		
130403	丛台区	19	10	3	6		
130404	复兴区	12	7	2	3		
130406	峰峰矿区	11	1	9	1		
130407	肥乡区	9		9			
130408	永年区	17		9	8		
130423	临漳县	14		10	4		
130424	成安县	9		6	3		
130425	大名县	20		12	7	1	
130426	涉县	17	1	8	8		
130427	磁县	11		6	5		
130430	邱县	7		5	1	1	
130431	鸡泽县	7		6	1		
130432	广平县	7		7			
130433	馆陶县	8		6	2		
130434	魏县	21		17	4		
130435	曲周县	10		8	2		
130481	武安市	22		15	7		
130500	**邢台市**	**198**	**27**	**117**	**54**		
130502	襄都区	15	8	6	1		
130503	信都区	25	8	11	6		
130505	任泽区	8		5	3		
130506	南和区	8		5	3		
130522	临城县	8		5	3		
130523	内丘县	9		5	4		
130524	柏乡县	6		4	2		
130525	隆尧县	12		7	5		
130528	宁晋县	17	1	14	2		
130529	巨鹿县	10		8	2		
130530	新河县	6		2	4		
130531	广宗县	8		4	4		
130532	平乡县	7	1	4	2		
130533	威县	16		12	4		
130534	清河县	6		6			
130535	临西县	9		7	2		
130581	南宫市	15	4	6	5		
130582	沙河市	13	5	6	2		
130600	**保定市**	**340**	**31**	**210**	**97**	**2**	
130602	竞秀区	12	6	2	4		
130606	莲池区	17	10	2	5		
130607	满城区	12		6	6		

续表 2

行政区划代码	行政区划名称	乡级合计	街道	镇	乡	民族乡	区公所
130608	清苑区	18		13	5		
130609	徐水区	14		10	4		
130623	涞水县	15		12	3		
130624	阜平县	13		8	5		
130626	定兴县	16		11	5		
130627	唐县	20		12	8		
130628	高阳县	9	1	7	1		
130629	容城县	8		5	3		
130630	涞源县	17		10	7		
130631	望都县	8		7	1		
130632	安新县	12		9	3		
130633	易县	27		11	15	1	
130634	曲阳县	18		12	6		
130635	蠡县	13		11	2		
130636	顺平县	10		7	3		
130637	博野县	7		7			
130638	雄县	9		6	3		
130681	涿州市	14	3	10	1		
130682	定州市	25	4	16	4	1	
130683	安国市	11	2	6	3		
130684	高碑店市	15	5	10			
130700	**张家口市**	**233**	**23**	**103**	**104**	**2**	**1**
130702	桥东区	11	7	3	1		
130703	桥西区	11	7	4			
130705	宣化区	21	7	10	4		
130706	下花园区	6	2		4		
130708	万全区	11		4	7		
130709	崇礼区	10		2	8		
130722	张北县	20		8	12		
130723	康保县	15		7	8		
130724	沽源县	14		4	9	1	
130725	尚义县	14		7	7		
130726	蔚县	22		11	11		
130727	阳原县	14		5	9		
130728	怀安县	11		4	7		
130730	怀来县	17		11	5	1	
130731	涿鹿县	18		14	3		1
130732	赤城县	18		9	9		
130800	**承德市**	**217**	**14**	**121**	**64**	**18**	
130802	双桥区	14	7	7			
130803	双滦区	9	3	6			
130804	鹰手营子矿区	5	1	4			
130821	承德县	23		12	9	2	
130822	兴隆县	20		15	3	2	
130824	滦平县	20	1	13		6	
130825	隆化县	25	1	14	4	6	

续表 3

行政区划代码	行政区划名称	乡级合计	街道	镇	乡	民族乡	区公所
130826	丰宁满族自治县	27	1	11	15		
130827	宽城满族自治县	18		10	8		
130828	围场满族蒙古族自治县	37		14	23		
130881	平泉市	19		15	2	2	
130900	**沧州市**	**194**	**26**	**119**	**43**	**6**	
130902	新华区	6	5		1		
130903	运河区	8	6	2			
130921	沧县	19		10	7	2	
130922	青县	10		8	2		
130923	东光县	9		9			
130924	海兴县	7		5	2		
130925	盐山县	12		10	2		
130926	肃宁县	9		8	1		
130927	南皮县	9		8	1		
130928	吴桥县	10		5	5		
130929	献县	18		10	7	1	
130930	孟村回族自治县	6		4	2		
130981	泊头市	15	3	9	3		
130982	任丘市	22	7	12	3		
130983	黄骅市	14	3	8	1	2	
130984	河间市	20	2	11	6	1	
131000	**廊坊市**	**108**	**18**	**79**	**9**	**2**	
131002	安次区	11	3	8			
131003	广阳区	11	7	4			
131022	固安县	9		7	2		
131023	永清县	10		5	4	1	
131024	香河县	9		9			
131025	大城县	10		10			
131026	文安县	13		12		1	
131028	大厂回族自治县	6	1	5			
131081	霸州市	13	1	9	3		
131082	三河市	16	6	10			
131100	**衡水市**	**118**	**4**	**88**	**26**		
131102	桃城区	10	4	3	3		
131103	冀州区	11		7	4		
131121	枣强县	11		9	2		
131122	武邑县	9		7	2		
131123	武强县	6		6			
131124	饶阳县	7		7			
131125	安平县	8		5	3		
131126	故城县	13		11	2		
131127	景县	16		13	3		
131128	阜城县	10		6	4		
131182	深州市	17		14	3		

山西省

行政区划代码	行政区划名称	乡级合计	街道	镇	乡
140000	**山西省**	**1280**	**219**	**631**	**430**
140100	**太原市**	**101**	**55**	**22**	**24**
140105	小店区	11	8	1	2
140106	迎泽区	7	6	1	
140107	杏花岭区	12	11	1	
140108	尖草坪区	13	9	2	2
140109	万柏林区	14	14		
140110	晋源区	6	3	3	
140121	清徐县	9		4	5
140122	阳曲县	9		4	5
140123	娄烦县	7		3	4
140181	古交市	13	4	3	6
140200	**大同市**	**126**	**39**	**37**	**50**
140212	新荣区	7		3	4
140213	平城区	18	18		
140214	云冈区	27	21	2	4
140215	云州区	9		3	6
140221	阳高县	11		7	4
140222	天镇县	11		5	6
140223	广灵县	8		5	3
140224	灵丘县	11		3	8
140225	浑源县	16		6	10
140226	左云县	8		3	5
140300	**阳泉市**	**42**	**11**	**20**	**11**
140302	城区	5	5		
140303	矿区	6	6		
140311	郊区	8		4	4
140321	平定县	10		8	2
140322	盂县	13		8	5
140400	**长治市**	**128**	**18**	**78**	**32**
140403	潞州区	16	13	3	
140404	上党区	10	1	6	3
140405	屯留区	10	1	6	3
140406	潞城区	8	3	4	1
140423	襄垣县	9		9	
140425	平顺县	11		5	6
140426	黎城县	8		8	
140427	壶关县	10		7	3
140428	长子县	11		9	2
140429	武乡县	12		6	6
140430	沁县	11		9	2
140431	沁源县	12		6	6

续表 1

行政区划代码	行政区划名称	乡级合计	街道	镇	乡
140500	**晋城市**	**77**	**10**	**52**	**15**
140502	城区	8	7	1	
140521	沁水县	12		7	5
140522	阳城县	15		12	3
140524	陵川县	11		7	4
140525	泽州县	16		16	
140581	高平市	15	3	9	3
140600	**朔州市**	**70**	**8**	**19**	**43**
140602	朔城区	15	5	2	8
140603	平鲁区	12		2	10
140621	山阴县	12		5	7
140622	应县	12		3	9
140623	右玉县	8		4	4
140681	怀仁市	11	3	3	5
140700	**晋中市**	**118**	**17**	**58**	**43**
140702	榆次区	18	9	5	4
140703	太谷区	8		3	5
140721	榆社县	7		4	3
140722	左权县	8		5	3
140723	和顺县	8		5	3
140724	昔阳县	10		5	5
140725	寿阳县	12		7	5
140727	祁县	7		6	1
140728	平遥县	16	3	5	8
140729	灵石县	10		6	4
140781	介休市	14	5	7	2
140800	**运城市**	**147**	**15**	**94**	**38**
140802	盐湖区	21	8	7	6
140821	临猗县	14		10	4
140822	万荣县	14		6	8
140823	闻喜县	12		10	2
140824	稷山县	7		5	2
140825	新绛县	9		9	
140826	绛县	10		8	2
140827	垣曲县	11		6	5
140828	夏县	11		7	4
140829	平陆县	9		8	1
140830	芮城县	10		8	2
140881	永济市	10	3	7	
140882	河津市	9	4	3	2
140900	**忻州市**	**164**	**12**	**76**	**76**
140902	忻府区	19	8	8	3
140921	定襄县	8		5	3
140922	五台县	17		8	9
140923	代县	9		7	2

续表 2

行政区划代码	行政区划名称	乡级合计	街道	镇	乡
140924	繁峙县	11		4	7
140925	宁武县	12		5	7
140926	静乐县	12		6	6
140927	神池县	8		3	5
140928	五寨县	10		3	7
140929	岢岚县	10		3	7
140930	河曲县	11		6	5
140931	保德县	11		5	6
140932	偏关县	8		6	2
140981	原平市	18	4	7	7
141000	**临汾市**	**157**	**20**	**84**	**53**
141002	尧都区	24	10	10	4
141021	曲沃县	7		5	2
141022	翼城县	9		7	2
141023	襄汾县	13		7	6
141024	洪洞县	15		10	5
141025	古县	6		5	1
141026	安泽县	6		6	
141027	浮山县	7		4	3
141028	吉县	7		3	4
141029	乡宁县	10		5	5
141030	大宁县	5		3	2
141031	隰县	7		3	4
141032	永和县	6		2	4
141033	蒲县	8		5	3
141034	汾西县	7		5	2
141081	侯马市	8	5		3
141082	霍州市	12	5	4	3
141100	**吕梁市**	**150**	**14**	**91**	**45**
141102	离石区	11	7	2	2
141121	文水县	12		7	5
141122	交城县	8		7	1
141123	兴县	15		7	8
141124	临县	23		13	10
141125	柳林县	15		10	5
141126	石楼县	9		5	4
141127	岚县	9		4	5
141128	方山县	6		6	
141129	中阳县	6		5	1
141130	交口县	7		6	1
141181	孝义市	15	4	8	3
141182	汾阳市	14	3	11	

内蒙古自治区

行政区划代码	行政区划名称	乡级合计						
			街道	镇	乡	民族乡	苏木	民族苏木
150000	**内蒙古自治区**	**1025**	**246**	**509**	**99**	**17**	**153**	**1**
150100	**呼和浩特市**	**76**	**31**	**29**	**16**			
150102	新城区	9	8	1				
150103	回民区	8	7	1				
150104	玉泉区	9	8	1				
150105	赛罕区	11	8	3				
150121	土默特左旗	9		7	2			
150122	托克托县	5		5				
150123	和林格尔县	8		4	4			
150124	清水河县	8		4	4			
150125	武川县	9		3	6			
150200	**包头市**	**85**	**46**	**29**	**5**		**5**	
150202	东河区	14	12	2				
150203	昆都仑区	15	13	2				
150204	青山区	10	8	2				
150205	石拐区	8	6	1			1	
150206	白云鄂博矿区	2	2					
150207	九原区	10	5	4			1	
150221	土默特右旗	8		5	3			
150222	固阳县	6		6				
150223	达尔罕茂明安联合旗	12		7	2		3	
150300	**乌海市**	**20**	**15**	**5**				
150302	海勃湾区	7	6	1				
150303	海南区	5	2	3				
150304	乌达区	8	7	1				
150400	**赤峰市**	**153**	**21**	**88**	**23**	**2**	**19**	
150402	红山区	13	11	2				
150403	元宝山区	12	6	5	1			
150404	松山区	18	4	9	4	1		
150421	阿鲁科尔沁旗	14		7	3		4	
150422	巴林左旗	11		7	2		2	
150423	巴林右旗	9		5			4	
150424	林西县	9		7	2			
150425	克什克腾旗	13		7	2		4	
150426	翁牛特旗	14		8	2		4	
150428	喀喇沁旗	9		7	1	1		
150429	宁城县	15		13	2			
150430	敖汉旗	16		11	4		1	

续表 1

行政区划代码	行政区划名称	乡级合计	街道	镇	乡	民族乡	苏木	民族苏木
150500	**通辽市**	**110**	**19**	**61**	**4**		**26**	
150502	科尔沁区	26	15	10			1	
150521	科尔沁左翼中旗	17		11	1		5	
150522	科尔沁左翼后旗	15		10			5	
150523	开鲁县	10		10				
150524	库伦旗	8		5	1		2	
150525	奈曼旗	14		8	2		4	
150526	扎鲁特旗	15		7			8	
150581	霍林郭勒市	5	4				1	
150600	**鄂尔多斯市**	**77**	**26**	**43**	**2**		**6**	
150602	东胜区	15	12	3				
150603	康巴什区	4	4					
150621	达拉特旗	15	6	8			1	
150622	准格尔旗	14	4	7	2		1	
150623	鄂托克前旗	4		4				
150624	鄂托克旗	6		4			2	
150625	杭锦旗	6		5			1	
150626	乌审旗	6		5			1	
150627	伊金霍洛旗	7		7				
150700	**呼伦贝尔市**	**142**	**36**	**68**	**6**	**13**	**18**	**1**
150702	海拉尔区	9	7	2				
150703	扎赉诺尔区	6	5	1				
150721	阿荣旗	12		8		4		
150722	莫力达瓦达斡尔族自治旗	15		11	2	2		
150723	鄂伦春自治旗	10		8	2			
150724	鄂温克族自治旗	10		4		1	5	
150725	陈巴尔虎旗	7		3			3	1
150726	新巴尔虎左旗	7		2			5	
150727	新巴尔虎右旗	7		3			4	
150781	满洲里市	6	5	1				
150782	牙克石市	16	6	10				
150783	扎兰屯市	19	7	8	1	3		
150784	额尔古纳市	9	2	3	1	2	1	
150785	根河市	9	4	4		1		
150800	**巴彦淖尔市**	**70**	**11**	**46**	**3**		**10**	
150802	临河区	20	11	7	2			
150821	五原县	9		8	1			
150822	磴口县	5		4			1	
150823	乌拉特前旗	11		9			2	

续表 2

行政区划代码	行政区划名称	乡级合计	街道	镇	乡	民族乡	苏木	民族苏木
150824	乌拉特中旗	10		6			4	
150825	乌拉特后旗	6		3			3	
150826	杭锦后旗	9		9				
150900	**乌兰察布市**	**105**	**13**	**51**	**31**	**1**	**9**	
150902	集宁区	10	8	1	1			
150921	卓资县	8		5	3			
150922	化德县	6		3	3			
150923	商都县	10		6	4			
150924	兴和县	9		5	4			
150925	凉城县	8		6	1	1		
150926	察哈尔右翼前旗	9		5	4			
150927	察哈尔右翼中旗	11		5	4		2	
150928	察哈尔右翼后旗	8		5	1		2	
150929	四子王旗	13		5	3		5	
150981	丰镇市	13	5	5	3			
152200	**兴安盟**	**71**	**15**	**37**	**6**	**1**	**12**	
152201	乌兰浩特市	15	11	4				
152202	阿尔山市	8	4	4				
152221	科尔沁右翼前旗	14		9	1	1	3	
152222	科尔沁右翼中旗	12		6			6	
152223	扎赉特旗	13		8	2		3	
152224	突泉县	9		6	3			
152500	**锡林郭勒盟**	**82**	**11**	**36**	**3**		**32**	
152501	二连浩特市	4	3				1	
152502	锡林浩特市	12	8	1			3	
152522	阿巴嘎旗	7		3			4	
152523	苏尼特左旗	7		3			4	
152524	苏尼特右旗	7		3			4	
152525	东乌珠穆沁旗	10		6			4	
152526	西乌珠穆沁旗	7		5			2	
152527	太仆寺旗	7		5	1		1	
152528	镶黄旗	4		2			2	
152529	正镶白旗	5		2			3	
152530	正蓝旗	7		3			4	
152531	多伦县	5		3	2			
152900	**阿拉善盟**	**34**	**2**	**16**			**16**	
152921	阿拉善左旗	15		9			6	
152922	阿拉善右旗	7		3			4	
152923	额济纳旗	12	2	4			6	

辽宁省

行政区划代码	行政区划名称	乡级合计	街道	镇	乡	民族乡
210000	**辽宁省**	**1354**	**513**	**640**	**147**	**54**
210100	**沈阳市**	**181**	**112**	**53**	**11**	**5**
210102	和平区	10	10			
210103	沈河区	11	11			
210104	大东区	10	10			
210105	皇姑区	10	10			
210106	铁西区	14	14			
210111	苏家屯区	12	12			
210112	浑南区	12	12			
210113	沈北新区	10	10			
210114	于洪区	10	10			
210115	辽中区	20	4	16		
210123	康平县	15	3	5	3	4
210124	法库县	19	2	12	4	1
210181	新民市	28	4	20	4	
210200	**大连市**	**149**	**102**	**33**	**10**	**4**
210202	中山区	6	6			
210203	西岗区	5	5			
210204	沙河口区	7	7			
210211	甘井子区	15	15			
210212	旅顺口区	10	10			
210213	金州区	25	25			
210214	普兰店区	18	18			
210224	长海县	5		5		
210281	瓦房店市	32	11	13	6	2
210283	庄河市	26	5	15	4	2
210300	**鞍山市**	**95**	**40**	**52**	**3**	
210302	铁东区	10	10			
210303	铁西区	9	9			
210304	立山区	9	9			
210311	千山区	5	2	3		
210321	台安县	12	2	10		
210323	岫岩满族自治县	24	3	18	3	
210381	海城市	26	5	21		
210400	**抚顺市**	**72**	**25**	**27**	**18**	**2**
210402	新抚区	7	6		1	
210403	东洲区	11	7	2	2	
210404	望花区	9	7	1		1

续表 1

行政区划代码	行政区划名称	乡级合计	街道	镇	乡	民族乡
210411	顺城区	8	5	1	2	
210421	抚顺县	8		4	3	1
210422	新宾满族自治县	15		9	6	
210423	清原满族自治县	14		10	4	
210500	**本溪市**	**49**	**26**	**18**	**4**	**1**
210502	平山区	7	7			
210503	溪湖区	7	7			
210504	明山区	7	7			
210505	南芬区	3	3			
210521	本溪满族自治县	12	1	10	1	
210522	桓仁满族自治县	13	1	8	3	1
210600	**丹东市**	**84**	**20**	**59**	**2**	**3**
210602	元宝区	5	4	1		
210603	振兴区	9	7	2		
210604	振安区	8	3	5		
210624	宽甸满族自治县	22		19	2	1
210681	东港市	19	3	15		1
210682	凤城市	21	3	17		1
210700	**锦州市**	**99**	**32**	**55**	**10**	**2**
210702	古塔区	5	5			
210703	凌河区	6	6			
210711	太和区	11	10	1		
210726	黑山县	22	2	16	4	
210727	义县	18	2	13	1	2
210781	凌海市	19	3	14	2	
210782	北镇市	18	4	11	3	
210800	**营口市**	**65**	**27**	**35**	**3**	
210802	站前区	6	6			
210803	西市区	5	5			
210804	鲅鱼圈区	6	3	3		
210811	老边区	4	1	3		
210881	盖州市	27	8	16	3	
210882	大石桥市	17	4	13		
210900	**阜新市**	**82**	**17**	**60**	**4**	**1**
210902	海州区	7	6	1		
210903	新邱区	3	2	1		
210904	太平区	4	3	1		
210905	清河门区	4	2	2		
210911	细河区	4	3	1		
210921	阜新蒙古族自治县	36	1	32	3	

续表 2

行政区划代码	行政区划名称	乡级合计	街道	镇	乡	民族乡
210922	彰武县	24		22	1	1
211000	**辽阳市**	**50**	**14**	**30**	**4**	**2**
211002	白塔区	4	4			
211003	文圣区	4	2	2		
211004	宏伟区	4	2	2		
211005	弓长岭区	4	2	1	1	
211011	太子河区	5	1	3	1	
211021	辽阳县	15		12	1	2
211081	灯塔市	14	3	10	1	
211100	**盘锦市**	**48**	**27**	**21**		
211102	双台子区	8	6	2		
211103	兴隆台区	12	12			
211104	大洼区	16	6	10		
211122	盘山县	12	3	9		
211200	**铁岭市**	**103**	**14**	**78**	**2**	**9**
211202	银州区	8	7		1	
211204	清河区	5	2	2		1
211221	铁岭县	14		12	1	1
211223	西丰县	18		12		6
211224	昌图县	33		33		
211281	调兵山市	5	2	3		
211282	开原市	20	3	16		1
211300	**朝阳市**	**156**	**28**	**82**	**40**	**6**
211302	双塔区	13	9	3	1	
211303	龙城区	9	3	6		
211321	朝阳县	27	1	14	10	2
211322	建平县	28	4	17	6	1
211324	喀喇沁左翼蒙古族自治县	21	2	14	5	
211381	北票市	31	4	12	13	2
211382	凌源市	27	5	16	5	1
211400	**葫芦岛市**	**121**	**29**	**37**	**36**	**19**
211402	连山区	17	8	3	6	
211403	龙港区	9	8		1	
211404	南票区	16	6	6	4	
211421	绥中县	25		14	5	6
211422	建昌县	28		7	20	1
211481	兴城市	26	7	7		12

吉林省

行政区划代码	行政区划名称	乡级合计	街道	镇	乡	民族乡
220000	**吉林省**	**970**	**363**	**426**	**153**	**28**
220100	**长春市**	**222**	**116**	**75**	**26**	**5**
220102	南关区	28	24	3	1	
220103	宽城区	18	12	5	1	
220104	朝阳区	16	14	2		
220105	二道区	14	10	3	1	
220106	绿园区	17	14	3		
220112	双阳区	8	4	3		1
220113	九台区	20	16	2		2
220122	农安县	25	4	11	10	
220182	榆树市	28	4	15	8	1
220183	德惠市	18	4	10	4	
220184	公主岭市	30	10	18	1	1
220200	**吉林市**	**144**	**68**	**56**	**16**	**4**
220202	昌邑区	19	14	3		2
220203	龙潭区	19	13	5	1	
220204	船营区	16	12	3	1	
220211	丰满区	12	8	1	3	
220221	永吉县	9		7	1	1
220281	蛟河市	17	7	8	1	1
220282	桦甸市	14	5	6	3	
220283	舒兰市	20	5	10	5	
220284	磐石市	18	4	13	1	
220300	**四平市**	**77**	**24**	**38**	**14**	**1**
220302	铁西区	9	5	3	1	
220303	铁东区	12	8	3	1	
220322	梨树县	21	3	12	6	
220323	伊通满族自治县	17	2	12	3	
220382	双辽市	18	6	8	3	1
220400	**辽源市**	**47**	**17**	**23**	**6**	**1**
220402	龙山区	10	8	1	1	
220403	西安区	7	6	1		
220421	东丰县	17	3	12	1	1
220422	东辽县	13		9	4	

续表 1

行政区划代码	行政区划名称	乡级合计	街道	镇	乡	民族乡
220500	**通化市**	**106**	**28**	**61**	**11**	**6**
220502	东昌区	12	9	1	2	
220503	二道江区	6	2	3	1	
220521	通化县	17	2	10	3	2
220523	辉南县	14	3	10		1
220524	柳河县	18	3	12	2	1
220581	梅河口市	24	5	16	2	1
220582	集安市	15	4	9	1	1
220600	**白山市**	**65**	**18**	**41**	**6**	
220602	浑江区	12	8	4		
220605	江源区	10	4	6		
220621	抚松县	14		11	3	
220622	靖宇县	8		7	1	
220623	长白朝鲜族自治县	8		7	1	
220681	临江市	13	6	6	1	
220700	**松原市**	**109**	**31**	**43**	**34**	**1**
220702	宁江区	24	17	4	3	
220721	前郭尔罗斯蒙古族自治县	25	3	9	13	
220722	长岭县	25	3	12	10	
220723	乾安县	13	3	6	4	
220781	扶余市	22	5	12	4	1
220800	**白城市**	**104**	**31**	**38**	**27**	**8**
220802	洮北区	24	12	7	4	1
220821	镇赉县	14	3	7	2	2
220822	通榆县	19	3	8	6	2
220881	洮南市	24	8	6	8	2
220882	大安市	23	5	10	7	1
222400	**延边朝鲜族自治州**	**96**	**30**	**51**	**13**	**2**
222401	延吉市	10	6	4		
222402	图们市	7	3	4		
222403	敦化市	20	4	11	5	
222404	珲春市	14	5	4	3	2
222405	龙井市	10	3	5	2	
222406	和龙市	11	3	8		
222424	汪清县	12	3	8	1	
222426	安图县	12	3	7	2	

黑龙江省

行政区划代码	行政区划名称	乡级合计	街道	镇	乡	民族乡
230000	**黑龙江省**	**1315**	**407**	**574**	**282**	**52**
230100	**哈尔滨市**	**304**	**137**	**111**	**45**	**11**
230102	道里区	23	19	4		
230103	南岗区	20	18	1		1
230104	道外区	27	23	4		
230108	平房区	10	9	1		
230109	松北区	9	6	3		
230110	香坊区	24	20	4		
230111	呼兰区	26	17	6	3	
230112	阿城区	19	15	4		
230113	双城区	27	10	9	4	4
230123	依兰县	9		6	2	1
230124	方正县	9		5	4	
230125	宾县	17		12	5	
230126	巴彦县	18		10	8	
230127	木兰县	8		6	2	
230128	通河县	8		8		
230129	延寿县	9		6	3	
230183	尚志市	17		10	5	2
230184	五常市	24		12	9	3
230200	**齐齐哈尔市**	**164**	**41**	**71**	**46**	**6**
230202	龙沙区	7	7			
230203	建华区	7	7			
230204	铁锋区	9	8	1		
230205	昂昂溪区	6	4	2		
230206	富拉尔基区	10	8		1	1
230207	碾子山区	4	4			
230208	梅里斯达斡尔族区	7	1	5		1
230221	龙江县	14		8	6	
230223	依安县	15		6	9	
230224	泰来县	10		8		2
230225	甘南县	10		5	5	
230227	富裕县	10		6	3	1

续表 1

行政区划代码	行政区划名称	乡级合计	街道	镇	乡	民族乡
230229	克山县	15		7	8	
230230	克东县	7		5	2	
230231	拜泉县	16		7	9	
230281	讷河市	17	2	11	3	1
230300	**鸡西市**	**77**	**29**	**25**	**19**	**4**
230302	鸡冠区	9	7		2	
230303	恒山区	9	7		2	
230304	滴道区	6	4		2	
230305	梨树区	6	5	1		
230306	城子河区	7	5		1	1
230307	麻山区	2	1	1		
230321	鸡东县	11		8	1	2
230381	虎林市	11		7	4	
230382	密山市	16		8	7	1
230400	**鹤岗市**	**53**	**32**	**11**	**8**	**2**
230402	向阳区	5	5			
230403	工农区	6	6			
230404	南山区	6	6			
230405	兴安区	7	6	1		
230406	东山区	8	5	1	2	
230407	兴山区	4	4			
230421	萝北县	8		6	1	1
230422	绥滨县	9		3	5	1
230500	**双鸭山市**	**67**	**25**	**22**	**18**	**2**
230502	尖山区	8	7		1	
230503	岭东区	7	6		1	
230505	四方台区	5	4	1		
230506	宝山区	9	8	1		
230521	集贤县	8		5	3	
230522	友谊县	11		4	6	1
230523	宝清县	10		7	3	
230524	饶河县	9		4	4	1
230600	**大庆市**	**102**	**44**	**31**	**24**	**3**
230602	萨尔图区	11	11			

续表 2

行政区划代码	行政区划名称	乡级合计	街道	镇	乡	民族乡
230603	龙凤区	10	9	1		
230604	让胡路区	12	11	1		
230605	红岗区	7	6	1		
230606	大同区	15	7	4	4	
230621	肇州县	12		6	6	
230622	肇源县	16		8	5	3
230623	林甸县	8		5	3	
230624	杜尔伯特蒙古族自治县	11		5	6	
230700	**伊春市**	**44**	**7**	**29**	**7**	**1**
230717	伊美区	8	6	2		
230718	乌翠区	2		2		
230719	友好区	4	1	3		
230722	嘉荫县	9		4	5	
230723	汤旺县	2		2		
230724	丰林县	3		3		
230725	大箐山县	2		2		
230726	南岔县	4		4		
230751	金林区	2		2		
230781	铁力市	8		5	2	1
230800	**佳木斯市**	**96**	**21**	**49**	**22**	**4**
230803	向阳区	5	5			
230804	前进区	4	4			
230805	东风区	6	4	1	1	
230811	郊区	15	4	8	3	
230822	桦南县	12		7	5	
230826	桦川县	9		5	3	1
230828	汤原县	10		4	5	1
230881	同江市	12	2	6	2	2
230882	富锦市	13	2	11		
230883	抚远市	10		7	3	
230900	**七台河市**	**38**	**20**	**10**	**6**	**2**
230902	新兴区	10	8	1	1	
230903	桃山区	7	6	1		
230904	茄子河区	11	6	3	2	

续表 3

行政区划代码	行政区划名称	乡级合计	街道	镇	乡	民族乡
230921	勃利县	10		5	3	2
231000	**牡丹江市**	**79**	**24**	**48**	**3**	**4**
231002	东安区	7	6	1		
231003	阳明区	8	4	4		
231004	爱民区	8	7	1		
231005	西安区	9	7	1		1
231025	林口县	11		11		
231081	绥芬河市	2		2		
231083	海林市	8		8		
231084	宁安市	12		8	2	2
231085	穆棱市	8		6	1	1
231086	东宁市	6		6		
231100	**黑河市**	**76**	**11**	**31**	**27**	**7**
231102	爱辉区	15	4	4	4	3
231123	逊克县	9		3	4	2
231124	孙吴县	11		2	8	1
231181	北安市	15	6	5	3	1
231182	五大连池市	12	1	8	3	
231183	嫩江市	14		9	5	
231200	**绥化市**	**172**	**12**	**107**	**49**	**4**
231202	北林区	32	12	15	3	2
231221	望奎县	15		10	3	2
231222	兰西县	15		9	6	
231223	青冈县	15		12	3	
231224	庆安县	14		8	6	
231225	明水县	12		6	6	
231226	绥棱县	11		6	5	
231281	安达市	14		13	1	
231282	肇东市	21		12	9	
231283	海伦市	23		16	7	
232700	**大兴安岭地区**	**43**	**4**	**29**	**8**	**2**
232701	漠河市	6		6		
232721	呼玛县	8		2	5	1
232722	塔河县	7		5	1	1

上海市

行政区划代码	行政区划名称	乡级合计	街道	镇	乡
310000	**上海市**	**215**	**107**	**106**	**2**
310101	黄浦区	10	10		
310104	徐汇区	13	12	1	
310105	长宁区	10	9	1	
310106	静安区	14	13	1	
310107	普陀区	10	8	2	
310109	虹口区	8	8		
310110	杨浦区	12	12		
310112	闵行区	13	4	9	
310113	宝山区	12	3	9	
310114	嘉定区	10	3	7	
310115	浦东新区	36	12	24	
310116	金山区	10	1	9	
310117	松江区	17	6	11	
310118	青浦区	11	3	8	
310120	奉贤区	11	3	8	
310151	崇明区	18		16	2

江苏省

行政区划代码	行政区划名称	乡级合计	街道	镇	乡	民族乡
320000	**江苏省**	**1237**	**519**	**701**	**16**	**1**
320100	**南京市**	**101**	**95**	**6**		
320102	玄武区	7	7			
320104	秦淮区	12	12			
320105	建邺区	6	6			
320106	鼓楼区	13	13			
320111	浦口区	9	9			
320113	栖霞区	9	9			
320114	雨花台区	7	7			
320115	江宁区	10	10			
320116	六合区	12	11	1		
320117	溧水区	8	5	3		
320118	高淳区	8	6	2		
320200	**无锡市**	**75**	**45**	**30**		
320205	锡山区	9	5	4		
320206	惠山区	7	5	2		
320211	滨湖区	9	8	1		
320213	梁溪区	9	9			
320214	新吴区	6	6			
320281	江阴市	17	7	10		
320282	宜兴市	18	5	13		
320300	**徐州市**	**167**	**70**	**97**		
320302	鼓楼区	10	10			
320303	云龙区	9	9			
320305	贾汪区	13	8	5		
320311	泉山区	14	14			
320312	铜山区	28	10	18		
320321	丰县	15	3	12		
320322	沛县	17	4	13		
320324	睢宁县	18	3	15		
320381	新沂市	18	5	13		
320382	邳州市	25	4	21		
320400	**常州市**	**62**	**29**	**33**		
320402	天宁区	7	6	1		
320404	钟楼区	8	7	1		
320411	新北区	10	5	5		

续表 1

行政区划代码	行政区划名称	乡级合计	街道	镇	乡	民族乡
320412	武进区	16	5	11		
320413	金坛区	9	3	6		
320481	溧阳市	12	3	9		
320500	**苏州市**	**97**	**46**	**51**		
320505	虎丘区	8	6	2		
320506	吴中区	17	10	7		
320507	相城区	11	7	4		
320508	姑苏区	8	8			
320509	吴江区	11	4	7		
320581	常熟市	14	6	8		
320582	张家港市	10	3	7		
320583	昆山市	10		10		
320585	太仓市	8	2	6		
320600	**南通市**	**103**	**38**	**65**		
320612	通州区	16	4	12		
320613	崇川区	21	21			
320614	海门区	12	3	9		
320623	如东县	15	3	12		
320681	启东市	12		12		
320682	如皋市	14	3	11		
320685	海安市	13	4	9		
320700	**连云港市**	**90**	**30**	**55**	**5**	
320703	连云区	13	12		1	
320706	海州区	19	15	4		
320707	赣榆区	15		15		
320722	东海县	19	2	13	4	
320723	灌云县	13	1	12		
320724	灌南县	11		11		
320800	**淮安市**	**95**	**38**	**57**		
320803	淮安区	16	3	13		
320804	淮阴区	13	4	9		
320812	清江浦区	20	18	2		
320813	洪泽区	9	3	6		
320826	涟水县	16	4	12		
320830	盱眙县	13	3	10		
320831	金湖县	8	3	5		

续表 2

行政区划代码	行政区划名称	乡级合计	街道	镇	乡	民族乡
320900	**盐城市**	**125**	**30**	**95**		
320902	亭湖区	18	12	6		
320903	盐都区	14	6	8		
320904	大丰区	13	2	11		
320921	响水县	8		8		
320922	滨海县	14	3	11		
320923	阜宁县	17	4	13		
320924	射阳县	13		13		
320925	建湖县	14	3	11		
320981	东台市	14		14		
321000	**扬州市**	**83**	**20**	**61**	**1**	**1**
321002	广陵区	11	5	6		
321003	邗江区	22	13	8	1	
321012	江都区	13		13		
321023	宝应县	14		14		
321081	仪征市	10		10		
321084	高邮市	13	2	10		1
321100	**镇江市**	**56**	**25**	**31**		
321102	京口区	11	8	3		
321111	润州区	8	8			
321112	丹徒区	8	2	6		
321181	丹阳市	12	2	10		
321182	扬中市	6	2	4		
321183	句容市	11	3	8		
321200	**泰州市**	**88**	**25**	**61**	**2**	
321202	海陵区	14	10	4		
321203	高港区	9	4	5		
321204	姜堰区	13	4	9		
321281	兴化市	26	3	22	1	
321282	靖江市	9	1	8		
321283	泰兴市	17	3	13	1	
321300	**宿迁市**	**95**	**28**	**59**	**8**	
321302	宿城区	19	10	8	1	
321311	宿豫区	14	6	7	1	
321322	沭阳县	30	6	23	1	
321323	泗阳县	13	3	9	1	
321324	泗洪县	19	3	12	4	

浙江省

行政区划代码	行政区划名称	乡级合计	街道	镇	乡	民族乡
330000	**浙江省**	**1364**	**488**	**618**	**244**	**14**
330100	**杭州市**	**191**	**93**	**75**	**22**	**1**
330102	上城区	14	14			
330105	拱墅区	18	18			
330106	西湖区	12	10	2		
330108	滨江区	3	3			
330109	萧山区	22	10	12		
330110	余杭区	12	7	5		
330111	富阳区	24	5	13	6	
330112	临安区	18	5	13		
330113	临平区	8	7	1		
330114	钱塘区	7	7			
330122	桐庐县	14	4	6	3	1
330127	淳安县	23		11	12	
330182	建德市	16	3	12	1	
330200	**宁波市**	**156**	**73**	**73**	**10**	
330203	海曙区	17	9	7	1	
330205	江北区	8	7	1		
330206	北仑区	11	11			
330211	镇海区	7	5	2		
330212	鄞州区	25	15	10		
330213	奉化区	12	8	4		
330225	象山县	18	3	10	5	
330226	宁海县	18	4	11	3	
330281	余姚市	21	6	14	1	
330282	慈溪市	19	5	14		
330300	**温州市**	**185**	**67**	**92**	**21**	**5**
330302	鹿城区	14	12	2		
330303	龙湾区	10	10			
330304	瓯海区	13	12	1		
330305	洞头区	8	6	1	1	
330324	永嘉县	22	7	11	4	
330326	平阳县	16		14	1	1

续表 1

行政区划代码	行政区划名称	乡级合计	街道	镇	乡	民族乡
330327	苍南县	18		16		2
330328	文成县	17		12	4	1
330329	泰顺县	19		12	6	1
330381	瑞安市	23	12	9	2	
330382	乐清市	25	8	14	3	
330383	龙港市	0				
330400	**嘉兴市**	**72**	**30**	**42**		
330402	南湖区	13	9	4		
330411	秀洲区	9	4	5		
330421	嘉善县	9	3	6		
330424	海盐县	9	4	5		
330481	海宁市	12	4	8		
330482	平湖市	9	3	6		
330483	桐乡市	11	3	8		
330500	**湖州市**	**72**	**28**	**38**	**6**	
330502	吴兴区	19	13	5	1	
330503	南浔区	10	2	8		
330521	德清县	13	5	8		
330522	长兴县	15	4	9	2	
330523	安吉县	15	4	8	3	
330600	**绍兴市**	**103**	**47**	**49**	**7**	
330602	越城区	17	16	1		
330603	柯桥区	16	11	5		
330604	上虞区	20	7	10	3	
330624	新昌县	12	4	6	2	
330681	诸暨市	23	5	17	1	
330683	嵊州市	15	4	10	1	
330700	**金华市**	**146**	**42**	**74**	**29**	**1**
330702	婺城区	26	9	9	8	
330703	金东区	11	2	8	1	
330723	武义县	18	3	8	7	
330726	浦江县	15	3	7	5	
330727	磐安县	14	2	7	5	
330781	兰溪市	16	6	7	2	1
330782	义乌市	14	8	6		

续表 2

行政区划代码	行政区划名称	乡级合计	街道	镇	乡	民族乡
330783	东阳市	18	6	11	1	
330784	永康市	14	3	11		
330800	**衢州市**	**100**	**18**	**43**	**38**	**1**
330802	柯城区	18	8	2	8	
330803	衢江区	20	2	10	8	
330822	常山县	14	3	6	5	
330824	开化县	14		8	6	
330825	龙游县	15	2	6	6	1
330881	江山市	19	3	11	5	
330900	**舟山市**	**36**	**14**	**17**	**5**	
330902	定海区	13	10	3		
330903	普陀区	9	4	5		
330921	岱山县	7		6	1	
330922	嵊泗县	7		3	4	
331000	**台州市**	**130**	**45**	**61**	**24**	
331002	椒江区	10	9	1		
331003	黄岩区	19	8	5	6	
331004	路桥区	10	6	4		
331022	三门县	10	3	6	1	
331023	天台县	15	3	7	5	
331024	仙居县	20	3	7	10	
331081	温岭市	16	5	11		
331082	临海市	19	5	14		
331083	玉环市	11	3	6	2	
331100	**丽水市**	**173**	**31**	**54**	**82**	**6**
331102	莲都区	15	6	4	4	1
331121	青田县	32	4	10	18	
331122	缙云县	18	3	7	8	
331123	遂昌县	20	2	7	10	1
331124	松阳县	19	3	5	10	1
331125	云和县	10	4	3	1	2
331126	庆元县	19	3	6	10	
331127	景宁畲族自治县	21	2	4	15	
331181	龙泉市	19	4	8	6	1

安徽省

行政区划代码	行政区划名称	乡级合计	街道	镇	乡	民族乡
340000	**安徽省**	**1522**	**287**	**1011**	**215**	**9**
340100	**合肥市**	**131**	**50**	**70**	**10**	**1**
340102	瑶海区	15	14	1		
340103	庐阳区	11	9	1	1	
340104	蜀山区	12	9	3		
340111	包河区	11	9	2		
340121	长丰县	14		12	2	
340122	肥东县	18		12	5	1
340123	肥西县	12		10	2	
340124	庐江县	20	3	17		
340181	巢湖市	18	6	12		
340200	**芜湖市**	**71**	**27**	**44**		
340202	镜湖区	10	10			
340207	鸠江区	11	7	4		
340209	弋江区	11	10	1		
340210	湾沚区	5		5		
340212	繁昌区	6		6		
340223	南陵县	8		8		
340281	无为市	20		20		
340300	**蚌埠市**	**77**	**22**	**47**	**7**	**1**
340302	龙子湖区	8	6	1	1	
340303	蚌山区	9	7		2	
340304	禹会区	8	5	2	1	
340311	淮上区	6	1	5		
340321	怀远县	21	3	17	1	
340322	五河县	14		12	1	1
340323	固镇县	11		10	1	
340400	**淮南市**	**90**	**19**	**59**	**8**	**4**
340402	大通区	5	1	3	1	
340403	田家庵区	14	9	4	1	
340404	谢家集区	11	5	4	1	1
340405	八公山区	5	3	2		
340406	潘集区	11	1	9		1
340421	凤台县	19		15	3	1
340422	寿县	25		22	2	1
340500	**马鞍山市**	**48**	**13**	**33**	**2**	
340503	花山区	10	9	1		
340504	雨山区	7	4	2	1	
340506	博望区	3		3		

续表 1

行政区划代码	行政区划名称	乡级合计	街道	镇	乡	民族乡
340521	当涂县	11		10	1	
340522	含山县	8		8		
340523	和县	9		9		
340600	**淮北市**	**33**	**15**	**18**		
340602	杜集区	5	2	3		
340603	相山区	9	8	1		
340604	烈山区	8	5	3		
340621	濉溪县	11		11		
340700	**铜陵市**	**36**	**5**	**27**	**4**	
340705	铜官区	3	2	1		
340706	义安区	9	1	6	2	
340711	郊区	8	2	5	1	
340722	枞阳县	16		15	1	
340800	**安庆市**	**153**	**23**	**85**	**45**	
340802	迎江区	10	6	1	3	
340803	大观区	10	7	1	2	
340811	宜秀区	7	2	3	2	
340822	怀宁县	20		15	5	
340825	太湖县	15		10	5	
340826	宿松县	23	2	9	12	
340827	望江县	13	3	9	1	
340828	岳西县	24		14	10	
340881	桐城市	15	3	12		
340882	潜山市	16		11	5	
341000	**黄山市**	**105**	**4**	**59**	**42**	
341002	屯溪区	9	4	5		
341003	黄山区	14		9	5	
341004	徽州区	7		4	3	
341021	歙县	28		15	13	
341022	休宁县	21		11	10	
341023	黟县	8		5	3	
341024	祁门县	18		10	8	
341100	**滁州市**	**116**	**22**	**85**	**8**	**1**
341102	琅琊区	10	10			
341103	南谯区	12	4	8		
341122	来安县	12		11	1	
341124	全椒县	10		10		
341125	定远县	22		16	5	1
341126	凤阳县	17	2	14	1	
341181	天长市	16	2	14		
341182	明光市	17	4	12	1	

续表 2

行政区划代码	行政区划名称	乡级合计	街道	镇	乡	民族乡
341200	**阜阳市**	**167**	**18**	**125**	**23**	**1**
341202	颍州区	14	5	8	1	
341203	颍东区	12	3	8	1	
341204	颍泉区	6	2	4		
341221	临泉县	28	5	21	2	
341222	太和县	31		30	1	
341225	阜南县	28		20	8	
341226	颍上县	30		22	7	1
341282	界首市	18	3	12	3	
341300	**宿州市**	**112**	**18**	**93**	**1**	
341302	埇桥区	36	12	24		
341321	砀山县	13		13		
341322	萧县	26	3	22	1	
341323	灵璧县	19		19		
341324	泗县	18	3	15		
341500	**六安市**	**140**	**10**	**95**	**35**	
341502	金安区	22	5	14	3	
341503	裕安区	22	3	12	7	
341504	叶集区	6	2	3	1	
341522	霍邱县	30		25	5	
341523	舒城县	21		15	6	
341524	金寨县	23		13	10	
341525	霍山县	16		13	3	
341600	**亳州市**	**88**	**9**	**72**	**7**	
341602	谯城区	25	3	20	2	
341621	涡阳县	23	3	20		
341622	蒙城县	17	3	12	2	
341623	利辛县	23		20	3	
341700	**池州市**	**56**	**11**	**37**	**8**	
341702	贵池区	20	11	9		
341721	东至县	15		12	3	
341722	石台县	8		6	2	
341723	青阳县	13		10	3	
341800	**宣城市**	**99**	**21**	**62**	**15**	**1**
341802	宣州区	24	9	12	3	
341821	郎溪县	12	3	9		
341823	泾县	11		9	2	
341824	绩溪县	11		8	3	
341825	旌德县	10		10		
341881	宁国市	19	6	8	4	1
341882	广德市	12	3	6	3	

福建省

行政区划代码	行政区划名称	乡级合计	街道	镇	乡	民族乡
350000	**福建省**	**1108**	**203**	**653**	**233**	**19**
350100	**福州市**	**181**	**45**	**97**	**37**	**2**
350102	鼓楼区	10	9	1		
350103	台江区	10	10			
350104	仓山区	13	8	5		
350105	马尾区	4	1	3		
350111	晋安区	9	3	4	2	
350112	长乐区	18	5	11	2	
350121	闽侯县	15	1	8	6	
350122	连江县	23		19	3	1
350123	罗源县	11		6	4	1
350124	闽清县	16		11	5	
350125	永泰县	21		9	12	
350128	平潭县	7	1	3	3	
350181	福清市	24	7	17		
350200	**厦门市**	**45**	**37**	**8**		
350203	思明区	10	10			
350205	海沧区	4	4			
350206	湖里区	5	5			
350211	集美区	6	4	2		
350212	同安区	11	7	4		
350213	翔安区	9	7	2		
350300	**莆田市**	**54**	**8**	**40**	**6**	
350302	城厢区	7	3	4		
350303	涵江区	12	2	9	1	
350304	荔城区	6	2	4		
350305	秀屿区	11		11		
350322	仙游县	18	1	12	5	
350400	**三明市**	**141**	**13**	**78**	**48**	**2**
350404	三元区	12	7	4	1	
350405	沙县区	12	2	6	4	

续表 1

行政区划代码	行政区划名称	乡级合计	街道	镇	乡	民族乡
350421	明溪县	9		4	5	
350423	清流县	13		7	6	
350424	宁化县	16		11	4	1
350425	大田县	18		12	6	
350426	尤溪县	15		11	4	
350428	将乐县	13		8	5	
350429	泰宁县	9		3	6	
350430	建宁县	9		4	5	
350481	永安市	15	4	8	2	1
350500	**泉州市**	**163**	**30**	**110**	**22**	**1**
350502	鲤城区	8	8			
350503	丰泽区	8	8			
350504	洛江区	6	2	3	1	
350505	泉港区	7	1	6		
350521	惠安县	16		15		1
350524	安溪县	24		15	9	
350525	永春县	22		18	4	
350526	德化县	18		12	6	
350527	金门县	0				
350581	石狮市	9	2	7		
350582	晋江市	19	6	13		
350583	南安市	26	3	21	2	
350600	**漳州市**	**123**	**15**	**85**	**20**	**3**
350602	芗城区	10	8	2		
350603	龙文区	7	6	1		
350604	龙海区	14	1	11	1	1
350605	长泰区	5		4	1	
350622	云霄县	9		6	3	
350623	漳浦县	21		17	2	2
350624	诏安县	15		10	5	
350626	东山县	7		7		
350627	南靖县	11		11		

续表 2

行政区划代码	行政区划名称	乡级合计	街道	镇	乡	民族乡
350628	平和县	15		10	5	
350629	华安县	9		6	3	
350700	**南平市**	**142**	**27**	**72**	**43**	
350702	延平区	21	6	13	2	
350703	建阳区	16	5	8	3	
350721	顺昌县	12	1	8	3	
350722	浦城县	19	2	9	8	
350723	光泽县	8		3	5	
350724	松溪县	9	1	2	6	
350725	政和县	10	1	4	5	
350781	邵武市	19	4	12	3	
350782	武夷山市	10	3	3	4	
350783	建瓯市	18	4	10	4	
350800	**龙岩市**	**133**	**14**	**94**	**23**	**2**
350802	新罗区	20	10	10		
350803	永定区	24	1	17	6	
350821	长汀县	18		13	5	
350823	上杭县	21		17	2	2
350824	武平县	17	1	14	2	
350825	连城县	17		12	5	
350881	漳平市	16	2	11	3	
350900	**宁德市**	**126**	**14**	**69**	**34**	**9**
350902	蕉城区	16	2	11	2	1
350921	霞浦县	15	3	6	3	3
350922	古田县	14	2	8	4	
350923	屏南县	11		5	6	
350924	寿宁县	14		8	6	
350925	周宁县	9		6	3	
350926	柘荣县	9		2	7	
350981	福安市	22	4	13	2	3
350982	福鼎市	16	3	10	1	2

江西省

行政区划代码	行政区划名称	乡级合计	街道	镇	乡	民族乡
360000	**江西省**	**1581**	**189**	**832**	**552**	**8**
360100	**南昌市**	**115**	**39**	**48**	**28**	
360102	东湖区	8	7	1		
360103	西湖区	10	10			
360104	青云谱区	6	5	1		
360111	青山湖区	8	4	4		
360112	新建区	24	5	14	5	
360113	红谷滩区	9	7	1	1	
360121	南昌县	19	1	11	7	
360123	安义县	10		7	3	
360124	进贤县	21		9	12	
360200	**景德镇市**	**52**	**15**	**27**	**10**	
360202	昌江区	6	3	2	1	
360203	珠山区	10	10			
360222	浮梁县	18		10	8	
360281	乐平市	18	2	15	1	
360300	**萍乡市**	**57**	**9**	**29**	**19**	
360302	安源区	12	8	4		
360313	湘东区	11	1	8	2	
360321	莲花县	13		5	8	
360322	上栗县	10		6	4	
360323	芦溪县	11		6	5	
360400	**九江市**	**201**	**22**	**101**	**78**	
360402	濂溪区	10	3	5	2	
360403	浔阳区	8	8			
360404	柴桑区	14	5	5	4	
360423	武宁县	20	1	8	11	
360424	修水县	36		19	17	
360425	永修县	16	1	11	4	
360426	德安县	13		5	8	
360428	都昌县	24		12	12	
360429	湖口县	12		7	5	
360430	彭泽县	13		10	3	
360481	瑞昌市	19	3	8	8	
360482	共青城市	6	1	2	3	
360483	庐山市	10		9	1	
360500	**新余市**	**33**	**7**	**18**	**8**	
360502	渝水区	21	5	11	5	

续表 1

行政区划代码	行政区划名称	乡级合计	街道	镇	乡	民族乡
360521	分宜县	12	2	7	3	
360600	**鹰潭市**	**45**	**13**	**23**	**8**	**1**
360602	月湖区	8	7	1		
360603	余江区	13	2	6	5	
360681	贵溪市	24	4	16	3	1
360700	**赣州市**	**294**	**10**	**147**	**136**	**1**
360702	章贡区	15	7	8		
360703	南康区	21	3	7	10	1
360704	赣县区	19		12	7	
360722	信丰县	16		13	3	
360723	大余县	11		8	3	
360724	上犹县	14		6	8	
360725	崇义县	16		6	10	
360726	安远县	18		8	10	
360728	定南县	7		7		
360729	全南县	9		6	3	
360730	宁都县	24		12	12	
360731	于都县	23		9	14	
360732	兴国县	25		9	16	
360733	会昌县	19		6	13	
360734	寻乌县	15		7	8	
360735	石城县	11		6	5	
360781	瑞金市	17		8	9	
360783	龙南市	14		9	5	
360800	**吉安市**	**224**	**14**	**123**	**84**	**3**
360802	吉州区	11	7	4		
360803	青原区	9	2	6		1
360821	吉安县	21	2	13	6	
360822	吉水县	18		15	3	
360823	峡江县	11		6	4	1
360824	新干县	14	1	7	6	
360825	永丰县	21		8	12	1
360826	泰和县	21		15	6	
360827	遂川县	23		13	10	
360828	万安县	16		9	7	
360829	安福县	19		8	11	
360830	永新县	24	1	10	13	
360881	井冈山市	16	1	9	6	
360900	**宜春市**	**186**	**26**	**117**	**43**	
360902	袁州区	32	10	19	3	

续表 2

行政区划代码	行政区划名称	乡级合计	街道	镇	乡	民族乡
360921	奉新县	13		10	3	
360922	万载县	17	1	9	7	
360923	上高县	16	2	9	5	
360924	宜丰县	13		9	4	
360925	靖安县	11		6	5	
360926	铜鼓县	9		6	3	
360981	丰城市	33	6	20	7	
360982	樟树市	19	5	10	4	
360983	高安市	23	2	19	2	
361000	**抚州市**	**162**	**8**	**96**	**57**	**1**
361002	临川区	34	7	19	8	
361003	东乡区	15	1	10	4	
361021	南城县	12		10	2	
361022	黎川县	15		7	8	
361023	南丰县	12		7	5	
361024	崇仁县	15		7	8	
361025	乐安县	16		9	6	1
361026	宜黄县	12		8	4	
361027	金溪县	13		8	5	
361028	资溪县	7		5	2	
361030	广昌县	11		6	5	
361100	**上饶市**	**212**	**26**	**103**	**81**	**2**
361102	信州区	9	6	3		
361103	广丰区	23	5	15	3	
361104	广信区	24	3	11	10	
361123	玉山县	18	2	10	6	
361124	铅山县	17		8	7	2
361125	横峰县	9	1	2	6	
361126	弋阳县	17	3	9	5	
361127	余干县	20		9	11	
361128	鄱阳县	30	1	14	15	
361129	万年县	12		6	6	
361130	婺源县	17	1	10	6	
361181	德兴市	16	4	6	6	

山东省

行政区划代码	行政区划名称	乡级合计			
			街道	镇	乡
370000	**山东省**	**1825**	**696**	**1072**	**57**
370100	**济南市**	**161**	**132**	**29**	
370102	历下区	14	14		
370103	市中区	17	17		
370104	槐荫区	16	16		
370105	天桥区	15	15		
370112	历城区	21	21		
370113	长清区	10	8	2	
370114	章丘区	18	17	1	
370115	济阳区	10	8	2	
370116	莱芜区	15	8	7	
370117	钢城区	5	5		
370124	平阴县	8	2	6	
370126	商河县	12	1	11	
370200	**青岛市**	**144**	**108**	**36**	
370202	市南区	14	14		
370203	市北区	29	29		
370211	黄岛区	22	14	8	
370212	崂山区	5	5		
370213	李沧区	11	11		
370214	城阳区	8	8		
370215	即墨区	15	11	4	
370281	胶州市	12	8	4	
370283	平度市	17	5	12	
370285	莱西市	11	3	8	
370300	**淄博市**	**88**	**31**	**57**	
370302	淄川区	13	4	9	
370303	张店区	13	8	5	
370304	博山区	10	3	7	
370305	临淄区	12	5	7	
370306	周村区	10	5	5	
370321	桓台县	9	2	7	
370322	高青县	9	2	7	
370323	沂源县	12	2	10	
370400	**枣庄市**	**65**	**21**	**44**	
370402	市中区	11	6	5	
370403	薛城区	10	6	4	

续表 1

行政区划代码	行政区划名称	乡级合计	街道	镇	乡
370404	峄城区	7	2	5	
370405	台儿庄区	6	1	5	
370406	山亭区	10	1	9	
370481	滕州市	21	5	16	
370500	**东营市**	**40**	**15**	**23**	**2**
370502	东营区	10	6	4	
370503	河口区	6	2	4	
370505	垦利区	7	2	5	
370522	利津县	8	2	4	2
370523	广饶县	9	3	6	
370600	**烟台市**	**153**	**65**	**82**	**6**
370602	芝罘区	12	12		
370611	福山区	11	7	4	
370612	牟平区	13	5	8	
370613	莱山区	7	7		
370614	蓬莱区	20	6	8	6
370681	龙口市	13	5	8	
370682	莱阳市	18	5	13	
370683	莱州市	17	6	11	
370685	招远市	14	5	9	
370686	栖霞市	14	3	11	
370687	海阳市	14	4	10	
370700	**潍坊市**	**120**	**61**	**59**	
370702	潍城区	6	6		
370703	寒亭区	8	8		
370704	坊子区	8	8		
370705	奎文区	10	10		
370724	临朐县	10	4	6	
370725	昌乐县	8	4	4	
370781	青州市	12	4	8	
370782	诸城市	13	3	10	
370783	寿光市	14	5	9	
370784	安丘市	12	3	9	
370785	高密市	10	3	7	
370786	昌邑市	9	3	6	
370800	**济宁市**	**156**	**49**	**103**	**4**
370811	任城区	20	17	3	
370812	兖州区	12	6	6	
370826	微山县	15	3	11	1

续表 2

行政区划代码	行政区划名称	乡级合计	街道	镇	乡
370827	鱼台县	11	2	9	
370828	金乡县	13	4	9	
370829	嘉祥县	15	3	12	
370830	汶上县	15	3	11	1
370831	泗水县	13	2	11	
370832	梁山县	14	2	10	2
370881	曲阜市	12	4	8	
370883	邹城市	16	3	13	
370900	**泰安市**	**88**	**20**	**62**	**6**
370902	泰山区	8	5	2	1
370911	岱岳区	18	3	14	1
370921	宁阳县	13	2	10	1
370923	东平县	14	3	9	2
370982	新泰市	21	3	17	1
370983	肥城市	14	4	10	
371000	**威海市**	**72**	**24**	**48**	
371002	环翠区	20	10	10	
371003	文登区	15	3	12	
371082	荣成市	22	10	12	
371083	乳山市	15	1	14	
371100	**日照市**	**55**	**16**	**35**	**4**
371102	东港区	14	7	7	
371103	岚山区	9	2	6	1
371121	五莲县	12	2	8	2
371122	莒县	20	5	14	1
371300	**临沂市**	**156**	**30**	**120**	**6**
371302	兰山区	12	4	8	
371311	罗庄区	9	6	3	
371312	河东区	11	8	3	
371321	沂南县	15	1	13	1
371322	郯城县	13	1	11	1
371323	沂水县	18	2	15	1
371324	兰陵县	17	2	14	1
371325	费县	12	1	10	1
371326	平邑县	14	1	13	
371327	莒南县	16	1	15	
371328	蒙阴县	10	1	8	1
371329	临沭县	9	2	7	

续表 3

行政区划代码	行政区划名称	乡级合计	街道	镇	乡
371400	**德州市**	**134**	**29**	**91**	**14**
371402	德城区	12	7	5	
371403	陵城区	13	2	10	1
371422	宁津县	12	2	9	1
371423	庆云县	9	1	5	3
371424	临邑县	12	3	8	1
371425	齐河县	15	2	11	2
371426	平原县	12	3	8	1
371427	夏津县	14	2	10	2
371428	武城县	8	1	7	
371481	乐陵市	16	4	9	3
371482	禹城市	11	2	9	
371500	**聊城市**	**135**	**32**	**98**	**5**
371502	东昌府区	23	10	13	
371503	茌平区	14	3	10	1
371521	阳谷县	18	3	14	1
371522	莘县	24	4	20	
371524	东阿县	10	2	8	
371525	冠县	18	3	12	3
371526	高唐县	12	3	9	
371581	临清市	16	4	12	
371600	**滨州市**	**91**	**29**	**58**	**4**
371602	滨城区	15	12	2	1
371603	沾化区	11	2	7	2
371621	惠民县	15	3	12	
371622	阳信县	10	2	7	1
371623	无棣县	12	2	10	
371625	博兴县	12	3	9	
371681	邹平市	16	5	11	
371700	**菏泽市**	**167**	**34**	**127**	**6**
371702	牡丹区	24	11	13	
371703	定陶区	12	2	10	
371721	曹县	26	5	21	
371722	单县	22	4	16	2
371723	成武县	13	2	11	
371724	巨野县	17	2	15	
371725	郓城县	22	4	16	2
371726	鄄城县	17	2	15	
371728	东明县	14	2	10	2

河南省

行政区划代码	行政区划名称	乡级合计	街道	镇	乡	民族乡
410000	**河南省**	**2459**	**700**	**1192**	**556**	**11**
410100	**郑州市**	**179**	**92**	**72**	**14**	**1**
410102	中原区	16	14	1	1	
410103	二七区	16	15	1		
410104	管城回族区	13	12		1	
410105	金水区	19	19			
410106	上街区	6	5	1		
410108	惠济区	8	6	2		
410122	中牟县	19	4	14	1	
410181	巩义市	20	5	15		
410182	荥阳市	14	2	9	2	1
410183	新密市	16	3	12	1	
410184	新郑市	17	3	9	5	
410185	登封市	15	4	8	3	
410200	**开封市**	**116**	**39**	**35**	**42**	
410202	龙亭区	13	10		3	
410203	顺河回族区	8	8			
410204	鼓楼区	8	8			
410205	禹王台区	7	5		2	
410212	祥符区	15	1	6	8	
410221	杞县	21	1	7	13	
410222	通许县	13	2	5	6	
410223	尉氏县	15	1	9	5	
410225	兰考县	16	3	8	5	
410300	**洛阳市**	**188**	**68**	**98**	**22**	
410302	老城区	8	8			
410303	西工区	10	10			
410304	瀍河回族区	8	8			
410305	涧西区	13	13			
410307	偃师区	13	4	9		
410308	孟津区	14	5	9		
410311	洛龙区	19	14	5		
410323	新安县	11	1	10		
410324	栾川县	14	1	11	2	
410325	嵩县	16		12	4	
410326	汝阳县	13		8	5	

续表 1

行政区划代码	行政区划名称	乡级合计	街道	镇	乡	民族乡
410327	宜阳县	16	1	11	4	
410328	洛宁县	18	1	11	6	
410329	伊川县	15	2	12	1	
410400	**平顶山市**	**143**	**59**	**52**	**30**	**2**
410402	新华区	12	10	2		
410403	卫东区	13	13			
410404	石龙区	4	4			
410411	湛河区	10	9		1	
410421	宝丰县	12	2	7	3	
410422	叶县	19	3	11	4	1
410423	鲁山县	24	4	7	13	
410425	郏县	15	2	8	4	1
410481	舞钢市	13	6	4	3	
410482	汝州市	21	6	13	2	
410500	**安阳市**	**135**	**48**	**68**	**19**	
410502	文峰区	16	15	1		
410503	北关区	10	9	1		
410505	殷都区	12	9	2	1	
410506	龙安区	11	6	3	2	
410522	安阳县	16		10	6	
410523	汤阴县	10		10		
410526	滑县	23	3	14	6	
410527	内黄县	17	2	11	4	
410581	林州市	20	4	16		
410600	**鹤壁市**	**44**	**25**	**15**	**4**	
410602	鹤山区	7	5	1	1	
410603	山城区	8	7	1		
410611	淇滨区	9	5	2	2	
410621	浚县	11	4	7		
410622	淇县	9	4	4	1	
410700	**新乡市**	**154**	**36**	**80**	**37**	**1**
410702	红旗区	10	7	2	1	
410703	卫滨区	8	7	1		
410704	凤泉区	5	2	2	1	
410711	牧野区	9	7	2		
410721	新乡县	7		6	1	
410724	获嘉县	11		9	2	

续表 2

行政区划代码	行政区划名称	乡级合计	街道	镇	乡	民族乡
410725	原阳县	19	3	10	6	
410726	延津县	13	3	4	6	
410727	封丘县	19		13	5	1
410781	卫辉市	13		7	6	
410782	辉县市	22	2	13	7	
410783	长垣市	18	5	11	2	
410800	**焦作市**	**108**	**56**	**36**	**16**	
410802	解放区	9	9			
410803	中站区	10	10			
410804	马村区	7	7			
410811	山阳区	15	12	2	1	
410821	修武县	8		5	3	
410822	博爱县	9	2	5	2	
410823	武陟县	15	4	7	4	
410825	温县	11	4	5	2	
410882	沁阳市	13	4	6	3	
410883	孟州市	11	4	6	1	
410900	**濮阳市**	**89**	**14**	**44**	**31**	
410902	华龙区	18	14	2	2	
410922	清丰县	17		8	9	
410923	南乐县	12		7	5	
410926	范县	12		8	4	
410927	台前县	9		6	3	
410928	濮阳县	21		13	8	
411000	**许昌市**	**103**	**31**	**60**	**10**	**2**
411002	魏都区	15	15			
411003	建安区	18	5	7	5	1
411024	鄢陵县	12		12		
411025	襄城县	16	2	10	4	
411081	禹州市	26	5	19	1	1
411082	长葛市	16	4	12		
411100	**漯河市**	**56**	**10**	**37**	**9**	
411102	源汇区	8	4	3	1	
411103	郾城区	9	2	7		
411104	召陵区	9	2	7		
411121	舞阳县	14		10	4	
411122	临颍县	16	2	10	4	

续表 3

行政区划代码	行政区划名称	乡级合计	街道	镇	乡	民族乡
411200	**三门峡市**	**74**	**13**	**29**	**32**	
411202	湖滨区	8	5		3	
411203	陕州区	13	1	4	8	
411221	渑池县	12		6	6	
411224	卢氏县	19		9	10	
411281	义马市	7	7			
411282	灵宝市	15		10	5	
411300	**南阳市**	**243**	**44**	**158**	**39**	**2**
411302	宛城区	19	11	6	2	
411303	卧龙区	20	11	9		
411321	南召县	16		8	8	
411322	方城县	17	2	14		1
411323	西峡县	19	3	15	1	
411324	镇平县	22	3	15	3	1
411325	内乡县	16		12	4	
411326	淅川县	17	2	11	4	
411327	社旗县	16	2	13	1	
411328	唐河县	23	4	14	5	
411329	新野县	15	2	8	5	
411330	桐柏县	16	1	12	3	
411381	邓州市	27	3	21	3	
411400	**商丘市**	**198**	**33**	**108**	**55**	**2**
411402	梁园区	22	12	7	3	
411403	睢阳区	20	7	11	2	
411421	民权县	19	2	12	3	2
411422	睢县	20	2	10	8	
411423	宁陵县	14		7	7	
411424	柘城县	22	4	11	7	
411425	虞城县	26		13	13	
411426	夏邑县	24		13	11	
411481	永城市	31	6	24	1	
411500	**信阳市**	**211**	**42**	**85**	**84**	
411502	浉河区	18	9	5	4	
411503	平桥区	25	11	6	8	
411521	罗山县	20	3	11	6	
411522	光山县	19	2	7	10	
411523	新县	16	1	5	10	

续表 4

行政区划代码	行政区划名称	乡级合计	街道	镇	乡	民族乡
411524	商城县	19	2	10	7	
411525	固始县	33	3	20	10	
411526	潢川县	21	4	10	7	
411527	淮滨县	19	4	5	10	
411528	息县	21	3	6	12	
411600	**周口市**	**206**	**42**	**105**	**59**	
411602	川汇区	15	15			
411603	淮阳区	19	2	8	9	
411621	扶沟县	16	2	8	6	
411622	西华县	21	4	9	8	
411623	商水县	23	4	12	7	
411624	沈丘县	22	2	16	4	
411625	郸城县	22	3	9	10	
411627	太康县	23		15	8	
411628	鹿邑县	24	4	13	7	
411681	项城市	21	6	15		
411700	**驻马店市**	**196**	**43**	**99**	**53**	**1**
411702	驿城区	21	12	5	4	
411721	西平县	19	3	8	7	1
411722	上蔡县	26	4	13	9	
411723	平舆县	19	4	11	4	
411724	正阳县	20	2	10	8	
411725	确山县	13	3	10		
411726	泌阳县	22	3	11	8	
411727	汝南县	18	4	12	2	
411728	遂平县	15	5	8	2	
411729	新蔡县	23	3	11	9	
419001	济源市	16	5	11		

湖北省

行政区划代码	行政区划名称	乡级合计	街道	镇	乡	民族乡
420000	**湖北省**	**1260**	**338**	**761**	**151**	**10**
420100	**武汉市**	**160**	**156**	**1**	**3**	
420102	江岸区	16	16			
420103	江汉区	13	13			
420104	硚口区	11	11			
420105	汉阳区	11	11			
420106	武昌区	14	14			
420107	青山区	10	10			
420111	洪山区	14	13		1	
420112	东西湖区	11	11			
420113	汉南区	4	4			
420114	蔡甸区	12	11		1	
420115	江夏区	15	15			
420116	黄陂区	16	15		1	
420117	新洲区	13	12	1		
420200	**黄石市**	**47**	**19**	**27**	**1**	
420202	黄石港区	4	4			
420203	西塞山区	6	5	1		
420204	下陆区	4	4			
420205	铁山区	1	1			
420222	阳新县	16		16		
420281	大冶市	16	5	10	1	
420300	**十堰市**	**119**	**13**	**72**	**33**	**1**
420302	茅箭区	7	4	1	2	
420303	张湾区	8	4	2	2	
420304	郧阳区	19		16	3	
420322	郧西县	16		9	6	1
420323	竹山县	17		9	8	
420324	竹溪县	15		11	4	
420325	房县	20		12	8	
420381	丹江口市	17	5	12		
420500	**宜昌市**	**110**	**24**	**67**	**18**	**1**
420502	西陵区	10	10			
420503	伍家岗区	5	4		1	
420504	点军区	5	1	2	2	
420505	猇亭区	3	3			
420506	夷陵区	12	1	9	2	
420525	远安县	7		6	1	

续表 1

行政区划代码	行政区划名称	乡级合计	街道	镇	乡	民族乡
420526	兴山县	8		6	2	
420527	秭归县	12		8	4	
420528	长阳土家族自治县	11		8	3	
420529	五峰土家族自治县	8		5	3	
420581	宜都市	10	1	8		1
420582	当阳市	10	3	7		
420583	枝江市	9	1	8		
420600	**襄阳市**	**108**	**30**	**74**	**4**	
420602	襄城区	9	6	2	1	
420606	樊城区	13	10	3		
420607	襄州区	19	6	13		
420624	南漳县	10		10		
420625	谷城县	10		9	1	
420626	保康县	11		10	1	
420682	老河口市	10	2	7	1	
420683	枣阳市	15	3	12		
420684	宜城市	11	3	8		
420700	**鄂州市**	**25**	**4**	**18**	**3**	
420702	梁子湖区	5		5		
420703	华容区	6		4	2	
420704	鄂城区	14	4	9	1	
420800	**荆门市**	**61**	**11**	**48**	**1**	**1**
420802	东宝区	9	2	6	1	
420804	掇刀区	6	4	2		
420822	沙洋县	13		13		
420881	钟祥市	18	2	15		1
420882	京山市	15	3	12		
420900	**孝感市**	**108**	**13**	**72**	**23**	
420902	孝南区	15	4	8	3	
420921	孝昌县	12		8	4	
420922	大悟县	17		14	3	
420923	云梦县	12		9	3	
420981	应城市	15	5	10		
420982	安陆市	15	2	9	4	
420984	汉川市	22	2	14	6	
421000	**荆州市**	**119**	**19**	**88**	**10**	**2**
421002	沙市区	13	8	4	1	
421003	荆州区	12	5	7		
421022	公安县	16		14	2	
421024	江陵县	9		7	2	

续表 2

行政区划代码	行政区划名称	乡级合计	街道	镇	乡	民族乡
421081	石首市	14	2	11	1	
421083	洪湖市	17	2	14		1
421087	松滋市	17	2	13	1	1
421088	监利市	21		18	3	
421100	**黄冈市**	**128**	**13**	**99**	**16**	
421102	黄州区	9	5	3	1	
421121	团风县	10		8	2	
421122	红安县	11		10	1	
421123	罗田县	12		10	2	
421124	英山县	11		8	3	
421125	浠水县	13		12	1	
421126	蕲春县	14		13	1	
421127	黄梅县	16		12	4	
421181	麻城市	20	4	15	1	
421182	武穴市	12	4	8		
421200	**咸宁市**	**70**	**6**	**52**	**12**	
421202	咸安区	13	3	9	1	
421221	嘉鱼县	8		8		
421222	通城县	11		9	2	
421223	崇阳县	12		8	4	
421224	通山县	12		8	4	
421281	赤壁市	14	3	10	1	
421300	**随州市**	**46**	**9**	**37**		
421303	曾都区	10	5	5		
421321	随县	19		19		
421381	广水市	17	4	13		
422800	**恩施土家族苗族自治州**	**90**	**7**	**54**	**25**	**4**
422801	恩施市	18	5	6	6	1
422802	利川市	14	2	8	4	
422822	建始县	10		7	3	
422823	巴东县	12		10	2	
422825	宣恩县	9		5	2	2
422826	咸丰县	10		7	3	
422827	来凤县	8		6	2	
422828	鹤峰县	9		5	3	1
429004	仙桃市	19	4	15		
429005	潜江市	17	7	10		
429006	天门市	25	3	21	1	
429021	神农架林区	8		6	1	1

湖南省

行政区划代码	行政区划名称	乡级合计	街道	镇	乡	民族乡
430000	**湖南省**	**1946**	**424**	**1134**	**305**	**83**
430100	**长沙市**	**170**	**96**	**69**	**5**	
430102	芙蓉区	13	13			
430103	天心区	14	14			
430104	岳麓区	19	17	2		
430105	开福区	16	16			
430111	雨花区	13	12	1		
430112	望城区	16	11	5		
430121	长沙县	18	5	13		
430181	浏阳市	32	4	27	1	
430182	宁乡市	29	4	21	4	
430200	**株洲市**	**105**	**37**	**61**	**6**	**1**
430202	荷塘区	7	6	1		
430203	芦淞区	8	7	1		
430204	石峰区	8	7	1		
430211	天元区	7	4	3		
430212	渌口区	8		8		
430223	攸县	17	4	13		
430224	茶陵县	16	4	10	2	
430225	炎陵县	10		5	4	1
430281	醴陵市	24	5	19		
430300	**湘潭市**	**70**	**25**	**35**	**10**	
430302	雨湖区	15	10	3	2	
430304	岳塘区	12	11	1		
430321	湘潭县	17		14	3	
430381	湘乡市	22	4	15	3	
430382	韶山市	4		2	2	
430400	**衡阳市**	**187**	**42**	**114**	**30**	**1**
430405	珠晖区	10	7	1	2	
430406	雁峰区	7	6	1		
430407	石鼓区	8	7	1		
430408	蒸湘区	6	4	2		
430412	南岳区	3	1	1	1	
430421	衡阳县	25		17	8	
430422	衡南县	23	3	19	1	

续表 1

行政区划代码	行政区划名称	乡级合计	街道	镇	乡	民族乡
430423	衡山县	12		7	5	
430424	衡东县	17		15	2	
430426	祁东县	24	4	17	3	
430481	耒阳市	30	6	19	5	
430482	常宁市	22	4	14	3	1
430500	**邵阳市**	**202**	**36**	**113**	**38**	**15**
430502	双清区	12	9	2	1	
430503	大祥区	14	11	1	2	
430511	北塔区	5	4	1		
430522	新邵县	15		13	2	
430523	邵阳县	20		12	8	
430524	隆回县	25	2	18	3	2
430525	洞口县	23	3	14	3	3
430527	绥宁县	17		8	1	8
430528	新宁县	16		8	6	2
430529	城步苗族自治县	12		7	5	
430581	武冈市	18	4	11	3	
430582	邵东市	25	3	18	4	
430600	**岳阳市**	**131**	**29**	**88**	**14**	
430602	岳阳楼区	20	17	1	2	
430603	云溪区	5	3	2		
430611	君山区	5	1	4		
430621	岳阳县	14		12	2	
430623	华容县	14		12	2	
430624	湘阴县	15	1	12	2	
430626	平江县	25	2	18	5	
430681	汨罗市	19	1	17	1	
430682	临湘市	14	4	10		
430700	**常德市**	**169**	**43**	**107**	**15**	**4**
430702	武陵区	19	15	2	2	
430703	鼎城区	26	7	18		1
430721	安乡县	12		8	4	
430722	汉寿县	23	4	16	2	1
430723	澧县	19	4	15		
430724	临澧县	11	2	7	2	
430725	桃源县	29	2	24	1	2

续表 2

行政区划代码	行政区划名称	乡级合计	街道	镇	乡	民族乡
430726	石门县	21	4	13	4	
430781	津市市	9	5	4		
430800	**张家界市**	**73**	**10**	**33**	**18**	**12**
430802	永定区	20	6	7	7	
430811	武陵源区	4	2		2	
430821	慈利县	26	2	14	3	7
430822	桑植县	23		12	6	5
430900	**益阳市**	**92**	**11**	**72**	**8**	**1**
430902	资阳区	8	2	5	1	
430903	赫山区	18	7	10	1	
430921	南县	15		14	1	
430922	桃江县	15		13	1	1
430923	安化县	23		19	4	
430981	沅江市	13	2	11		
431000	**郴州市**	**159**	**23**	**99**	**28**	**9**
431002	北湖区	14	10	2		2
431003	苏仙区	14	6	8		
431021	桂阳县	22	3	17	1	1
431022	宜章县	19		14	4	1
431023	永兴县	16	2	10	4	
431024	嘉禾县	10		9	1	
431025	临武县	13		9	3	1
431026	汝城县	14		9	3	2
431027	桂东县	11		7	4	
431028	安仁县	13		5	8	
431081	资兴市	13	2	9		2
431100	**永州市**	**182**	**32**	**111**	**18**	**21**
431102	零陵区	16	6	7	3	
431103	冷水滩区	19	10	8	1	
431122	东安县	15		13	2	
431123	双牌县	11		6	4	1
431124	道县	22	7	12	0	3
431125	江永县	10		6		4
431126	宁远县	20	4	12		4
431127	蓝山县	14		8		6
431128	新田县	13	2	10		1

续表 3

行政区划代码	行政区划名称	乡级合计	街道	镇	乡	民族乡
431129	江华瑶族自治县	16		9	6	1
431181	祁阳市	26	3	20	2	1
431200	**怀化市**	**204**	**11**	**103**	**71**	**19**
431202	鹤城区	10	7	1	2	
431221	中方县	12		11		1
431222	沅陵县	21		8	11	2
431223	辰溪县	23		9	9	5
431224	溆浦县	25		18	7	
431225	会同县	18		8	4	6
431226	麻阳苗族自治县	18		8	10	
431227	新晃侗族自治县	11		9		2
431228	芷江侗族自治县	18		9	9	
431229	靖州苗族侗族自治县	11		6	5	
431230	通道侗族自治县	11		9	1	1
431281	洪江市	26	4	7	13	2
431300	**娄底市**	**87**	**19**	**54**	**14**	
431302	娄星区	13	7	5	1	
431321	双峰县	16	2	11	3	
431322	新化县	28	3	18	7	
431381	冷水江市	10	4	5	1	
431382	涟源市	20	3	15	2	
433100	**湘西土家族苗族自治州**	**115**	**10**	**75**	**30**	
433101	吉首市	12	6	5	1	
433122	泸溪县	11		7	4	
433123	凤凰县	17		13	4	
433124	花垣县	12		9	3	
433125	保靖县	12		10	2	
433126	古丈县	7		7		
433127	永顺县	23		12	11	
433130	龙山县	21	4	12	5	

广东省

行政区划代码	行政区划名称	乡级合计	街道	镇	乡	民族乡
440000	**广东省**	**1613**	**490**	**1112**	**4**	**7**
440100	**广州市**	**177**	**143**	**34**		
440103	荔湾区	22	22			
440104	越秀区	18	18			
440105	海珠区	18	18			
440106	天河区	21	21			
440111	白云区	24	20	4		
440112	黄埔区	17	16	1		
440113	番禺区	16	11	5		
440114	花都区	10	4	6		
440115	南沙区	10	4	6		
440117	从化区	8	3	5		
440118	增城区	13	6	7		
440200	**韶关市**	**105**	**10**	**94**		**1**
440203	武江区	7	2	5		
440204	浈江区	8	3	5		
440205	曲江区	10	1	9		
440222	始兴县	10		9		1
440224	仁化县	11	1	10		
440229	翁源县	8		8		
440232	乳源瑶族自治县	9		9		
440233	新丰县	7	1	6		
440281	乐昌市	17	1	16		
440282	南雄市	18	1	17		
440300	**深圳市**	**74**	**74**			
440303	罗湖区	10	10			
440304	福田区	10	10			
440305	南山区	8	8			
440306	宝安区	10	10			
440307	龙岗区	14	14			
440308	盐田区	4	4			
440309	龙华区	6	6			
440310	坪山区	6	6			
440311	光明区	6	6			
440400	**珠海市**	**25**	**10**	**15**		
440402	香洲区	15	9	6		

续表 1

行政区划代码	行政区划名称	乡级合计	街道	镇	乡	民族乡
440403	斗门区	6	1	5		
440404	金湾区	4		4		
440500	**汕头市**	**67**	**37**	**30**		
440507	龙湖区	10	10			
440511	金平区	12	12			
440512	濠江区	7	7			
440513	潮阳区	13	4	9		
440514	潮南区	11	1	10		
440515	澄海区	11	3	8		
440523	南澳县	3		3		
440600	**佛山市**	**32**	**11**	**21**		
440604	禅城区	4	3	1		
440605	南海区	7	1	6		
440606	顺德区	10	4	6		
440607	三水区	7	2	5		
440608	高明区	4	1	3		
440700	**江门市**	**73**	**12**	**61**		
440703	蓬江区	6	3	3		
440704	江海区	3	3			
440705	新会区	11	1	10		
440781	台山市	17	1	16		
440783	开平市	15	2	13		
440784	鹤山市	10	1	9		
440785	恩平市	11	1	10		
440800	**湛江市**	**122**	**38**	**82**	**2**	
440802	赤坎区	8	8			
440803	霞山区	12	12			
440804	坡头区	7	2	5		
440811	麻章区	7	3	4		
440823	遂溪县	16	1	15		
440825	徐闻县	15	1	12	2	
440881	廉江市	21	3	18		
440882	雷州市	21	3	18		
440883	吴川市	15	5	10		
440900	**茂名市**	**112**	**26**	**86**		
440902	茂南区	17	8	9		
440904	电白区	24	5	19		

续表 2

行政区划代码	行政区划名称	乡级合计	街道	镇	乡	民族乡
440981	高州市	28	5	23		
440982	化州市	23	6	17		
440983	信宜市	20	2	18		
441200	**肇庆市**	**105**	**17**	**87**		**1**
441202	端州区	4	4			
441203	鼎湖区	7	3	4		
441204	高要区	17	1	16		
441223	广宁县	15	1	14		
441224	怀集县	19	2	16		1
441225	封开县	16	1	15		
441226	德庆县	13	1	12		
441284	四会市	14	4	10		
441300	**惠州市**	**71**	**22**	**48**		**1**
441302	惠城区	18	10	8		
441303	惠阳区	12	6	6		
441322	博罗县	17	2	15		
441323	惠东县	14	2	12		
441324	龙门县	10	2	7		1
441400	**梅州市**	**110**	**6**	**104**		
441402	梅江区	7	3	4		
441403	梅县区	17		17		
441422	大埔县	14		14		
441423	丰顺县	16		16		
441424	五华县	16		16		
441426	平远县	12		12		
441427	蕉岭县	8		8		
441481	兴宁市	20	3	17		
441500	**汕尾市**	**54**	**14**	**40**		
441502	城区	10	7	3		
441521	海丰县	16	4	12		
441523	陆河县	8		8		
441581	陆丰市	20	3	17		
441600	**河源市**	**101**	**6**	**94**		**1**
441602	源城区	8	6	2		
441621	紫金县	18		18		
441622	龙川县	24		24		
441623	连平县	13		13		

续表 3

行政区划代码	行政区划名称	乡级合计	街道	镇	乡	民族乡
441624	和平县	17		17		
441625	东源县	21		20		1
441700	**阳江市**	**48**	**10**	**38**		
441702	江城区	12	8	4		
441704	阳东区	11		11		
441721	阳西县	8		8		
441781	阳春市	17	2	15		
441800	**清远市**	**85**	**5**	**77**		**3**
441802	清城区	8	4	4		
441803	清新区	8		8		
441821	佛冈县	6		6		
441823	阳山县	13		12		1
441825	连山壮族瑶族自治县	7		7		
441826	连南瑶族自治县	7		7		
441881	英德市	24	1	23		
441882	连州市	12		10		2
441900	**东莞市**	**32**	**4**	**28**		
442000	**中山市**	**23**	**8**	**15**		
445100	**潮州市**	**46**	**5**	**41**		
445102	湘桥区	9	5	4		
445103	潮安区	16		16		
445122	饶平县	21		21		
445200	**揭阳市**	**88**	**24**	**62**	**2**	
445202	榕城区	17	14	3		
445203	揭东区	13	2	11		
445222	揭西县	17	1	15	1	
445224	惠来县	15		15		
445281	普宁市	26	7	18	1	
445300	**云浮市**	**63**	**8**	**55**		
445302	云城区	8	4	4		
445303	云安区	7		7		
445321	新兴县	12		12		
445322	郁南县	15		15		
445381	罗定市	21	4	17		

广西壮族自治区

行政区划代码	行政区划名称	乡级合计	街道	镇	乡	民族乡
450000	**广西壮族自治区**	**1256**	**138**	**806**	**253**	**59**
450100	**南宁市**	**127**	**25**	**89**	**10**	**3**
450102	兴宁区	6	3	3		
450103	青秀区	9	5	4		
450105	江南区	9	5	4		
450107	西乡塘区	13	10	3		
450108	良庆区	7	2	5		
450109	邕宁区	5		5		
450110	武鸣区	13		13		
450123	隆安县	10		6	4	
450124	马山县	11		7	2	2
450125	上林县	11		7	3	1
450126	宾阳县	16		16		
450181	横州市	17		16	1	
450200	**柳州市**	**118**	**32**	**53**	**27**	**6**
450202	城中区	7	7			
450203	鱼峰区	12	8	4		
450204	柳南区	11	8	3		
450205	柳北区	12	9	3		
450206	柳江区	8		8		
450222	柳城县	12		10	1	1
450223	鹿寨县	9		6	3	
450224	融安县	12		6	6	
450225	融水苗族自治县	20		7	11	2
450226	三江侗族自治县	15		6	6	3
450300	**桂林市**	**147**	**13**	**88**	**31**	**15**
450302	秀峰区	3	3			
450303	叠彩区	3	2		1	
450304	象山区	4	3		1	
450305	七星区	5	4		1	
450311	雁山区	5	1	2	1	1
450312	临桂区	11		9		2
450321	阳朔县	9		6	3	
450323	灵川县	12		7	3	2
450324	全州县	18		15	1	2
450325	兴安县	10		6	3	1
450326	永福县	9		6	3	
450327	灌阳县	9		6	1	2
450328	龙胜各族自治县	10		6	4	
450329	资源县	7		3	1	3
450330	平乐县	10		6	3	1

续表 1

行政区划代码	行政区划名称	乡级合计	街道	镇	乡	民族乡
450332	恭城瑶族自治县	9		6	3	
450381	荔浦市	13		10	2	1
450400	**梧州市**	**66**	**8**	**53**	**3**	**2**
450403	万秀区	8	5	3		
450405	长洲区	5	3	2		
450406	龙圩区	4		4		
450421	苍梧县	9		9		
450422	藤县	17		15	2	
450423	蒙山县	9		6	1	2
450481	岑溪市	14		14		
450500	**北海市**	**30**	**7**	**22**	**1**	
450502	海城区	8	7	1		
450503	银海区	4		4		
450512	铁山港区	3		3		
450521	合浦县	15		14	1	
450600	**防城港市**	**30**	**7**	**17**	**4**	**2**
450602	港口区	6	4	2		
450603	防城区	13	3	8	1	1
450621	上思县	8		4	3	1
450681	东兴市	3		3		
450700	**钦州市**	**66**	**12**	**54**		
450702	钦南区	16	5	11		
450703	钦北区	14	3	11		
450721	灵山县	19	2	17		
450722	浦北县	17	2	15		
450800	**贵港市**	**77**	**10**	**55**	**10**	**2**
450802	港北区	11	5	4	2	
450803	港南区	9	2	7		
450804	覃塘区	10	1	7	2	
450821	平南县	21	2	16	1	2
450881	桂平市	26		21	5	
450900	**玉林市**	**110**	**8**	**102**		
450902	玉州区	9	5	4		
450903	福绵区	6		6		
450921	容县	15		15		
450922	陆川县	14		14		
450923	博白县	28		28		
450924	兴业县	13		13		
450981	北流市	25	3	22		
451000	**百色市**	**135**	**2**	**75**	**45**	**13**
451002	右江区	9	2	4	2	1
451003	田阳区	10		9	1	
451022	田东县	10		9		1

续表 2

行政区划代码	行政区划名称	乡级合计	街道	镇	乡	民族乡
451024	德保县	12		7	5	
451026	那坡县	9		3	6	
451027	凌云县	8		4		4
451028	乐业县	8		4	4	
451029	田林县	14		5	5	4
451030	西林县	8		4	1	3
451031	隆林各族自治县	16		6	10	
451081	靖西市	19		11	8	
451082	平果市	12		9	3	
451100	**贺州市**	**61**	**4**	**47**	**5**	**5**
451102	八步区	16	3	12		1
451103	平桂区	9	1	7		1
451121	昭平县	12		9	2	1
451122	钟山县	12		10		2
451123	富川瑶族自治县	12		9	3	
451200	**河池市**	**141**	**3**	**65**	**62**	**11**
451202	金城江区	12	1	7	4	
451203	宜州区	16		9	5	2
451221	南丹县	11		8		3
451222	天峨县	9		2	6	1
451223	凤山县	10	1	3	3	3
451224	东兰县	14		6	7	1
451225	罗城仫佬族自治县	11		7	4	
451226	环江毛南族自治县	13	1	6	5	1
451227	巴马瑶族自治县	10		3	7	
451228	都安瑶族自治县	19		10	9	
451229	大化瑶族自治县	16		4	12	
451300	**来宾市**	**70**	**4**	**45**	**21**	
451302	兴宾区	24	4	16	4	
451321	忻城县	12		6	6	
451322	象州县	11		8	3	
451323	武宣县	10		9	1	
451324	金秀瑶族自治县	10		3	7	
451381	合山市	3		3		
451400	**崇左市**	**78**	**3**	**41**	**34**	
451402	江州区	11	3	6	2	
451421	扶绥县	11		8	3	
451422	宁明县	13		7	6	
451423	龙州县	12		5	7	
451424	大新县	14		5	9	
451425	天等县	13		6	7	
451481	凭祥市	4		4		

海南省

行政区划代码	行政区划名称	乡级合计	街道	镇	乡
460000	**海南省**	**218**	**22**	**175**	**21**
460100	**海口市**	**43**	**21**	**22**	
460105	秀英区	8	2	6	
460106	龙华区	11	6	5	
460107	琼山区	11	4	7	
460108	美兰区	13	9	4	
460200	**三亚市**	**0**			
460202	海棠区	0			
460203	吉阳区	0			
460204	天涯区	0			
460205	崖州区	0			
460300	**三沙市**	**0**			
	西沙区	0			
	南沙区	0			
460400	**儋州市**	**17**	**1**	**16**	
469001	五指山市	7		4	3
469002	琼海市	12		12	
469005	文昌市	17		17	
469006	万宁市	12		12	
469007	东方市	10		8	2
469021	定安县	10		10	
469022	屯昌县	8		8	
469023	澄迈县	11		11	
469024	临高县	11		11	
469025	白沙黎族自治县	11		4	7
469026	昌江黎族自治县	8		7	1
469027	乐东黎族自治县	11		11	
469028	陵水黎族自治县	11		9	2
469029	保亭黎族苗族自治县	9		6	3
469030	琼中黎族苗族自治县	10		7	3

重庆市

行政区划代码	行政区划名称	乡级合计	街道	镇	乡	民族乡
500000	**重庆市**	**1031**	**245**	**625**	**147**	**14**
500101	万州区	52	14	27	9	2
500102	涪陵区	27	11	14	2	
500103	渝中区	11	11			
500104	大渡口区	8	5	3		
500105	江北区	12	9	3		
500106	沙坪坝区	26	21	5		
500107	九龙坡区	19	9	10		
500108	南岸区	15	8	7		
500109	北碚区	17	9	8		
500110	綦江区	31	7	24		
500111	大足区	27	6	21		
500112	渝北区	30	19	11		
500113	巴南区	23	9	14		
500114	黔江区	30	6	18	6	
500115	长寿区	19	7	12		
500116	江津区	30	5	25		
500117	合川区	30	7	23		
500118	永川区	23	7	16		
500119	南川区	34	3	29	2	
500120	璧山区	15	6	9		
500151	铜梁区	28	5	23		
500152	潼南区	23	3	20		
500153	荣昌区	21	6	15		
500154	开州区	40	8	27	5	
500155	梁平区	33	5	26	2	
500156	武隆区	26	4	10	8	4
500229	城口县	25	2	10	13	
500230	丰都县	30	2	23	5	
500231	垫江县	26	2	22	2	
500233	忠县	29	4	19	5	1
500235	云阳县	42	4	31	6	1
500236	奉节县	33	4	18	7	4
500237	巫山县	26	2	11	11	2
500238	巫溪县	32	2	19	11	
500240	石柱土家族自治县	33	3	17	13	
500241	秀山土家族苗族自治县	27	5	18	4	
500242	酉阳土家族苗族自治县	39	2	19	18	
500243	彭水苗族土家族自治县	39	3	18	18	

四川省

行政区划代码	行政区划名称	乡级合计	街道	镇	乡	民族乡
510000	**四川省**	**3101**	**459**	**2016**	**543**	**83**
510100	**成都市**	**261**	**161**	**100**		
510104	锦江区	11	11			
510105	青羊区	12	12			
510106	金牛区	13	13			
510107	武侯区	15	15			
510108	成华区	11	11			
510112	龙泉驿区	10	7	3		
510113	青白江区	7	2	5		
510114	新都区	9	7	2		
510115	温江区	9	6	3		
510116	双流区	19	15	4		
510117	郫都区	12	9	3		
510118	新津区	8	4	4		
510121	金堂县	16	6	10		
510129	大邑县	11	3	8		
510131	蒲江县	8	2	6		
510181	都江堰市	11	6	5		
510182	彭州市	13	4	9		
510183	邛崃市	14	6	8		
510184	崇州市	15	6	9		
510185	简阳市	37	16	21		
510300	**自贡市**	**90**	**25**	**63**	**2**	
510302	自流井区	12	9	3		
510303	贡井区	10	3	7		
510304	大安区	15	6	9		
510311	沿滩区	12	2	9	1	
510321	荣县	21	2	19		
510322	富顺县	20	3	16	1	
510400	**攀枝花市**	**49**	**11**	**23**	**5**	**10**
510402	东区	6	5	1		
510403	西区	6	5	1		
510411	仁和区	14	1	8	3	2

续表 1

行政区划代码	行政区划名称	乡级合计	街道	镇	乡	民族乡
510421	米易县	11		7		4
510422	盐边县	12		6	2	4
510500	**泸州市**	**126**	**26**	**92**		**8**
510502	江阳区	15	9	6		
510503	纳溪区	13	3	10		
510504	龙马潭区	11	8	3		
510521	泸县	20	1	19		
510522	合江县	21	2	19		
510524	叙永县	23		18		5
510525	古蔺县	23	3	17		3
510600	**德阳市**	**84**	**13**	**67**	**4**	
510603	旌阳区	13	6	7		
510604	罗江区	7		7		
510623	中江县	30		26	4	
510681	广汉市	12	3	9		
510682	什邡市	10	2	8		
510683	绵竹市	12	2	10		
510700	**绵阳市**	**166**	**13**	**122**	**17**	**14**
510703	涪城区	13	7	6		
510704	游仙区	14	4	10		
510705	安州区	10		9	1	
510722	三台县	33		31	2	
510723	盐亭县	17	1	14	1	1
510725	梓潼县	16		15	1	
510726	北川羌族自治县	19		9	9	1
510727	平武县	20		6	2	12
510781	江油市	24	1	22	1	
510800	**广元市**	**142**	**7**	**112**	**21**	**2**
510802	利州区	15	7	5	3	
510811	昭化区	12		12		
510812	朝天区	12		10	2	
510821	旺苍县	23		21	2	
510822	青川县	20		12	6	2
510823	剑阁县	29		27	2	
510824	苍溪县	31		25	6	

续表 2

行政区划代码	行政区划名称	乡级合计	街道	镇	乡	民族乡
510900	**遂宁市**	**95**	**20**	**72**	**3**	
510903	船山区	24	14	9	1	
510904	安居区	18	2	16		
510921	蓬溪县	20	1	17	2	
510923	大英县	10	1	9		
510981	射洪市	23	2	21		
511000	**内江市**	**83**	**13**	**70**		
511002	市中区	15	6	9		
511011	东兴区	19	5	14		
511024	威远县	14		14		
511025	资中县	22		22		
511083	隆昌市	13	2	11		
511100	**乐山市**	**132**	**11**	**103**	**16**	**2**
511102	市中区	17	5	12		
511111	沙湾区	9	1	8		
511112	五通桥区	8		8		
511113	金口河区	5		2	1	2
511123	犍为县	15		15		
511124	井研县	15	1	14		
511126	夹江县	9	2	7		
511129	沐川县	13		8	5	
511132	峨边彝族自治县	13		7	6	
511133	马边彝族自治县	15		12	3	
511181	峨眉山市	13	2	10	1	
511300	**南充市**	**242**	**42**	**162**	**37**	**1**
511302	顺庆区	19	12	6	1	
511303	高坪区	19	8	10	1	
511304	嘉陵区	24	5	17	2	
511321	南部县	42	4	33	5	
511322	营山县	29	3	18	8	
511323	蓬安县	21	2	14	5	
511324	仪陇县	37	1	29	7	
511325	西充县	23	2	16	5	
511381	阆中市	28	5	19	3	1

续表 3

行政区划代码	行政区划名称	乡级合计	街道	镇	乡	民族乡
511400	**眉山市**	**80**	**13**	**62**	**5**	
511402	东坡区	16	3	13		
511403	彭山区	8	5	3		
511421	仁寿县	32	4	26	2	
511423	洪雅县	12		12		
511424	丹棱县	5		4	1	
511425	青神县	7	1	4	2	
511500	**宜宾市**	**136**	**14**	**105**	**5**	**12**
511502	翠屏区	20	8	12		
511503	南溪区	11	3	8		
511504	叙州区	17	3	12	2	
511523	江安县	14		14		
511524	长宁县	13		13		
511525	高县	13		13		
511526	珙县	13		10		3
511527	筠连县	12		7	2	3
511528	兴文县	12		8		4
511529	屏山县	11		8	1	2
511600	**广安市**	**124**	**15**	**99**	**10**	
511602	广安区	25	6	16	3	
511603	前锋区	12	4	8		
511621	岳池县	27	2	23	2	
511622	武胜县	23		19	4	
511623	邻水县	25		25		
511681	华蓥市	12	3	8	1	
511700	**达州市**	**200**	**21**	**149**	**26**	**4**
511702	通川区	18	5	12	1	
511703	达川区	33	6	22	5	
511722	宣汉县	37	2	28	3	4
511723	开江县	13	1	11	1	
511724	大竹县	31	3	23	5	
511725	渠县	37	3	28	6	
511781	万源市	31	1	25	5	
511800	**雅安市**	**96**	**10**	**57**	**16**	**13**
511802	雨城区	13	5	8		

续表 4

行政区划代码	行政区划名称	乡级合计	街道	镇	乡	民族乡
511803	名山区	13	2	11		
511822	荥经县	12	1	7	2	2
511823	汉源县	21		12	4	5
511824	石棉县	12	1	3	3	5
511825	天全县	10		7	3	
511826	芦山县	8	1	6	1	
511827	宝兴县	7		3	3	1
511900	**巴中市**	**139**	**17**	**116**	**6**	
511902	巴州区	25	9	14	2	
511903	恩阳区	18	3	15		
511921	通江县	33	1	30	2	
511922	南江县	32	1	29	2	
511923	平昌县	31	3	28		
512000	**资阳市**	**89**	**9**	**67**	**13**	
512002	雁江区	22	5	17		
512021	安岳县	46	2	32	12	
512022	乐至县	21	2	18	1	
513200	**阿坝藏族羌族自治州**	**174**		**82**	**91**	**1**
513201	马尔康市	13		3	10	
513221	汶川县	9		9		
513222	理县	11		6	5	
513223	茂县	11		11		
513224	松潘县	17		7	9	1
513225	九寨沟县	12		5	7	
513226	金川县	19		4	15	
513227	小金县	18		7	11	
513228	黑水县	15		8	7	
513230	壤塘县	11		3	8	
513231	阿坝县	15		6	9	
513232	若尔盖县	13		7	6	
513233	红原县	10		6	4	
513300	**甘孜藏族自治州**	**289**	**2**	**110**	**174**	**3**
513301	康定市	17	2	8	7	
513322	泸定县	9		8	1	
513323	丹巴县	12		9	3	

续表 5

行政区划代码	行政区划名称	乡级合计	街道	镇	乡	民族乡
513324	九龙县	16		9	4	3
513325	雅江县	16		6	10	
513326	道孚县	19		7	12	
513327	炉霍县	15		4	11	
513328	甘孜县	21		3	18	
513329	新龙县	16		6	10	
513330	德格县	23		10	13	
513331	白玉县	16		4	12	
513332	石渠县	21		7	14	
513333	色达县	16		5	11	
513334	理塘县	22		7	15	
513335	巴塘县	17		5	12	
513336	乡城县	10		3	7	
513337	稻城县	13		5	8	
513338	得荣县	10		4	6	
513400	**凉山彝族自治州**	**304**	**16**	**183**	**92**	**13**
513401	西昌市	25	7	11	5	2
513402	会理市	20	3	13	3	1
513422	木里藏族自治县	27		6	16	5
513423	盐源县	24	1	17	5	1
513424	德昌县	12	2	8		2
513426	会东县	19	2	13	4	
513427	宁南县	13		13		
513428	普格县	13		8	5	
513429	布拖县	12		8	4	
513430	金阳县	15		9	6	
513431	昭觉县	20		11	9	
513432	喜德县	13		7	6	
513433	冕宁县	19	1	15	2	1
513434	越西县	20		17	2	1
513435	甘洛县	13		9	4	
513436	美姑县	18		7	11	
513437	雷波县	21		11	10	

贵州省

行政区划代码	行政区划名称	乡级合计	街道	镇	乡	民族乡
520000	**贵州省**	**1510**	**365**	**831**	**122**	**192**
520100	**贵阳市**	**146**	**74**	**45**	**9**	**18**
520102	南明区	23	19		3	1
520103	云岩区	18	17	1		
520111	花溪区	19	9	4	1	5
520112	乌当区	13	5	6		2
520113	白云区	10	5	3		2
520115	观山湖区	10	7	3		
520121	开阳县	18	3	7	5	3
520122	息烽县	11	1	9		1
520123	修文县	12	5	6		1
520181	清镇市	12	3	6		3
520200	**六盘水市**	**92**	**27**	**39**	**1**	**25**
520201	钟山区	17	9	5		3
520203	六枝特区	18	3	9	1	5
520204	水城区	30	9	11		10
520281	盘州市	27	6	14		7
520300	**遵义市**	**254**	**54**	**179**	**13**	**8**
520302	红花岗区	23	14	9		
520303	汇川区	14	6	8		
520304	播州区	24	5	17		2
520322	桐梓县	25	2	20	2	1
520323	绥阳县	15	1	12	2	
520324	正安县	20	2	16		2
520325	道真仡佬族苗族自治县	15	1	11	2	1
520326	务川仡佬族苗族自治县	16	3	11	2	
520327	凤冈县	14	4	10		
520328	湄潭县	15	3	12		
520329	余庆县	10	1	8		1
520330	习水县	26	4	20	2	
520381	赤水市	17	3	11	3	
520382	仁怀市	20	5	14		1

续表 1

行政区划代码	行政区划名称	乡级合计	街道	镇	乡	民族乡
520400	**安顺市**	**92**	**26**	**48**	**8**	**10**
520402	西秀区	25	8	10	2	5
520403	平坝区	11	2	7		2
520422	普定县	13	4	6		3
520423	镇宁布依族苗族自治县	16	5	8	3	
520424	关岭布依族苗族自治县	14	4	9	1	
520425	紫云苗族布依族自治县	13	3	8	2	
520500	**毕节市**	**279**	**53**	**135**	**19**	**72**
520502	七星关区	48	13	27	2	6
520521	大方县	40	6	10	6	18
520523	金沙县	26	5	14	1	6
520524	织金县	33	7	16	3	7
520525	纳雍县	29	6	13		10
520526	威宁彝族回族苗族自治县	41	6	30	4	1
520527	赫章县	30	5	10	3	12
520581	黔西市	32	5	15		12
520600	**铜仁市**	**181**	**38**	**94**	**11**	**38**
520602	碧江区	15	7	3		5
520603	万山区	11	4	1		6
520621	江口县	10	2	6		2
520622	玉屏侗族自治县	8	4	3	1	
520623	石阡县	19	3	6	1	9
520624	思南县	28	3	17		8
520625	印江土家族苗族自治县	17	3	13	1	
520626	德江县	22	3	11		8
520627	沿河土家族自治县	23	4	17	2	
520628	松桃苗族自治县	28	5	17	6	
522300	**黔西南布依族苗族自治州**	**140**	**43**	**83**	**12**	**2**
522301	兴义市	32	12	17	3	
522302	兴仁市	18	6	11		1
522323	普安县	14	4	8	2	
522324	晴隆县	15	4	8	3	
522325	贞丰县	17	5	9	3	
522326	望谟县	16	4	11		1

续表 2

行政区划代码	行政区划名称	乡级合计	街道	镇	乡	民族乡
522327	册亨县	13	3	9	1	
522328	安龙县	15	5	10		
522600	**黔东南苗族侗族自治州**	**217**	**28**	**129**	**45**	**15**
522601	凯里市	20	9	11		
522622	黄平县	11		8	3	
522623	施秉县	8		5	3	
522624	三穗县	11	2	7	2	
522625	镇远县	12		8	3	1
522626	岑巩县	12	1	9	1	1
522627	天柱县	17	4	11	2	
522628	锦屏县	15		7	8	
522629	剑河县	13	1	11	1	
522630	台江县	9	2	4	3	
522631	黎平县	26	3	14	7	2
522632	榕江县	20	1	9	4	6
522633	从江县	20	1	12	4	3
522634	雷山县	9	1	5	2	1
522635	麻江县	7	2	4		1
522636	丹寨县	7	1	4	2	
522700	**黔南布依族苗族自治州**	**109**	**22**	**79**	**4**	**4**
522701	都匀市	10	5	4		1
522702	福泉市	8	2	5	1	
522722	荔波县	8	1	5		2
522723	贵定县	8	2	6		
522725	瓮安县	13	2	10	1	
522726	独山县	9	1	8		
522727	平塘县	11	1	9		1
522728	罗甸县	10	1	8	1	
522729	长顺县	7	1	5	1	
522730	龙里县	6	1	5		
522731	惠水县	11	3	8		
522732	三都水族自治县	8	2	6		

云南省

行政区划代码	行政区划名称	乡级合计	街道	镇	乡	民族乡
530000	**云南省**	**1426**	**223**	**666**	**397**	**140**
530100	**昆明市**	**141**	**83**	**42**	**12**	**4**
530102	五华区	10	10			
530103	盘龙区	12	12			
530111	官渡区	12	12			
530112	西山区	10	10			
530113	东川区	9	2	6	1	
530114	呈贡区	10	10			
530115	晋宁区	8	3	3		2
530124	富民县	7	2	5		
530125	宜良县	9	3	4		2
530126	石林彝族自治县	7	3	3	1	
530127	嵩明县	5	2	3		
530128	禄劝彝族苗族自治县	17	2	9	6	
530129	寻甸回族彝族自治县	16	3	9	4	
530181	安宁市	9	9			
530300	**曲靖市**	**137**	**46**	**51**	**32**	**8**
530302	麒麟区	16	13	3		
530303	沾益区	11	4	2	5	
530304	马龙区	10	5	2	3	
530322	陆良县	11	2	7	2	
530323	师宗县	10	3	4		3
530324	罗平县	13	3	4	3	3
530325	富源县	12	2	9		1
530326	会泽县	25	5	7	12	1
530381	宣威市	29	9	13	7	
530400	**玉溪市**	**76**	**25**	**25**	**16**	**10**
530402	红塔区	11	9			2
530403	江川区	8	2	4	1	1
530423	通海县	9	2	4		3
530424	华宁县	5	1	3		1
530425	易门县	7	2	1	1	3
530426	峨山彝族自治县	8	2	3	3	
530427	新平彝族傣族自治县	12	2	4	6	
530428	元江哈尼族彝族傣族自治县	10	3	2	5	
530481	澄江市	6	2	4		

续表 1

行政区划代码	行政区划名称	乡级合计	街道	镇	乡	民族乡
530500	**保山市**	**76**	**8**	**36**	**22**	**10**
530502	隆阳区	21	6	5	6	4
530521	施甸县	13		5	6	2
530523	龙陵县	10		5	4	1
530524	昌宁县	13		9	1	3
530581	腾冲市	19	2	12	5	
530600	**昭通市**	**150**	**16**	**94**	**23**	**17**
530602	昭阳区	19	4	8	3	4
530621	鲁甸县	13	2	9		2
530622	巧家县	17	2	11	4	
530623	盐津县	10		6	4	
530624	大关县	10		9		1
530625	永善县	16	2	7	5	2
530626	绥江县	5		5		
530627	镇雄县	30	3	20	5	2
530628	彝良县	16	2	9		5
530629	威信县	10		7	2	1
530681	水富市	4	1	3		
530700	**丽江市**	**66**	**10**	**24**	**17**	**15**
530702	古城区	11	7	2	1	1
530721	玉龙纳西族自治县	16	1	6	6	3
530722	永胜县	15		9		6
530723	华坪县	8		4		4
530724	宁蒗彝族自治县	16	2	3	10	1
530800	**普洱市**	**103**	**1**	**65**	**27**	**10**
530802	思茅区	7	1	4		2
530821	宁洱哈尼族彝族自治县	9		6	3	
530822	墨江哈尼族自治县	15		12	2	1
530823	景东彝族自治县	13		10	3	
530824	景谷傣族彝族自治县	10		6	4	
530825	镇沅彝族哈尼族拉祜族自治县	9		8	1	
530826	江城哈尼族彝族自治县	7		5	2	
530827	孟连傣族拉祜族佤族自治县	6		4	2	
530828	澜沧拉祜族自治县	20		5	9	6
530829	西盟佤族自治县	7		5	1	1
530900	**临沧市**	**77**	**2**	**32**	**30**	**13**
530902	临翔区	10	2	1	5	2

续表 2

行政区划代码	行政区划名称	乡级合计	街道	镇	乡	民族乡
530921	凤庆县	13		8	2	3
530922	云县	12		7	2	3
530923	永德县	10		3	5	2
530924	镇康县	7		3	3	1
530925	双江拉祜族佤族布朗族傣族自治县	6		2	4	
530926	耿马傣族佤族自治县	9		4	4	1
530927	沧源佤族自治县	10		4	5	1
532300	**楚雄彝族自治州**	**103**		**65**	**34**	**4**
532301	楚雄市	15		12	3	
532302	禄丰市	14		11	3	
532322	双柏县	8		5	3	
532323	牟定县	7		4	3	
532324	南华县	10		6	3	1
532325	姚安县	9		6	3	
532326	大姚县	12		8	3	1
532327	永仁县	7		3	3	1
532328	元谋县	10		3	7	
532329	武定县	11		7	3	1
532500	**红河哈尼族彝族自治州**	**135**	**15**	**60**	**55**	**5**
532501	个旧市	11	5	4	2	
532502	开远市	7	2	2	2	1
532503	蒙自市	13	5	4	2	2
532504	弥勒市	13	3	8	2	
532523	屏边苗族自治县	7		4	3	
532524	建水县	12		8	4	
532525	石屏县	9		7	2	
532527	泸西县	8		5	3	
532528	元阳县	14		3	11	
532529	红河县	13		5	8	
532530	金平苗族瑶族傣族自治县	13		4	8	1
532531	绿春县	9		4	5	
532532	河口瑶族自治县	6		2	3	1
532600	**文山壮族苗族自治州**	**104**	**3**	**42**	**43**	**16**
532601	文山市	17	3	7	2	5
532622	砚山县	11		4	3	4
532623	西畴县	9		2	7	
532624	麻栗坡县	11		4	6	1

续表 3

行政区划代码	行政区划名称	乡级合计	街道	镇	乡	民族乡
532625	马关县	13		9	4	
532626	丘北县	12		3	4	5
532627	广南县	18		7	11	
532628	富宁县	13		6	6	1
532800	**西双版纳傣族自治州**	**35**	**5**	**18**	**5**	**7**
532801	景洪市	14	5	4	3	2
532822	勐海县	11		6	2	3
532823	勐腊县	10		8		2
532900	**大理白族自治州**	**112**	**3**	**69**	**29**	**11**
532901	大理市	13	3	9		1
532922	漾濞彝族自治县	9		4	5	
532923	祥云县	10		8	1	1
532924	宾川县	10		8		2
532925	弥渡县	8		6	1	1
532926	南涧彝族自治县	8		5	3	
532927	巍山彝族回族自治县	10		4	6	
532928	永平县	7		3	1	3
532929	云龙县	11		4	5	2
532930	洱源县	9		6	3	
532931	剑川县	8		5	3	
532932	鹤庆县	9		7	1	1
533100	**德宏傣族景颇族自治州**	**51**	**2**	**23**	**21**	**5**
533102	瑞丽市	6	1	3	2	
533103	芒市	12	1	5	5	1
533122	梁河县	9		3	4	2
533123	盈江县	15		8	6	1
533124	陇川县	9		4	4	1
533300	**怒江傈僳族自治州**	**31**	**4**	**11**	**14**	**2**
533301	泸水市	10	2	5	2	1
533323	福贡县	7		1	5	1
533324	贡山独龙族怒族自治县	5		2	3	
533325	兰坪白族普米族自治县	9	2	3	4	
533400	**迪庆藏族自治州**	**29**		**9**	**17**	**3**
533401	香格里拉市	11		4	6	1
533422	德钦县	8		2	4	2
533423	维西傈僳族自治县	10		3	7	

西藏自治区

行政区划代码	行政区划名称	乡级合计	街道	镇	乡	民族乡
540000	**西藏自治区**	**711**	**35**	**142**	**525**	**9**
540100	**拉萨市**	**70**	**21**	**12**	**37**	
540102	城关区	15	15			
540103	堆龙德庆区	9	6	3		
540104	达孜区	6		1	5	
540121	林周县	10		1	9	
540122	当雄县	8		2	6	
540123	尼木县	8		2	6	
540124	曲水县	6		2	4	
540127	墨竹工卡县	8		1	7	
540200	**日喀则市**	**206**	**4**	**27**	**175**	
540202	桑珠孜区	14	4		10	
540221	南木林县	17		1	16	
540222	江孜县	19		1	18	
540223	定日县	13		2	11	
540224	萨迦县	11		2	9	
540225	拉孜县	11		2	9	
540226	昂仁县	17		2	15	
540227	谢通门县	19		1	18	
540228	白朗县	11		2	9	
540229	仁布县	9		1	8	
540230	康马县	9		1	8	
540231	定结县	10		3	7	
540232	仲巴县	13		1	12	
540233	亚东县	7		2	5	
540234	吉隆县	6		2	4	
540235	聂拉木县	7		2	5	
540236	萨嘎县	8		1	7	
540237	岗巴县	5		1	4	
540300	**昌都市**	**138**		**28**	**109**	**1**
540302	卡若区	15		3	12	
540321	江达县	13		2	11	
540322	贡觉县	12		1	11	
540323	类乌齐县	10		2	8	
540324	丁青县	13		2	11	
540325	察雅县	13		3	10	
540326	八宿县	14		4	10	
540327	左贡县	10		3	7	
540328	芒康县	16		2	13	1
540329	洛隆县	11		4	7	

续表 1

行政区划代码	行政区划名称	乡级合计	街道	镇	乡	民族乡
540330	边坝县	11		2	9	
540400	**林芝市**	**56**	**2**	**20**	**31**	**3**
540402	巴宜区	9	2	4	2	1
540421	工布江达县	9		3	6	
540423	墨脱县	8		1	6	1
540424	波密县	10		3	7	
540425	察隅县	6		3	3	
540426	朗县	6		3	3	
540481	米林市	8		3	4	1
540500	**山南市**	**85**	**3**	**23**	**54**	**5**
540502	乃东区	9	3	1	5	
540521	扎囊县	5		2	3	
540522	贡嘎县	9		5	4	
540523	桑日县	4		1	3	
540524	琼结县	4		1	3	
540525	曲松县	5		2	3	
540526	措美县	4		2	2	
540527	洛扎县	7		2	5	
540528	加查县	7		2	5	
540529	隆子县	11		2	8	1
540531	浪卡子县	10		2	8	
540581	错那市	10		1	5	4
540600	**那曲市**	**119**	**5**	**25**	**89**	
540602	色尼区	17	5	3	9	
540621	嘉黎县	10		2	8	
540622	比如县	10		2	8	
540623	聂荣县	10		1	9	
540624	安多县	13		4	9	
540625	申扎县	8		2	6	
540626	索县	10		2	8	
540627	班戈县	10		4	6	
540628	巴青县	10		3	7	
540629	尼玛县	14		1	13	
540630	双湖县	7		1	6	
542500	**阿里地区**	**37**		**7**	**30**	
542521	普兰县	3		1	2	
542522	札达县	7		1	6	
542523	噶尔县	5		1	4	
542524	日土县	5		1	4	
542525	革吉县	5		1	4	
542526	改则县	7		1	6	
542527	措勤县	5		1	4	

陕西省

行政区划代码	行政区划名称	乡级合计	街道	镇	乡
610000	**陕西省**	**1317**	**327**	**973**	**17**
610100	**西安市**	**172**	**135**	**37**	
610102	新城区	9	9		
610103	碑林区	8	8		
610104	莲湖区	9	9		
610111	灞桥区	9	9		
610112	未央区	12	12		
610113	雁塔区	10	10		
610114	阎良区	7	7		
610115	临潼区	23	23		
610116	长安区	25	25		
610117	高陵区	7	7		
610118	鄠邑区	14	14		
610122	蓝田县	19	1	18	
610124	周至县	20	1	19	
610200	**铜川市**	**38**	**17**	**20**	**1**
610202	王益区	7	6	1	
610203	印台区	9	4	5	
610204	耀州区	14	6	8	
610222	宜君县	8	1	6	1
610300	**宝鸡市**	**116**	**17**	**99**	
610302	渭滨区	10	5	5	
610303	金台区	11	7	4	
610304	陈仓区	18	3	15	
610305	凤翔区	12		12	
610323	岐山县	9		9	
610324	扶风县	8	1	7	
610326	眉县	8	1	7	
610327	陇县	10		10	
610328	千阳县	7		7	
610329	麟游县	7		7	
610330	凤县	9		9	
610331	太白县	7		7	
610400	**咸阳市**	**142**	**41**	**101**	
610402	秦都区	12	12		
610403	杨陵区	5	3	2	
610404	渭城区	10	10		
610422	三原县	10	1	9	

续表 1

行政区划代码	行政区划名称	乡级合计	街道	镇	乡
610423	泾阳县	13	1	12	
610424	乾县	16	1	15	
610425	礼泉县	12	1	11	
610426	永寿县	7	1	6	
610428	长武县	8	1	7	
610429	旬邑县	10	1	9	
610430	淳化县	8	1	7	
610431	武功县	8	1	7	
610481	兴平市	13	5	8	
610482	彬州市	10	2	8	
610500	**渭南市**	**133**	**25**	**108**	
610502	临渭区	27	13	14	
610503	华州区	10	1	9	
610522	潼关县	5	1	4	
610523	大荔县	16	1	15	
610524	合阳县	12	1	11	
610525	澄城县	10	1	9	
610526	蒲城县	16	1	15	
610527	白水县	8	1	7	
610528	富平县	15	1	14	
610581	韩城市	8	2	6	
610582	华阴市	6	2	4	
610600	**延安市**	**118**	**22**	**88**	**8**
610602	宝塔区	20	7	12	1
610603	安塞区	11	3	8	
610621	延长县	8	1	7	
610622	延川县	8	1	7	
610625	志丹县	8	1	7	
610626	吴起县	9	1	8	
610627	甘泉县	6	1	3	2
610628	富县	8	1	6	1
610629	洛川县	9	1	8	
610630	宜川县	7	1	4	2
610631	黄龙县	7		5	2
610632	黄陵县	6	1	5	
610681	子长市	11	3	8	
610700	**汉中市**	**177**	**25**	**152**	
610702	汉台区	15	8	7	
610703	南郑区	22	2	20	
610722	城固县	17	2	15	

续表 2

行政区划代码	行政区划名称	乡级合计	街道	镇	乡
610723	洋县	18	3	15	
610724	西乡县	17	2	15	
610725	勉县	18	1	17	
610726	宁强县	18	2	16	
610727	略阳县	17	2	15	
610728	镇巴县	20	1	19	
610729	留坝县	8	1	7	
610730	佛坪县	7	1	6	
610800	**榆林市**	**184**	**29**	**147**	**8**
610802	榆阳区	31	12	14	5
610803	横山区	18	5	13	
610822	府谷县	14		14	
610824	靖边县	17	1	16	
610825	定边县	19	1	16	2
610826	绥德县	15		15	
610827	米脂县	9	1	8	
610828	佳县	13	1	12	
610829	吴堡县	6	1	5	
610830	清涧县	9		9	
610831	子洲县	13	1	11	1
610881	神木市	20	6	14	
610900	**安康市**	**139**	**4**	**135**	
610902	汉滨区	28	4	24	
610921	汉阴县	10		10	
610922	石泉县	11		11	
610923	宁陕县	11		11	
610924	紫阳县	17		17	
610925	岚皋县	12		12	
610926	平利县	11		11	
610927	镇坪县	7		7	
610929	白河县	11		11	
610981	旬阳市	21		21	
611000	**商洛市**	**98**	**12**	**86**	
611002	商州区	18	4	14	
611021	洛南县	16	2	14	
611022	丹凤县	12	1	11	
611023	商南县	10	1	9	
611024	山阳县	18	2	16	
611025	镇安县	15	1	14	
611026	柞水县	9	1	8	

甘肃省

行政区划代码	行政区划名称	乡级合计	街道	镇	乡	民族乡
620000	**甘肃省**	**1356**	**127**	**892**	**305**	**32**
620100	**兰州市**	**114**	**53**	**47**	**14**	
620102	城关区	26	26			
620103	七里河区	15	9	5	1	
620104	西固区	13	7	5	1	
620105	安宁区	10	8	2		
620111	红古区	7	3	4		
620121	永登县	15		12	3	
620122	皋兰县	8		8		
620123	榆中县	20		11	9	
620200	**嘉峪关市**	**6**	**3**	**3**		
620300	**金昌市**	**18**	**6**	**11**	**1**	
620302	金川区	8	6	2		
620321	永昌县	10		9	1	
620400	**白银市**	**78**	**9**	**53**	**15**	**1**
620402	白银区	10	5	3	2	
620403	平川区	11	4	5	2	
620421	靖远县	18		13	5	
620422	会宁县	28		24	3	1
620423	景泰县	11		8	3	
620500	**天水市**	**123**	**10**	**101**	**12**	
620502	秦州区	23	7	16		
620503	麦积区	20	3	17		
620521	清水县	18		15	3	
620522	秦安县	17		17		
620523	甘谷县	15		13	2	
620524	武山县	15		13	2	
620525	张家川回族自治县	15		10	5	
620600	**武威市**	**102**	**9**	**84**	**9**	
620602	凉州区	46	9	37		
620621	民勤县	18		18		
620622	古浪县	19		15	4	
620623	天祝藏族自治县	19		14	5	

续表 1

行政区划代码	行政区划名称	乡级合计	街道	镇	乡	民族乡
620700	**张掖市**	**65**	**5**	**48**	**8**	**4**
620702	甘州区	23	5	13	4	1
620721	肃南裕固族自治县	8		3	2	3
620722	民乐县	10		10		
620723	临泽县	7		7		
620724	高台县	9		9		
620725	山丹县	8		6	2	
620800	**平凉市**	**105**	**3**	**70**	**23**	**9**
620802	崆峒区	20	3	7	3	7
620821	泾川县	14		11	3	
620822	灵台县	13		9	4	
620823	崇信县	6		4	2	
620825	庄浪县	18		15	3	
620826	静宁县	24		17	7	
620881	华亭市	10		7	1	2
620900	**酒泉市**	**76**	**8**	**53**	**9**	**6**
620902	肃州区	22	7	14		1
620921	金塔县	9		7	2	
620922	瓜州县	15		10	2	3
620923	肃北蒙古族自治县	4		2	2	
620924	阿克塞哈萨克族自治县	4		1	3	
620981	玉门市	13	1	10		2
620982	敦煌市	9		9		
621000	**庆阳市**	**119**	**3**	**73**	**42**	**1**
621002	西峰区	10	3	5	2	
621021	庆城县	15		9	6	
621022	环县	20		10	10	
621023	华池县	15		6	9	
621024	合水县	12		8	4	
621025	正宁县	10		8	1	1
621026	宁县	18		14	4	
621027	镇原县	19		13	6	
621100	**定西市**	**122**	**3**	**87**	**32**	
621102	安定区	22	3	12	7	
621121	通渭县	18		14	4	

续表 2

行政区划代码	行政区划名称	乡级合计	街道	镇	乡	民族乡
621122	陇西县	17		12	5	
621123	渭源县	16		12	4	
621124	临洮县	18		12	6	
621125	漳县	13		10	3	
621126	岷县	18		15	3	
621200	**陇南市**	**199**	**4**	**140**	**51**	**4**
621202	武都区	40	4	26	8	2
621221	成县	17		14	3	
621222	文县	20		14	5	1
621223	宕昌县	25		11	13	1
621224	康县	21		18	3	
621225	西和县	20		16	4	
621226	礼县	29		22	7	
621227	徽县	15		13	2	
621228	两当县	12		6	6	
622900	**临夏回族自治州**	**130**	**7**	**58**	**61**	**4**
622901	临夏市	11	7	4		
622921	临夏县	25		9	14	2
622922	康乐县	15		5	10	
622923	永靖县	17		10	7	
622924	广河县	9		6	2	1
622925	和政县	13		9	3	1
622926	东乡族自治县	23		8	15	
622927	积石山保安族东乡族撒拉族自治县	17		7	10	
623000	**甘南藏族自治州**	**99**	**4**	**64**	**28**	**3**
623001	合作市	10	4	3	3	
623021	临潭县	16		11	3	2
623022	卓尼县	15		11	3	1
623023	舟曲县	19		15	4	
623024	迭部县	11		5	6	
623025	玛曲县	8		6	2	
623026	碌曲县	7		5	2	
623027	夏河县	13		8	5	

青海省

行政区划代码	行政区划名称	乡级合计	街道	镇	乡	民族乡
630000	**青海省**	**404**	**42**	**140**	**194**	**28**
630100	**西宁市**	**75**	**25**	**27**	**17**	**6**
630102	城东区	9	7	2		
630103	城中区	8	7	1		
630104	城西区	8	7	1		
630105	城北区	6	4	2		
630106	湟中区	15		10	2	3
630121	大通回族土族自治县	20		9	9	2
630123	湟源县	9		2	6	1
630200	**海东市**	**95**	**5**	**31**	**40**	**19**
630202	乐都区	20	2	6	9	3
630203	平安区	8	2	1		5
630222	民和回族土族自治县	22		8	13	1
630223	互助土族自治县	19	1	7	9	2
630224	化隆回族自治县	17		6	7	4
630225	循化撒拉族自治县	9		3	2	4
632200	**海北藏族自治州**	**30**		**11**	**17**	**2**
632221	门源回族自治县	12		4	7	1
632222	祁连县	7		3	4	
632223	海晏县	6		2	3	1
632224	刚察县	5		2	3	
632300	**黄南藏族自治州**	**33**		**12**	**21**	
632301	同仁市	11		3	8	
632322	尖扎县	9		3	6	
632323	泽库县	7		4	3	
632324	河南蒙古族自治县	6		2	4	

续表 1

行政区划代码	行政区划名称	乡级合计	街道	镇	乡	民族乡
632500	**海南藏族自治州**	**36**		**19**	**16**	**1**
632521	共和县	11		7	4	
632522	同德县	5		2	3	
632523	贵德县	7		4	2	1
632524	兴海县	7		3	4	
632525	贵南县	6		3	3	
632600	**果洛藏族自治州**	**44**		**8**	**36**	
632621	玛沁县	8		2	6	
632622	班玛县	9		1	8	
632623	甘德县	7		1	6	
632624	达日县	10		1	9	
632625	久治县	6		1	5	
632626	玛多县	4		2	2	
632700	**玉树藏族自治州**	**48**	**4**	**11**	**33**	
632701	玉树市	11	4	2	5	
632722	杂多县	8		1	7	
632723	称多县	7		5	2	
632724	治多县	6		1	5	
632725	囊谦县	10		1	9	
632726	曲麻莱县	6		1	5	
632800	**海西蒙古族藏族自治州**	**43**	**8**	**21**	**14**	
632801	格尔木市	9	5	2	2	
632802	德令哈市	7	3	3	1	
632803	茫崖市	3		3		
632821	乌兰县	4		4		
632822	都兰县	8		4	4	
632823	天峻县	10		3	7	

宁夏回族自治区

行政区划代码	行政区划名称	乡级合计	街道	镇	乡
640000	**宁夏回族自治区**	**243**	**50**	**103**	**90**
640100	**银川市**	**55**	**28**	**21**	**6**
640104	兴庆区	16	12	2	2
640105	西夏区	9	7	2	
640106	金凤区	8	6	2	
640121	永宁县	7	1	5	1
640122	贺兰县	6	1	4	1
640181	灵武市	9	1	6	2
640200	**石嘴山市**	**36**	**16**	**11**	**9**
640202	大武口区	11	10	1	
640205	惠农区	12	6	3	3
640221	平罗县	13		7	6
640300	**吴忠市**	**47**	**3**	**29**	**15**
640302	利通区	12		8	4
640303	红寺堡区	6	1	2	3
640323	盐池县	9	1	4	4
640324	同心县	11		7	4
640381	青铜峡市	9	1	8	
640400	**固原市**	**65**	**3**	**21**	**41**
640402	原州区	14	3	7	4
640422	西吉县	19		4	15
640423	隆德县	13		3	10
640424	泾源县	7		3	4
640425	彭阳县	12		4	8
640500	**中卫市**	**40**		**21**	**19**
640502	沙坡头区	11		10	1
640521	中宁县	12		6	6
640522	海原县	17		5	12

新疆维吾尔自治区

行政区划代码	行政区划名称	乡级合计	街道	镇	乡	民族乡	区公所
650000	**新疆维吾尔自治区**	**1162**	**224**	**480**	**415**	**42**	**1**
650100	**乌鲁木齐市**	**104**	**82**	**10**	**11**	**1**	
650102	天山区	16	16				
650103	沙依巴克区	16	16				
650104	新市区	22	17	1	4		
650105	水磨沟区	14	14				
650106	头屯河区	9	9				
650107	达坂城区	7	3	1	3		
650109	米东区	14	7	5	1	1	
650121	乌鲁木齐县	6		3	3		
650200	**克拉玛依市**	**16**	**14**	**1**	**1**		
650202	独山子区	3	3				
650203	克拉玛依区	8	7		1		
650204	白碱滩区	3	3				
650205	乌尔禾区	2	1	1			
650400	**吐鲁番市**	**30**	**3**	**20**	**6**	**1**	
650402	高昌区	12	3	6	3		
650421	鄯善县	10		7	2	1	
650422	托克逊县	8		7	1		
650500	**哈密市**	**43**	**5**	**15**	**20**	**3**	
650502	伊州区	24	5	7	10	2	
650521	巴里坤哈萨克自治县	12		5	7		
650522	伊吾县	7		3	3	1	
652300	**昌吉回族自治州**	**81**	**9**	**46**	**15**	**11**	
652301	昌吉市	16	6	8	1	1	
652302	阜康市	10	3	4	1	2	
652323	呼图壁县	7		6		1	
652324	玛纳斯县	11		7	1	3	
652325	奇台县	16		10	3	3	
652327	吉木萨尔县	10		7	3		
652328	木垒哈萨克自治县	11		4	6	1	
652700	**博尔塔拉蒙古自治州**	**23**	**6**	**12**	**5**		
652701	博乐市	10	5	4	1		
652702	阿拉山口市	2	1	1			
652722	精河县	5		4	1		
652723	温泉县	6		3	3		
652800	**巴音郭楞蒙古自治州**	**93**	**7**	**39**	**46**	**1**	
652801	库尔勒市	19	7	4	8		
652822	轮台县	11		4	7		
652823	尉犁县	8		3	5		

续表 1

行政区划代码	行政区划名称	乡级合计	街道	镇	乡	民族乡	区公所
652824	若羌县	8		5	3		
652825	且末县	13		6	7		
652826	焉耆回族自治县	8		4	4		
652827	和静县	12		8	4		
652828	和硕县	7		3	3	1	
652829	博湖县	7		2	5		
652900	**阿克苏地区**	**99**	**12**	**48**	**37**	**2**	
652901	阿克苏市	14	7	4	3		
652902	库车市	19	5	9	5		
652922	温宿县	10		5	4	1	
652924	沙雅县	11		7	4		
652925	新和县	8		6	2		
652926	拜城县	14		4	10		
652927	乌什县	9		3	5	1	
652928	阿瓦提县	9		7	2		
652929	柯坪县	5		3	2		
653000	**克孜勒苏柯尔克孜自治州**	**39**	**3**	**12**	**23**	**1**	
653001	阿图什市	10	3	3	4		
653022	阿克陶县	12		5	6	1	
653023	阿合奇县	6		1	5		
653024	乌恰县	11		3	8		
653100	**喀什地区**	**186**	**15**	**58**	**109**	**3**	**1**
653101	喀什市	21	10	2	9		
653121	疏附县	10		5	5		
653122	疏勒县	15		3	12		
653123	英吉沙县	14		4	10		
653124	泽普县	14		2	10	1	1
653125	莎车县	34	5	14	14	1	
653126	叶城县	21		9	12		
653127	麦盖提县	10		2	8		
653128	岳普湖县	9		4	5		
653129	伽师县	13		7	6		
653130	巴楚县	12		4	8		
653131	塔什库尔干塔吉克自治县	13		2	10	1	
653200	**和田地区**	**98**	**5**	**29**	**62**	**2**	
653201	和田市	13	5	3	5		
653221	和田县	14		4	10		
653222	墨玉县	16		5	11		
653223	皮山县	16		7	7	2	
653224	洛浦县	9		5	4		
653225	策勒县	8		2	6		
653226	于田县	15		2	13		

续表 2

行政区划代码	行政区划名称	乡级合计	街道	镇	乡	民族乡	区公所
653227	民丰县	7		1	6		
654000	**伊犁哈萨克自治州**	**120**	**23**	**60**	**27**	**10**	
654002	伊宁市	21	12	4	5		
654003	奎屯市	7	6		1		
654004	霍尔果斯市	6	5			1	
654021	伊宁县	18		10	7	1	
654022	察布查尔锡伯自治县	13		7	5	1	
654023	霍城县	9		7	1	1	
654024	巩留县	8		6	2		
654025	新源县	9		8	1		
654026	昭苏县	10		7		3	
654027	特克斯县	8		6		2	
654028	尼勒克县	11		5	5	1	
654200	**塔城地区**	**80**	**12**	**35**	**28**	**5**	
654201	塔城市	10	3	3	3	1	
654202	乌苏市	22	5	10	5	2	
654203	沙湾市	15	4	8	3		
654221	额敏县	11		6	3	2	
654224	托里县	8		4	4		
654225	裕民县	6		2	4		
654226	和布克赛尔蒙古自治县	8		2	6		
654300	**阿勒泰地区**	**60**	**4**	**30**	**24**	**2**	
654301	阿勒泰市	15	4	5	5	1	
654321	布尔津县	7		4	2	1	
654322	富蕴县	10		5	5		
654323	福海县	6		3	3		
654324	哈巴河县	7		4	3		
654325	青河县	8		5	3		
654326	吉木乃县	7		4	3		
659001	石河子市	7	5	2			
659002	阿拉尔市	20	4	15	1		
659003	图木舒克市	17	3	14			
659004	五家渠市	6	3	3			
659005	北屯市	6	3	3			
659006	铁门关市	10	1	9			
659007	双河市	6	1	5			
659008	可克达拉市	7	2	5			
659009	昆玉市	6	1	5			
659010	胡杨河市	2	1	1			
659011	新星市	3		3			
659012	白杨市	0					

第二部分

中华人民共和国行政区划名称和行政区划代码

北京市

北京市（京）

行政区划名称	行政区划代码
北京市（165街道，143镇，30乡，5民族乡）	**110000**
东城区（17街道）	**110101**
东华门街道	110101001
景山街道	110101002
交道口街道	110101003
安定门街道	110101004
北新桥街道	110101005
东四街道	110101006
朝阳门街道	110101007
建国门街道	110101008
东直门街道	110101009
和平里街道	110101010
前门街道	110101011
崇文门外街道	110101012
东花市街道	110101013
龙潭街道	110101014
体育馆路街道	110101015
天坛街道	110101016
永定门外街道	110101017
西城区（15街道）	**110102**
西长安街街道	110102001
新街口街道	110102003
月坛街道	110102007
展览路街道	110102009
德胜街道	110102010
金融街街道	110102011
什刹海街道	110102012
大栅栏街道	110102013
天桥街道	110102014
椿树街道	110102015
陶然亭街道	110102016
广安门内街道	110102017
牛街街道	110102018
白纸坊街道	110102019
广安门外街道	110102020
朝阳区（24街道，18乡，1民族乡）	**110105**
建外街道	110105001
朝外街道	110105002
呼家楼街道	110105003
三里屯街道	110105004
左家庄街道	110105005
香河园街道	110105006
和平街街道	110105007
安贞街道	110105008
亚运村街道	110105009
小关街道	110105010
酒仙桥街道	110105011
麦子店街道	110105012
团结湖街道	110105013
六里屯街道	110105014
八里庄街道	110105015
双井街道	110105016
劲松街道	110105017
潘家园街道	110105018
垡头街道	110105019
大屯街道	110105025
望京街道	110105026
奥运村街道	110105031
东湖街道	110105043
南磨房乡	110105221
高碑店乡	110105222
将台乡	110105223
太阳宫乡	110105224
小红门乡	110105227
十八里店乡	110105228
平房乡	110105229
东风乡	110105230
来广营乡	110105232
常营回族乡	110105233
三间房乡	110105234
管庄乡	110105235
金盏乡	110105236
孙河乡	110105237
崔各庄乡	110105238
东坝乡	110105239
黑庄户乡	110105240
豆各庄乡	110105241
王四营乡	110105242
首都机场街道	110105400
丰台区（24街道，2镇）	**110106**
右安门街道	110106001
太平桥街道	110106002
西罗园街道	110106003
大红门街道	110106004
南苑街道	110106005
东高地街道	110106006
东铁匠营街道	110106007
六里桥街道	110106008
丰台街道	110106009
新村街道	110106010
长辛店街道	110106011
云岗街道	110106012
方庄街道	110106013
宛平街道	110106014
马家堡街道	110106015
和义街道	110106016
卢沟桥街道	110106017
花乡街道	110106018
成寿寺街道	110106020
石榴庄街道	110106021
玉泉营街道	110106022
看丹街道	110106023
五里店街道	110106024
青塔街道	110106025
北宫镇	110106100
王佐镇	110106101
石景山区（9街道）	**110107**
八宝山街道	110107001
老山街道	110107002
八角街道	110107003
古城街道	110107004
苹果园街道	110107005
金顶街街道	110107006
广宁街道	110107009
五里坨街道	110107010
鲁谷街道	110107011
海淀区（22街道，7镇）	**110108**

续表 1

行政区划名称	行政区划代码	行政区划名称	行政区划代码	行政区划名称	行政区划代码
万寿路街道	110108001	妙峰山镇	110109108	临河里街道	110112011
永定路街道	110108002	王平镇	110109109	杨庄街道	110112012
羊坊店街道	110108003	**房山区（8 街道，14 镇，6 乡）**	**110111**	潞邑街道	110112013
甘家口街道	110108004			宋庄镇	110112104
八里庄街道	110108005	城关街道	110111001	张家湾镇	110112105
紫竹院街道	110108006	新镇街道	110111002	漷县镇	110112106
北下关街道	110108007	向阳街道	110111004	马驹桥镇	110112109
北太平庄街道	110108008	东风街道	110111005	西集镇	110112110
学院路街道	110108010	迎风街道	110111006	台湖镇	110112114
中关村街道	110108011	星城街道	110111007	永乐店镇	110112117
海淀街道	110108012	拱辰街道	110111011	潞城镇	110112119
青龙桥街道	110108013	西潞街道	110111012	永顺镇	110112120
清华园街道	110108014	阎村镇	110111101	梨园镇	110112121
燕园街道	110108015	窦店镇	110111103	于家务回族乡	110112209
香山街道	110108016	石楼镇	110111104	**顺义区（6 街道，19 镇）**	**110113**
清河街道	110108017	长阳镇	110111105	胜利街道	110113001
花园路街道	110108018	河北镇	110111107	光明街道	110113002
西三旗街道	110108019	长沟镇	110111108	石园街道	110113010
马连洼街道	110108020	大石窝镇	110111109	空港街道	110113011
田村路街道	110108021	张坊镇	110111110	双丰街道	110113012
上地街道	110108022	十渡镇	110111111	旺泉街道	110113013
曙光街道	110108025	青龙湖镇	110111112	高丽营镇	110113101
温泉镇	110108101	韩村河镇	110111115	李桥镇	110113104
四季青镇	110108102	良乡镇	110111116	李遂镇	110113105
西北旺镇	110108103	周口店镇	110111117	南彩镇	110113106
苏家坨镇	110108104	琉璃河镇	110111118	北务镇	110113108
上庄镇	110108105	霞云岭乡	110111208	大孙各庄镇	110113109
海淀镇	110108123	南窖乡	110111209	张镇	110113110
东升镇	110108124	佛子庄乡	110111210	龙湾屯镇	110113111
门头沟区（4 街道，9 镇）	**110109**	大安山乡	110111211	木林镇	110113112
大峪街道	110109001	史家营乡	110111212	北小营镇	110113113
城子街道	110109002	蒲洼乡	110111213	北石槽镇	110113115
东辛房街道	110109003	**通州区（11 街道，10 镇，1 民族乡）**	**110112**	赵全营镇	110113116
大台街道	110109004			仁和镇	110113117
潭柘寺镇	110109101	中仓街道	110112001	后沙峪镇	110113118
永定镇	110109102	新华街道	110112002	天竺镇	110113119
龙泉镇	110109103	北苑街道	110112003	杨镇	110113120
军庄镇	110109104	玉桥街道	110112004	牛栏山镇	110113121
雁翅镇	110109105	潞源街道	110112007	南法信镇	110113122
斋堂镇	110109106	通运街道	110112008	马坡镇	110113123
清水镇	110109107	文景街道	110112009	**昌平区（8 街道，14 镇）**	**110114**
		九棵树街道	110112010		

续表 2

行政区划名称	行政区划代码	行政区划名称	行政区划代码	行政区划名称	行政区划代码
城北街道	110114001	黄村镇	110115113	**密云区（2 街道，17 镇，1 民族乡）**	**110118**
城南街道	110114005	旧宫镇	110115114	鼓楼街道	110118001
天通苑北街道	110114008	西红门镇	110115115	果园街道	110118002
天通苑南街道	110114009	瀛海镇	110115116	密云镇	110118100
霍营街道	110114010	**怀柔区（2 街道，12 镇，2 民族乡）**	**110116**	溪翁庄镇	110118101
回龙观街道	110114011	泉河街道	110116001	西田各庄镇	110118102
龙泽园街道	110114012	龙山街道	110116002	十里堡镇	110118103
史各庄街道	110114013	北房镇	110116102	河南寨镇	110118104
阳坊镇	110114104	杨宋镇	110116103	巨各庄镇	110118105
小汤山镇	110114110	桥梓镇	110116105	穆家峪镇	110118106
南邵镇	110114111	怀北镇	110116106	太师屯镇	110118107
崔村镇	110114112	汤河口镇	110116107	高岭镇	110118108
百善镇	110114113	渤海镇	110116108	不老屯镇	110118109
北七家镇	110114115	九渡河镇	110116109	冯家峪镇	110118110
兴寿镇	110114116	琉璃庙镇	110116110	古北口镇	110118111
流村镇	110114118	宝山镇	110116111	大城子镇	110118112
十三陵镇	110114119	怀柔镇	110116112	东邵渠镇	110118113
延寿镇	110114120	雁栖镇	110116113	北庄镇	110118114
南口镇	110114121	庙城镇	110116114	新城子镇	110118115
马池口镇	110114122	长哨营满族乡	110116211	石城镇	110118116
沙河镇	110114123	喇叭沟门满族乡	110116213	檀营满族蒙古族乡	110118200
东小口镇	110114125	**平谷区（2 街道，14 镇，2 乡）**	**110117**	**延庆区（3 街道，11 镇，4 乡）**	**110119**
大兴区（8 街道，14 镇）	**110115**	滨河街道	110117001	百泉街道	110119001
兴丰街道	110115001	兴谷街道	110117002	香水园街道	110119002
林校路街道	110115002	东高村镇	110117101	儒林街道	110119003
清源街道	110115003	山东庄镇	110117102	延庆镇	110119100
观音寺街道	110115009	南独乐河镇	110117104	康庄镇	110119101
天宫院街道	110115010	大华山镇	110117105	八达岭镇	110119102
高米店街道	110115011	夏各庄镇	110117106	永宁镇	110119103
荣华街道	110115012	马昌营镇	110117108	旧县镇	110119104
博兴街道	110115013	王辛庄镇	110117110	张山营镇	110119105
青云店镇	110115103	大兴庄镇	110117111	四海镇	110119106
采育镇	110115104	刘家店镇	110117112	千家店镇	110119107
安定镇	110115105	镇罗营镇	110117114	沈家营镇	110119108
礼贤镇	110115106	平谷镇	110117115	大榆树镇	110119109
榆垡镇	110115107	峪口镇	110117116	井庄镇	110119110
庞各庄镇	110115108	马坊镇	110117117	大庄科乡	110119200
北臧村镇	110115109	金海湖镇	110117118	刘斌堡乡	110119201
魏善庄镇	110115110	黄松峪乡	110117213	香营乡	110119202
长子营镇	110115111	熊儿寨乡	110117214	珍珠泉乡	110119203
亦庄镇	110115112				

天津市

天津市（津）

行政区划名称	行政区划代码	行政区划名称	行政区划代码	行政区划名称	行政区划代码
天津市（124 街道，125 镇，2 乡，1 民族乡）	**120000**	向阳路街道	120104007	津门湖街道	120111005
和平区（6 街道）	**120101**	嘉陵道街道	120104008	中北镇	120111100
劝业场街道	120101001	王顶堤街道	120104009	杨柳青镇	120111101
小白楼街道	120101002	水上公园街道	120104010	辛口镇	120111102
五大道街道	120101003	体育中心街道	120104011	张家窝镇	120111103
新兴街道	120101004	华苑街道	120104012	精武镇	120111104
南营门街道	120101005	**河北区（10 街道）**	**120105**	大寺镇	120111105
南市街道	120101006	光复道街道	120105001	王稳庄镇	120111106
河东区（13 街道）	**120102**	望海楼街道	120105002	**津南区（3 街道，8 镇）**	**120112**
大王庄街道	120102001	鸿顺里街道	120105003	双新街道	120112001
大直沽街道	120102002	新开河街道	120105004	双林街道	120112002
中山门街道	120102003	铁东路街道	120105005	海棠街道	120112003
富民路街道	120102004	建昌道街道	120105006	咸水沽镇	120112100
二号桥街道	120102005	宁园街道	120105007	葛沽镇	120112101
春华街道	120102006	王串场街道	120105008	小站镇	120112102
唐家口街道	120102007	江都路街道	120105009	双港镇	120112103
向阳楼街道	120102008	月牙河街道	120105010	辛庄镇	120112104
常州道街道	120102009	**红桥区（9 街道）**	**120106**	双桥河镇	120112106
上杭路街道	120102010	西于庄街道	120106001	八里台镇	120112107
东新街道	120102011	咸阳北路街道	120106003	北闸口镇	120112108
鲁山道街道	120102012	丁字沽街道	120106004	**北辰区（8 街道，9 镇）**	**120113**
天津铁厂街道	120102013	西沽街道	120106005	果园新村街道	120113001
河西区（14 街道）	**120103**	三条石街道	120106006	集贤里街道	120113002
大营门街道	120103001	邵公庄街道	120106008	普东街道	120113003
下瓦房街道	120103002	芥园街道	120106009	瑞景街道	120113004
桃园街道	120103003	铃铛阁街道	120106010	佳荣里街道	120113005
挂甲寺街道	120103004	和苑街道	120106012	青源街道	120113006
马场街道	120103005	**东丽区（11 街道）**	**120110**	广源街道	120113007
越秀路街道	120103006	张贵庄街道	120110001	双环邨街道	120113008
友谊路街道	120103007	丰年村街道	120110002	天穆镇	120113100
天塔街道	120103008	万新街道	120110003	北仓镇	120113101
尖山街道	120103009	无瑕街道	120110004	双街镇	120113102
陈塘庄街道	120103010	新立街道	120110005	双口镇	120113103
柳林街道	120103011	华明街道	120110006	青光镇	120113104
东海街道	120103012	金钟街道	120110007	宜兴埠镇	120113106
梅江街道	120103013	军粮城街道	120110008	小淀镇	120113107
太湖路街道	120103014	金桥街道	120110009	大张庄镇	120113108
南开区（12 街道）	**120104**	东丽湖街道	120110010	西堤头镇	120113111
长虹街道	120104001	华新街道	120110011	**武清区（6 街道，24 镇）**	**120114**
鼓楼街道	120104002	**西青区（5 街道，7 镇）**	**120111**	杨村街道	120114001
兴南街道	120104003	西营门街道	120111001	下朱庄街道	120114002
广开街道	120104004	李七庄街道	120111002	东蒲洼街道	120114003
万兴街道	120104005	赤龙南街道	120111003	黄庄街道	120114004
学府街道	120104006	赤龙北街道	120111004	徐官屯街道	120114005
				运河西街道	120114006

续表 1

行政区划名称	行政区划代码
梅厂镇	120114101
大碱厂镇	120114102
崔黄口镇	120114103
大良镇	120114104
下伍旗镇	120114105
南蔡村镇	120114106
大孟庄镇	120114107
泗村店镇	120114108
河西务镇	120114109
城关镇	120114110
东马圈镇	120114111
黄花店镇	120114112
石各庄镇	120114113
王庆坨镇	120114114
汊沽港镇	120114115
河北屯镇	120114116
上马台镇	120114117
大王古庄镇	120114118
陈咀镇	120114119
白古屯镇	120114120
曹子里镇	120114121
大黄堡镇	120114122
豆张庄镇	120114123
高村镇	120114124
宝坻区（6 街道，18 镇）	**120115**
海滨街道	120115001
宝平街道	120115002
钰华街道	120115003
周良街道	120115004
朝霞街道	120115007
潮阳街道	120115008
大口屯镇	120115101
王卜庄镇	120115103
方家庄镇	120115104
林亭口镇	120115105
八门城镇	120115106
大钟庄镇	120115107
新安镇	120115108
霍各庄镇	120115111
新开口镇	120115113
大唐庄镇	120115115
牛道口镇	120115119
史各庄镇	120115120
郝各庄镇	120115121
牛家牌镇	120115123
尔王庄镇	120115124
黄庄镇	120115125
口东镇	120115126
大白庄镇	120115127
滨海新区（16 街道，5 镇）	**120116**
杭州道街道	120116005
新河街道	120116006
大沽街道	120116007
新北街道	120116008
北塘街道	120116009
胡家园街道	120116011
泰达街道	120116012
汉沽街道	120116021
寨上街道	120116022
古林街道	120116033
海滨街道	120116034
塘沽街道	120116036
茶淀街道	120116037
大港街道	120116038
新港街道	120116039
新村街道	120116040
新城镇	120116100
杨家泊镇	120116102
太平镇	120116105
小王庄镇	120116106
中塘镇	120116107
宁河区（2 街道，13 镇）	**120117**
芦台街道	120117001
桥北街道	120117002
宁河镇	120117101
苗庄镇	120117102
丰台镇	120117103
岳龙镇	120117104
板桥镇	120117105
潘庄镇	120117106
造甲城镇	120117107
七里海镇	120117108
大北涧沽镇	120117109
东棘坨镇	120117110
俵口镇	120117111
廉庄镇	120117112
北淮淀镇	120117113
静海区（2 街道，16 镇，2 乡）	**120118**
华康街道	120118001
朝阳街道	120118002
静海镇	120118100
唐官屯镇	120118101
独流镇	120118102
王口镇	120118103
台头镇	120118104
子牙镇	120118105
陈官屯镇	120118106
中旺镇	120118107
大邱庄镇	120118108
蔡公庄镇	120118109
梁头镇	120118110
团泊镇	120118111
双塘镇	120118112
大丰堆镇	120118113
沿庄镇	120118114
西翟庄镇	120118115
良王庄乡	120118200
杨成庄乡	120118201
蓟州区（1 街道，25 镇，1 民族乡）	**120119**
文昌街道	120119001
渔阳镇	120119100
洇溜镇	120119101
官庄镇	120119102
马伸桥镇	120119103
下营镇	120119104
邦均镇	120119105
别山镇	120119106
尤古庄镇	120119108
上仓镇	120119109
下仓镇	120119111
罗庄子镇	120119112
白涧镇	120119113
侯家营镇	120119115
桑梓镇	120119116
东施古镇	120119117
下窝头镇	120119118
杨津庄镇	120119119
出头岭镇	120119120
西龙虎峪镇	120119121
穿芳峪镇	120119122
东二营镇	120119123
许家台镇	120119124
礼明庄镇	120119125
东赵各庄镇	120119126
州河湾镇	120119127
孙各庄满族乡	120119203

「河北省」

河北省（冀）

行政区划名称	行政区划代码
河北省（310街道，1332镇，573乡，38民族乡，1区公所）	**130000**
石家庄市（60街道，140镇，73乡，3民族乡）	**130100**
长安区（12街道，4镇）	**130102**
建北街道	130102001
青园街道	130102002
广安街道	130102003
育才街道	130102004
跃进街道	130102005
河东街道	130102007
长丰街道	130102010
谈固街道	130102011
中山东路街道	130102012
阜康街道	130102013
建安街道	130102014
胜北街道	130102015
西兆通镇	130102100
南村镇	130102101
高营镇	130102102
桃园镇	130102103
桥西区（17街道）	**130104**
东里街道	130104001
中山街道	130104002
南长街道	130104004
维明街道	130104005
友谊街道	130104007
红旗街道	130104008
新石街道	130104009
苑东街道	130104010
西里街道	130104011
振头街道	130104012
留营街道	130104013
长兴街道	130104014
东华街道	130104015
休门街道	130104016
彭后街道	130104017
东风街道	130104018
汇通街道	130104019
新华区（15街道）	**130105**
革新街道	130105001
新华路街道	130105003
宁安街道	130105004
东焦街道	130105005
西苑街道	130105006
合作路街道	130105007
联盟街道	130105008
石岗街道	130105009
天苑街道	130105011
北苑街道	130105012
赵陵铺路街道	130105013
赵佗路街道	130105014
大郭街道	130105015
西三庄街道	130105016
杜北街道	130105017
井陉矿区（2街道，2镇，1乡）	**130107**
矿市街道	130107001
四微街道	130107002
贾庄镇	130107100
凤山镇	130107101
横涧乡	130107200
裕华区（11街道，2镇）	**130108**
裕兴街道	130108001
裕强街道	130108002
东苑街道	130108003
建通街道	130108004
槐底街道	130108005
裕华路街道	130108006
裕东街道	130108007
长江街道	130108008
太行街道	130108009
裕翔街道	130108010
建华南街道	130108011
宋营镇	130108100
方村镇	130108101
藁城区（13镇，1民族乡）	**130109**
廉州镇	130109100
兴安镇	130109101
贾市庄镇	130109102
南营镇	130109103
梅花镇	130109104
岗上镇	130109105
丘头镇	130109106
南董镇	130109107
张家庄镇	130109108
南孟镇	130109109
增村镇	130109110
常安镇	130109111
西关镇	130109112
九门回族乡	130109200
鹿泉区（9镇，3乡）	**130110**
获鹿镇	130110100
铜冶镇	130110101
寺家庄镇	130110102
上庄镇	130110103
李村镇	130110104
宜安镇	130110105
黄壁庄镇	130110106
大河镇	130110107
山尹村镇	130110108
石井乡	130110200
白鹿泉乡	130110201
上寨乡	130110202
栾城区（5镇，3乡）	**130111**
栾城镇	130111100
郄马镇	130111101
冶河镇	130111102
窦妪镇	130111103
楼底镇	130111104
南高乡	130111200
柳林屯乡	130111201
西营乡	130111202
井陉县（10镇，7乡）	**130121**
微水镇	130121100
上安镇	130121101
天长镇	130121102
秀林镇	130121103
南峪镇	130121104
威州镇	130121105

续表 1

行政区划名称	行政区划代码
小作镇	130121106
南障城镇	130121107
苍岩山镇	130121108
测鱼镇	130121109
吴家窑乡	130121200
北正乡	130121201
于家乡	130121202
孙庄乡	130121203
南陉乡	130121204
辛庄乡	130121205
南王庄乡	130121206
正定县（2 街道，6 镇，2 乡）	**130123**
诸福屯街道	130123001
三里屯街道	130123002
正定镇	130123100
新城铺镇	130123102
新安镇	130123103
南岗镇	130123104
曲阳桥镇	130123105
南牛镇	130123106
南楼乡	130123201
西平乐乡	130123202
行唐县（5 镇，10 乡）	**130125**
龙州镇	130125100
南桥镇	130125101
上碑镇	130125102
口头镇	130125103
上方镇	130125104
独羊岗乡	130125200
安香乡	130125201
只里乡	130125202
市同乡	130125203
翟营乡	130125204
城寨乡	130125205
玉亭乡	130125207
北河乡	130125208
上阎庄乡	130125209
九口子乡	130125210
灵寿县（6 镇，9 乡）	**130126**
灵寿镇	130126100
青同镇	130126101
塔上镇	130126102
陈庄镇	130126103
慈峪镇	130126104
岔头镇	130126105
三圣院乡	130126200
北洼乡	130126201
牛城乡	130126202
狗台乡	130126203
南寨乡	130126204
南燕川乡	130126205
北谭庄乡	130126206
寨头乡	130126207
南营乡	130126208
高邑县（5 镇）	**130127**
高邑镇	130127100
大营镇	130127101
富村镇	130127102
万城镇	130127103
中韩镇	130127104
深泽县（4 镇，2 乡）	**130128**
深泽镇	130128100
铁杆镇	130128101
赵八镇	130128102
大桥头镇	130128103
白庄乡	130128200
留村乡	130128201
赞皇县（7 镇，4 乡）	**130129**
赞皇镇	130129100
院头镇	130129101
南邢郭镇	130129102
嶂石岩镇	130129103
西龙门镇	130129104
西阳泽镇	130129105
许亭镇	130129106
南清河乡	130129202
土门乡	130129204
黄北坪乡	130129205
张楞乡	130129208
无极县（8 镇，2 乡，1 民族乡）	**130130**
无极镇	130130100
七汲镇	130130101
张段固镇	130130102
北苏镇	130130103
郭庄镇	130130104
大陈镇	130130105
里城道镇	130130106
东侯坊镇	130130107
高头回族乡	130130200
郝庄乡	130130201
南流乡	130130204
平山县（12 镇，11 乡）	**130131**
平山镇	130131100
东回舍镇	130131101
温塘镇	130131102
南甸镇	130131103
岗南镇	130131104
古月镇	130131105
下槐镇	130131106
孟家庄镇	130131107
小觉镇	130131108
蛟潭庄镇	130131109
西柏坡镇	130131110
下口镇	130131111
西大吾乡	130131200
上三汲乡	130131201
两河乡	130131202
东王坡乡	130131203
苏家庄乡	130131204
宅北乡	130131205
北冶乡	130131207
上观音堂乡	130131209
杨家桥乡	130131210
营里乡	130131211
合河口乡	130131212
元氏县（8 镇，7 乡）	**130132**
槐阳镇	130132100
殷村镇	130132101
南佐镇	130132102
宋曹镇	130132103
南因镇	130132104
姬村镇	130132105
北褚镇	130132106
马村镇	130132107
东张乡	130132201
赵同乡	130132202
苏村乡	130132204
苏阳乡	130132205
北正乡	130132206
前仙乡	130132207
黑水河乡	130132208
赵县（9 镇，2 乡）	**130133**
赵州镇	130133100
范庄镇	130133101
北王里镇	130133102
新寨店镇	130133103
韩村镇	130133104
南柏舍镇	130133105
沙河店镇	130133106
王西章镇	130133107
谢庄镇	130133108
前大章乡	130133200

续表 2

行政区划名称	行政区划代码
高村乡	130133202
辛集市（8 镇，7 乡）	**130181**
辛集镇	130181100
旧城镇	130181101
张古庄镇	130181102
位伯镇	130181103
新垒头镇	130181104
新城镇	130181105
南智丘镇	130181106
王口镇	130181107
天宫营乡	130181200
前营乡	130181201
马庄乡	130181202
和睦井乡	130181203
田家庄乡	130181204
中里厢乡	130181205
小辛庄乡	130181206
晋州市（9 镇，1 乡）	**130183**
晋州镇	130183100
总十庄镇	130183101
营里镇	130183102
桃园镇	130183103
东卓宿镇	130183104
马于镇	130183105
小樵镇	130183106
槐树镇	130183107
东里庄镇	130183108
周家庄乡	130183201
新乐市（1 街道，8 镇，2 乡，1 民族乡）	**130184**
长寿街道	130184001
化皮镇	130184101
承安镇	130184102
正莫镇	130184103
南大岳镇	130184104
杜固镇	130184105
邯邰镇	130184106
东王镇	130184107
马头铺镇	130184108
协神乡	130184200
木村乡	130184201
彭家庄回族乡	130184202
唐山市（54 街道，158 镇，16 乡，3 民族乡）	**130200**
路南区（9 街道，2 镇）	**130202**
学院南路街道	130202001
友谊街道	130202002
广场街道	130202003

行政区划名称	行政区划代码
永红桥街道	130202004
小山街道	130202005
文化北后街街道	130202006
钱家营矿区街道	130202007
惠民道街道	130202008
梁家屯路街道	130202009
稻地镇	130202100
女织寨镇	130202101
路北区（12 街道，2 镇）	**130203**
乔屯街道	130203001
文化路街道	130203002
钓鱼台街道	130203003
东新村街道	130203004
缸窑街道	130203005
机场路街道	130203006
河北路街道	130203007
龙东街道	130203008
大里街道	130203009
光明街道	130203010
翔云道街道	130203011
高新技术开发区街道	130203012
韩城镇	130203100
果园镇	130203101
古冶区（5 街道，2 镇，3 乡）	**130204**
林西街道	130204001
唐家庄街道	130204002
古冶街道	130204003
赵各庄街道	130204004
京华街道	130204005
范各庄镇	130204100
卑家店镇	130204101
王辇庄乡	130204201
习家套乡	130204202
大庄坨乡	130204203
开平区（5 街道，6 镇）	**130205**
马家沟街道	130205001
开平街道	130205002
税务庄街道	130205003
陡电街道	130205005
荆各庄街道	130205006
开平镇	130205100
栗园镇	130205101
越河镇	130205102
双桥镇	130205103
郑庄子镇	130205104
洼里镇	130205105

行政区划名称	行政区划代码
丰南区（3 街道，16 镇，1 乡）	**130207**
青年路街道	130207001
新华路街道	130207002
振兴街道	130207003
胥各庄镇	130207100
小集镇	130207103
黄各庄镇	130207104
西葛镇	130207105
大新庄镇	130207106
钱营镇	130207107
唐坊镇	130207108
王兰庄镇	130207109
柳树酄镇	130207110
黑沿子镇	130207111
大齐各庄镇	130207113
海北镇	130207114
汉丰镇	130207115
岔河镇	130207116
南孙庄镇	130207117
东田庄镇	130207118
尖字沽乡	130207203
丰润区（3 街道，19 镇，2 乡）	**130208**
太平路街道	130208001
燕山路街道	130208002
浭阳街道	130208003
丰润镇	130208100
老庄子镇	130208101
任各庄镇	130208102
左家坞镇	130208103
泉河头镇	130208104
王官营镇	130208105
火石营镇	130208106
新军屯镇	130208109
小张各庄镇	130208110
丰登坞镇	130208111
李钊庄镇	130208112
白官屯镇	130208113
石各庄镇	130208114
沙流河镇	130208115
七树庄镇	130208116
杨官林镇	130208117
银城铺镇	130208118
常庄镇	130208119
姜家营镇	130208120
欢喜庄乡	130208205
刘家营乡	130208208

续表 3

行政区划名称	行政区划代码
曹妃甸区（3 街道，5 镇）	**130209**
希望路街道	130209001
垦丰街道	130209002
中山路街道	130209003
唐海镇	130209100
柳赞镇	130209101
滨海镇	130209102
孙塘庄镇	130209103
双井镇	130209104
滦南县（1 街道，16 镇）	**130224**
友谊路街道	130224001
倴城镇	130224100
宋道口镇	130224101
长凝镇	130224102
胡各庄镇	130224103
坨里镇	130224104
姚王庄镇	130224105
司各庄镇	130224106
安各庄镇	130224107
扒齿港镇	130224108
程庄镇	130224109
青坨营镇	130224110
柏各庄镇	130224111
南堡镇	130224114
方各庄镇	130224115
东黄坨镇	130224116
马城镇	130224117
乐亭县（1 街道，12 镇，2 乡）	**130225**
乐安街道	130225001
乐亭镇	130225100
汤家河镇	130225101
胡家坨镇	130225102
王滩镇	130225103
闫各庄镇	130225104
马头营镇	130225105
新寨镇	130225106
汀流河镇	130225107
姜各庄镇	130225108
毛庄镇	130225109
中堡镇	130225110
大相各庄镇	130225111
庞各庄乡	130225201
古河乡	130225203
迁西县（1 街道，14 镇，3 乡）	**130227**
栗乡街道	130227001
兴城镇	130227100
金厂峪镇	130227101
洒河桥镇	130227102
太平寨镇	130227103
罗家屯镇	130227104
东荒峪镇	130227105
新集镇	130227106
三屯营镇	130227107
滦阳镇	130227108
汉儿庄镇	130227109
新庄子镇	130227110
东莲花院镇	130227111
白庙子镇	130227112
上营镇	130227113
渔户寨乡	130227203
旧城乡	130227204
尹庄乡	130227205
玉田县（1 街道，17 镇，3 乡）	**130229**
无终街道	130229001
玉田镇	130229100
亮甲店镇	130229101
鸦鸿桥镇	130229102
窝洛沽镇	130229103
石臼窝镇	130229104
虹桥镇	130229105
散水头镇	130229106
林南仓镇	130229107
林西镇	130229108
杨家板桥镇	130229109
彩亭桥镇	130229110
孤树镇	130229111
大安镇镇	130229112
唐自头镇	130229113
郭家屯镇	130229114
杨家套镇	130229115
陈家铺镇	130229116
林头屯乡	130229201
潮洛窝乡	130229203
郭家桥乡	130229205
遵化市（2 街道，20 镇，2 乡，3 民族乡）	**130281**
华明路街道	130281001
文化路街道	130281002
遵化镇	130281100
堡子店镇	130281101
马兰峪镇	130281102
平安城镇	130281103
东新庄镇	130281104
新店子镇	130281105
党峪镇	130281106
地北头镇	130281107
东旧寨镇	130281108
铁厂镇	130281109
苏家洼镇	130281110
建明镇	130281111
石门镇	130281112
崔家庄镇	130281113
西留村镇	130281114
兴旺寨镇	130281115
西三里镇	130281116
团瓢庄镇	130281117
娘娘庄镇	130281118
侯家寨镇	130281119
西下营满族乡	130281203
汤泉满族乡	130281204
东陵满族乡	130281205
刘备寨乡	130281206
小厂乡	130281211
迁安市（4 街道，17 镇）	**130283**
永顺街道	130283001
兴安街道	130283002
滨河街道	130283003
杨店子街道	130283004
夏官营镇	130283101
杨各庄镇	130283102
建昌营镇	130283103
赵店子镇	130283104
野鸡坨镇	130283105
大崔庄镇	130283106
蔡园镇	130283108
马兰庄镇	130283109
沙河驿镇	130283110
木厂口镇	130283111
上射雁庄镇	130283112
太平庄镇	130283113
扣庄镇	130283114
大五里镇	130283115
五重安镇	130283116
彭店子镇	130283117
阎家店镇	130283118
滦州市（4 街道，10 镇）	**130284**

续表 4

行政区划名称	行政区划代码
滦河街道	130284001
古城街道	130284002
滦城路街道	130284003
响嘡街道	130284004
东安各庄镇	130284100
雷庄镇	130284101
茨榆坨镇	130284102
榛子镇	130284103
杨柳庄镇	130284104
油榨镇	130284105
古马镇	130284106
小马庄镇	130284107
九百户镇	130284108
王店子镇	130284109
秦皇岛市（23 街道，54 镇，20 乡）	**130300**
海港区（13 街道，8 镇）	**130302**
文化路街道	130302001
海滨路街道	130302002
北环路街道	130302003
建设大街街道	130302004
河东街道	130302005
西港路街道	130302006
燕山大街街道	130302007
港城大街街道	130302008
东环路街道	130302009
白塔岭街道	130302010
珠江道街道	130302011
黄河道街道	130302012
腾飞路街道	130302013
东港镇	130302100
海港镇	130302101
西港镇	130302102
海阳镇	130302103
北港镇	130302104
石门寨镇	130302105
驻操营镇	130302106
杜庄镇	130302107
山海关区（5 街道，3 镇，1 乡）	**130303**
南关街道	130303001
东街街道	130303002
西街街道	130303003
路南街道	130303004
船厂路街道	130303005
第一关镇	130303100
石河镇	130303101
孟姜镇	130303102
渤海乡	130303200
北戴河区（3 街道，3 镇）	**130304**
西山街道	130304001
东山街道	130304002
南戴河街道	130304003
海滨镇	130304100
戴河镇	130304101
牛头崖镇	130304102
抚宁区（1 街道，6 镇，1 乡）	**130306**
骊城街道	130306001
抚宁镇	130306100
留守营镇	130306101
榆关镇	130306102
台营镇	130306103
大新寨镇	130306104
坟坨镇	130306105
茶棚乡	130306200
青龙满族自治县（1 街道，13 镇，11 乡）	**130321**
都阳路街道	130321001
青龙镇	130321100
祖山镇	130321101
木头凳镇	130321102
双山子镇	130321103
马圈子镇	130321104
肖营子镇	130321105
大巫岚镇	130321106
土门子镇	130321107
八道河镇	130321108
隔河头镇	130321109
娄杖子镇	130321110
龙王庙镇	130321111
茨榆山镇	130321112
凤凰山乡	130321200
三星口乡	130321202
干沟乡	130321203
大石岭乡	130321206
官场乡	130321208
平方子乡	130321210
安子岭乡	130321211
朱杖子乡	130321212
草碾乡	130321213
三拨子乡	130321217
凉水河乡	130321218
昌黎县（11 镇，5 乡）	**130322**
昌黎镇	130322100
靖安镇	130322101
安山镇	130322102
龙家店镇	130322103
泥井镇	130322104
大蒲河镇	130322105
新集镇	130322106
刘台庄镇	130322107
朱各庄镇	130322108
荒佃庄镇	130322109
茹荷镇	130322110
团林乡	130322201
葛条港乡	130322202
马坨店乡	130322203
两山乡	130322206
十里铺乡	130322207
卢龙县（10 镇，2 乡）	**130324**
卢龙镇	130324100
潘庄镇	130324101
燕河营镇	130324102
双望镇	130324103
刘田各庄镇	130324104
石门镇	130324105
木井镇	130324106
陈官屯镇	130324107
蛤泊镇	130324108
印庄镇	130324109
下寨乡	130324200
刘家营乡	130324201
邯郸市（30 街道，143 镇，67 乡，2 民族乡）	**130400**
邯山区（11 街道，5 镇，5 乡）	**130402**
火磨街道	130402001
陵园路街道	130402002
光明路街道	130402003
滏东街道	130402004
罗城头街道	130402005
渚河路街道	130402006
浴新南街道	130402007
农林路街道	130402008
贸东街道	130402009
贸西街道	130402010
盛和路街道	130402011
北张庄镇	130402100
马头镇	130402101

续表 5

行政区划名称	行政区划代码	行政区划名称	行政区划代码	行政区划名称	行政区划代码
河沙镇镇	130402102	新坡镇	130406102	西羊羔乡	130423202
高臾镇	130402103	大社镇	130406103	杜村集乡	130423204
光禄镇	130402104	和村镇	130406104	柏鹤集乡	130423208
南堡乡	130402201	义井镇	130406105	**成安县（6镇，3乡）**	**130424**
代召乡	130402202	彭城镇	130406106	成安镇	130424100
辛庄营乡	130402203	界城镇	130406107	商城镇	130424101
花官营乡	130402204	大峪镇	130406108	漳河店镇	130424102
台城乡	130402205	西固义乡	130406200	李家疃镇	130424103
丛台区（10街道，	**130403**	**肥乡区（9镇）**	**130407**	北乡义镇	130424104
3镇，6乡）		肥乡镇	130407100	道东堡镇	130424105
丛台西街道	130403001	天台山镇	130407101	辛义乡	130424200
联纺西街道	130403002	辛安镇镇	130407102	柏寺营乡	130424201
联纺东街道	130403003	大寺上镇	130407103	长巷乡	130424204
光明桥街道	130403004	东漳堡镇	130407104	**大名县（12镇，7乡，**	**130425**
丛台东街道	130403005	毛演堡镇	130407105	**1民族乡）**	
四季青街道	130403006	西吕营镇	130407106	大名镇	130425100
和平街道	130403007	元固镇	130407107	杨桥镇	130425101
中华街道	130403008	北高镇	130407108	万堤镇	130425102
人民路街道	130403009	**永年区（9镇，8乡）**	**130408**	龙王庙镇	130425103
柳林桥街道	130403010	临洺关镇	130408100	束馆镇	130425104
黄粱梦镇	130403100	大北汪镇	130408101	金滩镇	130425105
尚璧镇	130403101	张西堡镇	130408102	沙圪塔镇	130425106
南沿村镇	130403102	广府镇	130408103	大街镇	130425107
苏曹乡	130403200	永合会镇	130408105	铺上镇	130425108
南吕固乡	130403201	刘营镇	130408106	孙甘店镇	130425109
兼庄乡	130403202	东杨庄镇	130408107	北峰镇	130425110
三陵乡	130403203	讲武镇	130408108	黄金堤镇	130425111
小西堡乡	130403204	西苏镇	130408109	王村乡	130425201
姚寨乡	130403205	界河店乡	130408201	旧治乡	130425205
复兴区（7街道，	**130404**	刘汉乡	130408203	西未庄乡	130425206
2镇，3乡）		正西乡	130408204	西付集乡	130425208
胜利桥街道	130404001	曲陌乡	130408206	埝头乡	130425209
百家村街道	130404002	辛庄堡乡	130408207	张铁集乡	130425211
铁路大院街道	130404003	小龙马乡	130408208	红庙乡	130425212
化林路街道	130404004	西河庄乡	130408211	营镇回族乡	130425213
庞村街道	130404005	西阳城乡	130408213	**涉县（1街道，8镇，**	**130426**
二六七二街道	130404006	**临漳县（10镇，4乡）**	**130423**	**8乡）**	
石化街道	130404007	临漳镇	130423100	平安街道	130426001
户村镇	130404100	南东坊镇	130423101	河南店镇	130426101
林坛镇	130404101	孙陶集镇	130423102	索堡镇	130426102
彭家寨乡	130404200	柳园镇	130423103	西戌镇	130426103
康庄乡	130404201	称勾集镇	130423104	井店镇	130426104
南城乡	130404202	邺城镇	130423105	更乐镇	130426105
峰峰矿区（1街道，	**130406**	章里集镇	130423106	固新镇	130426106
9镇，1乡）		张村集镇	130423107	西达镇	130426107
滏阳东路街道	130406001	砖寨营镇	130423108	偏城镇	130426108
临水镇	130406100	习文镇	130423109	神头乡	130426200
峰峰镇	130406101	狄邱乡	130423200	辽城乡	130426201

续表 6

行政区划名称	行政区划代码	行政区划名称	行政区划代码	行政区划名称	行政区划代码
偏店乡	130426202	寿山寺镇	130433104	阳邑镇	130481110
龙虎乡	130426203	王桥镇	130433105	徘徊镇	130481111
木井乡	130426204	南徐村乡	130433202	冶陶镇	130481112
关防乡	130426205	路桥乡	130433203	上团城镇	130481113
合漳乡	130426206	**魏县（17 镇，4 乡）**	**130434**	西土山镇	130481114
鹿头乡	130426207	魏城镇	130434100	北安庄乡	130481201
磁县（6 镇，5 乡）	**130427**	德政镇	130434101	北安乐乡	130481202
磁州镇	130427100	北皋镇	130434102	西寺庄乡	130481204
讲武城镇	130427103	双井镇	130434103	活水乡	130481205
岳城镇	130427104	牙里镇	130434104	石洞乡	130481206
观台镇	130427105	车往镇	130434105	管陶乡	130481207
白土镇	130427107	回隆镇	130434106	马家庄乡	130481208
黄沙镇	130427108	张二庄镇	130434107	**邢台市（27 街道，117 镇，54 乡）**	**130500**
路村营乡	130427200	东代固镇	130434108		
时村营乡	130427204	院堡镇	130434109	**襄都区（8 街道，6 镇，1 乡）**	**130502**
陶泉乡	130427207	南双庙镇	130434110		
都党乡	130427208	棘针寨镇	130434111	南长街街道	130502001
北贾壁乡	130427209	边马镇	130434112	北大街街道	130502002
邱县（5 镇，1 乡，1 民族乡）	**130430**	泊口镇	130434113	西大街街道	130502003
		仕望集镇	130434114	西门里街道	130502004
新马头镇	130430100	沙口集镇	130434115	火炬街道	130502005
邱城镇	130430101	大辛庄镇	130434116	泉东街道	130502006
梁二庄镇	130430102	野胡拐乡	130434203	留村街道	130502007
香城固镇	130430103	前大磨乡	130434205	豫让桥街道	130502008
古城营镇	130430104	大马村乡	130434209	东郭村镇	130502100
南辛店乡	130430201	北台头乡	130434212	王快镇	130502101
陈村回族乡	130430204	**曲周县（8 镇，2 乡）**	**130435**	沙河城镇	130502102
鸡泽县（6 镇，1 乡）	**130431**	曲周镇	130435100	晏家屯镇	130502103
鸡泽镇	130431100	安寨镇	130435101	祝村镇	130502104
小寨镇	130431101	侯村镇	130435102	东汪镇	130502105
双塔镇	130431102	河南疃镇	130435103	大梁庄乡	130502200
曹庄镇	130431103	第四疃镇	130435104	**信都区（8 街道，11 镇，6 乡）**	**130503**
浮图店镇	130431104	白寨镇	130435105		
吴官营镇	130431105	槐桥镇	130435106	钢铁路街道	130503001
风正乡	130431202	南里岳镇	130435107	中兴路街道	130503002
广平县（7 镇）	**130432**	大河道乡	130435203	达活泉街道	130503003
广平镇	130432100	依庄乡	130435204	张宽街道	130503004
平固店镇	130432101	**武安市（15 镇，7 乡）**	**130481**	章村街道	130503005
胜营镇	130432102	武安镇	130481100	中华大街街道	130503006
南阳堡镇	130432103	康二城镇	130481101	团结路街道	130503007
东张孟镇	130432104	午汲镇	130481102	泉西街道	130503008
十里铺镇	130432105	磁山镇	130481103	南大郭镇	130503100
南韩镇	130432106	伯延镇	130481104	李村镇	130503101
馆陶县（6 镇，2 乡）	**130433**	淑村镇	130481105	南石门镇	130503102
馆陶镇	130433100	大同镇	130481106	羊范镇	130503103
房寨镇	130433101	邑城镇	130481107	皇寺镇	130503104
柴堡镇	130433102	矿山镇	130481108	会宁镇	130503105
魏僧寨镇	130433103	贺进镇	130481109	西黄村镇	130503106

续表 7

行政区划名称	行政区划代码
路罗镇	130503107
将军墓镇	130503108
浆水镇	130503109
宋家庄镇	130503110
太子井乡	130503202
龙泉寺乡	130503203
北小庄乡	130503204
城计头乡	130503205
白岸乡	130503206
冀家村乡	130503207
任泽区（5 镇，3 乡）	**130505**
任城镇	130505100
邢家湾镇	130505101
辛店镇	130505102
天口镇	130505103
西固城镇	130505104
永福庄乡	130505201
大屯乡	130505202
骆庄乡	130505203
南和区（5 镇，3 乡）	**130506**
和阳镇	130506100
贾宋镇	130506101
郝桥镇	130506102
三思镇	130506103
河郭镇	130506104
东三召乡	130506200
阎里乡	130506201
史召乡	130506203
临城县（5 镇，3 乡）	**130522**
临城镇	130522100
东镇镇	130522101
郝庄镇	130522102
西竖镇	130522103
黑城镇	130522104
鸭鸽营乡	130522201
石城乡	130522203
赵庄乡	130522205
内丘县（5 镇，4 乡）	**130523**
内丘镇	130523100
大孟村镇	130523101
金店镇	130523102
官庄镇	130523103
柳林镇	130523104
五郭店乡	130523200
南赛乡	130523203
獐獏乡	130523204
侯家庄乡	130523205
柏乡县（4 镇，2 乡）	**130524**
柏乡镇	130524100
固城店镇	130524101
西汪镇	130524102
龙华镇	130524103
王家庄乡	130524200
内步乡	130524203
隆尧县（7 镇，5 乡）	**130525**
隆尧镇	130525100
魏家庄镇	130525101
尹村镇	130525102
山口镇	130525103
莲子镇镇	130525104
固城镇	130525105
东良镇	130525106
北楼乡	130525200
双碑乡	130525202
牛家桥乡	130525203
千户营乡	130525204
大张庄乡	130525205
宁晋县（1 街道，14 镇，2 乡）	**130528**
宁北街道	130528001
凤凰镇	130528100
河渠镇	130528101
北河庄镇	130528102
耿庄桥镇	130528103
东汪镇	130528104
贾家口镇	130528105
四芝兰镇	130528106
大陆村镇	130528107
换马店镇	130528108
苏家庄镇	130528109
唐邱镇	130528110
大曹庄镇	130528111
侯口镇	130528112
纪昌庄镇	130528113
北鱼乡	130528205
徐家河乡	130528206
巨鹿县（8 镇，2 乡）	**130529**
巨鹿镇	130529100
王虎寨镇	130529101
西郭城镇	130529102
官亭镇	130529103
阎疃镇	130529104
小吕寨镇	130529105
苏家营镇	130529106
观寨镇	130529107
堤村乡	130529200
张王疃乡	130529201
新河县（2 镇，4 乡）	**130530**
新河镇	130530100
寻寨镇	130530101
白神首乡	130530200
荆家庄乡	130530201
西流乡	130530202
仁让里乡	130530203
广宗县（4 镇，4 乡）	**130531**
广宗镇	130531100
冯家寨镇	130531101
北塘疃镇	130531102
核桃园镇	130531103
葫芦乡	130531200
大平台乡	130531201
件只乡	130531202
东召乡	130531204
平乡县（1 街道，4 镇，2 乡）	**130532**
中华路街道	130532001
平乡镇	130532101
河古庙镇	130532102
田付村镇	130532103
节固镇	130532104
油召乡	130532201
寻召乡	130532203
威县（12 镇，4 乡）	**130533**
洺州镇	130533100
梨园屯镇	130533101
章台镇	130533102
侯贯镇	130533103
七级镇	130533104
贺营镇	130533105
方家营镇	130533106
常庄镇	130533107
第什营镇	130533108
赵村镇	130533109
贺钊镇	130533110
固献镇	130533111
枣园乡	130533202
张家营乡	130533206
常屯乡	130533207
高公庄乡	130533209
清河县（6 镇）	**130534**
葛仙庄镇	130534100
连庄镇	130534101
油坊镇	130534102
谢炉镇	130534103

续表 8

行政区划名称	行政区划代码	行政区划名称	行政区划代码	行政区划名称	行政区划代码
王官庄镇	130534104	**竞秀区（6 街道，2 镇，4 乡）**	**130602**	冉庄镇	130608101
坝营镇	130534105	先锋街街道	130602001	阳城镇	130608102
临西县（7 镇，2 乡）	**130535**	新市场街道	130602002	魏村镇	130608103
临西镇	130535100	东风路街道	130602003	温仁镇	130608104
河西镇	130535101	建设南路街道	130602004	张登镇	130608105
下堡寺镇	130535102	韩村北路街道	130602005	大庄镇	130608106
尖冢镇	130535103	惠阳街道	130602006	臧村镇	130608107
老官寨镇	130535104	大激店镇	130602100	望亭镇	130608108
吕寨镇	130535105	一亩泉镇	130602101	东闾镇	130608109
大刘庄镇	130535106	颉庄乡	130602200	白团镇	130608110
东枣园乡	130535200	富昌乡	130602201	石桥镇	130608111
摇鞍镇乡	130535203	韩村乡	130602202	何桥镇	130608112
南宫市（4 街道，6 镇，5 乡）	**130581**	大马坊乡	130602205	北店乡	130608201
凤岗街道	130581001	**莲池区（10 街道，2 镇，5 乡）**	**130606**	李庄乡	130608203
南杜街道	130581002	和平里街道	130606001	北王力乡	130608204
北胡街道	130581003	五四路街道	130606002	孙村乡	130608207
西丁街道	130581004	西关街道	130606003	阎庄乡	130608208
苏村镇	130581100	中华路街道	130606004	**徐水区（10 镇，4 乡）**	**130609**
大高村镇	130581101	东关街道	130606005	安肃镇	130609100
垂杨镇	130581102	联盟路街道	130606006	崔庄镇	130609101
明化镇	130581103	红星路街道	130606007	大因镇	130609102
段芦头镇	130581104	裕华路街道	130606008	遂城镇	130609103
紫冢镇	130581105	永华路街道	130606009	高林村镇	130609104
大村乡	130581200	南关街道	130606010	大王店镇	130609105
南便村乡	130581201	百楼镇	130606100	漕河镇	130609106
大屯乡	130581202	焦庄镇	130606101	留村镇	130609107
王道寨乡	130581203	韩庄乡	130606200	东史端镇	130609108
薛吴村乡	130581204	东金庄乡	130606201	正村镇	130609109
沙河市（5 街道，6 镇，2 乡）	**130582**	杨庄乡	130606203	户木乡	130609203
褡裢街道	130582001	南大园乡	130606204	瀑河乡	130609204
桥东街道	130582002	五尧乡	130606206	东釜山乡	130609205
桥西街道	130582003	**满城区（6 镇，6 乡）**	**130607**	义联庄乡	130609206
赞善街道	130582004	满城镇	130607100	**涞水县（12 镇，3 乡）**	**130623**
周庄街道	130582005	大册营镇	130607101	涞水镇	130623100
新城镇	130582101	神星镇	130607102	永阳镇	130623101
白塔镇	130582102	南韩村镇	130607103	义安镇	130623102
十里亭镇	130582103	方顺桥镇	130607104	石亭镇	130623103
綦村镇	130582104	于家庄镇	130607105	赵各庄镇	130623104
刘石岗镇	130582107	要庄乡	130607203	九龙镇	130623105
册井镇	130582108	白龙乡	130607204	三坡镇	130623106
柴关乡	130582203	石井乡	130607205	一渡镇	130623107
蝉房乡	130582204	坨南乡	130607206	娄村镇	130623108
保定市（31 街道，210 镇，97 乡，2 民族乡）	**130600**	刘家台乡	130607207	王村镇	130623109
		贤台乡	130607208	明义镇	130623110
		清苑区（13 镇，5 乡）	**130608**	东文山镇	130623111
		清苑镇	130608100	其中口乡	130623205
				龙门乡	130623206
				胡家庄乡	130623207

续表 9

行政区划名称	行政区划代码
阜平县（8 镇，5 乡）	**130624**
阜平镇	130624100
龙泉关镇	130624101
平阳镇	130624102
城南庄镇	130624103
天生桥镇	130624104
王林口镇	130624105
砂窝镇	130624106
北果园镇	130624107
台峪乡	130624202
大台乡	130624203
史家寨乡	130624204
吴王口乡	130624206
下庄乡	130624207
定兴县（11 镇，5 乡）	**130626**
定兴镇	130626100
固城镇	130626101
贤寓镇	130626102
北河镇	130626103
天宫寺镇	130626104
小朱庄镇	130626105
姚村镇	130626106
杨村镇	130626107
高里镇	130626108
内章镇	130626109
东落堡镇	130626110
张家庄乡	130626202
肖村乡	130626204
柳卓乡	130626205
北南蔡乡	130626208
李郁庄乡	130626209
唐县（12 镇，8 乡）	**130627**
仁厚镇	130627100
王京镇	130627101
高昌镇	130627102
北罗镇	130627103
白合镇	130627104
军城镇	130627105
川里镇	130627106
长古城镇	130627107
罗庄镇	130627108
北店头镇	130627109
齐家佐镇	130627110
黄石口镇	130627111
都亭乡	130627201
南店头乡	130627202
雹水乡	130627205
大洋乡	130627206
迷城乡	130627207
羊角乡	130627209
石门乡	130627210
倒马关乡	130627212
高阳县（1 街道，7 镇，1 乡）	**130628**
锦华街道	130628001
庞口镇	130628101
西演镇	130628102
邢家南镇	130628103
晋庄镇	130628104
小王果庄镇	130628105
蒲口镇	130628106
庞家佐镇	130628107
龙化乡	130628204
容城县（5 镇，3 乡）	**130629**
容城镇	130629100
小里镇	130629101
南张镇	130629102
大河镇	130629103
晾马台镇	130629104
八于乡	130629200
贾光乡	130629201
平王乡	130629203
涞源县（10 镇，7 乡）	**130630**
涞源镇	130630100
银坊镇	130630101
走马驿镇	130630102
水堡镇	130630103
王安镇镇	130630104
杨家庄镇	130630105
白石山镇	130630106
南屯镇	130630107
泉坊镇	130630108
北石佛镇	130630109
南马庄乡	130630202
金家井乡	130630204
留家庄乡	130630205
上庄乡	130630206
东团堡乡	130630207
塔崖驿乡	130630208
乌龙沟乡	130630209
望都县（7 镇，1 乡）	**130631**
望都镇	130631100
固店镇	130631101
贾村镇	130631102
中韩庄镇	130631103
寺庄镇	130631104
赵庄镇	130631105
高岭镇	130631106
黑堡乡	130631202
安新县（9 镇，3 乡）	**130632**
安新镇	130632100
大王镇	130632101
三台镇	130632102
端村镇	130632103
赵北口镇	130632104
同口镇	130632105
刘李庄镇	130632106
安州镇	130632107
老河头镇	130632108
圈头乡	130632200
寨里乡	130632201
芦庄乡	130632202
易县（11 镇，15 乡，1 民族乡）	**130633**
易州镇	130633100
梁格庄镇	130633101
西陵镇	130633102
裴山镇	130633103
塘湖镇	130633104
狼牙山镇	130633105
良岗镇	130633106
紫荆关镇	130633107
高村镇	130633108
西山北镇	130633109
高陌镇	130633110
桥头乡	130633200
白马乡	130633201
流井乡	130633202
大龙华乡	130633205
安格庄乡	130633206
凌云册满族回族乡	130633207
尉都乡	130633209
独乐乡	130633210
七峪乡	130633211
富岗乡	130633212
坡仓乡	130633213
牛岗乡	130633214
桥家河乡	130633215
甘河净乡	130633216
蔡家峪乡	130633217
南城司乡	130633218
曲阳县（12 镇，6 乡）	**130634**
恒州镇	130634100
灵山镇	130634101

续表 10

行政区划名称	行政区划代码
燕赵镇	130634102
羊平镇	130634103
文德镇	130634104
晓林镇	130634105
邸村镇	130634106
齐村镇	130634107
孝墓镇	130634108
产德镇	130634109
下河镇	130634110
嘉禾镇	130634111
路庄子乡	130634200
庄窠乡	130634202
党城乡	130634210
郎家庄乡	130634211
范家庄乡	130634212
北台乡	130634213
蠡县（11 镇，2 乡）	**130635**
蠡吾镇	130635100
留史镇	130635101
大百尺镇	130635102
辛兴镇	130635103
北郭丹镇	130635104
万安镇	130635105
桑园镇	130635106
南庄镇	130635107
大曲堤镇	130635108
鲍墟镇	130635109
小陈镇	130635110
林堡乡	130635201
北埝头乡	130635202
顺平县（7 镇，3 乡）	**130636**
蒲阳镇	130636100
高于铺镇	130636101
腰山镇	130636102
蒲上镇	130636103
神南镇	130636104
安阳镇	130636105
白云镇	130636106
河口乡	130636202
台鱼乡	130636204
大悲乡	130636205
博野县（7 镇）	**130637**
博野镇	130637100
小店镇	130637101
程委镇	130637102
东墟镇	130637103
北杨镇	130637104
城东镇	130637105
南小王镇	130637106
雄县（6 镇，3 乡）	**130638**
雄州镇	130638100
昝岗镇	130638101
大营镇	130638102
龙湾镇	130638103
朱各庄镇	130638104
米家务镇	130638105
双堂乡	130638203
张岗乡	130638204
北沙口乡	130638205
涿州市（3 街道，10 镇，1 乡）	**130681**
双塔街道	130681001
桃园街道	130681002
清凉寺街道	130681003
松林店镇	130681100
码头镇	130681101
东城坊镇	130681102
高官庄镇	130681103
百尺竿镇	130681104
东仙坡镇	130681105
义和庄镇	130681106
豆庄镇	130681107
刁窝镇	130681108
林家屯镇	130681109
孙家庄乡	130681204
定州市（4 街道，16 镇，4 乡，1 民族乡）	**130682**
南城区街道	130682001
北城区街道	130682002
西城区街道	130682003
长安路街道	130682004
留早镇	130682100
清风店镇	130682101
庞村镇	130682102
砖路镇	130682103
明月店镇	130682104
叮咛店镇	130682105
东亭镇	130682106
大辛庄镇	130682107
东旺镇	130682108
高蓬镇	130682109
邢邑镇	130682110
李亲顾镇	130682111
子位镇	130682112
息冢镇	130682113
周村镇	130682114
开元镇	130682116
东留春乡	130682203
号头庄回族乡	130682204
杨家庄乡	130682205
大鹿庄乡	130682206
西城乡	130682208
安国市（2 街道，6 镇，3 乡）	**130683**
药都街道	130683001
祁州路街道	130683002
伍仁桥镇	130683101
石佛镇	130683102
郑章镇	130683103
大五女镇	130683104
西佛落镇	130683105
西城镇	130683106
明官店乡	130683200
南娄底乡	130683201
北段村乡	130683204
高碑店市（5 街道，10 镇）	**130684**
和平街道	130684001
军城街道	130684002
东盛街道	130684003
北城街道	130684004
兴华路街道	130684005
方官镇	130684100
新城镇	130684101
泗庄镇	130684102
辛立庄镇	130684104
东马营镇	130684105
白沟镇	130684106
张六庄镇	130684107
肖官营镇	130684108
辛桥镇	130684109
梁家营镇	130684110
张家口市（23 街道，103 镇，104 乡，2 民族乡，1 区公所）	**130700**
桥东区（7 街道，3 镇，1 乡）	**130702**
红旗楼街道	130702001
胜利北路街道	130702002
五一路街道	130702003
花园街道	130702004
工业路街道	130702005
南站街道	130702006

续表 11

行政区划名称	行政区划代码
马路东街道	130702007
老鸦庄镇	130702100
姚家庄镇	130702101
大仓盖镇	130702102
东望山乡	130702202
桥西区（7 街道，4 镇）	**130703**
明德南街街道	130703001
大境门街道	130703002
明德北街街道	130703003
新华街街道	130703004
堡子里街道	130703005
南营坊街道	130703006
工人新村街道	130703007
东窑子镇	130703100
沈家屯镇	130703101
姚家房镇	130703103
沙岭子镇	130703104
宣化区（7 街道，10 镇，4 乡）	**130705**
天泰寺街街道	130705001
皇城街道	130705002
南关街道	130705003
南大街街道	130705004
大北街街道	130705005
工业街街道	130705006
建国街街道	130705007
庞家堡镇	130705100
洋河南镇	130705101
深井镇	130705102
崞村镇	130705103
贾家营镇	130705104
顾家营镇	130705105
赵川镇	130705106
江家屯镇	130705107
河子西镇	130705108
侯家庙镇	130705109
春光乡	130705201
王家湾乡	130705203
塔儿村乡	130705204
李家堡乡	130705206
下花园区（2 街道，4 乡）	**130706**
城镇街道	130706001
煤矿街道	130706002
花园乡	130706200
辛庄子乡	130706201
定方水乡	130706202
段家堡乡	130706203
万全区（4 镇，7 乡）	**130708**
孔家庄镇	130708100
万全镇	130708101
洗马林镇	130708102
郭磊庄镇	130708103
膳房堡乡	130708200
北新屯乡	130708201
宣平堡乡	130708202
高庙堡乡	130708203
旧堡乡	130708204
安家堡乡	130708205
北沙城乡	130708206
崇礼区（2 镇，8 乡）	**130709**
西湾子镇	130709100
高家营镇	130709101
四台嘴乡	130709200
红旗营乡	130709201
石窑子乡	130709202
驿马图乡	130709203
石嘴子乡	130709204
狮子沟乡	130709205
清三营乡	130709206
白旗乡	130709207
张北县（8 镇，12 乡）	**130722**
张北镇	130722100
公会镇	130722101
二台镇	130722102
大囫囵镇	130722103
沙沟镇	130722104
小二台镇	130722105
油篓沟镇	130722106
大河镇	130722107
台路沟乡	130722200
馒头营乡	130722202
二泉井乡	130722203
单晶河乡	130722204
海流图乡	130722206
两面井乡	130722207
大西湾乡	130722208
郝家营乡	130722209
白庙滩乡	130722210
战海乡	130722212
三号乡	130722213
宇宙营乡	130722214
康保县（7 镇，8 乡）	**130723**
康保镇	130723100
张纪镇	130723101
土城子镇	130723102
邓油坊镇	130723103
李家地镇	130723104
照阳河镇	130723105
屯垦镇	130723106
阎油坊乡	130723200
丹清河乡	130723201
哈咇嘎乡	130723202
二号卜乡	130723203
芦家营乡	130723204
忠义乡	130723205
处长地乡	130723206
满德堂乡	130723207
沽源县（4 镇，9 乡，1 民族乡）	**130724**
平定堡镇	130724100
小厂镇	130724101
黄盖淖镇	130724102
九连城镇	130724103
高山堡乡	130724200
小河子乡	130724201
二道渠乡	130724202
大二号回族乡	130724203
闪电河乡	130724204
长梁乡	130724205
丰源店乡	130724206
西辛营乡	130724207
莲花滩乡	130724208
白土窑乡	130724209
尚义县（7 镇，7 乡）	**130725**
南壕堑镇	130725100
大青沟镇	130725101
八道沟镇	130725102
红土梁镇	130725103
小蒜沟镇	130725104
三工地镇	130725105
满井镇	130725106
大营盘乡	130725200
大苏计乡	130725201
石井乡	130725202
七甲乡	130725205
套里庄乡	130725206
甲石河乡	130725207
下马圈乡	130725208
蔚县（11 镇，11 乡）	**130726**

续表 12

行政区划名称	行政区划代码	行政区划名称	行政区划代码	行政区划名称	行政区划代码
蔚州镇	130726100	太平庄乡	130728204	雕鹗镇	130732103
代王城镇	130726101	王虎屯乡	130728205	独石口镇	130732104
西合营镇	130726102	第三堡乡	130728206	白草镇	130732105
吉家庄镇	130726103	**怀来县（11 镇，5 乡，1 民族乡）**	**130730**	龙门所镇	130732106
白乐镇	130726104	沙城镇	130730100	后城镇	130732107
暖泉镇	130726105	北辛堡镇	130730101	东卯镇	130732108
南留庄镇	130726106	新保安镇	130730102	炮梁乡	130732200
北水泉镇	130726107	东花园镇	130730103	大海陀乡	130732201
桃花镇	130726108	官厅镇	130730104	镇宁堡乡	130732202
阳眷镇	130726109	桑园镇	130730105	马营乡	130732203
宋家庄镇	130726110	存瑞镇	130730106	云州乡	130732204
下宫村乡	130726200	土木镇	130730107	三道川乡	130732205
南杨庄乡	130726202	大黄庄镇	130730108	东万口乡	130732206
柏树乡	130726203	西八里镇	130730109	茨营子乡	130732207
常宁乡	130726204	小南辛堡镇	130730110	样田乡	130732208
涌泉庄乡	130726205	狼山乡	130730200	**承德市（14 街道，121 镇，64 乡，18 民族乡）**	**130800**
杨庄窠乡	130726206	鸡鸣驿乡	130730203	**双桥区（7 街道，7 镇）**	**130802**
南岭庄乡	130726207	东八里乡	130730205	西大街街道	130802001
陈家洼乡	130726208	瑞云观乡	130730207	头道牌楼街道	130802002
黄梅乡	130726209	孙庄子乡	130730208	潘家沟街道	130802003
白草村乡	130726210	王家楼回族乡	130730210	中华路街道	130802004
草沟堡乡	130726211	**涿鹿县（14 镇，3 乡，1 区公所）**	**130731**	新华路街道	130802005
阳原县（5 镇，9 乡）	**130727**	涿鹿镇	130731100	石洞子沟街道	130802006
西城镇	130727100	张家堡镇	130731101	桥东街道	130802007
东城镇	130727101	武家沟镇	130731102	水泉沟镇	130802100
化稍营镇	130727102	五堡镇	130731103	狮子沟镇	130802101
揣骨疃镇	130727103	保岱镇	130731104	牛圈子沟镇	130802102
东井集镇	130727104	矾山镇	130731105	大石庙镇	130802103
要家庄乡	130727200	大堡镇	130731106	冯营子镇	130802104
东坊城堡乡	130727201	河东镇	130731107	双峰寺镇	130802105
井儿沟乡	130727202	东小庄镇	130731108	上板城镇	130802106
三马坊乡	130727203	温泉屯镇	130731109	**双滦区（3 街道，6 镇）**	**130803**
高墙乡	130727204	大河南镇	130731110	钢城街道	130803001
大田洼乡	130727205	蟒石口镇	130731111	元宝山街道	130803002
辛堡乡	130727206	辉耀镇	130731112	秀水街道	130803003
马圈堡乡	130727207	卧佛寺镇	130731113	双塔山镇	130803100
浮图讲乡	130727208	栾庄乡	130731201	滦河镇	130803101
怀安县（4 镇，7 乡）	**130728**	黑山寺乡	130731204	大庙镇	130803102
柴沟堡镇	130728100	谢家堡乡	130731206	偏桥子镇	130803103
左卫镇	130728101	赵家蓬区公所	130731999	西地镇	130803104
头百户镇	130728102	**赤城县（9 镇，9 乡）**	**130732**	陈栅子镇	130803105
怀安城镇	130728103	赤城镇	130732100	**鹰手营子矿区（1 街道，4 镇）**	**130804**
渡口堡乡	130728200	田家窑镇	130732101	铁北路街道	130804001
第六屯乡	130728201	龙关镇	130732102		
西湾堡乡	130728202				
西沙城乡	130728203				

续表 13

行政区划名称	行政区划代码
鹰手营子镇	130804100
北马圈子镇	130804101
寿王坟镇	130804102
汪家庄镇	130804103
承德县（12 镇，9 乡，2 民族乡）	**130821**
下板城镇	130821100
甲山镇	130821102
六沟镇	130821103
三沟镇	130821104
头沟镇	130821105
高寺台镇	130821106
三家镇	130821107
鞍匠镇	130821108
上谷镇	130821109
磴上镇	130821110
新杖子镇	130821111
石灰窑镇	130821112
东小白旗乡	130821200
刘杖子乡	130821202
孟家院乡	130821204
大营子乡	130821205
八家乡	130821206
满杖子乡	130821208
五道河乡	130821210
岔沟乡	130821211
岗子满族乡	130821212
两家满族乡	130821214
仓子乡	130821216
兴隆县（15 镇，3 乡，2 民族乡）	**130822**
兴隆镇	130822100
半壁山镇	130822101
挂兰峪镇	130822102
青松岭镇	130822103
六道河镇	130822104
平安堡镇	130822105
北营房镇	130822106
孤山子镇	130822107
蓝旗营镇	130822108
雾灵山镇	130822109
李家营镇	130822110
大杖子镇	130822111
三道河镇	130822112
大水泉镇	130822113
蘑菇峪镇	130822114
南天门满族乡	130822200
八卦岭满族乡	130822202
陡子峪乡	130822203
上石洞乡	130822204
安子岭乡	130822211
滦平县（1 街道，13 镇，6 民族乡）	**130824**
中兴路街道	130824001
滦平镇	130824100
长山峪镇	130824101
红旗镇	130824102
金沟屯镇	130824103
虎什哈镇	130824104
巴克什营镇	130824105
张百湾镇	130824106
付营子镇	130824107
大屯镇	130824108
火斗山镇	130824109
两间房镇	130824110
小营镇	130824111
安纯沟门镇	130824112
平坊满族乡	130824200
西沟满族乡	130824206
邓厂满族乡	130824207
五道营子满族乡	130824208
马营子满族乡	130824209
付家店满族乡	130824210
隆化县（1 街道，14 镇，4 乡，6 民族乡）	**130825**
安州街道	130825001
韩麻营镇	130825101
中关镇	130825102
七家镇	130825103
汤头沟镇	130825104
张三营镇	130825105
唐三营镇	130825106
蓝旗镇	130825107
步古沟镇	130825108
郭家屯镇	130825109
茅荆坝镇	130825110
苔山镇	130825111
荒地镇	130825112
章吉营镇	130825113
偏坡营镇	130825114
尹家营满族乡	130825203
庙子沟蒙古族满族乡	130825204
山湾乡	130825206
八达营蒙古族乡	130825207
太平庄满族乡	130825208
旧屯满族乡	130825209
西阿超满族蒙古族乡	130825210
碱房乡	130825212
韩家店乡	130825213
湾沟门乡	130825214
丰宁满族自治县（1 街道，11 镇，15 乡）	**130826**
新丰路街道	130826001
大阁镇	130826100
大滩镇	130826101
鱼儿山镇	130826102
土城镇	130826103
黄旗镇	130826104
凤山镇	130826105
波罗诺镇	130826106
黑山嘴镇	130826107
天桥镇	130826108
胡麻营镇	130826109
将军营镇	130826110
万胜永乡	130826200
四岔口乡	130826201
苏家店乡	130826202
外沟门乡	130826203
草原乡	130826204
窟窿山乡	130826205
小坝子乡	130826206
五道营乡	130826207
选将营乡	130826209
西官营乡	130826210
王营乡	130826211
北头营乡	130826212
石人沟乡	130826214
汤河乡	130826215
杨木栅子乡	130826216
宽城满族自治县（10 镇，8 乡）	**130827**
宽城镇	130827100
龙须门镇	130827101
峪耳崖镇	130827102
板城镇	130827103
汤道河镇	130827104
桲罗台镇	130827105

续表 14

行政区划名称	行政区划代码
碾子峪镇	130827106
亮甲台镇	130827107
化皮溜子镇	130827108
松岭镇	130827109
塌山乡	130827201
孟子岭乡	130827203
独石沟乡	130827204
铧尖乡	130827207
东黄花川乡	130827208
苇子沟乡	130827210
大字沟门乡	130827211
大石柱子乡	130827212
围场满族蒙古族自治县（14镇，23乡）	**130828**
围场镇	130828100
四合永镇	130828101
克勒沟镇	130828102
棋盘山镇	130828103
半截塔镇	130828104
朝阳地镇	130828105
朝阳湾镇	130828106
腰站镇	130828107
新拨镇	130828108
龙头山镇	130828109
御道口镇	130828110
城子镇	130828111
新地镇	130828112
哈里哈镇	130828113
道坝子乡	130828200
黄土坎乡	130828203
四道沟乡	130828204
蓝旗卡伦乡	130828205
银窝沟乡	130828206
广发永乡	130828208
育太和乡	130828209
郭家湾乡	130828210
杨家湾乡	130828211
大唤起乡	130828212
张家湾乡	130828215
宝元栈乡	130828216
山湾子乡	130828217
三义永乡	130828218
姜家店乡	130828219
下伙房乡	130828220
燕格柏乡	130828221
牌楼乡	130828222

行政区划名称	行政区划代码
老窝铺乡	130828224
石桌子乡	130828226
大头山乡	130828227
南山嘴乡	130828228
西龙头乡	130828229
平泉市（15镇，2乡，2民族乡）	**130881**
平泉镇	130881100
黄土梁子镇	130881101
榆树林子镇	130881102
杨树岭镇	130881103
七沟镇	130881104
小寺沟镇	130881105
党坝镇	130881106
卧龙镇	130881107
南五十家子镇	130881108
北五十家子镇	130881109
桲椤树镇	130881110
柳溪镇	130881111
平北镇	130881112
青河镇	130881113
台头山镇	130881114
王土房乡	130881200
七家岱满族乡	130881201
茅兰沟满族蒙古族乡	130881202
道虎沟乡	130881205
沧州市（26街道，119镇，43乡，6民族乡）	**130900**
新华区（5街道，1乡）	**130902**
建设北街街道	130902001
车站街道	130902002
南大街街道	130902003
东环中街街道	130902004
道东街道	130902005
小赵庄乡	130902200
运河区（6街道，2镇）	**130903**
水月寺街道	130903001
南环中路街道	130903002
南湖街道	130903003
市场街道	130903004
西环中街街道	130903005
公园街道	130903006
小王庄镇	130903100
南陈屯镇	130903101

行政区划名称	行政区划代码
沧县（10镇，7乡，2民族乡）	**130921**
旧州镇	130921100
兴济镇	130921101
杜生镇	130921102
崔尔庄镇	130921103
李天木镇	130921104
纸房头镇	130921105
姚官屯镇	130921106
杜林镇	130921107
汪家铺镇	130921108
张官屯镇	130921109
薛官屯乡	130921200
捷地回族乡	130921201
风化店乡	130921204
刘家庙乡	130921208
仵龙堂乡	130921209
大官厅乡	130921210
高川乡	130921211
黄递铺乡	130921212
大褚村回族乡	130921213
青县（8镇，2乡）	**130922**
清州镇	130922100
金牛镇	130922101
新兴镇	130922102
流河镇	130922103
木门店镇	130922104
马厂镇	130922105
盘古镇	130922106
曹寺镇	130922107
上伍乡	130922200
陈嘴乡	130922203
东光县（9镇）	**130923**
东光镇	130923100
连镇镇	130923101
找王镇	130923102
秦村镇	130923103
灯明寺镇	130923104
南霞口镇	130923105
大单镇	130923106
龙王李镇	130923107
于桥镇	130923108
海兴县（5镇，2乡）	**130924**
苏基镇	130924100
辛集镇	130924101
高湾镇	130924102

续表 15

行政区划名称	行政区划代码
赵毛陶镇	130924103
张会亭镇	130924104
香坊乡	130924201
小山乡	130924202
盐山县（10 镇，2 乡）	**130925**
盐山镇	130925100
望树镇	130925101
庆云镇	130925102
韩集镇	130925103
千童镇	130925104
圣佛镇	130925105
边务镇	130925106
小庄镇	130925107
杨集镇	130925108
孟店镇	130925109
小营乡	130925201
常庄乡	130925204
肃宁县（8 镇，1 乡）	**130926**
肃宁镇	130926100
梁家村镇	130926101
窝北镇	130926102
尚村镇	130926103
万里镇	130926104
师素镇	130926105
河北留善寺镇	130926106
付家佐镇	130926107
邵庄乡	130926205
南皮县（8 镇，1 乡）	**130927**
南皮镇	130927100
冯家口镇	130927101
寨子镇	130927102
鲍官屯镇	130927103
王寺镇	130927104
乌马营镇	130927105
潞灌镇	130927106
刘八里镇	130927107
大浪淀乡	130927200
吴桥县（5 镇，5 乡）	**130928**
桑园镇	130928100
铁城镇	130928101
于集镇	130928102
梁集镇	130928103
安陵镇	130928104
曹家洼乡	130928200
宋门乡	130928201
杨家寺乡	130928202
沟店铺乡	130928203
何庄乡	130928204
献县（10 镇，7 乡，1 民族乡）	**130929**
乐寿镇	130929100
淮镇镇	130929101
郭庄镇	130929102
河城街镇	130929103
韩村镇	130929104
陌南镇	130929105
陈庄镇	130929106
段村镇	130929107
高官镇	130929108
十五级镇	130929109
商林乡	130929206
本斋回族乡	130929208
张村乡	130929209
临河乡	130929210
小平王乡	130929211
垒头乡	130929213
南河头乡	130929214
西城乡	130929215
孟村回族自治县（4 镇，2 乡）	**130930**
孟村镇	130930100
新县镇	130930101
辛店镇	130930102
高寨镇	130930103
宋庄子乡	130930200
牛进庄乡	130930201
泊头市（3 街道，9 镇，3 乡）	**130981**
解放街道	130981001
河东街道	130981002
鼓楼街道	130981003
泊镇	130981100
交河镇	130981101
齐桥镇	130981102
寺门村镇	130981103
郝村镇	130981104
富镇镇	130981105
文庙镇	130981106
洼里王镇	130981107
四营镇	130981108
王武庄乡	130981201
营子乡	130981202
西辛店乡	130981204
任丘市（7 街道，12 镇，3 乡）	**130982**
新华路街道	130982001
西环路街道	130982002
永丰路街道	130982003
中华路街道	130982004
渤海路街道	130982005
会战道街道	130982006
油建路街道	130982007
出岸镇	130982100
石门桥镇	130982101
吕公堡镇	130982102
长丰镇	130982103
鄚州镇	130982104
苟各庄镇	130982105
梁召镇	130982106
辛中驿镇	130982107
麻家坞镇	130982108
北辛庄镇	130982109
议论堡镇	130982110
于村镇	130982111
青塔乡	130982204
七间房乡	130982206
北汉乡	130982207
黄骅市（3 街道，8 镇，1 乡，2 民族乡）	**130983**
骅东街道	130983001
骅中街道	130983002
骅西街道	130983003
黄骅镇	130983100
南排河镇	130983101
吕桥镇	130983102
旧城镇	130983103
齐家务镇	130983104
滕庄子镇	130983105
常郭镇	130983106
羊二庄镇	130983107
官庄乡	130983204
新村回族乡	130983206
羊三木回族乡	130983207
河间市（2 街道，11 镇，6 乡，1 民族乡）	**130984**
瀛州路街道	130984001
城垣西路街道	130984002

续表 16

行政区划名称	行政区划代码
米各庄镇	130984101
景和镇	130984102
卧佛堂镇	130984103
束城镇	130984104
留古寺镇	130984105
沙河桥镇	130984106
诗经村镇	130984107
尊祖庄镇	130984108
兴村镇	130984109
行别营镇	130984110
故仙镇	130984111
黎民居乡	130984201
沙洼乡	130984203
西九吉乡	130984204
北石槽乡	130984205
果子洼回族乡	130984206
时村乡	130984209
龙华店乡	130984212
廊坊市（18 街道，79 镇，9 乡，2 民族乡）	**131000**
安次区（3 街道，8 镇）	**131002**
银河南路街道	131002001
光明西道街道	131002002
永华道街道	131002003
落垡镇	131002100
码头镇	131002101
葛渔城镇	131002102
东沽港镇	131002103
杨税务镇	131002104
北史家务镇	131002105
调河头镇	131002106
仇庄镇	131002107
广阳区（7 街道，4 镇）	**131003**
银河北路街道	131003001
爱民东道街道	131003002
解放道街道	131003003
新开路街道	131003004
新源道街道	131003005
云鹏道街道	131003006
耀华道街道	131003007
南尖塔镇	131003100
万庄镇	131003101
九州镇	131003102
北旺镇	131003103
固安县（7 镇，2 乡）	**131022**

行政区划名称	行政区划代码
固安镇	131022100
宫村镇	131022101
柳泉镇	131022102
牛驼镇	131022103
马庄镇	131022104
东湾镇	131022105
渠沟镇	131022106
彭村乡	131022201
礼让店乡	131022203
永清县（5 镇，4 乡，1 民族乡）	**131023**
永清镇	131023100
韩村镇	131023101
后奕镇	131023102
别古庄镇	131023103
里澜城镇	131023104
管家务回族乡	131023200
曹家务乡	131023201
龙虎庄乡	131023202
刘街乡	131023203
三圣口乡	131023204
香河县（9 镇）	**131024**
淑阳镇	131024100
蒋辛屯镇	131024101
渠口镇	131024102
安头屯镇	131024103
安平镇	131024104
刘宋镇	131024105
五百户镇	131024106
钳屯镇	131024107
钱旺镇	131024108
大城县（10 镇）	**131025**
平舒镇	131025100
旺村镇	131025101
大尚屯镇	131025102
南赵扶镇	131025103
留各庄镇	131025104
权村镇	131025105
里坦镇	131025106
广安镇	131025107
北魏镇	131025108
臧屯镇	131025109
文安县（12 镇，1 民族乡）	**131026**
文安镇	131026100
新镇镇	131026101

行政区划名称	行政区划代码
苏桥镇	131026102
大柳河镇	131026103
左各庄镇	131026104
滩里镇	131026105
史各庄镇	131026106
赵各庄镇	131026107
兴隆宫镇	131026108
大留镇镇	131026109
孙氏镇	131026110
德归镇	131026111
大围河回族满族乡	131026200
大厂回族自治县（1 街道，5 镇）	**131028**
北辰街道	131028001
大厂镇	131028100
夏垫镇	131028101
祁各庄镇	131028102
陈府镇	131028103
邵府镇	131028104
霸州市（1 街道，9 镇，3 乡）	**131081**
裕华街道	131081001
霸州镇	131081100
南孟镇	131081101
信安镇	131081102
堂二里镇	131081103
煎茶铺镇	131081104
胜芳镇	131081105
扬芬港镇	131081106
康仙庄镇	131081107
王庄子镇	131081108
岔河集乡	131081200
东杨庄乡	131081202
东段乡	131081204
三河市（6 街道，10 镇）	**131082**
鼎盛东街道	131082001
泃阳西街道	131082002
行宫东街道	131082004
迎宾北路街道	131082005
燕顺路街道	131082006
康城街道	131082007
泃阳镇	131082100
李旗庄镇	131082101
杨庄镇	131082102
皇庄镇	131082103

续表 17

行政区划名称	行政区划代码	行政区划名称	行政区划代码	行政区划名称	行政区划代码
新集镇	131082104	清凉店镇	131122101	**景县（13 镇，3 乡）**	**131127**
段甲岭镇	131082105	审坡镇	131122102	景州镇	131127100
黄土庄镇	131082106	赵桥镇	131122103	龙华镇	131127101
高楼镇	131082107	韩庄镇	131122104	广川镇	131127102
齐心庄镇	131082108	肖桥头镇	131122105	王瞳镇	131127103
燕郊镇	131082109	龙店镇	131122106	洚河流镇	131127104
衡水市（4 街道，88 镇，26 乡）	**131100**	圈头乡	131122201	安陵镇	131127105
		大紫塔乡	131122203	杜桥镇	131127106
桃城区（4 街道，3 镇，3 乡）	**131102**	**武强县（6 镇）**	**131123**	王谦寺镇	131127107
		武强镇	131123100	留智庙镇	131127108
河西街道	131102001	街关镇	131123101	北留智镇	131127109
河东街道	131102002	周窝镇	131123102	梁集镇	131127110
路北街道	131102003	东孙庄镇	131123103	温城镇	131127111
中华大街街道	131102004	豆村镇	131123104	青兰镇	131127112
郑家河沿镇	131102100	北代镇	131123105	刘集乡	131127200
赵家圈镇	131102101	**饶阳县（7 镇）**	**131124**	连镇乡	131127201
邓庄镇	131102102	饶阳镇	131124100	后留名府乡	131127204
何家庄乡	131102200	大尹村镇	131124101	**阜城县（6 镇，4 乡）**	**131128**
大麻森乡	131102201	五公镇	131124102	阜城镇	131128100
彭杜村乡	131102203	大官亭镇	131124103	古城镇	131128101
冀州区（7 镇，4 乡）	**131103**	王同岳镇	131124104	码头镇	131128102
冀州镇	131103100	东里满镇	131124105	霞口镇	131128103
魏家屯镇	131103101	留楚镇	131124106	崔家庙镇	131128104
官道李镇	131103102	**安平县（5 镇，3 乡）**	**131125**	漫河镇	131128105
南午村镇	131103103	安平镇	131125100	建桥乡	131128201
周村镇	131103104	马店镇	131125101	蒋坊乡	131128202
码头李镇	131103105	南王庄镇	131125102	大白乡	131128203
西王镇	131103106	大子文镇	131125103	王集乡	131128204
门家庄乡	131103200	东黄城镇	131125104	**深州市（14 镇，3 乡）**	**131182**
徐家庄乡	131103201	大何庄乡	131125200	唐奉镇	131182100
北漳淮乡	131103202	程油子乡	131125201	深州镇	131182101
小寨乡	131103203	西两洼乡	131125202	辰时镇	131182102
枣强县（9 镇，2 乡）	**131121**	**故城县（11 镇，2 乡）**	**131126**	榆科镇	131182103
枣强镇	131121100	郑口镇	131126100	魏家桥镇	131182104
恩察镇	131121101	夏庄镇	131126101	大堤镇	131182105
大营镇	131121102	青罕镇	131126102	前磨头镇	131182106
嘉会镇	131121103	故城镇	131126103	王家井镇	131182107
马屯镇	131121104	武官寨镇	131126104	护驾迟镇	131182108
肖张镇	131121105	饶阳店镇	131126105	大屯镇	131182109
张秀屯镇	131121106	军屯镇	131126106	高古庄镇	131182110
新屯镇	131121107	建国镇	131126107	北溪村镇	131182111
唐林镇	131121108	西半屯镇	131126108	大冯营镇	131182112
王均乡	131121202	房庄镇	131126109	穆村镇	131182113
王常乡	131121204	三朗镇	131126110	兵曹乡	131182200
武邑县（7 镇，2 乡）	**131122**	辛庄乡	131126200	东安庄乡	131182202
武邑镇	131122100	里老乡	131126201	乔家屯乡	131182206

山西省

山西省（晋）

行政区划名称	行政区划代码
山西省（219 街道，631 镇，430 乡）	**140000**
太原市（55 街道，22 镇，24 乡）	**140100**
小店区（8 街道，1 镇，2 乡）	**140105**
坞城街道	140105001
营盘街道	140105002
北营街道	140105003
平阳路街道	140105004
黄陵街道	140105005
小店街道	140105006
龙城街道	140105007
学府街道	140105008
北格镇	140105100
西温庄乡	140105200
刘家堡乡	140105201
迎泽区（6 街道，1 镇）	**140106**
柳巷街道	140106001
文庙街道	140106002
庙前街道	140106003
迎泽街道	140106004
桥东街道	140106005
老军营街道	140106006
郝庄镇	140106100
杏花岭区（11 街道，1 镇）	**140107**
巨轮街道	140107001
三桥街道	140107002
鼓楼街道	140107003
杏花岭街道	140107004
坝陵桥街道	140107005
大东关街道	140107006
职工新街街道	140107007
敦化坊街道	140107008
涧河街道	140107009
杨家峪街道	140107010
享堂街道	140107011
中涧河镇	140107100
尖草坪区（9 街道，2 镇，2 乡）	**140108**
尖草坪街道	140108001
光社街道	140108002
上兰街道	140108003
南寨街道	140108004
迎新街街道	140108005
古城街道	140108006
汇丰街道	140108007
柴村街道	140108008
新城街道	140108009
向阳镇	140108100
阳曲镇	140108101
柏板乡	140108201
西墕乡	140108202
万柏林区（14 街道）	**140109**
千峰街道	140109001
下元街道	140109002
和平街道	140109003
兴华街道	140109004
万柏林街道	140109005
杜儿坪街道	140109006
白家庄街道	140109007
南寒街道	140109008
西铭街道	140109009
小井峪街道	140109010
东社街道	140109012
长风西街街道	140109014
神堂沟街道	140109015
王化街道	140109016
晋源区（3 街道，3 镇）	**140110**
义井街道	140110001
罗城街道	140110002
晋源街道	140110003
金胜镇	140110100
晋祠镇	140110101
姚村镇	140110102
清徐县（4 镇，5 乡）	**140121**
清源镇	140121100
徐沟镇	140121101
东于镇	140121102
孟封镇	140121103
马峪乡	140121200
柳杜乡	140121201
西谷乡	140121202
王答乡	140121203
集义乡	140121204
阳曲县（4 镇，5 乡）	**140122**
黄寨镇	140122100
大盂镇	140122101
东黄水镇	140122102
泥屯镇	140122103
高村乡	140122200
侯村乡	140122201
凌井店乡	140122202
西凌井乡	140122203
杨兴乡	140122205
娄烦县（3 镇，4 乡）	**140123**
娄烦镇	140123100
静游镇	140123101
杜交曲镇	140123102
马家庄乡	140123201
盖家庄乡	140123202
米峪镇乡	140123203
天池店乡	140123204
古交市（4 街道，3 镇，6 乡）	**140181**
东曲街道	140181001
西曲街道	140181002
桃园街道	140181003
屯兰街道	140181004
河口镇	140181100
镇城底镇	140181101
马兰镇	140181102
嘉乐泉乡	140181201
梭峪乡	140181202
岔口乡	140181203
常安乡	140181204

续表 1

行政区划名称	行政区划代码
原相乡	140181205
邢家社乡	140181206
大同市（39 街道，37 镇，50 乡）	**140200**
新荣区（3 镇，4 乡）	**140212**
新荣镇	140212100
古店镇	140212101
花园屯镇	140212102
破鲁堡乡	140212200
郭家窑乡	140212202
西村乡	140212206
堡子湾乡	140212209
平城区（18 街道）	**140213**
大庆路街道	140213009
古城街道	140213013
新旺街道	140213014
马军营街道	140213015
白登山街道	140213016
文瀛湖街道	140213017
水泊寺街道	140213018
小南头街道	140213019
永泰街道	140213020
清远街道	140213021
武定街道	140213022
鹿苑街道	140213023
振华街道	140213024
迎宾街道	140213025
新华街道	140213026
卧虎湾街道	140213027
御河街道	140213028
开源街道	140213029
云冈区（21 街道，2 镇，4 乡）	**140214**
西花园街道	140214001
老平旺街道	140214002
新胜街道	140214003
新平旺街道	140214004
新泉路街道	140214018
民胜街道	140214019
口泉街道	140214020
平泉路街道	140214025
和瑞街道	140214027
和顺街道	140214028
玉龙街道	140214029
云燕街道	140214030
云武街道	140214031
和旺街道	140214032
新文街道	140214033
玉泉街道	140214034
平喜街道	140214035
清泉街道	140214036
平德街道	140214037
平盛街道	140214038
平源街道	140214039
高山镇	140214100
云冈镇	140214101
口泉乡	140214200
西韩岭乡	140214201
平旺乡	140214202
鸦儿崖乡	140214203
云州区（3 镇，6 乡）	**140215**
西坪镇	140215100
倍加造镇	140215101
周士庄镇	140215102
吉家庄乡	140215200
峰峪乡	140215201
杜庄乡	140215202
党留庄乡	140215203
聚乐乡	140215205
许堡乡	140215206
阳高县（7 镇，4 乡）	**140221**
龙泉镇	140221100
罗文皂镇	140221101
大白登镇	140221102
王官屯镇	140221103
古城镇	140221104
东小村镇	140221105
友宰镇	140221106
长城乡	140221201
狮子屯乡	140221204
下深井乡	140221209
鳌石乡	140221212
天镇县（5 镇，6 乡）	**140222**
玉泉镇	140222100
谷前堡镇	140222101
米薪关镇	140222102
逯家湾镇	140222103
新平堡镇	140222104
三十里铺乡	140222200
贾家屯乡	140222204
赵家沟乡	140222206
南高崖乡	140222208
张西河乡	140222209
马家皂乡	140222210
广灵县（5 镇，3 乡）	**140223**
壶泉镇	140223100
南村镇	140223101
梁庄镇	140223102
加斗镇	140223103
作疃镇	140223104
一斗泉乡	140223200
蕉山乡	140223202
宜兴乡	140223206
灵丘县（3 镇，8 乡）	**140224**
武灵镇	140224100
东河南镇	140224101
上寨镇	140224102
落水河乡	140224200
赵北乡	140224205
石家田乡	140224206
柳科乡	140224207
白崖台乡	140224208
红石塄乡	140224210
下关乡	140224212
独峪乡	140224213
浑源县（6 镇，10 乡）	**140225**
永安镇	140225100
西坊城镇	140225101
蔡村镇	140225102
沙圪坨镇	140225103

续表 2

行政区划名称	行政区划代码
王庄堡镇	140225104
青磁窑镇	140225106
东坊城乡	140225201
裴村乡	140225203
驼峰乡	140225204
西留村乡	140225205
下韩村乡	140225206
南榆林乡	140225208
吴城乡	140225210
大仁庄乡	140225213
千佛岭乡	140225215
官儿乡	140225218
左云县（3 镇，5 乡）	**140226**
云兴镇	140226100
鹊儿山镇	140226101
店湾镇	140226102
管家堡乡	140226200
张家场乡	140226201
三屯乡	140226205
马道头乡	140226206
小京庄乡	140226207
阳泉市（11 街道，20 镇，11 乡）	**140300**
城区（5 街道）	**140302**
上站街道	140302001
下站街道	140302002
北大街街道	140302003
南山路街道	140302004
义井街道	140302005
矿区（6 街道）	**140303**
平潭街街道	140303001
桥头街道	140303002
蔡洼街道	140303003
赛鱼街道	140303004
沙坪街道	140303005
贵石沟街道	140303006
郊区（4 镇，4 乡）	**140311**
荫营镇	140311100
河底镇	140311101
义井镇	140311102
平坦镇	140311103
西南舁乡	140311200
杨家庄乡	140311201
李家庄乡	140311202
旧街乡	140311203
平定县（8 镇，2 乡）	**140321**
冠山镇	140321100
冶西镇	140321101
锁簧镇	140321102
张庄镇	140321103
东回镇	140321104
柏井镇	140321105
娘子关镇	140321106
巨城镇	140321107
石门口乡	140321200
岔口乡	140321201
盂县（8 镇，5 乡）	**140322**
秀水镇	140322100
孙家庄镇	140322101
路家村镇	140322102
南娄镇	140322103
牛村镇	140322104
苌池镇	140322105
上社镇	140322106
西烟镇	140322107
仙人乡	140322200
北下庄乡	140322201
梁家寨乡	140322203
西潘乡	140322204
东梁乡	140322205
长治市（18 街道，78 镇，32 乡）	**140400**
潞州区（13 街道，3 镇）	**140403**
东街街道	140403001
西街街道	140403002
英雄南路街道	140403003
英雄中路街道	140403004
紫金街街道	140403005
太行东街街道	140403006
太行西街街道	140403007
延安南路街道	140403008
常青街道	140403009
五马街道	140403010
堠北庄街道	140403013
老顶山街道	140403014
大辛庄街道	140403015
马厂镇	140403103
黄碾镇	140403104
西白兔镇	140403105
上党区（1 街道，6 镇，3 乡）	**140404**
韩店街道	140404001
苏店镇	140404101
荫城镇	140404102
西火镇	140404103
八义镇	140404104
郝家庄镇	140404106
南宋镇	140404107
西池乡	140404201
北呈乡	140404202
东和乡	140404203
屯留区（1 街道，6 镇，3 乡）	**140405**
麟绛街道	140405001
上村镇	140405101
渔泽镇	140405102
余吾镇	140405103
吾元镇	140405104
张店镇	140405105
丰宜镇	140405106
李高乡	140405200
路村乡	140405201
河神庙乡	140405202
潞城区（3 街道，4 镇，1 乡）	**140406**
潞华街道	140406001
成家川街道	140406002
翟店街道	140406003
店上镇	140406100

续表 3

行政区划名称	行政区划代码	行政区划名称	行政区划代码	行政区划名称	行政区划代码
微子镇	140406101	树掌镇	140427104	松村镇	140430108
辛安泉镇	140406102	大峡谷镇	140427105	牛寺乡	140430203
史回镇	140406104	集店镇	140427107	杨安乡	140430206
黄牛蹄乡	140406201	黄山乡	140427201	**沁源县（6 镇，6 乡）**	**140431**
襄垣县（9 镇）	**140423**	东井岭乡	140427202	沁河镇	140431100
古韩镇	140423100	石坡乡	140427203	郭道镇	140431101
王桥镇	140423101	**长子县（9 镇，2 乡）**	**140428**	灵空山镇	140431102
侯堡镇	140423102	丹朱镇	140428100	王和镇	140431103
夏店镇	140423103	鲍店镇	140428101	王陶镇	140431105
虒亭镇	140423104	石哲镇	140428102	景凤镇	140431106
西营镇	140423105	大堡头镇	140428103	中峪乡	140431200
王村镇	140423106	慈林镇	140428104	法中乡	140431201
下良镇	140423107	色头镇	140428105	交口乡	140431202
善福镇	140423108	南漳镇	140428106	聪子峪乡	140431203
平顺县（5 镇，6 乡）	**140425**	宋村镇	140428107	韩洪乡	140431204
青羊镇	140425100	南陈镇	140428108	赤石桥乡	140431207
龙溪镇	140425101	碾张乡	140428201	**晋城市（10 街道，52 镇，15 乡）**	**140500**
石城镇	140425102	常张乡	140428202		
苗庄镇	140425103	**武乡县（6 镇，6 乡）**	**140429**	**城区（7 街道，1 镇）**	**140502**
玉峡关镇	140425104	丰州镇	140429100	东街街道	140502001
西沟乡	140425200	洪水镇	140429101	西街街道	140502002
东寺头乡	140425201	蟠龙镇	140429102	南街街道	140502003
虹梯关乡	140425202	监漳镇	140429103	北街街道	140502004
阳高乡	140425203	故城镇	140429104	矿区街道	140502005
北耽车乡	140425204	韩北镇	140429105	钟家庄街道	140502006
北社乡	140425206	大有乡	140429202	西上庄街道	140502007
黎城县（8 镇）	**140426**	贾豁乡	140429203	北石店镇	140502100
东阳关镇	140426101	上司乡	140429205	**沁水县（7 镇，5 乡）**	**140521**
上遥镇	140426102	石北乡	140429206	龙港镇	140521100
西井镇	140426103	涌泉乡	140429207	中村镇	140521101
黄崖洞镇	140426104	分水岭乡	140429208	郑庄镇	140521102
黎侯镇	140426105	**沁县（9 镇，2 乡）**	**140430**	端氏镇	140521103
洪井镇	140426106	定昌镇	140430100	嘉峰镇	140521104
西仵镇	140426107	郭村镇	140430101	郑村镇	140521105
程家山镇	140426108	故县镇	140430102	柿庄镇	140521106
壶关县（7 镇，3 乡）	**140427**	新店镇	140430103	土沃乡	140521201
龙泉镇	140427100	漳源镇	140430104	张村乡	140521202
百尺镇	140427101	册村镇	140430105	胡底乡	140521204
店上镇	140427102	沁州黄镇	140430106	固县乡	140521205
晋庄镇	140427103	南里镇	140430107	十里乡	140521206

续表 4

行政区划名称	行政区划代码	行政区划名称	行政区划代码	行政区划名称	行政区划代码
阳城县（12 镇，3 乡）	**140522**	大箕镇	140525111	张蔡庄乡	140602208
凤城镇	140522100	柳树口镇	140525112	**平鲁区（2 镇，10 乡）**	**140603**
北留镇	140522101	北义城镇	140525113	井坪镇	140603100
润城镇	140522102	川底镇	140525114	凤凰城镇	140603101
町店镇	140522103	南岭镇	140525115	白堂乡	140603200
芹池镇	140522104	**高平市（3 街道，9 镇，3 乡）**	**140581**	陶村乡	140603201
次营镇	140522105			下水头乡	140603202
横河镇	140522106	北城街街道	140581001	双碾乡	140603203
河北镇	140522107	东城街街道	140581002	阻虎乡	140603204
蟒河镇	140522108	南城街街道	140581003	高石庄乡	140603205
东冶镇	140522109	米山镇	140581100	西水界乡	140603206
白桑镇	140522110	三甲镇	140581101	下面高乡	140603207
演礼镇	140522111	陈区镇	140581102	向阳堡乡	140603209
寺头乡	140522201	北诗镇	140581103	榆岭乡	140603210
西河乡	140522202	河西镇	140581104	**山阴县（5 镇，7 乡）**	**140621**
董封乡	140522205	马村镇	140581105	玉井镇	140621100
陵川县（7 镇，4 乡）	**140524**	野川镇	140581106	北周庄镇	140621101
崇文镇	140524100	寺庄镇	140581107	古城镇	140621102
礼义镇	140524101	神农镇	140581108	岱岳镇	140621103
附城镇	140524102	建宁乡	140581202	广武镇	140621104
西河底镇	140524103	石末乡	140581204	吴马营乡	140621200
平城镇	140524104	原村乡	140581207	马营乡	140621201
杨村镇	140524105	**朔州市（8 街道，19 镇，43 乡）**	**140600**	下喇叭乡	140621202
潞城镇	140524106			合盛堡乡	140621203
夺火乡	140524204	**朔城区（5 街道，2 镇，8 乡）**	**140602**	安荣乡	140621205
马圪当乡	140524206			薛圐圙乡	140621206
古郊乡	140524207	北城街道	140602001	马营庄乡	140621209
六泉乡	140524209	南城街道	140602002	**应县（3 镇，9 乡）**	**140622**
泽州县（16 镇）	**140525**	神头街道	140602003	金城镇	140622100
南村镇	140525100	北旺庄街道	140602004	南河种镇	140622101
下村镇	140525101	文远街道	140602005	下社镇	140622102
大东沟镇	140525102	神头镇	140602100	镇子梁乡	140622200
周村镇	140525103	利民镇	140602101	义井乡	140622201
犁川镇	140525104	下团堡乡	140602200	臧寨乡	140622202
晋庙铺镇	140525105	小平易乡	140602201	大黄巍乡	140622203
金村镇	140525106	滋润乡	140602202	杏寨乡	140622204
高都镇	140525107	南榆林乡	140602204	下马峪乡	140622205
巴公镇	140525108	贾庄乡	140602205	南泉乡	140622206
大阳镇	140525109	沙塄河乡	140602206	大临河乡	140622207
山河镇	140525110	窑子头乡	140602207	白马石乡	140622208

续表 5

行政区划名称	行政区划代码
右玉县（4 镇，4 乡）	**140623**
新城镇	140623100
右卫镇	140623101
威远镇	140623102
元堡子镇	140623103
牛心堡乡	140623200
高家堡乡	140623202
杨千河乡	140623204
李达窑乡	140623205
怀仁市（3 街道，3 镇，5 乡）	**140681**
云西街道	140681001
云中街道	140681002
云东街道	140681003
吴家窑镇	140681101
金沙滩镇	140681102
毛家皂镇	140681103
何家堡乡	140681200
新家园乡	140681201
亲和乡	140681202
海北头乡	140681203
河头乡	140681205
晋中市（17 街道，58 镇，43 乡）	**140700**
榆次区（9 街道，5 镇，4 乡）	**140702**
北关街道	140702001
锦纶街道	140702002
新华街街道	140702003
西南街街道	140702004
路西街道	140702005
经纬街道	140702006
安宁街道	140702007
新建街街道	140702008
晋华街道	140702009
乌金山镇	140702100
东阳镇	140702101
长凝镇	140702103
北田镇	140702104
修文镇	140702105
郭家堡乡	140702200
张庆乡	140702201
庄子乡	140702202
东赵乡	140702203
太谷区（3 镇，5 乡）	**140703**
胡村镇	140703101
范村镇	140703102
水秀镇	140703103
侯城乡	140703200
北洸乡	140703201
阳邑乡	140703203
小白乡	140703204
任村乡	140703205
榆社县（4 镇，3 乡）	**140721**
箕城镇	140721100
云簇镇	140721101
郝北镇	140721102
社城镇	140721103
河峪乡	140721200
北寨乡	140721201
西马乡	140721202
左权县（5 镇，3 乡）	**140722**
辽阳镇	140722100
桐峪镇	140722101
麻田镇	140722102
芹泉镇	140722103
拐儿镇	140722104
石匣乡	140722200
羊角乡	140722202
寒王乡	140722203
和顺县（5 镇，3 乡）	**140723**
义兴镇	140723100
李阳镇	140723101
松烟镇	140723102
青城镇	140723103
横岭镇	140723104
喂马乡	140723200
平松乡	140723201
马坊乡	140723203
昔阳县（5 镇，5 乡）	**140724**
乐平镇	140724100
皋落镇	140724101
东冶头镇	140724102
沾尚镇	140724103
大寨镇	140724104
李家庄乡	140724201
界都乡	140724202
三都乡	140724203
赵壁乡	140724204
孔氏乡	140724205
寿阳县（7 镇，5 乡）	**140725**
朝阳镇	140725100
南燕竹镇	140725101
宗艾镇	140725102
平头镇	140725103
松塔镇	140725104
西洛镇	140725105
尹灵芝镇	140725106
平舒乡	140725200
解愁乡	140725201
温家庄乡	140725202
景尚乡	140725203
羊头崖乡	140725205
祁县（6 镇，1 乡）	**140727**
昭馀镇	140727100
东观镇	140727101
古县镇	140727102
贾令镇	140727103
城赵镇	140727104
来远镇	140727105
峪口乡	140727201
平遥县（3 街道，5 镇，8 乡）	**140728**
古城街道	140728001
城东街道	140728002
城西街道	140728003
古陶镇	140728100
段村镇	140728101
东泉镇	140728102
洪善镇	140728103

续表 6

行政区划名称	行政区划代码	行政区划名称	行政区划代码	行政区划名称	行政区划代码
宁固镇	140728104	中城街道	140802001	荣河镇	140822103
南政乡	140728200	东城街道	140802002	裴庄镇	140822104
中都乡	140728201	西城街道	140802003	高村镇	140822105
岳壁乡	140728202	南城街道	140802004	万泉乡	140822200
卜宜乡	140728203	北城街道	140802005	里望乡	140822201
朱坑乡	140728205	安邑街道	140802006	西村乡	140822202
襄垣乡	140728206	大渠街道	140802007	南张乡	140822203
杜家庄乡	140728207	姚孟街道	140802008	皇甫乡	140822205
香乐乡	140728208	龙居镇	140802100	贾村乡	140822206
灵石县（6 镇，4 乡）	**140729**	陶村镇	140802101	王显乡	140822207
翠峰镇	140729101	东郭镇	140802102	光华乡	140822208
静升镇	140729102	三路里镇	140802103	**闻喜县（10 镇，2 乡）**	**140823**
两渡镇	140729103	北相镇	140802104	桐城镇	140823100
夏门镇	140729104	泓芝驿镇	140802105	郭家庄镇	140823101
南关镇	140729105	解州镇	140802106	畖底镇	140823102
段纯镇	140729106	席张乡	140802200	薛店镇	140823103
王禹乡	140729202	金井乡	140802201	东镇镇	140823104
坛镇乡	140729203	冯村乡	140802202	礼元镇	140823105
梁家焉乡	140729204	王范乡	140802203	河底镇	140823106
交口乡	140729205	上郭乡	140802204	阳隅镇	140823107
介休市（5 街道，7 镇，2 乡）	**140781**	上王乡	140802205	侯村镇	140823108
		临猗县（10 镇，4 乡）	**140821**	裴社镇	140823109
北关街道	140781001	猗氏镇	140821100	后宫乡	140823204
西关街道	140781002	嵋阳镇	140821101	石门乡	140823205
东南街道	140781003	临晋镇	140821102	**稷山县（5 镇，2 乡）**	**140824**
西南街道	140781004	七级镇	140821103	稷峰镇	140824100
北坛街道	140781005	东张镇	140821104	西社镇	140824101
义安镇	140781100	孙吉镇	140821105	化峪镇	140824102
张兰镇	140781101	三管镇	140821106	翟店镇	140824103
连福镇	140781102	牛杜镇	140821107	清河镇	140824104
洪山镇	140781103	耽子镇	140821108	蔡村乡	140824200
义棠镇	140781104	角杯镇	140821109	太阳乡	140824201
龙凤镇	140781105	楚侯乡	140821200	**新绛县（9 镇）**	**140825**
绵山镇	140781106	庙上乡	140821201	龙兴镇	140825100
城关乡	140781200	北辛乡	140821203	三泉镇	140825101
宋古乡	140781201	北景乡	140821205	泽掌镇	140825102
运城市（15 街道，94 镇，38 乡）	**140800**	**万荣县（6 镇，8 乡）**	**140822**	北张镇	140825103
		解店镇	140822100	古交镇	140825104
盐湖区（8 街道，7 镇，6 乡）	**140802**	通化镇	140822101	万安镇	140825105
		汉薛镇	140822102	阳王镇	140825106

续表 7

行政区划名称	行政区划代码	行政区划名称	行政区划代码	行政区划名称	行政区划代码
泉掌镇	140825107	张店镇	140829102	**忻州市（12 街道，76 镇，76 乡）**	**140900**
横桥镇	140825108	张村镇	140829103	**忻府区（8 街道，8 镇，3 乡）**	**140902**
绛县（8 镇，2 乡）	**140826**	曹川镇	140829104	秀容街道	140902001
古绛镇	140826100	三门镇	140829105	长征街街道	140902002
横水镇	140826101	部官镇	140829106	新建路街道	140902003
陈村镇	140826102	洪池镇	140829107	云中路街道	140902004
卫庄镇	140826103	杜马乡	140829201	九原街街道	140902005
磨里镇	140826104	**芮城县（8 镇，2 乡）**	**140830**	旭来街街道	140902006
南樊镇	140826105	古魏镇	140830100	桥西街街道	140902007
安峪镇	140826106	风陵渡镇	140830101	和平街街道	140902008
大交镇	140826107	陌南镇	140830102	奇村镇	140902101
郝庄乡	140826200	西陌镇	140830103	三交镇	140902102
冷口乡	140826201	永乐镇	140830104	庄磨镇	140902103
垣曲县（6 镇，5 乡）	**140827**	大王镇	140830105	豆罗镇	140902104
新城镇	140827100	阳城镇	140830106	董村镇	140902105
历山镇	140827101	南磑镇	140830107	西张镇	140902106
古城镇	140827102	东垆乡	140830200	忻口镇	140902107
王茅镇	140827103	学张乡	140830202	合索镇	140902108
毛家湾镇	140827104	**永济市（3 街道，7 镇）**	**140881**	兰村乡	140902206
英言镇	140827105	城西街道	140881001	东楼乡	140902209
蒲掌乡	140827200	城北街道	140881002	北义井乡	140902210
解峪乡	140827202	城东街道	140881003	**定襄县（5 镇，3 乡）**	**140921**
华峰乡	140827203	虞乡镇	140881100	晋昌镇	140921100
长直乡	140827204	卿头镇	140881101	河边镇	140921101
皋落乡	140827205	开张镇	140881102	宏道镇	140921102
夏县（7 镇，4 乡）	**140828**	栲栳镇	140881103	季庄镇	140921103
瑶峰镇	140828100	蒲州镇	140881104	蒋村镇	140921104
庙前镇	140828101	韩阳镇	140881105	南王乡	140921201
裴介镇	140828102	张营镇	140881106	神山乡	140921203
水头镇	140828103	**河津市（4 街道，3 镇，2 乡）**	**140882**	受禄乡	140921205
埝掌镇	140828104	城区街道	140882001	**五台县（8 镇，9 乡）**	**140922**
泗交镇	140828105	清涧街道	140882002	台城镇	140922100
禹王镇	140828106	赵家庄街道	140882003	台怀镇	140922101
尉郭乡	140828200	阳村街道	140882004	耿镇镇	140922102
胡张乡	140828202	樊村镇	140882100	豆村镇	140922103
南大里乡	140828203	僧楼镇	140882101	白家庄镇	140922104
祁家河乡	140828204	柴家镇	140882102	东冶镇	140922105
平陆县（8 镇，1 乡）	**140829**	小梁乡	140882200	石咀镇	140922106
圣人涧镇	140829100	下化乡	140882204		
常乐镇	140829101				

续表 8

行政区划名称	行政区划代码	行政区划名称	行政区划代码	行政区划名称	行政区划代码
建安镇	140922107	涔山乡	140925202	三井镇	140929101
沟南乡	140922200	西马坊乡	140925204	宋家沟镇	140929102
东雷乡	140922201	迭台寺乡	140925206	高家会乡	140929201
高洪口乡	140922202	怀道乡	140925208	李家沟乡	140929203
门限石乡	140922203	东马坊乡	140925209	水峪贯乡	140929204
陈家庄乡	140922204	**静乐县（6 镇，6 乡）**	**140926**	西豹峪乡	140929206
蒋坊乡	140922207	鹅城镇	140926100	温泉乡	140929208
阳白乡	140922209	杜家村镇	140926101	阳坪乡	140929209
茹村乡	140922210	康家会镇	140926102	大涧乡	140929211
金岗库乡	140922212	丰润镇	140926103	**河曲县（6 镇，5 乡）**	**140930**
代县（7 镇，2 乡）	**140923**	双路镇	140926104	西口镇	140930100
上馆镇	140923100	王村镇	140926105	楼子营镇	140930101
阳明堡镇	140923101	段家寨乡	140926204	刘家塔镇	140930102
峨口镇	140923102	辛村乡	140926205	巡镇镇	140930103
聂营镇	140923103	神峪沟乡	140926207	旧县镇	140930104
枣林镇	140923104	娘子神乡	140926208	沙泉镇	140930105
雁门关镇	140923106	娑婆乡	140926209	鹿固乡	140930200
峪口镇	140923107	赤泥窊乡	140926210	单寨乡	140930202
新高乡	140923200	**神池县（3 镇，5 乡）**	**140927**	土沟乡	140930203
上磨坊乡	140923202	龙泉镇	140927100	沙坪乡	140930205
繁峙县（4 镇，7 乡）	**140924**	义井镇	140927101	社梁乡	140930206
繁城镇	140924100	八角镇	140927102	**保德县（5 镇，6 乡）**	**140931**
砂河镇	140924101	东湖乡	140927200	东关镇	140931100
大营镇	140924102	贺职乡	140927203	义门镇	140931101
平型关镇	140924103	长畛乡	140927204	桥头镇	140931102
下茹越乡	140924201	烈堡乡	140927205	杨家湾镇	140931103
光裕堡乡	140924203	大严备乡	140927206	孙家沟镇	140931104
集义庄乡	140924204	**五寨县（3 镇，7 乡）**	**140928**	腰庄乡	140931200
东山乡	140924207	砚城镇	140928100	韩家川乡	140931201
金山铺乡	140924209	小河头镇	140928101	林遮峪乡	140931202
神堂堡乡	140924213	三岔镇	140928102	冯家川乡	140931203
岩头乡	140924215	前所乡	140928200	土崖塔乡	140931204
宁武县（5 镇，7 乡）	**140925**	李家坪乡	140928201	南河沟乡	140931208
凤凰镇	140925100	孙家坪乡	140928202	**偏关县（6 镇，2 乡）**	**140932**
阳方口镇	140925101	胡会乡	140928204	新关镇	140932100
东寨镇	140925102	韩家楼乡	140928206	老营镇	140932102
石家庄镇	140925103	东秀庄乡	140928207	万家寨镇	140932103
宁化镇	140925104	杏岭子乡	140928208	水泉镇	140932104
薛家洼乡	140925200	**岢岚县（3 镇，7 乡）**	**140929**	尚峪镇	140932105
余庄乡	140925201	岚漪镇	140929100	老牛湾镇	140932106

续表 9

行政区划名称	行政区划代码	行政区划名称	行政区划代码	行政区划名称	行政区划代码
窑头乡	140932200	金殿镇	141002105	**洪洞县（10 镇，5 乡）**	**141024**
楼沟乡	140932201	吴村镇	141002106	大槐树镇	141024100
原平市（4 街道，7 镇，7 乡）	**140981**	土门镇	141002107	甘亭镇	141024101
		魏村镇	141002108	曲亭镇	141024102
北城街道	140981001	尧庙镇	141002109	苏堡镇	141024103
南城街道	140981002	段店乡	141002200	广胜寺镇	141024104
新原街道	140981004	贾得乡	141002201	明姜镇	141024105
吉祥街道	140981005	一平垣乡	141002203	赵城镇	141024106
苏龙口镇	140981101	枕头乡	141002204	万安镇	141024107
崞阳镇	140981102	**曲沃县（5 镇，2 乡）**	**141021**	刘家垣镇	141024108
大牛店镇	140981103	乐昌镇	141021100	辛村镇	141024109
阎庄镇	140981104	史村镇	141021101	淹底乡	141024200
轩岗镇	140981106	曲村镇	141021102	兴唐寺乡	141024201
云水镇	140981107	高显镇	141021103	堤村乡	141024202
同川镇	140981108	里村镇	141021104	龙马乡	141024204
子干乡	140981202	北董乡	141021200	山目乡	141024207
中阳乡	140981203	杨谈乡	141021201	**古县（5 镇，1 乡）**	**141025**
沿沟乡	140981204	**翼城县（7 镇，2 乡）**	**141022**	岳阳镇	141025100
大林乡	140981205	唐兴镇	141022100	北平镇	141025101
西镇乡	140981206	南梁镇	141022101	古阳镇	141025102
王家庄乡	140981208	里砦镇	141022102	旧县镇	141025103
段家堡乡	140981210	隆化镇	141022103	三合镇	141025104
临汾市（20 街道，84 镇，53 乡）	**141000**	桥上镇	141022104	南垣乡	141025202
		西阎镇	141022105	**安泽县（6 镇）**	**141026**
尧都区（10 街道，10 镇，4 乡）	**141002**	王庄镇	141022106	府城镇	141026100
		中卫乡	141022200	和川镇	141026101
解放路街道	141002001	南唐乡	141022201	唐城镇	141026102
鼓楼西街道	141002002	**襄汾县（7 镇，6 乡）**	**141023**	冀氏镇	141026103
水塔街道	141002003	新城镇	141023100	良马镇	141026104
南街街道	141002004	赵康镇	141023101	马壁镇	141026105
乡贤街道	141002005	汾城镇	141023102	**浮山县（4 镇，3 乡）**	**141027**
辛寺街道	141002006	南贾镇	141023103	天坛镇	141027100
路东街道	141002007	古城镇	141023104	响水河镇	141027101
车站街道	141002008	襄陵镇	141023105	北王镇	141027102
汾河街道	141002009	邓庄镇	141023106	张庄镇	141027103
滨河街道	141002010	陶寺乡	141023200	东张乡	141027201
屯里镇	141002100	永固乡	141023201	槐埝乡	141027202
乔李镇	141002101	景毛乡	141023202	寨圪塔乡	141027206
大阳镇	141002102	西贾乡	141023203	**吉县（3 镇，4 乡）**	**141028**
县底镇	141002103	南辛店乡	141023204	吉昌镇	141028100
刘村镇	141002104	大邓乡	141023205	屯里镇	141028101

续表 10

行政区划名称	行政区划代码	行政区划名称	行政区划代码	行政区划名称	行政区划代码
壶口镇	141028102	克城镇	141033103	城北街道	141102002
车城乡	141028200	乔家湾镇	141033104	滨河街道	141102003
文城乡	141028201	山中乡	141033200	莲花池街道	141102004
柏山寺乡	141028203	古县乡	141033201	田家会街道	141102005
中垛乡	141028204	太林乡	141033204	西属巴街道	141102006
乡宁县（5 镇，5 乡）	**141029**	**汾西县（5 镇，2 乡）**	**141034**	交口街道	141102007
昌宁镇	141029100	永安镇	141034100	吴城镇	141102100
光华镇	141029101	对竹镇	141034101	信义镇	141102104
台头镇	141029102	勍香镇	141034102	枣林乡	141102201
管头镇	141029103	和平镇	141034103	坪头乡	141102202
西坡镇	141029104	僧念镇	141034104	**文水县（7 镇，5 乡）**	**141121**
双鹤乡	141029200	佃坪乡	141034200	凤城镇	141121100
关王庙乡	141029201	团柏乡	141034201	开栅镇	141121101
尉庄乡	141029202	**侯马市（5 街道，3 乡）**	**141081**	南庄镇	141121102
西交口乡	141029203	路东街道	141081001	南安镇	141121103
枣岭乡	141029204	路西街道	141081002	刘胡兰镇	141121104
大宁县（3 镇，2 乡）	**141030**	浍滨街道	141081003	下曲镇	141121105
昕水镇	141030100	上马街道	141081004	孝义镇	141121106
曲峨镇	141030101	张村街道	141081005	南武乡	141121200
太古镇	141030102	新田乡	141081200	西城乡	141121201
三多乡	141030200	高村乡	141081201	北张乡	141121202
太德乡	141030201	凤城乡	141081202	马西乡	141121203
隰县（3 镇，4 乡）	**141031**	**霍州市（5 街道，4 镇，3 乡）**	**141082**	西槽头乡	141121204
龙泉镇	141031100			**交城县（7 镇，1 乡）**	**141122**
午城镇	141031101	鼓楼街道	141082001	天宁镇	141122100
黄土镇	141031102	北环路街道	141082002	夏家营镇	141122101
阳头升乡	141031200	南环路街道	141082003	西营镇	141122102
寨子乡	141031201	开元街街道	141082004	水峪贯镇	141122103
下李乡	141031203	退沙街道	141082005	西社镇	141122104
城南乡	141031204	白龙镇	141082100	庞泉沟镇	141122105
永和县（2 镇，4 乡）	**141032**	辛置镇	141082101	洪相镇	141122106
芝河镇	141032100	大张镇	141082102	东坡底乡	141122202
桑壁镇	141032101	李曹镇	141082103	**兴县（7 镇，8 乡）**	**141123**
乾坤湾乡	141032200	陶唐峪乡	141082200	蔚汾镇	141123100
坡头乡	141032203	三教乡	141082201	魏家滩镇	141123101
楼山乡	141032204	师庄乡	141082202	瓦塘镇	141123102
望海寺乡	141032205	**吕梁市（14 街道，91 镇，45 乡）**	**141100**	康宁镇	141123103
蒲县（5 镇，3 乡）	**141033**			高家村镇	141123104
蒲城镇	141033100	**离石区（7 街道，2 镇，2 乡）**	**141102**	罗峪口镇	141123105
薛关镇	141033101			蔡家会镇	141123106
黑龙关镇	141033102	凤山街道	141102001	交楼申乡	141123200

续表 11

行政区划名称	行政区划代码	行政区划名称	行政区划代码	行政区划名称	行政区划代码
东会乡	141123202	陈家湾镇	141125109	水头镇	141130100
固贤乡	141123203	李家湾乡	141125200	康城镇	141130101
奥家湾乡	141123204	贾家垣乡	141125201	双池镇	141130102
蔡家崖乡	141123205	高家沟乡	141125204	桃红坡镇	141130103
孟家坪乡	141123207	石西乡	141125205	石口镇	141130104
赵家坪乡	141123208	西王家沟乡	141125206	回龙镇	141130105
圪垯上乡	141123209	**石楼县（5 镇，4 乡）**	**141126**	温泉乡	141130202
临县（13 镇，10 乡）	**141124**	灵泉镇	141126100	**孝义市（4 街道，8 镇，3 乡）**	**141181**
临泉镇	141124100	罗村镇	141126101	新义街道	141181001
白文镇	141124101	义牒镇	141126102	中阳楼街道	141181002
城庄镇	141124102	小蒜镇	141126103	振兴街道	141181003
兔坂镇	141124103	辛关镇	141126104	崇文街道	141181004
克虎寨镇	141124104	龙交乡	141126200	兑镇镇	141181100
三交镇	141124105	和合乡	141126201	阳泉曲镇	141181101
湍水头镇	141124106	曹家垣乡	141126203	下堡镇	141181102
林家坪镇	141124107	裴沟乡	141126204	西辛庄镇	141181103
招贤镇	141124108	**岚县（4 镇，5 乡）**	**141127**	高阳镇	141181104
碛口镇	141124109	东村镇	141127100	梧桐镇	141181105
刘家会镇	141124110	岚城镇	141127101	柱濮镇	141181106
丛罗峪镇	141124111	普明镇	141127102	大孝堡镇	141181107
曲峪镇	141124112	界河口镇	141127103	下栅乡	141181201
木瓜坪乡	141124200	上明乡	141127201	驿马乡	141181202
安业乡	141124201	王狮乡	141127202	杜村乡	141181204
玉坪乡	141124202	梁家庄乡	141127203	**汾阳市（3 街道，11 镇）**	**141182**
青凉寺乡	141124203	顺会乡	141127204	文峰街道	141182001
石白头乡	141124204	社科乡	141127206	太和桥街道	141182002
雷家碛乡	141124205	**方山县（6 镇）**	**141128**	西河街道	141182003
第八堡乡	141124206	圪洞镇	141128100	贾家庄镇	141182100
大禹乡	141124207	马坊镇	141128101	杏花村镇	141182101
车赶乡	141124208	峪口镇	141128102	冀村镇	141182102
安家庄乡	141124209	大武镇	141128103	肖家庄镇	141182103
柳林县（10 镇，5 乡）	**141125**	北武当镇	141128104	演武镇	141182104
柳林镇	141125100	积翠镇	141128105	三泉镇	141182105
穆村镇	141125101	**中阳县（5 镇，1 乡）**	**141129**	石庄镇	141182106
薛村镇	141125102	宁乡镇	141129100	杨家庄镇	141182107
庄上镇	141125103	金罗镇	141129101	峪道河镇	141182108
留誉镇	141125104	枝柯镇	141129102	栗家庄镇	141182109
下三交镇	141125105	武家庄镇	141129103	阳城镇	141182110
成家庄镇	141125106	暖泉镇	141129104		
孟门镇	141125107	下枣林乡	141129201		
金家庄镇	141125108	**交口县（6 镇，1 乡）**	**141130**		

内蒙古自治区

内蒙古自治区（内蒙古）

行政区划名称	行政区划代码
内蒙古自治区（246 街道，509 镇，99 乡，17 民族乡，153 苏木，1 民族苏木）	**150000**
呼和浩特市（31 街道，29 镇，16 乡）	**150100**
新城区（8 街道，1 镇）	**150102**
海拉尔东路街道	150102001
锡林北路街道	150102002
中山东路街道	150102003
东街街道	150102004
西街街道	150102005
东风路街道	150102006
迎新路街道	150102007
成吉思汗大街街道	150102008
保合少镇	150102101
回民区（7 街道，1 镇）	**150103**
新华西路街道	150103001
中山西路街道	150103002
光明路街道	150103003
海拉尔西路街道	150103004
环河街街道	150103005
通道街街道	150103006
钢铁路街道	150103007
攸攸板镇	150103100
玉泉区（8 街道，1 镇）	**150104**
大南街街道	150104001
小召前街街道	150104002
鄂尔多斯路街道	150104003
兴隆巷街道	150104004
长和廊街道	150104005
石东路街道	150104006
西菜园街道	150104007
昭君路街道	150104009
小黑河镇	150104100
赛罕区（8 街道，3 镇）	**150105**
人民路街道	150105001
大学西路街道	150105002
乌兰察布东路街道	150105003
大学东路街道	150105004
中专路街道	150105005
昭乌达路街道	150105006
巴彦街道	150105007
敕勒川路街道	150105008
榆林镇	150105101
黄合少镇	150105103
金河镇	150105104
土默特左旗（7 镇，2 乡）	**150121**
察素齐镇	150121100
毕克齐镇	150121101
善岱镇	150121102
白庙子镇	150121103
台阁牧镇	150121104
沙尔沁镇	150121105
敕勒川镇	150121106
北什轴乡	150121207
塔布赛乡	150121208
托克托县（5 镇）	**150122**
双河镇	150122100
新营子镇	150122101
五申镇	150122102
古城镇	150122103
伍什家镇	150122104
和林格尔县（4 镇，4 乡）	**150123**
城关镇	150123100
盛乐镇	150123101
新店子镇	150123102
巧什营镇	150123103
舍必崖乡	150123203
大红城乡	150123205
羊群沟乡	150123206
黑老夭乡	150123207
清水河县（4 镇，4 乡）	**150124**
喇嘛湾镇	150124100
城关镇	150124101
宏河镇	150124102
老牛湾镇	150124103
窑沟乡	150124201
北堡乡	150124203
韭菜庄乡	150124208
五良太乡	150124209
武川县（3 镇，6 乡）	**150125**
可可以力更镇	150125100
哈乐镇	150125101
西乌兰不浪镇	150125102
大青山乡	150125200
得胜沟乡	150125204
上秃亥乡	150125205
哈拉合少乡	150125213
二份子乡	150125214
耗赖山乡	150125215
包头市（46 街道，29 镇，5 乡，5 苏木）	**150200**
东河区（12 街道，2 镇）	**150202**
和平路街道	150202001
财神庙街道	150202002
西脑包街道	150202003
南门外街道	150202004
南圪洞街道	150202005
东站街道	150202006
回民街道	150202007
天骄街道	150202008
河东街道	150202009
铁西街道	150202010
东兴街道	150202011
杨圪塄街道	150202012
河东镇	150202100
沙尔沁镇	150202101
昆都仑区（13 街道，2 镇）	**150203**
少先路街道	150203001
昆北街道	150203002
沼潭街道	150203003
林荫路街道	150203004
友谊大街街道	150203005
阿尔丁大街街道	150203006
团结大街街道	150203007
鞍山道街道	150203008

续表 1

行政区划名称	行政区划代码	行政区划名称	行政区划代码	行政区划名称	行政区划代码
前进道街道	150203009	万水泉镇	150207106	**海南区（2 街道，3 镇）**	**150303**
市府东路街道	150203010	阿嘎如泰苏木	150207205	西卓子山街道	150303001
白云路街道	150203011	**土默特右旗（5 镇，3 乡）**	**150221**	拉僧仲街道	150303002
黄河西路街道	150203012	萨拉齐镇	150221100	拉僧庙镇	150303101
昆工路街道	150203013	双龙镇	150221101	公乌素镇	150303102
昆河镇	150203100	美岱召镇	150221102	巴音陶亥镇	150303103
卜尔汉图镇	150203101	沟门镇	150221103	**乌达区（7 街道，1 镇）**	**150304**
青山区（8 街道，2 镇）	**150204**	将军尧镇	150221104	巴音赛街道	150304001
先锋道街道	150204001	明沙淖乡	150221202	三道坎街道	150304002
幸福路街道	150204002	海子乡	150221203	五虎山街道	150304003
万青路街道	150204003	苏波盖乡	150221212	梁家沟街道	150304004
富强路街道	150204004	**固阳县（6 镇）**	**150222**	新达街道	150304005
科学路街道	150204005	金山镇	150222100	滨海街道	150304006
青山路街道	150204006	西斗铺镇	150222101	苏海图街道	150304007
自由路街道	150204007	下湿壕镇	150222102	乌兰淖尔镇	150304100
乌素图街道	150204008	银号镇	150222103	**赤峰市（21 街道，88 镇，23 乡，2 民族乡，19 苏木）**	**150400**
青福镇	150204100	怀朔镇	150222104		
兴胜镇	150204101	兴顺西镇	150222105	**红山区（11 街道，2 镇）**	**150402**
石拐区（6 街道，1 镇，1 苏木）	**150205**	**达尔罕茂明安联合旗（7 镇，2 乡，3 苏木）**	**150223**	西屯街道	150402001
石拐街道	150205001	百灵庙镇	150223100	三中街道	150402002
大发街道	150205002	满都拉镇	150223101	永巨街道	150402003
大磁街道	150205003	希拉穆仁镇	150223102	东城街道	150402004
五当沟街道	150205004	明安镇	150223103	南新街街道	150402005
白狐沟街道	150205005	巴音花镇	150223104	站前街道	150402006
大德恒街道	150205006	石宝镇	150223105	铁南街道	150402007
五当召镇	150205100	乌克忽洞镇	150223106	长青街道	150402008
吉忽伦图苏木	150205200	达尔汗苏木	150223216	哈达街道	150402009
白云鄂博矿区（2 街道）	**150206**	巴音敖包苏木	150223217	西城街道	150402010
矿山路街道	150206001	查干哈达苏木	150223218	桥北街道	150402011
通阳道街道	150206002	西河乡	150223219	红庙子镇	150402100
九原区（5 街道，4 镇，1 苏木）	**150207**	小文公乡	150223220	文钟镇	150402102
沙河街道	150207001	**乌海市（15 街道，5 镇）**	**150300**	**元宝山区（6 街道，5 镇，1 乡）**	**150403**
赛汗街道	150207002	**海勃湾区（6 街道，1 镇）**	**150302**	西露天街道	150403001
萨如拉街道	150207003	新华街道	150302001	平庄城区街道	150403002
白音席勒街道	150207004	新华西街道	150302002	平庄东城街道	150403003
稀土路街道	150207005	凤凰岭街道	150302003	平庄西城街道	150403004
麻池镇	150207103	海北街道	150302004	云杉路街道	150403005
哈业胡同镇	150207104	滨河街道	150302005	马林街道	150403006
哈林格尔镇	150207105	林荫街道	150302007	风水沟镇	150403100
		千里山镇	150302108		

续表 2

行政区划名称	行政区划代码	行政区划名称	行政区划代码	行政区划名称	行政区划代码
元宝山镇	150403101	**巴林左旗（7 镇，2 乡，2 苏木）**	**150422**	万合永镇	150425106
美丽河镇	150403102			芝瑞镇	150425108
平庄镇	150403103	林东镇	150422100	新开地乡	150425208
五家镇	150403104	隆昌镇	150422101	红山子乡	150425214
小五家乡	150403201	十三敖包镇	150422102	达日罕乌拉苏木	150425219
松山区（4 街道，9 镇，4 乡，1 民族乡）	**150404**	碧流台镇	150422103	巴彦查干苏木	150425221
		富河镇	150422104	浩来呼热苏木	150425222
振兴街道	150404001	白音勿拉镇	150422105	乌兰布统苏木	150425223
向阳街道	150404002	哈拉哈达镇	150422106	**翁牛特旗（8 镇，2 乡，4 苏木）**	**150426**
松州街道	150404003	查干哈达苏木	150422200		
铁东街道	150404004	乌兰达坝苏木	150422201	乌丹镇	150426100
穆家营子镇	150404100	三山乡	150422202	乌敦套海镇	150426101
初头朗镇	150404101	花加拉嘎乡	150422203	五分地镇	150426102
大庙镇	150404102	**巴林右旗（5 镇，4 苏木）**	**150423**	桥头镇	150426103
王府镇	150404103			广德公镇	150426104
老府镇	150404104	大板镇	150423100	梧桐花镇	150426105
哈拉道口镇	150404105	索博日嘎镇	150423101	海拉苏镇	150426106
上官地镇	150404106	宝日勿苏镇	150423102	亿合公镇	150426107
安庆镇	150404107	查干诺尔镇	150423103	解放营子乡	150426200
太平地镇	150404108	巴彦琥硕镇	150423105	阿什罕苏木	150426201
当铺地满族乡	150404200	西拉沐沦苏木	150423200	新苏莫苏木	150426202
夏家店乡	150404201	巴彦塔拉苏木	150423201	白音套海苏木	150426203
城子乡	150404202	幸福之路苏木	150423202	毛山东乡	150426204
大夫营子乡	150404203	查干沐沦苏木	150423204	格日僧苏木	150426205
岗子乡	150404204	**林西县（7 镇，2 乡）**	**150424**	**喀喇沁旗（7 镇，1 乡，1 民族乡）**	**150428**
阿鲁科尔沁旗（7 镇，3 乡，4 苏木）	**150421**	官地镇	150424100		
		新城子镇	150424101	锦山镇	150428100
天山镇	150421100	新林镇	150424102	美林镇	150428101
天山口镇	150421101	五十家子镇	150424103	王爷府镇	150428102
双胜镇	150421102	林西镇	150424104	小牛群镇	150428103
坤都镇	150421103	大井镇	150424105	牛家营子镇	150428104
巴彦花镇	150421104	统部镇	150424106	乃林镇	150428105
绍根镇	150421105	大营子乡	150424200	西桥镇	150428106
扎嘎斯台镇	150421106	十二吐乡	150424201	十家满族乡	150428200
新民乡	150421200	**克什克腾旗（7 镇，2 乡，4 苏木）**	**150425**	南台子乡	150428201
先锋乡	150421201			**宁城县（13 镇，2 乡）**	**150429**
罕苏木苏木	150421202	经棚镇	150425100	天义镇	150429100
赛罕塔拉苏木	150421203	宇宙地镇	150425102	小城子镇	150429101
巴拉奇如德苏木	150421204	土城子镇	150425103	大城子镇	150429102
巴彦温都尔苏木	150421205	达来诺日镇	150425104	八里罕镇	150429103
乌兰哈达乡	150421206	同兴镇	150425105	黑里河镇	150429104

续表 3

行政区划名称	行政区划代码	行政区划名称	行政区划代码	行政区划名称	行政区划代码
右北平镇	150429105	霍林河街道	150502010	阿古拉镇	150522107
大双庙镇	150429106	河西街道	150502011	朝鲁吐镇	150522109
汐子镇	150429107	红星街道	150502012	海鲁吐镇	150522110
大明镇	150429108	建国街道	150502013	甘旗卡镇	150522111
忙农镇	150429109	新城街道	150502014	常胜镇	150522112
五化镇	150429110	滨河街道	150502015	查日苏镇	150522113
必斯营子镇	150429111	大林镇	150502100	努古斯台镇	150522136
三座店镇	150429112	钱家店镇	150502101	阿都沁苏木	150522208
一肯中乡	150429202	余粮堡镇	150502102	茂道吐苏木	150522209
存金沟乡	150429203	木里图镇	150502104	巴胡塔苏木	150522210
敖汉旗（11 镇，4 乡，1 苏木）	**150430**	丰田镇	150502106	散都苏木	150522211
		清河镇	150502108	巴彦毛都苏木	150522212
新惠镇	150430100	育新镇	150502110	**开鲁县（10 镇）**	**150523**
四家子镇	150430101	庆和镇	150502113	开鲁镇	150523100
长胜镇	150430102	敖力布皋镇	150502114	大榆树镇	150523103
贝子府镇	150430103	辽河镇	150502130	黑龙坝镇	150523104
四道湾子镇	150430104	莫力庙苏木	150502200	麦新镇	150523105
下洼镇	150430105	**科尔沁左翼中旗（11 镇，1 乡，5 苏木）**	**150521**	建华镇	150523108
金厂沟梁镇	150430106			小街基镇	150523109
兴隆洼镇	150430107	保康镇	150521100	东风镇	150523111
黄羊洼镇	150430108	宝龙山镇	150521101	吉日嘎郎吐镇	150523112
古鲁板蒿镇	150430109	舍伯吐镇	150521102	东来镇	150523113
牛古吐镇	150430110	巴彦塔拉镇	150521103	义和塔拉镇	150523114
木头营子乡	150430202	门达镇	150521104	**库伦旗（5 镇，1 乡，2 苏木）**	**150524**
丰收乡	150430204	架玛吐镇	150521105		
玛尼罕乡	150430205	腰林毛都镇	150521106	库伦镇	150524100
萨力巴乡	150430206	希伯花镇	150521107	六家子镇	150524101
敖润苏莫苏木	150430207	花吐古拉镇	150521108	额勒顺镇	150524103
通辽市（19 街道，61 镇，4 乡，26 苏木）	**150500**	代力吉镇	150521109	扣河子镇	150524104
		努日木镇	150521110	白音花镇	150524105
科尔沁区（15 街道，10 镇，1 苏木）	**150502**	图布信苏木	150521204	茫汗苏木	150524203
		协代苏木	150521207	水泉乡	150524204
科尔沁街道	150502001	白兴吐苏木	150521210	先进苏木	150524205
西门街道	150502002	花胡硕苏木	150521212	**奈曼旗（8 镇，2 乡，4 苏木）**	**150525**
永清街道	150502003	敖包苏木	150521213		
明仁街道	150502004	胜利乡	150521214	大沁他拉镇	150525100
施介街道	150502005	**科尔沁左翼后旗（10 镇，5 苏木）**	**150522**	八仙筒镇	150525101
团结街道	150502006			青龙山镇	150525102
东郊街道	150502007	金宝屯镇	150522101	东明镇	150525103
铁路街道	150502008	吉尔嘎朗镇	150522102	治安镇	150525104
电厂街道	150502009	双胜镇	150522103	义隆永镇	150525105

续表 4

行政区划名称	行政区划代码	行政区划名称	行政区划代码	行政区划名称	行政区划代码
新镇	150525106	巴音门克街道	150602008	大路镇	150622119
沙日浩来镇	150525109	民族街道	150602009	魏家峁镇	150622120
黄花塔拉苏木	150525201	幸福街道	150602010	布尔陶亥苏木	150622206
固日班花苏木	150525202	纺织街道	150602011	十二连城乡	150622207
白音他拉苏木	150525203	兴胜街道	150602012	暖水乡	150622208
明仁苏木	150525205	泊尔江海子镇	150602106	**鄂托克前旗（4 镇）**	**150623**
土城子乡	150525206	罕台镇	150602107	敖勒召其镇	150623105
苇莲苏乡	150525207	铜川镇	150602108	上海庙镇	150623106
扎鲁特旗（7 镇，8 苏木）	**150526**	**康巴什区（4 街道）**	**150603**	昂素镇	150623107
鲁北镇	150526100	哈巴格希街道	150603001	城川镇	150623108
巨日合镇	150526101	青春山街道	150603002	**鄂托克旗（4 镇，2 苏木）**	**150624**
黄花山镇	150526103	滨河街道	150603003	蒙西镇	150624100
巴雅尔吐胡硕镇	150526104	康新街道	150603004	乌兰镇	150624101
嘎亥图镇	150526105	**达拉特旗（6 街道，8 镇，1 苏木）**	**150621**	棋盘井镇	150624102
香山镇	150526106			木凯淖尔镇	150624103
阿日昆都楞镇	150526107	锡尼街道	150621001	苏米图苏木	150624200
格日朝鲁苏木	150526203	西园街道	150621002	阿尔巴斯苏木	150624203
乌力吉木仁苏木	150526204	白塔街道	150621003	**杭锦旗（5 镇，1 苏木）**	**150625**
巴彦塔拉苏木	150526209	工业街道	150621004	锡尼镇	150625100
道老杜苏木	150526210	昭君街道	150621005	巴拉贡镇	150625101
前德门苏木	150526211	平原街道	150621006	吉日嘎朗图镇	150625102
乌兰哈达苏木	150526212	王爱召镇	150621108	呼和木都镇	150625103
查布嘎图苏木	150526213	树林召镇	150621109	独贵塔拉镇	150625104
乌额格其苏木	150526214	昭君镇	150621110	伊和乌素苏木	150625206
霍林郭勒市（4 街道，1 苏木）	**150581**	白泥井镇	150621111	**乌审旗（5 镇，1 苏木）**	**150626**
		吉格斯太镇	150621112	乌审召镇	150626106
珠斯花街道	150581001	中和西镇	150621113	图克镇	150626107
莫斯台街道	150581002	恩格贝镇	150621114	嘎鲁图镇	150626108
宝日呼吉尔街道	150581003	风水梁镇	150621115	乌兰陶勒盖镇	150626109
沙尔呼热街道	150581005	展旦召苏木	150621201	无定河镇	150626110
达来胡硕苏木	150581200	**准格尔旗（4 街道，7 镇，2 乡，1 苏木）**	**150622**	苏力德苏木	150626203
鄂尔多斯市（26 街道，43 镇，2 乡，6 苏木）	**150600**			**伊金霍洛旗（7 镇）**	**150627**
		友谊街道	150622001	阿勒腾席热镇	150627100
东胜区（12 街道，3 镇）	**150602**	蓝天街道	150622002	札萨克镇	150627107
交通街道	150602001	兴隆街道	150622003	红庆河镇	150627108
公园街道	150602002	迎泽街道	150622004	伊金霍洛镇	150627109
林荫街道	150602003	薛家湾镇	150622114	乌兰木伦镇	150627110
建设街道	150602004	沙圪堵镇	150622115	纳林陶亥镇	150627111
富兴街道	150602005	龙口镇	150622116	苏布尔嘎镇	150627113
天骄街道	150602006	准格尔召镇	150622117		
诃额伦街道	150602007	纳日松镇	150622118		

续表 5

行政区划名称	行政区划代码
呼伦贝尔市（36 街道，68 镇，6 乡，13 民族乡，18 苏木，1 民族苏木）	**150700**
海拉尔区（7 街道，2 镇）	**150702**
正阳街道	150702001
靠山街道	150702003
健康街道	150702004
胜利街道	150702005
呼伦街道	150702006
建设街道	150702007
东山街道	150702008
奋斗镇	150702101
哈克镇	150702102
扎赉诺尔区（5 街道，1 镇）	**150703**
第一街道	150703001
第二街道	150703002
第三街道	150703003
第四街道	150703004
第五街道	150703005
灵泉镇	150703100
阿荣旗（8 镇，4 民族乡）	**150721**
那吉镇	150721100
六合镇	150721102
亚东镇	150721104
复兴镇	150721105
霍尔奇镇	150721106
向阳峪镇	150721108
三岔河镇	150721109
兴安镇	150721110
得力其尔鄂温克民族乡	150721200
查巴奇鄂温克民族乡	150721201
音河达斡尔鄂温克民族乡	150721202
新发朝鲜民族乡	150721203
莫力达瓦达斡尔族自治旗（11 镇，2 乡，2 民族乡）	**150722**
尼尔基镇	150722100
红彦镇	150722101
宝山镇	150722102
哈达阳镇	150722103
阿尔拉镇	150722104
西瓦尔图镇	150722106
腾克镇	150722108
塔温敖宝镇	150722110
汉古尔河镇	150722120
奎勒河镇	150722121
登特科镇	150722122
巴彦鄂温克民族乡	150722200
杜拉尔鄂温克民族乡	150722203
库如奇乡	150722204
额尔和乡	150722205
鄂伦春自治旗（8 镇，2 乡）	**150723**
阿里河镇	150723100
诺敏镇	150723102
乌鲁布铁镇	150723104
大杨树镇	150723105
宜里镇	150723107
甘河镇	150723109
克一河镇	150723113
吉文镇	150723114
古里乡	150723200
托扎敏乡	150723216
鄂温克族自治旗（4 镇，1 民族乡，5 苏木）	**150724**
伊敏河镇	150724101
巴彦托海镇	150724102
红花尔基镇	150724104
大雁镇	150724105
巴彦塔拉达斡尔民族乡	150724200
伊敏苏木	150724201
辉苏木	150724202
锡尼河东苏木	150724203
锡尼河西苏木	150724204
巴彦嵯岗苏木	150724205
陈巴尔虎旗（3 镇，3 苏木，1 民族苏木）	**150725**
巴彦库仁镇	150725100
宝日希勒镇	150725101
呼和诺尔镇	150725102
鄂温克民族苏木	150725201
东乌珠尔苏木	150725202
巴彦哈达苏木	150725203
西乌珠尔苏木	150725204
新巴尔虎左旗（2 镇，5 苏木）	**150726**
阿木古郎镇	150726100
嵯岗镇	150726101
新宝力格苏木	150726202
乌布尔宝力格苏木	150726203
吉布胡郎图苏木	150726204
罕达盖苏木	150726205
甘珠尔苏木	150726206
新巴尔虎右旗（3 镇，4 苏木）	**150727**
阿拉坦额莫勒镇	150727100
呼伦镇	150727101
阿日哈沙特镇	150727102
克尔伦苏木	150727204
贝尔苏木	150727206
达赉苏木	150727207
宝格德乌拉苏木	150727208
满洲里市（5 街道，1 镇）	**150781**
道北街道	150781001
兴华街道	150781002
东山街道	150781003
道南街道	150781004
敖尔金街道	150781005
新开河镇	150781100
牙克石市（6 街道，10 镇）	**150782**
胜利街道	150782001
红旗街道	150782002
新工街道	150782003
永兴街道	150782004
建设街道	150782005
暖泉街道	150782006
免渡河镇	150782101
博克图镇	150782103

续表 6

行政区划名称	行政区划代码
绰河源镇	150782105
乌尔其汉镇	150782108
库都尔镇	150782109
图里河镇	150782110
乌奴耳镇	150782111
塔尔气镇	150782112
伊图里河镇	150782113
牧原镇	150782114
扎兰屯市（7 街道，8 镇，1 乡，3 民族乡）	**150783**
兴华街道	150783001
正阳街道	150783002
繁荣街道	150783003
向阳街道	150783004
铁东街道	150783005
河西街道	150783006
高台子街道	150783007
磨菇气镇	150783100
卧牛河镇	150783106
成吉思汗镇	150783108
大河湾镇	150783109
哈多河镇	150783110
浩饶山镇	150783112
柴河镇	150783113
中和镇	150783114
达斡尔民族乡	150783200
鄂伦春民族乡	150783201
萨马街鄂温克民族乡	150783204
洼堤乡	150783205
额尔古纳市（2 街道，3 镇，1 乡，2 民族乡，1 苏木）	**150784**
拉布大林街道	150784001
上库力街道	150784002
莫尔道嘎镇	150784100
黑山头镇	150784101
恩和哈达镇	150784102
三河回族乡	150784200
蒙兀室韦苏木	150784201
恩和俄罗斯族民族乡	150784203
奇乾乡	150784204
根河市（4 街道，4 镇，1 民族乡）	**150785**
河东街道	150785001
河西街道	150785002
森工街道	150785003
好里堡街道	150785004
金河镇	150785102
阿龙山镇	150785103
满归镇	150785104
得耳布尔镇	150785105
敖鲁古雅鄂温克民族乡	150785200
巴彦淖尔市（11 街道，46 镇，3 乡，10 苏木）	**150800**
临河区（11 街道，7 镇，2 乡）	**150802**
团结街道	150802001
车站街道	150802002
先锋街道	150802003
解放街道	150802004
新华街道	150802005
东环街道	150802006
铁南街道	150802007
西环街道	150802008
北环街道	150802009
金川街道	150802010
汇丰街道	150802011
狼山镇	150802100
新华镇	150802101
干召庙镇	150802102
乌兰图克镇	150802104
双河镇	150802107
城关镇	150802109
白脑包镇	150802110
八一乡	150802200
曙光乡	150802201
五原县（8 镇，1 乡）	**150821**
隆兴昌镇	150821100
塔尔湖镇	150821101
巴彦套海镇	150821102
新公中镇	150821104
天吉泰镇	150821105
胜丰镇	150821106
银定图镇	150821107
复兴镇	150821108
和胜乡	150821200
磴口县（4 镇，1 苏木）	**150822**
巴彦高勒镇	150822100
隆盛合镇	150822103
渡口镇	150822104
补隆淖镇	150822105
沙金套海苏木	150822202
乌拉特前旗（9 镇，2 苏木）	**150823**
乌拉山镇	150823101
白彦花镇	150823102
新安镇	150823103
大佘太镇	150823104
西小召镇	150823106
明安镇	150823108
先锋镇	150823109
小佘太镇	150823110
苏独仑镇	150823111
额尔登布拉格苏木	150823209
沙德格苏木	150823210
乌拉特中旗（6 镇，4 苏木）	**150824**
德岭山镇	150824100
石哈河镇	150824101
海流图镇	150824102
乌加河镇	150824103
甘其毛都镇	150824105
温更镇	150824106
巴音乌兰苏木	150824203
呼勒斯太苏木	150824205
新忽热苏木	150824207
川井苏木	150824208
乌拉特后旗（3 镇，3 苏木）	**150825**
巴音宝力格镇	150825100
呼和温都尔镇	150825101
潮格温都尔镇	150825103

续表 7

行政区划名称	行政区划代码
获各琦苏木	150825204
巴音前达门苏木	150825207
乌盖苏木	150825208
杭锦后旗（9 镇）	**150826**
头道桥镇	150826101
二道桥镇	150826102
三道桥镇	150826103
团结镇	150826104
双庙镇	150826105
蛮会镇	150826106
陕坝镇	150826107
沙海镇	150826108
蒙海镇	150826109
乌兰察布市（13 街道，51 镇，31 乡，1 民族乡，9 苏木）	**150900**
集宁区（8 街道，1 镇，1 乡）	**150902**
新体路街道	150902001
桥东街道	150902002
前进路街道	150902003
常青街道	150902004
虎山街道	150902005
桥西街道	150902006
新华街街道	150902007
泉山街道	150902008
白海子镇	150902101
马莲渠乡	150902201
卓资县（5 镇，3 乡）	**150921**
卓资山镇	150921100
旗下营镇	150921101
十八台镇	150921102
巴音锡勒镇	150921103
梨花镇	150921104
大榆树乡	150921203
红召乡	150921208
复兴乡	150921209
化德县（3 镇，3 乡）	**150922**
长顺镇	150922100
七号镇	150922101
朝阳镇	150922102
德包图乡	150922205
公腊胡洞乡	150922207
白音特拉乡	150922208
商都县（6 镇，4 乡）	**150923**
七台镇	150923100
十八顷镇	150923101
大黑沙土镇	150923102
西井子镇	150923103
屯垦队镇	150923104
小海子镇	150923105
大库伦乡	150923205
卯都乡	150923206
玻璃忽镜乡	150923207
三大顷乡	150923208
兴和县（5 镇，4 乡）	**150924**
城关镇	150924100
张皋镇	150924101
赛乌素镇	150924102
鄂尔栋镇	150924103
店子镇	150924105
大库联乡	150924202
民族团结乡	150924205
大同夭乡	150924206
五股泉乡	150924207
凉城县（6 镇，1 乡，1 民族乡）	**150925**
岱海镇	150925100
麦胡图镇	150925101
永兴镇	150925102
六苏木镇	150925103
蛮汉镇	150925104
鸿茅镇	150925105
天成乡	150925204
曹碾满族乡	150925207
察哈尔右翼前旗（5 镇，4 乡）	**150926**
土贵乌拉镇	150926100
平地泉镇	150926101
玫瑰营镇	150926102
巴音塔拉镇	150926104
黄旗海镇	150926105
乌拉哈乡	150926202
黄茂营乡	150926203
三岔口乡	150926208
老圈沟乡	150926209
察哈尔右翼中旗（5 镇，4 乡，2 苏木）	**150927**
科布尔镇	150927100
铁沙盖镇	150927101
乌素图镇	150927102
广益隆镇	150927103
黄羊城镇	150927104
宏盘乡	150927203
巴音乡	150927204
大滩乡	150927211
乌兰哈页苏木	150927214
库伦苏木	150927215
土城子乡	150927216
察哈尔右翼后旗（5 镇，1 乡，2 苏木）	**150928**
土牧尔台镇	150928100
红格尔图镇	150928101
白音察干镇	150928102
贲红镇	150928103
大六号镇	150928105
当郎忽洞苏木	150928204
锡勒乡	150928206
乌兰哈达苏木	150928207
四子王旗（5 镇，3 乡，5 苏木）	**150929**
乌兰花镇	150929100
供济堂镇	150929101
吉生太镇	150929102
库伦图镇	150929103
白音朝克图镇	150929104
东八号乡	150929208
忽鸡图乡	150929211
查干补力格苏木	150929215
脑木更苏木	150929219
红格尔苏木	150929223
江岸苏木	150929225
巴音敖包苏木	150929227

续表 8

行政区划名称	行政区划代码	行政区划名称	行政区划代码	行政区划名称	行政区划代码
大黑河乡	150929228	天池镇	152202100	阿尔本格勒镇	152223104
丰镇市（5 街道，5 镇，3 乡）	**150981**	白狼镇	152202101	巴达尔胡镇	152223105
新城区街道	150981001	五岔沟镇	152202102	图牧吉镇	152223107
旧城区街道	150981002	明水河镇	152202103	好力保镇	152223108
北城区街道	150981003	**科尔沁右翼前旗（9 镇，1 乡，1 民族乡，3 苏木）**	**152221**	巴彦乌兰苏木	152223210
工业区街道	150981004	索伦镇	152221100	努文木仁乡	152223211
南城区街道	150981005	大石寨镇	152221101	巴彦扎拉嘎乡	152223212
黑土台镇	150981101	归流河镇	152221102	阿拉达尔吐苏木	152223213
隆盛庄镇	150981102	察尔森镇	152221103	宝力根花苏木	152223214
巨宝庄镇	150981103	科尔沁镇	152221104	**突泉县（6 镇，3 乡）**	**152224**
红砂坝镇	150981104	额尔格图镇	152221110	突泉镇	152224100
三义泉镇	150981105	德伯斯镇	152221111	六户镇	152224101
浑源窑乡	150981201	居力很镇	152221119	东杜尔基镇	152224102
官屯堡乡	150981205	俄体镇	152221120	永安镇	152224103
元山子乡	150981206	满族屯满族乡	152221203	水泉镇	152224104
兴安盟（15 街道，37 镇，6 乡，1 民族乡，12 苏木）	**152200**	乌兰毛都苏木	152221205	宝石镇	152224105
乌兰浩特市（11 街道，4 镇）	**152201**	阿力得尔苏木	152221207	九龙乡	152224200
爱国街道	152201001	巴日嘎斯台乡	152221208	太平乡	152224201
和平街道	152201002	桃合木苏木	152221209	学田乡	152224202
兴安街道	152201003	**科尔沁右翼中旗（6 镇，6 苏木）**	**152222**	**锡林郭勒盟（11 街道，36 镇，3 乡，32 苏木）**	**152500**
胜利街道	152201004	巴彦呼舒镇	152222100	**二连浩特市（3 街道，1 苏木）**	**152501**
铁西街道	152201005	高力板镇	152222101	乌兰街道	152501001
都林街道	152201006	吐列毛都镇	152222102	锡林街道	152501002
五一街道	152201007	巴仁哲里木镇	152222103	东城街道	152501003
城郊街道	152201008	杜尔基镇	152222104	格日勒敖都苏木	152501200
天骄街道	152201009	好腰苏木镇	152222105	**锡林浩特市（8 街道，1 镇，3 苏木）**	**152502**
新城街道	152201010	新佳木苏木	152222203	希日塔拉街道	152502001
山水街道	152201011	代钦塔拉苏木	152222206	宝力根街道	152502002
乌兰哈达镇	152201101	哈日诺尔苏木	152222207	杭盖街道	152502003
葛根庙镇	152201102	巴彦茫哈苏木	152222208	楚古兰街道	152502004
太本站镇	152201103	巴彦淖尔苏木	152222209	额尔敦街道	152502005
义勒力特镇	152201104	额木庭高勒苏木	152222210	南郊街道	152502006
阿尔山市（4 街道，4 镇）	**152202**	**扎赉特旗（8 镇，2 乡，3 苏木）**	**152223**	巴彦锡勒街道	152502007
林海街道	152202001	音德尔镇	152223100	巴彦查干街道	152502008
新城街道	152202002	新林镇	152223101	阿尔善宝拉格镇	152502100
温泉街道	152202003	巴彦高勒镇	152223102	宝力根苏木	152502200
伊尔施街道	152202004	胡尔勒镇	152223103	朝克乌拉苏木	152502201
				巴彦宝拉格苏木	152502202

续表 9

行政区划名称	行政区划代码	行政区划名称	行政区划代码	行政区划名称	行政区划代码
阿巴嘎旗（3 镇，4 苏木）	**152522**	吉仁高勒镇	152526102	**阿拉善左旗（9 镇，6 苏木）**	**152921**
别力古台镇	152522100	浩勒图高勒镇	152526103	巴彦浩特镇	152921100
洪格尔高勒镇	152522101	高日罕镇	152526104	嘉尔嘎勒赛汉镇	152921101
查干淖尔镇	152522102	巴彦胡舒苏木	152526200	温都尔勒图镇	152921102
那仁宝拉格苏木	152522200	乌兰哈拉嘎苏木	152526201	吉兰泰镇	152921103
伊和高勒苏木	152522201	**太仆寺旗（5 镇，1 乡，1 苏木）**	**152527**	乌斯太镇	152921104
吉尔嘎郎图苏木	152522202	宝昌镇	152527100	巴润别立镇	152921105
巴彦图嘎苏木	152522203	千斤沟镇	152527101	宗别立镇	152921107
苏尼特左旗（3 镇，4 苏木）	**152523**	红旗镇	152527102	敖伦布拉格镇	152921108
满都拉图镇	152523100	骆驼山镇	152527103	腾格里额里斯镇	152921109
查干敖包镇	152523101	永丰镇	152527104	巴彦木仁苏木	152921203
巴彦淖尔镇	152523102	幸福乡	152527200	乌力吉苏木	152921207
巴彦乌拉苏木	152523200	贡宝拉格苏木	152527201	额尔克哈什哈苏木	152921210
赛罕高毕苏木	152523201	**镶黄旗（2 镇，2 苏木）**	**152528**	巴彦诺日公苏木	152921212
洪格尔苏木	152523202	新宝拉格镇	152528100	银根苏木	152921213
达来苏木	152523203	巴彦塔拉镇	152528101	超格图呼热苏木	152921214
苏尼特右旗（3 镇，4 苏木）	**152524**	翁贡乌拉苏木	152528200	**阿拉善右旗（3 镇，4 苏木）**	**152922**
赛汉塔拉镇	152524100	宝格达音高勒苏木	152528201	巴丹吉林镇	152922100
朱日和镇	152524101	**正镶白旗（2 镇，3 苏木）**	**152529**	雅布赖镇	152922101
乌日根塔拉镇	152524102	明安图镇	152529100	阿拉腾敖包镇	152922103
桑宝拉格苏木	152524200	星耀镇	152529101	阿拉腾朝格苏木	152922201
额仁淖尔苏木	152524201	伊和淖尔苏木	152529200	曼德拉苏木	152922205
赛罕乌力吉苏木	152524202	乌兰查布苏木	152529201	塔木素布拉格苏木	152922206
阿其图乌拉苏木	152524203	宝拉根陶海苏木	152529202	巴彦高勒苏木	152922207
东乌珠穆沁旗（6 镇，4 苏木）	**152525**	**正蓝旗（3 镇，4 苏木）**	**152530**	**额济纳旗（2 街道，4 镇，6 苏木）**	**152923**
乌里雅斯太镇	152525100	上都镇	152530100	东风街道	152923001
道特淖尔镇	152525101	桑根达来镇	152530101	航空街道	152923002
嘎达布其镇	152525102	哈毕日嘎镇	152530102	东风镇	152923101
满都胡宝拉格镇	152525103	宝绍代苏木	152530200	达来呼布镇	152923102
额吉淖尔镇	152525104	那日图苏木	152530201	哈日布日格德音乌拉镇	152923103
巴彦胡硕镇	152525105	赛音呼都嘎苏木	152530202	策克镇	152923104
呼热图淖尔苏木	152525200	扎格斯台苏木	152530203	赛汉陶来苏木	152923200
萨麦苏木	152525201	**多伦县（3 镇，2 乡）**	**152531**	马鬃山苏木	152923204
嘎海乐苏木	152525202	大北沟镇	152531100	苏泊淖尔苏木	152923205
阿拉坦合力苏木	152525203	多伦诺尔镇	152531101	巴彦陶来苏木	152923206
西乌珠穆沁旗（5 镇，2 苏木）	**152526**	滦源镇	152531102	温图高勒苏木	152923207
巴拉嘎尔高勒镇	152526100	蔡木山乡	152531201	巴音陶海苏木	152923208
巴彦花镇	152526101	西干沟乡	152531202		
		阿拉善盟（2 街道，16 镇，16 苏木）	**152900**		

辽宁省

辽宁省（辽）

行政区划名称	行政区划代码
辽宁省（513街道，640镇，147乡，54民族乡）	**210000**
沈阳市（112街道，53镇，11乡，5民族乡）	**210100**
和平区（10街道）	**210102**
浑河湾街道	210102001
新华街道	210102002
太原街街道	210102005
北市场街道	210102010
南市场街道	210102014
马路湾街道	210102016
南湖街道	210102019
长白街道	210102021
沈水湾街道	210102022
浑河站西街道	210102023
沈河区（11街道）	**210103**
滨河街道	210103005
万莲街道	210103006
朱剪炉街道	210103013
北站街道	210103014
风雨坛街道	210103015
五里河街道	210103017
皇城街道	210103018
马官桥街道	210103019
南塔街道	210103020
东陵街道	210103021
泉园街道	210103022
大东区（10街道）	**210104**
大北街道	210104002
万泉街道	210104003
文官街道	210104006
二台子街道	210104007
东站街道	210104009
长安街道	210104012
东塔街道	210104015
津桥街道	210104016
前进街道	210104017
上园街道	210104018
皇姑区（10街道）	**210105**
舍利塔街道	210105020
黄河街道	210105021
三台子街道	210105022
新乐街道	210105023
明廉街道	210105025
华山街道	210105028
北塔街道	210105029
陵东街道	210105030
四台子街道	210105031
鸭绿江街道	210105032
铁西区（14街道）	**210106**
昆明湖街道	210106001
工人村街道	210106003
启工街道	210106007
兴顺街道	210106011
笃工街道	210106013
兴华街道	210106015
霁虹街道	210106019
凌空街道	210106020
重工街道	210106023
翟家街道	210106025
大青中朝友谊街道	210106026
大潘街道	210106027
高花街道	210106028
彰驿站街道	210106029
苏家屯区（12街道）	**210111**
解放街道	210111001
民主街道	210111003
中兴街道	210111005
林盛街道	210111009
沙河街道	210111010
十里河街道	210111011
陈相街道	210111012
永乐街道	210111015
佟沟街道	210111018
八一红菱街道	210111019
沈水街道	210111020
白清姚千街道	210111021
浑南区（12街道）	**210112**
桃仙街道	210112005
深井子街道	210112006
祝家街道	210112007
白塔街道	210112008
李相街道	210112010
五三街道	210112014
浑河站东街道	210112015
东湖街道	210112016
高坎街道	210112017
满堂街道	210112018
王滨街道	210112019
汪家街道	210112021
沈北新区（10街道）	**210113**
新城子街道	210113001
清水台街道	210113002
道义街道	210113003
辉山街道	210113004
虎石台街道	210113005
财落街道	210113006
兴隆台街道	210113008
黄家街道	210113011
马刚街道	210113014
正良街道	210113015
于洪区（10街道）	**210114**
迎宾路街道	210114001
陵西街道	210114003
城东湖街道	210114004
平罗街道	210114005
马三家街道	210114006
沙岭街道	210114007
造化街道	210114008
北陵街道	210114011
南阳湖街道	210114013
光辉街道	210114014
辽中区（4街道，16镇）	**210115**
蒲西街道	210115001
蒲东街道	210115002
茨榆坨街道	210115003
城郊街道	210115004
于家房镇	210115101
朱家房镇	210115102
冷子堡镇	210115103
刘二堡镇	210115104
满都户镇	210115107
杨士岗镇	210115108
肖寨门镇	210115109
六间房镇	210115110
养士堡镇	210115111

续表 1

行政区划名称	行政区划代码	行政区划名称	行政区划代码	行政区划名称	行政区划代码
潘家堡镇	210115112	四家子蒙古族乡	210124208	香炉礁街道	210203001
老大房镇	210115118	双台子乡	210124209	八一路街道	210203010
大黑岗子镇	210115119	卧牛石乡	210124210	白云街道	210203013
牛心坨镇	210115120	**新民市（4 街道，20 镇，4 乡）**	**210181**	日新街道	210203016
四方台镇	210115121			人民广场街道	210203017
长滩镇	210115122	东城街道	210181001	**沙河口区（7 街道）**	**210204**
新民屯镇	210115123	辽滨街道	210181002	春柳街道	210204006
康平县（3 街道，5 镇，3 乡，4 民族乡）	**210123**	西城街道	210181003	马栏街道	210204008
		新柳街道	210181004	南沙河口街道	210204009
北三家子街道	210123001	大红旗镇	210181101	黑石礁街道	210204010
胜利街道	210123002	梁山镇	210181102	李家街道	210204011
东关街道	210123003	公主屯镇	210181103	星海湾街道	210204017
小城子镇	210123101	兴隆镇	210181104	西安路街道	210204018
张强镇	210123102	前当堡镇	210181105	**甘井子区（15 街道）**	**210211**
方家屯镇	210123103	大民屯镇	210181106	周水子街道	210211001
郝官屯镇	210123105	大柳屯镇	210181107	甘井子街道	210211004
二牛所口镇	210123106	兴隆堡镇	210181108	南关岭街道	210211006
北四家子乡	210123203	胡台镇	210181109	泡崖街道	210211007
两家子乡	210123204	法哈牛镇	210181110	机场街道	210211010
海洲窝堡乡	210123206	柳河沟镇	210181111	辛寨子街道	210211014
沙金台蒙古族满族乡	210123208	高台子镇	210181112	红旗街道	210211015
柳树屯蒙古族满族乡	210123209	罗家房镇	210181113	大连湾街道	210211017
西关屯蒙古族满族乡	210123210	三道岗子镇	210181114	椒金山街道	210211018
东升满族蒙古族乡	210123211	周坨子镇	210181115	泉水街道	210211019
法库县（2 街道，12 镇，4 乡，1 民族乡）	**210124**	东蛇山子镇	210181116	营城子街道	210211021
		陶家屯镇	210181117	革镇堡街道	210211022
		张家屯镇	210181118	凌水街道	210211023
吉祥街道	210124001	金五台子镇	210181119	七贤岭街道	210211024
龙山街道	210124002	新农村镇	210181120	中华路街道	210211025
大孤家子镇	210124101	红旗乡	210181205	**旅顺口区（10 街道）**	**210212**
三面船镇	210124102	卢家屯乡	210181206	水师营街道	210212005
秀水河子镇	210124103	姚堡乡	210181207	铁山街道	210212006
叶茂台镇	210124104	于家窝堡乡	210181209	双岛湾街道	210212007
登仕堡子镇	210124105	**大连市（102 街道，33 镇，10 乡，4 民族乡）**	**210200**	长城街道	210212009
柏家沟镇	210124106			龙头街道	210212010
丁家房镇	210124107	**中山区（6 街道）**	**210202**	江西街道	210212013
孟家镇	210124108	桃源街道	210202011	龙王塘街道	210212014
十间房镇	210124109	老虎滩街道	210202012	得胜街道	210212015
冯贝堡镇	210124110	海军广场街道	210202014	三涧堡街道	210212016
依牛堡子镇	210124111	人民路街道	210202019	登峰街道	210212017
包家屯镇	210124112	青泥洼桥街道	210202020	**金州区（25 街道）**	**210213**
慈恩寺乡	210124201	葵英街道	210202021	拥政街道	210213001
和平乡	210124203	**西岗区（5 街道）**	**210203**		

续表 2

行政区划名称	行政区划代码	行政区划名称	行政区划代码	行政区划名称	行政区划代码
友谊街道	210213002	太平街道	210214022	城关街道	210283001
站前街道	210213008	**长海县（5 镇）**	**210224**	新华街道	210283002
先进街道	210213009	大长山岛镇	210224100	兴达街道	210283003
华家街道	210213010	獐子岛镇	210224101	昌盛街道	210283004
登沙河街道	210213014	广鹿岛镇	210224102	明阳街道	210283005
杏树街道	210213015	小长山岛镇	210224103	青堆镇	210283101
大魏家街道	210213017	海洋岛镇	210224104	徐岭镇	210283102
向应街道	210213018	**瓦房店市（11 街道，**	**210281**	黑岛镇	210283104
七顶山街道	210213019	**13 镇，6 乡，2 民族乡）**		栗子房镇	210283105
马桥子街道	210213020	新华街道	210281001	大营镇	210283107
海青岛街道	210213021	文兰街道	210281002	塔岭镇	210283108
大孤山街道	210213022	岭东街道	210281003	仙人洞镇	210283109
湾里街道	210213023	共济街道	210281004	蓉花山镇	210283110
董家沟街道	210213024	铁东街道	210281005	长岭镇	210283111
金石滩街道	210213025	祝华街道	210281006	荷花山镇	210283112
得胜街道	210213027	岗店街道	210281007	城山镇	210283113
大李家街道	210213028	九龙街道	210281008	光明山镇	210283114
二十里堡街道	210213029	太阳街道	210281009	大郑镇	210283115
亮甲店街道	210213030	长兴岛街道	210281010	王家镇	210283116
炮台街道	210213031	交流岛街道	210281011	吴炉镇	210283118
复州湾街道	210213032	复州城镇	210281101	鞍子山乡	210283204
三十里堡街道	210213033	松树镇	210281103	太平岭满族乡	210283208
石河街道	210213034	得利寺镇	210281105	步云山乡	210283209
光中街道	210213035	万家岭镇	210281106	桂云花满族乡	210283211
普兰店区（18 街道）	**210214**	许屯镇	210281107	兰店乡	210283214
丰荣街道	210214001	永宁镇	210281108	石城乡	210283216
铁西街道	210214002	谢屯镇	210281109	**鞍山市（40 街道，**	**210300**
大刘家街道	210214007	老虎屯镇	210281112	**52 镇，3 乡）**	
杨树房街道	210214008	红沿河镇	210281113	**铁东区（10 街道）**	**210302**
皮口街道	210214009	李官镇	210281115	解放街道	210302002
城子坦街道	210214010	仙浴湾镇	210281116	山南街道	210302003
唐家房街道	210214011	瓦窝镇	210281117	园林街道	210302004
大谭街道	210214012	元台镇	210281118	站前街道	210302006
莲山街道	210214013	赵屯乡	210281201	和平街道	210302008
安波街道	210214014	土城乡	210281203	长甸街道	210302010
沙包街道	210214015	阎店乡	210281204	湖南街道	210302011
星台街道	210214016	西杨乡	210281205	新兴街道	210302013
乐甲街道	210214017	驼山乡	210281206	旧堡街道	210302014
墨盘街道	210214018	三台满族乡	210281208	大孤山街道	210302015
同益街道	210214019	泡崖乡	210281210	**铁西区（9 街道）**	**210303**
双塔街道	210214020	杨家满族乡	210281212	繁荣街道	210303002
四平街道	210214021	**庄河市（5 街道，15 镇，**	**210283**	八家子街道	210303003
		4 乡，2 民族乡）		共和街道	210303005

续表 3

行政区划名称	行政区划代码
永乐街道	210303006
南华街道	210303008
大陆街道	210303009
永发街道	210303012
达道湾街道	210303013
宁远街道	210303014
立山区（9 街道）	**210304**
友好街道	210304001
双山街道	210304004
立山街道	210304006
曙光街道	210304008
灵山街道	210304009
深沟寺街道	210304014
沙河街道	210304015
齐大山街道	210304019
千山街道	210304020
千山区（2 街道，3 镇）	**210311**
汤岗子街道	210311001
东鞍山街道	210311002
唐家房镇	210311102
甘泉镇	210311111
大屯镇	210311112
台安县（2 街道，10 镇）	**210321**
八角台街道	210321001
台东街道	210321002
西佛镇	210321101
新开河镇	210321102
黄沙坨镇	210321103
高力房镇	210321104
桑林镇	210321105
富家镇	210321106
达牛镇	210321107
韭菜台镇	210321109
新台镇	210321110
桓洞镇	210321111
岫岩满族自治县（3 街道，18 镇，3 乡）	**210323**
阜昌街道	210323001
兴隆街道	210323003
雅河街道	210323004
三家子镇	210323101
石庙子镇	210323102
黄花甸镇	210323103
大营子镇	210323104
苏子沟镇	210323105
偏岭镇	210323106
哈达碑镇	210323107
新甸镇	210323108
洋河镇	210323109
杨家堡镇	210323111
清凉山镇	210323112
石灰窑镇	210323113
前营镇	210323114
龙潭镇	210323115
牧牛镇	210323116
药山镇	210323117
大房身镇	210323118
朝阳镇	210323119
红旗营子乡	210323206
岭沟乡	210323211
哨子河乡	210323212
海城市（5 街道，21 镇）	**210381**
海州街道	210381001
兴海街道	210381002
响堂街道	210381003
东四街道	210381004
东四方台街道	210381006
孤山镇	210381101
岔沟镇	210381102
接文镇	210381103
析木镇	210381104
马风镇	210381105
牌楼镇	210381107
八里镇	210381108
毛祁镇	210381109
英落镇	210381110
感王镇	210381111
西柳镇	210381112
中小镇	210381113
王石镇	210381114
南台镇	210381115
腾鳌镇	210381118
耿庄镇	210381121
牛庄镇	210381123
西四镇	210381124
望台镇	210381125
温香镇	210381126
高坨子镇	210381127
抚顺市（25 街道，27 镇，18 乡，2 民族乡）	**210400**
新抚区（6 街道，1 乡）	**210402**
站前街道	210402001
福民街道	210402005
新抚街道	210402007
榆林街道	210402009
永安台街道	210402011
刘山街道	210402019
千金乡	210402200
东洲区（7 街道，2 镇，2 乡）	**210403**
东洲街道	210403002
搭连街道	210403004
龙凤街道	210403005
新屯街道	210403006
万新街道	210403007
老虎台街道	210403008
章党街道	210403012
章党镇	210403100
哈达镇	210403101
碾盘乡	210403202
兰山乡	210403203
望花区（7 街道，1 镇，1 民族乡）	**210404**
工农街道	210404002
建设街道	210404003
和平街道	210404004
光明街道	210404005
朴屯街道	210404006
演武街道	210404007
李石街道	210404011
塔峪镇	210404101
拉古满族乡	210404200
顺城区（5 街道，1 镇，2 乡）	**210411**
长春街道	210411002
葛布街道	210411003
将军堡街道	210411004
新华街道	210411005

续表 4

行政区划名称	行政区划代码
抚顺城街道	210411007
前甸镇	210411102
河北乡	210411201
会元乡	210411205
抚顺县（4 镇，3 乡，1 民族乡）	**210421**
石文镇	210421101
后安镇	210421102
救兵镇	210421103
上马镇	210421104
马圈子乡	210421204
峡河乡	210421209
海浪乡	210421211
汤图满族乡	210421216
新宾满族自治县（9 镇，6 乡）	**210422**
新宾镇	210422100
旺清门镇	210422101
永陵镇	210422102
平顶山镇	210422103
大四平镇	210422104
苇子峪镇	210422105
木奇镇	210422106
上夹河镇	210422108
南杂木镇	210422109
红升乡	210422202
响水河子乡	210422203
红庙子乡	210422204
北四平乡	210422205
榆树乡	210422207
下夹河乡	210422208
清原满族自治县（10 镇，4 乡）	**210423**
清原镇	210423100
红透山镇	210423101
北三家镇	210423102
草市镇	210423103
英额门镇	210423104
南口前镇	210423105
南山城镇	210423106
湾甸子镇	210423107
大孤家镇	210423108
夏家堡镇	210423109
土口子乡	210423203
敖家堡乡	210423206
大苏河乡	210423207
枸乃甸乡	210423208
本溪市（26 街道，18 镇，4 乡，1 民族乡）	**210500**
平山区（7 街道）	**210502**
南地街道	210502001
平山街道	210502003
东明街道	210502004
崔东街道	210502005
站前街道	210502007
千金街道	210502008
桥北街道	210502012
溪湖区（7 街道）	**210503**
河东街道	210503001
河西街道	210503003
彩屯街道	210503005
东风街道	210503009
石桥子街道	210503010
日月岛街道	210503012
火连寨街道	210503013
明山区（7 街道）	**210504**
北地街道	210504002
高峪街道	210504004
明山街道	210504005
新明街道	210504008
牛心台街道	210504009
卧龙街道	210504010
高台子街道	210504011
南芬区（3 街道）	**210505**
南芬街道	210505001
思山岭街道	210505004
下马塘街道	210505005
本溪满族自治县（1 街道，10 镇，1 乡）	**210521**
观音阁街道	210521003
小市镇	210521100
草河掌镇	210521101
草河城镇	210521102
草河口镇	210521103
连山关镇	210521104
清河城镇	210521106
田师傅镇	210521109
南甸子镇	210521110
碱厂镇	210521111
高官镇	210521112
东营坊乡	210521202
桓仁满族自治县（1 街道，8 镇，3 乡，1 民族乡）	**210522**
八卦城街道	210522001
桓仁镇	210522100
普乐堡镇	210522101
二棚甸子镇	210522102
沙尖子镇	210522103
五里甸子镇	210522104
八里甸子镇	210522108
华来镇	210522110
古城镇	210522111
雅河朝鲜族乡	210522201
向阳乡	210522202
黑沟乡	210522206
北甸子乡	210522208
丹东市（20 街道，59 镇，2 乡，3 民族乡）	**210600**
元宝区（4 街道，1 镇）	**210602**
七道街道	210602002
九道街道	210602004
兴东街道	210602006
广济街道	210602007
金山镇	210602101
振兴区（7 街道，2 镇）	**210603**
站前街道	210603002
临江街道	210603003
帽盔山街道	210603005
纤维街道	210603006
永昌街道	210603007
花园街道	210603008
江海街道	210603009
浪头镇	210603101
安民镇	210603102
振安区（3 街道，5 镇）	**210604**
鸭绿江街道	210604001
珍珠街道	210604004
太平湾街道	210604005

续表 5

行政区划名称	行政区划代码
同兴镇	210604102
五龙背镇	210604104
楼房镇	210604105
九连城镇	210604106
汤山城镇	210604107
宽甸满族自治县（19 镇，2 乡，1 民族乡）	**210624**
宽甸镇	210624100
灌水镇	210624101
硼海镇	210624102
红石镇	210624103
毛甸子镇	210624104
长甸镇	210624105
永甸镇	210624106
太平哨镇	210624108
青山沟镇	210624109
牛毛坞镇	210624110
大川头镇	210624111
青椅山镇	210624112
杨木川镇	210624113
虎山镇	210624114
振江镇	210624115
步达远镇	210624116
大西岔镇	210624117
八河川镇	210624118
双山子镇	210624119
石湖沟乡	210624201
下露河朝鲜族乡	210624202
古楼子乡	210624206
东港市（3 街道，15 镇，1 民族乡）	**210681**
大东街道	210681001
新兴街道	210681002
新城街道	210681003
孤山镇	210681101
前阳镇	210681104
长安镇	210681105
十字街镇	210681106
长山镇	210681107
北井子镇	210681108
椅圈镇	210681109
黄土坎镇	210681110
马家店镇	210681113
龙王庙镇	210681114
小甸子镇	210681115
菩萨庙镇	210681117
黑沟镇	210681118
新农镇	210681119
汤池镇	210681120
合隆满族乡	210681204
凤城市（3 街道，17 镇，1 民族乡）	**210682**
凤凰城街道	210682001
凤山街道	210682002
草河街道	210682003
宝山镇	210682101
白旗镇	210682102
沙里寨镇	210682103
红旗镇	210682104
蓝旗镇	210682105
边门镇	210682107
东汤镇	210682110
石城镇	210682111
大兴镇	210682112
爱阳镇	210682113
赛马镇	210682114
弟兄山镇	210682115
鸡冠山镇	210682116
刘家河镇	210682117
通远堡镇	210682118
四门子镇	210682119
青城子镇	210682120
大堡蒙古族乡	210682201
锦州市（32 街道，55 镇，10 乡，2 民族乡）	**210700**
古塔区（5 街道）	**210702**
石油街道	210702002
敬业街道	210702004
保安街道	210702005
士英街道	210702009
古城街道	210702011
凌河区（6 街道）	**210703**
石桥子街道	210703002
龙江街道	210703003
榴花街道	210703004
康宁街道	210703008
锦铁街道	210703009
紫荆街道	210703011
太和区（10 街道，1 镇）	**210711**
太和街道	210711004
大薛街道	210711008
天桥街道	210711010
新民街道	210711011
营盘街道	210711012
女儿河街道	210711013
杏山街道	210711014
凌南街道	210711015
松山街道	210711016
娘娘宫街道	210711017
建业镇	210711100
黑山县（2 街道，16 镇，4 乡）	**210726**
黑山街道	210726001
大虎山街道	210726002
芳山镇	210726101
白厂门镇	210726102
常兴镇	210726103
姜屯镇	210726104
励家镇	210726105
绕阳河镇	210726106
半拉门镇	210726107
无梁殿镇	210726108
胡家镇	210726109
新立屯镇	210726110
八道壕镇	210726111
四家子镇	210726113
新兴镇	210726114
小东镇	210726115
太和镇	210726116
镇安镇	210726117
英城子乡	210726201
段家乡	210726209
大兴乡	210726210
薛屯乡	210726212
义县（2 街道，13 镇，1 乡，2 民族乡）	**210727**
义州街道	210727001
城关街道	210727002

续表 6

行政区划名称	行政区划代码
刘龙台镇	210727101
七里河镇	210727102
大榆树堡镇	210727103
稍户营子镇	210727104
九道岭镇	210727105
高台子镇	210727106
瓦子峪镇	210727108
头台镇	210727109
张家堡镇	210727110
前杨镇	210727111
头道河镇	210727112
留龙沟镇	210727113
聚粮屯镇	210727114
地藏寺满族乡	210727203
大定堡满族乡	210727205
白庙子乡	210727207
凌海市（3 街道，14 镇，2 乡）	**210781**
大凌河街道	210781001
金城街道	210781002
八千街道	210781003
石山镇	210781101
余积镇	210781102
双羊镇	210781103
班吉塔镇	210781104
沈家台镇	210781105
三台子镇	210781106
右卫镇	210781107
阎家镇	210781108
新庄子镇	210781109
翠岩镇	210781112
安屯镇	210781113
大业镇	210781114
白台子镇	210781116
温滴楼镇	210781117
板石沟乡	210781212
谢屯乡	210781217
北镇市（4 街道，11 镇，3 乡）	**210782**
北镇街道	210782004
富屯街道	210782006
广宁街道	210782007
沟帮子街道	210782008
大市镇	210782101
罗罗堡镇	210782102
常兴店镇	210782103
正安镇	210782104
闾阳镇	210782105
中安镇	210782106
廖屯镇	210782107
赵屯镇	210782109
青堆子镇	210782110
高山子镇	210782111
吴家镇	210782113
鲍家乡	210782203
大屯乡	210782206
柳家乡	210782209
营口市（27 街道，35 镇，3 乡）	**210800**
站前区（6 街道）	**210802**
八田地街道	210802001
建丰街道	210802002
建设街道	210802003
跃进街道	210802004
新建街道	210802007
东兴街道	210802008
西市区（5 街道）	**210803**
得胜街道	210803004
五台子街道	210803005
渔市街道	210803010
滨海街道	210803011
清华街道	210803012
鲅鱼圈区（3 街道，3 镇）	**210804**
红海街道	210804001
海星街道	210804002
望海街道	210804005
熊岳镇	210804100
芦屯镇	210804102
红旗镇	210804103
老边区（1 街道，3 镇）	**210811**
老边街道	210811003
路南镇	210811101
柳树镇	210811102
边城镇	210811103
盖州市（8 街道，16 镇，3 乡）	**210881**
鼓楼街道	210881001
西城街道	210881002
东城街道	210881003
太阳升街道	210881004
团山街道	210881005
西海街道	210881006
九垄地街道	210881007
归州街道	210881008
高屯镇	210881102
沙岗镇	210881105
九寨镇	210881109
万福镇	210881110
卧龙泉镇	210881111
青石岭镇	210881112
暖泉镇	210881113
榜式堡镇	210881116
团甸镇	210881117
双台镇	210881118
杨运镇	210881119
徐屯镇	210881120
什字街镇	210881121
矿洞沟镇	210881122
陈屯镇	210881123
梁屯镇	210881124
小石棚乡	210881216
果园乡	210881217
二台乡	210881218
大石桥市（4 街道，13 镇）	**210882**
金桥街道	210882003
钢都街道	210882004
百寨街道	210882005
镁都街道	210882006
水源镇	210882101
沟沿镇	210882102
石佛镇	210882103
高坎镇	210882104
旗口镇	210882105
虎庄镇	210882106
官屯镇	210882107
博洛铺镇	210882112
永安镇	210882113
汤池镇	210882114

续表 7

行政区划名称	行政区划代码
建一镇	210882115
黄土岭镇	210882116
周家镇	210882117
阜新市（17 街道，60 镇，4 乡，1 民族乡）	**210900**
海州区（6 街道，1 镇）	**210902**
西山街道	210902004
河北街道	210902005
平安西部街道	210902012
站前街道	210902013
五龙街道	210902014
和平街道	210902015
韩家店镇	210902101
新邱区（2 街道，1 镇）	**210903**
街基街道	210903005
新发屯街道	210903006
长营子镇	210903101
太平区（3 街道，1 镇）	**210904**
红树街道	210904001
孙家湾街道	210904006
高德街道	210904007
水泉镇	210904101
清河门区（2 街道，2 镇）	**210905**
清河街道	210905005
新北街道	210905006
河西镇	210905101
乌龙坝镇	210905102
细河区（3 街道，1 镇）	**210911**
玉新街道	210911001
玉龙街道	210911007
玉丰街道	210911008
四合镇	210911102
阜新蒙古族自治县（1 街道，32 镇，3 乡）	**210921**
城区街道	210921001
阜新镇	210921100
东梁镇	210921102
佛寺镇	210921103
伊吗图镇	210921104
旧庙镇	210921105
务欢池镇	210921106
建设镇	210921107
大巴镇	210921108
泡子镇	210921109
十家子镇	210921110
王府镇	210921111
于寺镇	210921112
富荣镇	210921113
新民镇	210921114
福兴地镇	210921115
平安地镇	210921116
沙拉镇	210921117
大固本镇	210921118
大五家子镇	210921119
大板镇	210921120
招束沟镇	210921121
八家子镇	210921122
扎兰营子镇	210921123
塔营子镇	210921124
红帽子镇	210921125
蜘蛛山镇	210921126
七家子镇	210921127
紫都台镇	210921128
化石戈镇	210921129
哈达户稍镇	210921130
老河土镇	210921131
太平镇	210921132
卧凤沟乡	210921203
苍土乡	210921211
国华乡	210921222
彰武县（22 镇，1 乡，1 民族乡）	**210922**
彰武镇	210922100
哈尔套镇	210922101
章古台镇	210922102
五峰镇	210922103
冯家镇	210922104
后新秋镇	210922105
东六家子镇	210922106
阿尔乡镇	210922107
前福兴地镇	210922108
双庙镇	210922109
大四家子镇	210922110
苇子沟镇	210922111
兴隆山镇	210922112
满堂红镇	210922113
四合城镇	210922114
大冷镇	210922115
平安镇	210922116
两家子镇	210922117
兴隆堡镇	210922118
四堡子镇	210922119
西六家子镇	210922120
大德镇	210922121
二道河子蒙古族乡	210922202
丰田乡	210922209
辽阳市（14 街道，30 镇，4 乡，2 民族乡）	**211000**
白塔区（4 街道）	**211002**
文圣街道	211002016
武圣街道	211002017
南门街道	211002018
襄平街道	211002019
文圣区（2 街道，2 镇）	**211003**
庆阳街道	211003004
东京陵街道	211003008
罗大台镇	211003100
小屯镇	211003101
宏伟区（2 街道，2 镇）	**211004**
工农街道	211004001
长征街道	211004004
曙光镇	211004101
兰家镇	211004102
弓长岭区（2 街道，1 镇，1 乡）	**211005**
苏家街道	211005001
安平街道	211005003
汤河镇	211005101
安平乡	211005201
太子河区（1 街道，3 镇，1 乡）	**211011**
铁西街道	211011004
祁家镇	211011101
王家镇	211011102
沙岭镇	211011103
东宁卫乡	211011204
辽阳县（12 镇，1 乡，2 民族乡）	**211021**

续表 8

行政区划名称	行政区划代码
首山镇	211021100
刘二堡镇	211021101
小北河镇	211021103
黄泥洼镇	211021104
唐马寨镇	211021106
穆家镇	211021107
柳壕镇	211021108
河栏镇	211021110
隆昌镇	211021111
八会镇	211021112
寒岭镇	211021113
兴隆镇	211021115
下达河乡	211021201
吉洞峪满族乡	211021202
甜水满族乡	211021206
灯塔市（3街道，10镇，1乡）	**211081**
烟台街道	211081001
万宝桥街道	211081002
古城街道	211081003
佟二堡镇	211081101
铧子镇	211081102
张台子镇	211081103
西大窑镇	211081104
沈旦堡镇	211081105
西马峰镇	211081106
柳条寨镇	211081107
柳河子镇	211081108
大河南镇	211081111
五星镇	211081114
鸡冠山乡	211081205
盘锦市（27街道，21镇）	**211100**
双台子区（6街道，2镇）	**211102**
胜利街道	211102002
建设街道	211102003
红旗街道	211102004
辽河街道	211102005
铁东街道	211102008
双盛街道	211102009
陆家镇	211102100
统一镇	211102101
兴隆台区（12街道）	**211103**
振兴街道	211103001
兴隆街道	211103002
渤海街道	211103003
新工街道	211103004
曙光街道	211103007
欢喜岭街道	211103008
沈采街道	211103013
创新街道	211103016
兴盛街道	211103017
兴海街道	211103018
东郭街道	211103019
惠宾街道	211103020
大洼区（6街道，10镇）	**211104**
大洼街道	211104001
榆树街道	211104002
田家街道	211104003
王家街道	211104004
于楼街道	211104006
二界沟街道	211104009
东风镇	211104103
新开镇	211104104
清水镇	211104106
新兴镇	211104107
西安镇	211104108
新立镇	211104109
唐家镇	211104112
平安镇	211104113
赵圈河镇	211104114
田庄台镇	211104115
盘山县（3街道，9镇）	**211122**
太平街道	211122001
高升街道	211122002
得胜街道	211122003
沙岭镇	211122101
胡家镇	211122103
古城子镇	211122107
坝墙子镇	211122108
陈家镇	211122110
甜水镇	211122111
吴家镇	211122112
石新镇	211122114
羊圈子镇	211122115
铁岭市（14街道，78镇，2乡，9民族乡）	**211200**
银州区（7街道，1乡）	**211202**
红旗街道	211202001
工人街道	211202002
铁西街道	211202003
铜钟街道	211202004
柴河街道	211202005
岭东街道	211202006
辽海街道	211202007
龙山乡	211202201
清河区（2街道，2镇，1民族乡）	**211204**
红旗街道	211204001
向阳街道	211204002
张相镇	211204101
杨木林子镇	211204102
聂家满族乡	211204203
铁岭县（12镇，1乡，1民族乡）	**211221**
新台子镇	211221101
阿吉镇	211221102
平顶堡镇	211221103
大甸子镇	211221104
凡河镇	211221105
腰堡镇	211221106
镇西堡镇	211221107
蔡牛镇	211221108
李千户镇	211221109
熊官屯镇	211221111
横道河子镇	211221112
双井子镇	211221113
鸡冠山乡	211221208
白旗寨满族乡	211221209
西丰县（12镇，6民族乡）	**211223**
西丰镇	211223100
平岗镇	211223101
郜家店镇	211223102
凉泉镇	211223103
振兴镇	211223104
安民镇	211223105
天德镇	211223106
房木镇	211223107
柏榆镇	211223109

续表 9

行政区划名称	行政区划代码
更刻镇	211223110
钓鱼镇	211223111
陶然镇	211223112
德兴满族乡	211223204
明德满族乡	211223206
成平满族乡	211223209
和隆满族乡	211223211
营厂满族乡	211223212
金星满族乡	211223213
昌图县（33 镇）	**211224**
昌图镇	211224100
老城镇	211224101
八面城镇	211224102
三江口镇	211224103
金家镇	211224104
宝力镇	211224105
泉头镇	211224106
双庙子镇	211224107
亮中桥镇	211224108
马仲河镇	211224109
毛家店镇	211224110
老四平镇	211224111
大洼镇	211224112
头道镇	211224113
鸶鹭树镇	211224114
付家镇	211224115
四合镇	211224117
朝阳镇	211224118
古榆树镇	211224119
七家子镇	211224120
东嘎镇	211224121
四面城镇	211224122
前双井镇	211224123
通江口镇	211224124
大四家子镇	211224125
曲家店镇	211224126
平安堡镇	211224130
下二台镇	211224131
太平镇	211224132
十八家子镇	211224133
后窑镇	211224134
大兴镇	211224135
长发镇	211224136
调兵山市（2 街道，3 镇）	**211281**
兀术街道	211281001
调兵山街道	211281002
晓明镇	211281102
大明镇	211281103
晓南镇	211281105
开原市（3 街道，16 镇，1 民族乡）	**211282**
新城街道	211282001
老城街道	211282002
开原街道	211282003
威远堡镇	211282102
庆云堡镇	211282103
中固镇	211282104
八棵树镇	211282105
金沟子镇	211282106
八宝镇	211282107
业民镇	211282108
莲花镇	211282109
靠山镇	211282110
下肥镇	211282111
松山镇	211282112
李家台镇	211282113
马家寨镇	211282114
城东镇	211282115
上肥镇	211282116
黄旗寨镇	211282117
林丰满族乡	211282217
朝阳市（28 街道，82 镇，40 乡，6 民族乡）	**211300**
双塔区（9 街道，3 镇，1 乡）	**211302**
前进街道	211302003
凌河街道	211302004
光明街道	211302005
凌凤街道	211302006
龙山街道	211302007
站南街道	211302008
红旗街道	211302009
燕北街道	211302010
双塔街道	211302012
桃花吐镇	211302111
他拉皋镇	211302113
孙家湾镇	211302114
长宝营子乡	211302212
龙城区（3 街道，6 镇）	**211303**
新华街道	211303004
海龙街道	211303006
龙泉街道	211303007
七道泉子镇	211303101
西大营子镇	211303102
召都巴镇	211303103
大平房镇	211303104
联合镇	211303105
边杖子镇	211303106
朝阳县（1 街道，14 镇，10 乡，2 民族乡）	**211321**
柳城街道	211321001
波罗赤镇	211321102
木头城子镇	211321103
二十家子镇	211321104
羊山镇	211321105
六家子镇	211321106
瓦房子镇	211321107
大庙镇	211321108
古山子镇	211321110
南双庙镇	211321111
台子镇	211321112
清风岭镇	211321113
胜利镇	211321114
七道岭镇	211321115
杨树湾镇	211321116
西五家子乡	211321211
北沟门子乡	211321212
东大道乡	211321214
乌兰河硕蒙古族乡	211321215
东大屯乡	211321220
松岭门蒙古族乡	211321221
根德营子乡	211321222
西营子乡	211321224
北四家子乡	211321228
王营子乡	211321230
黑牛营子乡	211321231
尚志乡	211321232

续表 10

行政区划名称	行政区划代码	行政区划名称	行政区划代码	行政区划名称	行政区划代码
建平县（4 街道，17 镇，6 乡，1 民族乡）	**211322**	十二德堡镇	211324110	三宝乡	211381228
叶柏寿街道	211322001	羊角沟镇	211324111	**凌源市（5 街道，16 镇，5 乡，1 民族乡）**	**211382**
红山街道	211322002	甘招镇	211324112	东城街道	211382001
铁南街道	211322003	兴隆庄镇	211324113	北街街道	211382002
万寿街道	211322004	东哨镇	211324114	南街街道	211382003
朱碌科镇	211322101	水泉镇	211324115	红山街道	211382004
建平镇	211322102	尤杖子乡	211324204	城关街道	211382007
黑水镇	211322103	草场乡	211324207	万元店镇	211382101
喀喇沁镇	211322104	坤都营子乡	211324210	宋杖子镇	211382102
北二十家子镇	211322105	大营子乡	211324211	三十家子镇	211382103
沙海镇	211322106	卧虎沟乡	211324214	杨杖子镇	211382104
哈拉道口镇	211322108	**北票市（4 街道，12 镇，13 乡，2 民族乡）**	**211381**	刀尔登镇	211382105
榆树林子镇	211322109	城关街道	211381001	松岭子镇	211382106
老官地镇	211322110	南山街道	211381002	四官营子镇	211382107
深井镇	211322111	冠山街道	211381003	沟门子镇	211382108
奎德素镇	211322112	台吉街道	211381006	小城子镇	211382110
小塘镇	211322113	西官营镇	211381101	四合当镇	211382111
马场镇	211322114	大板镇	211381102	乌兰白镇	211382113
昌隆镇	211322115	上园镇	211381103	瓦房店镇	211382114
张家营子镇	211322117	宝国老镇	211381104	大河北镇	211382115
青峰山镇	211322118	黑城子镇	211381105	牛营子镇	211382116
太平庄镇	211322119	五间房镇	211381107	三道河子镇	211382117
青松岭乡	211322205	台吉镇	211381108	刘杖子镇	211382118
杨树岭乡	211322206	东官营镇	211381109	北炉乡	211382210
罗福沟乡	211322209	龙潭镇	211381110	三家子蒙古族乡	211382217
烧锅营子乡	211322211	北塔镇	211381111	佛爷洞乡	211382219
白山乡	211322214	蒙古营镇	211381112	大王杖子乡	211382220
三家蒙古族乡	211322218	大三家镇	211381113	前进乡	211382222
义成功乡	211322220	长皋乡	211381201	河坎子乡	211382223
喀喇沁左翼蒙古族自治县（2 街道，14 镇，5 乡）	**211324**	常河营乡	211381202	**葫芦岛市（29 街道，37 镇，36 乡，19 民族乡）**	**211400**
大城子街道	211324001	小塔子乡	211381203	**连山区（8 街道，3 镇，6 乡）**	**211402**
利州街道	211324003	马友营蒙古族乡	211381204	连山街道	211402001
南公营子镇	211324101	泉巨永乡	211381206	站前街道	211402002
山嘴子镇	211324102	哈尔脑乡	211381212	渤海街道	211402003
公营子镇	211324104	南八家子乡	211381213	兴工街道	211402004
白塔子镇	211324105	章吉营乡	211381214	石油街道	211402005
中三家镇	211324106	三宝营乡	211381215	化工街道	211402006
老爷庙镇	211324107	巴图营乡	211381216	锦郊街道	211402010
六官营子镇	211324108	台吉营乡	211381218	杨家杖子街道	211402011
平房子镇	211324109	娄家店乡	211381220	钢屯镇	211402104
		北四家乡	211381221		
		凉水河蒙古族乡	211381223		

续表 11

行政区划名称	行政区划代码
寺儿堡镇	211402105
新台门镇	211402106
沙河营乡	211402201
孤竹营子乡	211402202
白马石乡	211402203
山神庙子乡	211402205
塔山乡	211402206
杨郊乡	211402210
龙港区（8 街道，1 乡）	**211403**
葫芦岛街道	211403001
龙湾街道	211403005
滨海街道	211403006
双龙街道	211403007
玉皇街道	211403008
连湾街道	211403009
北港街道	211403010
马仗房街道	211403011
双树乡	211403211
南票区(6 街道,6 镇,4 乡)	**211404**
沙锅屯街道	211404002
邱皮沟街道	211404003
苇子沟街道	211404005
小凌河街道	211404007
九龙街道	211404008
龙腾街道	211404010
缸窑岭镇	211404101
暖池塘镇	211404102
高桥镇	211404103
台集屯镇	211404104
虹螺岘镇	211404105
金星镇	211404106
沙锅屯乡	211404201
黄土坎乡	211404203
大兴乡	211404204
张相公屯乡	211404205
绥中县（14 镇，5 乡，6 民族乡）	**211421**
绥中镇	211421100
西甸子镇	211421101
宽邦镇	211421102
大王庙镇	211421103
万家镇	211421104
前所镇	211421105
高岭镇	211421106
前卫镇	211421107
荒地镇	211421108
塔山屯镇	211421109
高台镇	211421113
王宝镇	211421114
沙河镇	211421115
小庄子镇	211421116
西平坡满族乡	211421201
葛家满族乡	211421202
高甸子满族乡	211421204
范家满族乡	211421206
明水满族乡	211421207
秋子沟乡	211421208
加碑岩乡	211421210
永安堡乡	211421211
李家堡乡	211421212
网户满族乡	211421214
城郊乡	211421217
建昌县（7 镇，20 乡，1 民族乡）	**211422**
建昌镇	211422100
八家子镇	211422101
喇嘛洞镇	211422102
药王庙镇	211422103
汤神庙镇	211422104
玲珑塔镇	211422105
大屯镇	211422106
牤牛营子乡	211422201
素珠营子乡	211422203
石佛乡	211422204
王宝营子乡	211422206
老大杖子乡	211422207
要路沟乡	211422208
魏家岭乡	211422209
西碱厂乡	211422210
头道营子乡	211422211
新开岭乡	211422212
贺杖子乡	211422213
养马甸子乡	211422214
和尚房子乡	211422215
杨树湾子乡	211422218
黑山科乡	211422219
雷家店乡	211422220
小德营子乡	211422222
二道湾子蒙古族乡	211422223
巴什罕乡	211422224
娘娘庙乡	211422225
谷杖子乡	211422226
兴城市（7 街道，7 镇，12 民族乡）	**211481**
古城街道	211481001
宁远街道	211481002
温泉街道	211481004
华山街道	211481006
四家屯街道	211481007
菊花街道	211481008
临海街道	211481009
曹庄镇	211481101
沙后所镇	211481103
东辛庄镇	211481104
郭家镇	211481105
红崖子镇	211481106
徐大堡镇	211481107
高家岭镇	211481108
羊安满族乡	211481201
元台子满族乡	211481203
白塔满族乡	211481204
望海满族乡	211481206
刘台子满族乡	211481207
大寨满族乡	211481208
南大山满族乡	211481209
围屏满族乡	211481210
碱厂满族乡	211481212
三道沟满族乡	211481213
旧门满族乡	211481215
药王满族乡	211481216

吉林省

吉林省（吉）

行政区划名称	行政区划代码
吉林省（363 街道，426 镇，153 乡，28 民族乡）	**220000**
长春市（116 街道，75 镇，26 乡，5 民族乡）	**220100**
南关区（24 街道，3 镇，1 乡）	**220102**
南岭街道	220102001
自强街道	220102002
民康街道	220102003
新春街道	220102004
长通街道	220102005
全安街道	220102006
曙光街道	220102007
永吉街道	220102008
桃源街道	220102009
永兴街道	220102010
净月街道	220102011
临河街道	220102012
鸿城街道	220102013
明珠街道	220102014
富裕街道	220102015
会展街道	220102016
彩织街道	220102017
博硕街道	220102018
德正街道	220102019
福祉街道	220102020
德容街道	220102021
盛世街道	220102022
德馨街道	220102023
永顺街道	220102024
新立城镇	220102100
新湖镇	220102101
玉谭镇	220102102
幸福乡	220102200
宽城区（12 街道，5 镇，1 乡）	**220103**
站前街道	220103002
群英街道	220103005
兴业街道	220103006
凯旋街道	220103007
团山街道	220103008
柳影街道	220103009
欣园街道	220103010
北湖街道	220103011
长德街道	220103012
新广街道	220103013
新隆街道	220103014
长新街道	220103015
兰家镇	220103101
兴隆山镇	220103102
米沙子镇	220103103
万宝镇	220103104
合隆镇	220103105
奋进乡	220103200
朝阳区（14 街道，2 镇）	**220104**
前进街道	220104001
桂林街道	220104002
南湖街道	220104003
永昌街道	220104004
重庆街道	220104005
清和街道	220104006
红旗街道	220104007
湖西街道	220104008
富锋街道	220104009
硅谷街道	220104010
双德街道	220104011
飞跃街道	220104012
前程街道	220104013
超越街道	220104014
乐山镇	220104101
永春镇	220104102
二道区（10 街道，3 镇，1 乡）	**220105**
东盛街道	220105001
吉林街道	220105002
荣光街道	220105003
东站街道	220105004
远达街道	220105005
八里堡街道	220105006
东方广场街道	220105007
长青街道	220105008
世纪街道	220105009
东惠街道	220105010
劝农山镇	220105101
泉眼镇	220105102
英俊镇	220105103
四家乡	220105201
绿园区（14 街道，3 镇）	**220106**
正阳街道	220106001
普阳街道	220106002
锦程街道	220106003
春城街道	220106004
铁西街道	220106005
青年路街道	220106006
东风街道	220106007
林园街道	220106008
同心街道	220106009
富民街道	220106010
迎宾街道	220106011
自立街道	220106012
广兴街道	220106013
锦绣街道	220106014
合心镇	220106100
西新镇	220106101
城西镇	220106102
双阳区（4 街道，3 镇，1 民族乡）	**220112**
云山街道	220112001
平湖街道	220112002
奢岭街道	220112003
山河街道	220112004
鹿乡镇	220112101
太平镇	220112102
齐家镇	220112104
双营子回族乡	220112203
九台区（16 街道，2 镇，2 民族乡）	**220113**

续表 1

行政区划名称	行政区划代码
九台街道	220113001
营城街道	220113002
九郊街道	220113003
西营城街道	220113004
卡伦湖街道	220113005
东湖街道	220113006
土们岭街道	220113007
波泥河街道	220113008
苇子沟街道	220113009
兴隆街道	220113010
纪家街道	220113011
龙嘉街道	220113012
兴港街道	220113013
城子街街道	220113014
沐石河街道	220113015
南山街道	220113016
其塔木镇	220113102
上河湾镇	220113103
胡家回族乡	220113200
莽卡满族乡	220113201
农安县（4街道，11镇，10乡）	**220122**
兴农街道	220122001
宝塔街道	220122002
和谐街道	220122003
黄龙街道	220122004
农安镇	220122100
伏龙泉镇	220122101
哈拉海镇	220122102
靠山镇	220122103
开安镇	220122105
烧锅镇	220122106
高家店镇	220122107
华家镇	220122109
三盛玉镇	220122111
巴吉垒镇	220122112
三岗镇	220122113
前岗乡	220122201
龙王乡	220122202
万顺乡	220122204
杨树林乡	220122205
永安乡	220122207
青山口乡	220122208
黄鱼圈乡	220122209
新农乡	220122210
万金塔乡	220122211
小城子乡	220122212
榆树市（4街道，15镇，8乡，1民族乡）	**220182**
华昌街道	220182001
正阳街道	220182002
培英街道	220182003
城郊街道	220182004
五棵树镇	220182100
弓棚镇	220182101
闵家镇	220182102
大坡镇	220182103
黑林镇	220182104
土桥镇	220182105
新立镇	220182106
大岭镇	220182107
于家镇	220182108
泗河镇	220182109
八号镇	220182110
刘家镇	220182111
秀水镇	220182112
保寿镇	220182113
新庄镇	220182115
育民乡	220182200
红星乡	220182201
太安乡	220182203
先峰乡	220182204
青山乡	220182208
延和朝鲜族乡	220182209
恩育乡	220182210
城发乡	220182211
环城乡	220182213
德惠市（4街道，10镇，4乡）	**220183**
胜利街道	220183001
建设街道	220183002
惠发街道	220183004
夏家店街道	220183005
大青咀镇	220183100
郭家镇	220183101
松花江镇	220183102
达家沟镇	220183103
大房身镇	220183104
岔路口镇	220183105
朱城子镇	220183106
布海镇	220183110
天台镇	220183111
菜园子镇	220183112
同太乡	220183200
边岗乡	220183202
五台乡	220183203
朝阳乡	220183204
公主岭市（10街道，18镇，1乡，1民族乡）	**220184**
河南街道	220184001
河北街道	220184002
东三街道	220184003
岭东街道	220184004
铁北街道	220184005
岭西街道	220184006
南崴子街道	220184007
刘房子街道	220184008
苇子沟街道	220184009
环岭街道	220184010

续表 2

行政区划名称	行政区划代码
二十家子满族镇	220184100
黑林子镇	220184101
陶家屯镇	220184102
范家屯镇	220184103
响水镇	220184104
大岭镇	220184105
怀德镇	220184106
双城堡镇	220184107
双龙镇	220184108
杨大城子镇	220184109
毛城子镇	220184110
玻璃城子镇	220184111
朝阳坡镇	220184112
大榆树镇	220184113
秦家屯镇	220184114
八屋镇	220184115
十屋镇	220184116
桑树台镇	220184117
龙山满族乡	220184200
永发乡	220184201
吉林市（68 街道，56 镇，16 乡，4 民族乡）	**220200**
昌邑区（14 街道，3 镇，2 民族乡）	**220202**
兴华街道	220202001
文庙街道	220202002
东局子街道	220202003
新地号街道	220202004
延安街道	220202005
站前街道	220202006
民主街道	220202007
莲花街道	220202008
通江街道	220202009
哈达湾街道	220202010
新建街道	220202011
延江街道	220202012
双吉街道	220202013
九站街道	220202016
孤店子镇	220202100
桦皮厂镇	220202101
左家镇	220202102
两家子满族乡	220202200
土城子满族朝鲜族乡	220202201
龙潭区（13 街道，5 镇，1 乡）	**220203**
榆树街道	220203001
遵义街道	220203002
铁东街道	220203003
龙潭街道	220203004
新安街道	220203005
湘潭街道	220203006
龙华街道	220203007
新吉林街道	220203008
山前街道	220203009
泡子沿街道	220203010
靠山街道	220203011
东城街道	220203012
承德街道	220203013
乌拉街满族镇	220203100
缸窑镇	220203101
江密峰镇	220203102
大口钦满族镇	220203103
金珠镇	220203104
江北乡	220203201
船营区（12 街道，3 镇，1 乡）	**220204**
德胜街道	220204001
南京街道	220204002
大东街道	220204003
青岛街道	220204004
向阳街道	220204005
北极街道	220204006
致和街道	220204007
长春路街道	220204008
临江街道	220204009
北山街道	220204010
黄旗街道	220204011
新北街道	220204014
大绥河镇	220204100
搜登站镇	220204101
越北镇	220204102
欢喜乡	220204200
丰满区（8 街道，1 镇，3 乡）	**220211**
泰山街道	220211001
江南街道	220211002
石井街道	220211003
沿丰街道	220211004
丰满街道	220211005
红旗街道	220211006
高新街道	220211007
建华街道	220211008
旺起镇	220211100
江南乡	220211200
小白山乡	220211201
前二道乡	220211202
永吉县（7 镇，1 乡，1 民族乡）	**220221**
口前镇	220221101
岔路河镇	220221102
双河镇	220221103
西阳镇	220221104
北大湖镇	220221105
一拉溪镇	220221106
万昌镇	220221107
金家满族乡	220221203
黄榆乡	220221205
蛟河市（7 街道，8 镇，1 乡，1 民族乡）	**220281**
民主街道	220281001

续表 3

行政区划名称	行政区划代码	行政区划名称	行政区划代码	行政区划名称	行政区划代码
长安街道	220281002	吉舒街道	220283004	**四平市（24 街道，38 镇，14 乡，1 民族乡）**	**220300**
河南街道	220281003	滨河街道	220283005	**铁西区（5 街道，3 镇，1 乡）**	**220302**
奶子山街道	220281005	白旗镇	220283100	仁兴街道	220302001
新农街道	220281006	朝阳镇	220283101	英雄街道	220302002
拉法街道	220281007	开原镇	220283102	站前街道	220302003
河北街道	220281009	上营镇	220283103	北沟街道	220302004
新站镇	220281100	水曲柳镇	220283104	地直街道	220302005
天岗镇	220281101	平安镇	220283105	十家堡镇	220302100
白石山镇	220281102	法特镇	220283106	郭家店镇	220302101
漂河镇	220281103	溪河镇	220283107	孟家岭镇	220302102
黄松甸镇	220281104	小城镇	220283108	平西乡	220302200
天北镇	220281106	金马镇	220283109	**铁东区（8 街道，3 镇，1 乡）**	**220303**
松江镇	220281107	七里乡	220283200	平东街道	220303001
庆岭镇	220281108	莲花乡	220283202	北市场街道	220303002
乌林朝鲜族乡	220281200	亮甲山乡	220283203	黄土坑街道	220303003
前进乡	220281202	天德乡	220283204	七马路街道	220303004
桦甸市（5 街道，6 镇，3 乡）	**220282**	新安乡	220283206	四马路街道	220303005
明桦街道	220282001	**磐石市（4 街道，13 镇，1 乡）**	**220284**	解放街道	220303006
永吉街道	220282002	东宁街道	220284001	北门街道	220303007
胜利街道	220282003	河南街道	220284002	平南街道	220303008
新华街道	220282004	福安街道	220284003	山门镇	220303100
启新街道	220282005	阜康街道	220284004	石岭子镇	220303103
夹皮沟镇	220282100	烟筒山镇	220284100	叶赫满族镇	220303110
二道甸子镇	220282102	明城镇	220284101	城东乡	220303200
红石砬子镇	220282103	红旗岭镇	220284102	**梨树县（3 街道，12 镇，6 乡）**	**220322**
八道河子镇	220282104	牛心镇	220284103	富强街道	220322001
常山镇	220282106	石嘴镇	220284104	康平街道	220322002
金沙镇	220282107	朝阳山镇	220284105	霍家店街道	220322003
桦郊乡	220282200	富太镇	220284106	梨树镇	220322100
横道河子乡	220282202	呼兰镇	220284107	榆树台镇	220322102
公吉乡	220282205	松山镇	220284108	小城子镇	220322105
舒兰市（5 街道，10 镇，5 乡）	**220283**	黑石镇	220284109	喇嘛甸镇	220322106
北城街道	220283001	吉昌镇	220284110	蔡家镇	220322107
南城街道	220283002	取柴河镇	220284111		
环城街道	220283003	驿马镇	220284112		
		宝山乡	220284200		

续表 4

行政区划名称	行政区划代码
刘家馆子镇	220322108
万发镇	220322113
东河镇	220322114
沈洋镇	220322115
林海镇	220322116
小宽镇	220322117
孤家子镇	220322118
白山乡	220322202
泉眼岭乡	220322204
胜利乡	220322205
四棵树乡	220322206
双河乡	220322207
金山乡	220322208
伊通满族自治县（2 街道，12 镇，3 乡）	**220323**
永盛街道	220323001
永宁街道	220323002
伊通镇	220323100
二道镇	220323101
伊丹镇	220323102
马鞍山镇	220323103
景台镇	220323104
靠山镇	220323105
大孤山镇	220323106
小孤山镇	220323107
营城子镇	220323108
西苇镇	220323109
河源镇	220323110
黄岭子镇	220323111
新兴乡	220323200
莫里青乡	220323201
三道乡	220323203
双辽市（6 街道，8 镇，3 乡，1 民族乡）	**220382**
郑家屯街道	220382001
辽东街道	220382002
辽西街道	220382003
辽南街道	220382004
辽北街道	220382005
红旗街道	220382006
茂林镇	220382100
双山镇	220382101
卧虎镇	220382102
服先镇	220382103
王奔镇	220382105
玻璃山镇	220382106
兴隆镇	220382107
东明镇	220382108
那木斯蒙古族乡	220382200
柳条乡	220382201
新立乡	220382202
永加乡	220382203
辽源市（17 街道，23 镇，6 乡，1 民族乡）	**220400**
龙山区（8 街道，1 镇，1 乡）	**220402**
南康街道	220402001
北寿街道	220402002
东吉街道	220402003
西宁街道	220402004
站前街道	220402005
新兴街道	220402006
福镇街道	220402007
向阳街道	220402008
寿山镇	220402100
工农乡	220402200
西安区（6 街道，1 镇）	**220403**
仙城街道	220403001
太安街道	220403002
东山街道	220403003
安家街道	220403004
先锋街道	220403005
富国街道	220403006
灯塔镇	220403100
东丰县（3 街道，12 镇，1 乡，1 民族乡）	**220421**
吉鹿街道	220421001
祥鹿街道	220421002
福鹿街道	220421003
东丰镇	220421100
大阳镇	220421101
横道河镇	220421102
那丹伯镇	220421103
猴石镇	220421104
杨木林镇	220421105
小四平镇	220421106
黄河镇	220421107
拉拉河镇	220421108
沙河镇	220421109
南屯基镇	220421110
大兴镇	220421111
三合满族朝鲜族乡	220421201
二龙山乡	220421207
东辽县（9 镇，4 乡）	**220422**
白泉镇	220422100
渭津镇	220422101
安石镇	220422102
辽河源镇	220422103
泉太镇	220422104
建安镇	220422105
安恕镇	220422106
平岗镇	220422107
云顶镇	220422111
凌云乡	220422200
甲山乡	220422201
足民乡	220422202
金州乡	220422204
通化市（28 街道，61 镇，11 乡，6 民族乡）	**220500**

续表 5

行政区划名称	行政区划代码	行政区划名称	行政区划代码	行政区划名称	行政区划代码
东昌区（9 街道，1 镇，2 乡）	**220502**	四棚乡	220521203	亨通镇	220524111
东昌街道	220502001	东来乡	220521205	柳南乡	220524201
民主街道	220502002	大泉源满族朝鲜族乡	220521207	时家店乡	220524202
老站街道	220502003	金斗朝鲜族满族乡	220521208	姜家店朝鲜族乡	220524203
团结街道	220502004	**辉南县（3 街道，10 镇，1 民族乡）**	**220523**	**梅河口市（5 街道，16 镇，2 乡，1 民族乡）**	**220581**
新站街道	220502005	东凤街道	220523001	新华街道	220581001
光明街道	220502006	朝辉街道	220523002	和平街道	220581002
龙泉街道	220502007	西凤街道	220523003	光明街道	220581003
滨江街道	220502008	朝阳镇	220523100	解放街道	220581004
陆港街道	220502009	辉南镇	220523101	福民街道	220581005
金厂镇	220502100	样子哨镇	220523102	山城镇	220581100
环通乡	220502200	杉松岗镇	220523103	红梅镇	220581101
江东乡	220502201	石道河镇	220523104	海龙镇	220581102
二道江区（2 街道，3 镇，1 乡）	**220503**	辉发城镇	220523105	新合镇	220581103
桃园街道	220503001	抚民镇	220523106	曙光镇	220581105
东通化街道	220503002	金川镇	220523108	中和镇	220581106
鸭园镇	220503100	团林镇	220523110	黑山头镇	220581107
铁厂镇	220503101	庆阳镇	220523111	水道镇	220581108
五道江镇	220503102	楼街朝鲜族乡	220523200	进化镇	220581109
二道江乡	220503200	**柳河县（3 街道，12 镇，2 乡，1 民族乡）**	**220524**	一座营镇	220581110
通化县（2 街道，10 镇，3 乡，2 民族乡）	**220521**	采胜街道	220524001	康大营镇	220581111
茂山街道	220521001	中岗街道	220524002	牛心顶镇	220581112
东安街道	220521002	导航街道	220524003	湾龙镇	220581113
快大茂镇	220521100	柳河镇	220524100	杏岭镇	220581114
二密镇	220521103	三源浦朝鲜族镇	220524101	兴华镇	220581115
果松镇	220521104	五道沟镇	220524102	双兴镇	220581116
石湖镇	220521105	驼腰岭镇	220524103	李炉乡	220581203
大安镇	220521106	孤山子镇	220524104	小杨满族朝鲜族乡	220581207
光华镇	220521107	圣水河子镇	220524105	吉乐乡	220581209
兴林镇	220521108	罗通山镇	220524106	**集安市（4 街道，9 镇，1 乡，1 民族乡）**	**220582**
英额布镇	220521109	安口镇	220524107	团结街道	220582001
三棵榆树镇	220521110	向阳镇	220524108	黎明街道	220582002
西江镇	220521111	红石镇	220524109	通胜街道	220582003
富江乡	220521202	凉水河子镇	220524110	城东街道	220582004

续表 6

行政区划名称	行政区划代码	行政区划名称	行政区划代码	行政区划名称	行政区划代码
青石镇	220582100	**抚松县（11 镇，3 乡）**	**220621**	新市街道	220681002
榆林镇	220582101	抚松镇	220621100	兴隆街道	220681003
花甸镇	220582102	松江河镇	220621101	大湖街道	220681004
头道镇	220582103	泉阳镇	220621102	森工街道	220681005
清河镇	220582104	露水河镇	220621103	大栗子街道	220681006
台上镇	220582105	仙人桥镇	220621104	桦树镇	220681101
财源镇	220582106	万良镇	220621105	六道沟镇	220681102
大路镇	220582107	新屯子镇	220621106	苇沙河镇	220681103
太王镇	220582108	东岗镇	220621107	花山镇	220681104
麻线乡	220582200	漫江镇	220621108	闹枝镇	220681105
凉水朝鲜族乡	220582201	北岗镇	220621109	四道沟镇	220681106
白山市（18 街道，41 镇，6 乡）	**220600**	兴参镇	220621110	蚂蚁河乡	220681200
浑江区（8 街道，4 镇）	**220602**	兴隆乡	220621202	**松原市（31 街道，43 镇，34 乡，1 民族乡）**	**220700**
新建街道	220602001	抽水乡	220621203		
通沟街道	220602002	沿江乡	220621205	**宁江区（17 街道，4 镇，3 乡）**	**220702**
东兴街道	220602003	**靖宇县（7 镇，1 乡）**	**220622**		
红旗街道	220602004	靖宇镇	220622100	团结街道	220702001
河口街道	220602005	三道湖镇	220622101	文化街道	220702002
板石街道	220602006	龙泉镇	220622102	民主街道	220702003
江北街道	220602007	那尔轰镇	220622103	临江街道	220702004
城南街道	220602008	花园口镇	220622104	新区街道	220702005
六道江镇	220602101	景山镇	220622105	前进街道	220702006
红土崖镇	220602102	赤松镇	220622106	和平街道	220702007
三道沟镇	220602103	濛江乡	220622203	工农街道	220702008
七道江镇	220602104	**长白朝鲜族自治县（7 镇，1 乡）**	**220623**	沿江街道	220702009
江源区（4 街道，6 镇）	**220605**			铁西街道	220702010
孙家堡子街道	220605001	长白镇	220623100	繁荣街道	220702011
江源街道	220605002	八道沟镇	220623101	建设街道	220702012
正岔街道	220605003	十四道沟镇	220623102	石化街道	220702013
城墙街道	220605004	马鹿沟镇	220623103	伯都讷街道	220702014
湾沟镇	220605102	宝泉山镇	220623104	长宁街道	220702015
松树镇	220605103	新房子镇	220623105	镜湖街道	220702016
砟子镇	220605104	十二道沟镇	220623106	滨江街道	220702017
石人镇	220605105	金华乡	220623200	大洼镇	220702100
大阳岔镇	220605106	**临江市（6 街道，6 镇，1 乡）**	**220681**	善友镇	220702102
大石人镇	220605107	建国街道	220681001	毛都站镇	220702103

续表 7

行政区划名称	行政区划代码	行政区划名称	行政区划代码	行政区划名称	行政区划代码
哈达山镇	220702104	长岭镇	220722100	**扶余市（5 街道，12 镇，4 乡，1 民族乡）**	**220781**
新城乡	220702200	太平川镇	220722101	和兴街道	220781001
伯都乡	220702202	巨宝山镇	220722102	育才街道	220781002
兴原乡	220702204	太平山镇	220722103	联盟街道	220781003
前郭尔罗斯蒙古族自治县（3 街道，9 镇，13 乡）	**220721**	前七号镇	220722104	士英街道	220781004
阿穆尔街道	220721001	新安镇	220722105	铁西街道	220781005
萨日朗街道	220721002	三青山镇	220722106	三岔河镇	220781100
哈达街道	220721003	大兴镇	220722107	长春岭镇	220781101
前郭尔罗斯镇	220721100	北正镇	220722108	五家站镇	220781102
长山镇	220721102	流水镇	220722109	陶赖昭镇	220781103
海勃日戈镇	220721103	永久镇	220722110	蔡家沟镇	220781104
乌兰图嘎镇	220721104	利发盛镇	220722111	弓棚子镇	220781105
查干花镇	220721105	集体乡	220722202	三井子镇	220781106
王府站镇	220721106	光明乡	220722203	增盛镇	220781107
八郎镇	220721107	三县堡乡	220722204	新万发镇	220781108
哈拉毛都镇	220721108	海青乡	220722205	大林子镇	220781109
查干湖镇	220721109	前进乡	220722206	新源镇	220781110
宝甸乡	220721200	东岭乡	220722207	得胜镇	220781111
平凤乡	220721201	腰坨子乡	220722209	三骏满族蒙古族锡伯族乡	220781200
达里巴乡	220721205	八十八乡	220722210	永平乡	220781201
吉拉吐乡	220721206	三团乡	220722213	新站乡	220781202
白依拉嘎乡	220721207	三十号乡	220722214	更新乡	220781203
洪泉乡	220721208	**乾安县（3 街道，6 镇，4 乡）**	**220723**	肖家乡	220781204
额如乡	220721209	荣业街道	220723001	**白城市（31 街道，38 镇，27 乡，8 民族乡）**	**220800**
套浩太乡	220721210	驰誉街道	220723002	**洮北区（12 街道，7 镇，4 乡，1 民族乡）**	**220802**
长龙乡	220721211	如松街道	220723003	海明街道	220802001
乌兰塔拉乡	220721212	乾安镇	220723100	长庆街道	220802002
东三家子乡	220721213	大布苏镇	220723101	瑞光街道	220802003
浩特芒哈乡	220721214	水字镇	220723102	明仁街道	220802004
乌兰敖都乡	220721215	让字镇	220723103	铁东街道	220802005
长岭县（3 街道，12 镇，10 乡）	**220722**	所字镇	220723104	城南街道	220802006
长盛街道	220722001	安字镇	220723105	新立街道	220802007
长治街道	220722002	余字乡	220723200		
长久街道	220722003	道字乡	220723203		
		严字乡	220723206		
		赞字乡	220723207		

续表 8

行政区划名称	行政区划代码	行政区划名称	行政区划代码	行政区划名称	行政区划代码
幸福街道	220802008	八区街道	220822002	聚宝乡	220881202
新华街道	220802009	迎新街道	220822003	东升乡	220881204
保平街道	220802010	开通镇	220822100	野马乡	220881205
西郊街道	220802011	瞻榆镇	220822101	永茂乡	220881206
官银号街道	220802012	双岗镇	220822102	蛟流河乡	220881208
岭下镇	220802100	兴隆山镇	220822103	大通乡	220881209
平安镇	220802101	边昭镇	220822104	二龙乡	220881212
青山镇	220802102	鸿兴镇	220822105	呼和车力蒙古族乡	220881214
林海镇	220802103	新华镇	220822107	**大安市（5街道，10镇，7乡，1民族乡）**	**220882**
洮河镇	220802104	乌兰花镇	220822108	慧阳街道	220882001
平台镇	220802105	新发乡	220822201	临江街道	220882002
到保镇	220802106	新兴乡	220822202	长虹街道	220882003
东风乡	220802201	向海蒙古族乡	220822204	锦华街道	220882004
三合乡	220802202	包拉温都蒙古族乡	220822205	安北街道	220882005
金祥乡	220802204	团结乡	220822206	月亮泡镇	220882100
东胜乡	220802205	十花道乡	220822207	安广镇	220882101
德顺蒙古族乡	220802206	八面乡	220822208	丰收镇	220882102
镇赉县（3街道，7镇，2乡，2民族乡）	**220821**	苏公坨乡	220822209	新平安镇	220882103
鹤城街道	220821001	**洮南市（8街道，6镇，8乡，2民族乡）**	**220881**	两家子镇	220882104
镇东街道	220821002	团结街道	220881001	舍力镇	220882105
赉北街道	220821003	富文街道	220881002	大岗子镇	220882106
镇赉镇	220821100	光明街道	220881003	叉干镇	220882107
坦途镇	220821101	兴隆街道	220881004	龙沼镇	220882108
东屏镇	220821102	永康街道	220881005	太山镇	220882109
大屯镇	220821103	通达街道	220881006	四棵树乡	220882200
沿江镇	220821105	向阳街道	220881007	联合乡	220882201
五棵树镇	220821106	洮府街道	220881008	乐胜乡	220882203
黑鱼泡镇	220821107	瓦房镇	220881100	大赉乡	220882204
哈吐气蒙古族乡	220821201	万宝镇	220881101	红岗子乡	220882205
莫莫格蒙古族乡	220821203	黑水镇	220881102	烧锅镇乡	220882208
建平乡	220821205	那金镇	220881103	海坨乡	220882210
嘎什根乡	220821206	安定镇	220881104	新艾里蒙古族乡	220882211
通榆县（3街道，8镇，6乡，2民族乡）	**220822**	福顺镇	220881105	**延边朝鲜族自治州（30街道，51镇，13乡，2民族乡）**	**222400**
树满街道	220822001	胡力吐蒙古族乡	220881200		
		万宝乡	220881201	**延吉市（6街道，4镇）**	**222401**

续表 9

行政区划名称	行政区划代码
进学街道	222401001
北山街道	222401002
新兴街道	222401003
公园街道	222401004
河南街道	222401005
建工街道	222401006
小营镇	222401100
依兰镇	222401101
三道湾镇	222401102
朝阳川镇	222401103
图们市（3街道，4镇）	**222402**
向上街道	222402001
新华街道	222402002
月宫街道	222402003
月晴镇	222402100
石岘镇	222402101
长安镇	222402102
凉水镇	222402103
敦化市（4街道，11镇，5乡）	**222403**
渤海街道	222403001
胜利街道	222403002
民主街道	222403003
丹江街道	222403004
大石头镇	222403100
黄泥河镇	222403101
官地镇	222403102
沙河沿镇	222403103
秋梨沟镇	222403104
额穆镇	222403105
贤儒镇	222403106
大蒲柴河镇	222403107
雁鸣湖镇	222403108
江源镇	222403109
江南镇	222403110
大桥乡	222403200
黑石乡	222403201
青沟子乡	222403202
翰章乡	222403203
红石乡	222403204
珲春市（5街道，4镇，3乡，2民族乡）	**222404**
靖和街道	222404001
新安街道	222404002
河南街道	222404003
近海街道	222404004
海东街道	222404006
春化镇	222404100
敬信镇	222404101
板石镇	222404102
英安镇	222404103
马川子乡	222404200
杨泡满族乡	222404201
三家子满族乡	222404202
密江乡	222404203
哈达门乡	222404204
龙井市（3街道，5镇，2乡）	**222405**
安民街道	222405001
龙门街道	222405002
梨园街道	222405005
开山屯镇	222405100
老头沟镇	222405102
三合镇	222405103
东盛涌镇	222405104
智新镇	222405105
德新乡	222405200
白金乡	222405201
和龙市（3街道，8镇）	**222406**
民惠街道	222406001
光明街道	222406002
文化街道	222406003
八家子镇	222406100
福洞镇	222406101
头道镇	222406102
西城镇	222406103
南坪镇	222406104
东城镇	222406105
崇善镇	222406106
龙城镇	222406108
汪清县（3街道，8镇，1乡）	**222424**
大川街道	222424001
新民街道	222424002
长荣街道	222424003
大兴沟镇	222424101
天桥岭镇	222424102
罗子沟镇	222424103
百草沟镇	222424104
春阳镇	222424105
复兴镇	222424106
东光镇	222424107
汪清镇	222424109
鸡冠乡	222424202
安图县（3街道，7镇，2乡）	**222426**
九龙街道	222426001
瓮声街道	222426002
长兴街道	222426003
明月镇	222426100
松江镇	222426101
二道白河镇	222426102
两江镇	222426103
石门镇	222426104
万宝镇	222426105
亮兵镇	222426106
新合乡	222426201
永庆乡	222426202

黑龙江省

黑龙江省（黑）

行政区划名称	行政区划代码	行政区划名称	行政区划代码	行政区划名称	行政区划代码
黑龙江省（407街道，574镇，282乡，52民族乡）	**230000**	曲线街道	230103011	兴建街道	230108001
哈尔滨市（137街道，111镇，45乡，11民族乡）	**230100**	通达街道	230103012	保国街道	230108002
道里区（19街道，4镇）	**230102**	七政街道	230103013	联盟街道	230108003
兆麟街道	230102001	和兴路街道	230103015	友协街道	230108004
新阳路街道	230102002	哈西街道	230103016	新疆街道	230108005
抚顺街道	230102003	保健路街道	230103017	新伟街道	230108006
共乐街道	230102004	先锋路街道	230103018	平新街道	230108007
新华街道	230102005	新春街道	230103019	平盛街道	230108008
城乡路街道	230102006	跃进街道	230103020	建安街道	230108009
工农街道	230102007	王岗镇	230103101	平房镇	230108101
尚志街道	230102008	红旗满族乡	230103201	**松北区（6街道，3镇）**	**230109**
斯大林街道	230102009	**道外区（23街道，4镇）**	**230104**	太阳岛街道	230109002
通江街道	230102010	靖宇街道	230104001	船口街道	230109003
经纬街道	230102011	太古街道	230104002	松祥街道	230109004
工程街道	230102012	东莱街道	230104003	松安街道	230109005
安静街道	230102013	滨江街道	230104004	松北街道	230109006
安和街道	230102014	仁里街道	230104005	松浦街道	230109007
正阳河街道	230102015	崇俭街道	230104007	对青山镇	230109101
建国街道	230102016	振江街道	230104008	乐业镇	230109102
康安街道	230102017	东原街道	230104009	万宝镇	230109104
爱建街道	230102018	大兴街道	230104010	**香坊区（20街道，4镇）**	**230110**
群力街道	230102019	胜利街道	230104011	香坊大街街道	230110001
太平镇	230102101	南马街道	230104012	安埠街道	230110002
新发镇	230102102	民强街道	230104021	通天街道	230110003
新农镇	230102103	大有坊街道	230104022	新香坊街道	230110004
榆树镇	230102104	南直路街道	230104023	铁东街道	230110005
南岗区（18街道，1镇，1民族乡）	**230103**	化工街道	230104024	新成街道	230110006
花园街道	230103001	火车头街道	230104025	红旗街道	230110007
奋斗路街道	230103002	新一街道	230104026	六顺街道	230110008
革新街道	230103003	三棵树大街街道	230104027	建筑街道	230110009
文化街道	230103004	水泥路街道	230104028	哈平路街道	230110010
大成街道	230103005	太平大街街道	230104029	安乐街道	230110011
芦家街道	230103006	黎华街道	230104030	健康路街道	230110012
荣市街道	230103007	新乐街道	230104031	大庆路街道	230110013
燎原街道	230103009	南市街道	230104033	进乡街道	230110014
松花江街道	230103010	团结镇	230104111	通乡街道	230110015
		永源镇	230104112	和平路街道	230110016
		巨源镇	230104113	民生路街道	230110017
		民主镇	230104114	文政街道	230110018
		平房区（9街道，1镇）	**230108**	王兆街道	230110019

续表 1

行政区划名称	行政区划代码	行政区划名称	行政区划代码	行政区划名称	行政区划代码
黎明街道	230110020	玉泉街道	230112006	乐群满族乡	230113208
成高子镇	230110101	新利街道	230112007	万隆乡	230113209
朝阳镇	230110102	舍利街道	230112008	希勤满族乡	230113210
幸福镇	230110103	双丰街道	230112009	同心满族乡	230113211
向阳镇	230110104	小岭街道	230112010	**依兰县（6镇，2乡，1民族乡）**	**230123**
呼兰区（17街道，6镇，3乡）	**230111**	亚沟街道	230112011	依兰镇	230123100
呼兰街道	230111001	交界街道	230112012	达连河镇	230123101
兰河街道	230111002	蜚克图街道	230112013	江湾镇	230123102
腰堡街道	230111003	杨树街道	230112014	三道岗镇	230123103
利民街道	230111004	料甸街道	230112015	道台桥镇	230123104
康金街道	230111005	平山镇	230112107	宏克力镇	230123105
双井街道	230111006	松峰山镇	230112108	团山子乡	230123205
建设路街道	230111007	红星镇	230112109	愚公乡	230123206
学院路街道	230111008	金龙山镇	230112110	迎兰朝鲜族乡	230123210
长岭街道	230111009	**双城区（10街道，9镇，4乡，4民族乡）**	**230113**	**方正县（5镇，4乡）**	**230124**
沈家街道	230111010	五家街道	230113001	方正镇	230124100
南京路街道	230111011	新兴街道	230113002	会发镇	230124101
裕民街道	230111012	兰棱街道	230113003	大罗密镇	230124102
裕田街道	230111013	周家街道	230113004	得莫利镇	230124103
裕强街道	230111014	公正街道	230113005	高楞镇	230124104
萧乡街道	230111015	承旭街道	230113006	天门乡	230124200
公园路街道	230111016	承恩街道	230113007	松南乡	230124201
利业街道	230111017	永治街道	230113008	德善乡	230124202
二八镇	230111105	永和街道	230113009	宝兴乡	230124204
石人镇	230111106	幸福街道	230113010	**宾县（12镇，5乡）**	**230125**
白奎镇	230111107	韩甸镇	230113104	宾州镇	230125100
方台镇	230111109	单城镇	230113105	居仁镇	230125101
莲花镇	230111110	东官镇	230113106	宾西镇	230125102
大用镇	230111111	农丰镇	230113107	糖坊镇	230125103
杨林乡	230111201	杏山镇	230113108	宾安镇	230125104
许堡乡	230111203	西官镇	230113110	新甸镇	230125105
孟家乡	230111205	联兴镇	230113112	胜利镇	230125106
阿城区（15街道，4镇）	**230112**	永胜镇	230113113	宁远镇	230125107
金城街道	230112001	胜丰镇	230113114	摆渡镇	230125109
金都街道	230112002	金城乡	230113201	平坊镇	230125110
通城街道	230112003	青岭满族乡	230113202	满井镇	230125111
河东街道	230112004	临江乡	230113206	常安镇	230125112
阿什河街道	230112005	水泉乡	230113207	永和乡	230125201

续表 2

行政区划名称	行政区划代码	行政区划名称	行政区划代码	行政区划名称	行政区划代码
乌河乡	230125203	富林镇	230128106	杜家镇	230184106
民和乡	230125204	三站镇	230128107	背荫河镇	230184107
经建乡	230125205	**延寿县（6镇，3乡）**	**230129**	冲河镇	230184108
三宝乡	230125210	延寿镇	230129100	沙河子镇	230184109
巴彦县（10镇，8乡）	**230126**	六团镇	230129101	向阳镇	230184110
巴彦镇	230126100	中和镇	230129102	龙凤山镇	230184111
兴隆镇	230126101	加信镇	230129103	兴盛乡	230184200
西集镇	230126102	延河镇	230129104	志广乡	230184201
洼兴镇	230126103	玉河镇	230129105	卫国乡	230184202
龙泉镇	230126104	安山乡	230129204	常堡乡	230184203
巴彦港镇	230126105	寿山乡	230129205	民意乡	230184206
龙庙镇	230126106	青川乡	230129209	红旗满族乡	230184209
万发镇	230126107	**尚志市（10镇，5乡，2民族乡）**	**230183**	八家子乡	230184210
天增镇	230126108			民乐朝鲜族乡	230184211
黑山镇	230126110	尚志镇	230183100	营城子满族乡	230184212
松花江乡	230126200	一面坡镇	230183101	长山乡	230184214
富江乡	230126202	苇河镇	230183102	兴隆乡	230184215
华山乡	230126204	亚布力镇	230183103	二河乡	230184216
丰乐乡	230126205	帽儿山镇	230183104	**齐齐哈尔市(41街道，71镇,46乡,6民族乡)**	**230200**
德祥乡	230126209	亮河镇	230183105		
红光乡	230126210	庆阳镇	230183106	**龙沙区（7街道）**	**230202**
山后乡	230126212	石头河子镇	230183107	五龙街道	230202001
镇东乡	230126214	元宝镇	230183108	湖滨街道	230202002
木兰县（6镇，2乡）	**230127**	黑龙宫镇	230183109	正阳街道	230202004
木兰镇	230127100	长寿乡	230183202	彩虹街道	230202005
东兴镇	230127101	乌吉密乡	230183204	江安街道	230202007
大贵镇	230127102	鱼池朝鲜族乡	230183206	南航街道	230202008
利东镇	230127103	珍珠山乡	230183207	大民街道	230202009
柳河镇	230127104	老街基乡	230183208	**建华区（7街道）**	**230203**
新民镇	230127105	马延乡	230183209	中华街道	230203003
建国乡	230127200	河东朝鲜族乡	230183211	西大桥街道	230203004
吉兴乡	230127203	**五常市（12镇，9乡，3民族乡）**	**230184**	卜奎街道	230203005
通河县（8镇）	**230128**			建设街道	230203006
通河镇	230128100	五常镇	230184100	文化街道	230203007
乌鸦泡镇	230128101	拉林镇	230184101	溪畔街道	230203008
清河镇	230128102	山河镇	230184102	北华街道	230203009
浓河镇	230128103	小山子镇	230184103	**铁锋区（8街道，1镇）**	**230204**
凤山镇	230128104	安家镇	230184104	站前街道	230204001
祥顺镇	230128105	牛家镇	230184105	南浦街道	230204002

续表 3

行政区划名称	行政区划代码
通东街道	230204003
光荣街道	230204004
龙华街道	230204005
北局宅街道	230204006
东湖街道	230204008
种畜场街道	230204009
扎龙镇	230204100
昂昂溪区（4街道，2镇）	**230205**
新兴街道	230205001
新建街道	230205002
林机街道	230205005
道北街道	230205006
水师营镇	230205100
榆树屯镇	230205101
富拉尔基区（8街道，1乡，1民族乡）	**230206**
红岸街道	230206001
沿江街道	230206003
电力街道	230206004
幸福街道	230206005
红宝石街道	230206006
北兴街道	230206007
铁北街道	230206008
和平街道	230206009
长青乡	230206200
杜尔门沁达斡尔族乡	230206202
碾子山区（4街道）	**230207**
东安街道	230207001
富强街道	230207002
跃进街道	230207003
繁荣街道	230207004
梅里斯达斡尔族区（1街道，5镇，1民族乡）	**230208**
梅里斯街道	230208001
雅尔塞镇	230208101
卧牛吐镇	230208102
达呼店镇	230208103
共和镇	230208104
梅里斯镇	230208105
莽格吐达斡尔族乡	230208200
龙江县（8镇，6乡）	**230221**
龙江镇	230221100
景星镇	230221101
龙兴镇	230221102
山泉镇	230221103
七棵树镇	230221104
杏山镇	230221105
白山镇	230221106
头站镇	230221107
黑岗乡	230221201
广厚乡	230221202
华民乡	230221203
哈拉海乡	230221204
鲁河乡	230221215
济沁河乡	230221217
依安县（6镇，9乡）	**230223**
依安镇	230223100
依龙镇	230223101
双阳镇	230223102
三兴镇	230223103
中心镇	230223104
新兴镇	230223105
富饶乡	230223200
解放乡	230223201
阳春乡	230223202
新发乡	230223203
太东乡	230223204
上游乡	230223205
红星乡	230223206
先锋乡	230223207
新屯乡	230223208
泰来县（8镇，2民族乡）	**230224**
泰来镇	230224100
平洋镇	230224101
江桥镇	230224103
塔子城镇	230224104
大兴镇	230224105
和平镇	230224106
克利镇	230224107
汤池镇	230224108
胜利蒙古族乡	230224200
宁姜蒙古族乡	230224209
甘南县（5镇，5乡）	**230225**
甘南镇	230225100
兴十四镇	230225101
平阳镇	230225102
东阳镇	230225103
巨宝镇	230225104
长山乡	230225201
中兴乡	230225202
兴隆乡	230225203
宝山乡	230225204
查哈阳乡	230225206
富裕县（6镇，3乡，1民族乡）	**230227**
富裕镇	230227100
富路镇	230227101
富海镇	230227102
二道湾镇	230227103
龙安桥镇	230227104
塔哈镇	230227106
繁荣乡	230227200
绍文乡	230227201
忠厚乡	230227202
友谊达斡尔族满族柯尔克孜族乡	230227203
克山县（7镇，8乡）	**230229**
克山镇	230229100
北兴镇	230229101
西城镇	230229102
古城镇	230229103
北联镇	230229104
西河镇	230229105
双河镇	230229106
河南乡	230229200
河北乡	230229203
古北乡	230229204

续表 4

行政区划名称	行政区划代码
西联乡	230229205
发展乡	230229206
西建乡	230229207
向华乡	230229208
曙光乡	230229210
克东县（5 镇，2 乡）	**230230**
克东镇	230230100
宝泉镇	230230101
乾丰镇	230230102
玉岗镇	230230103
蒲峪路镇	230230104
润津乡	230230202
昌盛乡	230230204
拜泉县（7 镇，9 乡）	**230231**
拜泉镇	230231100
三道镇	230231101
兴农镇	230231102
长春镇	230231103
龙泉镇	230231104
国富镇	230231105
富强镇	230231106
新生乡	230231200
兴国乡	230231201
上升乡	230231203
兴华乡	230231204
大众乡	230231206
丰产乡	230231209
永勤乡	230231210
爱农乡	230231212
时中乡	230231214
讷河市（2 街道，11 镇，3 乡，1 民族乡）	**230281**
雨亭街道	230281001
通江街道	230281002
拉哈镇	230281101
二克浅镇	230281102
学田镇	230281103
龙河镇	230281104
讷南镇	230281105
六合镇	230281106
长发镇	230281107
通南镇	230281108
同义镇	230281109
九井镇	230281110
老莱镇	230281111
孔国乡	230281201
和盛乡	230281207
同心乡	230281208
兴旺鄂温克族乡	230281210
鸡西市（29 街道，25 镇，19 乡，4 民族乡）	**230300**
鸡冠区（7 街道，2 乡）	**230302**
向阳街道	230302001
南山街道	230302002
立新街道	230302003
东风街道	230302004
红军路街道	230302005
西鸡西街道	230302006
西山街道	230302007
红星乡	230302200
西郊乡	230302201
恒山区（7 街道，2 乡）	**230303**
桦木林街道	230303001
大恒山街道	230303002
小恒山街道	230303003
二道河子街道	230303004
张新街道	230303005
奋斗街道	230303006
柳毛街道	230303007
红旗乡	230303200
柳毛乡	230303201
滴道区（4 街道，2 乡）	**230304**
东兴街道	230304001
矿里街道	230304002
洗煤街道	230304003
大通沟街道	230304004
滴道河乡	230304200
兰岭乡	230304201
梨树区（5 街道，1 镇）	**230305**
街里街道	230305001
穆棱街道	230305002
平岗街道	230305003
碱场街道	230305004
石磷街道	230305005
梨树镇	230305101
城子河区（5 街道，1 乡，1 民族乡）	**230306**
城子河街道	230306001
正阳街道	230306002
东海街道	230306003
城西街道	230306004
杏花街道	230306005
长青乡	230306200
永丰朝鲜族乡	230306201
麻山区（1 街道，1 镇）	**230307**
麻山街道	230307001
麻山镇	230307101
鸡东县（8 镇，1 乡，2 民族乡）	**230321**
鸡东镇	230321100
平阳镇	230321101
向阳镇	230321102
哈达镇	230321103
永安镇	230321104
永和镇	230321105
东海镇	230321106
兴农镇	230321107
鸡林朝鲜族乡	230321200
明德朝鲜族乡	230321205
下亮子乡	230321206
虎林市（7 镇，4 乡）	**230381**
虎林镇	230381100
东方红镇	230381101
迎春镇	230381102
虎头镇	230381103
杨岗镇	230381104

续表 5

行政区划名称	行政区划代码
宝东镇	230381106
东诚镇	230381107
新乐乡	230381203
伟光乡	230381204
珍宝岛乡	230381206
阿北乡	230381207
密山市（8 镇，7 乡，1 民族乡）	**230382**
密山镇	230382100
连珠山镇	230382101
当壁镇	230382102
知一镇	230382103
黑台镇	230382104
兴凯镇	230382105
裴德镇	230382106
白鱼湾镇	230382107
柳毛乡	230382200
杨木乡	230382201
兴凯湖乡	230382202
承紫河乡	230382203
二人班乡	230382206
太平乡	230382208
和平朝鲜族乡	230382210
富源乡	230382212
鹤岗市（32 街道，11 镇，8 乡，2 民族乡）	**230400**
向阳区（5 街道）	**230402**
光明街道	230402001
红军街道	230402002
胜利街道	230402003
南翼街道	230402004
北山街道	230402005
工农区（6 街道）	**230403**
育才街道	230403001
团结街道	230403002
湖滨街道	230403003
解放街道	230403004
新南街道	230403005
红旗街道	230403006

行政区划名称	行政区划代码
南山区（6 街道）	**230404**
铁西街道	230404001
铁东街道	230404002
六号街道	230404003
大陆街道	230404004
富力街道	230404005
鹿林山街道	230404006
兴安区（6 街道，1 镇）	**230405**
兴安街道	230405001
兴建街道	230405002
河东街道	230405003
峻德街道	230405004
兴长街道	230405005
光宇街道	230405006
红旗镇	230405100
东山区（5 街道，1 镇，2 乡）	**230406**
东山街道	230406001
三街街道	230406002
工人村街道	230406003
新一街道	230406004
鹤兴街道	230406005
新华镇	230406100
蔬园乡	230406201
东方红乡	230406202
兴山区（4 街道）	**230407**
沟南街道	230407001
沟北街道	230407002
岭南街道	230407003
岭北街道	230407004
萝北县（6 镇，1 乡，1 民族乡）	**230421**
凤翔镇	230421100
鹤北镇	230421101
名山镇	230421102
团结镇	230421103
肇兴镇	230421104
云山镇	230421105
东明朝鲜族乡	230421200

行政区划名称	行政区划代码
太平沟乡	230421203
绥滨县（3 镇，5 乡，1 民族乡）	**230422**
绥滨镇	230422100
绥东镇	230422101
忠仁镇	230422102
连生乡	230422200
北岗乡	230422201
富强乡	230422202
北山乡	230422203
福兴满族乡	230422204
新富乡	230422205
双鸭山市（25 街道，22 镇，18 乡，2 民族乡）	**230500**
尖山区（7 街道，1 乡）	**230502**
二马路街道	230502001
八马路街道	230502002
中心站街道	230502003
富安街道	230502004
长安街道	230502006
铁西街道	230502007
学府街道	230502008
安邦乡	230502200
岭东区（6 街道，1 乡）	**230503**
中山街道	230503001
北山街道	230503002
南山街道	230503003
东山街道	230503004
中心街道	230503005
西山街道	230503006
长胜乡	230503200
四方台区（4 街道，1 镇）	**230505**
振兴中路街道	230505001
振兴东路街道	230505002
集贤街道	230505004
东荣街道	230505005
太保镇	230505101
宝山区（8 街道，1 镇）	**230506**
红旗街道	230506001

续表 6

行政区划名称	行政区划代码
跃进街道	230506002
东保卫街道	230506003
七星街道	230506004
双阳街道	230506005
新安街道	230506006
电厂街道	230506007
农场街道	230506008
七星镇	230506101
集贤县（5 镇，3 乡）	**230521**
福利镇	230521100
集贤镇	230521101
升昌镇	230521102
丰乐镇	230521103
太平镇	230521104
腰屯乡	230521201
兴安乡	230521202
永安乡	230521204
友谊县（4 镇，6 乡，1 民族乡）	**230522**
友谊镇	230522100
兴隆镇	230522101
龙山镇	230522102
凤岗镇	230522103
兴盛乡	230522200
东建乡	230522201
庆丰乡	230522202
建设乡	230522203
友邻乡	230522204
新镇乡	230522205
成富朝鲜族满族乡	230522206
宝清县（7 镇，3 乡）	**230523**
宝清镇	230523100
七星泡镇	230523101
青原镇	230523102
夹信子镇	230523103
龙头镇	230523104
小城子镇	230523105
朝阳镇	230523106
万金山乡	230523203
尖山子乡	230523204
七星河乡	230523209
饶河县（4 镇，4 乡，1 民族乡）	**230524**
饶河镇	230524100
小佳河镇	230524101
西丰镇	230524102
五林洞镇	230524103
西林子乡	230524200
四排赫哲族乡	230524201
大佳河乡	230524203
山里乡	230524204
大通河乡	230524207
大庆市（44 街道，31 镇，24 乡，3 民族乡）	**230600**
萨尔图区（11 街道）	**230602**
萨尔图街道	230602013
会战街道	230602014
友谊街道	230602015
东安街道	230602016
东风街道	230602017
铁人街道	230602018
火炬街道	230602019
拥军街道	230602020
万宝街道	230602021
格林街道	230602022
绿园街道	230602023
龙凤区（9 街道，1 镇）	**230603**
兴化街道	230603011
卧里屯街道	230603012
东光街道	230603013
龙凤街道	230603014
三永街道	230603015
龙政街道	230603016
湿地街道	230603017
光明街道	230603018
黎明街道	230603019
龙凤镇	230603100
让胡路区（11 街道，1 镇）	**230604**
庆新街道	230604010
北湖街道	230604011
奋斗街道	230604012
龙岗街道	230604013
旭园街道	230604014
西宾街道	230604015
怡园街道	230604016
东湖街道	230604017
乘风街道	230604018
创业城街道	230604019
银浪街道	230604020
喇嘛甸镇	230604101
红岗区（6 街道，1 镇）	**230605**
杏南街道	230605008
创业街道	230605009
红岗街道	230605010
八百垧街道	230605011
银河街道	230605012
解放街道	230605013
杏树岗镇	230605100
大同区（7 街道，4 镇，4 乡）	**230606**
和平街道	230606007
庆葡街道	230606008
新华街道	230606009
高平街道	230606010
林源街道	230606011
和苑街道	230606012
同福街道	230606013
大同镇	230606100
高台子镇	230606101
太阳升镇	230606102
林源镇	230606103
祝三乡	230606200
老山头乡	230606203
八井子乡	230606205
双榆树乡	230606206

续表 7

行政区划名称	行政区划代码	行政区划名称	行政区划代码	行政区划名称	行政区划代码
肇州县（6 镇，6 乡）	**230621**	宏伟乡	230623202	保兴镇	230722103
肇州镇	230621100	四合乡	230623206	常胜乡	230722200
永乐镇	230621101	**杜尔伯特蒙古族自治县（5 镇，6 乡）**	**230624**	向阳乡	230722201
丰乐镇	230621102	杜尔伯特镇	230624100	沪嘉乡	230722202
朝阳沟镇	230621103	胡吉吐莫镇	230624101	红光乡	230722203
兴城镇	230621104	烟筒屯镇	230624102	青山乡	230722205
二井镇	230621105	他拉哈镇	230624103	**汤旺县（2 镇）**	**230723**
双发乡	230621202	连环湖镇	230624104	乌伊岭镇	230723100
托古乡	230621203	一心乡	230624200	汤旺河镇	230723101
朝阳乡	230621205	克尔台乡	230624201	**丰林县（3 镇）**	**230724**
永胜乡	230621206	敖林西伯乡	230624203	新青镇	230724100
榆树乡	230621208	巴彦查干乡	230624204	红星镇	230724101
新福乡	230621211	腰新乡	230624205	五营镇	230724102
肇源县（8 镇，5 乡，3 民族乡）	**230622**	江湾乡	230624206	**大箐山县（2 镇）**	**230725**
肇源镇	230622100	**伊春市（7 街道，29 镇，7 乡，1 民族乡）**	**230700**	带岭镇	230725100
三站镇	230622101	**伊美区（6 街道，2 镇）**	**230717**	朗乡镇	230725101
二站镇	230622102	朝阳街道	230717001	**南岔县（4 镇）**	**230726**
茂兴镇	230622103	前进街道	230717002	南岔镇	230726100
古龙镇	230622104	红升街道	230717003	晨明镇	230726101
新站镇	230622105	旭日街道	230717004	浩良河镇	230726102
头台镇	230622106	新欣街道	230717005	梧桐镇	230726103
古恰镇	230622107	南郡街道	230717006	**金林区（2 镇）**	**230751**
福兴乡	230622200	东升镇	230717100	西林镇	230751100
薄荷台乡	230622201	美溪镇	230717101	金山屯镇	230751101
和平乡	230622203	**乌翠区（2 镇）**	**230718**	**铁力市（5 镇，2 乡，1 民族乡）**	**230781**
超等蒙古族乡	230622207	乌马河镇	230718100	铁力镇	230781100
民意乡	230622208	翠峦镇	230718101	双丰镇	230781101
义顺蒙古族乡	230622210	**友好区（1 街道，3 镇）**	**230719**	桃山镇	230781102
浩德蒙古族乡	230622211	友好街道	230719003	神树镇	230781105
大兴乡	230622212	上甘岭镇	230719100	日月峡镇	230781106
林甸县（5 镇，3 乡）	**230623**	双子河镇	230719101	年丰朝鲜族乡	230781200
林甸镇	230623100	铁林镇	230719102	工农乡	230781201
红旗镇	230623101	**嘉荫县（4 镇，5 乡）**	**230722**	王杨乡	230781202
花园镇	230623102	朝阳镇	230722100	**佳木斯市（21 街道，49 镇，22 乡，4 民族乡）**	**230800**
四季青镇	230623103	乌云镇	230722101	**向阳区（5 街道）**	**230803**
鹤鸣湖镇	230623104	乌拉嘎镇	230722102	西林街道	230803007
东兴乡	230623200			建设街道	230803008

续表 8

行政区划名称	行政区划代码	行政区划名称	行政区划代码	行政区划名称	行政区划代码
长安街道	230803009	闫家镇	230822109	青河镇	230881105
学府街道	230803010	柳毛河镇	230822110	街津口赫哲族乡	230881204
桥南街道	230803011	金沙乡	230822205	八岔赫哲族乡	230881205
前进区（4 街道）	**230804**	梨树乡	230822213	金川乡	230881206
永安街道	230804007	明义乡	230822214	银川乡	230881207
港湾街道	230804008	大八浪乡	230822215	**富锦市（2 街道，11 镇）**	**230882**
和平街道	230804009	五道岗乡	230822216	城东街道	230882002
山水街道	230804010	**桦川县（5 镇，3 乡，1 民族乡）**	**230826**	城西街道	230882003
东风区（4 街道，1 镇，1 乡）	**230805**	横头山镇	230826101	富锦镇	230882101
晓云街道	230805007	苏家店镇	230826103	长安镇	230882103
佳东街道	230805008	悦来镇	230826104	砚山镇	230882106
建国街道	230805009	新城镇	230826105	头林镇	230882107
佳南街道	230805010	四马架镇	230826108	兴隆岗镇	230882108
建国镇	230805101	东河乡	230826201	宏胜镇	230882109
松江乡	230805200	梨丰乡	230826202	向阳川镇	230882110
郊区（4 街道，8 镇，3 乡）	**230811**	创业乡	230826205	二龙山镇	230882111
云环街道	230811008	星火朝鲜族乡	230826207	锦山镇	230882113
英俊街道	230811009	**汤原县（4 镇，5 乡，1 民族乡）**	**230828**	大榆树镇	230882114
红旗街道	230811010	香兰镇	230828101	上街基镇	230882119
友谊街道	230811011	鹤立镇	230828102	**抚远市（7 镇，3 乡）**	**230883**
大来镇	230811101	竹帘镇	230828103	抚远镇	230883100
敖其镇	230811102	汤原镇	230828104	寒葱沟镇	230883101
望江镇	230811103	汤旺朝鲜族乡	230828201	浓桥镇	230883102
长发镇	230811104	胜利乡	230828203	乌苏镇	230883103
莲江口镇	230811105	吉祥乡	230828208	黑瞎子岛镇	230883104
西格木镇	230811106	振兴乡	230828209	通江镇	230883105
沿江镇	230811107	太平川乡	230828210	海青镇	230883106
四丰镇	230811108	永发乡	230828211	浓江乡	230883201
长青乡	230811200	**同江市（2 街道，6 镇，2 乡，2 民族乡）**	**230881**	别拉洪乡	230883203
平安乡	230811208	繁荣街道	230881001	鸭南乡	230883204
群胜乡	230811211	兴华街道	230881002	**七台河市（20 街道，10 镇，6 乡，2 民族乡）**	**230900**
桦南县（7 镇，5 乡）	**230822**	同江镇	230881100	**新兴区（8 街道，1 镇，1 乡）**	**230902**
驼腰子镇	230822103	乐业镇	230881101	北山街道	230902011
石头河子镇	230822104	三村镇	230881102	欣源街道	230902012
桦南镇	230822106	临江镇	230881103	兴安街道	230902013
土龙山镇	230822107	向阳镇	230881104	兴富街道	230902014
孟家岗镇	230822108			兴和街道	230902015

续表 9

行政区划名称	行政区划代码	行政区划名称	行政区划代码	行政区划名称	行政区划代码
兴盛街道	230902016	**牡丹江市（24 街道，48 镇，3 乡，4 民族乡）**	**231000**	温春镇	231005100
兴华街道	230902017	**东安区（6 街道，1 镇）**	**231002**	海南朝鲜族乡	231005200
金沙街道	230902018	新安街道	231002001	**林口县（11 镇）**	**231025**
红旗镇	230902100	长安街道	231002002	林口镇	231025100
长兴乡	230902200	七星街道	231002003	古城镇	231025101
桃山区（6 街道，1 镇）	**230903**	五星街道	231002004	刁翎镇	231025102
桃南街道	230903008	东兴街道	231002005	朱家镇	231025104
桃北街道	230903009	振兴街道	231002006	柳树镇	231025105
桃山街道	230903010	兴隆镇	231002100	三道通镇	231025106
桃东街道	230903011	**阳明区（4 街道，4 镇）**	**231003**	龙爪镇	231025107
桃西街道	230903012	阳明街道	231003001	莲花镇	231025108
桃源街道	230903013	前进街道	231003002	青山镇	231025110
万宝河镇	230903100	新兴街道	231003003	建堂镇	231025111
茄子河区（6 街道，3 镇，2 乡）	**230904**	桦橡街道	231003004	奎山镇	231025112
东胜街道	230904006	铁岭镇	231003100	**绥芬河市（2 镇）**	**231081**
东风街道	230904007	桦林镇	231003101	绥芬河镇	231081100
通达街道	230904008	磨刀石镇	231003102	阜宁镇	231081101
湖东街道	230904009	五林镇	231003103	**海林市（8 镇）**	**231083**
富强街道	230904010	**爱民区（7 街道，1 镇）**	**231004**	海林镇	231083100
龙湖街道	230904011	向阳街道	231004001	长汀镇	231083101
茄子河镇	230904100	黄花街道	231004002	横道河子镇	231083102
宏伟镇	230904101	铁北街道	231004003	山市镇	231083103
兴北镇	230904102	新华街道	231004004	柴河镇	231083104
铁山乡	230904200	大庆街道	231004005	二道河子镇	231083105
中心河乡	230904201	兴平街道	231004006	新安镇	231083106
勃利县（5 镇，3 乡，2 民族乡）	**230921**	北山街道	231004007	三道河子镇	231083107
勃利镇	230921100	三道关镇	231004100	**宁安市（8 镇，2 乡，2 民族乡）**	**231084**
小五站镇	230921101	**西安区（7 街道，1 镇，1 民族乡）**	**231005**	宁安镇	231084100
大四站镇	230921102	先锋街道	231005001	东京城镇	231084101
双河镇	230921103	火炬街道	231005002	渤海镇	231084102
倭肯镇	230921104	立新街道	231005003	石岩镇	231084103
青山乡	230921200	牡丹街道	231005004	沙兰镇	231084104
永恒乡	230921202	江滨街道	231005005	海浪镇	231084105
抢垦乡	230921203	沿江街道	231005006	兰岗镇	231084106
杏树朝鲜族乡	230921204	水泥街道	231005007	镜泊镇	231084107
吉兴朝鲜族满族乡	230921205			江南朝鲜族满族乡	231084202
				卧龙朝鲜族乡	231084206

续表 10

行政区划名称	行政区划代码
马河乡	231084208
三陵乡	231084211
穆棱市（6 镇，1 乡，1 民族乡）	**231085**
八面通镇	231085100
穆棱镇	231085101
下城子镇	231085102
马桥河镇	231085103
兴源镇	231085104
河西镇	231085105
福禄朝鲜族满族乡	231085200
共和乡	231085202
东宁市（6 镇）	**231086**
东宁镇	231086100
三岔口镇	231086101
大肚川镇	231086102
老黑山镇	231086103
道河镇	231086104
绥阳镇	231086105
黑河市（11 街道，31 镇，27 乡，7 民族乡）	**231100**
爱辉区（4 街道，4 镇，4 乡，3 民族乡）	**231102**
花园街道	231102001
兴安街道	231102002
海兰街道	231102003
西兴街道	231102004
西岗子镇	231102101
瑷珲镇	231102102
罕达汽镇	231102103
上马厂镇	231102104
幸福乡	231102200
四嘉子满族乡	231102201
坤河达斡尔族满族乡	231102202
张地营子乡	231102204
西峰山乡	231102205
新生鄂伦春族乡	231102206
二站乡	231102207
逊克县（3 镇，4 乡，2 民族乡）	**231123**
逊河镇	231123101
奇克镇	231123102
克林镇	231123103
干岔子乡	231123201
松树沟乡	231123202
车陆乡	231123203
新鄂鄂伦春族乡	231123204
新兴鄂伦春族乡	231123205
宝山乡	231123207
孙吴县（2 镇，8 乡，1 民族乡）	**231124**
孙吴镇	231124100
辰清镇	231124101
西兴乡	231124201
沿江满族达斡尔族乡	231124202
腰屯乡	231124203
卧牛河乡	231124204
群山乡	231124205
奋斗乡	231124206
红旗乡	231124207
正阳山乡	231124208
清溪乡	231124210
北安市（6 街道，5 镇，3 乡，1 民族乡）	**231181**
兆麟街道	231181001
和平街道	231181002
北岗街道	231181003
庆华街道	231181004
铁西街道	231181005
铁南街道	231181006
通北镇	231181101
赵光镇	231181102
海星镇	231181103
石泉镇	231181104
二井镇	231181105
城郊乡	231181200
东胜乡	231181201
杨家乡	231181203
主星朝鲜族乡	231181207
五大连池市（1 街道，8 镇，3 乡）	**231182**
青山街道	231182001
龙镇	231182101
和平镇	231182102
五大连池镇	231182103
双泉镇	231182104
新发镇	231182105
团结镇	231182106
兴隆镇	231182107
朝阳山镇	231182108
建设乡	231182203
太平乡	231182205
兴安乡	231182208
嫩江市（9 镇，5 乡）	**231183**
嫩江镇	231183100
伊拉哈镇	231183101
双山镇	231183102
多宝山镇	231183103
海江镇	231183104
前进镇	231183105
长福镇	231183106
科洛镇	231183107
霍龙门镇	231183108
临江乡	231183202
联兴乡	231183206
白云乡	231183207
塔溪乡	231183208
长江乡	231183211
绥化市（12 街道，107 镇，49 乡，4 民族乡）	**231200**
北林区（12 街道，15 镇，3 乡，2 民族乡）	**231202**
紫来街道	231202001
爱路街道	231202002

续表 11

行政区划名称	行政区划代码
大有街道	231202003
吉泰街道	231202004
东兴街道	231202005
北林街道	231202006
先锋街道	231202007
春雷街道	231202008
东城街道	231202009
康庄街道	231202010
朝旭街道	231202011
北辰街道	231202012
宝山镇	231202101
绥胜镇	231202102
西长发镇	231202103
永安镇	231202104
太平川镇	231202105
秦家镇	231202106
双河镇	231202107
三河镇	231202108
四方台镇	231202109
津河镇	231202110
张维镇	231202111
东津镇	231202113
东富镇	231202114
兴福镇	231202115
三井镇	231202116
红旗满族乡	231202201
连岗乡	231202202
新华乡	231202203
五营乡	231202212
兴和朝鲜族乡	231202213
望奎县（10 镇，3 乡，2 民族乡）	**231221**
望奎镇	231221100
通江镇	231221101
卫星镇	231221102
海丰镇	231221103
莲花镇	231221104
惠七镇	231221105
先锋镇	231221106
火箭镇	231221107
东郊镇	231221108
灯塔镇	231221109
灵山满族乡	231221202
后三乡	231221203
东升乡	231221209
恭六乡	231221210
厢白满族乡	231221211
兰西县（9 镇，6 乡）	**231222**
兰西镇	231222100
榆林镇	231222101
临江镇	231222102
平山镇	231222103
远大镇	231222104
红光镇	231222105
康荣镇	231222106
燎原镇	231222107
奋斗镇	231222108
北安乡	231222202
长江乡	231222203
兰河乡	231222204
红星乡	231222205
长岗乡	231222207
星火乡	231222210
青冈县（12 镇，3 乡）	**231223**
青冈镇	231223100
中和镇	231223101
祯祥镇	231223102
兴华镇	231223103
永丰镇	231223104
芦河镇	231223105
柞岗镇	231223106
民政镇	231223107
劳动镇	231223108
迎春镇	231223109
德胜镇	231223110
昌盛镇	231223111
建设乡	231223202
新村乡	231223203
连丰乡	231223212
庆安县（8 镇，6 乡）	**231224**
民乐镇	231224101
大罗镇	231224102
平安镇	231224103
勤劳镇	231224104
久胜镇	231224105
庆安镇	231224106
同乐镇	231224107
柳河镇	231224108
建民乡	231224201
巨宝山乡	231224202
丰收乡	231224206
发展乡	231224208
致富乡	231224210
欢胜乡	231224211
明水县（6 镇，6 乡）	**231225**
明水镇	231225100
兴仁镇	231225101
永兴镇	231225102
崇德镇	231225103
通达镇	231225104
双兴镇	231225105
永久乡	231225203
树人乡	231225204
光荣乡	231225205
繁荣乡	231225206
通泉乡	231225207
育林乡	231225208
绥棱县（6 镇，5 乡）	**231226**
绥棱镇	231226100
上集镇	231226101
四海店镇	231226102
双岔河镇	231226103
阁山镇	231226104
长山镇	231226105

续表 12

行政区划名称	行政区划代码	行政区划名称	行政区划代码	行政区划名称	行政区划代码
靠山乡	231226200	宣化乡	231282213	塔尔根镇	232700107
后头乡	231226201	安民乡	231282214	碧洲镇	232700108
克音河乡	231226205	明久乡	231282215	宏图镇	232700109
绥中乡	231226206	**海伦市（16镇，7乡）**	**231283**	呼中镇	232700110
泥尔河乡	231226207	海伦镇	231283100	碧水镇	232700111
安达市（13镇，1乡）	**231281**	海北镇	231283101	呼源镇	232700112
安达镇	231281100	伦河镇	231283102	宏伟镇	232700113
任民镇	231281101	共合镇	231283103	东山镇	232700114
吉兴岗镇	231281102	海兴镇	231283104	长虹镇	232700115
万宝山镇	231281103	祥富镇	231283105	加北乡	232700200
昌德镇	231281104	东风镇	231283106	白桦乡	232700201
升平镇	231281105	百祥镇	231283107	**漠河市（6镇）**	**232701**
羊草镇	231281106	向荣镇	231283108	西林吉镇	232701100
老虎岗镇	231281107	长发镇	231283109	图强镇	232701101
中本镇	231281108	永富镇	231283110	阿木尔镇	232701102
太平庄镇	231281109	前进镇	231283111	兴安镇	232701103
卧里屯镇	231281110	联发镇	231283112	北极镇	232701104
古大湖镇	231281111	共荣镇	231283113	古莲镇	232701105
火石山镇	231281112	东林镇	231283114	**呼玛县（2镇，5乡，1民族乡）**	**232721**
先源乡	231281209	永和镇	231283115	呼玛镇	232721100
肇东市（12镇，9乡）	**231282**	海南乡	231283208	韩家园镇	232721101
肇东镇	231282100	乐业乡	231283210	三卡乡	232721200
昌五镇	231282101	福民乡	231283211	金山乡	232721201
宋站镇	231282102	丰山乡	231283212	兴华乡	232721202
五站镇	231282103	爱民乡	231283218	鸥浦乡	232721203
尚家镇	231282104	扎音河乡	231283220	白银纳鄂伦春族乡	232721204
姜家镇	231282105	双录乡	231283221	北疆乡	232721205
里木店镇	231282106	**大兴安岭地区（4街道，29镇，8乡，2民族乡）**	**232700**	**塔河县（5镇，1乡，1民族乡）**	**232722**
四站镇	231282107	卫东街道	232700002	塔河镇	232722100
涝洲镇	231282108	红旗街道	232700003	瓦拉干镇	232722101
五里明镇	231282109	曙光街道	232700005	盘古镇	232722102
西八里镇	231282110	光明街道	232700006	古驿镇	232722103
海城镇	231282111	小扬气镇	232700100	开库康镇	232722104
太平乡	231282201	劲松镇	232700101	十八站鄂伦春族乡	232722200
向阳乡	231282204	古源镇	232700102	依西肯乡	232722201
洪河乡	231282205	新林镇	232700103		
跃进乡	231282206	翠岗镇	232700104		
黎明乡	231282210	塔源镇	232700105		
德昌乡	231282212	大乌苏镇	232700106		

上海市

上海市（沪）

行政区划名称	行政区划代码
上海市（107街道，106镇，2乡）	**310000**
黄浦区（10街道）	**310101**
南京东路街道	310101002
外滩街道	310101013
半淞园路街道	310101015
小东门街道	310101017
豫园街道	310101018
老西门街道	310101019
五里桥街道	310101020
打浦桥街道	310101021
淮海中路街道	310101022
瑞金二路街道	310101023
徐汇区（12街道，1镇）	**310104**
天平路街道	310104003
湖南路街道	310104004
斜土路街道	310104007
枫林路街道	310104008
长桥街道	310104010
田林街道	310104011
虹梅路街道	310104012
康健新村街道	310104013
徐家汇街道	310104014
凌云路街道	310104015
龙华街道	310104016
漕河泾街道	310104017
华泾镇	310104103
长宁区（9街道，1镇）	**310105**
华阳路街道	310105001
江苏路街道	310105002
新华路街道	310105004
周家桥街道	310105005
天山路街道	310105006
仙霞新村街道	310105008
虹桥街道	310105009
程家桥街道	310105010
北新泾街道	310105011
新泾镇	310105102
静安区（13街道，1镇）	**310106**
江宁路街道	310106006
石门二路街道	310106011
南京西路街道	310106012
静安寺街道	310106013
曹家渡街道	310106014
天目西路街道	310106015
北站街道	310106016
宝山路街道	310106017
共和新路街道	310106018
大宁路街道	310106019
彭浦新村街道	310106020
临汾路街道	310106021
芷江西路街道	310106022
彭浦镇	310106100
普陀区（8街道，2镇）	**310107**
曹杨新村街道	310107005
长风新村街道	310107014
长寿路街道	310107015
甘泉路街道	310107016
石泉路街道	310107017
宜川路街道	310107020
真如镇街道	310107021
万里街道	310107022
长征镇	310107102
桃浦镇	310107103
虹口区（8街道）	**310109**
欧阳路街道	310109009
曲阳路街道	310109010
广中路街道	310109011
嘉兴路街道	310109014
凉城新村街道	310109016
四川北路街道	310109017
北外滩街道	310109018
江湾镇街道	310109019
杨浦区（12街道）	**310110**
定海路街道	310110001
平凉路街道	310110006
江浦路街道	310110008
四平路街道	310110009
控江路街道	310110012
长白新村街道	310110013
延吉新村街道	310110015
殷行街道	310110016
大桥街道	310110018
五角场街道	310110019
新江湾城街道	310110020
长海路街道	310110021
闵行区（4街道，9镇）	**310112**
江川路街道	310112001
古美路街道	310112006
新虹街道	310112008
浦锦街道	310112009
莘庄镇	310112101
七宝镇	310112102
颛桥镇	310112103
华漕镇	310112106
虹桥镇	310112107
梅陇镇	310112108
吴泾镇	310112110
马桥镇	310112112
浦江镇	310112114
宝山区（3街道，9镇）	**310113**
友谊路街道	310113003
吴淞街道	310113007
张庙街道	310113008
罗店镇	310113101
大场镇	310113102
杨行镇	310113103
月浦镇	310113104
罗泾镇	310113106
顾村镇	310113109
高境镇	310113111
庙行镇	310113112
淞南镇	310113113
嘉定区（3街道，7镇）	**310114**
新成路街道	310114001
真新街道	310114002
嘉定镇街道	310114004
南翔镇	310114102
安亭镇	310114103
马陆镇	310114106

续表 1

行政区划名称	行政区划代码	行政区划名称	行政区划代码	行政区划名称	行政区划代码
徐行镇	310114109	万祥镇	310115143	赵巷镇	310118105
华亭镇	310114111	老港镇	310115144	徐泾镇	310118106
外冈镇	310114114	南汇新城镇	310115145	华新镇	310118107
江桥镇	310114118	**金山区（1 街道，9 镇）**	**310116**	重固镇	310118109
浦东新区（12 街道，24 镇）	**310115**	石化街道	310116001	白鹤镇	310118110
		朱泾镇	310116101	**奉贤区（3 街道，8 镇）**	**310120**
潍坊新村街道	310115004	枫泾镇	310116102	西渡街道	310120001
陆家嘴街道	310115005	张堰镇	310116103	奉浦街道	310120002
周家渡街道	310115007	亭林镇	310116104	金海街道	310120003
塘桥街道	310115008	吕巷镇	310116105	南桥镇	310120101
上钢新村街道	310115009	廊下镇	310116107	奉城镇	310120102
南码头路街道	310115010	金山卫镇	310116109	庄行镇	310120104
沪东新村街道	310115011	漕泾镇	310116112	金汇镇	310120106
金杨新村街道	310115012	山阳镇	310116113	青村镇	310120111
洋泾街道	310115013	**松江区（6 街道，11 镇）**	**310117**	柘林镇	310120118
浦兴路街道	310115014	岳阳街道	310117001	海湾镇	310120123
东明路街道	310115015	永丰街道	310117002	四团镇	310120124
花木街道	310115016	方松街道	310117003	**崇明区（16 镇，2 乡）**	**310151**
川沙新镇	310115103	中山街道	310117004	城桥镇	310151100
高桥镇	310115104	广富林街道	310117005	堡镇	310151101
北蔡镇	310115105	九里亭街道	310117006	新河镇	310151102
合庆镇	310115110	泗泾镇	310117102	庙镇	310151103
唐镇	310115114	佘山镇	310117103	竖新镇	310151104
曹路镇	310115117	车墩镇	310117104	向化镇	310151105
金桥镇	310115120	新桥镇	310117105	三星镇	310151106
高行镇	310115121	洞泾镇	310117106	港沿镇	310151107
高东镇	310115123	九亭镇	310117107	中兴镇	310151108
张江镇	310115125	泖港镇	310117109	陈家镇	310151109
三林镇	310115130	石湖荡镇	310117116	绿华镇	310151110
惠南镇	310115131	新浜镇	310117117	港西镇	310151111
周浦镇	310115132	叶榭镇	310117120	建设镇	310151112
新场镇	310115133	小昆山镇	310117121	新海镇	310151113
大团镇	310115134	**青浦区（3 街道，8 镇）**	**310118**	东平镇	310151114
康桥镇	310115136	夏阳街道	310118001	长兴镇	310151115
航头镇	310115137	盈浦街道	310118002	新村乡	310151200
祝桥镇	310115139	香花桥街道	310118003	横沙乡	310151201
泥城镇	310115140	朱家角镇	310118102		
宣桥镇	310115141	练塘镇	310118103		
书院镇	310115142	金泽镇	310118104		

江苏省

江苏省（苏）

行政区划名称	行政区划代码
江苏省（519 街道，701 镇，16 乡，1 民族乡）	**320000**
南京市（95 街道，6 镇）	**320100**
玄武区（7 街道）	**320102**
梅园新村街道	320102002
新街口街道	320102003
玄武门街道	320102005
锁金村街道	320102007
红山街道	320102008
孝陵卫街道	320102009
玄武湖街道	320102010
秦淮区（12 街道）	**320104**
秦虹街道	320104001
夫子庙街道	320104002
双塘街道	320104004
中华门街道	320104006
红花街道	320104007
洪武路街道	320104008
五老村街道	320104009
大光路街道	320104010
瑞金路街道	320104011
月牙湖街道	320104012
光华路街道	320104013
朝天宫街道	320104014
建邺区（6 街道）	**320105**
兴隆街道	320105006
南苑街道	320105007
双闸街道	320105008
沙洲街道	320105009
江心洲街道	320105010
莫愁湖街道	320105011
鼓楼区（13 街道）	**320106**
宁海路街道	320106001
华侨路街道	320106002
湖南路街道	320106003
中央门街道	320106004
挹江门街道	320106005
江东街道	320106006
凤凰街道	320106007
下关街道	320106008
热河南路街道	320106009
幕府山街道	320106010
建宁路街道	320106011
宝塔桥街道	320106012
小市街道	320106013
浦口区（9 街道）	**320111**
泰山街道	320111001
顶山街道	320111002
沿江街道	320111003
江浦街道	320111004
桥林街道	320111005
汤泉街道	320111006
盘城街道	320111007
星甸街道	320111008
永宁街道	320111009
栖霞区（9 街道）	**320113**
尧化街道	320113001
马群街道	320113002
迈皋桥街道	320113003
燕子矶街道	320113004
仙林街道	320113005
龙潭街道	320113007
栖霞街道	320113008
八卦洲街道	320113009
西岗街道	320113010
雨花台区（7 街道）	**320114**
赛虹桥街道	320114002
雨花街道	320114003
西善桥街道	320114004
板桥街道	320114005
铁心桥街道	320114006
梅山街道	320114008
古雄街道	320114009
江宁区（10 街道）	**320115**
东山街道	320115001
禄口街道	320115004
淳化街道	320115005
麒麟街道	320115006
横溪街道	320115007
江宁街道	320115008
谷里街道	320115009
汤山街道	320115010
秣陵街道	320115011
湖熟街道	320115012
六合区（11 街道，1 镇）	**320116**
龙池街道	320116001
雄州街道	320116002
横梁街道	320116003
金牛湖街道	320116004
程桥街道	320116005
马鞍街道	320116006
龙袍街道	320116007
冶山街道	320116008
大厂街道	320116010
葛塘街道	320116011
长芦街道	320116012
竹镇镇	320116110
溧水区（5 街道，3 镇）	**320117**
永阳街道	320117001
柘塘街道	320117002
东屏街道	320117003
石湫街道	320117004
洪蓝街道	320117005
白马镇	320117101
晶桥镇	320117106
和凤镇	320117107
高淳区（6 街道，2 镇）	**320118**
淳溪街道	320118001
古柏街道	320118002
漆桥街道	320118003
固城街道	320118004
东坝街道	320118005
桠溪街道	320118006
阳江镇	320118101
砖墙镇	320118102
无锡市（45 街道，30 镇）	**320200**
锡山区（5 街道，4 镇）	**320205**
东亭街道	320205001
安镇街道	320205002
东北塘街道	320205003

续表 1

行政区划名称	行政区划代码	行政区划名称	行政区划代码	行政区划名称	行政区划代码
云林街道	320205004	**江阴市（7 街道，10 镇）**	**320281**	黄楼街道	320302003
厚桥街道	320205005	澄江街道	320281001	牌楼街道	320302004
羊尖镇	320205102	南闸街道	320281004	琵琶街道	320302008
鹅湖镇	320205104	云亭街道	320281005	铜沛街道	320302011
锡北镇	320205106	城东街道	320281006	九里街道	320302012
东港镇	320205107	夏港街道	320281008	金山桥街道	320302013
惠山区（5 街道，2 镇）	**320206**	申港街道	320281009	东环街道	320302014
堰桥街道	320206001	利港街道	320281010	拾屯街道	320302015
长安街道	320206002	璜土镇	320281101	**云龙区（9 街道）**	**320303**
钱桥街道	320206003	月城镇	320281106	彭城街道	320303001
前洲街道	320206004	青阳镇	320281107	子房街道	320303005
玉祁街道	320206005	徐霞客镇	320281108	黄山街道	320303007
洛社镇	320206103	华士镇	320281113	骆驼山街道	320303008
阳山镇	320206105	周庄镇	320281114	大郭庄街道	320303010
滨湖区（8 街道，1 镇）	**320211**	新桥镇	320281115	翠屏山街道	320303011
河埒街道	320211001	长泾镇	320281116	潘塘街道	320303012
荣巷街道	320211002	顾山镇	320281117	大龙湖街道	320303013
蠡湖街道	320211003	祝塘镇	320281119	汉风街道	320303014
蠡园街道	320211004	**宜兴市（5 街道，13 镇）**	**320282**	**贾汪区（8 街道，5 镇）**	**320305**
华庄街道	320211006	新庄街道	320282001	大泉街道	320305003
太湖街道	320211007	宜城街道	320282002	老矿街道	320305004
雪浪街道	320211008	屺亭街道	320282003	大吴街道	320305005
马山街道	320211009	新街街道	320282005	潘安湖街道	320305006
胡埭镇	320211104	芳桥街道	320282006	大庙街道	320305007
梁溪区（9 街道）	**320213**	张渚镇	320282101	大黄山街道	320305008
崇安寺街道	320213001	西渚镇	320282102	茱萸山街道	320305009
山北街道	320213015	太华镇	320282103	金龙湖街道	320305010
清名桥街道	320213018	徐舍镇	320282105	青山泉镇	320305102
惠山街道	320213019	官林镇	320282108	紫庄镇	320305104
北大街街道	320213020	杨巷镇	320282109	塔山镇	320305105
广益街道	320213021	新建镇	320282111	汴塘镇	320305106
扬名街道	320213022	和桥镇	320282114	江庄镇	320305107
黄巷街道	320213023	高塍镇	320282115	**泉山区（14 街道）**	**320311**
瞻江街道	320213024	万石镇	320282118	王陵街道	320311001
新吴区（6 街道）	**320214**	周铁镇	320282119	永安街道	320311003
新安街道	320214001	丁蜀镇	320282123	湖滨街道	320311004
旺庄街道	320214002	湖㳇镇	320282125	段庄街道	320311005
硕放街道	320214003	**徐州市（70 街道，97 镇）**	**320300**	翟山街道	320311006
江溪街道	320214004	**鼓楼区（10 街道）**	**320302**	奎山街道	320311007
梅村街道	320214005	丰财街道	320302001	和平街道	320311008
鸿山街道	320214006	环城街道	320302002	泰山街道	320311011

续表 2

行政区划名称	行政区划代码	行政区划名称	行政区划代码	行政区划名称	行政区划代码
金山街道	320311012	常店镇	320321104	邱集镇	320324111
七里沟街道	320311014	欢口镇	320321105	古邳镇	320324112
火花街道	320311015	师寨镇	320321106	姚集镇	320324113
苏山街道	320311016	华山镇	320321107	魏集镇	320324114
庞庄街道	320311017	梁寨镇	320321108	梁集镇	320324115
桃园街道	320311018	范楼镇	320321109	庆安镇	320324116
铜山区（10 街道，18 镇）	**320312**	宋楼镇	320321111	**新沂市（5 街道，13 镇）**	**320381**
利国街道	320312002	大沙河镇	320321112	新安街道	320381001
张集街道	320312003	王沟镇	320321113	北沟街道	320381002
垞城街道	320312004	赵庄镇	320321114	唐店街道	320381003
电厂街道	320312005	**沛县（4 街道，13 镇）**	**320322**	墨河街道	320381004
张双楼街道	320312006	沛城街道	320322001	钟吾街道	320381005
三河尖街道	320312007	大屯街道	320322002	草桥镇	320381102
铜山街道	320312009	汉兴街道	320322003	港头镇	320381103
三堡街道	320312010	汉源街道	320322004	合沟镇	320381104
新区街道	320312011	龙固镇	320322102	窑湾镇	320381105
沿湖街道	320312012	杨屯镇	320322103	棋盘镇	320381106
何桥镇	320312102	胡寨镇	320322105	马陵山镇	320381107
黄集镇	320312103	魏庙镇	320322106	邵店镇	320381108
马坡镇	320312104	五段镇	320322107	高流镇	320381109
郑集镇	320312105	张庄镇	320322108	阿湖镇	320381110
柳新镇	320312106	张寨镇	320322109	时集镇	320381112
刘集镇	320312107	敬安镇	320322110	瓦窑镇	320381113
大彭镇	320312108	河口镇	320322111	双塘镇	320381114
汉王镇	320312109	栖山镇	320322112	新店镇	320381116
棠张镇	320312111	鹿楼镇	320322113	**邳州市（4 街道，21 镇）**	**320382**
张集镇	320312112	朱寨镇	320322114	运河街道	320382001
房村镇	320312113	安国镇	320322115	炮车街道	320382002
伊庄镇	320312114	**睢宁县（3 街道，15 镇）**	**320324**	戴圩街道	320382003
单集镇	320312115	睢城街道	320324001	东湖街道	320382004
徐庄镇	320312117	睢河街道	320324002	邳城镇	320382102
大许镇	320312118	金城街道	320324003	官湖镇	320382103
茅村镇	320312119	王集镇	320324102	四户镇	320382104
柳泉镇	320312120	双沟镇	320324103	宿羊山镇	320382105
利国镇	320312121	岚山镇	320324104	八义集镇	320382106
丰县（3 街道，12 镇）	**320321**	李集镇	320324105	土山镇	320382107
中阳里街道	320321001	桃园镇	320324106	碾庄镇	320382108
凤城街道	320321002	官山镇	320324107	港上镇	320382109
孙楼街道	320321003	高作镇	320324108	邹庄镇	320382110
首羡镇	320321102	沙集镇	320324109	占城镇	320382111
顺河镇	320321103	凌城镇	320324110	新河镇	320382112

续表 3

行政区划名称	行政区划代码	行政区划名称	行政区划代码	行政区划名称	行政区划代码
八路镇	320382113	西湖街道	320412002	狮山街道	320505002
铁富镇	320382115	丁堰街道	320412003	横塘街道	320505003
岔河镇	320382116	戚墅堰街道	320412004	枫桥街道	320505004
陈楼镇	320382118	潞城街道	320412005	东渚街道	320505005
邢楼镇	320382119	湖塘镇	320412100	斜塘街道	320505006
戴庄镇	320382120	牛塘镇	320412102	娄葑街道	320505007
车辐山镇	320382121	洛阳镇	320412103	浒墅关镇	320505102
燕子埠镇	320382122	遥观镇	320412104	通安镇	320505105
赵墩镇	320382123	横林镇	320412105	**吴中区（10 街道，7 镇）**	**320506**
议堂镇	320382124	横山桥镇	320412106	长桥街道	320506003
常州市（29 街道，33 镇）	**320400**	雪堰镇	320412110	郭巷街道	320506004
天宁区（6 街道，1 镇）	**320402**	前黄镇	320412113	横泾街道	320506005
天宁街道	320402001	礼嘉镇	320412114	越溪街道	320506006
兰陵街道	320402006	嘉泽镇	320412119	城南街道	320506007
茶山街道	320402007	湟里镇	320412120	香山街道	320506008
雕庄街道	320402008	**金坛区（3 街道，6 镇）**	**320413**	唯亭街道	320506009
红梅街道	320402009	西城街道	320413001	胜浦街道	320506010
青龙街道	320402010	尧塘街道	320413002	太湖街道	320506011
郑陆镇	320402100	东城街道	320413003	金鸡湖街道	320506012
钟楼区（7 街道，1 镇）	**320404**	金城镇	320413100	甪直镇	320506101
五星街道	320404001	儒林镇	320413101	光福镇	320506104
永红街道	320404002	直溪镇	320413102	木渎镇	320506108
北港街道	320404003	朱林镇	320413103	胥口镇	320506109
西林街道	320404004	薛埠镇	320413104	临湖镇	320506111
南大街街道	320404005	指前镇	320413105	东山镇	320506113
荷花池街道	320404006	**溧阳市（3 街道，9 镇）**	**320481**	金庭镇	320506114
新闸街道	320404010	昆仑街道	320481001	**相城区（7 街道，4 镇）**	**320507**
邹区镇	320404100	溧城街道	320481002	元和街道	320507001
新北区（5 街道，5 镇）	**320411**	古县街道	320481003	黄桥街道	320507002
龙虎塘街道	320411003	埭头镇	320481101	北桥街道	320507004
新桥街道	320411004	上黄镇	320481102	太平街道	320507007
春江街道	320411005	戴埠镇	320481103	北河泾街道	320507008
魏村街道	320411006	天目湖镇	320481106	漕湖街道	320507009
三井街道	320411007	别桥镇	320481107	澄阳街道	320507010
孟河镇	320411102	上兴镇	320481109	望亭镇	320507100
薛家镇	320411104	竹箦镇	320481111	黄埭镇	320507103
罗溪镇	320411105	南渡镇	320481114	渭塘镇	320507107
西夏墅镇	320411106	社渚镇	320481116	阳澄湖镇	320507111
奔牛镇	320411107	**苏州市（46 街道，51 镇）**	**320500**	**姑苏区（8 街道）**	**320508**
武进区（5 街道，11 镇）	**320412**	**虎丘区（6 街道，2 镇）**	**320505**	沧浪街道	320508002
南夏墅街道	320412001			吴门桥街道	320508003

续表 4

行政区划名称	行政区划代码	行政区划名称	行政区划代码	行政区划名称	行政区划代码
双塔街道	320508005	南丰镇	320582108	川姜镇	320612120
平江街道	320508008	杨舍镇	320582110	**崇川区（21 街道）**	**320613**
苏锦街道	320508009	大新镇	320582116	城东街道	320613001
金阊街道	320508015	**昆山市（10 镇）**	**320583**	和平桥街道	320613002
白洋湾街道	320508016	玉山镇	320583100	任港街道	320613003
虎丘街道	320508017	巴城镇	320583102	新城桥街道	320613004
吴江区（4 街道，7 镇）	**320509**	周市镇	320583105	虹桥街道	320613005
松陵街道	320509002	陆家镇	320583107	学田街道	320613006
江陵街道	320509003	花桥镇	320583108	钟秀街道	320613007
横扇街道	320509004	淀山湖镇	320583110	文峰街道	320613008
八坼街道	320509005	张浦镇	320583111	观音山街道	320613009
同里镇	320509101	周庄镇	320583112	狼山镇街道	320613010
平望镇	320509102	千灯镇	320583113	新开街道	320613011
盛泽镇	320509103	锦溪镇	320583114	中兴街道	320613012
七都镇	320509104	**太仓市（2 街道，6 镇）**	**320585**	小海街道	320613013
震泽镇	320509105	娄东街道	320585001	竹行街道	320613014
桃源镇	320509106	陆渡街道	320585002	江海街道	320613015
黎里镇	320509107	城厢镇	320585100	永兴街道	320613016
常熟市（6 街道，8 镇）	**320581**	浮桥镇	320585103	唐闸镇街道	320613017
碧溪街道	320581001	璜泾镇	320585105	天生港镇街道	320613018
东南街道	320581003	双凤镇	320585109	秦灶街道	320613019
虞山街道	320581004	沙溪镇	320585110	陈桥街道	320613020
琴川街道	320581005	浏河镇	320585111	幸福街道	320613021
莫城街道	320581006	**南通市（38 街道，65 镇）**	**320600**	**海门区（3 街道，9 镇）**	**320614**
常福街道	320581007	**通州区（4 街道，12 镇）**	**320612**	海门街道	320614001
梅李镇	320581101			滨江街道	320614002
海虞镇	320581102	金沙街道	320612001	三厂街道	320614003
古里镇	320581107	先锋街道	320612002	三星镇	320614101
沙家浜镇	320581108	兴东街道	320612003	海永镇	320614102
支塘镇	320581109	金新街道	320612004	常乐镇	320614103
董浜镇	320581111	西亭镇	320612101	悦来镇	320614104
尚湖镇	320581117	二甲镇	320612102	四甲镇	320614105
辛庄镇	320581120	东社镇	320612103	余东镇	320614106
张家港市(3 街道,7 镇)	**320582**	三余镇	320612104	正余镇	320614107
金港街道	320582001	十总镇	320612107	包场镇	320614108
后塍街道	320582002	石港镇	320612110	临江镇	320614109
德积街道	320582003	刘桥镇	320612112	**如东县（3 街道，12 镇）**	**320623**
塘桥镇	320582100	平潮镇	320612114	苴镇街道	320623001
凤凰镇	320582103	五接镇	320612116	城中街道	320623002
乐余镇	320582105	兴仁镇	320612117	掘港街道	320623003
锦丰镇	320582107	张芝山镇	320612119	拼茶镇	320623100

续表 5

行政区划名称	行政区划代码	行政区划名称	行政区划代码	行政区划名称	行政区划代码
洋口镇	320623101	孙庄街道	320685002	南城街道	320706013
长沙镇	320623104	胡集街道	320685003	宁海街道	320706014
马塘镇	320623109	隆政街道	320685004	郁洲街道	320706015
丰利镇	320623110	城东镇	320685101	新坝镇	320706100
曹埠镇	320623111	曲塘镇	320685102	锦屏镇	320706101
岔河镇	320623112	李堡镇	320685103	板浦镇	320706102
双甸镇	320623113	角斜镇	320685105	浦南镇	320706103
新店镇	320623114	大公镇	320685107	**赣榆区（15 镇）**	**320707**
河口镇	320623115	雅周镇	320685109	青口镇	320707100
袁庄镇	320623117	白甸镇	320685110	柘汪镇	320707101
大豫镇	320623121	南莫镇	320685112	石桥镇	320707102
启东市（12 镇）	**320681**	墩头镇	320685113	金山镇	320707103
汇龙镇	320681100	**连云港市（30 街道，55 镇，5 乡）**	**320700**	黑林镇	320707104
南阳镇	320681102			厉庄镇	320707105
北新镇	320681105	**连云区（12 街道，1 乡）**	**320703**	海头镇	320707106
王鲍镇	320681107	墟沟街道	320703001	塔山镇	320707107
合作镇	320681108	连云街道	320703002	赣马镇	320707108
吕四港镇	320681110	连岛街道	320703003	班庄镇	320707109
海复镇	320681113	板桥街道	320703004	城头镇	320707110
近海镇	320681117	云山街道	320703005	城西镇	320707111
寅阳镇	320681118	海州湾街道	320703006	宋庄镇	320707112
惠萍镇	320681120	宿城街道	320703007	沙河镇	320707113
东海镇	320681122	高公岛街道	320703008	墩尚镇	320707114
启隆镇	320681124	中云街道	320703009	**东海县（2 街道，13 镇，4 乡）**	**320722**
如皋市（3 街道，11 镇）	**320682**	猴嘴街道	320703010		
如城街道	320682001	朝阳街道	320703011	牛山街道	320722001
城北街道	320682002	徐圩街道	320703012	石榴街道	320722002
城南街道	320682003	前三岛乡	320703200	白塔埠镇	320722101
东陈镇	320682103	**海州区（15 街道，4 镇）**	**320706**	黄川镇	320722103
丁堰镇	320682104	海州街道	320706001	石梁河镇	320722104
白蒲镇	320682105	幸福路街道	320706002	青湖镇	320722105
下原镇	320682107	朐阳街道	320706003	温泉镇	320722107
九华镇	320682108	洪门街道	320706004	双店镇	320722108
石庄镇	320682110	云台街道	320706005	桃林镇	320722109
长江镇	320682111	新浦街道	320706006	洪庄镇	320722110
吴窑镇	320682112	浦西街道	320706007	安峰镇	320722111
江安镇	320682113	新东街道	320706008	房山镇	320722112
搬经镇	320682116	新南街道	320706009	平明镇	320722113
磨头镇	320682117	路南街道	320706010	曲阳镇	320722114
海安市（4 街道，9 镇）	**320685**	新海街道	320706011	山左口镇	320722115
海安街道	320685001	花果山街道	320706012	驼峰乡	320722200

续表 6

行政区划名称	行政区划代码	行政区划名称	行政区划代码	行政区划名称	行政区划代码
李埝乡	320722203	钦工镇	320803110	和平镇	320812100
石湖乡	320722205	顺河镇	320803111	黄码镇	320812103
张湾乡	320722207	博里镇	320803113	**洪泽区（3 街道，6 镇）**	**320813**
灌云县（1 街道，12 镇）	**320723**	复兴镇	320803116	高良涧街道	320813001
侍庄街道	320723001	范集镇	320803120	朱坝街道	320813002
伊山镇	320723100	漕运镇	320803121	黄集街道	320813003
杨集镇	320723102	石塘镇	320803122	蒋坝镇	320813101
燕尾港镇	320723103	**淮阴区（4 街道，9 镇）**	**320804**	岔河镇	320813103
同兴镇	320723104	长江路街道	320804006	西顺河镇	320813104
四队镇	320723105	新渡口街道	320804007	老子山镇	320813105
圩丰镇	320723106	古清口街道	320804008	三河镇	320813106
龙苴镇	320723107	王家营街道	320804009	东双沟镇	320813110
下车镇	320723108	南陈集镇	320804103	**涟水县（4 街道，12 镇）**	**320826**
东王集镇	320723109	马头镇	320804104	涟城街道	320826001
图河镇	320723110	丁集镇	320804107	朱码街道	320826002
小伊镇	320723111	徐溜镇	320804109	陈师街道	320826003
南岗镇	320723112	渔沟镇	320804110	保滩街道	320826004
灌南县（11 镇）	**320724**	三树镇	320804114	高沟镇	320826101
新安镇	320724100	高家堰镇	320804115	唐集镇	320826102
堆沟港镇	320724101	淮高镇	320804116	大东镇	320826104
北陈集镇	320724103	刘老庄镇	320804117	五港镇	320826105
张店镇	320724104	**清江浦区（18 街道，2 镇）**	**320812**	梁岔镇	320826106
汤沟镇	320724105			石湖镇	320826107
百碌镇	320724106	府前街道	320812001	岔庙镇	320826109
孟兴庄镇	320724107	长西街道	320812002	东胡集镇	320826110
三口镇	320724108	淮海街道	320812003	南集镇	320826111
田楼镇	320724109	长东街道	320812004	成集镇	320826113
新集镇	320724110	柳树湾街道	320812005	红窑镇	320826114
李集镇	320724111	水渡口街道	320812006	黄营镇	320826117
淮安市（38 街道，57 镇）	**320800**	清河街道	320812007	**盱眙县（3 街道，10 镇）**	**320830**
淮安区（3 街道，13 镇）	**320803**	清江街道	320812008	盱城街道	320830001
		浦楼街道	320812009	太和街道	320830002
淮城街道	320803001	闸口街道	320812010	古桑街道	320830003
河下街道	320803002	清浦街道	320812011	马坝镇	320830101
山阳街道	320803004	城南街道	320812012	官滩镇	320830102
平桥镇	320803101	盐河街道	320812013	桂五镇	320830104
朱桥镇	320803103	武墩街道	320812014	管仲镇	320830105
施河镇	320803104	钵池街道	320812015	河桥镇	320830106
车桥镇	320803106	徐杨街道	320812016	鲍集镇	320830107
流均镇	320803108	南马厂街道	320812017	黄花塘镇	320830108
苏嘴镇	320803109	枚乘街道	320812018	淮河镇	320830111

续表 7

行政区划名称	行政区划代码
天泉湖镇	320830114
穆店镇	320830115
金湖县（3 街道，5 镇）	**320831**
黎城街道	320831001
戴楼街道	320831002
金北街道	320831003
金南镇	320831101
塔集镇	320831103
前锋镇	320831106
吕良镇	320831107
银涂镇	320831111
盐城市（30 街道，95 镇）	**320900**
亭湖区（12 街道，6 镇）	**320902**
五星街道	320902001
文峰街道	320902002
先锋街道	320902003
伍佑街道	320902004
新城街道	320902005
大洋街道	320902006
黄海街道	320902007
新洋街道	320902008
毓龙街道	320902009
新河街道	320902010
宝瓶湖街道	320902011
东亭湖街道	320902012
新兴镇	320902102
南洋镇	320902104
便仓镇	320902106
步凤镇	320902108
黄尖镇	320902115
盐东镇	320902116
盐都区（6 街道，8 镇）	**320903**
张庄街道	320903001
潘黄街道	320903002
新都街道	320903003
盐龙街道	320903004
盐渎街道	320903005
科城街道	320903006
学富镇	320903103
龙冈镇	320903109
郭猛镇	320903111
大冈镇	320903112
大纵湖镇	320903113
楼王镇	320903114
尚庄镇	320903115
秦南镇	320903116
大丰区（2 街道，11 镇）	**320904**
丰华街道	320904001
大中街道	320904002
草堰镇	320904101
白驹镇	320904102
刘庄镇	320904103
小海镇	320904106
西团镇	320904107
新丰镇	320904108
大桥镇	320904110
草庙镇	320904111
万盈镇	320904112
南阳镇	320904114
三龙镇	320904116
响水县（8 镇）	**320921**
响水镇	320921100
陈家港镇	320921101
小尖镇	320921102
黄圩镇	320921103
大有镇	320921104
双港镇	320921105
南河镇	320921106
运河镇	320921107
滨海县（3 街道，11 镇）	**320922**
东坎街道	320922001
坎南街道	320922002
坎北街道	320922003
五汛镇	320922101
蔡桥镇	320922102
正红镇	320922103
通榆镇	320922104
界牌镇	320922105
八巨镇	320922106
八滩镇	320922107
滨海港镇	320922108
滨淮镇	320922109
天场镇	320922110
陈涛镇	320922112
阜宁县（4 街道，13 镇）	**320923**
阜城街道	320923001
金沙湖街道	320923002
花园街道	320923003
吴滩街道	320923004
沟墩镇	320923101
陈良镇	320923104
三灶镇	320923106
郭墅镇	320923107
新沟镇	320923108
陈集镇	320923109
羊寨镇	320923110
芦蒲镇	320923111
板湖镇	320923113
东沟镇	320923114
益林镇	320923115
古河镇	320923118
罗桥镇	320923119
射阳县（13 镇）	**320924**
合德镇	320924100
临海镇	320924101
千秋镇	320924102
四明镇	320924104
海河镇	320924106
海通镇	320924108
兴桥镇	320924109
新坍镇	320924110
长荡镇	320924111
盘湾镇	320924112
特庸镇	320924113
洋马镇	320924114
黄沙港镇	320924117
建湖县（3 街道，11 镇）	**320925**
近湖街道	320925001
钟庄街道	320925002
塘河街道	320925003
建阳镇	320925101
九龙口镇	320925102

续表 8

行政区划名称	行政区划代码
恒济镇	320925103
颜单镇	320925104
沿河镇	320925105
芦沟镇	320925106
庆丰镇	320925107
上冈镇	320925108
冈西镇	320925111
宝塔镇	320925113
高作镇	320925114
东台市（14 镇）	**320981**
溱东镇	320981100
时堰镇	320981101
五烈镇	320981106
梁垛镇	320981107
安丰镇	320981108
南沈灶镇	320981109
富安镇	320981110
唐洋镇	320981112
新街镇	320981113
许河镇	320981114
三仓镇	320981115
头灶镇	320981118
弶港镇	320981121
东台镇	320981122
扬州市（20 街道，61 镇，1 乡，1 民族乡）	**321000**
广陵区（5 街道，6 镇）	**321002**
东关街道	321002001
汶河街道	321002002
文峰街道	321002003
曲江街道	321002004
汤汪街道	321002005
湾头镇	321002100
杭集镇	321002101
李典镇	321002102
沙头镇	321002103
头桥镇	321002104
泰安镇	321002105
邗江区（13 街道，8 镇，1 乡）	**321003**
邗上街道	321003001
新盛街道	321003002
蒋王街道	321003003
汊河街道	321003004
梅岭街道	321003005
扬子津街道	321003006
瘦西湖街道	321003007
甘泉街道	321003008
城北街道	321003011
竹西街道	321003012
文汇街道	321003013
双桥街道	321003014
西湖街道	321003015
公道镇	321003102
方巷镇	321003104
槐泗镇	321003106
瓜洲镇	321003109
杨寿镇	321003118
杨庙镇	321003120
八里镇	321003122
施桥镇	321003123
平山乡	321003200
江都区（13 镇）	**321012**
仙女镇	321012100
小纪镇	321012101
武坚镇	321012102
樊川镇	321012103
真武镇	321012104
宜陵镇	321012105
丁沟镇	321012106
郭村镇	321012107
邵伯镇	321012108
丁伙镇	321012109
大桥镇	321012110
吴桥镇	321012111
浦头镇	321012112
宝应县（14 镇）	**321023**
安宜镇	321023100
氾水镇	321023101
夏集镇	321023102
柳堡镇	321023103
射阳湖镇	321023104
广洋湖镇	321023105
鲁垛镇	321023106
小官庄镇	321023107
望直港镇	321023108
曹甸镇	321023109
西安丰镇	321023110
山阳镇	321023111
黄塍镇	321023112
泾河镇	321023113
仪征市（10 镇）	**321081**
真州镇	321081100
青山镇	321081101
新集镇	321081103
新城镇	321081104
马集镇	321081105
刘集镇	321081106
陈集镇	321081107
大仪镇	321081108
月塘镇	321081109
朴席镇	321081110
高邮市（2 街道，10 镇，1 民族乡）	**321084**
高邮街道	321084001
马棚街道	321084002
龙虬镇	321084101
车逻镇	321084103
汤庄镇	321084106
卸甲镇	321084107
三垛镇	321084108
甘垛镇	321084109
界首镇	321084112
周山镇	321084113
临泽镇	321084115
送桥镇	321084116
菱塘回族乡	321084200
镇江市（25 街道，31 镇）	**321100**
京口区（8 街道，3 镇）	**321102**
正东路街道	321102001
健康路街道	321102002
大市口街道	321102003
四牌楼街道	321102004

续表 9

行政区划名称	行政区划代码	行政区划名称	行政区划代码	行政区划名称	行政区划代码
谏壁街道	321102005	八桥镇	321182104	天目山街道	321204004
象山街道	321102006	西来桥镇	321182105	三水街道	321204005
丁卯街道	321102007	**句容市（3 街道，8 镇）**	**321183**	蒋垛镇	321204100
大港街道	321102008	华阳街道	321183001	娄庄镇	321204101
丁岗镇	321102100	崇明街道	321183002	白米镇	321204102
大路镇	321102101	黄梅街道	321183003	俞垛镇	321204103
姚桥镇	321102102	下蜀镇	321183102	大坨镇	321204105
润州区（8 街道）	**321111**	白兔镇	321183103	顾高镇	321204107
宝塔路街道	321111001	茅山镇	321183105	张甸镇	321204109
和平路街道	321111002	后白镇	321183106	淤溪镇	321204113
官塘桥街道	321111003	郭庄镇	321183107	溱潼镇	321204115
蒋乔街道	321111004	天王镇	321183109	**兴化市（3 街道，22 镇，1 乡）**	**321281**
金山街道	321111005	宝华镇	321183112	昭阳街道	321281001
韦岗街道	321111006	边城镇	321183117	临城街道	321281002
七里甸街道	321111007	**泰州市（25 街道，61 镇，2 乡）**	**321200**	垛田街道	321281003
南山街道	321111008	**海陵区（10 街道，4 镇）**	**321202**	戴窑镇	321281100
丹徒区（2 街道，6 镇）	**321112**	城东街道	321202001	合陈镇	321281101
高资街道	321112001	城西街道	321202002	永丰镇	321281102
宜城街道	321112002	城南街道	321202003	新垛镇	321281103
高桥镇	321112103	城中街道	321202004	安丰镇	321281104
辛丰镇	321112105	城北街道	321202005	海南镇	321281105
谷阳镇	321112107	京泰路街道	321202007	钓鱼镇	321281106
上党镇	321112108	凤凰街道	321202008	大邹镇	321281107
宝堰镇	321112110	寺巷街道	321202009	沙沟镇	321281108
世业镇	321112113	明珠街道	321202010	中堡镇	321281109
丹阳市（2 街道，10 镇）	**321181**	红旗街道	321202011	竹泓镇	321281114
云阳街道	321181001	九龙镇	321202100	沈坨镇	321281115
曲阿街道	321181002	罡杨镇	321202102	大垛镇	321281116
司徒镇	321181101	苏陈镇	321202103	荻垛镇	321281117
延陵镇	321181105	华港镇	321202104	陶庄镇	321281118
珥陵镇	321181106	**高港区（4 街道，5 镇）**	**321203**	昌荣镇	321281119
导墅镇	321181109	口岸街道	321203001	周庄镇	321281121
皇塘镇	321181110	刁铺街道	321203002	陈堡镇	321281122
吕城镇	321181112	许庄街道	321203003	大营镇	321281126
陵口镇	321181114	沿江街道	321203004	千垛镇	321281128
访仙镇	321181117	永安洲镇	321203102	兴东镇	321281129
界牌镇	321181118	白马镇	321203103	戴南镇	321281130
丹北镇	321181122	大泗镇	321203105	林湖乡	321281207
扬中市（2 街道，4 镇）	**321182**	胡庄镇	321203106	**靖江市（1 街道，8 镇）**	**321282**
三茅街道	321182001	野徐镇	321203107	靖城街道	321282001
兴隆街道	321182002	**姜堰区（4 街道，9 镇）**	**321204**	新桥镇	321282101
新坝镇	321182101	罗塘街道	321204001	东兴镇	321282102
油坊镇	321182103	梁徐街道	321204003	斜桥镇	321282104

续表 10

行政区划名称	行政区划代码	行政区划名称	行政区划代码	行政区划名称	行政区划代码
西来镇	321282105	龙河镇	321302112	韩山镇	321322131
季市镇	321282106	屠园镇	321302113	桑墟镇	321322132
孤山镇	321282107	南蔡乡	321302202	李恒镇	321322133
生祠镇	321282109	**宿豫区（6 街道，7 镇，1 乡）**	**321311**	高墟镇	321322134
马桥镇	321282110	顺河街道	321311001	耿圩镇	321322135
泰兴市（3 街道，13 镇，1 乡）	**321283**	豫新街道	321311002	贤官镇	321322136
济川街道	321283001	下相街道	321311003	西圩乡	321322205
延令街道	321283002	陆集街道	321311004	**泗阳县（3 街道，9 镇，1 乡）**	**321323**
姚王街道	321283003	晓店街道	321311005	众兴街道	321323001
黄桥镇	321283101	井头街道	321311006	城厢街道	321323002
珊瑚镇	321283102	王官集镇	321311103	来安街道	321323003
广陵镇	321283103	仰化镇	321311105	裴圩镇	321323103
古溪镇	321283106	关庙镇	321311111	新袁镇	321323104
元竹镇	321283107	新庄镇	321311113	李口镇	321323105
张桥镇	321283108	来龙镇	321311116	临河镇	321323107
曲霞镇	321283109	大兴镇	321311117	三庄镇	321323112
河失镇	321283110	皂河镇	321311118	爱园镇	321323113
新街镇	321283113	曹集乡	321311201	卢集镇	321323114
宣堡镇	321283115	**沭阳县（6 街道，23 镇，1 乡）**	**321322**	王集镇	321323115
分界镇	321283122	沭城街道	321322001	穿城镇	321323116
滨江镇	321283123	南湖街道	321322002	庄圩乡	321323200
虹桥镇	321283124	梦溪街道	321322003	**泗洪县（3 街道，12 镇，4 乡）**	**321324**
根思乡	321283201	十字街道	321322004	青阳街道	321324001
宿迁市（28 街道，59 镇，8 乡）	**321300**	七雄街道	321322006	重岗街道	321324002
宿城区（10 街道，8 镇，1 乡）	**321302**	章集街道	321322007	大楼街道	321324003
幸福街道	321302001	陇集镇	321322101	上塘镇	321324102
项里街道	321302002	胡集镇	321322102	魏营镇	321324103
河滨街道	321302003	马厂镇	321322105	孙园镇	321324106
古城街道	321302004	沂涛镇	321322106	梅花镇	321324107
支口街道	321302005	庙头镇	321322107	归仁镇	321324108
双庄街道	321302006	华冲镇	321322109	金锁镇	321324109
三棵树街道	321302007	悦来镇	321322111	朱湖镇	321324110
黄河街道	321302008	刘集镇	321322112	龙集镇	321324113
洋北街道	321302009	扎下镇	321322115	双沟镇	321324114
古楚街道	321302010	颜集镇	321322116	界集镇	321324115
耿车镇	321302101	潼阳镇	321322117	半城镇	321324116
埠子镇	321302102	龙庙镇	321322118	临淮镇	321324117
中扬镇	321302107	新河镇	321322124	天岗湖乡	321324202
陈集镇	321302109	吴集镇	321322126	车门乡	321324203
洋河镇	321302110	青伊湖镇	321322128	瑶沟乡	321324204
蔡集镇	321302111	钱集镇	321322129	石集乡	321324205
		塘沟镇	321322130		

浙江省

浙江省（浙）

行政区划名称	行政区划代码
浙江省（488街道，618镇，244乡，14民族乡）	**330000**
杭州市（93街道，75镇，22乡，1民族乡）	**330100**
上城区（14街道）	**330102**
清波街道	330102001
湖滨街道	330102003
小营街道	330102004
南星街道	330102008
紫阳街道	330102009
望江街道	330102010
凯旋街道	330102011
采荷街道	330102012
闸弄口街道	330102013
四季青街道	330102014
彭埠街道	330102015
笕桥街道	330102016
丁兰街道	330102017
九堡街道	330102018
拱墅区（18街道）	**330105**
米市巷街道	330105001
湖墅街道	330105002
小河街道	330105003
和睦街道	330105004
拱宸桥街道	330105005
大关街道	330105007
上塘街道	330105008
祥符街道	330105009
康桥街道	330105010
半山街道	330105011
天水街道	330105012
武林街道	330105013
长庆街道	330105014
潮鸣街道	330105015
朝晖街道	330105016
文晖街道	330105017
东新街道	330105018
石桥街道	330105019
西湖区（10街道，2镇）	**330106**
北山街道	330106002
灵隐街道	330106003
西溪街道	330106004
翠苑街道	330106005
文新街道	330106006
转塘街道	330106011
蒋村街道	330106012
留下街道	330106013
古荡街道	330106014
西湖街道	330106015
三墩镇	330106109
双浦镇	330106110
滨江区（3街道）	**330108**
西兴街道	330108001
浦沿街道	330108002
长河街道	330108003
萧山区（10街道，12镇）	**330109**
城厢街道	330109001
北干街道	330109002
蜀山街道	330109003
新塘街道	330109004
靖江街道	330109005
南阳街道	330109006
新街街道	330109012
闻堰街道	330109013
宁围街道	330109014
盈丰街道	330109015
楼塔镇	330109100
河上镇	330109101
戴村镇	330109102
浦阳镇	330109103
进化镇	330109104
临浦镇	330109105
义桥镇	330109106
所前镇	330109107
衙前镇	330109108
瓜沥镇	330109113
益农镇	330109115
党湾镇	330109120
余杭区（7街道，5镇）	**330110**
五常街道	330110005
仁和街道	330110009
闲林街道	330110010
中泰街道	330110011
余杭街道	330110012
良渚街道	330110013
仓前街道	330110014
径山镇	330110109
瓶窑镇	330110110
鸬鸟镇	330110111
百丈镇	330110112
黄湖镇	330110113
富阳区（5街道，13镇，6乡）	**330111**
富春街道	330111001
春江街道	330111002
东洲街道	330111003
鹿山街道	330111004
银湖街道	330111005
万市镇	330111100
洞桥镇	330111101
新登镇	330111102
渌渚镇	330111103
胥口镇	330111104
永昌镇	330111105
大源镇	330111106
灵桥镇	330111107
里山镇	330111108
常绿镇	330111109
场口镇	330111110
常安镇	330111111
龙门镇	330111112
新桐乡	330111200
上官乡	330111201
渔山乡	330111202
环山乡	330111203
湖源乡	330111204
春建乡	330111205
临安区（5街道，13镇）	**330112**
锦城街道	330112001
玲珑街道	330112002

续表 1

行政区划名称	行政区划代码	行政区划名称	行政区划代码	行政区划名称	行政区划代码
青山湖街道	330112003	凤川街道	330122004	更楼街道	330182003
锦南街道	330112004	富春江镇	330122101	莲花镇	330182101
锦北街道	330112005	横村镇	330122102	乾潭镇	330182102
高虹镇	330112100	江南镇	330122105	梅城镇	330182104
太湖源镇	330112101	分水镇	330122109	杨村桥镇	330182105
於潜镇	330112102	瑶琳镇	330122110	下涯镇	330182106
天目山镇	330112103	百江镇	330122112	大洋镇	330182107
太阳镇	330112104	莪山畲族乡	330122201	三都镇	330182108
潜川镇	330112105	钟山乡	330122202	寿昌镇	330182109
昌化镇	330112106	新合乡	330122204	航头镇	330182110
河桥镇	330112107	合村乡	330122210	大慈岩镇	330182111
龙岗镇	330112108	**淳安县（11 镇，12 乡）**	**330127**	大同镇	330182112
湍口镇	330112109	文昌镇	330127101	李家镇	330182113
清凉峰镇	330112110	石林镇	330127102	钦堂乡	330182202
岛石镇	330112111	临岐镇	330127103	**宁波市（73 街道，73 镇，10 乡）**	**330200**
板桥镇	330112112	威坪镇	330127104	**海曙区（9 街道，7 镇，1 乡）**	**330203**
临平区（7 街道，1 镇）	**330113**	姜家镇	330127106	南门街道	330203001
临平街道	330113001	梓桐镇	330127107	江厦街道	330203002
南苑街道	330113002	汾口镇	330127108	西门街道	330203003
东湖街道	330113003	中洲镇	330127109	月湖街道	330203004
星桥街道	330113004	大墅镇	330127110	鼓楼街道	330203005
乔司街道	330113005	枫树岭镇	330127111	白云街道	330203006
运河街道	330113006	千岛湖镇	330127112	段塘街道	330203007
崇贤街道	330113007	里商乡	330127200	望春街道	330203008
塘栖镇	330113100	金峰乡	330127201	石碶街道	330203009
钱塘区（7 街道）	**330114**	富文乡	330127202	高桥镇	330203100
下沙街道	330114001	左口乡	330127203	横街镇	330203101
白杨街道	330114002	屏门乡	330127205	集士港镇	330203102
河庄街道	330114003	瑶山乡	330127206	古林镇	330203103
义蓬街道	330114004	王阜乡	330127208	洞桥镇	330203104
新湾街道	330114005	宋村乡	330127210	鄞江镇	330203105
临江街道	330114006	鸠坑乡	330127211	章水镇	330203106
前进街道	330114007	浪川乡	330127212	龙观乡	330203200
桐庐县（4 街道，6 镇，3 乡，1 民族乡）	**330122**	界首乡	330127214	**江北区（7 街道，1 镇）**	**330205**
桐君街道	330122001	安阳乡	330127216	孔浦街道	330205003
旧县街道	330122002	**建德市（3 街道，12 镇，1 乡）**	**330182**	文教街道	330205004
城南街道	330122003	新安江街道	330182001	庄桥街道	330205005
		洋溪街道	330182002		

续表 2

行政区划名称	行政区划代码
甬江街道	330205006
洪塘街道	330205007
前江街道	330205008
外滩街道	330205009
慈城镇	330205103
北仑区（11 街道）	**330206**
新碶街道	330206001
小港街道	330206002
大碶街道	330206003
霞浦街道	330206004
柴桥街道	330206005
戚家山街道	330206006
大榭街道	330206007
梅山街道	330206008
春晓街道	330206009
白峰街道	330206010
郭巨街道	330206011
镇海区（5 街道，2 镇）	**330211**
招宝山街道	330211001
蛟川街道	330211002
骆驼街道	330211003
庄市街道	330211004
贵驷街道	330211005
澥浦镇	330211100
九龙湖镇	330211101
鄞州区（15 街道，10 镇）	**330212**
下应街道	330212003
钟公庙街道	330212004
首南街道	330212006
中河街道	330212007
梅墟街道	330212008
潘火街道	330212009
百丈街道	330212010
东胜街道	330212011
明楼街道	330212012
白鹤街道	330212013
东柳街道	330212014
东郊街道	330212015
福明街道	330212016
新明街道	330212017
聚贤街道	330212018
瞻岐镇	330212100
咸祥镇	330212101
塘溪镇	330212102
东吴镇	330212104
五乡镇	330212105
邱隘镇	330212106
云龙镇	330212108
横溪镇	330212109
姜山镇	330212121
东钱湖镇	330212123
奉化区（8 街道，4 镇）	**330213**
锦屏街道	330213001
岳林街道	330213002
江口街道	330213003
西坞街道	330213004
萧王庙街道	330213005
方桥街道	330213006
莼湖街道	330213007
尚田街道	330213008
溪口镇	330213100
裘村镇	330213103
大堰镇	330213104
松岙镇	330213105
象山县（3 街道，10 镇，5 乡）	**330225**
丹东街道	330225001
丹西街道	330225002
爵溪街道	330225003
石浦镇	330225101
西周镇	330225102
鹤浦镇	330225103
贤庠镇	330225104
墙头镇	330225105
泗洲头镇	330225106
定塘镇	330225107
涂茨镇	330225108
大徐镇	330225109
新桥镇	330225110
东陈乡	330225200
晓塘乡	330225201
黄避岙乡	330225202
茅洋乡	330225203
高塘岛乡	330225204
宁海县（4 街道，11 镇，3 乡）	**330226**
跃龙街道	330226001
桃源街道	330226002
梅林街道	330226003
桥头胡街道	330226004
长街镇	330226101
力洋镇	330226102
一市镇	330226104
岔路镇	330226105
前童镇	330226106
桑洲镇	330226107
黄坛镇	330226108
大佳何镇	330226109
强蛟镇	330226110
西店镇	330226111
深甽镇	330226112
胡陈乡	330226200
茶院乡	330226201
越溪乡	330226202
余姚市（6 街道，14 镇，1 乡）	**330281**
梨洲街道	330281001
凤山街道	330281002
兰江街道	330281003
阳明街道	330281004
低塘街道	330281005
朗霞街道	330281006
临山镇	330281100
黄家埠镇	330281101
小曹娥镇	330281102
泗门镇	330281103
马渚镇	330281106

续表 3

行政区划名称	行政区划代码	行政区划名称	行政区划代码	行政区划名称	行政区划代码
牟山镇	330281108	七都街道	330302024	昆鹏街道	330305005
丈亭镇	330281109	蒲鞋市街道	330302025	灵昆街道	330305011
三七市镇	330281110	广化街道	330302026	大门镇	330305100
河姆渡镇	330281111	大南街道	330302027	鹿西乡	330305200
大隐镇	330281112	南郊街道	330302028	**永嘉县（7 街道，11 镇，4 乡）**	**330324**
陆埠镇	330281113	丰门街道	330302029	乌牛街道	330324001
梁弄镇	330281114	藤桥镇	330302100	东城街道	330324002
大岚镇	330281115	山福镇	330302101	北城街道	330324003
四明山镇	330281116	**龙湾区（10 街道）**	**330303**	南城街道	330324004
鹿亭乡	330281201	永中街道	330303001	三江街道	330324007
慈溪市（5 街道，14 镇）	**330282**	蒲州街道	330303002	黄田街道	330324008
浒山街道	330282001	海滨街道	330303003	瓯北街道	330324009
宗汉街道	330282002	永兴街道	330303004	桥头镇	330324102
坎墩街道	330282003	海城街道	330303005	大若岩镇	330324105
白沙路街道	330282004	状元街道	330303006	枫林镇	330324109
古塘街道	330282005	瑶溪街道	330303007	桥下镇	330324112
龙山镇	330282101	沙城街道	330303008	碧莲镇	330324113
掌起镇	330282104	天河街道	330303009	巽宅镇	330324114
观海卫镇	330282107	星海街道	330303010	岩头镇	330324115
附海镇	330282108	**瓯海区（12 街道，1 镇）**	**330304**	岩坦镇	330324116
桥头镇	330282109	景山街道	330304001	沙头镇	330324117
匡堰镇	330282110	梧田街道	330304002	鹤盛镇	330324118
逍林镇	330282111	茶山街道	330304003	金溪镇	330324119
新浦镇	330282112	南白象街道	330304004	茗岙乡	330324200
胜山镇	330282113	新桥街道	330304005	云岭乡	330324201
横河镇	330282114	娄桥街道	330304006	溪下乡	330324202
崇寿镇	330282116	三垟街道	330304007	界坑乡	330324203
庵东镇	330282118	瞿溪街道	330304008	**平阳县（14 镇，1 乡，1 民族乡）**	**330326**
长河镇	330282120	潘桥街道	330304010	昆阳镇	330326100
周巷镇	330282121	丽岙街道	330304011	鳌江镇	330326101
温州市（67 街道，92 镇，21 乡，5 民族乡）	**330300**	仙岩街道	330304012	水头镇	330326102
鹿城区（12 街道，2 镇）	**330302**	郭溪街道	330304013	萧江镇	330326103
滨江街道	330302002	泽雅镇	330304108	海西镇	330326104
松台街道	330302014	**洞头区（6 街道，1 镇，1 乡）**	**330305**	腾蛟镇	330326105
五马街道	330302018	北岙街道	330305001	南麂镇	330326106
南汇街道	330302021	东屏街道	330305002	山门镇	330326107
双屿街道	330302022	元觉街道	330305003	顺溪镇	330326108
仰义街道	330302023	霓屿街道	330305004		

续表 4

行政区划名称	行政区划代码
南雁镇	330326109
麻步镇	330326110
凤卧镇	330326111
万全镇	330326112
怀溪镇	330326113
青街畲族乡	330326214
闹村乡	330326215
苍南县（16 镇，2 民族乡）	**330327**
宜山镇	330327103
大渔镇	330327104
炎亭镇	330327105
望里镇	330327106
莒溪镇	330327107
南宋镇	330327108
霞关镇	330327109
沿浦镇	330327110
藻溪镇	330327112
灵溪镇	330327122
金乡镇	330327124
钱库镇	330327125
马站镇	330327126
矾山镇	330327127
桥墩镇	330327128
赤溪镇	330327129
凤阳畲族乡	330327216
岱岭畲族乡	330327218
文成县（12 镇，4 乡，1 民族乡）	**330328**
百丈漈镇	330328101
二源镇	330328102
巨屿镇	330328106
大峃镇	330328108
珊溪镇	330328109
玉壶镇	330328110
南田镇	330328111
黄坦镇	330328112
西坑畲族镇	330328113
峃口镇	330328114
周壤镇	330328115
铜铃山镇	330328116
桂山乡	330328210
双桂乡	330328211
平和乡	330328212
公阳乡	330328213
周山畲族乡	330328217
泰顺县（12 镇，6 乡，1 民族乡）	**330329**
百丈镇	330329102
罗阳镇	330329111
司前畲族镇	330329112
筱村镇	330329113
泗溪镇	330329114
彭溪镇	330329115
雅阳镇	330329116
仕阳镇	330329117
三魁镇	330329118
南浦溪镇	330329120
龟湖镇	330329121
西旸镇	330329122
东溪乡	330329201
凤垟乡	330329202
柳峰乡	330329203
竹里畲族乡	330329204
雪溪乡	330329206
大安乡	330329208
包垟乡	330329210
瑞安市（12 街道，9 镇，2 乡）	**330381**
安阳街道	330381001
上望街道	330381002
东山街道	330381003
玉海街道	330381004
锦湖街道	330381005
莘塍街道	330381006
汀田街道	330381007
南滨街道	330381008
飞云街道	330381009
仙降街道	330381010
潘岱街道	330381011
云周街道	330381012
塘下镇	330381101
陶山镇	330381125
湖岭镇	330381126
马屿镇	330381127
高楼镇	330381128
桐浦镇	330381129
曹村镇	330381130
林川镇	330381131
平阳坑镇	330381132
北麂乡	330381201
芳庄乡	330381202
乐清市（8 街道，14 镇，3 乡）	**330382**
城东街道	330382001
城南街道	330382002
盐盆街道	330382003
翁垟街道	330382004
白石街道	330382005
石帆街道	330382006
天成街道	330382007
乐成街道	330382008
雁荡镇	330382104
柳市镇	330382121
北白象镇	330382122
虹桥镇	330382123
淡溪镇	330382124
清江镇	330382125
芙蓉镇	330382126
大荆镇	330382127
仙溪镇	330382128
磐石镇	330382129
蒲岐镇	330382130
南岳镇	330382131
南塘镇	330382132
湖雾镇	330382133
岭底乡	330382200

续表 5

行政区划名称	行政区划代码	行政区划名称	行政区划代码	行政区划名称	行政区划代码
智仁乡	330382201	武原街道	330424001	石门镇	330483103
龙西乡	330382202	秦山街道	330424002	河山镇	330483104
龙港市（0 街道）	**330383**	望海街道	330424003	洲泉镇	330483105
嘉兴市（30 街道，42 镇）	**330400**	西塘桥街道	330424004	大麻镇	330483106
南湖区（9 街道，4 镇）	**330402**	沈荡镇	330424101	崇福镇	330483107
建设街道	330402007	百步镇	330424102	**湖州市（28 街道，38 镇，6 乡）**	**330500**
解放街道	330402008	于城镇	330424103	**吴兴区（13 街道，5 镇，1 乡）**	**330502**
新嘉街道	330402009	澉浦镇	330424105	月河街道	330502001
南湖街道	330402010	通元镇	330424106	朝阳街道	330502002
新兴街道	330402011	**海宁市（4 街道，8 镇）**	**330481**	爱山街道	330502003
七星街道	330402012	马桥街道	330481001	飞英街道	330502004
东栅街道	330402013	海昌街道	330481002	龙泉街道	330502005
城南街道	330402014	海洲街道	330481003	凤凰街道	330502006
长水街道	330402015	硖石街道	330481004	湖东街道	330502007
凤桥镇	330402100	许村镇	330481101	仁皇山街道	330502008
余新镇	330402101	长安镇	330481103	滨湖街道	330502009
新丰镇	330402103	周王庙镇	330481105	康山街道	330502010
大桥镇	330402105	丁桥镇	330481106	环渚街道	330502011
秀洲区（4 街道，5 镇）	**330411**	斜桥镇	330481107	龙溪街道	330502012
新城街道	330411002	黄湾镇	330481108	杨家埠街道	330502013
高照街道	330411003	盐官镇	330481110	织里镇	330502100
嘉北街道	330411004	袁花镇	330481112	八里店镇	330502101
塘汇街道	330411005	**平湖市（3 街道，6 镇）**	**330482**	妙西镇	330502102
王江泾镇	330411101	当湖街道	330482001	东林镇	330502103
油车港镇	330411103	曹桥街道	330482002	埭溪镇	330502104
新塍镇	330411104	钟埭街道	330482003	道场乡	330502200
王店镇	330411105	乍浦镇	330482101	**南浔区（2 街道，8 镇）**	**330503**
洪合镇	330411106	新埭镇	330482102	东迁街道	330503001
嘉善县（3 街道，6 镇）	**330421**	新仓镇	330482103	旧馆街道	330503002
罗星街道	330421001	广陈镇	330482106	南浔镇	330503100
魏塘街道	330421002	林埭镇	330482107	练市镇	330503101
惠民街道	330421003	独山港镇	330482108	双林镇	330503102
大云镇	330421102	**桐乡市（3 街道，8 镇）**	**330483**	菱湖镇	330503103
西塘镇	330421103	梧桐街道	330483001	和孚镇	330503104
干窑镇	330421105	凤鸣街道	330483003	善琏镇	330503105
陶庄镇	330421107	高桥街道	330483008	千金镇	330503107
天凝镇	330421111	乌镇镇	330483100	石淙镇	330503108
姚庄镇	330421112	濮院镇	330483101		
海盐县（4 街道，5 镇）	**330424**	屠甸镇	330483102		

续表 6

行政区划名称	行政区划代码
德清县（5 街道，8 镇）	**330521**
下渚湖街道	330521001
武康街道	330521002
舞阳街道	330521003
阜溪街道	330521004
康乾街道	330521005
乾元镇	330521101
洛舍镇	330521103
雷甸镇	330521110
钟管镇	330521113
新市镇	330521114
新安镇	330521115
禹越镇	330521116
莫干山镇	330521117
长兴县（4 街道，9 镇，2 乡）	**330522**
雉城街道	330522001
画溪街道	330522002
太湖街道	330522003
龙山街道	330522004
洪桥镇	330522101
李家巷镇	330522102
夹浦镇	330522103
林城镇	330522104
泗安镇	330522105
虹星桥镇	330522106
和平镇	330522107
小浦镇	330522108
煤山镇	330522109
水口乡	330522200
吕山乡	330522202
安吉县（4 街道，8 镇，3 乡）	**330523**
递铺街道	330523001
昌硕街道	330523002
灵峰街道	330523003
孝源街道	330523004
梅溪镇	330523101
鄣吴镇	330523103
杭垓镇	330523104
孝丰镇	330523105
报福镇	330523106
章村镇	330523107
天荒坪镇	330523108
天子湖镇	330523111
溪龙乡	330523201
上墅乡	330523205
山川乡	330523206
绍兴市（47 街道，49 镇，7 乡）	**330600**
越城区（16 街道，1 镇）	**330602**
塔山街道	330602001
府山街道	330602002
北海街道	330602004
城南街道	330602005
稽山街道	330602006
迪荡街道	330602007
东湖街道	330602008
灵芝街道	330602009
东浦街道	330602010
鉴湖街道	330602011
斗门街道	330602012
皋埠街道	330602013
马山街道	330602014
孙端街道	330602015
陶堰街道	330602016
沥海街道	330602017
富盛镇	330602109
柯桥区（11 街道，5 镇）	**330603**
柯桥街道	330603001
柯岩街道	330603002
华舍街道	330603003
湖塘街道	330603004
齐贤街道	330603005
安昌街道	330603006
兰亭街道	330603007
福全街道	330603008
钱清街道	330603009
马鞍街道	330603010
杨汛桥街道	330603011
平水镇	330603104
王坛镇	330603106
稽东镇	330603108
漓渚镇	330603110
夏履镇	330603111
上虞区（7 街道，10 镇，3 乡）	**330604**
百官街道	330604001
曹娥街道	330604002
东关街道	330604003
道墟街道	330604004
梁湖街道	330604005
小越街道	330604006
崧厦街道	330604007
长塘镇	330604101
上浦镇	330604102
汤浦镇	330604103
章镇镇	330604104
下管镇	330604105
丰惠镇	330604106
永和镇	330604107
驿亭镇	330604109
谢塘镇	330604111
盖北镇	330604112
岭南乡	330604200
陈溪乡	330604201
丁宅乡	330604202
新昌县（4 街道，6 镇，2 乡）	**330624**
南明街道	330624001
羽林街道	330624002
七星街道	330624003
澄潭街道	330624004
沙溪镇	330624108
镜岭镇	330624109
儒岙镇	330624110
回山镇	330624111

续表 7

行政区划名称	行政区划代码	行政区划名称	行政区划代码	行政区划名称	行政区划代码
沃洲镇	330624112	三界镇	330683104	东孝街道	330703002
小将镇	330624113	仙岩镇	330683107	孝顺镇	330703101
城南乡	330624200	下王镇	330683110	傅村镇	330703102
东茗乡	330624201	石璜镇	330683111	曹宅镇	330703103
诸暨市（5 街道，17 镇，1 乡）	**330681**	谷来镇	330683112	澧浦镇	330703104
暨阳街道	330681001	金庭镇	330683113	岭下镇	330703105
浣东街道	330681002	贵门乡	330683206	江东镇	330703106
陶朱街道	330681003	**金华市（42 街道，74 镇，29 乡，1 民族乡）**	**330700**	塘雅镇	330703107
暨南街道	330681004	**婺城区（9 街道，9 镇，8 乡）**	**330702**	赤松镇	330703108
大唐街道	330681005	城东街道	330702001	源东乡	330703200
应店街镇	330681102	城中街道	330702002	**武义县（3 街道，8 镇，7 乡）**	**330723**
次坞镇	330681103	城西街道	330702003	白洋街道	330723001
店口镇	330681104	城北街道	330702004	壶山街道	330723002
姚江镇	330681106	江南街道	330702005	熟溪街道	330723003
山下湖镇	330681108	三江口街道	330702006	柳城畲族镇	330723100
枫桥镇	330681109	西关街道	330702007	履坦镇	330723101
赵家镇	330681110	秋滨街道	330702008	桐琴镇	330723102
马剑镇	330681111	新狮街道	330702009	泉溪镇	330723103
五泄镇	330681112	罗店镇	330702100	新宅镇	330723104
牌头镇	330681115	雅畈镇	330702101	王宅镇	330723105
同山镇	330681116	安地镇	330702102	桃溪镇	330723106
安华镇	330681117	白龙桥镇	330702103	茭道镇	330723107
璜山镇	330681119	琅琊镇	330702104	大田乡	330723200
陈宅镇	330681120	蒋堂镇	330702105	白姆乡	330723201
岭北镇	330681121	汤溪镇	330702106	俞源乡	330723202
浬浦镇	330681122	罗埠镇	330702107	坦洪乡	330723203
东白湖镇	330681123	洋埠镇	330702108	西联乡	330723204
东和乡	330681201	乾西乡	330702201	三港乡	330723205
嵊州市（4 街道，10 镇，1 乡）	**330683**	竹马乡	330702202	大溪口乡	330723206
剡湖街道	330683001	长山乡	330702203	**浦江县（3 街道，7 镇，5 乡）**	**330726**
三江街道	330683002	箬阳乡	330702204	浦南街道	330726001
鹿山街道	330683003	沙畈乡	330702205	仙华街道	330726002
浦口街道	330683004	塔石乡	330702206	浦阳街道	330726003
甘霖镇	330683100	莘畈乡	330702208	黄宅镇	330726101
长乐镇	330683101	苏孟乡	330702209	白马镇	330726102
崇仁镇	330683102	**金东区（2 街道，8 镇，1 乡）**	**330703**	郑家坞镇	330726103
黄泽镇	330683103	多湖街道	330703001	郑宅镇	330726104

续表 8

行政区划名称	行政区划代码
岩头镇	330726105
檀溪镇	330726106
杭坪镇	330726107
大畈乡	330726200
中余乡	330726201
前吴乡	330726202
花桥乡	330726203
虞宅乡	330726204
磐安县（2 街道，7 镇，5 乡）	**330727**
安文街道	330727001
新渥街道	330727002
尖山镇	330727102
仁川镇	330727103
大盘镇	330727104
方前镇	330727105
玉山镇	330727106
尚湖镇	330727107
冷水镇	330727108
双峰乡	330727201
双溪乡	330727203
窈川乡	330727205
盘峰乡	330727206
九和乡	330727211
兰溪市（6 街道，7 镇，2 乡，1 民族乡）	**330781**
兰江街道	330781001
云山街道	330781002
上华街道	330781003
永昌街道	330781004
赤溪街道	330781005
女埠街道	330781006
游埠镇	330781101
诸葛镇	330781102
黄店镇	330781103
香溪镇	330781104
梅江镇	330781106
马涧镇	330781109
横溪镇	330781110
灵洞乡	330781200
柏社乡	330781201
水亭畲族乡	330781202
义乌市（8 街道，6 镇）	**330782**
稠城街道	330782001
江东街道	330782002
稠江街道	330782003
北苑街道	330782004
后宅街道	330782005
城西街道	330782006
廿三里街道	330782007
福田街道	330782008
佛堂镇	330782100
赤岸镇	330782101
义亭镇	330782102
上溪镇	330782104
苏溪镇	330782105
大陈镇	330782106
东阳市（6 街道，11 镇，1 乡）	**330783**
吴宁街道	330783001
南市街道	330783002
白云街道	330783003
江北街道	330783004
城东街道	330783005
六石街道	330783006
歌山镇	330783128
巍山镇	330783129
虎鹿镇	330783130
佐村镇	330783131
东阳江镇	330783133
湖溪镇	330783134
横店镇	330783135
马宅镇	330783136
千祥镇	330783137
南马镇	330783138
画水镇	330783139
三单乡	330783200
永康市（3 街道，11 镇）	**330784**
东城街道	330784001
西城街道	330784002
江南街道	330784003
石柱镇	330784100
古山镇	330784101
象珠镇	330784102
龙山镇	330784103
花街镇	330784104
方岩镇	330784105
舟山镇	330784106
前仓镇	330784107
唐先镇	330784108
西溪镇	330784109
芝英镇	330784110
衢州市（18 街道，43 镇，38 乡，1 民族乡）	**330800**
柯城区（8 街道，2 镇，8 乡）	**330802**
府山街道	330802001
荷花街道	330802004
新新街道	330802005
双港街道	330802007
信安街道	330802008
花园街道	330802009
白云街道	330802010
衢化街道	330802011
石梁镇	330802100
航埠镇	330802101
姜家山乡	330802200
万田乡	330802201
石室乡	330802202
黄家乡	330802205
七里乡	330802209
九华乡	330802210
沟溪乡	330802211
华墅乡	330802212
衢江区（2 街道，10 镇，8 乡）	**330803**
樟潭街道	330803001
浮石街道	330803002

续表 9

行政区划名称	行政区划代码
上方镇	330803100
峡川镇	330803101
杜泽镇	330803102
莲花镇	330803103
高家镇	330803105
全旺镇	330803109
大洲镇	330803110
后溪镇	330803111
廿里镇	330803112
湖南镇	330803113
灰坪乡	330803200
太真乡	330803202
双桥乡	330803203
周家乡	330803206
云溪乡	330803207
黄坛口乡	330803212
举村乡	330803213
岭洋乡	330803214
常山县（3 街道，6 镇，5 乡）	**330822**
天马街道	330822001
紫港街道	330822002
金川街道	330822003
辉埠镇	330822101
芳村镇	330822102
球川镇	330822103
白石镇	330822104
招贤镇	330822105
青石镇	330822106
何家乡	330822200
新昌乡	330822208
同弓乡	330822211
大桥头乡	330822213
东案乡	330822214
开化县（8 镇，6 乡）	**330824**
华埠镇	330824101
马金镇	330824102
村头镇	330824103
池淮镇	330824104
桐村镇	330824106
杨林镇	330824107
苏庄镇	330824108
齐溪镇	330824109
林山乡	330824200
音坑乡	330824201
中村乡	330824202
长虹乡	330824205
何田乡	330824208
大溪边乡	330824210
龙游县（2 街道，6 镇，6 乡，1 民族乡）	**330825**
东华街道	330825001
龙洲街道	330825002
湖镇镇	330825101
小南海镇	330825102
溪口镇	330825103
横山镇	330825104
塔石镇	330825105
詹家镇	330825106
罗家乡	330825201
庙下乡	330825203
沐尘畲族乡	330825204
模环乡	330825206
石佛乡	330825207
社阳乡	330825209
大街乡	330825211
江山市（3 街道，11 镇，5 乡）	**330881**
双塔街道	330881001
虎山街道	330881002
清湖街道	330881003
上余镇	330881102
贺村镇	330881103
坛石镇	330881105
大桥镇	330881106
四都镇	330881107
新塘边镇	330881109
凤林镇	330881110
峡口镇	330881111
廿八都镇	330881112
长台镇	330881113
石门镇	330881114
大陈乡	330881200
碗窑乡	330881201
保安乡	330881202
张村乡	330881204
塘源口乡	330881205
舟山市（14 街道，17 镇，5 乡）	**330900**
定海区（10 街道，3 镇）	**330902**
昌国街道	330902002
环南街道	330902003
城东街道	330902004
盐仓街道	330902005
临城街道	330902006
小沙街道	330902007
岑港街道	330902008
马岙街道	330902009
双桥街道	330902010
千岛街道	330902011
金塘镇	330902100
白泉镇	330902104
干䃎镇	330902105
普陀区（4 街道，5 镇）	**330903**
沈家门街道	330903001
东港街道	330903003
展茅街道	330903004
朱家尖街道	330903005
虾峙镇	330903102
桃花镇	330903104
东极镇	330903105
六横镇	330903106
普陀山镇	330903107
岱山县（6 镇，1 乡）	**330921**
高亭镇	330921100
东沙镇	330921101
岱东镇	330921102

续表 10

行政区划名称	行政区划代码	行政区划名称	行政区划代码	行政区划名称	行政区划代码
岱西镇	330921103	沙埠镇	331003108	坦头镇	331023106
长涂镇	330921105	屿头乡	331003200	三合镇	331023107
衢山镇	330921106	上郑乡	331003201	洪畴镇	331023108
秀山乡	330921200	富山乡	331003202	三州乡	331023200
嵊泗县（3 镇，4 乡）	**330922**	茅畲乡	331003203	龙溪乡	331023203
菜园镇	330922100	上垟乡	331003204	雷峰乡	331023204
嵊山镇	330922101	平田乡	331003205	南屏乡	331023207
洋山镇	330922102	**路桥区（6 街道，4 镇）**	**331004**	泳溪乡	331023209
五龙乡	330922200	路南街道	331004001	**仙居县（3 街道，7 镇，10 乡）**	**331024**
黄龙乡	330922201	路桥街道	331004002	福应街道	331024001
枸杞乡	330922202	路北街道	331004003	南峰街道	331024002
花鸟乡	330922203	螺洋街道	331004004	安洲街道	331024003
台州市（45 街道，61 镇，24 乡）	**331000**	桐屿街道	331004005	横溪镇	331024101
椒江区（9 街道，1 镇）	**331002**	峰江街道	331004006	埠头镇	331024102
海门街道	331002001	新桥镇	331004103	白塔镇	331024103
白云街道	331002002	横街镇	331004104	田市镇	331024104
葭沚街道	331002003	金清镇	331004106	官路镇	331024105
洪家街道	331002004	蓬街镇	331004107	下各镇	331024106
三甲街道	331002005	**三门县（3 街道，6 镇，1 乡）**	**331022**	朱溪镇	331024107
下陈街道	331002006	海游街道	331022001	安岭乡	331024200
前所街道	331002007	海润街道	331022002	溪港乡	331024201
章安街道	331002008	沙柳街道	331022003	湫山乡	331024202
海虹街道	331002009	珠岙镇	331022102	淡竹乡	331024203
大陈镇	331002101	亭旁镇	331022103	皤滩乡	331024204
黄岩区（8 街道，5 镇，6 乡）	**331003**	健跳镇	331022105	上张乡	331024205
东城街道	331003001	横渡镇	331022106	步路乡	331024206
南城街道	331003002	花桥镇	331022108	广度乡	331024207
西城街道	331003003	浦坝港镇	331022110	大战乡	331024209
北城街道	331003004	蛇蟠乡	331022205	双庙乡	331024210
新前街道	331003005	**天台县（3 街道，7 镇，5 乡）**	**331023**	**温岭市（5 街道，11 镇）**	**331081**
澄江街道	331003006	赤城街道	331023001	太平街道	331081001
江口街道	331003007	福溪街道	331023002	城东街道	331081002
高桥街道	331003008	始丰街道	331023003	城西街道	331081003
宁溪镇	331003101	白鹤镇	331023101	城北街道	331081004
北洋镇	331003102	石梁镇	331023102	横峰街道	331081005
头陀镇	331003103	街头镇	331023104	泽国镇	331081100
院桥镇	331003107	平桥镇	331023105	大溪镇	331081101
				松门镇	331081102

续表 11

行政区划名称	行政区划代码
箬横镇	331081103
新河镇	331081104
石塘镇	331081105
滨海镇	331081106
温峤镇	331081107
城南镇	331081108
石桥头镇	331081109
坞根镇	331081110
临海市（5 街道，14 镇）	**331082**
古城街道	331082001
大洋街道	331082002
江南街道	331082003
大田街道	331082004
邵家渡街道	331082005
汛桥镇	331082100
东塍镇	331082101
汇溪镇	331082103
小芝镇	331082104
河头镇	331082105
白水洋镇	331082106
括苍镇	331082107
永丰镇	331082108
尤溪镇	331082109
涌泉镇	331082110
沿江镇	331082111
杜桥镇	331082112
上盘镇	331082113
桃渚镇	331082114
玉环市（3 街道，6 镇，2 乡）	**331083**
玉城街道	331083001
坎门街道	331083002
大麦屿街道	331083003
清港镇	331083100
楚门镇	331083101
干江镇	331083102
沙门镇	331083103
芦浦镇	331083104
龙溪镇	331083105
鸡山乡	331083200
海山乡	331083201
丽水市（31 街道，54 镇，82 乡，6 民族乡）	**331100**
莲都区（6 街道，4 镇，4 乡，1 民族乡）	**331102**
紫金街道	331102001
岩泉街道	331102002
万象街道	331102003
白云街道	331102004
联城街道	331102005
南明山街道	331102006
碧湖镇	331102100
大港头镇	331102102
老竹畲族镇	331102103
雅溪镇	331102104
太平乡	331102200
仙渡乡	331102202
峰源乡	331102204
丽新畲族乡	331102207
黄村乡	331102211
青田县（4 街道，10 镇，18 乡）	**331121**
鹤城街道	331121001
瓯南街道	331121002
油竹街道	331121003
三溪口街道	331121004
温溪镇	331121101
东源镇	331121102
高湖镇	331121103
船寮镇	331121104
海口镇	331121105
腊口镇	331121106
北山镇	331121107
山口镇	331121108
仁庄镇	331121109
祯埠镇	331121110
万山乡	331121200
黄垟乡	331121201
季宅乡	331121202
高市乡	331121203
海溪乡	331121204
章村乡	331121205
祯旺乡	331121206
舒桥乡	331121208
巨浦乡	331121209
万阜乡	331121211
方山乡	331121212
汤垟乡	331121213
贵岙乡	331121214
小舟山乡	331121215
吴坑乡	331121216
仁宫乡	331121217
章旦乡	331121218
阜山乡	331121219
缙云县（3 街道，7 镇，8 乡）	**331122**
五云街道	331122001
仙都街道	331122002
新碧街道	331122003
壶镇镇	331122101
新建镇	331122102
舒洪镇	331122103
大洋镇	331122105
东渡镇	331122106
东方镇	331122107
大源镇	331122108
七里乡	331122203
前路乡	331122206
三溪乡	331122207
溶江乡	331122208
双溪口乡	331122209
胡源乡	331122210
方溪乡	331122211
石笕乡	331122212
遂昌县（2 街道，7 镇，10 乡，1 民族乡）	**331123**
妙高街道	331123001

续表 12

行政区划名称	行政区划代码
云峰街道	331123002
新路湾镇	331123102
北界镇	331123103
金竹镇	331123104
大柘镇	331123105
石练镇	331123106
王村口镇	331123107
黄沙腰镇	331123108
三仁畲族乡	331123200
濂竹乡	331123201
应村乡	331123202
高坪乡	331123203
湖山乡	331123204
蔡源乡	331123205
焦滩乡	331123206
龙洋乡	331123207
柘岱口乡	331123208
西畈乡	331123209
垵口乡	331123210
松阳县(3 街道,5 镇,10 乡,1 民族乡)	**331124**
西屏街道	331124001
水南街道	331124002
望松街道	331124003
古市镇	331124101
玉岩镇	331124102
象溪镇	331124103
大东坝镇	331124104
新兴镇	331124105
叶村乡	331124201
斋坛乡	331124202
三都乡	331124203
竹源乡	331124204
四都乡	331124205
赤寿乡	331124206
樟溪乡	331124208
枫坪乡	331124211
板桥畲族乡	331124212
裕溪乡	331124213
安民乡	331124214
云和县(4 街道,3 镇,1 乡,2 民族乡)	**331125**
元和街道	331125001
凤凰山街道	331125002
白龙山街道	331125003
浮云街道	331125004
石塘镇	331125101
紧水滩镇	331125102
崇头镇	331125103
雾溪畲族乡	331125201
安溪畲族乡	331125202
赤石乡	331125206
庆元县(3 街道,6 镇,10 乡)	**331126**
濛洲街道	331126001
屏都街道	331126002
松源街道	331126003
黄田镇	331126101
竹口镇	331126102
荷地镇	331126104
左溪镇	331126105
贤良镇	331126106
百山祖镇	331126107
岭头乡	331126200
五大堡乡	331126201
淤上乡	331126202
安南乡	331126203
张村乡	331126204
隆宫乡	331126205
举水乡	331126206
江根乡	331126207
龙溪乡	331126209
官塘乡	331126211
景宁畲族自治县（2 街道，4 镇，15 乡）	**331127**
鹤溪街道	331127001
红星街道	331127002
渤海镇	331127101
东坑镇	331127102
英川镇	331127103
沙湾镇	331127104
大均乡	331127201
澄照乡	331127202
梅岐乡	331127203
郑坑乡	331127205
九龙乡	331127206
大漈乡	331127208
景南乡	331127209
雁溪乡	331127210
鸬鹚乡	331127212
梧桐乡	331127213
标溪乡	331127214
毛垟乡	331127215
秋炉乡	331127216
大地乡	331127217
家地乡	331127218
龙泉市(4 街道,8 镇,6 乡,1 民族乡)	**331181**
龙渊街道	331181001
西街街道	331181002
剑池街道	331181003
础石街道	331181004
八都镇	331181100
上垟镇	331181101
小梅镇	331181102
查田镇	331181103
安仁镇	331181104
锦溪镇	331181105
住龙镇	331181106
屏南镇	331181107
兰巨乡	331181200
宝溪乡	331181202
竹垟畲族乡	331181203
道太乡	331181204
岩樟乡	331181205
城北乡	331181206
龙南乡	331181207

「安徽省」

安徽省（皖）

行政区划名称	行政区划代码
安徽省(287 街道,1011 镇,215 乡,9 民族乡)	**340000**
合肥市(50 街道,70 镇,10 乡,1 民族乡)	**340100**
瑶海区（14 街道，1 镇）	**340102**
明光路街道	340102001
胜利路街道	340102003
三里街街道	340102004
铜陵路街道	340102005
七里站街道	340102006
红光街道	340102007
和平路街道	340102008
城东街道	340102010
长淮街道	340102011
方庙街道	340102012
七里塘街道	340102013
嘉山路街道	340102014
三十头街道	340102015
磨店街道	340102016
大兴镇	340102101
庐阳区（9 街道，1 镇，1 乡）	**340103**
逍遥津街道	340103003
亳州路街道	340103009
双岗街道	340103010
杏花村街道	340103011
海棠街道	340103012
杏林街道	340103013
三孝口街道	340103014
四里河街道	340103015
林店街道	340103016
大杨镇	340103101
三十岗乡	340103200
蜀山区（9 街道，3 镇）	**340104**
三里庵街道	340104001
南七街道	340104002
稻香村街道	340104003
琥珀街道	340104004
西园街道	340104005
五里墩街道	340104006
荷叶地街道	340104008
笔架山街道	340104009
高刘街道	340104010
井岗镇	340104100
南岗镇	340104110
小庙镇	340104112
包河区（9 街道，2 镇）	**340111**
包公街道	340111002
芜湖路街道	340111003
常青街道	340111004
望湖街道	340111006
义城街道	340111007
烟墩街道	340111008
骆岗街道	340111009
万年埠街道	340111010
同安街道	340111011
大圩镇	340111101
淝河镇	340111106
长丰县（12 镇，2 乡）	**340121**
水湖镇	340121100
庄墓镇	340121103
杨庙镇	340121104
吴山镇	340121105
岗集镇	340121106
双墩镇	340121107
下塘镇	340121108
朱巷镇	340121109
陶楼镇	340121110
杜集镇	340121111
义井镇	340121112
左店镇	340121113
罗塘乡	340121203
造甲乡	340121216
肥东县（12 镇，5 乡，1 民族乡）	**340122**
店埠镇	340122100
撮镇镇	340122101
梁园镇	340122102
桥头集镇	340122103
长临河镇	340122104
八斗镇	340122105
白龙镇	340122106
古城镇	340122107
石塘镇	340122108
元疃镇	340122109
包公镇	340122110
陈集镇	340122112
牌坊回族满族乡	340122200
响导乡	340122201
杨店乡	340122202
众兴乡	340122203
张集乡	340122204
马湖乡	340122205
肥西县（10 镇，2 乡）	**340123**
上派镇	340123100
三河镇	340123101
桃花镇	340123102
花岗镇	340123103
官亭镇	340123105
山南镇	340123107
丰乐镇	340123108
紫蓬镇	340123110
高店镇	340123111
严店镇	340123112
铭传乡	340123203
柿树岗乡	340123207
庐江县（3 街道，17 镇）	**340124**
东顾山街道	340124001
岗湾街道	340124002
移湖街道	340124003
庐城镇	340124100
冶父山镇	340124101
万山镇	340124102
汤池镇	340124103
郭河镇	340124104
金牛镇	340124105
石头镇	340124106
白山镇	340124107
盛桥镇	340124108
白湖镇	340124109

续表 1

行政区划名称	行政区划代码	行政区划名称	行政区划代码	行政区划名称	行政区划代码
龙桥镇	340124110	裕溪口街道	340207002	工山镇	340223105
矾山镇	340124111	官陡街道	340207003	家发镇	340223108
罗河镇	340124112	湾里街道	340207004	烟墩镇	340223110
泥河镇	340124113	清水街道	340207005	何湾镇	340223112
乐桥镇	340124114	龙山街道	340207006	**无为市（20 镇）**	**340281**
柯坦镇	340124115	万春街道	340207007	无城镇	340281100
同大镇	340124116	沈巷镇	340207100	襄安镇	340281101
巢湖市（6 街道，12 镇）	**340181**	二坝镇	340207101	陡沟镇	340281102
卧牛山街道	340181005	汤沟镇	340207102	石涧镇	340281103
亚父街道	340181006	白茆镇	340207103	严桥镇	340281104
天河街道	340181007	**弋江区（10 街道，1 镇）**	**340209**	开城镇	340281105
凤凰山街道	340181008	中南街道	340209001	蜀山镇	340281106
半汤街道	340181009	马塘街道	340209002	牛埠镇	340281107
中庙街道	340181010	澛港街道	340209003	刘渡镇	340281108
柘皋镇	340181100	火龙街道	340209004	姚沟镇	340281109
烔炀镇	340181101	白马街道	340209005	泥汊镇	340281110
槐林镇	340181102	南瑞街道	340209006	福渡镇	340281111
夏阁镇	340181104	三山街道	340209007	泉塘镇	340281112
苏湾镇	340181105	保定街道	340209008	赫店镇	340281113
黄麓镇	340181107	龙湖街道	340209009	高沟镇	340281114
银屏镇	340181108	高安街道	340209010	红庙镇	340281115
散兵镇	340181109	峨桥镇	340209100	鹤毛镇	340281116
坝镇	340181110	**湾沚区（5 镇）**	**340210**	十里墩镇	340281117
中垾镇	340181112	湾沚镇	340210100	昆山镇	340281118
栏杆集镇	340181113	陶辛镇	340210101	洪巷镇	340281119
庙岗镇	340181114	六郎镇	340210102	**蚌埠市（22 街道，47 镇，7 乡，1 民族乡）**	**340300**
芜湖市（27 街道，44 镇）	**340200**	花桥镇	340210103	**龙子湖区（6 街道，1 镇，1 乡）**	**340302**
镜湖区（10 街道）	**340202**	红杨镇	340210104	解放街道	340302001
张家山街道	340202001	**繁昌区（6 镇）**	**340212**	东风街道	340302002
赭麓街道	340202002	繁阳镇	340212100	治淮街道	340302003
范罗山街道	340202003	荻港镇	340212101	东升街道	340302004
赭山街道	340202005	新港镇	340212102	曹山街道	340302006
弋矶山街道	340202006	孙村镇	340212103	延安街道	340302008
汀棠街道	340202007	平铺镇	340212104	长淮卫镇	340302100
天门山街道	340202008	峨山镇	340212105	李楼乡	340302200
大砻坊街道	340202010	**南陵县（8 镇）**	**340223**	**蚌山区（7 街道，2 乡）**	**340303**
荆山街道	340202011	籍山镇	340223100	天桥街道	340303001
方村街道	340202012	弋江镇	340223101	青年街道	340303002
鸠江区（7 街道，4 镇）	**340207**	许镇镇	340223102	纬二路街道	340303003
四褐山街道	340207001	三里镇	340223103		

续表 2

行政区划名称	行政区划代码
黄庄街道	340303004
宏业村街道	340303005
胜利街道	340303006
龙湖新村街道	340303007
雪华乡	340303201
燕山乡	340303202
禹会区（5 街道，2 镇，1 乡）	**340304**
朝阳街道	340304001
纬四街道	340304002
大庆街道	340304003
张公山街道	340304004
钓鱼台街道	340304005
秦集镇	340304100
马城镇	340304101
长青乡	340304200
淮上区（1 街道，5 镇）	**340311**
淮滨街道	340311001
吴小街镇	340311100
小蚌埠镇	340311101
曹老集镇	340311102
梅桥镇	340311103
沫河口镇	340311104
怀远县（3 街道，17 镇，1 乡）	**340321**
白乳泉街道	340321001
引凤街道	340321002
望淮街道	340321003
荆山镇	340321100
鲍集镇	340321101
龙亢镇	340321102
河溜镇	340321103
常坟镇	340321104
双桥集镇	340321106
魏庄镇	340321107
唐集镇	340321108
万福镇	340321109
白莲坡镇	340321110
古城镇	340321111
褚集镇	340321112
榴城镇	340321113
淝南镇	340321114
陈集镇	340321115
淝河镇	340321116
兰桥镇	340321117
徐圩乡	340321205
五河县（12 镇，1 乡，1 民族乡）	**340322**
城关镇	340322100
新集镇	340322101
小溪镇	340322103
双忠庙镇	340322104
小圩镇	340322105
东刘集镇	340322106
头铺镇	340322107
大新镇	340322108
武桥镇	340322109
朱顶镇	340322110
浍南镇	340322111
申集镇	340322112
沱湖乡	340322200
临北回族乡	340322201
固镇县（10 镇，1 乡）	**340323**
谷阳镇	340323100
王庄镇	340323101
新马桥镇	340323103
刘集镇	340323104
湖沟镇	340323105
任桥镇	340323106
濠城镇	340323107
连城镇	340323108
仲兴镇	340323109
杨庙镇	340323110
石湖乡	340323201
淮南市（19 街道，59 镇，8 乡，4 民族乡）	**340400**
大通区（1 街道，3 镇，1 乡）	**340402**
大通街道	340402001
上窑镇	340402100
洛河镇	340402101
九龙岗镇	340402102
孔店乡	340402200
田家庵区（9 街道，4 镇，1 乡）	**340403**
田东街道	340403001
新淮街道	340403002
淮滨街道	340403003
公园街道	340403004
国庆街道	340403005
泉山街道	340403006
洞山街道	340403007
龙泉街道	340403008
朝阳街道	340403009
舜耕镇	340403100
安成镇	340403101
曹庵镇	340403102
三和镇	340403103
史院乡	340403201
谢家集区（5 街道，4 镇，1 乡，1 民族乡）	**340404**
谢家集街道	340404001
蔡家岗街道	340404002
立新街道	340404003
谢三村街道	340404004
平山街道	340404005
望峰岗镇	340404100
李郢孜镇	340404101
唐山镇	340404102
杨公镇	340404103
孤堆回族乡	340404200
孙庙乡	340404201
八公山区（3 街道，2 镇）	**340405**
新庄孜街道	340405001
土坝孜街道	340405002
毕家岗街道	340405003
山王镇	340405100
八公山镇	340405101
潘集区（1 街道，9 镇，1 民族乡）	**340406**
田集街道	340406002
泥河镇	340406100
芦集镇	340406101

续表 3

行政区划名称	行政区划代码
潘集镇	340406102
平圩镇	340406103
高皇镇	340406104
架河镇	340406105
祁集镇	340406106
夹沟镇	340406107
贺疃镇	340406108
古沟回族乡	340406205
凤台县（15 镇，3 乡，1 民族乡）	**340421**
城关镇	340421100
新集镇	340421102
朱马店镇	340421103
岳张集镇	340421104
顾桥镇	340421106
桂集镇	340421107
凤凰镇	340421108
杨村镇	340421109
丁集镇	340421110
刘集镇	340421111
大兴镇	340421112
尚塘镇	340421113
毛集镇	340421114
夏集镇	340421115
焦岗湖镇	340421116
古店乡	340421205
钱庙乡	340421206
关店乡	340421210
李冲回族乡	340421212
寿县（22 镇，2 乡，1 民族乡）	**340422**
寿春镇	340422100
双桥镇	340422101
涧沟镇	340422102
丰庄镇	340422103
正阳关镇	340422104
迎河镇	340422105
板桥镇	340422106
安丰塘镇	340422107
堰口镇	340422108
保义镇	340422109
隐贤镇	340422110
安丰镇	340422111
瓦埠镇	340422112
众兴镇	340422113
茶庵镇	340422114
三觉镇	340422115
炎刘镇	340422116
刘岗镇	340422117
双庙集镇	340422118
小甸镇	340422119
大顺镇	340422120
窑口镇	340422121
八公山乡	340422200
陶店回族乡	340422202
张李乡	340422203
马鞍山市（13 街道，33 镇，2 乡）	**340500**
花山区（9 街道，1 镇）	**340503**
沙塘路街道	340503001
解放路街道	340503002
湖东路街道	340503003
桃源路街道	340503004
霍里街道	340503005
金家庄街道	340503006
江东街道	340503007
塘西街道	340503008
慈湖街道	340503009
濮塘镇	340503100
雨山区（4 街道，2 镇，1 乡）	**340504**
平湖街道	340504001
雨山街道	340504002
安民街道	340504003
采石街道	340504004
向山镇	340504100
银塘镇	340504101
佳山乡	340504200
博望区（3 镇）	**340506**
博望镇	340506100
丹阳镇	340506101
新市镇	340506102
当涂县（10 镇，1 乡）	**340521**
姑孰镇	340521100
黄池镇	340521101
乌溪镇	340521102
石桥镇	340521103
塘南镇	340521104
护河镇	340521105
太白镇	340521109
年陡镇	340521110
湖阳镇	340521111
大陇镇	340521112
江心乡	340521203
含山县（8 镇）	**340522**
环峰镇	340522100
运漕镇	340522101
铜闸镇	340522103
陶厂镇	340522104
林头镇	340522105
清溪镇	340522106
仙踪镇	340522107
昭关镇	340522109
和县（9 镇）	**340523**
历阳镇	340523100
白桥镇	340523105
姥桥镇	340523106
西埠镇	340523107
香泉镇	340523108
乌江镇	340523109
善厚镇	340523110
石杨镇	340523111
功桥镇	340523112
淮北市（15 街道，18 镇）	**340600**
杜集区（2 街道，3 镇）	**340602**
高岳街道	340602001
矿山集街道	340602002
朔里镇	340602102
石台镇	340602103
段园镇	340602104
相山区（8 街道，1 镇）	**340603**
相南街道	340603001

续表 4

行政区划名称	行政区划代码	行政区划名称	行政区划代码	行政区划名称	行政区划代码
相山东街道	340603002	顺安镇	340706103	滨江街道	340802007
相山西街道	340603003	西联镇	340706104	老峰镇	340802100
三堤口街道	340603004	东联镇	340706105	龙狮桥乡	340802200
东山街道	340603005	胥坝乡	340706201	长风乡	340802201
曲阳街道	340603008	老洲乡	340706203	新洲乡	340802203
南黎街道	340603009	**郊区（2街道，5镇，1乡）**	**340711**	**大观区（7街道，1镇，2乡）**	**340803**
任圩街道	340603010	安庆矿区街道	340711001	德宽路街道	340803001
渠沟镇	340603100	桥南街道	340711002	玉琳路街道	340803002
烈山区（5街道，3镇）	**340604**	铜山镇	340711100	龙山路街道	340803003
杨庄街道	340604001	大通镇	340711101	菱湖街道	340803004
任楼街道	340604002	老洲镇	340711102	集贤路街道	340803005
临海童街道	340604003	陈瑶湖镇	340711103	石化路街道	340803006
百善街道	340604005	周潭镇	340711104	花亭路街道	340803007
前岭街道	340604006	灰河乡	340711200	海口镇	340803100
烈山镇	340604100	**枞阳县（15镇，1乡）**	**340722**	山口乡	340803200
宋疃镇	340604101	横埠镇	340722106	十里铺乡	340803201
古饶镇	340604102	项铺镇	340722107	**宜秀区（2街道，3镇，2乡）**	**340811**
濉溪县（11镇）	**340621**	钱桥镇	340722108	大桥街道	340811055
濉溪镇	340621100	麒麟镇	340722109	菱北街道	340811056
韩村镇	340621102	义津镇	340722110	杨桥镇	340811100
临涣镇	340621104	浮山镇	340722111	大龙山镇	340811101
南坪镇	340621105	官埠桥镇	340722112	罗岭镇	340811102
孙疃镇	340621108	会宫镇	340722113	白泽湖乡	340811200
刘桥镇	340621109	白柳镇	340722114	五横乡	340811201
百善镇	340621110	钱铺镇	340722115	**怀宁县（15镇，5乡）**	**340822**
双堆集镇	340621112	金社镇	340722116	石牌镇	340822100
五沟镇	340621113	雨坛镇	340722117	高河镇	340822101
铁佛镇	340621114	枞阳镇	340722118	月山镇	340822102
四铺镇	340621115	㠙山镇	340722119	腊树镇	340822103
铜陵市（5街道，27镇，4乡）	**340700**	汤沟镇	340722120	黄龙镇	340822104
铜官区（2街道，1镇）	**340705**	白梅乡	340722205	三桥镇	340822105
东郊街道	340705007	**安庆市（23街道，85镇，45乡）**	**340800**	小市镇	340822106
新城街道	340705008	**迎江区（6街道，1镇，3乡）**	**340802**	黄墩镇	340822107
西湖镇	340705100	宜城路街道	340802001	公岭镇	340822108
义安区（1街道，6镇，2乡）	**340706**	新河路街道	340802002	马庙镇	340822109
新桥街道	340706001	华中路街道	340802003	金拱镇	340822110
五松镇	340706100	人民路街道	340802004	茶岭镇	340822111
钟鸣镇	340706101	孝肃路街道	340802005	洪铺镇	340822113
天门镇	340706102			江镇镇	340822114

续表 5

行政区划名称	行政区划代码	行政区划名称	行政区划代码	行政区划名称	行政区划代码
平山镇	340822116	北浴乡	340826206	田头乡	340828205
雷埠乡	340822201	陈汉乡	340826207	石关乡	340828207
清河乡	340822203	隘口乡	340826208	姚河乡	340828208
秀山乡	340822204	柳坪乡	340826209	和平乡	340828209
凉亭乡	340822206	趾凤乡	340826210	巍岭乡	340828214
石镜乡	340822208	河塌乡	340826211	**桐城市（3 街道，12 镇）**	**340881**
太湖县（10 镇，5 乡）	**340825**	**望江县（3 街道，9 镇，1 乡）**	**340827**	文昌街道	340881002
晋熙镇	340825100			龙眠街道	340881003
徐桥镇	340825101	雷阳街道	340827001	龙腾街道	340881004
新仓镇	340825102	吉水街道	340827002	双港镇	340881100
小池镇	340825103	回龙街道	340827003	新渡镇	340881101
寺前镇	340825104	华阳镇	340827101	金神镇	340881102
天华镇	340825105	杨湾镇	340827102	孔城镇	340881103
牛镇镇	340825106	漳湖镇	340827103	范岗镇	340881104
弥陀镇	340825107	赛口镇	340827104	青草镇	340881105
北中镇	340825108	高士镇	340827105	吕亭镇	340881108
百里镇	340825109	鸦滩镇	340827106	大关镇	340881114
大石乡	340825200	长岭镇	340827107	唐湾镇	340881115
城西乡	340825201	太慈镇	340827108	鲟鱼镇	340881116
江塘乡	340825202	雷池镇	340827109	嬉子湖镇	340881118
汤泉乡	340825203	凉泉乡	340827210	黄甲镇	340881120
刘畈乡	340825204	**岳西县（14 镇，10 乡）**	**340828**	**潜山市（11 镇，5 乡）**	**340882**
宿松县（2 街道，9 镇，12 乡）	**340826**	天堂镇	340828100	梅城镇	340882100
		店前镇	340828101	王河镇	340882101
龙山街道	340826001	来榜镇	340828102	源潭镇	340882102
松兹街道	340826002	菖蒲镇	340828103	余井镇	340882103
孚玉镇	340826100	头陀镇	340828104	黄泥镇	340882105
复兴镇	340826101	白帽镇	340828105	槎水镇	340882106
汇口镇	340826102	温泉镇	340828106	官庄镇	340882107
许岭镇	340826103	响肠镇	340828107	水吼镇	340882108
下仓镇	340826104	河图镇	340828108	黄柏镇	340882109
二郎镇	340826105	五河镇	340828109	黄铺镇	340882110
华亭镇	340826106	主簿镇	340828110	天柱山镇	340882111
凉亭镇	340826107	冶溪镇	340828111	油坝乡	340882200
长铺镇	340826108	黄尾镇	340828112	痘姆乡	340882202
高岭乡	340826200	中关镇	340828113	塔畈乡	340882204
程岭乡	340826201	毛尖山乡	340828200	五庙乡	340882209
九姑乡	340826202	莲云乡	340828201	龙潭乡	340882215
千岭乡	340826203	青天乡	340828202	**黄山市（4 街道，59 镇，42 乡）**	**341000**
洲头乡	340826204	包家乡	340828203		
佐坝乡	340826205	古坊乡	340828204	**屯溪区（4 街道，5 镇）**	**341002**

续表 6

行政区划名称	行政区划代码
昱东街道	341002001
昱中街道	341002002
昱西街道	341002003
老街街道	341002004
屯光镇	341002100
阳湖镇	341002101
黎阳镇	341002102
新潭镇	341002103
奕棋镇	341002104
黄山区（9 镇，5 乡）	**341003**
甘棠镇	341003100
仙源镇	341003101
汤口镇	341003102
谭家桥镇	341003103
太平湖镇	341003104
焦村镇	341003105
耿城镇	341003106
三口镇	341003107
乌石镇	341003108
新明乡	341003201
龙门乡	341003202
新华乡	341003208
新丰乡	341003209
永丰乡	341003210
徽州区（4 镇，3 乡）	**341004**
岩寺镇	341004100
西溪南镇	341004101
潜口镇	341004102
呈坎镇	341004103
洽舍乡	341004200
杨村乡	341004201
富溪乡	341004202
歙县（15 镇，13 乡）	**341021**
徽城镇	341021100
深渡镇	341021101
桂林镇	341021102
富堨镇	341021103
郑村镇	341021104
北岸镇	341021105
许村镇	341021106
溪头镇	341021107
杞梓里镇	341021108
霞坑镇	341021109
岔口镇	341021110
街口镇	341021111
王村镇	341021112
雄村镇	341021113
三阳镇	341021114
坑口乡	341021201
上丰乡	341021203
昌溪乡	341021207
武阳乡	341021209
金川乡	341021214
小川乡	341021216
新溪口乡	341021218
璜田乡	341021219
长陔乡	341021222
森村乡	341021223
绍濂乡	341021224
石门乡	341021226
狮石乡	341021227
休宁县（11 镇，10 乡）	**341022**
海阳镇	341022100
齐云山镇	341022101
万安镇	341022102
五城镇	341022103
东临溪镇	341022104
蓝田镇	341022105
溪口镇	341022106
流口镇	341022107
汪村镇	341022108
商山镇	341022109
月潭湖镇	341022110
山斗乡	341022204
岭南乡	341022205
渭桥乡	341022207
板桥乡	341022211
鹤城乡	341022215
源芳乡	341022218
榆村乡	341022219
龙田乡	341022221
璜尖乡	341022222
白际乡	341022223
黟县（5 镇，3 乡）	**341023**
碧阳镇	341023100
宏村镇	341023101
渔亭镇	341023102
西递镇	341023103
柯村镇	341023104
美溪乡	341023201
宏潭乡	341023202
洪星乡	341023203
祁门县（10 镇，8 乡）	**341024**
祁山镇	341024100
小路口镇	341024101
金字牌镇	341024102
平里镇	341024103
历口镇	341024104
闪里镇	341024105
安凌镇	341024106
凫峰镇	341024107
塔坊镇	341024108
新安镇	341024109
大坦乡	341024200
柏溪乡	341024206
祁红乡	341024208
溶口乡	341024209
芦溪乡	341024210
渚口乡	341024211
古溪乡	341024213
箬坑乡	341024215
滁州市（22 街道，85 镇，8 乡，1 民族乡）	**341100**
琅琊区（10 街道）	**341102**
琅琊街道	341102010
遵阳街道	341102011
丰山街道	341102012
清流街道	341102013
扬子街道	341102014
西涧街道	341102015
滁阳街道	341102016

续表 7

行政区划名称	行政区划代码	行政区划名称	行政区划代码	行政区划名称	行政区划代码
三官街道	341102017	**定远县（16 镇，5 乡，1 民族乡）**	**341125**	官塘镇	341126119
凤凰街道	341102018	定城镇	341125100	黄湾乡	341126207
紫薇街道	341102019	炉桥镇	341125101	**天长市（2 街道，14 镇）**	**341181**
南谯区（4 街道，8 镇）	**341103**	永康镇	341125102	千秋街道	341181002
龙蟠街道	341103001	吴圩镇	341125103	广陵街道	341181003
大王街道	341103002	朱湾镇	341125104	铜城镇	341181100
同乐街道	341103003	张桥镇	341125105	汊涧镇	341181101
银花街道	341103004	藕塘镇	341125106	秦栏镇	341181102
乌衣镇	341103100	池河镇	341125107	大通镇	341181103
沙河镇	341103101	连江镇	341125108	杨村镇	341181104
章广镇	341103102	界牌集镇	341125109	石梁镇	341181105
黄泥岗镇	341103103	仓镇	341125110	金集镇	341181106
珠龙镇	341103104	三和集镇	341125111	仁和集镇	341181108
大柳镇	341103105	西卅店镇	341125112	冶山镇	341181109
腰铺镇	341103106	桑涧镇	341125114	郑集镇	341181110
施集镇	341103108	蒋集镇	341125115	张铺镇	341181111
来安县（11 镇，1 乡）	**341122**	大桥镇	341125116	永丰镇	341181112
新安镇	341122100	严桥乡	341125203	新街镇	341181113
半塔镇	341122101	拂晓乡	341125204	万寿镇	341181114
水口镇	341122102	能仁乡	341125210	**明光市（4 街道，12 镇，1 乡）**	**341182**
独山镇	341122103	七里塘乡	341125214	明西街道	341182001
汊河镇	341122104	二龙回族乡	341125215	明光街道	341182002
大英镇	341122105	范岗乡	341125219	明南街道	341182003
雷官镇	341122106	**凤阳县（2 街道，14 镇，1 乡）**	**341126**	明东街道	341182004
施官镇	341122107	中都街道	341126001	张八岭镇	341182101
舜山镇	341122108	玄武街道	341126002	三界镇	341182102
张山镇	341122109	府城镇	341126100	管店镇	341182103
三城镇	341122110	临淮关镇	341126101	自来桥镇	341182104
杨郢乡	341122207	武店镇	341126103	涧溪镇	341182105
全椒县（10 镇）	**341124**	西泉镇	341126104	石坝镇	341182106
襄河镇	341124100	刘府镇	341126105	苏巷镇	341182108
古河镇	341124101	大庙镇	341126106	桥头镇	341182109
大墅镇	341124102	殷涧镇	341126107	女山湖镇	341182110
二郎口镇	341124103	总铺镇	341126109	古沛镇	341182111
武岗镇	341124104	红心镇	341126110	潘村镇	341182112
马厂镇	341124105	板桥镇	341126111	柳巷镇	341182113
石沛镇	341124106	大溪河镇	341126112	泊岗乡	341182212
西王镇	341124108	小溪河镇	341126114	**阜阳市（18 街道，125 镇，23 乡，1 民族乡）**	**341200**
六镇镇	341124109	枣巷镇	341126118		
十字镇	341124111				

续表 8

行政区划名称	行政区划代码
颍州区（5 街道，8 镇，1 乡）	**341202**
鼓楼街道	341202001
文峰街道	341202002
清河街道	341202003
颍西街道	341202004
京九路街道	341202005
王店镇	341202100
程集镇	341202101
三合镇	341202102
西湖镇	341202103
九龙镇	341202104
三十里铺镇	341202105
袁集镇	341202106
三塔集镇	341202107
马寨乡	341202200
颍东区（3 街道，8 镇，1 乡）	**341203**
河东街道	341203001
新华街道	341203002
向阳街道	341203003
口孜镇	341203100
插花镇	341203101
袁寨镇	341203102
枣庄镇	341203103
老庙镇	341203104
正午镇	341203105
杨楼孜镇	341203106
新乌江镇	341203107
冉庙乡	341203200
颍泉区（2 街道，4 镇）	**341204**
中市街道	341204001
周棚街道	341204004
伍明镇	341204100
宁老庄镇	341204101
闻集镇	341204102
行流镇	341204103
临泉县（5 街道，21 镇，2 乡）	**341221**
城关街道	341221001
邢塘街道	341221002
田桥街道	341221003
城东街道	341221004
城南街道	341221005
杨桥镇	341221101
鲖城镇	341221102
谭棚镇	341221105
老集镇	341221106
滑集镇	341221107
吕寨镇	341221108
单桥镇	341221109
长官镇	341221110
宋集镇	341221111
张新镇	341221112
艾亭镇	341221113
陈集镇	341221114
韦寨镇	341221115
迎仙镇	341221116
瓦店镇	341221117
姜寨镇	341221118
庙岔镇	341221119
黄岭镇	341221120
白庙镇	341221121
关庙镇	341221122
高塘镇	341221124
土陂乡	341221203
陶老乡	341221206
太和县（30 镇，1 乡）	**341222**
城关镇	341222100
旧县镇	341222101
税镇镇	341222102
皮条孙镇	341222103
原墙镇	341222104
倪邱镇	341222105
李兴镇	341222106
大新镇	341222107
肖口镇	341222108
关集镇	341222109
三塔镇	341222110
双浮镇	341222111
蔡庙镇	341222112
三堂镇	341222113
苗老集镇	341222114
赵庙镇	341222115
宫集镇	341222116
坟台镇	341222117
洪山镇	341222118
清浅镇	341222119
五星镇	341222120
高庙镇	341222121
桑营镇	341222122
大庙集镇	341222123
阮桥镇	341222124
双庙镇	341222125
胡总镇	341222126
马集镇	341222127
郭庙镇	341222128
二郎镇	341222129
赵集乡	341222201
阜南县（20 镇，8 乡）	**341225**
鹿城镇	341225100
方集镇	341225101
中岗镇	341225102
柴集镇	341225103
新村镇	341225104
朱寨镇	341225106
赵集镇	341225108
田集镇	341225109
苗集镇	341225110
黄岗镇	341225111
焦陂镇	341225112
张寨镇	341225113
王堰镇	341225114
洪河桥镇	341225115
地城镇	341225116
王家坝镇	341225117
王化镇	341225118
曹集镇	341225119
柳沟镇	341225120
会龙镇	341225121
王店孜乡	341225200

续表 9

行政区划名称	行政区划代码
许堂乡	341225201
段郢乡	341225204
公桥乡	341225205
龙王乡	341225206
于集乡	341225207
老观乡	341225208
郜台乡	341225209
颍上县（22 镇，7 乡，1 民族乡）	**341226**
谢桥镇	341226101
南照镇	341226102
杨湖镇	341226103
江口镇	341226104
润河镇	341226105
新集镇	341226106
六十铺镇	341226107
耿棚镇	341226108
半岗镇	341226109
王岗镇	341226110
夏桥镇	341226111
江店孜镇	341226112
陈桥镇	341226113
黄桥镇	341226114
八里河镇	341226115
迪沟镇	341226116
西三十铺镇	341226117
红星镇	341226118
十八里铺镇	341226119
鲁口镇	341226120
慎城镇	341226121
古城镇	341226123
建颍乡	341226201
五十铺乡	341226203
盛堂乡	341226204
关屯乡	341226205
垂岗乡	341226206
赛涧回族乡	341226207
新刘集乡	341226208
黄坝乡	341226209
界首市（3 街道，12 镇，3 乡）	**341282**
东城街道	341282001
西城街道	341282002
颍南街道	341282003
光武镇	341282100
泉阳镇	341282101
芦村镇	341282102
新马集镇	341282103
大黄镇	341282104
田营镇	341282105
陶庙镇	341282106
王集镇	341282107
砖集镇	341282108
顾集镇	341282109
戴桥镇	341282110
舒庄镇	341282111
邴集乡	341282200
靳寨乡	341282201
任寨乡	341282202
宿州市（18 街道，93 镇，1 乡）	**341300**
埇桥区（12 街道，24 镇）	**341302**
埇桥街道	341302001
沱河街道	341302002
道东街道	341302003
东关街道	341302004
三里湾街道	341302005
南关街道	341302006
西关街道	341302007
北关街道	341302008
城东街道	341302009
三八街道	341302010
汴河街道	341302011
金海街道	341302012
符离镇	341302100
芦岭镇	341302101
朱仙庄镇	341302102
褚兰镇	341302103
曹村镇	341302104
夹沟镇	341302105
栏杆镇	341302106
时村镇	341302107
永安镇	341302108
灰古镇	341302109
大店镇	341302110
大泽乡镇	341302111
桃园镇	341302112
蕲县镇	341302113
大营镇	341302114
顺河镇	341302115
蒿沟镇	341302116
杨庄镇	341302117
解集镇	341302118
苗庵镇	341302119
西二铺镇	341302120
支河镇	341302121
桃沟镇	341302122
永镇镇	341302123
砀山县（13 镇）	**341321**
李庄镇	341321102
唐寨镇	341321103
葛集镇	341321104
官庄坝镇	341321107
曹庄镇	341321108
朱楼镇	341321110
程庄镇	341321112
良梨镇	341321113
砀城镇	341321114
玄庙镇	341321115
周寨镇	341321116
关帝庙镇	341321117
赵屯镇	341321118
萧县（3 街道，22 镇，1 乡）	**341322**
凤城街道	341322001
龙河街道	341322002
锦屏街道	341322003
龙城镇	341322100
黄口镇	341322101
杨楼镇	341322102
闫集镇	341322103
新庄镇	341322104
刘套镇	341322105

续表 10

行政区划名称	行政区划代码	行政区划名称	行政区划代码	行政区划名称	行政区划代码
马井镇	341322106	泗水街道	341324003	横塘岗乡	341502204
大屯镇	341322107	泗城镇	341324100	**裕安区（3街道，12镇，7乡）**	**341503**
赵庄镇	341322108	墩集镇	341324101	鼓楼街道	341503001
杜楼镇	341322109	丁湖镇	341324102	西市街道	341503003
丁里镇	341322110	草沟镇	341324103	小华山街道	341503005
王寨镇	341322111	长沟镇	341324104	苏埠镇	341503100
祖楼镇	341322112	黄圩镇	341324105	韩摆渡镇	341503101
青龙集镇	341322113	大庄镇	341324106	新安镇	341503102
张庄寨镇	341322114	山头镇	341324107	顺河镇	341503103
永堌镇	341322115	刘圩镇	341324108	独山镇	341503104
白土镇	341322116	黑塔镇	341324109	石婆店镇	341503105
官桥镇	341322117	草庙镇	341324110	城南镇	341503106
圣泉镇	341322118	屏山镇	341324111	丁集镇	341503107
庄里镇	341322119	大路口镇	341324112	固镇镇	341503108
酒店镇	341322120	大杨镇	341324113	徐集镇	341503109
孙圩子镇	341322121	瓦坊镇	341324114	分路口镇	341503110
石林乡	341322204	**六安市（10街道，95镇，35乡）**	**341500**	江家店镇	341503111
灵璧县（19镇）	**341323**	**金安区（5街道，14镇，3乡）**	**341502**	单王乡	341503200
灵城镇	341323100	中市街道	341502001	青山乡	341503201
韦集镇	341323101	东市街道	341502002	石板冲乡	341503202
黄湾镇	341323102	三里桥街道	341502003	西河口乡	341503203
娄庄镇	341323103	清水河街道	341502004	平桥乡	341503204
杨疃镇	341323104	望城街道	341502005	罗集乡	341503205
尹集镇	341323105	木厂镇	341502100	狮子岗乡	341503206
浍沟镇	341323106	马头镇	341502101	**叶集区（2街道，3镇，1乡）**	**341504**
游集镇	341323107	东桥镇	341502102	史河街道	341504001
下楼镇	341323108	张店镇	341502103	平岗街道	341504002
朝阳镇	341323109	毛坦厂镇	341502104	三元镇	341504100
渔沟镇	341323110	东河口镇	341502105	洪集镇	341504102
高楼镇	341323111	双河镇	341502106	姚李镇	341504103
冯庙镇	341323112	施桥镇	341502107	孙岗乡	341504200
禅堂镇	341323113	孙岗镇	341502108	**霍邱县（25镇，5乡）**	**341522**
虞姬镇	341323114	三十铺镇	341502109	城关镇	341522100
向阳镇	341323115	椿树镇	341502110	河口镇	341522101
大庙镇	341323116	城北镇	341502111	周集镇	341522102
朱集镇	341323117	中店镇	341502112	临水镇	341522103
大路镇	341323118	先生店镇	341502113	新店镇	341522104
泗县（3街道，15镇）	**341324**	翁墩乡	341502201	石店镇	341522105
运河街道	341324001	淠东乡	341502202	马店镇	341522106
虹城街道	341324002				

续表 11

行政区划名称	行政区划代码
孟集镇	341522107
花园镇	341522108
扈胡镇	341522109
长集镇	341522110
乌龙镇	341522113
高塘镇	341522114
龙潭镇	341522115
岔路镇	341522116
冯井镇	341522117
众兴集镇	341522118
夏店镇	341522119
曹庙镇	341522120
潘集镇	341522122
范桥镇	341522123
宋店镇	341522124
彭塔镇	341522125
临淮岗镇	341522126
冯瓴镇	341522127
王截流乡	341522201
城西湖乡	341522204
三流乡	341522206
邵岗乡	341522207
白莲乡	341522208
舒城县（15 镇，6 乡）	**341523**
城关镇	341523100
晓天镇	341523101
桃溪镇	341523102
万佛湖镇	341523103
千人桥镇	341523104
百神庙镇	341523105
杭埠镇	341523106
舒茶镇	341523107
南港镇	341523108
干汊河镇	341523109
张母桥镇	341523110
五显镇	341523111
山七镇	341523112
河棚镇	341523113
汤池镇	341523114
春秋乡	341523200
柏林乡	341523201
棠树乡	341523202
阙店乡	341523203
高峰乡	341523204
庐镇乡	341523205
金寨县（13 镇，10 乡）	**341524**
梅山镇	341524100
南溪镇	341524101
汤家汇镇	341524103
斑竹园镇	341524104
天堂寨镇	341524105
古碑镇	341524106
吴家店镇	341524107
燕子河镇	341524108
青山镇	341524109
麻埠镇	341524110
双河镇	341524111
白塔畈镇	341524112
流波䃅镇	341524113
油坊店乡	341524202
长岭乡	341524203
槐树湾乡	341524204
花石乡	341524205
沙河乡	341524206
桃岭乡	341524207
果子园乡	341524208
关庙乡	341524209
铁冲乡	341524211
全军乡	341524212
霍山县（13 镇，3 乡）	**341525**
衡山镇	341525100
下符桥镇	341525101
但家庙镇	341525102
与儿街镇	341525103
磨子潭镇	341525104
上土市镇	341525105
漫水河镇	341525106
大化坪镇	341525107
落儿岭镇	341525108
诸佛庵镇	341525109
黑石渡镇	341525110
佛子岭镇	341525111
单龙寺镇	341525112
东西溪乡	341525201
太阳乡	341525202
太平畈乡	341525203
亳州市（9 街道，72 镇，7 乡）	**341600**
谯城区（3 街道，20 镇，2 乡）	**341602**
花戏楼街道	341602001
薛阁街道	341602002
汤陵街道	341602003
古井镇	341602100
芦庙镇	341602102
华佗镇	341602103
魏岗镇	341602104
牛集镇	341602105
颜集镇	341602107
五马镇	341602108
十八里镇	341602109
谯东镇	341602111
十九里镇	341602112
沙土镇	341602113
观堂镇	341602114
大杨镇	341602115
城父镇	341602116
十河镇	341602117
双沟镇	341602119
淝河镇	341602120
古城镇	341602121
龙扬镇	341602122
立德镇	341602123
张店乡	341602200
赵桥乡	341602201
涡阳县（3 街道，20 镇）	**341621**
城关街道	341621001
星园街道	341621002
天静宫街道	341621004
西阳镇	341621103
涡南镇	341621104

续表 12

行政区划名称	行政区划代码
楚店镇	341621105
高公镇	341621106
高炉镇	341621108
曹市镇	341621109
青疃镇	341621110
石弓镇	341621111
龙山镇	341621112
义门镇	341621113
新兴镇	341621114
临湖镇	341621115
丹城镇	341621116
马店集镇	341621117
花沟镇	341621118
店集镇	341621119
陈大镇	341621120
牌坊镇	341621121
公吉寺镇	341621122
标里镇	341621123
蒙城县（3 街道，12 镇，2 乡）	**341622**
漆园街道	341622001
庄周街道	341622002
城关街道	341622003
双涧镇	341622101
小涧镇	341622102
坛城镇	341622104
许疃镇	341622106
板桥集镇	341622107
马集镇	341622108
岳坊镇	341622110
立仓镇	341622112
楚村镇	341622114
乐土镇	341622115
三义镇	341622116
篱笆镇	341622117
王集乡	341622200
小辛集乡	341622202
利辛县（20 镇，3 乡）	**341623**
城关镇	341623100
阚疃镇	341623101
张村镇	341623102
江集镇	341623103
旧城镇	341623104
西潘楼镇	341623105
孙集镇	341623106
汝集镇	341623107
巩店镇	341623108
王人镇	341623109
王市镇	341623110
永兴镇	341623111
马店孜镇	341623112
大李集镇	341623113
胡集镇	341623114
展沟镇	341623115
程家集镇	341623116
中疃镇	341623117
望疃镇	341623118
城北镇	341623119
纪王场乡	341623203
孙庙乡	341623204
新张集乡	341623205
池州市（11 街道，37 镇，8 乡）	**341700**
贵池区（11 街道，9 镇）	**341702**
秋江街道	341702006
马衙街道	341702007
梅龙街道	341702008
墩上街道	341702009
池阳街道	341702022
秋浦街道	341702023
江口街道	341702024
里山街道	341702025
杏花村街道	341702026
清风街道	341702027
清溪街道	341702028
殷汇镇	341702101
牌楼镇	341702102
涓桥镇	341702107
唐田镇	341702110
乌沙镇	341702113
牛头山镇	341702114
梅街镇	341702115
梅村镇	341702116
棠溪镇	341702117
东至县（12 镇，3 乡）	**341721**
尧渡镇	341721100
东流镇	341721101
大渡口镇	341721102
胜利镇	341721103
张溪镇	341721104
洋湖镇	341721105
葛公镇	341721106
香隅镇	341721107
官港镇	341721108
昭潭镇	341721109
龙泉镇	341721110
泥溪镇	341721111
花园乡	341721209
木塔乡	341721212
青山乡	341721216
石台县（6 镇，2 乡）	**341722**
七都镇	341722101
丁香镇	341722103
小河镇	341722104
横渡镇	341722105
仁里镇	341722106
仙寓镇	341722107
大演乡	341722203
矶滩乡	341722205
青阳县（10 镇，3 乡）	**341723**
蓉城镇	341723100
木镇镇	341723101
庙前镇	341723102
新河镇	341723104
丁桥镇	341723105
朱备镇	341723107
杨田镇	341723109
九华镇	341723110
陵阳镇	341723111
酉华镇	341723112
乔木乡	341723202
杜村乡	341723204

续表 13

行政区划名称	行政区划代码	行政区划名称	行政区划代码	行政区划名称	行政区划代码
九华乡	341723205	新发镇	341821108	版书镇	341825108
宣城市（21 街道，62 镇，15 乡，1 民族乡）	**341800**	飞鲤镇	341821109	云乐镇	341825109
宣州区（9 街道，12 镇，3 乡）	**341802**	凌笪镇	341821110	**宁国市（6 街道，8 镇，4 乡，1 民族乡）**	**341881**
西林街道	341802001	姚村镇	341821111	西津街道	341881001
澄江街道	341802002	**泾县（9 镇，2 乡）**	**341823**	南山街道	341881002
鳌峰街道	341802003	泾川镇	341823100	河沥溪街道	341881003
济川街道	341802004	桃花潭镇	341823101	汪溪街道	341881004
敬亭山街道	341802005	茂林镇	341823102	竹峰街道	341881005
飞彩街道	341802006	榔桥镇	341823103	天湖街道	341881006
双桥街道	341802007	丁家桥镇	341823105	港口镇	341881100
金坝街道	341802008	蔡村镇	341823106	梅林镇	341881101
向阳街道	341802009	琴溪镇	341823108	中溪镇	341881102
古泉镇	341802101	云岭镇	341823109	仙霞镇	341881103
文昌镇	341802103	黄村镇	341823110	宁墩镇	341881104
杨柳镇	341802104	汀溪乡	341823204	甲路镇	341881105
溪口镇	341802105	昌桥乡	341823207	霞西镇	341881106
新田镇	341802106	**绩溪县（8 镇，3 乡）**	**341824**	胡乐镇	341881107
洪林镇	341802108	华阳镇	341824100	云梯畲族乡	341881200
沈村镇	341802109	临溪镇	341824101	南极乡	341881201
水阳镇	341802111	长安镇	341824102	万家乡	341881202
水东镇	341802112	上庄镇	341824103	方塘乡	341881204
孙埠镇	341802113	扬溪镇	341824104	青龙乡	341881205
周王镇	341802114	伏岭镇	341824105	**广德市（3 街道，6 镇，3 乡）**	**341882**
狸桥镇	341802115	金沙镇	341824106	桐汭街道	341882001
黄渡乡	341802204	瀛洲镇	341824107	祠山街道	341882002
青湖乡	341802209	板桥头乡	341824201	升平街道	341882003
养贤乡	341802211	家朋乡	341824202	桃州镇	341882100
郎溪县（3 街道，9 镇）	**341821**	荆州乡	341824203	柏垫镇	341882101
郎步街道	341821001	**旌德县（10 镇）**	**341825**	誓节镇	341882102
郎川街道	341821002	旌阳镇	341825100	邱村镇	341882103
钟桥街道	341821003	蔡家桥镇	341825101	新杭镇	341882104
建平镇	341821100	三溪镇	341825102	杨滩镇	341882105
梅渚镇	341821102	庙首镇	341825103	卢村乡	341882200
涛城镇	341821103	白地镇	341825104	东亭乡	341882201
十字镇	341821104	俞村镇	341825105	四合乡	341882202
毕桥镇	341821107	兴隆镇	341825106		
		孙村镇	341825107		

「福建省」

福建省（闽）

行政区划名称	行政区划代码
福建省（203街道，653镇，233乡，19民族乡）	**350000**
福州市（45街道，97镇，37乡，2民族乡）	**350100**
鼓楼区（9街道，1镇）	**350102**
鼓东街道	350102001
鼓西街道	350102002
温泉街道	350102003
东街街道	350102004
南街街道	350102005
安泰街道	350102006
华大街道	350102007
水部街道	350102008
五凤街道	350102009
洪山镇	350102100
台江区（10街道）	**350103**
瀛洲街道	350103001
后洲街道	350103002
义洲街道	350103003
新港街道	350103004
上海街道	350103005
苍霞街道	350103007
茶亭街道	350103009
洋中街道	350103010
鳌峰街道	350103011
宁化街道	350103012
仓山区（8街道，5镇）	**350104**
仓前街道	350104001
东升街道	350104002
对湖街道	350104003
临江街道	350104004
三叉街街道	350104005
上渡街道	350104006
下渡街道	350104007
金山街道	350104008
仓山镇	350104100
城门镇	350104101
盖山镇	350104102
建新镇	350104103
螺洲镇	350104104
马尾区（1街道，3镇）	**350105**
罗星街道	350105001
马尾镇	350105100
亭江镇	350105101
琅岐镇	350105102
晋安区（3街道，4镇，2乡）	**350111**
茶园街道	350111001
王庄街道	350111002
象园街道	350111003
鼓山镇	350111100
新店镇	350111101
岳峰镇	350111102
宦溪镇	350111103
寿山乡	350111201
日溪乡	350111202
长乐区（5街道，11镇，2乡）	**350112**
营前街道	350112001
漳港街道	350112002
航城街道	350112003
吴航街道	350112004
文武砂街道	350112005
首占镇	350112100
玉田镇	350112101
松下镇	350112102
江田镇	350112103
古槐镇	350112104
鹤上镇	350112106
湖南镇	350112107
金峰镇	350112108
文岭镇	350112109
梅花镇	350112110
潭头镇	350112111
罗联乡	350112200
猴屿乡	350112201
闽侯县（1街道，8镇，6乡）	**350121**
甘蔗街道	350121001
白沙镇	350121101
南屿镇	350121102
尚干镇	350121103
祥谦镇	350121104
青口镇	350121105
南通镇	350121106
上街镇	350121107
荆溪镇	350121108
竹岐乡	350121200
鸿尾乡	350121201
洋里乡	350121202
大湖乡	350121203
廷坪乡	350121204
小箬乡	350121206
连江县（19镇，3乡，1民族乡）	**350122**
凤城镇	350122100
敖江镇	350122101
东岱镇	350122102
琯头镇	350122103
晓澳镇	350122104
东湖镇	350122105
丹阳镇	350122106
长龙镇	350122107
透堡镇	350122108
马鼻镇	350122109
官坂镇	350122110
筱埕镇	350122111
黄岐镇	350122112
苔菉镇	350122113
浦口镇	350122114
坑园镇	350122115
潘渡镇	350122116
江南镇	350122117
下宫镇	350122118
蓼沿乡	350122202
安凯乡	350122203
小沧畲族乡	350122205
马祖乡	350122206
罗源县（6镇，4乡，1民族乡）	**350123**

续表 1

行政区划名称	行政区划代码	行政区划名称	行政区划代码	行政区划名称	行政区划代码
凤山镇	350123100	赤锡乡	350125203	一都镇	350181119
松山镇	350123101	洑口乡	350125204	**厦门市（37 街道，8 镇）**	**350200**
起步镇	350123102	盖洋乡	350125205	**思明区（10 街道）**	**350203**
中房镇	350123103	东洋乡	350125206	厦港街道	350203001
飞竹镇	350123104	霞拔乡	350125207	中华街道	350203003
鉴江镇	350123105	盘谷乡	350125208	滨海街道	350203005
白塔乡	350123200	红星乡	350125209	鹭江街道	350203006
洪洋乡	350123201	白云乡	350125210	开元街道	350203007
西兰乡	350123202	丹云乡	350125211	梧村街道	350203008
霍口畲族乡	350123203	**平潭县（1 街道，3 镇，3 乡）**	**350128**	筼筜街道	350203009
碧里乡	350123204			莲前街道	350203010
闽清县（11 镇，5 乡）	**350124**	海坛街道	350128001	嘉莲街道	350203011
梅城镇	350124100	金井镇	350128107	鼓浪屿街道	350203012
梅溪镇	350124101	君山镇	350128108	**海沧区（4 街道）**	**350205**
白樟镇	350124102	苏平镇	350128109	海沧街道	350205001
金沙镇	350124103	屿头乡	350128201	新阳街道	350205002
白中镇	350124104	东庠乡	350128205	嵩屿街道	350205003
池园镇	350124105	南海乡	350128207	东孚街道	350205004
坂东镇	350124106	**福清市（7 街道，17 镇）**	**350181**	**湖里区（5 街道）**	**350206**
塔庄镇	350124107	玉屏街道	350181001	湖里街道	350206001
省璜镇	350124108	音西街道	350181002	殿前街道	350206002
雄江镇	350124109	宏路街道	350181003	禾山街道	350206003
东桥镇	350124110	阳下街道	350181004	江头街道	350206004
云龙乡	350124200	龙山街道	350181005	金山街道	350206005
上莲乡	350124201	龙江街道	350181006	**集美区（4 街道，2 镇）**	**350211**
三溪乡	350124204	石竹街道	350181007	集美街道	350211001
桔林乡	350124205	海口镇	350181103	侨英街道	350211002
下祝乡	350124206	城头镇	350181104	杏林街道	350211003
永泰县（9 镇，12 乡）	**350125**	南岭镇	350181105	杏滨街道	350211004
樟城镇	350125100	龙田镇	350181106	灌口镇	350211102
嵩口镇	350125101	江镜镇	350181107	后溪镇	350211103
梧桐镇	350125102	港头镇	350181108	**同安区（7 街道，4 镇）**	**350212**
葛岭镇	350125103	高山镇	350181109	大同街道	350212001
城峰镇	350125104	沙埔镇	350181110	祥平街道	350212002
清凉镇	350125105	三山镇	350181111	新民街道	350212003
长庆镇	350125106	东瀚镇	350181112	西柯街道	350212004
同安镇	350125107	渔溪镇	350181113	祥和街道	350212005
大洋镇	350125108	上迳镇	350181114	新美街道	350212006
塘前乡	350125200	新厝镇	350181115	美林街道	350212007
富泉乡	350125201	江阴镇	350181116	莲花镇	350212105
岭路乡	350125202	东张镇	350181117	洪塘镇	350212107
		镜洋镇	350181118		

续表 2

行政区划名称	行政区划代码
汀溪镇	350212109
五显镇	350212110
翔安区（7街道，2镇）	**350213**
大嶝街道	350213001
马巷街道	350213002
民安街道	350213003
凤翔街道	350213004
新店街道	350213005
金海街道	350213006
香山街道	350213007
新圩镇	350213103
内厝镇	350213111
莆田市（8街道，40镇，6乡）	**350300**
城厢区（3街道，4镇）	**350302**
龙桥街道	350302001
凤凰山街道	350302002
霞林街道	350302003
常太镇	350302100
华亭镇	350302101
灵川镇	350302102
东海镇	350302103
涵江区（2街道，9镇，1乡）	**350303**
涵东街道	350303001
涵西街道	350303002
三江口镇	350303100
白塘镇	350303101
国欢镇	350303102
梧塘镇	350303103
江口镇	350303104
萩芦镇	350303105
白沙镇	350303106
庄边镇	350303107
新县镇	350303108
大洋乡	350303200
荔城区（2街道，4镇）	**350304**
镇海街道	350304001
拱辰街道	350304002
西天尾镇	350304100
黄石镇	350304101
新度镇	350304102

行政区划名称	行政区划代码
北高镇	350304103
秀屿区（11镇）	**350305**
笏石镇	350305100
东庄镇	350305101
忠门镇	350305102
东埔镇	350305103
东峤镇	350305104
埭头镇	350305105
平海镇	350305106
南日镇	350305107
湄洲镇	350305108
山亭镇	350305109
月塘镇	350305110
仙游县（1街道，12镇，5乡）	**350322**
鲤城街道	350322001
枫亭镇	350322101
榜头镇	350322102
郊尾镇	350322103
度尾镇	350322104
赖店镇	350322106
盖尾镇	350322107
园庄镇	350322108
大济镇	350322109
龙华镇	350322110
钟山镇	350322111
游洋镇	350322112
鲤南镇	350322113
西苑乡	350322200
石苍乡	350322202
社硎乡	350322203
书峰乡	350322204
菜溪乡	350322205
三明市（13街道，78镇，48乡，2民族乡）	**350400**
三元区（7街道，4镇，1乡）	**350404**
列东街道	350404001
列西街道	350404002
徐碧街道	350404003
城关街道	350404004
白沙街道	350404005

行政区划名称	行政区划代码
富兴堡街道	350404006
荆西街道	350404007
陈大镇	350404100
洋溪镇	350404101
莘口镇	350404102
岩前镇	350404103
中村乡	350404200
沙县区（2街道，6镇，4乡）	**350405**
凤岗街道	350405001
虬江街道	350405002
青州镇	350405100
夏茂镇	350405101
高砂镇	350405102
高桥镇	350405103
富口镇	350405104
大洛镇	350405105
南霞乡	350405200
南阳乡	350405201
郑湖乡	350405202
湖源乡	350405203
明溪县（4镇，5乡）	**350421**
雪峰镇	350421100
盖洋镇	350421101
胡坊镇	350421102
瀚仙镇	350421103
城关乡	350421200
沙溪乡	350421201
夏阳乡	350421202
枫溪乡	350421203
夏坊乡	350421204
清流县（7镇，6乡）	**350423**
龙津镇	350423100
嵩溪镇	350423101
嵩口镇	350423102
灵地镇	350423103
长校镇	350423104
赖坊镇	350423105
林畲镇	350423106
温郊乡	350423201
田源乡	350423203
沙芜乡	350423204

续表 3

行政区划名称	行政区划代码
余朋乡	350423206
李家乡	350423208
里田乡	350423209
宁化县（11 镇，4 乡，1 民族乡）	**350424**
翠江镇	350424100
泉上镇	350424101
湖村镇	350424102
石壁镇	350424103
曹坊镇	350424104
安远镇	350424105
淮土镇	350424106
安乐镇	350424107
水茜镇	350424108
城郊镇	350424109
城南镇	350424110
济村乡	350424202
方田乡	350424204
治平畲族乡	350424207
中沙乡	350424208
河龙乡	350424209
大田县（12 镇，6 乡）	**350425**
均溪镇	350425100
石牌镇	350425101
上京镇	350425102
广平镇	350425103
桃源镇	350425104
太华镇	350425105
建设镇	350425106
奇韬镇	350425107
吴山镇	350425108
华兴镇	350425109
梅山镇	350425110
文江镇	350425111
屏山乡	350425201
济阳乡	350425203
武陵乡	350425204
谢洋乡	350425205
湖美乡	350425208
前坪乡	350425209
尤溪县（11 镇，4 乡）	**350426**
城关镇	350426100
梅仙镇	350426101
西滨镇	350426102
洋中镇	350426103
新阳镇	350426104
管前镇	350426105
西城镇	350426106
尤溪口镇	350426107
坂面镇	350426108
联合镇	350426109
中仙镇	350426110
汤川乡	350426201
溪尾乡	350426202
台溪乡	350426204
八字桥乡	350426206
将乐县（8 镇，5 乡）	**350428**
古镛镇	350428100
万安镇	350428101
高唐镇	350428102
白莲镇	350428103
黄潭镇	350428104
水南镇	350428105
光明镇	350428106
南口镇	350428107
漠源乡	350428201
万全乡	350428203
安仁乡	350428204
大源乡	350428205
余坊乡	350428206
泰宁县（3 镇，6 乡）	**350429**
杉城镇	350429100
朱口镇	350429101
下渠镇	350429102
新桥乡	350429200
上青乡	350429201
大田乡	350429202
梅口乡	350429203
开善乡	350429205
大龙乡	350429206
建宁县（4 镇，5 乡）	**350430**
濉溪镇	350430100
里心镇	350430101
溪口镇	350430102
均口镇	350430103
伊家乡	350430201
黄坊乡	350430202
溪源乡	350430203
客坊乡	350430204
黄埠乡	350430205
永安市（4 街道，8 镇，2 乡，1 民族乡）	**350481**
燕东街道	350481001
燕西街道	350481002
燕南街道	350481003
燕北街道	350481004
西洋镇	350481100
贡川镇	350481101
安砂镇	350481102
小陶镇	350481103
大湖镇	350481104
曹远镇	350481105
洪田镇	350481106
槐南镇	350481107
上坪乡	350481202
罗坊乡	350481203
青水畲族乡	350481204
泉州市（30 街道，110 镇，22 乡，1 民族乡）	**350500**
鲤城区（8 街道）	**350502**
海滨街道	350502001
临江街道	350502002
鲤中街道	350502003
开元街道	350502004
浮桥街道	350502005
江南街道	350502006
金龙街道	350502007
常泰街道	350502008
丰泽区（8 街道）	**350503**
东湖街道	350503001
丰泽街道	350503002
泉秀街道	350503003
清源街道	350503004
华大街道	350503005
城东街道	350503006

续表 4

行政区划名称	行政区划代码	行政区划名称	行政区划代码	行政区划名称	行政区划代码
东海街道	350503007	城厢镇	350524105	外山乡	350525204
北峰街道	350503008	金谷镇	350524106	**德化县(12 镇,6 乡)**	**350526**
洛江区（2 街道，3 镇，1 乡）	**350504**	龙门镇	350524107	浔中镇	350526100
万安街道	350504001	虎邱镇	350524108	龙浔镇	350526101
双阳街道	350504002	芦田镇	350524109	三班镇	350526102
罗溪镇	350504100	感德镇	350524110	龙门滩镇	350526103
马甲镇	350504101	魁斗镇	350524111	雷峰镇	350526104
河市镇	350504102	西坪镇	350524112	南埕镇	350526105
虹山乡	350504200	参内镇	350524113	水口镇	350526106
泉港区（1 街道，6 镇）	**350505**	长卿镇	350524114	赤水镇	350526107
山腰街道	350505001	白濑乡	350524201	上涌镇	350526108
南埔镇	350505100	湖上乡	350524202	葛坑镇	350526109
界山镇	350505101	尚卿乡	350524203	盖德镇	350526110
后龙镇	350505102	大坪乡	350524204	美湖镇	350526111
峰尾镇	350505103	龙涓乡	350524205	杨梅乡	350526200
前黄镇	350505105	蓝田乡	350524207	汤头乡	350526202
涂岭镇	350505106	祥华乡	350524208	桂阳乡	350526204
惠安县（15 镇，1 民族乡）	**350521**	桃舟乡	350524209	国宝乡	350526206
		福田乡	350524210	大铭乡	350526208
		永春县（18 镇，4 乡）	**350525**	春美乡	350526209
螺城镇	350521100	桃城镇	350525100	**金门县（0 街道）**	**350527**
螺阳镇	350521101	五里街镇	350525101	**石狮市（2 街道，7 镇）**	**350581**
黄塘镇	350521102	一都镇	350525102	湖滨街道	350581001
紫山镇	350521103	下洋镇	350525103	凤里街道	350581002
洛阳镇	350521104	蓬壶镇	350525104	灵秀镇	350581100
东园镇	350521105	达埔镇	350525105	宝盖镇	350581101
张坂镇	350521106	吾峰镇	350525106	蚶江镇	350581102
崇武镇	350521107	石鼓镇	350525107	祥芝镇	350581103
山霞镇	350521108	岵山镇	350525108	鸿山镇	350581104
涂寨镇	350521109	东平镇	350525109	锦尚镇	350581105
东岭镇	350521110	湖洋镇	350525110	永宁镇	350581106
东桥镇	350521111	坑仔口镇	350525111	**晋江市（6 街道，13 镇）**	**350582**
净峰镇	350521112	玉斗镇	350525112	青阳街道	350582001
小岞镇	350521113	锦斗镇	350525113	梅岭街道	350582002
辋川镇	350521114	东关镇	350525114	西园街道	350582003
百崎回族乡	350521200	桂洋镇	350525115	罗山街道	350582004
安溪县（15 镇，9 乡）	**350524**	苏坑镇	350525116	灵源街道	350582005
凤城镇	350524100	仙夹镇	350525117	新塘街道	350582006
蓬莱镇	350524101	横口乡	350525200	陈埭镇	350582101
湖头镇	350524102	呈祥乡	350525201	池店镇	350582102
官桥镇	350524103	介福乡	350525202	安海镇	350582103
剑斗镇	350524104				

续表 5

行政区划名称	行政区划代码	行政区划名称	行政区划代码	行政区划名称	行政区划代码
磁灶镇	350582104	西桥街道	350602002	东厦镇	350622102
内坑镇	350582105	新桥街道	350602003	莆美镇	350622103
紫帽镇	350582106	巷口街道	350602004	列屿镇	350622104
东石镇	350582107	南坑街道	350602005	火田镇	350622105
永和镇	350582108	通北街道	350602006	下河乡	350622200
英林镇	350582109	芝山街道	350602007	马铺乡	350622201
金井镇	350582110	石亭街道	350602008	和平乡	350622202
龙湖镇	350582111	浦南镇	350602100	**漳浦县（17镇，2乡，2民族乡）**	**350623**
深沪镇	350582112	天宝镇	350602101		
西滨镇	350582113	**龙文区（6街道，1镇）**	**350603**	绥安镇	350623100
南安市（3街道，21镇，2乡）	**350583**	东岳街道	350603001	旧镇镇	350623101
		步文街道	350603002	佛昙镇	350623102
溪美街道	350583001	碧湖街道	350603003	赤湖镇	350623103
柳城街道	350583002	蓝田街道	350603004	杜浔镇	350623104
美林街道	350583003	朝阳街道	350603005	霞美镇	350623105
省新镇	350583100	景山街道	350603006	官浔镇	350623106
仑苍镇	350583101	郭坑镇	350603103	石榴镇	350623107
东田镇	350583102	**龙海区（1街道，11镇，1乡，1民族乡）**	**350604**	盘陀镇	350623108
英都镇	350583103			长桥镇	350623109
翔云镇	350583104	石码街道	350604001	前亭镇	350623110
金淘镇	350583105	海澄镇	350604100	马坪镇	350623111
诗山镇	350583106	角美镇	350604101	深土镇	350623112
蓬华镇	350583107	白水镇	350604102	六鳌镇	350623113
码头镇	350583108	浮宫镇	350604103	沙西镇	350623114
九都镇	350583109	程溪镇	350604104	古雷镇	350623115
乐峰镇	350583110	港尾镇	350604105	大南坂镇	350623116
罗东镇	350583111	九湖镇	350604106	南浦乡	350623200
梅山镇	350583112	颜厝镇	350604107	赤岭畲族乡	350623201
洪濑镇	350583113	榜山镇	350604108	湖西畲族乡	350623202
洪梅镇	350583114	紫泥镇	350604109	赤土乡	350623203
康美镇	350583115	东园镇	350604110	**诏安县（10镇，5乡）**	**350624**
丰州镇	350583116	东泗乡	350604200	南诏镇	350624100
霞美镇	350583117	隆教畲族乡	350604201	四都镇	350624101
官桥镇	350583118	**长泰区（4镇，1乡）**	**350605**	梅岭镇	350624102
水头镇	350583119	武安镇	350605100	桥东镇	350624103
石井镇	350583120	岩溪镇	350605101	深桥镇	350624104
眉山乡	350583200	陈巷镇	350605102	太平镇	350624105
向阳乡	350583201	枋洋镇	350605103	霞葛镇	350624106
漳州市（15街道，85镇，20乡，3民族乡）	**350600**	坂里乡	350605200	官陂镇	350624107
		云霄县（6镇，3乡）	**350622**	秀篆镇	350624108
芗城区（8街道，2镇）	**350602**	云陵镇	350622100	西潭镇	350624109
东铺头街道	350602001	陈岱镇	350622101	金星乡	350624200

续表 6

行政区划名称	行政区划代码	行政区划名称	行政区划代码	行政区划名称	行政区划代码
白洋乡	350624202	华丰镇	350629100	徐市镇	350703101
建设乡	350624203	丰山镇	350629101	莒口镇	350703102
红星乡	350624204	沙建镇	350629102	麻沙镇	350703103
梅洲乡	350624205	新圩镇	350629103	黄坑镇	350703104
东山县（7 镇）	**350626**	高安镇	350629104	水吉镇	350703105
西埔镇	350626100	仙都镇	350629105	漳墩镇	350703106
樟塘镇	350626101	高车乡	350629200	小湖镇	350703107
康美镇	350626102	马坑乡	350629201	崇雒乡	350703200
杏陈镇	350626103	湖林乡	350629203	书坊乡	350703201
陈城镇	350626104	**南平市（27 街道，72 镇，43 乡）**	**350700**	回龙乡	350703202
前楼镇	350626105			**顺昌县（1 街道，8 镇，3 乡）**	**350721**
铜陵镇	350626106	**延平区（6 街道，13 镇，2 乡）**	**350702**		
南靖县（11 镇）	**350627**			双溪街道	350721001
山城镇	350627100	梅山街道	350702001	建西镇	350721101
丰田镇	350627101	黄墩街道	350702002	洋口镇	350721102
靖城镇	350627102	紫云街道	350702003	元坑镇	350721103
龙山镇	350627103	四鹤街道	350702004	埔上镇	350721105
金山镇	350627104	水南街道	350702005	大历镇	350721106
和溪镇	350627105	水东街道	350702006	大干镇	350721107
奎洋镇	350627106	来舟镇	350702100	仁寿镇	350721108
梅林镇	350627107	樟湖镇	350702101	郑坊镇	350721109
书洋镇	350627108	夏道镇	350702102	洋墩乡	350721200
船场镇	350627109	西芹镇	350702103	岚下乡	350721203
南坑镇	350627110	峡阳镇	350702104	高阳乡	350721204
平和县（10 镇，5 乡）	**350628**	南山镇	350702105	**浦城县（2 街道，9 镇，8 乡）**	**350722**
小溪镇	350628100	大横镇	350702106		
山格镇	350628101	王台镇	350702107	南浦街道	350722001
文峰镇	350628102	太平镇	350702108	河滨街道	350722002
南胜镇	350628103	塔前镇	350702109	富岭镇	350722101
坂仔镇	350628104	洋后镇	350702111	石陂镇	350722102
安厚镇	350628105	炉下镇	350702112	临江镇	350722103
大溪镇	350628106	茫荡镇	350702113	仙阳镇	350722104
霞寨镇	350628107	巨口乡	350702200	水北街镇	350722105
九峰镇	350628108	赤门乡	350702202	永兴镇	350722106
芦溪镇	350628109	**建阳区（5 街道，8 镇，3 乡）**	**350703**	忠信镇	350722107
五寨乡	350628200			莲塘镇	350722108
国强乡	350628201	潭城街道	350703001	九牧镇	350722109
崎岭乡	350628202	童游街道	350703002	万安乡	350722200
长乐乡	350628203	宝山街道	350703003	古楼乡	350722201
秀峰乡	350628204	崇阳街道	350703004	山下乡	350722202
华安县（6 镇，3 乡）	**350629**	崇泰街道	350703005	枫溪乡	350722203
		将口镇	350703100	濠村乡	350722204

续表 7

行政区划名称	行政区划代码	行政区划名称	行政区划代码	行政区划名称	行政区划代码
管厝乡	350722205	水北镇	350781101	顺阳乡	350783200
盘亭乡	350722206	下沙镇	350781102	水源乡	350783201
官路乡	350722207	卫闽镇	350781103	川石乡	350783202
光泽县（3 镇，5 乡）	**350723**	沿山镇	350781104	龙村乡	350783203
杭川镇	350723100	拿口镇	350781105	**龙岩市（14 街道，94 镇，23 乡，2 民族乡）**	**350800**
寨里镇	350723101	洪墩镇	350781106		
止马镇	350723102	大埠岗镇	350781107	**新罗区（10 街道，10 镇）**	**350802**
鸾凤乡	350723200	和平镇	350781108	东城街道	350802001
崇仁乡	350723201	肖家坊镇	350781109	南城街道	350802002
李坊乡	350723202	大竹镇	350781110	西城街道	350802003
华桥乡	350723203	吴家塘镇	350781111	中城街道	350802004
司前乡	350723204	桂林乡	350781200	西陂街道	350802005
松溪县（1 街道，2 镇，6 乡）	**350724**	张厝乡	350781201	曹溪街道	350802006
		金坑乡	350781202	东肖街道	350802007
松源街道	350724001	**武夷山市（3 街道，3 镇，4 乡）**	**350782**	龙门街道	350802008
郑墩镇	350724101			铁山街道	350802009
渭田镇	350724102	崇安街道	350782001	北城街道	350802010
河东乡	350724200	新丰街道	350782002	红坊镇	350802100
茶平乡	350724201	武夷街道	350782003	适中镇	350802101
旧县乡	350724202	星村镇	350782101	雁石镇	350802102
溪东乡	350724203	兴田镇	350782102	白沙镇	350802103
花桥乡	350724204	五夫镇	350782103	万安镇	350802104
祖墩乡	350724205	上梅乡	350782201	大池镇	350802105
政和县（1 街道，4 镇，5 乡）	**350725**	吴屯乡	350782202	小池镇	350802106
		岚谷乡	350782203	江山镇	350802107
熊山街道	350725001	洋庄乡	350782204	苏坂镇	350802108
东平镇	350725101	**建瓯市（4 街道，10 镇，4 乡）**	**350783**	岩山镇	350802109
石屯镇	350725102			**永定区（1 街道，17 镇，6 乡）**	**350803**
铁山镇	350725103	建安街道	350783001		
镇前镇	350725104	通济街道	350783002	凤城街道	350803001
星溪乡	350725200	瓯宁街道	350783003	坎市镇	350803101
外屯乡	350725201	芝山街道	350783004	下洋镇	350803102
杨源乡	350725202	徐墩镇	350783100	湖雷镇	350803103
澄源乡	350725203	吉阳镇	350783101	高陂镇	350803104
岭腰乡	350725204	房道镇	350783102	抚市镇	350803105
邵武市（4 街道，12 镇，3 乡）	**350781**	南雅镇	350783103	湖坑镇	350803106
		迪口镇	350783104	培丰镇	350803107
昭阳街道	350781001	小桥镇	350783105	龙潭镇	350803108
通泰街道	350781002	玉山镇	350783106	峰市镇	350803109
水北街道	350781003	东游镇	350783107	城郊镇	350803110
晒口街道	350781004	东峰镇	350783108	仙师镇	350803111
城郊镇	350781100	小松镇	350783109	虎岗镇	350803112

续表 8

行政区划名称	行政区划代码	行政区划名称	行政区划代码	行政区划名称	行政区划代码
堂堡镇	350803113	旧县镇	350823110	宣和镇	350825111
岐岭镇	350803114	溪口镇	350823111	揭乐乡	350825200
高头镇	350803115	湖洋镇	350823112	塘前乡	350825201
洪山镇	350803116	太拔镇	350823113	罗坊乡	350825204
金砂镇	350803117	通贤镇	350823114	曲溪乡	350825208
西溪乡	350803201	下都镇	350823115	赖源乡	350825209
湖山乡	350803205	茶地镇	350823116	**漳平市（2 街道，11 镇，3 乡）**	**350881**
古竹乡	350803207	庐丰畲族乡	350823202	菁城街道	350881001
合溪乡	350803209	泮境乡	350823206	桂林街道	350881002
大溪乡	350803211	官庄畲族乡	350823211	新桥镇	350881100
陈东乡	350803212	珊瑚乡	350823212	双洋镇	350881101
长汀县（13 镇，5 乡）	**350821**	**武平县（1 街道，14 镇，2 乡）**	**350824**	永福镇	350881102
汀州镇	350821100	平川街道	350824001	溪南镇	350881103
大同镇	350821101	中山镇	350824101	和平镇	350881104
古城镇	350821102	岩前镇	350824102	拱桥镇	350881105
新桥镇	350821103	十方镇	350824103	象湖镇	350881106
馆前镇	350821104	中堡镇	350824104	赤水镇	350881107
童坊镇	350821105	桃溪镇	350824105	西园镇	350881108
河田镇	350821106	城厢镇	350824106	南洋镇	350881109
南山镇	350821107	东留镇	350824107	芦芝镇	350881110
濯田镇	350821108	武东镇	350824108	官田乡	350881203
四都镇	350821109	永平镇	350824109	吾祠乡	350881204
涂坊镇	350821110	万安镇	350824110	灵地乡	350881205
策武镇	350821111	象洞镇	350824111	**宁德市（14 街道，69 镇，34 乡，9 民族乡）**	**350900**
三洲镇	350821112	湘店镇	350824112	**蕉城区（2 街道，11 镇，2 乡，1 民族乡）**	**350902**
铁长乡	350821201	大禾镇	350824113	蕉南街道	350902001
庵杰乡	350821202	中赤镇	350824114	蕉北街道	350902002
宣成乡	350821204	民主乡	350824203	城南镇	350902100
红山乡	350821205	下坝乡	350824204	漳湾镇	350902101
羊牯乡	350821206	**连城县（12 镇，5 乡）**	**350825**	七都镇	350902102
上杭县（17 镇，2 乡，2 民族乡）	**350823**	莲峰镇	350825100	八都镇	350902103
临江镇	350823100	北团镇	350825101	九都镇	350902104
临城镇	350823101	姑田镇	350825102	霍童镇	350902105
中都镇	350823102	朋口镇	350825103	赤溪镇	350902106
蓝溪镇	350823103	莒溪镇	350825104	洋中镇	350902107
稔田镇	350823104	新泉镇	350825105	飞鸾镇	350902108
白砂镇	350823105	庙前镇	350825106	三都镇	350902109
古田镇	350823106	文亨镇	350825107	虎浿镇	350902110
才溪镇	350823107	四堡镇	350825108	金涵畲族乡	350902200
南阳镇	350823108	林坊镇	350825109		
蛟洋镇	350823109	隔川镇	350825110		

续表 9

行政区划名称	行政区划代码
洪口乡	350902201
石后乡	350902202
霞浦县（3 街道，6 镇，3 乡，3 民族乡）	**350921**
松港街道	350921001
松城街道	350921002
松山街道	350921003
长春镇	350921101
牙城镇	350921102
溪南镇	350921103
沙江镇	350921104
下浒镇	350921105
三沙镇	350921106
盐田畲族乡	350921200
水门畲族乡	350921201
崇儒畲族乡	350921202
柏洋乡	350921203
北壁乡	350921204
海岛乡	350921205
古田县（2 街道，8 镇，4 乡）	**350922**
城西街道	350922001
城东街道	350922002
平湖镇	350922101
大桥镇	350922102
黄田镇	350922103
鹤塘镇	350922104
杉洋镇	350922105
凤都镇	350922106
水口镇	350922107
大甲镇	350922108
吉巷乡	350922201
泮洋乡	350922203
凤埔乡	350922204
卓洋乡	350922205
屏南县（5 镇，6 乡）	**350923**
古峰镇	350923100
双溪镇	350923101
代溪镇	350923102
长桥镇	350923103
棠口镇	350923104
屏城乡	350923200
甘棠乡	350923202
熙岭乡	350923203
路下乡	350923204
寿山乡	350923205
岭下乡	350923206
寿宁县（8 镇，6 乡）	**350924**
鳌阳镇	350924100
斜滩镇	350924101
南阳镇	350924102
武曲镇	350924103
犀溪镇	350924104
平溪镇	350924105
凤阳镇	350924106
清源镇	350924107
大安乡	350924200
坑底乡	350924201
竹管垅乡	350924203
芹洋乡	350924205
托溪乡	350924206
下党乡	350924209
周宁县（6 镇，3 乡）	**350925**
狮城镇	350925100
咸村镇	350925101
浦源镇	350925102
七步镇	350925103
李墩镇	350925104
纯池镇	350925105
泗桥乡	350925200
礼门乡	350925201
玛坑乡	350925202
柘荣县（2 镇，7 乡）	**350926**
双城镇	350926100
富溪镇	350926101
城郊乡	350926200
乍洋乡	350926201
东源乡	350926202
黄柏乡	350926203
宅中乡	350926204
楮坪乡	350926205
英山乡	350926206
福安市（4 街道，13 镇，2 乡，3 民族乡）	**350981**
城南街道	350981001
城北街道	350981002
阳头街道	350981003
罗江街道	350981004
赛岐镇	350981100
穆阳镇	350981101
上白石镇	350981102
潭头镇	350981103
社口镇	350981104
晓阳镇	350981105
溪潭镇	350981106
甘棠镇	350981107
下白石镇	350981108
溪尾镇	350981109
溪柄镇	350981110
湾坞镇	350981111
城阳镇	350981112
坂中畲族乡	350981201
范坑乡	350981202
穆云畲族乡	350981203
康厝畲族乡	350981204
松罗乡	350981206
福鼎市（3 街道，10 镇，1 乡，2 民族乡）	**350982**
桐山街道	350982001
桐城街道	350982002
山前街道	350982003
贯岭镇	350982100
前岐镇	350982101
沙埕镇	350982102
店下镇	350982103
太姥山镇	350982104
磻溪镇	350982105
白琳镇	350982106
点头镇	350982107
管阳镇	350982108
嵛山镇	350982109
硖门畲族乡	350982200
叠石乡	350982201
佳阳畲族乡	350982202

江西省

江西省（赣）

行政区划名称	行政区划代码
江西省（189 街道，832 镇，552 乡，8 民族乡）	**360000**
南昌市（39 街道，48 镇，28 乡）	**360100**
东湖区（7 街道，1 镇）	**360102**
董家窑街道	360102014
滕王阁街道	360102015
百花洲街道	360102016
墩子塘街道	360102017
大院街道	360102020
豫章街道	360102022
彭家桥街道	360102023
扬子洲镇	360102100
西湖区（10 街道）	**360103**
南浦街道	360103014
绳金塔街道	360103016
南站街道	360103018
朝阳洲街道	360103019
广润门街道	360103021
丁公路街道	360103023
桃源街道	360103024
朝农街道	360103025
桃花街道	360103026
九州街道	360103027
青云谱区（5 街道，1 镇）	**360104**
三家店街道	360104006
洪都街道	360104007
岱山街道	360104008
徐家坊街道	360104009
京山街道	360104010
青云谱镇	360104100
青山湖区（4 街道，4 镇）	**360111**
青山路街道	360111001
上海路街道	360111002
南钢街道	360111003
站东街道	360111004
罗家镇	360111101
湖坊镇	360111103
塘山镇	360111104
京东镇	360111106
新建区（5 街道，14 镇，5 乡）	**360112**
站前街道	360112001
幸福街道	360112002
蛟桥街道	360112003
长堎街道	360112004
欣悦湖街道	360112005
石岗镇	360112101
松湖镇	360112102
望城镇	360112103
樵舍镇	360112104
象山镇	360112105
乐化镇	360112106
西山镇	360112107
溪霞镇	360112108
联圩镇	360112109
石埠镇	360112110
梅岭镇	360112112
太平镇	360112113
罗亭镇	360112114
招贤镇	360112115
昌邑乡	360112200
南矶乡	360112201
金桥乡	360112203
大塘坪乡	360112204
铁河乡	360112205
红谷滩区（7 街道，1 镇，1 乡）	**360113**
沙井街道	360113001
卫东街道	360113002
生米街道	360113003
红角洲街道	360113004
九龙湖街道	360113005
凤凰洲街道	360113006
龙兴街道	360113007
流湖镇	360113101
厚田乡	360113200
南昌县（1 街道，11 镇，7 乡）	**360121**
八月湖街道	360121001
莲塘镇	360121100
向塘镇	360121101
三江镇	360121102
广福镇	360121103
塘南镇	360121104
幽兰镇	360121105
蒋巷镇	360121106
武阳镇	360121107
冈上镇	360121108
昌东镇	360121109
麻丘镇	360121110
黄马乡	360121200
富山乡	360121201
泾口乡	360121202
东新乡	360121203
南新乡	360121204
八一乡	360121205
塔城乡	360121206
安义县（7 镇，3 乡）	**360123**
龙津镇	360123100
万埠镇	360123101
石鼻镇	360123102
鼎湖镇	360123103
长埠镇	360123104
东阳镇	360123105
黄洲镇	360123106
乔乐乡	360123201
长均乡	360123202
新民乡	360123204
进贤县（9 镇，12 乡）	**360124**
温圳镇	360124101
李渡镇	360124102
张公镇	360124104
梅庄镇	360124105
架桥镇	360124106
罗溪镇	360124107
前坊镇	360124109
民和镇	360124110
文港镇	360124111

续表 1

行政区划名称	行政区划代码
白圩乡	360124201
下埠集乡	360124202
衙前乡	360124203
长山晏乡	360124204
泉岭乡	360124205
池溪乡	360124206
南台乡	360124207
钟陵乡	360124208
二塘乡	360124209
三里乡	360124210
七里乡	360124211
三阳集乡	360124213
景德镇市（15 街道，27 镇，10 乡）	**360200**
昌江区（3 街道，2 镇，1 乡）	**360202**
新枫街道	360202001
西郊街道	360202002
吕蒙街道	360202003
鲇鱼山镇	360202101
丽阳镇	360202103
荷塘乡	360202201
珠山区（10 街道）	**360203**
珠山街道	360203001
里村街道	360203003
新村街道	360203004
石狮埠街道	360203005
新厂街道	360203006
昌江街道	360203007
周路口街道	360203008
昌河街道	360203009
太白园街道	360203010
竟成街道	360203011
浮梁县（10 镇，8 乡）	**360222**
浮梁镇	360222100
鹅湖镇	360222101
经公桥镇	360222102
蛟潭镇	360222103
湘湖镇	360222104
瑶里镇	360222105
洪源镇	360222106
寿安镇	360222107
三龙镇	360222108
峙滩镇	360222109
王港乡	360222202
臧湾乡	360222203
黄坛乡	360222208
兴田乡	360222210
江村乡	360222212
勒功乡	360222214
西湖乡	360222215
罗家桥乡	360222216
乐平市（2 街道，15 镇，1 乡）	**360281**
塔山街道	360281001
洎阳街道	360281002
镇桥镇	360281101
乐港镇	360281102
涌山镇	360281103
众埠镇	360281104
接渡镇	360281105
礼林镇	360281107
后港镇	360281108
塔前镇	360281109
双田镇	360281110
临港镇	360281111
高家镇	360281112
名口镇	360281113
浯口镇	360281114
洪岩镇	360281115
十里岗镇	360281116
鸬鹚乡	360281205
萍乡市（9 街道，29 镇，19 乡）	**360300**
安源区（8 街道，4 镇）	**360302**
八一街道	360302001
凤凰街道	360302002
丹江街道	360302003
后埠街道	360302004
东大街道	360302005
白源街道	360302006
横龙街道	360302007
光丰街道	360302008
高坑镇	360302101
安源镇	360302102
青山镇	360302103
五陂镇	360302105
湘东区（1 街道，8 镇，2 乡）	**360313**
峡山口街道	360313001
湘东镇	360313100
荷尧镇	360313101
老关镇	360313102
下埠镇	360313103
排上镇	360313104
东桥镇	360313105
麻山镇	360313106
腊市镇	360313107
白竺乡	360313201
广寒寨乡	360313203
莲花县（5 镇，8 乡）	**360321**
琴亭镇	360321100
坊楼镇	360321101
升坊镇	360321102
良坊镇	360321104
路口镇	360321105
神泉乡	360321204
三板桥乡	360321205
南岭乡	360321206
荷塘乡	360321207
高洲乡	360321209
六市乡	360321210
湖上乡	360321213
闪石乡	360321215
上栗县（6 镇，4 乡）	**360322**
上栗镇	360322100
桐木镇	360322101
福田镇	360322102
金山镇	360322103
彭高镇	360322104
赤山镇	360322105
长平乡	360322200
东源乡	360322201
鸡冠山乡	360322203
杨岐乡	360322204

续表2

行政区划名称	行政区划代码	行政区划名称	行政区划代码	行政区划名称	行政区划代码
芦溪县（6镇，5乡）	**360323**	马回岭镇	360404101	港口镇	360424110
芦溪镇	360323100	江洲镇	360404102	上奉镇	360424111
宣风镇	360323101	城子镇	360404103	何市镇	360424112
上埠镇	360323102	港口街镇	360404104	黄港镇	360424113
银河镇	360323103	新合镇	360404105	黄沙镇	360424114
南坑镇	360323104	涌泉乡	360404202	山口镇	360424115
麻田镇	360323105	新塘乡	360404203	四都镇	360424116
长丰乡	360323200	岷山乡	360404208	西港镇	360424117
新泉乡	360323201	永安乡	360404209	宁州镇	360424118
万龙山乡	360323203	**武宁县（1街道，8镇，11乡）**	**360423**	路口乡	360424200
张佳坊乡	360323204			黄龙乡	360424201
源南乡	360323206	豫宁街道	360423001	上衫乡	360424202
九江市（22街道，101镇，78乡）	**360400**	新宁镇	360423100	余塅乡	360424203
		罗坪镇	360423101	水源乡	360424204
濂溪区（3街道，5镇，2乡）	**360402**	泉口镇	360423102	石坳乡	360424205
		鲁溪镇	360423103	东港乡	360424206
十里街道	360402001	澧溪镇	360423104	上杭乡	360424207
五里街道	360402002	船滩镇	360423105	新湾乡	360424210
七里湖街道	360402003	石门楼镇	360423106	布甲乡	360424211
威家镇	360402101	宋溪镇	360423108	大椿乡	360424212
新港镇	360402102	大洞乡	360423200	庙岭乡	360424213
莲花镇	360402103	横路乡	360423201	竹坪乡	360424214
赛阳镇	360402105	官莲乡	360423202	征村乡	360424215
姑塘镇	360402106	巾口乡	360423203	漫江乡	360424216
虞家河乡	360402202	甫田乡	360423206	复原乡	360424217
高垅乡	360402203	石渡乡	360423207	黄坳乡	360424218
浔阳区（8街道）	**360403**	清江乡	360423208	**永修县（1街道，11镇，4乡）**	**360425**
甘棠街道	360403001	上汤乡	360423209		
湓浦街道	360403002	东林乡	360423211	丰安街道	360425001
人民路街道	360403004	罗溪乡	360423212	涂埠镇	360425100
白水湖街道	360403005	杨洲乡	360423214	吴城镇	360425101
金鸡坡街道	360403006	**修水县（19镇，17乡）**	**360424**	柘林镇	360425102
滨兴街道	360403008	义宁镇	360424100	虬津镇	360425103
向阳街道	360403009	太阳升镇	360424101	艾城镇	360425104
八里湖街道	360403010	全丰镇	360424102	滩溪镇	360425105
柴桑区（5街道，5镇，4乡）	**360404**	白岭镇	360424103	白槎镇	360425106
		古市镇	360424104	梅棠镇	360425107
沙河街道	360404001	大桥镇	360424105	三溪桥镇	360425108
狮子街道	360404002	渣津镇	360424106	燕坊镇	360425109
城门街道	360404003	杭口镇	360424107	马口镇	360425110
岳师街道	360404004	马坳镇	360424108	三角乡	360425200
赛城湖街道	360404005	溪口镇	360424109	九合乡	360425201

续表 3

行政区划名称	行政区划代码
立新乡	360425203
江上乡	360425205
德安县（5 镇，8 乡）	**360426**
蒲亭镇	360426100
聂桥镇	360426101
车桥镇	360426102
丰林镇	360426103
吴山镇	360426104
宝塔乡	360426201
河东乡	360426202
高塘乡	360426204
林泉乡	360426205
磨溪乡	360426208
爱民乡	360426209
邹桥乡	360426211
塘山乡	360426212
都昌县（12 镇，12 乡）	**360428**
都昌镇	360428100
周溪镇	360428101
三汊港镇	360428102
中馆镇	360428103
大沙镇	360428104
万户镇	360428105
南峰镇	360428106
土塘镇	360428107
大港镇	360428108
蔡岭镇	360428109
徐埠镇	360428110
左里镇	360428111
和合乡	360428200
阳峰乡	360428201
西源乡	360428202
芗溪乡	360428203
狮山乡	360428204
鸣山乡	360428207
春桥乡	360428210
苏山乡	360428211
多宝乡	360428212
汪墩乡	360428213
北山乡	360428215
大树乡	360428216
湖口县（7 镇，5 乡）	**360429**
双钟镇	360429100
流泗镇	360429101
马影镇	360429102
武山镇	360429103
城山镇	360429104
均桥镇	360429105
凰村镇	360429106
大垅乡	360429200
张青乡	360429202
付垅乡	360429205
舜德乡	360429208
流芳乡	360429210
彭泽县（10 镇，3 乡）	**360430**
龙城镇	360430100
棉船镇	360430101
马垱镇	360430102
芙蓉墩镇	360430104
定山镇	360430105
天红镇	360430106
杨梓镇	360430107
东升镇	360430108
瀼溪镇	360430109
黄花镇	360430110
太平关乡	360430201
浩山乡	360430203
黄岭乡	360430206
瑞昌市（3 街道，8 镇，8 乡）	**360481**
湓城街道	360481001
桂林街道	360481002
赛湖街道	360481003
码头镇	360481101
白杨镇	360481102
南义镇	360481103
横港镇	360481104
范镇	360481105
肇陈镇	360481106
高丰镇	360481107
夏畈镇	360481108
乐园乡	360481205
洪一乡	360481206
花园乡	360481207
洪下乡	360481208
武蛟乡	360481209
黄金乡	360481211
南阳乡	360481212
横立山乡	360481213
共青城市（1 街道，2 镇，3 乡）	**360482**
茶山街道	360482001
甘露镇	360482100
江益镇	360482101
金湖乡	360482202
泽泉乡	360482203
苏家垱乡	360482204
庐山市（9 镇，1 乡）	**360483**
南康镇	360483100
蛟塘镇	360483101
白鹿镇	360483102
星子镇	360483103
温泉镇	360483104
华林镇	360483105
横塘镇	360483106
牯岭镇	360483107
海会镇	360483108
蓼南乡	360483200
新余市（7 街道，18 镇，8 乡）	**360500**
渝水区（5 街道，11 镇，5 乡）	**360502**
城南街道	360502001
城北街道	360502002
袁河街道	360502003
新钢街道	360502004
孔目江街道	360502005
罗坊镇	360502101
水北镇	360502102
良山镇	360502103
姚圩镇	360502105
下村镇	360502106
珠珊镇	360502107
观巢镇	360502109
欧里镇	360502110
河下镇	360502111

续表 4

行政区划名称	行政区划代码	行政区划名称	行政区划代码	行政区划名称	行政区划代码
水西镇	360502112	春涛镇	360603106	水南街道	360702006
鹄山镇	360502113	黄庄乡	360603200	章江街道	360702007
南安乡	360502202	平定乡	360603201	沙石镇	360702101
人和乡	360502204	杨溪乡	360603202	水东镇	360702102
新溪乡	360502206	洪湖乡	360603203	沙河镇	360702105
界水乡	360502211	刘家站乡	360603204	水西镇	360702106
九龙山乡	360502212	**贵溪市（4 街道，16 镇，3 乡，1 民族乡）**	**360681**	蟠龙镇	360702107
分宜县（2 街道，7 镇，3 乡）	**360521**	雄石街道	360681001	湖边镇	360702108
钤东街道	360521001	东门街道	360681002	潭东镇	360702109
钤西街道	360521002	花园街道	360681003	潭口镇	360702110
分宜镇	360521100	江北街道	360681004	**南康区（3 街道，7 镇，10 乡，1 民族乡）**	**360703**
杨桥镇	360521101	塘湾镇	360681103	蓉江街道	360703001
湖泽镇	360521102	泗沥镇	360681104	东山街道	360703002
双林镇	360521104	河潭镇	360681105	南水街道	360703003
钤山镇	360521105	志光镇	360681106	唐江镇	360703100
洋江镇	360521107	鸿塘镇	360681107	凤岗镇	360703101
凤阳镇	360521108	冷水镇	360681108	横市镇	360703102
洞村乡	360521204	文坊镇	360681109	龙岭镇	360703103
高岚乡	360521205	金屯镇	360681110	龙回镇	360703104
操场乡	360521206	流口镇	360681111	镜坝镇	360703105
鹰潭市（13 街道，23 镇，8 乡，1 民族乡）	**360600**	罗河镇	360681112	龙华镇	360703106
月湖区（7 街道，1 镇）	**360602**	周坊镇	360681113	浮石乡	360703200
江边街道	360602001	滨江镇	360681114	横寨乡	360703201
交通街道	360602002	天禄镇	360681115	朱坊乡	360703202
东湖街道	360602003	雷溪镇	360681116	太窝乡	360703203
梅园街道	360602004	上清镇	360681117	三江乡	360703204
白露街道	360602005	龙虎山镇	360681118	十八塘乡	360703206
四青街道	360602006	白田乡	360681201	麻双乡	360703207
夏埠街道	360602007	耳口乡	360681206	大坪乡	360703208
童家镇	360602101	樟坪畲族乡	360681208	坪市乡	360703209
余江区（2 街道，6 镇，5 乡）	**360603**	彭湾乡	360681210	隆木乡	360703210
邓埠街道	360603001	**赣州市（10 街道，147 镇，136 乡，1 民族乡）**	**360700**	赤土畲族乡	360703211
龙岗街道	360603002	**章贡区（7 街道，8 镇）**	**360702**	**赣县区（12 镇，7 乡）**	**360704**
锦江镇	360603101	赣江街道	360702001	梅林镇	360704100
画桥镇	360603102	解放街道	360702002	王母渡镇	360704101
潢溪镇	360603103	南外街道	360702003	沙地镇	360704102
中童镇	360603104	东外街道	360702004	江口镇	360704103
马荃镇	360603105	黄金岭街道	360702005	田村镇	360704104
				南塘镇	360704105
				茅店镇	360704106
				吉埠镇	360704107

续表 5

行政区划名称	行政区划代码	行政区划名称	行政区划代码	行政区划名称	行政区划代码
五云镇	360704108	陡水镇	360724101	蔡坊乡	360726203
湖江镇	360704109	社溪镇	360724102	重石乡	360726204
储潭镇	360704110	营前镇	360724103	长沙乡	360726205
韩坊镇	360704111	黄埠镇	360724104	浮槎乡	360726206
阳埠乡	360704200	寺下镇	360724105	双芫乡	360726207
大埠乡	360704202	梅水乡	360724200	塘村乡	360726208
长洛乡	360704203	油石乡	360724201	高云山乡	360726209
大田乡	360704204	安和乡	360724202	**定南县（7 镇）**	**360728**
石芫乡	360704207	双溪乡	360724204	历市镇	360728100
三溪乡	360704208	水岩乡	360724205	岿美山镇	360728101
白鹭乡	360704209	平富乡	360724206	老城镇	360728102
信丰县（13 镇，3 乡）	**360722**	五指峰乡	360724207	天九镇	360728103
嘉定镇	360722100	紫阳乡	360724208	龙塘镇	360728104
大塘埠镇	360722101	**崇义县（6 镇，10 乡）**	**360725**	岭北镇	360728105
古陂镇	360722102	横水镇	360725100	鹅公镇	360728106
大桥镇	360722103	扬眉镇	360725102	**全南县（6 镇，3 乡）**	**360729**
新田镇	360722104	过埠镇	360725103	城厢镇	360729100
安西镇	360722105	铅厂镇	360725104	大吉山镇	360729101
小江镇	360722106	长龙镇	360725105	陂头镇	360729102
铁石口镇	360722107	关田镇	360725106	金龙镇	360729103
大阿镇	360722108	龙勾乡	360725200	南迳镇	360729104
油山镇	360722109	杰坝乡	360725202	龙源坝镇	360729105
小河镇	360722110	金坑乡	360725203	中寨乡	360729200
西牛镇	360722111	思顺乡	360725204	社迳乡	360729201
正平镇	360722112	麟潭乡	360725205	龙下乡	360729202
虎山乡	360722200	上堡乡	360725206	**宁都县（12 镇，12 乡）**	**360730**
崇仙乡	360722201	聂都乡	360725207	梅江镇	360730100
万隆乡	360722202	文英乡	360725208	青塘镇	360730101
大余县（8 镇，3 乡）	**360723**	乐洞乡	360725209	长胜镇	360730102
南安镇	360723100	丰州乡	360725210	黄陂镇	360730103
新城镇	360723101	**安远县（8 镇，10 乡）**	**360726**	赖村镇	360730104
池江镇	360723102	欣山镇	360726100	固村镇	360730105
青龙镇	360723103	孔田镇	360726101	石上镇	360730106
樟斗镇	360723104	版石镇	360726102	东山坝镇	360730107
黄龙镇	360723105	天心镇	360726103	洛口镇	360730108
吉村镇	360723106	龙布镇	360726104	小布镇	360730109
左拔镇	360723107	鹤子镇	360726105	黄石镇	360730110
浮江乡	360723200	三百山镇	360726106	田头镇	360730111
内良乡	360723201	车头镇	360726107	竹笮乡	360730200
河洞乡	360723202	镇岗乡	360726200	对坊乡	360730201
上犹县（6 镇，8 乡）	**360724**	凤山乡	360726201	固厚乡	360730202
东山镇	360724100	新龙乡	360726202	田埠乡	360730203

续表 6

行政区划名称	行政区划代码	行政区划名称	行政区划代码	行政区划名称	行政区划代码
会同乡	360730204	兴江乡	360732200	澄江镇	360734105
湛田乡	360730205	樟木乡	360732201	桂竹帽镇	360734106
安福乡	360730206	东村乡	360732202	文峰乡	360734200
东韶乡	360730207	兴莲乡	360732203	三标乡	360734201
蔡江乡	360730208	杰村乡	360732204	菖蒲乡	360734202
大沽乡	360730209	社富乡	360732205	龙廷乡	360734203
肖田乡	360730210	埠头乡	360732206	丹溪乡	360734204
钓峰乡	360730211	隆坪乡	360732208	项山乡	360734205
于都县（9 镇，14 乡）	**360731**	均村乡	360732209	水源乡	360734206
贡江镇	360731100	茶园乡	360732210	罗珊乡	360734207
铁山垅镇	360731101	崇贤乡	360732211	**石城县（6 镇，5 乡）**	**360735**
盘古山镇	360731102	枫边乡	360732212	琴江镇	360735100
祁禄山镇	360731103	南坑乡	360732213	小松镇	360735101
银坑镇	360731104	方太乡	360732215	屏山镇	360735102
罗坳镇	360731105	鼎龙乡	360732216	横江镇	360735103
禾丰镇	360731106	长冈乡	360732217	高田镇	360735104
岭背镇	360731107	**会昌县（6 镇，13 乡）**	**360733**	赣江源镇	360735105
梓山镇	360731108	文武坝镇	360733100	木兰乡	360735200
罗江乡	360731200	筠门岭镇	360733101	丰山乡	360735201
小溪乡	360731201	西江镇	360733102	大由乡	360735202
利村乡	360731202	周田镇	360733103	龙岗乡	360735203
新陂乡	360731203	麻州镇	360733104	珠坑乡	360735204
靖石乡	360731204	庄口镇	360733105	**瑞金市（8 镇，9 乡）**	**360781**
黄麟乡	360731205	清溪乡	360733201	象湖镇	360781100
沙心乡	360731206	右水乡	360733202	壬田镇	360781101
宽田乡	360731207	高排乡	360733203	谢坊镇	360781102
葛坳乡	360731208	晓龙乡	360733204	沙洲坝镇	360781103
桥头乡	360731209	珠兰乡	360733205	瑞林镇	360781104
马安乡	360731210	洞头乡	360733206	九堡镇	360781105
仙下乡	360731211	中村乡	360733207	武阳镇	360781106
车溪乡	360731212	站塘乡	360733208	叶坪镇	360781107
段屋乡	360731213	永隆乡	360733209	日东乡	360781201
兴国县（9 镇，16 乡）	**360732**	富城乡	360733210	黄柏乡	360781202
潋江镇	360732100	小密乡	360733211	大柏地乡	360781203
江背镇	360732101	庄埠乡	360733213	丁陂乡	360781204
古龙岗镇	360732102	白鹅乡	360733214	冈面乡	360781205
梅窖镇	360732103	**寻乌县（7 镇，8 乡）**	**360734**	万田乡	360781206
高兴镇	360732104	长宁镇	360734100	云石山乡	360781207
良村镇	360732105	晨光镇	360734101	泽覃乡	360781208
龙口镇	360732106	留车镇	360734102	拔英乡	360781209
城岗镇	360732107	南桥镇	360734103	**龙南市（9 镇，5 乡）**	**360783**
永丰镇	360732108	吉潭镇	360734104	龙南镇	360783100

续表 7

行政区划名称	行政区划代码
武当镇	360783101
杨村镇	360783102
汶龙镇	360783103
程龙镇	360783104
关西镇	360783105
里仁镇	360783106
渡江镇	360783107
九连山镇	360783108
桃江乡	360783200
东江乡	360783201
临塘乡	360783202
南亨乡	360783203
夹湖乡	360783204
吉安市（14 街道，123 镇，84 乡，3 民族乡）	**360800**
吉州区（7 街道，4 镇）	**360802**
古南镇街道	360802001
永叔街道	360802002
文山街道	360802003
习溪桥街道	360802004
北门街道	360802005
白塘街道	360802006
禾埠街道	360802007
兴桥镇	360802101
樟山镇	360802102
长塘镇	360802103
曲濑镇	360802104
青原区（2 街道，6 镇，1 民族乡）	**360803**
河东街道	360803001
滨江街道	360803002
天玉镇	360803101
值夏镇	360803102
新圩镇	360803103
文陂镇	360803104
富滩镇	360803105
富田镇	360803108
东固畲族乡	360803203
吉安县（2 街道，13 镇，6 乡）	**360821**
高新街道	360821001
金鸡湖街道	360821002
敦厚镇	360821100
永阳镇	360821101
天河镇	360821102
横江镇	360821103
固江镇	360821104
万福镇	360821105
永和镇	360821106
桐坪镇	360821107
梅塘镇	360821108
油田镇	360821113
敖城镇	360821114
凤凰镇	360821115
浬田镇	360821116
北源乡	360821200
大冲乡	360821201
登龙乡	360821207
安塘乡	360821208
官田乡	360821209
指阳乡	360821211
吉水县（15 镇，3 乡）	**360822**
文峰镇	360822100
阜田镇	360822101
八都镇	360822102
水南镇	360822103
枫江镇	360822104
金滩镇	360822105
白沙镇	360822106
白水镇	360822107
盘谷镇	360822108
双村镇	360822109
醪桥镇	360822110
乌江镇	360822111
丁江镇	360822112
黄桥镇	360822113
螺田镇	360822114
尚贤乡	360822200
水田乡	360822203
冠山乡	360822207
峡江县（6 镇，4 乡，1 民族乡）	**360823**
水边镇	360823100
马埠镇	360823101
巴邱镇	360823102
仁和镇	360823103
砚溪镇	360823104
罗田镇	360823105
桐林乡	360823200
福民乡	360823201
戈坪乡	360823203
金江乡	360823204
金坪民族乡	360823205
新干县（1 街道，7 镇，6 乡）	**360824**
洋峰街道	360824001
金川镇	360824100
三湖镇	360824101
大洋洲镇	360824102
七琴镇	360824103
麦斜镇	360824105
界埠镇	360824106
溧江镇	360824107
桃溪乡	360824201
城上乡	360824202
潭丘乡	360824203
神政桥乡	360824204
沂江乡	360824205
荷浦乡	360824207
永丰县（8 镇，12 乡，1 民族乡）	**360825**
恩江镇	360825100
藤田镇	360825101
石马镇	360825102
沙溪镇	360825103
坑田镇	360825104
沿陂镇	360825105
古县镇	360825106
瑶田镇	360825107
佐龙乡	360825200
八江乡	360825202
潭城乡	360825204
鹿冈乡	360825205
七都乡	360825206
陶唐乡	360825208

续表 8

行政区划名称	行政区划代码	行政区划名称	行政区划代码	行政区划名称	行政区划代码
中村乡	360825210	珠田镇	360827112	洋门乡	360829207
上溪乡	360825211	巾石乡	360827201	金田乡	360829209
潭头乡	360825213	大坑乡	360827204	彭坊乡	360829210
三坊乡	360825214	双桥乡	360827208	寮塘乡	360829214
上固乡	360825215	新江乡	360827209	甘洛乡	360829215
君埠乡	360825216	五斗江乡	360827210	章庄乡	360829216
龙冈畲族乡	360825217	西溪乡	360827212	**永新县（1 街道，10 镇，13 乡）**	**360830**
泰和县（15 镇，6 乡）	**360826**	南江乡	360827213	三月坪街道	360830001
桥头镇	360826101	黄坑乡	360827214	禾川镇	360830100
禾市镇	360826102	戴家埔乡	360827219	石桥镇	360830102
螺溪镇	360826103	营盘圩乡	360827220	澧田镇	360830104
苏溪镇	360826105	**万安县（9 镇，7 乡）**	**360828**	龙门镇	360830105
马市镇	360826106	芙蓉镇	360828100	沙市镇	360830106
塘洲镇	360826107	五丰镇	360828101	文竹镇	360830107
冠朝镇	360826108	枧头镇	360828102	埠前镇	360830108
沙村镇	360826109	窑头镇	360828103	怀忠镇	360830109
小龙镇	360826110	百嘉镇	360828104	高桥楼镇	360830110
苑前镇	360826111	高陂镇	360828105	龙源口镇	360830111
万合镇	360826112	潞田镇	360828106	坳南乡	360830201
澄江镇	360826114	沙坪镇	360828107	才丰乡	360830204
老营盘镇	360826115	夏造镇	360828108	烟阁乡	360830205
灌溪镇	360826116	韶口乡	360828201	在中乡	360830207
沿溪镇	360826117	罗塘乡	360828202	三湾乡	360830208
石山乡	360826200	弹前乡	360828205	台岭乡	360830210
南溪乡	360826201	武术乡	360828206	龙田乡	360830211
上模乡	360826203	宝山乡	360828207	高溪乡	360830212
水槎乡	360826204	涧田乡	360828208	莲洲乡	360830213
上圯乡	360826205	顺峰乡	360828209	高市乡	360830214
中龙乡	360826207	**安福县（8 镇，11 乡）**	**360829**	象形乡	360830216
遂川县（13 镇，10 乡）	**360827**	平都镇	360829100	芦溪乡	360830217
泉江镇	360827100	浒坑镇	360829101	曲白乡	360830218
雩田镇	360827101	洲湖镇	360829102	**井冈山市（1 街道，9 镇，6 乡）**	**360881**
碧洲镇	360827102	横龙镇	360829103	红星街道	360881002
草林镇	360827103	枫田镇	360829104	厦坪镇	360881100
堆子前镇	360827104	洋溪镇	360829105	古城镇	360881102
左安镇	360827105	严田镇	360829106	新城镇	360881103
高坪镇	360827106	羊狮慕镇	360829107	茨坪镇	360881105
大汾镇	360827107	竹江乡	360829201	拿山镇	360881106
衙前镇	360827108	瓜畲乡	360829202	碧溪镇	360881107
禾源镇	360827109	钱山乡	360829203	茅坪镇	360881108
汤湖镇	360827110	赤谷乡	360829204		
枚江镇	360827111	山庄乡	360829206		

续表 9

行政区划名称	行政区划代码
龙市镇	360881109
罗浮镇	360881110
黄坳乡	360881201
葛田乡	360881208
睦村乡	360881210
东上乡	360881211
光明乡	360881212
柏露乡	360881213
宜春市（26 街道，117 镇，43 乡）	**360900**
袁州区（10 街道，19 镇，3 乡）	**360902**
灵泉街道	360902001
金园街道	360902002
秀江街道	360902003
湛郎街道	360902004
珠泉街道	360902005
化成街道	360902006
凤凰街道	360902007
官园街道	360902008
下浦街道	360902009
新康府街道	360902010
彬江镇	360902100
西村镇	360902101
金瑞镇	360902102
温汤镇	360902103
三阳镇	360902104
慈化镇	360902105
天台镇	360902106
洪塘镇	360902107
渥江镇	360902108
新坊镇	360902109
寨下镇	360902114
芦村镇	360902115
湖田镇	360902116
新田镇	360902117
南庙镇	360902118
竹亭镇	360902119
水江镇	360902120
辽市镇	360902121
洪江镇	360902122
楠木乡	360902209
柏木乡	360902216
飞剑潭乡	360902219
奉新县（10 镇，3 乡）	**360921**
冯川镇	360921100
上富镇	360921101
干洲镇	360921102
罗市镇	360921103
赤田镇	360921104
宋埠镇	360921105
澡下镇	360921106
甘坊镇	360921107
会埠镇	360921108
赤岸镇	360921109
仰山乡	360921206
澡溪乡	360921207
柳溪乡	360921210
万载县（1 街道，9 镇，7 乡）	**360922**
康乐街道	360922001
株潭镇	360922101
黄茅镇	360922102
潭埠镇	360922103
双桥镇	360922104
高村镇	360922105
罗城镇	360922106
三兴镇	360922107
高城镇	360922108
白良镇	360922109
鹅峰乡	360922200
马步乡	360922201
赤兴乡	360922204
岭东乡	360922205
白水乡	360922206
仙源乡	360922207
茭湖乡	360922214
上高县（2 街道，9 镇，5 乡）	**360923**
敖阳街道	360923001
锦阳街道	360923002
田心镇	360923101
徐家渡镇	360923102
锦江镇	360923103
泗溪镇	360923104
南港镇	360923105
翰堂镇	360923107
敖山镇	360923108
新界埠镇	360923109
蒙山镇	360923110
芦洲乡	360923201
塔下乡	360923202
镇渡乡	360923206
野市乡	360923207
墨山乡	360923208
宜丰县（9 镇，4 乡）	**360924**
新昌镇	360924100
潭山镇	360924101
棠浦镇	360924102
新庄镇	360924103
芳溪镇	360924104
石市镇	360924105
澄塘镇	360924106
黄岗镇	360924107
黄垦镇	360924108
花桥乡	360924202
同安乡	360924203
天宝乡	360924204
桥西乡	360924208
靖安县（6 镇，5 乡）	**360925**
双溪镇	360925100
宝峰镇	360925101
高湖镇	360925102
璪都镇	360925103
仁首镇	360925104
官庄镇	360925105
香田乡	360925200
水口乡	360925202
中源乡	360925205
雷公尖乡	360925207
三爪仑乡	360925208
铜鼓县（6 镇，3 乡）	**360926**
永宁镇	360926100
温泉镇	360926101
棋坪镇	360926102
排埠镇	360926103

续表 10

行政区划名称	行政区划代码
三都镇	360926104
大塅镇	360926105
高桥乡	360926200
港口乡	360926201
带溪乡	360926202
丰城市（6 街道，20 镇，7 乡）	**360981**
剑光街道	360981001
剑南街道	360981002
河洲街道	360981003
尚庄街道	360981006
孙渡街道	360981007
龙津洲街道	360981008
曲江镇	360981101
泉港镇	360981103
上塘镇	360981104
小港镇	360981106
拖船镇	360981107
荣塘镇	360981108
秀市镇	360981109
张巷镇	360981110
石滩镇	360981111
白土镇	360981112
袁渡镇	360981113
丽村镇	360981114
铁路镇	360981115
淘沙镇	360981116
梅林镇	360981117
隍城镇	360981118
董家镇	360981119
杜市镇	360981120
桥东镇	360981121
洛市镇	360981123
荷湖乡	360981203
蕉坑乡	360981205
筱塘乡	360981210
段潭乡	360981211
同田乡	360981212
湖塘乡	360981214
石江乡	360981217
樟树市（5 街道，10 镇，4 乡）	**360982**
淦阳街道	360982001
鹿江街道	360982002
福城街道	360982003
张家山街道	360982005
大桥街道	360982006
临江镇	360982101
永泰镇	360982102
黄土岗镇	360982103
经楼镇	360982104
昌傅镇	360982105
店下镇	360982106
阁山镇	360982108
刘公庙镇	360982109
观上镇	360982110
义成镇	360982111
中洲乡	360982200
洲上乡	360982204
洋湖乡	360982207
吴城乡	360982209
高安市（2 街道，19 镇，2 乡）	**360983**
瑞州街道	360983001
筠阳街道	360983002
荷岭镇	360983100
八景镇	360983101
新街镇	360983102
灰埠镇	360983103
建山镇	360983104
独城镇	360983105
石脑镇	360983106
黄沙岗镇	360983107
杨圩镇	360983108
大城镇	360983109
相城镇	360983110
蓝坊镇	360983111
太阳镇	360983112
田南镇	360983113
祥符镇	360983114
伍桥镇	360983115
龙潭镇	360983116
村前镇	360983117
华林山镇	360983118
汪家圩乡	360983213
上湖乡	360983216
抚州市（8 街道，96 镇，57 乡，1 民族乡）	**361000**
临川区（7 街道，19 镇，8 乡）	**361002**
青云街道	361002001
六水桥街道	361002002
文昌街道	361002003
荆公路街道	361002004
西大街街道	361002005
城西街道	361002006
钟岭街道	361002007
抚北镇	361002101
上顿渡镇	361002102
唱凯镇	361002103
温泉镇	361002104
高坪镇	361002105
腾桥镇	361002106
龙溪镇	361002107
孝桥镇	361002108
崇岗镇	361002109
罗针镇	361002110
云山镇	361002111
罗湖镇	361002112
大岗镇	361002113
青泥镇	361002114
太阳镇	361002115
秋溪镇	361002116
东馆镇	361002117
荣山镇	361002118
展坪镇	361002119
河埠乡	361002200
茅排乡	361002201
湖南乡	361002203
七里岗乡	361002205
鹏田乡	361002206
连城乡	361002209
嵩湖乡	361002210
桐源乡	361002212

续表 11

行政区划名称	行政区划代码	行政区划名称	行政区划代码	行政区划名称	行政区划代码
东乡区（1 街道，10 镇，4 乡）	**361003**	中田乡	361022205	增田镇	361025107
金峰街道	361003001	樟溪乡	361022206	万崇镇	361025108
孝岗镇	361003100	西城乡	361022207	湖溪乡	361025200
小璜镇	361003101	社苹乡	361022208	罗陂乡	361025201
圩上桥镇	361003102	**南丰县（7 镇，5 乡）**	**361023**	湖坪乡	361025202
马圩镇	361003103	琴城镇	361023100	金竹畲族乡	361025203
詹圩镇	361003104	太和镇	361023101	南村乡	361025204
岗上积镇	361003105	白舍镇	361023102	谷岗乡	361025205
杨桥殿镇	361003106	洽湾镇	361023103	大马头乡	361025206
王桥镇	361003107	桑田镇	361023104	**宜黄县（8 镇，4 乡）**	**361026**
黎圩镇	361003108	市山镇	361023105	凤冈镇	361026100
红星镇	361003109	紫霄镇	361023106	棠阴镇	361026101
珀玕乡	361003200	三溪乡	361023203	黄陂镇	361026102
邓家乡	361003201	东坪乡	361023205	东陂镇	361026103
虎圩乡	361003202	莱溪乡	361023206	梨溪镇	361026104
瑶圩乡	361003203	太源乡	361023208	二都镇	361026105
南城县（10 镇，2 乡）	**361021**	傅坊乡	361023209	中港镇	361026106
建昌镇	361021100	**崇仁县（7 镇，8 乡）**	**361024**	桃陂镇	361026107
上唐镇	361021101	巴山镇	361024100	新丰乡	361026200
洪门镇	361021102	相山镇	361024101	神岗乡	361026201
株良镇	361021103	航埠镇	361024102	圳口乡	361026202
里塔镇	361021104	孙坊镇	361024103	南源乡	361026203
龙湖镇	361021105	河上镇	361024104	**金溪县（8 镇，5 乡）**	**361027**
沙洲镇	361021106	礼陂镇	361024105	秀谷镇	361027100
新丰街镇	361021107	马鞍镇	361024106	浒湾镇	361027101
万坊镇	361021108	石庄乡	361024200	双塘镇	361027102
徐家镇	361021109	六家桥乡	361024201	何源镇	361027104
天井源乡	361021201	白路乡	361024202	合市镇	361027105
浔溪乡	361021203	三山乡	361024203	琅琚镇	361027106
黎川县（7 镇，8 乡）	**361022**	白陂乡	361024204	左坊镇	361027107
日峰镇	361022100	桃源乡	361024205	对桥镇	361027108
宏村镇	361022101	许坊乡	361024206	黄通乡	361027200
洵口镇	361022102	郭圩乡	361024207	陆坊乡	361027202
熊村镇	361022103	**乐安县（9 镇，6 乡，1 民族乡）**	**361025**	陈坊积乡	361027203
德胜镇	361022104			琉璃乡	361027204
龙安镇	361022105	鳌溪镇	361025100	石门乡	361027205
华山镇	361022106	公溪镇	361025101	**资溪县（5 镇，2 乡）**	**361028**
潭溪乡	361022200	戴坊镇	361025102	鹤城镇	361028100
荷源乡	361022201	牛田镇	361025103	马头山镇	361028101
厚村乡	361022202	招携镇	361025104	高阜镇	361028102
湖坊乡	361022204	龚坊镇	361025105	嵩市镇	361028103
		山砀镇	361025106	乌石镇	361028104

续表 12

行政区划名称	行政区划代码
高田乡	361028200
石峡乡	361028201
广昌县（6 镇，5 乡）	**361030**
旴江镇	361030100
头陂镇	361030101
赤水镇	361030103
驿前镇	361030104
甘竹镇	361030105
塘坊镇	361030106
千善乡	361030200
水南圩乡	361030201
长桥乡	361030202
杨溪乡	361030204
尖峰乡	361030205
上饶市（26 街道，103 镇，81 乡，2 民族乡）	**361100**
信州区（6 街道，3 镇）	**361102**
东市街道	361102001
西市街道	361102002
水南街道	361102003
灵溪街道	361102004
北门街道	361102005
茅家岭街道	361102006
沙溪镇	361102101
朝阳镇	361102102
秦峰镇	361102103
广丰区（5 街道，15 镇，3 乡）	**361103**
芦林街道	361103001
永丰街道	361103002
丰溪街道	361103003
大石街道	361103004
下溪街道	361103005
五都镇	361103101
洋口镇	361103102
横山镇	361103103
桐畈镇	361103104
湖丰镇	361103105
大南镇	361103106
排山镇	361103107
毛村镇	361103108
枧底镇	361103109
泉波镇	361103110
壶峤镇	361103111
霞峰镇	361103113
吴村镇	361103115
沙田镇	361103116
铜钹山镇	361103117
东阳乡	361103210
嵩峰乡	361103213
少阳乡	361103218
广信区（3 街道，11 镇，10 乡）	**361104**
罗桥街道	361104001
旭日街道	361104002
兴园街道	361104003
田墩镇	361104100
上泸镇	361104101
华坛山镇	361104102
茶亭镇	361104103
皂头镇	361104104
四十八镇	361104105
枫岭头镇	361104106
煌固镇	361104107
花厅镇	361104108
五府山镇	361104109
郑坊镇	361104110
望仙乡	361104200
石人乡	361104201
清水乡	361104202
石狮乡	361104203
湖村乡	361104204
董团乡	361104205
尊桥乡	361104206
应家乡	361104207
黄沙岭乡	361104208
铁山乡	361104209
玉山县（2 街道，10 镇，6 乡）	**361123**
冰溪街道	361123001
文成街道	361123002
仙岩镇	361123101
下镇镇	361123102
岩瑞镇	361123103
临湖镇	361123105
双明镇	361123106
樟村镇	361123107
横街镇	361123108
紫湖镇	361123110
必姆镇	361123111
枫林镇	361123112
下塘乡	361123200
四股桥乡	361123201
南山乡	361123203
怀玉乡	361123205
六都乡	361123207
三清乡	361123209
铅山县（8 镇，7 乡，2 民族乡）	**361124**
河口镇	361124100
永平镇	361124101
石塘镇	361124102
湖坊镇	361124103
鹅湖镇	361124104
武夷山镇	361124107
汪二镇	361124108
葛仙山镇	361124109
陈坊乡	361124200
虹桥乡	361124205
新滩乡	361124206
稼轩乡	361124214
英将乡	361124215
紫溪乡	361124216
太源畲族乡	361124217
天柱山乡	361124218
篁碧畲族乡	361124219
横峰县（1 街道，2 镇，6 乡）	**361125**
兴安街道	361125001
岑阳镇	361125100
葛源镇	361125101
姚家乡	361125200
莲荷乡	361125202
司铺乡	361125203

续表 13

行政区划名称	行政区划代码	行政区划名称	行政区划代码	行政区划名称	行政区划代码
港边乡	361125204	梅港乡	361127220	汪家乡	361129203
龙门畈乡	361125205	**鄱阳县（1 街道，14 镇，15 乡）**	**361128**	上坊乡	361129205
青板乡	361125206	饶州街道	361128001	苏桥乡	361129206
弋阳县（3 街道，9 镇，5 乡）	**361126**	鄱阳镇	361128100	珠田乡	361129212
桃源街道	361126001	石门街镇	361128101	**婺源县（1 街道，10 镇，6 乡）**	**361130**
花亭街道	361126002	田畈街镇	361128102	蚺城街道	361130001
南岩街道	361126003	谢家滩镇	361128103	紫阳镇	361130100
弋江镇	361126100	四十里街镇	361128104	清华镇	361130101
漆工镇	361126101	双港镇	361128105	秋口镇	361130102
港口镇	361126102	古县渡镇	361128106	江湾镇	361130103
曹溪镇	361126103	饶埠镇	361128107	思口镇	361130105
樟树墩镇	361126104	油墩街镇	361128108	中云镇	361130106
圭峰镇	361126105	乐丰镇	361128109	赋春镇	361130107
叠山镇	361126106	饶丰镇	361128110	镇头镇	361130108
朱坑镇	361126108	金盘岭镇	361128111	许村镇	361130109
三县岭镇	361126109	高家岭镇	361128112	太白镇	361130110
湾里乡	361126201	凰岗镇	361128113	溪头乡	361130201
葛溪乡	361126202	侯家岗乡	361128202	段莘乡	361130202
清湖乡	361126203	莲花山乡	361128203	浙源乡	361130207
中畈乡	361126207	银宝湖乡	361128204	沱川乡	361130208
旭光乡	361126211	响水滩乡	361128207	大鄣山乡	361130209
余干县（9 镇，11 乡）	**361127**	鸦鹊湖乡	361128208	珍珠山乡	361130211
玉亭镇	361127100	柘港乡	361128210	**德兴市（4 街道，6 镇，6 乡）**	**361181**
瑞洪镇	361127101	枧田街乡	361128212	银城街道	361181001
黄金埠镇	361127102	游城乡	361128215	新营街道	361181002
石口镇	361127103	珠湖乡	361128216	香屯街道	361181003
古埠镇	361127104	白沙洲乡	361128218	铜矿街道	361181004
九龙镇	361127105	团林乡	361128219	泗洲镇	361181101
乌泥镇	361127106	昌洲乡	361128222	花桥镇	361181102
杨埠镇	361127107	芦田乡	361128228	绕二镇	361181103
社赓镇	361127108	三庙前乡	361128230	海口镇	361181105
康山乡	361127200	莲湖乡	361128231	新岗山镇	361181106
东塘乡	361127202	**万年县（6 镇，6 乡）**	**361129**	大茅山镇	361181107
大塘乡	361127204	陈营镇	361129100	黄柏乡	361181200
鹭鸶港乡	361127207	青云镇	361129102	万村乡	361181201
三塘乡	361127208	梓埠镇	361129103	张村乡	361181202
洪家嘴乡	361127211	大源镇	361129104	畈大乡	361181205
白马桥乡	361127212	裴梅镇	361129105	李宅乡	361181206
江埠乡	361127213	石镇镇	361129106	龙头山乡	361181207
枫港乡	361127215	湖云乡	361129200		
大溪乡	361127216	齐埠乡	361129201		

山东省

山东省（鲁）

行政区划名称	行政区划代码
山东省（696街道，1072镇，57乡）	**370000**
济南市（132街道，29镇）	**370100**
历下区（14街道）	**370102**
解放路街道	370102001
千佛山街道	370102002
趵突泉街道	370102003
泉城路街道	370102004
大明湖街道	370102005
东关街道	370102006
文化东路街道	370102007
建筑新村街道	370102008
甸柳新村街道	370102009
燕山街道	370102011
姚家街道	370102013
智远街道	370102014
龙洞街道	370102015
舜华路街道	370102016
市中区（17街道）	**370103**
大观园街道	370103002
杆石桥街道	370103003
四里村街道	370103004
魏家庄街道	370103006
二七新村街道	370103008
七里山街道	370103009
六里山街道	370103010
舜玉路街道	370103012
泺源街道	370103014
王官庄街道	370103015
舜耕街道	370103016
白马山街道	370103017
七贤街道	370103018
十六里河街道	370103019
兴隆街道	370103020
党家街道	370103021
陡沟街道	370103022
槐荫区（16街道）	**370104**
振兴街街道	370104001
中大槐树街道	370104002
道德街街道	370104003
西市场街道	370104004
五里沟街道	370104005
营市街街道	370104006
青年公园街道	370104007
南辛庄街道	370104008
段店北路街道	370104009
张庄路街道	370104010
匡山街道	370104011
美里湖街道	370104012
兴福街道	370104013
玉清湖街道	370104014
腊山街道	370104015
吴家堡街道	370104016
天桥区（15街道）	**370105**
无影山街道	370105001
天桥东街街道	370105003
工人新村北村街道	370105004
工人新村南村街道	370105005
堤口路街道	370105006
北坦街道	370105007
制锦市街道	370105009
宝华街街道	370105010
官扎营街道	370105011
纬北路街道	370105012
药山街道	370105013
北园街道	370105014
泺口街道	370105015
桑梓店街道	370105016
大桥街道	370105017
历城区（21街道）	**370112**
山大路街道	370112001
洪家楼街道	370112002
东风街道	370112003
全福街道	370112004
荷花路街道	370112005
鲍山街道	370112006
唐冶街道	370112007
临港街道	370112008
华山街道	370112009
王舍人街道	370112010
郭店街道	370112011
港沟街道	370112012
遥墙街道	370112013
巨野河街道	370112014
孙村街道	370112015
仲宫街道	370112016
彩石街道	370112017
董家街道	370112018
柳埠街道	370112019
唐王街道	370112020
西营街道	370112021
长清区（8街道，2镇）	**370113**
文昌街道	370113001
崮云湖街道	370113002
平安街道	370113003
五峰山街道	370113004
归德街道	370113005
张夏街道	370113006
万德街道	370113007
孝里街道	370113008
马山镇	370113107
双泉镇	370113108
章丘区（17街道，1镇）	**370114**
明水街道	370114001
双山街道	370114002
枣园街道	370114003
龙山街道	370114004
埠村街道	370114005
圣井街道	370114006
普集街道	370114007
绣惠街道	370114008
相公庄街道	370114009
文祖街道	370114010
官庄街道	370114011
曹范街道	370114012
宁家埠街道	370114013
高官寨街道	370114014
白云湖街道	370114015
刁镇街道	370114016
黄河街道	370114017
垛庄镇	370114105
济阳区（8街道，2镇）	**370115**
济阳街道	370115001

续表 1

行政区划名称	行政区划代码	行政区划名称	行政区划代码	行政区划名称	行政区划代码
济北街道	370115002	怀仁镇	370126102	湖岛街道	370203026
孙耿街道	370115003	玉皇庙镇	370126103	兴隆路街道	370203027
回河街道	370115004	龙桑寺镇	370126104	杭州路街道	370203029
崔寨街道	370115005	郑路镇	370126105	瑞昌路街道	370203030
太平街道	370115006	贾庄镇	370126106	四方街道	370203031
垛石街道	370115007	白桥镇	370126108	阜新路街道	370203032
曲堤街道	370115008	孙集镇	370126109	水清沟街道	370203034
仁风镇	370115103	韩庙镇	370126110	洛阳路街道	370203035
新市镇	370115104	沙河镇	370126111	开平路街道	370203036
莱芜区（8 街道，7 镇）	**370116**	张坊镇	370126112	郑州路街道	370203037
凤城街道	370116001	**青岛市（108 街道，36 镇）**	**370200**	河西街道	370203038
张家洼街道	370116002	**市南区（14 街道）**	**370202**	海伦路街道	370203039
高庄街道	370116003	中山路街道	370202001	双山街道	370203040
鹏泉街道	370116004	台西街道	370202003	**黄岛区（14 街道，8 镇）**	**370211**
口镇街道	370116005	云南路街道	370202004	黄岛街道	370211001
羊里街道	370116006	江苏路街道	370202006	辛安街道	370211002
方下街道	370116007	金口路街道	370202009	薛家岛街道	370211003
雪野街道	370116008	观海路街道	370202011	长江路街道	370211004
牛泉镇	370116103	湛山街道	370202012	灵珠山街道	370211005
苗山镇	370116104	八大峡街道	370202015	红石崖街道	370211006
大王庄镇	370116106	八大关街道	370202016	胶南街道	370211007
寨里镇	370116107	香港中路街道	370202017	珠海街道	370211008
杨庄镇	370116108	八大湖街道	370202018	隐珠街道	370211009
茶业口镇	370116109	金湖路街道	370202019	滨海街道	370211010
和庄镇	370116110	金门路街道	370202020	灵山卫街道	370211011
钢城区（5 街道）	**370117**	珠海路街道	370202021	铁山街道	370211012
艾山街道	370117001	**市北区（29 街道）**	**370203**	王台街道	370211013
里辛街道	370117002	辽宁路街道	370203005	张家楼街道	370211014
汶源街道	370117003	华阳路街道	370203010	琅琊镇	370211100
颜庄街道	370117004	登州路街道	370203011	泊里镇	370211101
辛庄街道	370117005	宁夏路街道	370203013	大场镇	370211102
平阴县（2 街道，6 镇）	**370124**	敦化路街道	370203014	大村镇	370211103
榆山街道	370124001	辽源路街道	370203015	六汪镇	370211104
锦水街道	370124002	合肥路街道	370203016	海青镇	370211107
东阿镇	370124102	即墨路街道	370203017	宝山镇	370211108
孝直镇	370124103	镇江路街道	370203018	藏马镇	370211109
孔村镇	370124104	台东街道	370203019	**崂山区（5 街道）**	**370212**
洪范池镇	370124105	延安路街道	370203020	中韩街道	370212001
玫瑰镇	370124106	大港街道	370203021	沙子口街道	370212002
安城镇	370124107	小港街道	370203022	王哥庄街道	370212003
商河县（1 街道，11 镇）	**370126**	浮山新区街道	370203023	北宅街道	370212004
许商街道	370126001	同安路街道	370203024	金家岭街道	370212005
殷巷镇	370126101	洪山坡街道	370203025	**李沧区（11 街道）**	**370213**

续表 2

行政区划名称	行政区划代码	行政区划名称	行政区划代码	行政区划名称	行政区划代码
振华路街道	370213001	胶西街道	370281010	洪山镇	370302102
沧口街道	370213003	胶莱街道	370281011	罗村镇	370302103
兴华路街道	370213004	李哥庄镇	370281102	龙泉镇	370302104
兴城路街道	370213005	铺集镇	370281105	寨里镇	370302105
李村街道	370213006	里岔镇	370281108	岭子镇	370302106
虎山路街道	370213007	洋河镇	370281111	西河镇	370302108
浮山路街道	370213008	**平度市（5 街道，12 镇）**	**370283**	双杨镇	370302116
湘潭路街道	370213010	李园街道	370283002	太河镇	370302117
楼山街道	370213011	同和街道	370283004	**张店区（8 街道，5 镇）**	**370303**
世园街道	370213012	凤台街道	370283005	车站街道	370303001
九水街道	370213013	白沙河街道	370283006	公园街道	370303002
城阳区（8 街道）	**370214**	东阁街道	370283007	和平街道	370303004
城阳街道	370214001	古岘镇	370283102	科苑街道	370303005
流亭街道	370214002	仁兆镇	370283103	体育场街道	370303006
夏庄街道	370214003	南村镇	370283105	湖田街道	370303007
惜福镇街道	370214004	蓼兰镇	370283107	四宝山街道	370303008
棘洪滩街道	370214005	崔家集镇	370283109	马尚街道	370303009
上马街道	370214006	明村镇	370283110	南定镇	370303101
河套街道	370214007	田庄镇	370283112	沣水镇	370303102
红岛街道	370214008	新河镇	370283113	傅家镇	370303104
即墨区（11 街道，4 镇）	**370215**	大泽山镇	370283116	中埠镇	370303105
环秀街道	370215001	旧店镇	370283117	房镇镇	370303107
潮海街道	370215002	云山镇	370283125	**博山区（3 街道，7 镇）**	**370304**
通济街道	370215003	店子镇	370283126	城西街道	370304002
北安街道	370215004	**莱西市（3 街道，8 镇）**	**370285**	城东街道	370304003
龙山街道	370215005	水集街道	370285001	山头街道	370304004
龙泉街道	370215006	望城街道	370285002	域城镇	370304102
鳌山卫街道	370215007	沽河街道	370285006	白塔镇	370304103
温泉街道	370215008	姜山镇	370285101	八陡镇	370304106
蓝村街道	370215009	夏格庄镇	370285102	石马镇	370304108
灵山街道	370215010	院上镇	370285104	池上镇	370304112
大信街道	370215011	日庄镇	370285105	博山镇	370304113
段泊岚镇	370215115	南墅镇	370285106	源泉镇	370304114
移风店镇	370215117	河头店镇	370285107	**临淄区（5 街道，7 镇）**	**370305**
田横镇	370215121	店埠镇	370285108	闻韶街道	370305001
金口镇	370215122	马连庄镇	370285116	雪宫街道	370305002
胶州市（8 街道，4 镇）	**370281**	**淄博市（31 街道，57 镇）**	**370300**	辛店街道	370305003
阜安街道	370281001	**淄川区（4 街道，9 镇）**	**370302**	稷下街道	370305004
中云街道	370281002	般阳路街道	370302001	齐陵街道	370305005
三里河街道	370281004	松龄路街道	370302002	齐都镇	370305100
胶东街道	370281007	钟楼街道	370302004	皇城镇	370305102
胶北街道	370281008	将军路街道	370302007	敬仲镇	370305103
九龙街道	370281009	昆仑镇	370302101	朱台镇	370305104

续表 3

行政区划名称	行政区划代码	行政区划名称	行政区划代码	行政区划名称	行政区划代码
凤凰镇	370305105	鲁村镇	370323109	**山亭区（1 街道，9 镇）**	**370406**
金岭回族镇	370305107	南鲁山镇	370323110	山城街道	370406001
金山镇	370305108	燕崖镇	370323111	店子镇	370406101
周村区（5 街道，5 镇）	**370306**	石桥镇	370323112	西集镇	370406102
丝绸路街道	370306001	**枣庄市（21 街道，44 镇）**	**370400**	桑村镇	370406103
大街街道	370306002	**市中区（6 街道，5 镇）**	**370402**	北庄镇	370406104
青年路街道	370306003	中心街街道	370402001	城头镇	370406105
永安街街道	370306004	各塔埠街道	370402002	徐庄镇	370406106
城北路街道	370306005	矿区街道	370402003	水泉镇	370406107
北郊镇	370306100	文化路街道	370402004	冯卯镇	370406108
南郊镇	370306101	龙山路街道	370402005	凫城镇	370406109
王村镇	370306102	光明路街道	370402006	**滕州市（5 街道，16 镇）**	**370481**
萌水镇	370306103	税郭镇	370402101	荆河街道	370481001
商家镇	370306104	孟庄镇	370402102	龙泉街道	370481002
桓台县（2 街道，7 镇）	**370321**	齐村镇	370402103	北辛街道	370481003
索镇街道	370321001	永安镇	370402104	善南街道	370481004
少海街道	370321002	西王庄镇	370402105	东沙河街道	370481005
起凤镇	370321101	**薛城区（6 街道，4 镇）**	**370403**	洪绪镇	370481101
田庄镇	370321103	临城街道	370403001	南沙河镇	370481102
荆家镇	370321104	兴仁街道	370403002	大坞镇	370481103
马桥镇	370321105	兴城街道	370403003	滨湖镇	370481104
新城镇	370321107	张范街道	370403004	级索镇	370481105
唐山镇	370321109	常庄街道	370403005	西岗镇	370481106
果里镇	370321110	新城街道	370403006	姜屯镇	370481107
高青县（2 街道，7 镇）	**370322**	沙沟镇	370403101	鲍沟镇	370481108
田镇街道	370322001	周营镇	370403102	张汪镇	370481109
芦湖街道	370322002	邹坞镇	370403103	官桥镇	370481110
青城镇	370322101	陶庄镇	370403104	柴胡店镇	370481111
高城镇	370322102	**峄城区（2 街道，5 镇）**	**370404**	羊庄镇	370481112
黑里寨镇	370322103	坛山街道	370404001	木石镇	370481113
唐坊镇	370322104	吴林街道	370404002	界河镇	370481114
常家镇	370322105	古邵镇	370404100	龙阳镇	370481115
花沟镇	370322106	阴平镇	370404101	东郭镇	370481116
木李镇	370322108	底阁镇	370404102	**东营市（15 街道，23 镇，2 乡）**	**370500**
沂源县（2 街道，10 镇）	**370323**	榴园镇	370404103		
历山街道	370323001	峨山镇	370404104	**东营区（6 街道，4 镇）**	**370502**
南麻街道	370323002	**台儿庄区（1 街道，5 镇）**	**370405**	文汇街道	370502001
东里镇	370323103	运河街道	370405001	黄河路街道	370502002
悦庄镇	370323104	涧头集镇	370405101	东城街道	370502003
西里镇	370323105	邳庄镇	370405102	辛店街道	370502004
大张庄镇	370323106	泥沟镇	370405103	胜利街道	370502005
中庄镇	370323107	张山子镇	370405104	胜园街道	370502006
张家坡镇	370323108	马兰屯镇	370405105	牛庄镇	370502102

续表 4

行政区划名称	行政区划代码	行政区划名称	行政区划代码	行政区划名称	行政区划代码
六户镇	370502103	毓璜顶街道	370602003	马山街道	370613007
史口镇	370502104	通伸街道	370602004	**蓬莱区（6街道，8镇，6乡）**	**370614**
龙居镇	370502105	凤凰台街道	370602005	登州街道	370614001
河口区（2街道，4镇）	**370503**	奇山街道	370602006	紫荆山街道	370614002
河口街道	370503001	白石街道	370602007	新港街道	370614003
六合街道	370503002	芝罘岛街道	370602008	蓬莱阁街道	370614004
义和镇	370503100	黄务街道	370602009	南王街道	370614005
仙河镇	370503101	只楚街道	370602010	南长山街道	370614006
孤岛镇	370503102	世回尧街道	370602011	刘家沟镇	370614101
新户镇	370503103	幸福街道	370602012	潮水镇	370614102
垦利区（2街道，5镇）	**370505**	**福山区（7街道，4镇）**	**370611**	大柳行镇	370614103
垦利街道	370505001	清洋街道	370611001	小门家镇	370614104
兴隆街道	370505002	福新街道	370611002	大辛店镇	370614105
胜坨镇	370505100	门楼街道	370611003	村里集镇	370614106
郝家镇	370505101	东厅街道	370611004	北沟镇	370614107
永安镇	370505102	福莱山街道	370611005	砣矶镇	370614108
黄河口镇	370505103	古现街道	370611006	北长山乡	370614201
董集镇	370505104	大季家街道	370611008	黑山乡	370614202
利津县（2街道，4镇，2乡）	**370522**	高疃镇	370611102	大钦岛乡	370614203
利津街道	370522001	张格庄镇	370611103	小钦岛乡	370614204
凤凰城街道	370522002	回里镇	370611104	南隍城乡	370614205
北宋镇	370522101	臧家庄镇	370611111	北隍城乡	370614206
陈庄镇	370522103	**牟平区（5街道，8镇）**	**370612**	**龙口市（5街道，8镇）**	**370681**
汀罗镇	370522104	宁海街道	370612001	东莱街道	370681001
盐窝镇	370522105	文化街道	370612002	龙港街道	370681002
明集乡	370522201	姜格庄街道	370612004	新嘉街道	370681003
刁口乡	370522206	大窑街道	370612005	徐福街道	370681004
广饶县（3街道，6镇）	**370523**	武宁街道	370612006	东江街道	370681005
广饶街道	370523001	观水镇	370612101	黄山馆镇	370681102
乐安街道	370523002	龙泉镇	370612105	北马镇	370681103
丁庄街道	370523003	玉林店镇	370612106	芦头镇	370681104
大王镇	370523101	水道镇	370612107	下丁家镇	370681106
李鹊镇	370523106	高陵镇	370612109	七甲镇	370681107
稻庄镇	370523107	王格庄镇	370612110	石良镇	370681108
大码头镇	370523108	昆嵛镇	370612111	兰高镇	370681109
花官镇	370523109	莒格庄镇	370612112	诸由观镇	370681110
陈官镇	370523110	**莱山区（7街道）**	**370613**	**莱阳市（5街道，13镇）**	**370682**
烟台市（65街道，82镇，6乡）	**370600**	黄海路街道	370613001	城厢街道	370682001
		初家街道	370613002	古柳街道	370682002
芝罘区（12街道）	**370602**	滨海路街道	370613003	龙旺庄街道	370682003
向阳街道	370602001	院格庄街道	370613004	冯格庄街道	370682004
东山街道	370602002	解甲庄街道	370613005	柏林庄街道	370682005
		莱山街道	370613006		

续表 5

行政区划名称	行政区划代码	行政区划名称	行政区划代码	行政区划名称	行政区划代码
沐浴店镇	370682101	夏甸镇	370685108	开元街道	370703002
团旺镇	370682102	阜山镇	370685109	固堤街道	370703003
穴坊镇	370682103	齐山镇	370685110	高里街道	370703004
羊郡镇	370682104	**栖霞市（3 街道，11 镇）**	**370686**	朱里街道	370703005
姜疃镇	370682105	翠屏街道	370686001	大家洼街道	370703006
万第镇	370682106	庄园街道	370686002	央子街道	370703007
照旺庄镇	370682107	松山街道	370686003	北城街道	370703008
谭格庄镇	370682108	观里镇	370686101	**坊子区（8 街道）**	**370704**
河洛镇	370682110	蛇窝泊镇	370686102	坊城街道	370704001
吕格庄镇	370682111	唐家泊镇	370686103	凤凰街道	370704003
高格庄镇	370682112	桃村镇	370686104	坊安街道	370704004
大夼镇	370682113	亭口镇	370686105	九龙街道	370704005
山前店镇	370682114	寺口镇	370686107	黄旗堡街道	370704006
莱州市（6 街道，11 镇）	**370683**	苏家店镇	370686108	王家庄街道	370704007
文昌路街道	370683001	杨础镇	370686109	太保庄街道	370704008
永安路街道	370683002	西城镇	370686110	郑公街道	370704009
三山岛街道	370683003	官道镇	370686111	**奎文区（10 街道）**	**370705**
城港路街道	370683004	庙后镇	370686113	东关街道	370705001
文峰路街道	370683005	**海阳市（4 街道，10 镇）**	**370687**	大虞街道	370705002
金仓街道	370683006	方圆街道	370687001	梨园街道	370705003
沙河镇	370683101	东村街道	370687002	廿里堡街道	370705004
朱桥镇	370683102	凤城街道	370687003	潍州路街道	370705005
郭家店镇	370683103	龙山街道	370687004	北苑街道	370705006
金城镇	370683104	留格庄镇	370687102	广文街道	370705007
平里店镇	370683105	盘石店镇	370687103	北海路街道	370705008
驿道镇	370683106	郭城镇	370687104	新城街道	370705009
程郭镇	370683107	徐家店镇	370687105	清池街道	370705010
虎头崖镇	370683108	发城镇	370687106	**临朐县（4 街道，6 镇）**	**370724**
柞村镇	370683109	小纪镇	370687107	城关街道	370724001
夏邱镇	370683110	行村镇	370687108	东城街道	370724002
土山镇	370683111	辛安镇	370687109	冶源街道	370724003
招远市（5 街道，9 镇）	**370685**	二十里店镇	370687110	辛寨街道	370724004
罗峰街道	370685001	朱吴镇	370687112	五井镇	370724101
泉山街道	370685002	**潍坊市（61 街道，59 镇）**	**370700**	寺头镇	370724104
梦芝街道	370685003	**潍城区（6 街道）**	**370702**	九山镇	370724105
温泉街道	370685004	城关街道	370702001	蒋峪镇	370724109
大秦家街道	370685005	南关街道	370702002	山旺镇	370724112
辛庄镇	370685101	西关街道	370702003	柳山镇	370724113
蚕庄镇	370685102	北关街道	370702004	**昌乐县（4 街道，4 镇）**	**370725**
金岭镇	370685103	于河街道	370702005	宝城街道	370725016
毕郭镇	370685104	望留街道	370702006	宝都街道	370725017
玲珑镇	370685105	**寒亭区（8 街道）**	**370703**	朱刘街道	370725018
张星镇	370685106	寒亭街道	370703001	五图街道	370725020

续表 6

行政区划名称	行政区划代码
乔官镇	370725107
鄌部镇	370725108
红河镇	370725110
营丘镇	370725112
青州市（4 街道，8 镇）	**370781**
王府街道	370781001
益都街道	370781002
云门山街道	370781006
黄楼街道	370781008
弥河镇	370781100
王坟镇	370781101
庙子镇	370781103
邵庄镇	370781105
高柳镇	370781109
何官镇	370781111
东夏镇	370781113
谭坊镇	370781115
诸城市（3 街道，10 镇）	**370782**
密州街道	370782001
龙都街道	370782002
舜王街道	370782003
枳沟镇	370782101
贾悦镇	370782102
石桥子镇	370782105
相州镇	370782108
昌城镇	370782110
百尺河镇	370782111
辛兴镇	370782112
林家村镇	370782114
皇华镇	370782117
桃林镇	370782118
寿光市（5 街道，9 镇）	**370783**
圣城街道	370783001
文家街道	370783003
孙家集街道	370783004
洛城街道	370783005
古城街道	370783006
化龙镇	370783100
营里镇	370783103
台头镇	370783104
田柳镇	370783106
上口镇	370783108
侯镇	370783109
纪台镇	370783111
稻田镇	370783112
羊口镇	370783115
安丘市（3 街道，9 镇）	**370784**
兴安街道	370784001
新安街道	370784002
凌河街道	370784003
官庄镇	370784104
大盛镇	370784107
石埠子镇	370784111
石堆镇	370784112
柘山镇	370784118
辉渠镇	370784119
郚山镇	370784120
金冢子镇	370784121
景芝镇	370784122
高密市（3 街道，7 镇）	**370785**
朝阳街道	370785001
醴泉街道	370785002
密水街道	370785003
柏城镇	370785100
夏庄镇	370785103
姜庄镇	370785104
大牟家镇	370785106
阚家镇	370785109
井沟镇	370785111
柴沟镇	370785114
昌邑市（3 街道，6 镇）	**370786**
奎聚街道	370786001
都昌街道	370786002
围子街道	370786003
柳疃镇	370786101
龙池镇	370786102
卜庄镇	370786104
饮马镇	370786108
北孟镇	370786109
下营镇	370786110
济宁市（49 街道，103 镇，4 乡）	**370800**
任城区（17 街道，3 镇）	**370811**
金城街道	370811002
仙营街道	370811003
南张街道	370811004
李营街道	370811005
廿里铺街道	370811006
古槐街道	370811008
济阳街道	370811009
阜桥街道	370811010
越河街道	370811011
观音阁街道	370811012
南苑街道	370811013
安居街道	370811014
唐口街道	370811015
接庄街道	370811016
柳行街道	370811017
洸河街道	370811018
许庄街道	370811019
长沟镇	370811102
喻屯镇	370811110
石桥镇	370811111
兖州区（6 街道，6 镇）	**370812**
鼓楼街道	370812001
酒仙桥街道	370812002
龙桥街道	370812003
兴隆庄街道	370812004
黄屯街道	370812005
王因街道	370812006
大安镇	370812100
新驿镇	370812101
颜店镇	370812102
新兖镇	370812103
漕河镇	370812104
小孟镇	370812106
微山县（3 街道，11 镇，1 乡）	**370826**
夏镇街道	370826001
昭阳街道	370826002
傅村街道	370826003
韩庄镇	370826101
欢城镇	370826102
南阳镇	370826103
鲁桥镇	370826104
留庄镇	370826106
两城镇	370826107
马坡镇	370826108
赵庙镇	370826109

续表 7

行政区划名称	行政区划代码	行政区划名称	行政区划代码	行政区划名称	行政区划代码
张楼镇	370826110	仲山镇	370829112	韩垓镇	370832106
微山岛镇	370826111	满硐镇	370829113	馆驿镇	370832107
西平镇	370826112	黄垓镇	370829114	小安山镇	370832108
高楼乡	370826206	**汶上县（3 街道，11 镇，1 乡）**	**370830**	寿张集镇	370832109
鱼台县（2 街道，9 镇）	**370827**			马营镇	370832110
谷亭街道	370827001	中都街道	370830001	赵堌堆乡	370832215
滨湖街道	370827002	汶上街道	370830002	大路口乡	370832217
清河镇	370827101	南站街道	370830003	**曲阜市（4 街道，8 镇）**	**370881**
鱼城镇	370827102	南旺镇	370830102	鲁城街道	370881001
王鲁镇	370827103	次邱镇	370830103	书院街道	370881002
张黄镇	370827104	寅寺镇	370830104	小雪街道	370881003
王庙镇	370827105	郭楼镇	370830105	时庄街道	370881004
李阁镇	370827106	康驿镇	370830106	吴村镇	370881101
唐马镇	370827107	苑庄镇	370830107	姚村镇	370881102
老砦镇	370827108	义桥镇	370830108	陵城镇	370881103
罗屯镇	370827109	白石镇	370830109	尼山镇	370881105
金乡县（4 街道，9 镇）	**370828**	郭仓镇	370830110	王庄镇	370881106
金乡街道	370828001	杨店镇	370830111	息陬镇	370881107
高河街道	370828002	刘楼镇	370830112	石门山镇	370881108
王丕街道	370828003	军屯乡	370830205	防山镇	370881109
鱼山街道	370828004	**泗水县（2 街道，11 镇）**	**370831**	**邹城市（3 街道，13 镇）**	**370883**
羊山镇	370828101	泗河街道	370831001	钢山街道	370883001
胡集镇	370828102	济河街道	370831002	千泉街道	370883002
霄云镇	370828103	泉林镇	370831101	凫山街道	370883003
鸡黍镇	370828104	星村镇	370831102	香城镇	370883101
司马镇	370828107	柘沟镇	370831103	城前镇	370883102
马庙镇	370828109	金庄镇	370831104	大束镇	370883103
化雨镇	370828110	苗馆镇	370831105	北宿镇	370883104
卜集镇	370828112	中册镇	370831106	中心店镇	370883105
兴隆镇	370828113	杨柳镇	370831107	唐村镇	370883106
嘉祥县（3 街道，12 镇）	**370829**	泗张镇	370831108	太平镇	370883107
嘉祥街道	370829001	圣水峪镇	370831109	石墙镇	370883109
卧龙山街道	370829002	高峪镇	370831110	峄山镇	370883110
万张街道	370829003	华村镇	370831111	看庄镇	370883111
纸坊镇	370829101	**梁山县（2 街道，10 镇，2 乡）**	**370832**	张庄镇	370883112
梁宝寺镇	370829102			田黄镇	370883113
疃里镇	370829104	梁山街道	370832001	郭里镇	370883114
马村镇	370829105	水泊街道	370832002	**泰安市（20 街道，62 镇，6 乡）**	**370900**
金屯镇	370829106	小路口镇	370832101		
大张楼镇	370829107	韩岗镇	370832102	**泰山区（5 街道，2 镇，1 乡）**	**370902**
马集镇	370829108	黑虎庙镇	370832103		
孟姑集镇	370829110	拳铺镇	370832104	岱庙街道	370902001
老僧堂镇	370829111	杨营镇	370832105	财源街道	370902002

续表 8

行政区划名称	行政区划代码
泰前街道	370902003
上高街道	370902004
徐家楼街道	370902005
省庄镇	370902100
邱家店镇	370902101
大津口乡	370902202
岱岳区（3 街道，14 镇，1 乡）	**370911**
粥店街道	370911001
天平街道	370911002
北集坡街道	370911003
山口镇	370911100
祝阳镇	370911101
范镇	370911102
角峪镇	370911103
徂徕镇	370911104
满庄镇	370911105
夏张镇	370911106
道朗镇	370911107
黄前镇	370911108
大汶口镇	370911109
马庄镇	370911110
房村镇	370911111
良庄镇	370911112
下港镇	370911113
化马湾乡	370911201
宁阳县（2 街道，10 镇，1 乡）	**370921**
文庙街道	370921001
八仙桥街道	370921002
泗店镇	370921101
东疏镇	370921102
伏山镇	370921103
堽城镇	370921105
蒋集镇	370921107
磁窑镇	370921109
华丰镇	370921110
葛石镇	370921111
东庄镇	370921112
鹤山镇	370921113
乡饮乡	370921206
东平县（3 街道，9 镇，2 乡）	**370923**
州城街道	370923001
东平街道	370923002
彭集街道	370923003
沙河站镇	370923101
老湖镇	370923106
银山镇	370923107
斑鸠店镇	370923108
接山镇	370923109
大羊镇	370923110
梯门镇	370923111
戴庙镇	370923112
新湖镇	370923113
商老庄乡	370923206
旧县乡	370923208
新泰市（3 街道，17 镇，1 乡）	**370982**
青云街道	370982001
新汶街道	370982002
新甫街道	370982003
东都镇	370982101
小协镇	370982102
翟镇	370982103
泉沟镇	370982104
羊流镇	370982105
果都镇	370982106
西张庄镇	370982107
天宝镇	370982108
楼德镇	370982110
禹村镇	370982111
宫里镇	370982112
谷里镇	370982113
石莱镇	370982114
放城镇	370982115
刘杜镇	370982116
汶南镇	370982117
龙廷镇	370982119
岳家庄乡	370982203
肥城市（4 街道，10 镇）	**370983**
新城街道	370983001
老城街道	370983002
王瓜店街道	370983003
仪阳街道	370983004
潮泉镇	370983101
桃园镇	370983103
王庄镇	370983104
湖屯镇	370983105
石横镇	370983106
安临站镇	370983107
孙伯镇	370983108
安驾庄镇	370983109
边院镇	370983112
汶阳镇	370983113
威海市（24 街道，48 镇）	**371000**
环翠区（10 街道，10 镇）	**371002**
环翠楼街道	371002001
鲸园街道	371002002
竹岛街道	371002003
孙家疃街道	371002004
皇冠街道	371002005
凤林街道	371002006
西苑街道	371002007
怡园街道	371002008
田和街道	371002009
嵩山街道	371002010
张村镇	371002100
羊亭镇	371002101
温泉镇	371002102
桥头镇	371002106
崮山镇	371002107
泊于镇	371002108
初村镇	371002109
草庙子镇	371002110
汪疃镇	371002111
苘山镇	371002112
文登区（3 街道，12 镇）	**371003**
龙山街道	371003001
天福街道	371003002
环山街道	371003003
文登营镇	371003100
大水泊镇	371003101
张家产镇	371003102
高村镇	371003103
泽库镇	371003104
侯家镇	371003105
宋村镇	371003106
泽头镇	371003107

续表 9

行政区划名称	行政区划代码	行政区划名称	行政区划代码	行政区划名称	行政区划代码
小观镇	371003108	**日照市（16 街道，35 镇，4 乡）**	**371100**	城阳街道	371122001
葛家镇	371003109			店子集街道	371122002
米山镇	371003110	**东港区（7 街道，7 镇）**	**371102**	陵阳街道	371122003
界石镇	371003111	日照街道	371102001	浮来山街道	371122004
荣成市（10 街道，12 镇）	**371082**	石臼街道	371102002	阎庄街道	371122005
港湾街道	371082001	秦楼街道	371102004	招贤镇	371122102
斥山街道	371082002	卧龙山街道	371102005	夏庄镇	371122104
东山街道	371082003	两城街道	371102006	刘官庄镇	371122105
王连街道	371082004	奎山街道	371102007	峤山镇	371122106
桃园街道	371082005	北京路街道	371102008	小店镇	371122107
宁津街道	371082006	河山镇	371102101	龙山镇	371122109
崖头街道	371082007	涛雒镇	371102103	东莞镇	371122110
崂山街道	371082008	西湖镇	371102107	长岭镇	371122114
寻山街道	371082009	陈疃镇	371102108	安庄镇	371122115
城西街道	371082010	南湖镇	371102109	洛河镇	371122116
俚岛镇	371082101	三庄镇	371102110	碁山镇	371122117
成山镇	371082102	后村镇	371102111	寨里河镇	371122118
埠柳镇	371082103	**岚山区（2 街道，6 镇，1 乡）**	**371103**	桑园镇	371122119
港西镇	371082104			果庄镇	371122120
夏庄镇	371082105	岚山头街道	371103005	库山乡	371122206
崖西镇	371082106	安东卫街道	371103006	**临沂市（30 街道，120 镇，6 乡）**	**371300**
荫子镇	371082107	高兴镇	371103104		
滕家镇	371082108	巨峰镇	371103105	**兰山区（4 街道，8 镇）**	**371302**
大疃镇	371082109	黄墩镇	371103111	兰山街道	371302001
上庄镇	371082110	虎山镇	371103112	银雀山街道	371302002
虎山镇	371082111	碑廓镇	371103113	金雀山街道	371302003
人和镇	371082112	中楼镇	371103114	柳青街道	371302004
乳山市（1 街道，14 镇）	**371083**	前三岛乡	371103201	白沙埠镇	371302101
城区街道	371083001	**五莲县(2 街道,8 镇,2 乡)**	**371121**	枣园镇	371302102
夏村镇	371083100	洪凝街道	371121001	半程镇	371302103
乳山口镇	371083101	高泽街道	371121002	义堂镇	371302105
海阳所镇	371083102	街头镇	371121102	李官镇	371302107
白沙滩镇	371083103	潮河镇	371121103	汪沟镇	371302109
大孤山镇	371083104	许孟镇	371121104	方城镇	371302110
南黄镇	371083105	于里镇	371121105	马厂湖镇	371302111
冯家镇	371083106	汪湖镇	371121106	**罗庄区（6 街道，3 镇）**	**371311**
下初镇	371083107	叩官镇	371121107	罗庄街道	371311001
午极镇	371083108	中至镇	371121108	傅庄街道	371311002
育黎镇	371083109	松柏镇	371121110	盛庄街道	371311003
崖子镇	371083110	石场乡	371121201	册山街道	371311006
诸往镇	371083111	户部乡	371121202	高都街道	371311007
乳山寨镇	371083112	**莒县（5 街道，14 镇，1 乡）**	**371122**	罗西街道	371311008
徐家镇	371083113			沂堂镇	371311101

续表 10

行政区划名称	行政区划代码	行政区划名称	行政区划代码	行政区划名称	行政区划代码
褚墩镇	371311102	红花镇	371322112	下村乡	371324202
黄山镇	371311103	花园镇	371322113	**费县（1 街道，10 镇，1 乡）**	**371325**
河东区（8 街道，3 镇）	**371312**	泉源镇	371322114	费城街道	371325001
九曲街道	371312001	归昌乡	371322203	上冶镇	371325101
相公街道	371312002	**沂水县（2 街道，15 镇，1 乡）**	**371323**	薛庄镇	371325102
太平街道	371312003	沂城街道	371323001	探沂镇	371325105
汤头街道	371312004	龙家圈街道	371323002	朱田镇	371325106
凤凰岭街道	371312005	马站镇	371323101	梁邱镇	371325107
芝麻墩街道	371312006	高桥镇	371323102	新庄镇	371325108
梅埠街道	371312007	许家湖镇	371323103	马庄镇	371325109
朝阳街道	371312008	黄山铺镇	371323104	胡阳镇	371325112
汤河镇	371312104	诸葛镇	371323106	石井镇	371325113
八湖镇	371312107	崔家峪镇	371323107	东蒙镇	371325115
郑旺镇	371312108	四十里堡镇	371323108	大田庄乡	371325200
沂南县（1 街道，13 镇，1 乡）	**371321**	杨庄镇	371323109	**平邑县（1 街道，13 镇）**	**371326**
界湖街道	371321001	夏蔚镇	371323110	平邑街道	371326001
岸堤镇	371321101	沙沟镇	371323111	仲村镇	371326101
孙祖镇	371321102	高庄镇	371323112	武台镇	371326102
双堠镇	371321103	道托镇	371323113	保太镇	371326103
青驼镇	371321104	泉庄镇	371323115	柏林镇	371326104
张庄镇	371321105	富官庄镇	371323116	卞桥镇	371326105
砖埠镇	371321106	院东头镇	371323117	地方镇	371326106
大庄镇	371321109	圈里乡	371323201	铜石镇	371326107
辛集镇	371321110	**兰陵县（2 街道，14 镇，1 乡）**	**371324**	温水镇	371326108
蒲汪镇	371321111	卞庄街道	371324001	流峪镇	371326109
湖头镇	371321112	苍山街道	371324002	郑城镇	371326110
苏村镇	371321113	大仲村镇	371324101	白彦镇	371326111
铜井镇	371321114	兰陵镇	371324102	临涧镇	371326112
依汶镇	371321115	长城镇	371324103	丰阳镇	371326113
马牧池乡	371321201	磨山镇	371324104	**莒南县（1 街道，15 镇）**	**371327**
郯城县（1 街道，11 镇，1 乡）	**371322**	神山镇	371324105	十字路街道	371327001
郯城街道	371322001	车辋镇	371324106	大店镇	371327102
马头镇	371322101	尚岩镇	371324107	坊前镇	371327103
重坊镇	371322102	向城镇	371324108	板泉镇	371327106
李庄镇	371322103	新兴镇	371324109	洙边镇	371327107
杨集镇	371322105	南桥镇	371324110	文疃镇	371327108
港上镇	371322107	庄坞镇	371324112	石莲子镇	371327111
高峰头镇	371322108	矿坑镇	371324113	岭泉镇	371327112
庙山镇	371322109	鲁城镇	371324114	筵宾镇	371327113
胜利镇	371322111	芦柞镇	371324115	涝坡镇	371327114
				道口镇	371327115

续表 11

行政区划名称	行政区划代码
相沟镇	371327116
团林镇	371327117
坪上镇	371327118
壮岗镇	371327119
朱芦镇	371327120
蒙阴县（1 街道，8 镇，1 乡）	**371328**
蒙阴街道	371328001
常路镇	371328101
岱崮镇	371328102
坦埠镇	371328103
垛庄镇	371328104
高都镇	371328105
野店镇	371328106
桃墟镇	371328107
联城镇	371328109
旧寨乡	371328201
临沭县（2 街道，7 镇）	**371329**
临沭街道	371329001
郑山街道	371329002
蛟龙镇	371329101
大兴镇	371329102
石门镇	371329103
曹庄镇	371329104
青云镇	371329108
玉山镇	371329109
店头镇	371329110
德州市（29 街道，91 镇，14 乡）	**371400**
德城区（7 街道，5 镇）	**371402**
新湖街道	371402001
新华街道	371402003
天衢街道	371402004
广川街道	371402005
运河街道	371402006
长河街道	371402007
宋官屯街道	371402008
黄河涯镇	371402101
二屯镇	371402102
赵虎镇	371402103
抬头寺镇	371402104
袁桥镇	371402105
陵城区（2 街道，10 镇，1 乡）	**371403**
安德街道	371403001
临齐街道	371403002
郑家寨镇	371403100
糜镇	371403101
宋家镇	371403102
徽王庄镇	371403103
神头镇	371403104
滋镇	371403105
前孙镇	371403106
边临镇	371403107
义渡口镇	371403108
丁庄镇	371403109
于集乡	371403200
宁津县（2 街道，9 镇，1 乡）	**371422**
宁城街道	371422001
津城街道	371422002
柴胡店镇	371422101
长官镇	371422102
杜集镇	371422103
保店镇	371422104
大柳镇	371422105
大曹镇	371422106
相衙镇	371422107
时集镇	371422108
张大庄镇	371422109
刘营伍乡	371422201
庆云县（1 街道，5 镇，3 乡）	**371423**
渤海路街道	371423001
庆云镇	371423100
常家镇	371423101
尚堂镇	371423102
崔口镇	371423103
东辛店镇	371423104
严务乡	371423200
中丁乡	371423202
徐园子乡	371423203
临邑县（3 街道，8 镇，1 乡）	**371424**
临盘街道	371424001
邢侗街道	371424002
恒源街道	371424003
临邑镇	371424100
临南镇	371424102
德平镇	371424103
林子镇	371424104
兴隆镇	371424105
孟寺镇	371424106
翟家镇	371424107
理合务镇	371424108
宿安乡	371424200
齐河县（2 街道，11 镇，2 乡）	**371425**
晏城街道	371425001
晏北街道	371425002
表白寺镇	371425101
焦庙镇	371425102
赵官镇	371425103
祝阿镇	371425104
仁里集镇	371425105
潘店镇	371425106
胡官屯镇	371425107
宣章屯镇	371425108
马集镇	371425109
华店镇	371425110
刘桥镇	371425111
安头乡	371425201
大黄乡	371425204
平原县（3 街道，8 镇，1 乡）	**371426**
龙门街道	371426001
桃园街道	371426002
德原街道	371426003
王凤楼镇	371426101
前曹镇	371426102
恩城镇	371426103
王庙镇	371426104
王杲铺镇	371426105
张华镇	371426106
腰站镇	371426107
王打卦镇	371426108

续表 12

行政区划名称	行政区划代码
三唐乡	371426202
夏津县（2 街道，10 镇，2 乡）	**371427**
银城街道	371427001
北城街道	371427002
南城镇	371427100
苏留庄镇	371427101
新盛店镇	371427102
雷集镇	371427103
郑保屯镇	371427104
白马湖镇	371427105
东李官屯镇	371427106
宋楼镇	371427107
香赵庄镇	371427108
双庙镇	371427109
渡口驿乡	371427200
田庄乡	371427204
武城县（1 街道，7 镇）	**371428**
广运街道	371428001
武城镇	371428100
老城镇	371428101
郝王庄镇	371428104
鲁权屯镇	371428105
四女寺镇	371428106
甲马营镇	371428107
李家户镇	371428108
乐陵市（4 街道，9 镇，3 乡）	**371481**
市中街道	371481001
胡家街道	371481002
云红街道	371481003
郭家街道	371481004
杨安镇	371481100
朱集镇	371481101
黄夹镇	371481102
丁坞镇	371481103
花园镇	371481104
郑店镇	371481105
化楼镇	371481106
孔镇镇	371481107
铁营镇	371481108
西段乡	371481200
大孙乡	371481201
寨头堡乡	371481203
禹城市（2 街道，9 镇）	**371482**
市中街道	371482001
禹兴街道	371482003
伦镇	371482100
房寺镇	371482101
张庄镇	371482102
辛店镇	371482103
安仁镇	371482104
辛寨镇	371482105
梁家镇	371482106
十里望回族镇	371482107
莒镇	371482108
聊城市（32 街道，98 镇，5 乡）	**371500**
东昌府区（10 街道，13 镇）	**371502**
古楼街道	371502001
新区街道	371502002
柳园街道	371502003
湖西街道	371502004
李海务街道	371502005
闫寺街道	371502006
道口铺街道	371502008
东城街道	371502009
蒋官屯街道	371502010
北城街道	371502011
沙镇镇	371502102
侯营镇	371502103
堂邑镇	371502104
梁水镇镇	371502105
斗虎屯镇	371502106
张炉集镇	371502108
于集镇	371502109
郑家镇	371502110
朱老庄镇	371502112
许营镇	371502113
顾官屯镇	371502114
韩集镇	371502115
广平镇	371502116
茌平区（3 街道，10 镇，1 乡）	**371503**
振兴街道	371503001
信发街道	371503002
温陈街道	371503003
乐平铺镇	371503101
冯官屯镇	371503102
菜屯镇	371503103
博平镇	371503104
杜郎口镇	371503105
韩屯镇	371503106
胡屯镇	371503107
肖家庄镇	371503108
贾寨镇	371503109
洪官屯镇	371503110
杨官屯乡	371503201
阳谷县（3 街道，14 镇，1 乡）	**371521**
博济桥街道	371521001
狮子楼街道	371521002
侨润街道	371521003
阿城镇	371521101
七级镇	371521102
安乐镇	371521103
寿张镇	371521104
张秋镇	371521105
阎楼镇	371521106
石佛镇	371521108
李台镇	371521109
十五里园镇	371521111
定水镇	371521112
西湖镇	371521113
郭屯镇	371521114
高庙王镇	371521115
金斗营镇	371521116
大布乡	371521203
莘县（4 街道，20 镇）	**371522**
莘州街道	371522001
莘亭街道	371522002
东鲁街道	371522003

续表 13

行政区划名称	行政区划代码	行政区划名称	行政区划代码	行政区划名称	行政区划代码
燕塔街道	371522004	东古城镇	371525105	尚店镇	371581113
张鲁回族镇	371522101	北馆陶镇	371525106	**滨州市(29 街道,58 镇,4 乡)**	**371600**
朝城镇	371522102	店子镇	371525107	**滨城区(12 街道,2 镇,1 乡)**	**371602**
观城镇	371522103	定远寨镇	371525108	市中街道	371602001
古城镇	371522104	辛集镇	371525109	市西街道	371602002
大张家镇	371522105	梁堂镇	371525110	北镇街道	371602003
古云镇	371522106	范寨镇	371525111	市东街道	371602004
十八里铺镇	371522107	甘官屯镇	371525112	彭李街道	371602005
燕店镇	371522109	斜店乡	371525200	滨北街道	371602007
董杜庄镇	371522110	兰沃乡	371525206	梁才街道	371602009
王奉镇	371522111	万善乡	371525209	青田街道	371602010
樱桃园镇	371522112	**高唐县（3 街道，9 镇）**	**371526**	小营街道	371602011
河店镇	371522113	鱼邱湖街道	371526001	杜店街道	371602012
妹冢镇	371522114	人和街道	371526002	沙河街道	371602013
魏庄镇	371522115	汇鑫街道	371526003	里则街道	371602014
张寨镇	371522116	梁村镇	371526101	杨柳雪镇	371602101
大王寨镇	371522117	尹集镇	371526102	三河湖镇	371602105
徐庄镇	371522118	清平镇	371526103	秦皇台乡	371602203
王庄集镇	371522119	固河镇	371526104	**沾化区（2 街道，7 镇，2 乡）**	**371603**
柿子园镇	371522120	三十里铺镇	371526105	富国街道	371603001
俎店镇	371522121	琉璃寺镇	371526106	富源街道	371603002
东阿县（2 街道，8 镇）	**371524**	赵寨子镇	371526107	下洼镇	371603100
铜城街道	371524001	姜店镇	371526108	古城镇	371603101
新城街道	371524002	杨屯镇	371526109	冯家镇	371603102
刘集镇	371524101	**临清市（4 街道，12 镇）**	**371581**	泊头镇	371603103
牛角店镇	371524102	青年路街道	371581001	大高镇	371603104
大桥镇	371524103	新华路街道	371581002	黄升镇	371603105
高集镇	371524104	先锋路街道	371581003	滨海镇	371603106
姜楼镇	371524105	大辛庄街道	371581004	下河乡	371603200
姚寨镇	371524107	松林镇	371581101	利国乡	371603201
鱼山镇	371524108	老赵庄镇	371581102	**惠民县（3 街道，12 镇）**	**371621**
陈集镇	371524109	康庄镇	371581103	孙武街道	371621001
冠县(3 街道,12 镇,3 乡)	**371525**	魏湾镇	371581104	武定府街道	371621002
清泉街道	371525001	刘垓子镇	371581105	何坊街道	371621003
崇文街道	371525002	八岔路镇	371581107	石庙镇	371621101
烟庄街道	371525003	潘庄镇	371581108	桑落墅镇	371621102
贾镇	371525101	烟店镇	371581109	淄角镇	371621103
桑阿镇	371525102	唐园镇	371581110	胡集镇	371621104
柳林镇	371525103	金郝庄镇	371581111	李庄镇	371621105
清水镇	371525104	戴湾镇	371581112	麻店镇	371621107

续表 14

行政区划名称	行政区划代码	行政区划名称	行政区划代码	行政区划名称	行政区划代码
魏集镇	371621108	纯化镇	371625108	李村镇	371702107
清河镇	371621109	庞家镇	371625109	马岭岗镇	371702108
姜楼镇	371621111	乔庄镇	371625110	安兴镇	371702109
辛店镇	371621113	**邹平市（5 街道，11 镇）**	**371681**	大黄集镇	371702110
大年陈镇	371621114	黛溪街道	371681001	胡集镇	371702112
皂户李镇	371621115	黄山街道	371681002	吕陵镇	371702113
阳信县（2 街道，7 镇，1 乡）	**371622**	高新街道	371681003	**定陶区（2 街道，10 镇）**	**371703**
		好生街道	371681004	天中街道	371703001
信城街道	371622001	西董街道	371681005	滨河街道	371703002
金阳街道	371622002	长山镇	371681100	陈集镇	371703101
商店镇	371622101	魏桥镇	371681101	冉堌镇	371703102
温店镇	371622102	临池镇	371681102	张湾镇	371703103
河流镇	371622103	焦桥镇	371681103	黄店镇	371703104
翟王镇	371622104	韩店镇	371681104	孟海镇	371703105
流坡坞镇	371622105	孙镇	371681105	马集镇	371703106
水落坡镇	371622106	九户镇	371681106	半堤镇	371703107
劳店镇	371622107	青阳镇	371681107	仿山镇	371703108
洋湖乡	371622204	明集镇	371681108	杜堂镇	371703109
无棣县（2 街道，10 镇）	**371623**	台子镇	371681109	南王店镇	371703110
海丰街道	371623001	码头镇	371681110	**曹县（5 街道，21 镇）**	**371721**
棣丰街道	371623002	**菏泽市（34 街道，127 镇，6 乡）**	**371700**	青菏街道	371721001
水湾镇	371623101			曹城街道	371721002
碣石山镇	371623102	**牡丹区（11 街道，13 镇）**	**371702**	磐石街道	371721003
小泊头镇	371623103	东城街道	371702001	郑庄街道	371721004
埕口镇	371623104	西城街道	371702002	倪集街道	371721005
车王镇	371623106	南城街道	371702003	庄寨镇	371721101
柳堡镇	371623107	北城街道	371702004	普连集镇	371721102
佘家镇	371623108	牡丹街道	371702005	青堌集镇	371721103
信阳镇	371623109	万福街道	371702009	韩集镇	371721105
西小王镇	371623110	何楼街道	371702010	砖庙镇	371721106
马山子镇	371623111	丹阳街道	371702011	古营集镇	371721107
博兴县（3 街道，9 镇）	**371625**	岳程街道	371702012	魏湾镇	371721108
博昌街道	371625001	佃户屯街道	371702013	侯集回族镇	371721109
城东街道	371625002	皇镇街道	371702014	苏集镇	371721110
锦秋街道	371625003	沙土镇	371702100	孙老家镇	371721111
曹王镇	371625101	吴店镇	371702101	阎店楼镇	371721112
兴福镇	371625102	王浩屯镇	371702102	梁堤头镇	371721113
陈户镇	371625103	黄堽镇	371702103	安蔡楼镇	371721114
湖滨镇	371625104	都司镇	371702104	邵庄镇	371721115
店子镇	371625106	高庄镇	371702105	王集镇	371721116
吕艺镇	371625107	小留镇	371702106		

续表 15

行政区划名称	行政区划代码	行政区划名称	行政区划代码	行政区划名称	行政区划代码
青岗集镇	371721118	孙寺镇	371723108	唐庙镇	371725115
常乐集镇	371721120	九女集镇	371723109	李集镇	371725116
大集镇	371721121	党集镇	371723110	黄集镇	371725117
仵楼镇	371721122	张楼镇	371723111	张鲁集镇	371725118
楼庄镇	371721123	**巨野县（2 街道，15 镇）**	**371724**	水堡乡	371725208
朱洪庙镇	371721124	永丰街道	371724001	陈坡乡	371725209
单县(4 街道,16 镇, 2 乡)	**371722**	凤凰街道	371724002	**鄄城县（2 街道，15 镇）**	**371726**
南城街道	371722001	龙堌镇	371724101	陈王街道	371726001
北城街道	371722002	大义镇	371724102	古泉街道	371726002
园艺街道	371722003	柳林镇	371724103	什集镇	371726101
东城街道	371722004	章缝镇	371724104	红船镇	371726102
郭村镇	371722101	大谢集镇	371724105	旧城镇	371726103
黄岗镇	371722102	独山镇	371724106	阎什镇	371726104
终兴镇	371722103	麒麟镇	371724107	箕山镇	371726105
高韦庄镇	371722105	核桃园镇	371724108	李进士堂镇	371726106
徐寨镇	371722106	田庄镇	371724109	董口镇	371726107
蔡堂镇	371722107	太平镇	371724110	临濮镇	371726108
朱集镇	371722108	万丰镇	371724111	彭楼镇	371726109
李新庄镇	371722109	陶庙镇	371724112	凤凰镇	371726110
浮岗镇	371722110	董官屯镇	371724113	郑营镇	371726111
莱河镇	371722111	田桥镇	371724114	大埝镇	371726112
时楼镇	371722112	营里镇	371724115	引马镇	371726113
杨楼镇	371722113	**郓城县（4 街道，16 镇，2 乡）**	**371725**	左营镇	371726114
张集镇	371722114	郓州街道	371725001	富春镇	371726115
龙王庙镇	371722115	唐塔街道	371725002	**东明县（2 街道，10 镇，2 乡）**	**371728**
谢集镇	371722116	丁里长街道	371725003	城关街道	371728001
李田楼镇	371722117	张营街道	371725004	渔沃街道	371728002
高老家乡	371722201	黄安镇	371725101	东明集镇	371728101
曹庄乡	371722202	杨庄集镇	371725102	刘楼镇	371728102
成武县（2 街道，11 镇）	**371723**	侯咽集镇	371725103	陆圈镇	371728103
文亭街道	371723001	武安镇	371725104	马头镇	371728104
永昌街道	371723002	郭屯镇	371725105	三春集镇	371728105
大田集镇	371723101	玉皇庙镇	371725107	大屯镇	371728106
天宫庙镇	371723102	程屯镇	371725108	武胜桥镇	371728107
汶上集镇	371723103	随官屯镇	371725109	菜园集镇	371728108
南鲁集镇	371723104	潘渡镇	371725111	沙窝镇	371728109
伯乐集镇	371723105	双桥镇	371725112	小井镇	371728110
苟村集镇	371723106	南赵楼镇	371725113	长兴集乡	371728204
白浮图镇	371723107	黄泥冈镇	371725114	焦园乡	371728205

河南省

河南省（豫）

行政区划名称	行政区划代码
河南省（700街道，1192镇，556乡，11民族乡）	**410000**
郑州市（92街道，72镇，14乡，1民族乡）	**410100**
中原区（14街道，1镇，1乡）	**410102**
林山寨街道	410102001
建设路街道	410102002
棉纺路街道	410102003
秦岭路街道	410102004
桐柏路街道	410102005
三官庙街道	410102006
绿东村街道	410102007
汝河路街道	410102008
航海西路街道	410102009
中原西路街道	410102010
须水街道	410102011
西流湖街道	410102012
柳湖街道	410102013
莲湖街道	410102014
石佛镇	410102100
沟赵乡	410102200
二七区（15街道，1镇）	**410103**
淮河路街道	410103001
铭功路街道	410103003
一马路街道	410103004
蜜蜂张街道	410103005
五里堡街道	410103006
大学路街道	410103007
建中街街道	410103008
福华街街道	410103009
德化街街道	410103010
嵩山路街道	410103011
长江路街道	410103012
京广路街道	410103013
人和路街道	410103014
侯寨街道	410103015
金水源街道	410103016
马寨镇	410103100
管城回族区（12街道，1乡）	**410104**
北下街街道	410104001
西大街街道	410104002
南关街道	410104003
城东路街道	410104004
东大街街道	410104005
二里岗街道	410104006
陇海马路街道	410104007
紫荆山南路街道	410104008
航海东路街道	410104009
十八里河街道	410104010
南曹街道	410104011
金岱街道	410104012
圃田乡	410104202
金水区（19街道）	**410105**
经八路街道	410105001
花园路街道	410105002
人民路街道	410105003
杜岭街道	410105004
大石桥街道	410105005
南阳路街道	410105006
南阳新村街道	410105007
文化路街道	410105008
丰产路街道	410105009
东风路街道	410105010
北林路街道	410105011
未来路街道	410105012
凤凰台街道	410105015
兴达路街道	410105016
国基路街道	410105017
杨金路街道	410105018
丰庆路街道	410105019
祭城路街道	410105020
龙子湖街道	410105021
上街区（5街道，1镇）	**410106**
济源路街道	410106001
中心路街道	410106002
新安路街道	410106003
工业路街道	410106004
矿山街道	410106005
峡窝镇	410106100
惠济区（6街道，2镇）	**410108**
新城街道	410108011
刘寨街道	410108012
江山路街道	410108013
长兴路街道	410108014
迎宾路街道	410108015
大河路街道	410108016
古荥镇	410108105
花园口镇	410108106
中牟县（4街道，14镇，1乡）	**410122**
青年路街道	410122001
东风路街道	410122002
广惠街街道	410122003
大孟街道	410122004
韩寺镇	410122101
官渡镇	410122102
狼城岗镇	410122103
万滩镇	410122104
白沙镇	410122105
郑庵镇	410122106
九龙镇	410122107
张庄镇	410122108
黄店镇	410122109
刘集镇	410122111
八岗镇	410122112
雁鸣湖镇	410122113
三官庙镇	410122114
姚家镇	410122115
刁家乡	410122208
巩义市（5街道，15镇）	**410181**
新华路街道	410181001
杜甫路街道	410181002
永安路街道	410181003
紫荆路街道	410181004
孝义街道	410181005
米河镇	410181100
新中镇	410181101
小关镇	410181102
竹林镇	410181103
大峪沟镇	410181104

续表 1

行政区划名称	行政区划代码
河洛镇	410181105
站街镇	410181106
康店镇	410181108
北山口镇	410181110
西村镇	410181111
芝田镇	410181112
回郭镇	410181113
鲁庄镇	410181114
夹津口镇	410181115
涉村镇	410181116
荥阳市（2 街道，9 镇，2 乡，1 民族乡）	**410182**
索河街道	410182001
京城路街道	410182002
乔楼镇	410182101
豫龙镇	410182102
广武镇	410182103
王村镇	410182104
汜水镇	410182105
高山镇	410182106
刘河镇	410182108
崔庙镇	410182109
贾峪镇	410182110
城关乡	410182200
高村乡	410182201
金寨回族乡	410182204
新密市（3 街道，12 镇，1 乡）	**410183**
青屏街街道	410183001
新华路街道	410183002
西大街街道	410183003
城关镇	410183100
米村镇	410183101
牛店镇	410183102
平陌镇	410183103
超化镇	410183104
苟堂镇	410183105
大隗镇	410183106
刘寨镇	410183107
白寨镇	410183108
岳村镇	410183109
来集镇	410183110
曲梁镇	410183111
袁庄乡	410183200
新郑市（3 街道，9 镇，5 乡）	**410184**
新建路街道	410184001
新华路街道	410184002
新烟街街道	410184003
新村镇	410184101
辛店镇	410184102
观音寺镇	410184103
梨河镇	410184104
和庄镇	410184105
薛店镇	410184106
孟庄镇	410184107
郭店镇	410184108
龙湖镇	410184109
城关乡	410184200
八千乡	410184202
龙王乡	410184203
大马乡	410184204
岗李乡	410184205
登封市（4 街道，8 镇，3 乡）	**410185**
嵩阳街道	410185001
少林街道	410185002
中岳街道	410185003
卢店街道	410185004
大金店镇	410185100
颍阳镇	410185101
告成镇	410185103
大冶镇	410185105
宣化镇	410185106
徐庄镇	410185107
东华镇	410185108
唐庄镇	410185109
白坪乡	410185202
君召乡	410185203
石道乡	410185204
开封市（39 街道，35 镇，42 乡）	**410200**
龙亭区（10 街道，3 乡）	**410202**
北书店街道	410202001
午朝门街道	410202002
大兴街道	410202003
北道门街道	410202005
城西街道	410202006
梁苑街道	410202007
杏花营街道	410202008
金耀街道	410202009
金明池街道	410202010
西湖街道	410202011
北郊乡	410202200
柳园口乡	410202201
水稻乡	410202202
顺河回族区（8 街道）	**410203**
清平街道	410203001
铁塔街道	410203002
曹门街道	410203003
宋门街道	410203004
工业街道	410203005
苹果园街道	410203006
东苑街道	410203007
土柏岗街道	410203008
鼓楼区（8 街道）	**410204**
相国寺街道	410204001
新华街道	410204002
卧龙街道	410204003
州桥街道	410204004
西司门街道	410204005
五一街道	410204006
南苑街道	410204007
仙人庄街道	410204008
禹王台区（5 街道，2 乡）	**410205**
三里堡街道	410205001
新门关街道	410205002
繁塔街道	410205003
官坊街道	410205004
菜市街道	410205005
南郊乡	410205201
汪屯乡	410205202
祥符区（1 街道，6 镇，8 乡）	**410212**
城东街道	410212001

续表 2

行政区划名称	行政区划代码
陈留镇	410212101
仇楼镇	410212102
八里湾镇	410212103
曲兴镇	410212104
朱仙镇	410212105
罗王镇	410212106
半坡店乡	410212200
刘店乡	410212202
袁坊乡	410212203
杜良乡	410212204
兴隆乡	410212205
西姜寨乡	410212206
万隆乡	410212207
范村乡	410212208
杞县（1 街道，7 镇，13 乡）	**410221**
金城街道	410221001
五里河镇	410221101
傅集镇	410221102
圉镇镇	410221103
高阳镇	410221104
葛岗镇	410221105
阳堌镇	410221106
邢口镇	410221107
裴村店乡	410221200
宗店乡	410221202
板木乡	410221203
竹林乡	410221204
官庄乡	410221205
湖岗乡	410221206
苏木乡	410221207
沙沃乡	410221208
平城乡	410221209
泥沟乡	410221210
柿园乡	410221211
西寨乡	410221212
城郊乡	410221213
通许县（2 街道，5 镇，6 乡）	**410222**
咸平街道	410222001
许城街道	410222002
竖岗镇	410222101
玉皇庙镇	410222102
四所楼镇	410222103
朱砂镇	410222104
长智镇	410222105
冯庄乡	410222200
孙营乡	410222201
大岗李乡	410222202
邸阁乡	410222203
练城乡	410222204
厉庄乡	410222205
尉氏县（1 街道，9 镇，5 乡）	**410223**
两湖街道	410223001
洧川镇	410223101
朱曲镇	410223102
蔡庄镇	410223103
永兴镇	410223104
张市镇	410223105
十八里镇	410223106
水坡镇	410223107
大营镇	410223108
庄头镇	410223109
邢庄乡	410223200
门楼任乡	410223205
大桥乡	410223206
南曹乡	410223207
小陈乡	410223208
兰考县（3 街道，8 镇，5 乡）	**410225**
兰阳街道	410225001
桐乡街道	410225002
惠安街道	410225003
堌阳镇	410225101
南彰镇	410225102
考城镇	410225103
红庙镇	410225104
谷营镇	410225105
东坝头镇	410225106
小宋镇	410225107
仪封镇	410225108
三义寨乡	410225201
孟寨乡	410225206
许河乡	410225207
葡萄架乡	410225208
阎楼乡	410225209
洛阳市（68 街道，98 镇，22 乡）	**410300**
老城区（8 街道）	**410302**
西关街道	410302001
西南隅街道	410302002
西北隅街道	410302003
东南隅街道	410302004
东北隅街道	410302005
南关街道	410302006
洛浦街道	410302007
邙山街道	410302008
西工区（10 街道）	**410303**
王城路街道	410303001
金谷园街道	410303002
西工街道	410303003
邙岭路街道	410303004
道北路街道	410303005
唐宫路街道	410303006
汉屯路街道	410303007
凯旋东路街道	410303008
红山街道	410303009
洛北街道	410303010
瀍河回族区（8 街道）	**410304**
东关街道	410304001
瀍西街道	410304002
五股路街道	410304003
北窑街道	410304004
塔湾街道	410304005
杨文街道	410304006
华林街道	410304007
问礼街道	410304008
涧西区（13 街道）	**410305**
湖北路街道	410305001
天津路街道	410305002
长春路街道	410305003
南昌路街道	410305004
长安路街道	410305005
重庆路街道	410305006
郑州路街道	410305007

续表 3

行政区划名称	行政区划代码
武汉路街道	410305008
徐家营街道	410305009
珠江路街道	410305010
周山路街道	410305011
工农街道	410305012
瀛洲街道	410305013
偃师区（4 街道，9 镇）	**410307**
首阳山街道	410307004
商城街道	410307005
槐新街道	410307006
伊洛街道	410307007
翟镇镇	410307103
岳滩镇	410307104
顾县镇	410307105
缑氏镇	410307106
府店镇	410307107
高龙镇	410307108
山化镇	410307109
大口镇	410307110
邙岭镇	410307111
孟津区（5 街道，9 镇）	**410308**
西霞院街道	410308004
康乐街道	410308005
吉利街道	410308006
河阳街道	410308007
河图街道	410308008
会盟镇	410308101
平乐镇	410308102
送庄镇	410308103
白鹤镇	410308104
朝阳镇	410308105
麻屯镇	410308106
马屯镇	410308107
横水镇	410308108
常袋镇	410308109
洛龙区（14 街道，5 镇）	**410311**
定鼎门街道	410311001
开元路街道	410311002
关林街道	410311003
太康东路街道	410311004
古城街道	410311005
科技园街道	410311006
龙门街道	410311007
龙门石窟街道	410311008
翠云路街道	410311009
辛店街道	410311010
李村街道	410311011
李楼街道	410311012
安乐街道	410311013
丰李街道	410311014
白马寺镇	410311103
寇店镇	410311107
诸葛镇	410311109
庞村镇	410311110
佃庄镇	410311111
新安县（1 街道，10 镇）	**410323**
汉关街道	410323001
石寺镇	410323101
五头镇	410323102
磁涧镇	410323103
铁门镇	410323104
北冶镇	410323105
南李村镇	410323106
仓头镇	410323107
石井镇	410323108
正村镇	410323109
青要山镇	410323110
栾川县（1 街道，11 镇，2 乡）	**410324**
耕莘街道	410324001
赤土店镇	410324101
合峪镇	410324102
潭头镇	410324103
三川镇	410324104
冷水镇	410324105
陶湾镇	410324106
石庙镇	410324107
庙子镇	410324108
狮子庙镇	410324109
白土镇	410324110
叫河镇	410324111
栾川乡	410324200
秋扒乡	410324203
嵩县（12 镇，4 乡）	**410325**
城关镇	410325100
田湖镇	410325101
旧县镇	410325102
车村镇	410325103
闫庄镇	410325104
德亭镇	410325107
大章镇	410325108
白河镇	410325109
纸房镇	410325110
饭坡镇	410325111
九皋镇	410325112
陆浑镇	410325113
大坪乡	410325201
何村乡	410325203
黄庄乡	410325209
木植街乡	410325210
汝阳县（8 镇，5 乡）	**410326**
城关镇	410326100
上店镇	410326101
付店镇	410326102
小店镇	410326103
刘店镇	410326104
内埠镇	410326105
三屯镇	410326106
陶营镇	410326107
柏树乡	410326200
十八盘乡	410326202
靳村乡	410326203
王坪乡	410326204
蔡店乡	410326209
宜阳县（1 街道，11 镇，4 乡）	**410327**
兴宜街道	410327001
柳泉镇	410327102
韩城镇	410327103
白杨镇	410327104
香鹿山镇	410327105
锦屏镇	410327106
三乡镇	410327107
张坞镇	410327108

续表 4

行政区划名称	行政区划代码
莲庄镇	410327109
赵保镇	410327111
樊村镇	410327112
高村镇	410327113
盐镇乡	410327203
花果山乡	410327208
上观乡	410327209
董王庄乡	410327212
洛宁县（1 街道，11 镇，6 乡）	**410328**
永宁街道	410328001
王范回族镇	410328101
上戈镇	410328102
下峪镇	410328103
河底镇	410328104
兴华镇	410328105
东宋镇	410328106
马店镇	410328107
故县镇	410328108
赵村镇	410328109
长水镇	410328110
景阳镇	410328111
城郊乡	410328200
小界乡	410328205
罗岭乡	410328209
底张乡	410328213
陈吴乡	410328216
涧口乡	410328217
伊川县（2 街道，12 镇，1 乡）	**410329**
城关街道	410329001
河滨街道	410329002
鸣皋镇	410329101
水寨镇	410329102
彭婆镇	410329103
白沙镇	410329104
江左镇	410329105
高山镇	410329106
吕店镇	410329107
半坡镇	410329108
酒后镇	410329109
白元镇	410329110
葛寨镇	410329111
鸦岭镇	410329112
平等乡	410329203
平顶山市（59 街道，52 镇，30 乡，2 民族乡）	**410400**
新华区（10 街道，2 镇）	**410402**
曙光街街道	410402001
光明路街道	410402002
中兴路街道	410402003
矿工路街道	410402004
西市场街道	410402005
新新街街道	410402006
青石山街道	410402007
湛河北路街道	410402008
湖滨路街道	410402009
西高皇街道	410402010
焦店镇	410402100
滍阳镇	410402101
卫东区（13 街道）	**410403**
东安路街道	410403001
优越路街道	410403002
五一路街道	410403003
建设路街道	410403004
东环路街道	410403005
东工人镇街道	410403006
光华路街道	410403007
鸿鹰街道	410403008
皇台街道	410403009
北环路街道	410403010
东高皇街道	410403011
蒲城街道	410403012
申楼街道	410403013
石龙区（4 街道）	**410404**
高庄街道	410404001
龙兴街道	410404002
人民路街道	410404003
龙河街道	410404004
湛河区（9 街道，1 乡）	**410411**
马庄街道	410411001
南环路街道	410411002
姚孟街道	410411003
九里山街道	410411004
轻工路街道	410411005
高阳路街道	410411006
北渡街道	410411007
荆山街道	410411008
河滨街道	410411009
曹镇乡	410411200
宝丰县（2 街道，7 镇，3 乡）	**410421**
文峰街道	410421001
父城街道	410421002
周庄镇	410421101
闹店镇	410421102
石桥镇	410421103
商酒务镇	410421104
大营镇	410421105
张八桥镇	410421106
赵庄镇	410421108
肖旗乡	410421200
前营乡	410421202
李庄乡	410421204
叶县（3 街道，11 镇，4 乡，1 民族乡）	**410422**
昆阳街道	410422001
九龙街道	410422002
盐都街道	410422003
任店镇	410422101
保安镇	410422102
仙台镇	410422103
遵化店镇	410422104
叶邑镇	410422105
廉村镇	410422106
常村镇	410422107
辛店镇	410422108
洪庄杨镇	410422109
龚店镇	410422110
龙泉镇	410422111
夏李乡	410422201
马庄回族乡	410422203
田庄乡	410422204
水寨乡	410422208
邓李乡	410422210

续表 5

行政区划名称	行政区划代码	行政区划名称	行政区划代码	行政区划名称	行政区划代码
鲁山县（4 街道，7 镇，13 乡）	**410423**	渣园乡	410425205	东大街街道	410502001
露峰街道	410423001	**舞钢市（6 街道，4 镇，3 乡）**	**410481**	头二三道街街道	410502002
琴台街道	410423002	垭口街道	410481001	甜水井街道	410502003
鲁阳街道	410423003	寺坡街道	410481002	东关街道	410502004
汇源街道	410423004	朱兰街道	410481003	南关街道	410502005
下汤镇	410423101	院岭街道	410481004	西大街街道	410502006
梁洼镇	410423102	矿建街道	410481005	西关街道	410502007
张官营镇	410423103	铁山街道	410481006	北大街街道	410502008
张良镇	410423104	尚店镇	410481100	紫薇大道街道	410502009
尧山镇	410423105	八台镇	410481101	光华路街道	410502010
赵村镇	410423106	尹集镇	410481102	中华路街道	410502011
瓦屋镇	410423107	枣林镇	410481103	永明路街道	410502012
四棵树乡	410423201	庙街乡	410481202	峨嵋大街街道	410502013
团城乡	410423202	武功乡	410481204	银杏大街街道	410502014
熊背乡	410423203	杨庄乡	410481205	商颂大街街道	410502015
瀼河乡	410423204	**汝州市（6 街道，13 镇，2 乡）**	**410482**	宝莲寺镇	410502100
观音寺乡	410423206	钟楼街道	410482001	**北关区（9 街道，1 镇）**	**410503**
背孜乡	410423208	风穴路街道	410482002	红旗路街道	410503001
仓头乡	410423209	煤山街道	410482003	解放路街道	410503003
董周乡	410423210	洗耳河街道	410482004	灯塔路街道	410503004
张店乡	410423211	汝南街道	410482005	豆腐营街道	410503005
辛集乡	410423212	紫云路街道	410482006	洹北街道	410503006
磙子营乡	410423213	寄料镇	410482101	曙光路街道	410503011
马楼乡	410423214	温泉镇	410482102	民航路街道	410503012
昭平台库区乡	410423215	临汝镇	410482103	彰东街道	410503013
郏县（2 街道，8 镇，4 乡，1 民族乡）	**410425**	小屯镇	410482104	彰北街道	410503014
龙山街道	410425001	杨楼镇	410482105	柏庄镇	410503100
东城街道	410425002	蟒川镇	410482106	**殷都区（9 街道，2 镇，1 乡）**	**410505**
冢头镇	410425101	庙下镇	410482107	梅园庄街道	410505001
安良镇	410425102	陵头镇	410482108	李珍街道	410505002
堂街镇	410425103	米庙镇	410482109	水冶街道	410505003
薛店镇	410425104	纸坊镇	410482110	铁西路街道	410505005
长桥镇	410425105	大峪镇	410482111	电厂路街道	410505006
茨芭镇	410425106	夏店镇	410482112	清风街街道	410505008
黄道镇	410425107	焦村镇	410482113	纱厂路街道	410505009
李口镇	410425108	王寨乡	410482202	北蒙街道	410505010
王集乡	410425200	骑岭乡	410482207	相台街道	410505011
姚庄回族乡	410425202	**安阳市（48 街道，68 镇，19 乡）**	**410500**	曲沟镇	410505100
白庙乡	410425203	**文峰区（15 街道，1 镇）**	**410502**	水冶镇	410505101
广阔天地乡	410425204			西郊乡	410505200

续表 6

行政区划名称	行政区划代码
龙安区（6 街道，3 镇，2 乡）	**410506**
文昌大道街道	410506001
田村街道	410506002
彰武街道	410506003
文明大道街道	410506004
太行小区街道	410506005
中州路街道	410506006
龙泉镇	410506100
马投涧镇	410506101
善应镇	410506102
东风乡	410506203
马家乡	410506204
安阳县（10 镇，6 乡）	**410522**
铜冶镇	410522102
白璧镇	410522106
吕村镇	410522108
伦掌镇	410522109
崔家桥镇	410522110
辛村镇	410522111
韩陵镇	410522113
永和镇	410522114
都里镇	410522115
高庄镇	410522116
磊口乡	410522203
许家沟乡	410522204
安丰乡	410522210
洪河屯乡	410522211
瓦店乡	410522214
北郭乡	410522216
汤阴县（10 镇）	**410523**
城关镇	410523100
菜园镇	410523101
任固镇	410523102
五陵镇	410523103
宜沟镇	410523104
白营镇	410523105
伏道镇	410523106
古贤镇	410523107
韩庄镇	410523108
瓦岗镇	410523109
滑县（3 街道，14 镇，6 乡）	**410526**
道口镇街道	410526001
城关街道	410526002
锦和街道	410526003
白道口镇	410526102
留固镇	410526103
上官镇	410526104
牛屯镇	410526105
万古镇	410526106
高平镇	410526107
王庄镇	410526108
老店镇	410526109
慈周寨镇	410526110
焦虎镇	410526111
四间房镇	410526112
八里营镇	410526113
赵营镇	410526114
半坡店镇	410526115
枣村乡	410526200
大寨乡	410526204
桑村乡	410526205
老爷庙乡	410526206
瓦岗寨乡	410526209
小铺乡	410526212
内黄县（2 街道，11 镇，4 乡）	**410527**
繁阳街道	410527001
龙庆街道	410527002
东庄镇	410527101
井店镇	410527102
梁庄镇	410527103
后河镇	410527104
楚旺镇	410527105
田氏镇	410527106
二安镇	410527107
亳城镇	410527108
豆公镇	410527109
中召镇	410527110
六村镇	410527111
马上乡	410527201
高堤乡	410527202
宋村乡	410527207
石盘屯乡	410527209
林州市（4 街道，16 镇）	**410581**
振林街道	410581001
桂园街道	410581002
开元街道	410581003
龙山街道	410581004
合涧镇	410581101
临淇镇	410581102
东姚镇	410581103
横水镇	410581104
河顺镇	410581105
任村镇	410581106
姚村镇	410581107
陵阳镇	410581108
原康镇	410581109
五龙镇	410581110
采桑镇	410581111
东岗镇	410581112
桂林镇	410581113
茶店镇	410581114
石板岩镇	410581115
黄华镇	410581116
鹤壁市（25 街道，15 镇，4 乡）	**410600**
鹤山区（5 街道，1 镇，1 乡）	**410602**
中山北路街道	410602001
中山路街道	410602002
新华街街道	410602003
鹤山街街道	410602004
九矿广场街道	410602005
鹤壁集镇	410602100
姬家山乡	410602201
山城区（7 街道，1 镇）	**410603**
红旗街街道	410603001
长风中路街道	410603002
山城路街道	410603003
汤河桥街道	410603004
鹿楼街道	410603005
宝山街道	410603006
大胡街道	410603007

续表 7

行政区划名称	行政区划代码
石林镇	410603100
淇滨区（5 街道，2 镇，2 乡）	**410611**
金山街道	410611003
九州路街道	410611004
黎阳路街道	410611006
长江路街道	410611007
泰山路街道	410611008
大赉店镇	410611100
钜桥镇	410611101
上峪乡	410611200
大河涧乡	410611201
浚县（4 街道，7 镇）	**410621**
黎阳街道	410621001
卫溪街道	410621003
浚州街道	410621004
伾山街道	410621005
善堂镇	410621101
屯子镇	410621102
王庄镇	410621103
新镇镇	410621104
小河镇	410621105
卫贤镇	410621107
白寺镇	410621108
淇县（4 街道，4 镇，1 乡）	**410622**
朝歌街道	410622001
桥盟街道	410622002
卫都街道	410622003
灵山街道	410622004
高村镇	410622101
北阳镇	410622102
西岗镇	410622103
庙口镇	410622104
黄洞乡	410622202
新乡市（36 街道，80 镇，37 乡，1 民族乡）	**410700**
红旗区（7 街道，2 镇，1 乡）	**410702**
西街街道	410702001
东街街道	410702002
渠东街道	410702003
文化街街道	410702007
向阳街道	410702009
振中街街道	410702010
纬七路街道	410702011
洪门镇	410702100
小店镇	410702101
关堤乡	410702200
卫滨区（7 街道，1 镇）	**410703**
胜利路街道	410703001
解放路街道	410703002
中同街街道	410703003
健康路街道	410703004
自由路街道	410703007
南桥街道	410703008
铁西街道	410703009
平原镇	410703100
凤泉区（2 街道，2 镇，1 乡）	**410704**
宝山西路街道	410704001
宝山东路街道	410704002
大块镇	410704100
耿黄镇	410704101
潞王坟乡	410704200
牧野区（7 街道，2 镇）	**410711**
卫北街道	410711001
新辉路街道	410711002
荣校路街道	410711003
北干道街道	410711004
花园街道	410711005
东干道街道	410711006
和平路街道	410711007
王村镇	410711100
牧野镇	410711101
新乡县（6 镇，1 乡）	**410721**
翟坡镇	410721101
小冀镇	410721102
七里营镇	410721103
朗公庙镇	410721104
古固寨镇	410721105
大召营镇	410721107
合河乡	410721200
获嘉县（9 镇，2 乡）	**410724**
城关镇	410724100
照境镇	410724101
黄堤镇	410724102
中和镇	410724103
徐营镇	410724104
冯庄镇	410724105
亢村镇	410724106
史庄镇	410724107
太山镇	410724108
位庄乡	410724200
大新庄乡	410724203
原阳县（3 街道，10 镇，6 乡）	**410725**
龙源街道	410725001
原兴街道	410725002
阳和街道	410725003
师寨镇	410725102
齐街镇	410725103
太平镇	410725104
福宁集镇	410725105
韩董庄镇	410725106
原武镇	410725107
官厂镇	410725108
大宾镇	410725109
路寨镇	410725110
阳阿镇	410725111
葛埠口乡	410725200
蒋庄乡	410725206
陡门乡	410725211
靳堂乡	410725218
祝楼乡	410725219
桥北乡	410725220
延津县（3 街道，4 镇，6 乡）	**410726**
文岩街道	410726002
潭龙街道	410726003
塔铺街道	410726004
丰庄镇	410726102
东屯镇	410726103
石婆固镇	410726104
王楼镇	410726105
僧固乡	410726200

续表 8

行政区划名称	行政区划代码	行政区划名称	行政区划代码	行政区划名称	行政区划代码
魏邱乡	410726203	胡桥街道	410782001	**焦作市（56 街道，36 镇，16 乡）**	**410800**
司寨乡	410726204	城关街道	410782002	**解放区（9 街道）**	**410802**
马庄乡	410726207	薄壁镇	410782101	民生街道	410802001
胙城乡	410726209	峪河镇	410782102	民主街道	410802002
榆林乡	410726210	百泉镇	410782103	新华街道	410802003
封丘县（13 镇，5 乡，1 民族乡）	**410727**	孟庄镇	410782104	焦西街道	410802004
城关镇	410727100	常村镇	410782105	焦南街道	410802005
黄陵镇	410727101	吴村镇	410782106	焦北街道	410802006
黄德镇	410727102	南村镇	410782107	七百间街道	410802007
应举镇	410727103	南寨镇	410782108	上白作街道	410802008
陈桥镇	410727104	上八里镇	410782109	王褚街道	410802009
赵岗镇	410727105	北云门镇	410782110	**中站区（10 街道）**	**410803**
留光镇	410727106	占城镇	410782111	李封街道	410803001
潘店镇	410727107	冀屯镇	410782112	王封街道	410803002
鲁岗镇	410727108	赵固镇	410782113	朱村街道	410803003
陈固镇	410727109	黄水乡	410782200	冯封街道	410803004
李庄镇	410727110	拍石头乡	410782201	龙洞街道	410803005
居厢镇	410727111	高庄乡	410782202	月山街道	410803006
尹岗镇	410727112	张村乡	410782203	丹河街道	410803007
城关乡	410727200	洪洲乡	410782207	府城街道	410803008
荆乡回族乡	410727201	西平罗乡	410782210	许衡街道	410803009
王村乡	410727202	沙窑乡	410782212	龙翔街道	410803010
荆隆宫乡	410727209	**长垣市（5 街道，11 镇，2 乡）**	**410783**	**马村区（7 街道）**	**410804**
曹岗乡	410727215	蒲东街道	410783001	马村街道	410804001
冯村乡	410727219	蒲北街道	410783002	武王街道	410804002
卫辉市（7 镇，6 乡）	**410781**	南蒲街道	410783003	冯营街道	410804003
汲水镇	410781100	蒲西街道	410783004	九里山街道	410804004
太公镇	410781101	魏庄街道	410783005	待王街道	410804005
孙杏村镇	410781102	丁栾镇	410783100	安阳城街道	410804006
后河镇	410781103	樊相镇	410783101	演马街道	410804007
李源屯镇	410781104	恼里镇	410783102	**山阳区（12 街道，2 镇，1 乡）**	**410811**
唐庄镇	410781105	赵堤镇	410783103	东方红街道	410811001
上乐村镇	410781106	常村镇	410783104	焦东街道	410811002
狮豹头乡	410781201	孟岗镇	410783105	百间房街道	410811003
安都乡	410781203	满村镇	410783106	太行街道	410811004
顿坊店乡	410781204	苗寨镇	410783107	艺新街道	410811005
柳庄乡	410781205	张三寨镇	410783108	光亚街道	410811006
庞寨乡	410781206	方里镇	410783109	定和街道	410811007
城郊乡	410781208	佘家镇	410783110	新城街道	410811008
辉县市（2 街道，13 镇，7 乡）	**410782**	芦岗乡	410783200	中星街道	410811009
		武邱乡	410783201		

续表 9

行政区划名称	行政区划代码	行政区划名称	行政区划代码	行政区划名称	行政区划代码
李万街道	410811010	北郭乡	410823206	**濮阳市（14 街道，44 镇，31 乡）**	**410900**
文苑街道	410811011	**温县（4 街道，5 镇，2 乡）**	**410825**	**华龙区（14 街道，2 镇，2 乡）**	**410902**
文昌街道	410811012	温泉街道	410825001	中原路街道	410902001
阳庙镇	410811100	岳村街道	410825002	胜利路街道	410902002
宁郭镇	410811101	张羌街道	410825003	建设路街道	410902003
苏家作乡	410811200	黄河街道	410825004	人民路街道	410902004
修武县（5 镇，3 乡）	**410821**	祥云镇	410825101	大庆路街道	410902005
城关镇	410821100	番田镇	410825102	黄河路街道	410902006
七贤镇	410821101	黄庄镇	410825104	任丘路街道	410902007
郇封镇	410821102	赵堡镇	410825106	濮东街道	410902008
周庄镇	410821103	武德镇	410825108	昆吾街道	410902009
云台山镇	410821104	招贤乡	410825201	长庆路街道	410902010
王屯乡	410821202	北冷乡	410825203	皇甫街道	410902011
五里源乡	410821204	**沁阳市（4 街道，6 镇，3 乡）**	**410882**	开州街道	410902012
西村乡	410821206	覃怀街道	410882001	濮上街道	410902013
博爱县（2 街道，5 镇，2 乡）	**410822**	怀庆街道	410882002	昌湖街道	410902014
清化镇街道	410822001	太行街道	410882003	王助镇	410902100
鸿昌街道	410822002	沁园街道	410882004	岳村镇	410902101
柏山镇	410822101	崇义镇	410882100	孟轲乡	410902203
月山镇	410822102	西向镇	410882101	胡村乡	410902204
许良镇	410822103	西万镇	410882102	**清丰县（8 镇，9 乡）**	**410922**
磨头镇	410822105	柏香镇	410882103	城关镇	410922100
孝敬镇	410822106	山王庄镇	410882104	马庄桥镇	410922101
寨豁乡	410822200	紫陵镇	410882105	瓦屋头镇	410922102
金城乡	410822203	常平乡	410882200	柳格镇	410922103
武陟县（4 街道，7 镇，4 乡）	**410823**	王召乡	410882201	仙庄镇	410922104
木城街道	410823001	王曲乡	410882205	韩村镇	410922105
龙源街道	410823002	**孟州市（4 街道，6 镇，1 乡）**	**410883**	阳邵镇	410922106
龙泉街道	410823003	大定街道	410883001	固城镇	410922107
木栾街道	410823004	会昌街道	410883002	六塔乡	410922200
詹店镇	410823101	河雍街道	410883003	巩营乡	410922202
西陶镇	410823102	河阳街道	410883004	马村乡	410922203
谢旗营镇	410823103	化工镇	410883101	高堡乡	410922204
大封镇	410823104	南庄镇	410883102	古城乡	410922205
乔庙镇	410823105	城伯镇	410883104	大流乡	410922206
圪垱店镇	410823107	谷旦镇	410883105	大屯乡	410922208
嘉应观镇	410823108	西虢镇	410883107	双庙乡	410922212
三阳乡	410823203	赵和镇	410883108	纸房乡	410922213
小董乡	410823204	槐树乡	410883201	**南乐县（7 镇，5 乡）**	**410923**
大虹桥乡	410823205			城关镇	410923100

续表 10

行政区划名称	行政区划代码
韩张镇	410923101
元村镇	410923102
福堪镇	410923103
张果屯镇	410923104
千口镇	410923105
谷金楼镇	410923106
杨村乡	410923200
西邵乡	410923205
寺庄乡	410923206
梁村乡	410923207
近德固乡	410923208
范县（8镇，4乡）	**410926**
城关镇	410926100
濮城镇	410926101
龙王庄镇	410926102
高码头镇	410926103
王楼镇	410926104
辛庄镇	410926105
陈庄镇	410926106
张庄镇	410926107
杨集乡	410926201
白衣阁乡	410926203
颜村铺乡	410926205
陆集乡	410926208
台前县（6镇，3乡）	**410927**
城关镇	410927100
侯庙镇	410927101
孙口镇	410927102
打渔陈镇	410927103
吴坝镇	410927104
马楼镇	410927105
后方乡	410927200
清水河乡	410927201
夹河乡	410927205
濮阳县（13镇，8乡）	**410928**
城关镇	410928100
柳屯镇	410928101
文留镇	410928102
庆祖镇	410928103
八公桥镇	410928104
户部寨镇	410928105
徐镇镇	410928106
鲁河镇	410928107
子岸镇	410928108
胡状镇	410928109
王称堌镇	410928110
新习镇	410928111
梁庄镇	410928112
清河头乡	410928202
白堽乡	410928206
梨园乡	410928207
五星乡	410928208
郎中乡	410928211
海通乡	410928212
渠村乡	410928213
习城乡	410928214
许昌市（31街道，60镇，10乡，2民族乡）	**411000**
魏都区（15街道）	**411002**
西大街街道	411002001
东大街街道	411002002
西关街道	411002003
南关街道	411002004
北大街街道	411002005
五一路街道	411002006
丁庄街道	411002007
灞陵街道	411002008
颍昌街道	411002009
高桥营街道	411002010
文峰街道	411002011
新兴街道	411002012
魏北街道	411002013
半截河街道	411002014
天宝路街道	411002015
建安区（5街道，7镇，5乡，1民族乡）	**411003**
新元街道	411003001
许由街道	411003002
邓庄街道	411003003
长村张街道	411003004
小召街道	411003005
将官池镇	411003100
五女店镇	411003101
尚集镇	411003102
苏桥镇	411003103
蒋李集镇	411003104
张潘镇	411003105
灵井镇	411003106
陈曹乡	411003200
河街乡	411003203
桂村乡	411003204
椹涧乡	411003205
榆林乡	411003206
艾庄回族乡	411003208
鄢陵县（12镇）	**411024**
安陵镇	411024100
马栏镇	411024101
柏梁镇	411024102
陈化店镇	411024103
望田镇	411024104
张桥镇	411024105
陶城镇	411024106
大马镇	411024107
只乐镇	411024108
彭店镇	411024109
南坞镇	411024110
马坊镇	411024111
襄城县（2街道，10镇，4乡）	**411025**
城关街道	411025001
茨沟街道	411025002
颍桥回族镇	411025101
麦岭镇	411025102
颍阳镇	411025103
王洛镇	411025104
紫云镇	411025105
库庄镇	411025106
十里铺镇	411025107
山头店镇	411025108
汾陈镇	411025109
湛北镇	411025110
丁营乡	411025203
姜庄乡	411025204
范湖乡	411025205
双庙乡	411025206

续表 11

行政区划名称	行政区划代码	行政区划名称	行政区划代码	行政区划名称	行政区划代码
禹州市（5 街道，19 镇，1 乡，1 民族乡）	**411081**	石象镇	411082108	孟寨镇	411121105
颍川街道	411081001	古桥镇	411082109	太尉镇	411121106
夏都街道	411081002	增福镇	411082110	侯集镇	411121107
韩城街道	411081003	佛耳湖镇	411082111	九街镇	411121108
钧台街道	411081004	**漯河市（10 街道，37 镇，9 乡）**	**411100**	章化镇	411121109
褚河街道	411081005	**源汇区（4 街道，3 镇，1 乡）**	**411102**	文峰乡	411121200
火龙镇	411081100	干河陈街道	411102001	保和乡	411121201
顺店镇	411081101	马路街街道	411102002	马村乡	411121202
方山镇	411081102	老街街道	411102003	姜店乡	411121204
神垕镇	411081103	顺河街街道	411102004	**临颍县（2 街道，10 镇，4 乡）**	**411122**
鸿畅镇	411081104	大刘镇	411102101	城关街道	411122001
梁北镇	411081105	阴阳赵镇	411102102	新城街道	411122002
古城镇	411081106	空冢郭镇	411102103	繁城回族镇	411122101
无梁镇	411081107	问十乡	411102201	杜曲镇	411122102
文殊镇	411081108	**郾城区（2 街道，7 镇）**	**411103**	王岗镇	411122103
鸠山镇	411081109	沙北街道	411103001	台陈镇	411122104
郭连镇	411081111	龙塔街道	411103002	巨陵镇	411122105
范坡镇	411081112	孟庙镇	411103101	瓦店镇	411122106
朱阁镇	411081113	商桥镇	411103102	三家店镇	411122107
浅井镇	411081114	龙城镇	411103103	窝城镇	411122108
方岗镇	411081115	新店镇	411103104	王孟镇	411122109
花石镇	411081116	裴城镇	411103105	大郭镇	411122110
张得镇	411081117	李集镇	411103106	皇帝庙乡	411122201
苌庄镇	411081118	黑龙潭镇	411103107	固厢乡	411122202
小吕镇	411081119	**召陵区（2 街道，7 镇）**	**411104**	石桥乡	411122203
磨街乡	411081204	天桥街道	411104001	陈庄乡	411122204
山货回族乡	411081210	翟庄街道	411104002	**三门峡市（13 街道，29 镇，32 乡）**	**411200**
长葛市（4 街道，12 镇）	**411082**	老窝镇	411104101	**湖滨区（5 街道，3 乡）**	**411202**
建设路街道	411082001	召陵镇	411104102	湖滨街道	411202001
长兴路街道	411082002	万金镇	411104103	前进街道	411202002
长社路街道	411082003	邓襄镇	411104104	车站街道	411202003
金桥路街道	411082004	姬石镇	411104105	涧河街道	411202004
和尚桥镇	411082100	青年镇	411104106	大安街道	411202005
坡胡镇	411082101	后谢镇	411104107	交口乡	411202201
后河镇	411082102	**舞阳县（10 镇，4 乡）**	**411121**	磁钟乡	411202202
石固镇	411082103	舞泉镇	411121100	高庙乡	411202203
老城镇	411082104	吴城镇	411121101	**陕州区（1 街道，4 镇，8 乡）**	**411203**
南席镇	411082105	北舞渡镇	411121102	甘棠街道	411203001
大周镇	411082106	莲花镇	411121103	大营镇	411203100
董村镇	411082107	辛安镇	411121104	原店镇	411203101

续表 12

行政区划名称	行政区划代码
西张村镇	411203102
观音堂镇	411203103
张汴乡	411203200
菜园乡	411203203
张茅乡	411203205
王家后乡	411203206
硖石乡	411203207
西李村乡	411203210
宫前乡	411203211
店子乡	411203212
渑池县（6 镇，6 乡）	**411221**
城关镇	411221100
英豪镇	411221101
张村镇	411221102
洪阳镇	411221103
天池镇	411221104
仰韶镇	411221105
仁村乡	411221203
果园乡	411221206
陈村乡	411221207
坡头乡	411221208
段村乡	411221209
南村乡	411221210
卢氏县（9 镇，10 乡）	**411224**
城关镇	411224100
杜关镇	411224101
五里川镇	411224102
官道口镇	411224103
朱阳关镇	411224104
官坡镇	411224105
范里镇	411224106
东明镇	411224107
双龙湾镇	411224108
文峪乡	411224200
横涧乡	411224201
双槐树乡	411224203
汤河乡	411224204
瓦窑沟乡	411224205
狮子坪乡	411224206
沙河乡	411224207
徐家湾乡	411224208
潘河乡	411224209
木桐乡	411224210
义马市（7 街道）	**411281**
千秋路街道	411281001
朝阳路街道	411281002
新义街街道	411281003
常村路街道	411281004
泰山路街道	411281005
新区街道	411281006
东区街道	411281007
灵宝市（10 镇，5 乡）	**411282**
城关镇	411282100
尹庄镇	411282101
朱阳镇	411282102
阳平镇	411282103
故县镇	411282104
豫灵镇	411282105
大王镇	411282106
阳店镇	411282107
函谷关镇	411282108
焦村镇	411282109
川口乡	411282200
寺河乡	411282201
苏村乡	411282202
五亩乡	411282203
西阎乡	411282204
南阳市（44 街道，158 镇，39 乡，2 民族乡）	**411300**
宛城区（11 街道，6 镇，2 乡）	**411302**
东关街道	411302001
新华街道	411302002
汉冶街道	411302003
仲景街道	411302004
白河街道	411302005
枣林街道	411302006
赤虎街道	411302007
五里堡街道	411302008
姜营街道	411302009
溧河街道	411302010
茶庵街道	411302011
官庄镇	411302102
瓦店镇	411302103
红泥湾镇	411302104
黄台岗镇	411302105
金华镇	411302106
高庙镇	411302107
汉冢乡	411302202
新店乡	411302206
卧龙区（11 街道，9 镇）	**411303**
七一街道	411303002
卧龙岗街道	411303003
武侯街道	411303004
梅溪街道	411303005
车站街道	411303006
光武街道	411303007
靳岗街道	411303008
张衡街道	411303009
百里奚街道	411303010
七里园街道	411303011
王村街道	411303012
石桥镇	411303101
潦河镇	411303102
安皋镇	411303103
蒲山镇	411303104
陆营镇	411303105
青华镇	411303106
英庄镇	411303107
潦河坡镇	411303108
谢庄镇	411303109
南召县（8 镇，8 乡）	**411321**
城关镇	411321100
留山镇	411321101
云阳镇	411321102
皇路店镇	411321103
南河店镇	411321104
板山坪镇	411321105
乔端镇	411321106
白土岗镇	411321107
城郊乡	411321200
小店乡	411321201
皇后乡	411321202
太山庙乡	411321203
石门乡	411321204

续表 13

行政区划名称	行政区划代码	行政区划名称	行政区划代码	行政区划名称	行政区划代码
四棵树乡	411321205	寨根乡	411323207	七里坪乡	411325206
马市坪乡	411321208	**镇平县（3 街道，15 镇，3 乡，1 民族乡）**	**411324**	**淅川县（2 街道，11 镇，4 乡）**	**411326**
崔庄乡	411321210	涅阳街道	411324001	龙城街道	411326001
方城县（2 街道，14 镇，1 民族乡）	**411322**	雪枫街道	411324002	商圣街道	411326002
凤瑞街道	411322001	玉都街道	411324003	荆紫关镇	411326101
释之街道	411322002	石佛寺镇	411324101	老城镇	411326102
独树镇	411322101	晁陂镇	411324102	香花镇	411326103
博望镇	411322102	贾宋镇	411324103	厚坡镇	411326104
拐河镇	411322103	侯集镇	411324104	丹阳镇	411326105
小史店镇	411322104	老庄镇	411324105	盛湾镇	411326106
赵河镇	411322105	卢医镇	411324106	金河镇	411326107
广阳镇	411322106	遮山镇	411324107	寺湾镇	411326108
二郎庙镇	411322107	高丘镇	411324108	仓房镇	411326109
杨楼镇	411322108	曲屯镇	411324109	上集镇	411326110
券桥镇	411322109	枣园镇	411324110	马蹬镇	411326111
清河镇	411322110	杨营镇	411324111	西簧乡	411326201
四里店镇	411322111	柳泉铺镇	411324112	毛堂乡	411326202
杨集镇	411322112	安字营镇	411324113	大石桥乡	411326203
古庄店镇	411322113	张林镇	411324114	滔河乡	411326204
柳河镇	411322114	彭营镇	411324115	**社旗县（2 街道，13 镇，1 乡）**	**411327**
袁店回族乡	411322211	二龙乡	411324203	赵河街道	411327001
西峡县（3 街道，15 镇，1 乡）	**411323**	王岗乡	411324206	潘河街道	411327002
白羽街道	411323001	马庄乡	411324209	赊店镇	411327100
紫金街道	411323002	郭庄回族乡	411324215	桥头镇	411327101
莲花街道	411323003	**内乡县（12 镇，4 乡）**	**411325**	饶良镇	411327103
丹水镇	411323101	城关镇	411325100	兴隆镇	411327104
西坪镇	411323102	夏馆镇	411325101	晋庄镇	411327105
双龙镇	411323103	师岗镇	411325102	李店镇	411327106
回车镇	411323104	马山口镇	411325103	苗店镇	411327107
丁河镇	411323105	湍东镇	411325104	郝寨镇	411327108
桑坪镇	411323106	赤眉镇	411325105	朱集镇	411327109
米坪镇	411323107	瓦亭镇	411325106	下洼镇	411327111
五里桥镇	411323108	王店镇	411325107	大冯营镇	411327112
重阳镇	411323109	灌涨镇	411325108	太和镇	411327113
太平镇	411323110	桃溪镇	411325109	陌陂镇	411327114
二郎坪镇	411323111	岞岖镇	411325110	唐庄乡	411327213
阳城镇	411323112	余关镇	411325111	**唐河县（4 街道，14 镇，5 乡）**	**411328**
军马河镇	411323113	板场乡	411325200	滨河街道	411328001
石界河镇	411323114	大桥乡	411325201	文峰街道	411328002
田关镇	411323115	赵店乡	411325202	东兴街道	411328003

续表 14

行政区划名称	行政区划代码	行政区划名称	行政区划代码	行政区划名称	行政区划代码
兴唐街道	411328004	固县镇	411330103	**商丘市（33 街道，108 镇，55 乡，2 民族乡）**	**411400**
源潭镇	411328101	毛集镇	411330104	**梁园区（12 街道，7 镇，3 乡）**	**411402**
张店镇	411328102	大河镇	411330105	前进街道	411402001
郭滩镇	411328103	埠江镇	411330106	长征街道	411402002
湖阳镇	411328104	平氏镇	411330107	八八街道	411402003
黑龙镇	411328105	淮源镇	411330108	东风街道	411402004
大河屯镇	411328106	黄岗镇	411330109	中州街道	411402005
龙潭镇	411328107	安棚镇	411330110	白云街道	411402006
桐寨铺镇	411328108	程湾镇	411330111	平原街道	411402007
苍台镇	411328109	朱庄镇	411330112	建设街道	411402008
上屯镇	411328110	城郊乡	411330200	解放街道	411402009
毕店镇	411328111	回龙乡	411330201	平安街道	411402010
少拜寺镇	411328112	新集乡	411330206	平台街道	411402011
祁仪镇	411328113	**邓州市（3 街道，21 镇，3 乡）**	**411381**	陇海街道	411402012
马振抚镇	411328114	古城街道	411381001	双八镇	411402101
城郊乡	411328200	花洲街道	411381002	张阁镇	411402102
桐河乡	411328201	湍河街道	411381003	谢集镇	411402103
昝岗乡	411328206	罗庄镇	411381102	观堂镇	411402104
古城乡	411328209	汲滩镇	411381103	刘口镇	411402105
东王集乡	411328211	穰东镇	411381104	水池铺镇	411402106
新野县（2 街道，8 镇，5 乡）	**411329**	孟楼镇	411381105	李庄镇	411402107
汉城街道	411329001	林扒镇	411381106	周集乡	411402200
汉华街道	411329002	构林镇	411381107	王楼乡	411402203
王庄镇	411329101	十林镇	411381108	孙福集乡	411402205
沙堰镇	411329102	张村镇	411381109	**睢阳区（7 街道，11 镇，2 乡）**	**411403**
新甸铺镇	411329103	都司镇	411381110	古城街道	411403001
施庵镇	411329104	赵集镇	411381111	文化街道	411403002
歪子镇	411329105	刘集镇	411381112	东方街道	411403003
五星镇	411329106	桑庄镇	411381113	新城街道	411403004
溧河铺镇	411329107	彭桥镇	411381114	古宋街道	411403005
王集镇	411329108	九龙镇	411381115	宋城街道	411403008
城郊乡	411329200	白牛镇	411381116	民欣街道	411403009
前高庙乡	411329203	腰店镇	411381117	宋集镇	411403100
樊集乡	411329205	文渠镇	411381118	郭村镇	411403101
上庄乡	411329207	高集镇	411381119	李口镇	411403102
上港乡	411329209	陶营镇	411381120	高辛镇	411403103
桐柏县（1 街道，12 镇，3 乡）	**411330**	夏集镇	411381121	坞墙镇	411403104
清淮街道	411330001	小杨营镇	411381122	冯桥镇	411403106
月河镇	411330101	张楼乡	411381200	路河镇	411403107
吴城镇	411330102	裴营乡	411381203		
		龙堰乡	411381209		

续表 15

行政区划名称	行政区划代码
闫集镇	411403108
毛堌堆镇	411403109
包公庙镇	411403110
临河店镇	411403111
娄店乡	411403205
勒马乡	411403208
民权县（2 街道，12 镇，3 乡，2 民族乡）	**411421**
绿洲街道	411421001
南华街道	411421002
人和镇	411421101
龙塘镇	411421102
北关镇	411421103
程庄镇	411421104
孙六镇	411421105
王庄寨镇	411421106
白云寺镇	411421107
庄子镇	411421108
王桥镇	411421109
双塔镇	411421110
野岗镇	411421111
老颜集镇	411421112
伯党回族乡	411421200
花园乡	411421201
林七乡	411421206
胡集回族乡	411421207
褚庙乡	411421208
睢县（2 街道，10 镇，8 乡）	**411422**
凤城街道	411422001
董店街道	411422002
长岗镇	411422100
平岗镇	411422101
周堂镇	411422102
蓼堤镇	411422103
西陵寺镇	411422104
城关回族镇	411422105
潮庄镇	411422106
尚屯镇	411422107
河堤镇	411422108
匡城镇	411422109
后台乡	411422200
河集乡	411422202
孙聚寨乡	411422203
白楼乡	411422204
白庙乡	411422206
胡堂乡	411422207
尤吉屯乡	411422208
涧岗乡	411422211
宁陵县（7 镇，7 乡）	**411423**
城关回族镇	411423100
张弓镇	411423101
柳河镇	411423102
逻岗镇	411423103
石桥镇	411423104
黄岗镇	411423105
华堡镇	411423106
刘楼乡	411423203
程楼乡	411423204
乔楼乡	411423205
城郊乡	411423206
阳驿乡	411423207
孔集乡	411423209
赵村乡	411423210
柘城县（4 街道，11 镇，7 乡）	**411424**
浦东街道	411424001
凤凰街道	411424002
春水街道	411424003
双河街道	411424004
陈青集镇	411424101
起台镇	411424102
胡襄镇	411424103
慈圣镇	411424104
安平镇	411424105
远襄镇	411424106
岗王镇	411424107
伯岗镇	411424108
张桥镇	411424109
朱襄镇	411424110
老王集镇	411424111
洪恩乡	411424203
马集乡	411424206
牛城乡	411424207
惠济乡	411424208
申桥乡	411424212
李原乡	411424213
皇集乡	411424214
虞城县（13 镇，13 乡）	**411425**
城关镇	411425100
界沟镇	411425101
木兰镇	411425102
杜集镇	411425103
谷熟镇	411425104
大杨集镇	411425105
贾寨镇	411425106
利民镇	411425107
张集镇	411425108
站集镇	411425109
稍岗镇	411425110
乔集镇	411425111
大侯镇	411425112
黄冢乡	411425200
沙集乡	411425201
店集乡	411425202
闻集乡	411425204
芒种桥乡	411425205
刘店乡	411425207
城郊乡	411425210
郑集乡	411425211
李老家乡	411425212
镇里堌乡	411425214
古王集乡	411425215
刘集乡	411425219
田庙乡	411425221
夏邑县（13 镇，11 乡）	**411426**
城关镇	411426100
会亭镇	411426101
马头镇	411426102
济阳镇	411426103
李集镇	411426104
车站镇	411426105
杨集镇	411426106
韩道口镇	411426107
罗庄镇	411426108

续表 16

行政区划名称	行政区划代码
太平镇	411426109
火店镇	411426110
北岭镇	411426111
郭店镇	411426112
曹集乡	411426200
胡桥乡	411426201
歧河乡	411426202
业庙乡	411426204
中峰乡	411426205
桑堌乡	411426207
何营乡	411426208
王集乡	411426210
刘店集乡	411426211
骆集乡	411426212
孔庄乡	411426214
永城市（6 街道，24 镇，1 乡）	**411481**
演集街道	411481001
崇法寺街道	411481002
侯岭街道	411481003
沱滨街道	411481004
日月湖街道	411481005
雪枫街道	411481006
芒山镇	411481102
高庄镇	411481103
酂城镇	411481104
裴桥镇	411481105
马桥镇	411481106
薛湖镇	411481107
太丘镇	411481111
十八里镇	411481112
陈集镇	411481113
蒋口镇	411481114
苗桥镇	411481115
茴村镇	411481116
顺和镇	411481117
李寨镇	411481118
龙岗镇	411481119
酂阳镇	411481120
马牧镇	411481121
大王集镇	411481122
刘河镇	411481123
双桥镇	411481124
卧龙镇	411481125
黄口镇	411481126
新桥镇	411481127
条河镇	411481128
陈官庄乡	411481219
信阳市（42 街道，85 镇，84 乡）	**411500**
浉河区（9 街道，5 镇，4 乡）	**411502**
老城街道	411502001
民权街道	411502002
车站街道	411502003
五里墩街道	411502004
五星街道	411502005
金牛山街道	411502006
南湾街道	411502007
湖东街道	411502008
双井街道	411502009
吴家店镇	411502101
东双河镇	411502102
李家寨镇	411502103
董家河镇	411502104
浉河港镇	411502105
游河乡	411502203
谭家河乡	411502206
柳林乡	411502207
十三里桥乡	411502208
平桥区（11 街道，6 镇，8 乡）	**411503**
甘岸街道	411503001
平桥街道	411503002
前进街道	411503003
羊山街道	411503004
南京路街道	411503005
五里店街道	411503006
平西街道	411503007
平东街道	411503008
震雷山街道	411503009
龙飞山街道	411503010
城东街道	411503011
明港镇	411503101
邢集镇	411503103
平昌关镇	411503105
五里镇	411503106
洋河镇	411503107
肖王镇	411503108
龙井乡	411503202
胡店乡	411503203
彭家湾乡	411503205
长台关乡	411503206
肖店乡	411503207
王岗乡	411503209
高梁店乡	411503210
查山乡	411503211
罗山县（3 街道，11 镇，6 乡）	**411521**
宝城街道	411521001
龙山街道	411521002
丽水街道	411521003
周党镇	411521101
竹竿镇	411521102
灵山镇	411521103
子路镇	411521104
楠杆镇	411521105
青山镇	411521106
潘新镇	411521107
彭新镇	411521108
莽张镇	411521109
东铺镇	411521110
铁铺镇	411521111
庙仙乡	411521202
定远乡	411521204
山店乡	411521205
朱堂乡	411521207
尤店乡	411521208
高店乡	411521209
光山县（2 街道，7 镇，10 乡）	**411522**
弦山街道	411522001
紫水街道	411522002
十里镇	411522101
寨河镇	411522102
孙铁铺镇	411522103
马畈镇	411522104

续表 17

行政区划名称	行政区划代码	行政区划名称	行政区划代码	行政区划名称	行政区划代码
泼陂河镇	411522105	观庙镇	411524108	丰港乡	411525222
白雀园镇	411522106	汪岗镇	411524109	柳树店乡	411525223
砖桥镇	411522107	金刚台镇	411524110	观堂乡	411525224
仙居乡	411522201	河凤桥乡	411524203	**潢川县（4 街道，10 镇，7 乡）**	**411526**
北向店乡	411522203	李集乡	411524204	弋阳街道	411526001
罗陈乡	411522204	苏仙石乡	411524207	春申街道	411526002
殷棚乡	411522206	伏山乡	411524209	定城街道	411526003
南向店乡	411522207	吴河乡	411524212	老城街道	411526004
晏河乡	411522208	冯店乡	411524213	双柳树镇	411526101
凉亭乡	411522210	长竹园乡	411524215	伞陂镇	411526102
斛山乡	411522212	**固始县（3 街道，20 镇，10 乡）**	**411525**	卜塔集镇	411526103
槐店乡	411522213	蓼城街道	411525001	仁和镇	411526105
文殊乡	411522215	番城街道	411525002	付店镇	411526106
新县（1 街道，5 镇，10 乡）	**411523**	秀水街道	411525003	踅孜镇	411526107
金兰山街道	411523001	陈淋子镇	411525101	桃林铺镇	411526108
新集镇	411523100	黎集镇	411525102	黄寺岗镇	411526109
沙窝镇	411523101	蒋集镇	411525103	江家集镇	411526110
吴陈河镇	411523103	往流镇	411525104	魏岗镇	411526111
苏河镇	411523104	郭陆滩镇	411525105	传流店乡	411526201
八里畈镇	411523105	胡族铺镇	411525106	张集乡	411526203
周河乡	411523201	方集镇	411525107	来龙乡	411526204
陡山河乡	411523202	三河尖镇	411525108	隆古乡	411526205
浒湾乡	411523203	段集镇	411525109	谈店乡	411526206
千斤乡	411523204	张广庙镇	411525110	上油岗乡	411526207
卡房乡	411523205	汪棚镇	411525111	白店乡	411526209
郭家河乡	411523206	分水亭镇	411525112	**淮滨县（4 街道，5 镇，10 乡）**	**411527**
陈店乡	411523207	石佛店镇	411525113	顺河街道	411527001
箭厂河乡	411523208	陈集镇	411525114	滨湖街道	411527002
泗店乡	411523209	武庙集镇	411525115	栏杆街道	411527003
田铺乡	411523210	泉河铺镇	411525116	桂花街道	411527004
商城县（2 街道，10 镇，7 乡）	**411524**	祖师庙镇	411525117	马集镇	411527101
赤城街道	411524001	李店镇	411525118	防胡镇	411527103
鲇鱼山街道	411524002	沙河铺镇	411525119	新里镇	411527104
上石桥镇	411524101	徐集镇	411525120	期思镇	411527105
鄢岗镇	411524102	洪埠乡	411525201	赵集镇	411527106
双椿铺镇	411524103	杨集乡	411525202	台头乡	411527200
汪桥镇	411524104	马堽集乡	411525203	王家岗乡	411527201
余集镇	411524105	草庙集乡	411525204	固城乡	411527202
达权店镇	411524106	南大桥乡	411525206	三空桥乡	411527203
丰集镇	411524107	赵岗乡	411525208	张里乡	411527204
		张老埠乡	411525211		

续表 18

行政区划名称	行政区划代码
邓湾乡	411527206
张庄乡	411527207
王店乡	411527208
谷堆乡	411527209
芦集乡	411527212
息县（3 街道，6 镇，12 乡）	**411528**
谯楼街道	411528001
龙湖街道	411528002
淮河街道	411528003
包信镇	411528101
夏庄镇	411528102
东岳镇	411528103
项店镇	411528104
小茴店镇	411528105
曹黄林镇	411528106
孙庙乡	411528201
路口乡	411528202
彭店乡	411528203
杨店乡	411528204
张陶乡	411528205
白土店乡	411528206
岗李店乡	411528207
长陵乡	411528208
陈棚乡	411528209
临河乡	411528210
关店乡	411528211
八里岔乡	411528214
周口市（42 街道，105 镇，59 乡）	**411600**
川汇区（15 街道）	**411602**
陈州街回族街道	411602001
七一路街道	411602002
荷花路街道	411602003
人和街街道	411602004
小桥街街道	411602005
城南街道	411602010
城北街道	411602011
文昌街道	411602012
搬口街道	411602013
华耀城街道	411602014
太昊路街道	411602015
淮河路街道	411602016
金海路街道	411602017
许湾街道	411602018
李埠口街道	411602019
淮阳区（2 街道，8 镇，9 乡）	**411603**
柳湖街道	411603001
王店街道	411603002
城关回族镇	411603100
新站镇	411603101
鲁台镇	411603102
四通镇	411603103
临蔡镇	411603104
安岭镇	411603105
白楼镇	411603106
刘振屯镇	411603107
朱集乡	411603200
豆门乡	411603201
冯塘乡	411603202
大连乡	411603205
葛店乡	411603206
黄集乡	411603207
齐老乡	411603208
郑集乡	411603209
曹河乡	411603210
扶沟县（2 街道，8 镇，6 乡）	**411621**
桐丘街道	411621001
扶亭街道	411621002
崔桥镇	411621101
江村镇	411621102
白潭镇	411621103
韭园镇	411621104
练寺镇	411621105
大新镇	411621106
包屯镇	411621107
汴岗镇	411621108
曹里乡	411621200
柴岗乡	411621201
固城乡	411621202
吕潭乡	411621203
大李庄乡	411621204
城郊乡	411621205
西华县（4 街道，9 镇，8 乡）	**411622**
娲城街道	411622001
箕子台街道	411622002
昆山街道	411622003
皮营街道	411622004
西夏亭镇	411622101
逍遥镇	411622102
奉母镇	411622103
红花集镇	411622104
聂堆镇	411622105
东夏亭镇	411622106
西华营镇	411622107
址坊镇	411622108
迟营镇	411622109
田口乡	411622200
清河驿乡	411622201
东王营乡	411622203
大王庄乡	411622204
李大庄乡	411622205
叶埠口乡	411622206
黄桥乡	411622208
艾岗乡	411622209
商水县（4 街道，12 镇，7 乡）	**411623**
东城街道	411623001
新城街道	411623002
老城街道	411623003
阳城街道	411623004
黄寨镇	411623101
练集镇	411623102
魏集镇	411623103
固墙镇	411623104
白寺镇	411623105
巴村镇	411623106
谭庄镇	411623107
邓城镇	411623108
胡吉镇	411623109
姚集镇	411623110
郝岗镇	411623111

续表 19

行政区划名称	行政区划代码	行政区划名称	行政区划代码	行政区划名称	行政区划代码
张庄镇	411623112	宜路镇	411625105	**鹿邑县（4 街道，13 镇，7 乡）**	**411628**
平店乡	411623202	钱店镇	411625106	卫真街道	411628001
袁老乡	411623203	汲冢镇	411625107	鸣鹿街道	411628002
化河乡	411623204	石槽镇	411625108	谷阳街道	411628003
舒庄乡	411623206	汲水镇	411625109	真源街道	411628004
大武乡	411623207	城郊乡	411625200	玄武镇	411628101
张明乡	411623208	虎岗乡	411625201	宋河镇	411628102
汤庄乡	411623211	张完集乡	411625203	太清宫镇	411628103
沈丘县（2 街道，16 镇，4 乡）	**411624**	丁村乡	411625204	王皮溜镇	411628104
东城街道	411624001	双楼乡	411625205	试量镇	411628105
北城街道	411624002	秋渠乡	411625206	辛集镇	411628106
槐店回族镇	411624100	东风乡	411625207	马铺镇	411628107
刘庄店镇	411624101	巴集乡	411625208	涡北镇	411628108
留福镇	411624102	李楼乡	411625209	杨湖口镇	411628109
老城镇	411624103	胡集乡	411625210	贾滩镇	411628110
赵德营镇	411624104	**太康县（15 镇，8 乡）**	**411627**	张店镇	411628111
付井镇	411624105	城关回族镇	411627100	观堂镇	411628112
纸店镇	411624106	常营镇	411627101	生铁冢镇	411628114
新安集镇	411624107	逊母口镇	411627102	郑家集乡	411628201
白集镇	411624108	老冢镇	411627103	赵村乡	411628205
刘湾镇	411624109	朱口镇	411627104	任集乡	411628206
莲池镇	411624110	马头镇	411627105	唐集乡	411628207
洪山镇	411624111	龙曲镇	411627106	高集乡	411628208
周营镇	411624112	板桥镇	411627107	邱集乡	411628209
邢庄镇	411624113	符草楼镇	411627108	穆店乡	411628210
北杨集镇	411624114	马厂镇	411627109	**项城市（6 街道，15 镇）**	**411681**
冯营镇	411624115	毛庄镇	411627110	花园街道	411681001
石槽集乡	411624201	张集镇	411627111	水寨街道	411681002
范营乡	411624202	清集镇	411627112	东方街道	411681003
李老庄乡	411624203	大许寨镇	411627113	莲花街道	411681004
卞路口乡	411624209	转楼镇	411627114	千佛阁街道	411681005
郸城县（3 街道，9 镇，10 乡）	**411625**	城郊乡	411627200	光武街道	411681006
洺南街道	411625001	杨庙乡	411627201	南顿镇	411681101
洺北街道	411625002	王集乡	411627202	孙店镇	411681102
新城街道	411625003	高贤乡	411627203	李寨镇	411681103
吴台镇	411625101	芝麻洼乡	411627204	贾岭镇	411681104
南丰镇	411625102	独塘乡	411627206	高寺镇	411681105
白马镇	411625103	五里口乡	411627208	新桥镇	411681106
宁平镇	411625104	高朗乡	411627210	付集镇	411681107

续表 20

行政区划名称	行政区划代码
官会镇	411681108
丁集镇	411681109
郑郭镇	411681110
秣陵镇	411681111
王明口镇	411681112
范集镇	411681113
永丰镇	411681114
三店镇	411681115
驻马店市（43 街道，99 镇，53 乡，1 民族乡）	**411700**
驿城区（12 街道，5 镇，4 乡）	**411702**
人民街街道	411702001
东风路街道	411702002
西园街街道	411702003
新华街街道	411702004
南海街道	411702005
雪松街道	411702006
顺河街道	411702007
老街街道	411702008
橡林街道	411702009
刘阁街道	411702010
香山街道	411702012
古城街道	411702013
水屯镇	411702100
蚁蜂镇	411702101
沙河店镇	411702102
板桥镇	411702103
诸市镇	411702104
朱古洞乡	411702207
胡庙乡	411702208
老河乡	411702211
关王庙乡	411702212
西平县（3 街道，8 镇，7 乡，1 民族乡）	**411721**
柏城街道	411721001
柏亭街道	411721002
柏苑街道	411721003
五沟营镇	411721101
权寨镇	411721102
师灵镇	411721103
出山镇	411721104
盆尧镇	411721105
嫘祖镇	411721106
宋集镇	411721107
二郎镇	411721108
重渠乡	411721201
人和乡	411721203
谭店乡	411721205
芦庙乡	411721208
杨庄乡	411721209
专探乡	411721210
蔡寨回族乡	411721212
焦庄乡	411721213
上蔡县（4 街道，13 镇，9 乡）	**411722**
蔡都街道	411722001
芦岗街道	411722002
卧龙街道	411722003
重阳街道	411722004
黄埠镇	411722101
杨集镇	411722102
洙湖镇	411722103
党店镇	411722104
朱里镇	411722105
华陂镇	411722106
塔桥镇	411722107
东洪镇	411722108
邵店镇	411722109
和店镇	411722110
五龙镇	411722111
韩寨镇	411722112
蔡沟镇	411722113
大路李乡	411722201
无量寺乡	411722202
杨屯乡	411722205
齐海乡	411722209
崇礼乡	411722210
东岸乡	411722212
小岳寺乡	411722215
西洪乡	411722216
百尺乡	411722217
平舆县（4 街道，11 镇，4 乡）	**411723**
古槐街道	411723001
清河街道	411723002
东皇街道	411723003
郭楼街道	411723004
杨埠镇	411723101
东和店镇	411723102
庙湾镇	411723103
射桥镇	411723104
西洋店镇	411723105
阳城镇	411723106
李屯镇	411723108
万金店镇	411723109
高杨店镇	411723110
万冢镇	411723111
双庙镇	411723112
十字路乡	411723202
玉皇庙乡	411723205
老王岗乡	411723208
辛店乡	411723209
正阳县（2 街道，10 镇，8 乡）	**411724**
真阳街道	411724001
清源街道	411724002
寒冻镇	411724101
汝南埠镇	411724102
铜钟镇	411724103
陡沟镇	411724104
熊寨镇	411724105
大林镇	411724106
永兴镇	411724107
袁寨镇	411724108
雷寨镇	411724109
兰青镇	411724110
慎水乡	411724200
傅寨乡	411724201
新阮店乡	411724203
油坊店乡	411724204
王勿桥乡	411724208
闾河乡	411724210

续表 21

行政区划名称	行政区划代码	行政区划名称	行政区划代码	行政区划名称	行政区划代码
皮店乡	411724212	**汝南县（4 街道，12 镇，2 乡）**	**411727**	月亮湾街道	411729003
彭桥乡	411724213	汝宁街道	411727001	砖店镇	411729101
确山县（3 街道，10 镇）	**411725**	古塔街道	411727002	陈店镇	411729102
盘龙街道	411725001	三门闸街道	411727003	佛阁寺镇	411729103
三里河街道	411725002	宿鸭湖街道	411727004	练村镇	411729104
朗陵街道	411725003	王岗镇	411727101	棠村镇	411729105
竹沟镇	411725101	梁祝镇	411727102	韩集镇	411729106
任店镇	411725102	和孝镇	411727103	龙口镇	411729107
新安店镇	411725103	老君庙镇	411727104	李桥回族镇	411729108
留庄镇	411725104	留盆镇	411727105	黄楼镇	411729109
刘店镇	411725105	金铺镇	411727106	孙召镇	411729110
瓦岗镇	411725107	东官庄镇	411727107	余店镇	411729111
双河镇	411725108	罗店镇	411727108	河坞乡	411729204
石滚河镇	411725109	常兴镇	411727109	关津乡	411729205
李新店镇	411725110	韩庄镇	411727110	宋岗乡	411729206
普会寺镇	411725111	三桥镇	411727111	顿岗乡	411729207
泌阳县（3 街道，11 镇，8 乡）	**411726**	张楼镇	411727112	涧头乡	411729208
泌水街道	411726001	南余店乡	411727204	杨庄户乡	411729209
花园街道	411726002	板店乡	411727212	化庄乡	411729210
古城街道	411726003	**遂平县（5 街道，8 镇，2 乡）**	**411728**	栎城乡	411729211
羊册镇	411726102	莲花湖街道	411728001	弥陀寺乡	411729213
马谷田镇	411726103	灈阳街道	411728002	**济源市（5 街道，11 镇）**	**419001**
春水镇	411726105	车站街道	411728003	沁园街道	419001001
赊湾镇	411726106	褚堂街道	411728004	济水街道	419001002
官庄镇	411726107	吴房街道	411728005	北海街道	419001003
郭集镇	411726108	玉山镇	411728102	天坛街道	419001004
泰山庙镇	411726109	嵖岈山镇	411728103	玉泉街道	419001005
王店镇	411726110	石寨铺镇	411728104	克井镇	419001100
杨家集镇	411726111	和兴镇	411728105	五龙口镇	419001101
高店镇	411726112	沈寨镇	411728106	轵城镇	419001102
高邑镇	411726113	阳丰镇	411728107	承留镇	419001103
盘古乡	411726201	常庄镇	411728108	邵原镇	419001104
铜山乡	411726204	花庄镇	411728109	坡头镇	419001105
下碑寺乡	411726206	槐树乡	411728204	梨林镇	419001106
象河乡	411726207	文城乡	411728209	大峪镇	419001107
付庄乡	411726208	**新蔡县（3 街道，11 镇，9 乡）**	**411729**	思礼镇	419001108
贾楼乡	411726209	古吕街道	411729001	王屋镇	419001109
黄山口乡	411726210	今是街道	411729002	下冶镇	419001110
双庙街乡	411726215				

「湖北省」

湖北省（鄂）

行政区划名称	行政区划代码
湖北省（338 街道，761 镇，151 乡，10 民族乡）	**420000**
武汉市（156 街道，1 镇，3 乡）	**420100**
江岸区（16 街道）	**420102**
大智街道	420102002
一元街道	420102003
车站街道	420102004
四唯街道	420102005
永清街道	420102006
西马街道	420102007
球场街道	420102008
劳动街道	420102009
二七街道	420102010
新村街道	420102011
丹水池街道	420102012
台北街道	420102014
花桥街道	420102015
谌家矶街道	420102016
后湖街道	420102017
塔子湖街道	420102018
江汉区（13 街道）	**420103**
民族街道	420103001
花楼街道	420103002
水塔街道	420103003
民权街道	420103004
满春街道	420103005
民意街道	420103006
新华街道	420103007
万松街道	420103008
唐家墩街道	420103009
北湖街道	420103010
前进街道	420103011
常青街道	420103012
汉兴街道	420103013
硚口区（11 街道）	**420104**
古田街道	420104001
韩家墩街道	420104002
宗关街道	420104003
汉水桥街道	420104004
宝丰街道	420104005
荣华街道	420104006
汉中街道	420104008
汉正街道	420104009
六角亭街道	420104010
长丰街道	420104011
易家街道	420104012
汉阳区（11 街道）	**420105**
建桥街道	420105002
晴川街道	420105004
鹦鹉街道	420105005
洲头街道	420105006
五里墩街道	420105007
琴断口街道	420105008
江汉二桥街道	420105009
永丰街道	420105010
江堤街道	420105011
四新街道	420105012
龙阳街道	420105013
武昌区（14 街道）	**420106**
积玉桥街道	420106001
杨园街道	420106002
徐家棚街道	420106003
粮道街道	420106005
中华路街道	420106006
黄鹤楼街道	420106007
紫阳街道	420106008
白沙洲街道	420106009
首义路街道	420106010
中南路街道	420106011
水果湖街道	420106012
珞珈山街道	420106013
石洞街道	420106014
南湖街道	420106015
青山区（10 街道）	**420107**
红卫路街道	420107001
冶金街道	420107002
新沟桥街道	420107003
红钢城街道	420107004
工人村街道	420107005
青山镇街道	420107006
武东街道	420107008
白玉山街道	420107009
钢花村街道	420107010
钢都花园街道	420107011
洪山区（13 街道，1 乡）	**420111**
珞南街道	420111001
关山街道	420111002
狮子山街道	420111003
张家湾街道	420111004
梨园街道	420111005
卓刀泉街道	420111006
洪山街道	420111007
和平街道	420111008
青菱街道	420111011
九峰街道	420111012
左岭街道	420111013
花山街道	420111014
八吉府街道	420111015
天兴乡	420111205
东西湖区（11 街道）	**420112**
吴家山街道	420112001
柏泉街道	420112002
将军路街道	420112004
慈惠街道	420112005
走马岭街道	420112006
径河街道	420112007
长青街道	420112008
新沟镇街道	420112009
辛安渡街道	420112011
东山街道	420112012
金银湖街道	420112014
汉南区（4 街道）	**420113**
纱帽街道	420113001

续表 1

行政区划名称	行政区划代码
东荆街道	420113002
湘口街道	420113003
邓南街道	420113004
蔡甸区（11 街道，1 乡）	**420114**
蔡甸街道	420114001
奓山街道	420114002
永安街道	420114003
侏儒山街道	420114004
大集街道	420114005
张湾街道	420114006
索河街道	420114007
沌口街道	420114008
军山街道	420114009
沌阳街道	420114010
玉贤街道	420114011
消泗乡	420114200
江夏区（15 街道）	**420115**
纸坊街道	420115001
金口街道	420115002
乌龙泉街道	420115003
郑店街道	420115005
五里界街道	420115010
安山街道	420115011
山坡街道	420115013
法泗街道	420115017
湖泗街道	420115018
舒安街道	420115019
关东街道	420115020
佛祖岭街道	420115021
豹澥街道	420115022
龙泉街道	420115023
滨湖街道	420115024
黄陂区（15 街道，1 乡）	**420116**
前川街道	420116001
祁家湾街道	420116002
横店街道	420116003
罗汉寺街道	420116004
滠口街道	420116005
六指街道	420116006
天河街道	420116007
武湖街道	420116008
王家河街道	420116009
长轩岭街道	420116010
李家集街道	420116011
姚家集街道	420116012
蔡家榨街道	420116013
三里桥街道	420116014
蔡店街道	420116015
木兰乡	420116201
新洲区（12 街道，1 镇）	**420117**
邾城街道	420117001
阳逻街道	420117002
仓埠街道	420117003
汪集街道	420117004
李集街道	420117005
三店街道	420117006
潘塘街道	420117007
旧街街道	420117008
双柳街道	420117009
涨渡湖街道	420117010
辛冲街道	420117012
徐古街道	420117013
凤凰镇	420117102
黄石市（19 街道，27 镇，1 乡）	**420200**
黄石港区（4 街道）	**420202**
沈家营街道	420202001
黄石港街道	420202002
胜阳港街道	420202003
花湖街道	420202005
西塞山区（5 街道，1 镇）	**420203**
八泉街道	420203001
黄思湾街道	420203002
澄月街道	420203003
牧羊湖街道	420203004
章山街道	420203007
河口镇	420203100
下陆区（4 街道）	**420204**
新下陆街道	420204001
老下陆街道	420204002
东方山街道	420204003
团城山街道	420204004
铁山区（1 街道）	**420205**
铁山街道	420205001
阳新县（16 镇）	**420222**
兴国镇	420222100
富池镇	420222101
黄颡口镇	420222102
韦源口镇	420222103
太子镇	420222104
大王镇	420222105
陶港镇	420222106
白沙镇	420222107
浮屠镇	420222108
三溪镇	420222109
龙港镇	420222110
洋港镇	420222111
排市镇	420222112
木港镇	420222113
枫林镇	420222114
王英镇	420222115
大冶市（5 街道，10 镇，1 乡）	**420281**
东岳路街道	420281001
东风路街道	420281002
金湖街道	420281003
罗家桥街道	420281004
金山街道	420281005
金牛镇	420281100
保安镇	420281101
灵乡镇	420281102
金山店镇	420281103
还地桥镇	420281106
殷祖镇	420281107
刘仁八镇	420281109
陈贵镇	420281110
大箕铺镇	420281111
汪仁镇	420281112

续表 2

行政区划名称	行政区划代码	行政区划名称	行政区划代码	行政区划名称	行政区划代码
茗山乡	420281202	五峰乡	420304201	蒋家堰镇	420324101
十堰市（13 街道，72 镇，33 乡，1 民族乡）	**420300**	叶大乡	420304202	中峰镇	420324102
茅箭区（4 街道，1 镇，2 乡）	**420302**	**郧西县（9 镇，6 乡，1 民族乡）**	**420322**	水坪镇	420324103
武当路街道	420302001	城关镇	420322100	县河镇	420324104
二堰街道	420302002	土门镇	420322101	泉溪镇	420324105
五堰街道	420302003	上津镇	420322102	丰溪镇	420324106
白浪街道	420302005	店子镇	420322103	龙坝镇	420324107
大川镇	420302100	夹河镇	420322104	兵营镇	420324108
茅塔乡	420302200	羊尾镇	420322105	汇湾镇	420324109
鸳鸯乡	420302201	观音镇	420322106	新洲镇	420324110
张湾区（4 街道，2 镇，2 乡）	**420303**	马安镇	420322107	鄂坪乡	420324201
花果街道	420303001	河夹镇	420322108	天宝乡	420324203
红卫街道	420303002	香口乡	420322200	桃源乡	420324206
车城路街道	420303003	关防乡	420322201	向坝乡	420324207
汉江路街道	420303004	湖北口回族乡	420322202	**房县（12 镇，8 乡）**	**420325**
黄龙镇	420303100	景阳乡	420322203	城关镇	420325100
柏林镇	420303101	六郎乡	420322204	军店镇	420325101
方滩乡	420303200	涧池乡	420322205	化龙堰镇	420325102
西沟乡	420303201	安家乡	420322206	土城镇	420325103
郧阳区（16 镇，3 乡）	**420304**	**竹山县（9 镇，8 乡）**	**420323**	大木厂镇	420325104
城关镇	420304100	城关镇	420323100	青峰镇	420325105
安阳镇	420304101	溢水镇	420323101	门古寺镇	420325106
杨溪铺镇	420304102	麻家渡镇	420323102	白鹤镇	420325107
青曲镇	420304103	宝丰镇	420323103	野人谷镇	420325108
白桑关镇	420304104	擂鼓镇	420323104	红塔镇	420325109
南化塘镇	420304105	秦古镇	420323105	窑淮镇	420325110
白浪镇	420304106	得胜镇	420323106	尹吉甫镇	420325111
刘洞镇	420304107	上庸镇	420323107	姚坪乡	420325203
谭山镇	420304108	官渡镇	420323108	沙河乡	420325205
梅铺镇	420304109	潘口乡	420323200	万峪河乡	420325206
青山镇	420304110	竹坪乡	420323201	上龛乡	420325208
茶店镇	420304111	大庙乡	420323202	中坝乡	420325209
柳陂镇	420304112	双台乡	420323203	九道乡	420325210
鲍峡镇	420304113	楼台乡	420323204	回龙乡	420325211
胡家营镇	420304114	文峰乡	420323205	五台乡	420325212
谭家湾镇	420304115	深河乡	420323206	**丹江口市（5 街道，12 镇）**	**420381**
大柳乡	420304200	柳林乡	420323207	均州路街道	420381001
		竹溪县（11 镇，4 乡）	**420324**	大坝街道	420381002
		城关镇	420324100	丹赵路街道	420381003

续表 3

行政区划名称	行政区划代码
武当山街道	420381004
三官殿街道	420381005
土关垭镇	420381100
浪河镇	420381101
丁家营镇	420381102
六里坪镇	420381103
盐池河镇	420381104
均县镇	420381105
习家店镇	420381106
蒿坪镇	420381107
石鼓镇	420381108
凉水河镇	420381109
官山镇	420381110
龙山镇	420381111
宜昌市（24 街道，67 镇，18 乡，1 民族乡）	**420500**
西陵区（10 街道）	**420502**
西陵街道	420502001
学院街道	420502002
云集街道	420502003
西坝街道	420502005
葛洲坝街道	420502006
夜明珠街道	420502007
东苑街道	420502008
南苑街道	420502009
北苑街道	420502010
窑湾街道	420502011
伍家岗区（4 街道，1 乡）	**420503**
大公桥街道	420503001
万寿桥街道	420503002
宝塔河街道	420503003
伍家岗街道	420503004
伍家乡	420503201
点军区（1 街道，2 镇，2 乡）	**420504**
点军街道	420504001
艾家镇	420504101
桥边镇	420504102
联棚乡	420504202
土城乡	420504203
猇亭区（3 街道）	**420505**
古老背街道	420505001
虎牙街道	420505002
云池街道	420505003
夷陵区（1 街道，9 镇，2 乡）	**420506**
小溪塔街道	420506001
樟村坪镇	420506101
雾渡河镇	420506102
太平溪镇	420506103
三斗坪镇	420506104
乐天溪镇	420506105
分乡镇	420506106
龙泉镇	420506107
鸦鹊岭镇	420506108
黄花镇	420506109
下堡坪乡	420506201
邓村乡	420506203
远安县（6 镇，1 乡）	**420525**
鸣凤镇	420525101
花林寺镇	420525102
旧县镇	420525103
洋坪镇	420525104
茅坪场镇	420525105
嫘祖镇	420525106
河口乡	420525201
兴山县（6 镇，2 乡）	**420526**
昭君镇	420526101
峡口镇	420526102
南阳镇	420526103
古夫镇	420526104
黄粮镇	420526105
水月寺镇	420526106
高桥乡	420526201
榛子乡	420526202
秭归县（8 镇，4 乡）	**420527**
茅坪镇	420527101
归州镇	420527102
屈原镇	420527103
沙镇溪镇	420527104
两河口镇	420527105
郭家坝镇	420527106
杨林桥镇	420527107
九畹溪镇	420527108
水田坝乡	420527201
泄滩乡	420527202
梅家河乡	420527203
磨坪乡	420527204
长阳土家族自治县（8 镇，3 乡）	**420528**
龙舟坪镇	420528101
高家堰镇	420528102
磨市镇	420528103
都镇湾镇	420528104
资丘镇	420528105
渔峡口镇	420528106
榔坪镇	420528107
贺家坪镇	420528108
大堰乡	420528201
鸭子口乡	420528202
火烧坪乡	420528203
五峰土家族自治县（5 镇，3 乡）	**420529**
五峰镇	420529101
长乐坪镇	420529102
渔洋关镇	420529103
仁和坪镇	420529104
湾潭镇	420529105
傅家堰乡	420529201
牛庄乡	420529202
采花乡	420529203
宜都市（1 街道，8 镇，1 民族乡）	**420581**
陆城街道	420581001
红花套镇	420581101
高坝洲镇	420581102
聂家河镇	420581103
松木坪镇	420581104
枝城镇	420581105

续表 4

行政区划名称	行政区划代码	行政区划名称	行政区划代码	行政区划名称	行政区划代码
姚家店镇	420581106	汉江街道	420606001	薛坪镇	420624105
五眼泉镇	420581107	王寨街道	420606002	板桥镇	420624106
王家畈镇	420581108	中原街道	420606003	巡检镇	420624107
潘家湾土家族乡	420581203	定中门街道	420606004	东巩镇	420624108
当阳市（3 街道，7 镇）	**420582**	清河口街道	420606005	肖堰镇	420624109
玉阳街道	420582001	屏襄门街道	420606006	**谷城县（9 镇，1 乡）**	**420625**
坝陵街道	420582002	米公街道	420606007	城关镇	420625100
玉泉街道	420582003	柿铺街道	420606008	石花镇	420625101
两河镇	420582101	七里河街道	420606009	盛康镇	420625102
河溶镇	420582102	紫贞街道	420606010	庙滩镇	420625103
淯溪镇	420582103	牛首镇	420606100	茨河镇	420625104
庙前镇	420582104	太平店镇	420606101	南河镇	420625105
王店镇	420582105	团山镇	420606102	紫金镇	420625106
半月镇	420582106	**襄州区（6 街道，13 镇）**	**420607**	冷集镇	420625107
草埠湖镇	420582107			五山镇	420625108
枝江市（1 街道，8 镇）	**420583**	张湾街道	420607001	赵湾乡	420625200
马家店街道	420583001	刘集街道	420607002	**保康县（10 镇，1 乡）**	**420626**
安福寺镇	420583101	肖湾街道	420607003	城关镇	420626100
白洋镇	420583102	六两河街道	420607004	黄堡镇	420626101
顾家店镇	420583103	浩然街道	420607005	后坪镇	420626102
董市镇	420583104	金华街道	420607006	龙坪镇	420626103
仙女镇	420583105	龙王镇	420607101	店垭镇	420626104
问安镇	420583106	石桥镇	420607102	马良镇	420626105
七星台镇	420583107	黄集镇	420607103	歇马镇	420626106
百里洲镇	420583108	伙牌镇	420607104	马桥镇	420626107
襄阳市（30 街道，74 镇，4 乡）	**420600**	古驿镇	420607105	寺坪镇	420626108
		朱集镇	420607106	过渡湾镇	420626109
襄城区（6 街道，2 镇，1 乡）	**420602**	程河镇	420607107	两峪乡	420626200
		双沟镇	420607108	**老河口市（2 街道，7 镇，1 乡）**	**420682**
古城街道	420602001	张家集镇	420607109		
真武山街道	420602002	黄龙镇	420607110	光化街道	420682001
庞公街道	420602003	峪山镇	420607111	酂阳街道	420682002
檀溪街道	420602004	东津镇	420607112	孟楼镇	420682100
隆中街道	420602005	米庄镇	420607113	竹林桥镇	420682101
余家湖街道	420602006	**南漳县（10 镇）**	**420624**	薛集镇	420682102
欧庙镇	420602100	城关镇	420624100	张集镇	420682103
卧龙镇	420602101	武安镇	420624101	仙人渡镇	420682104
尹集乡	420602200	九集镇	420624102	洪山嘴镇	420682105
樊城区（10 街道，3 镇）	**420606**	李庙镇	420624103	李楼镇	420682106
		长坪镇	420624104	袁冲乡	420682200

续表 5

行政区划名称	行政区划代码
枣阳市（3 街道，12 镇）	**420683**
北城街道	420683001
南城街道	420683002
环城街道	420683003
琚湾镇	420683100
七方镇	420683101
杨垱镇	420683102
太平镇	420683103
新市镇	420683104
鹿头镇	420683105
刘升镇	420683106
兴隆镇	420683107
王城镇	420683108
吴店镇	420683109
熊集镇	420683110
平林镇	420683111
宜城市（3 街道，8 镇）	**420684**
鄢城街道	420684001
南营街道	420684002
龙头街道	420684003
郑集镇	420684100
小河镇	420684101
刘猴镇	420684102
孔湾镇	420684103
流水镇	420684104
板桥店镇	420684105
王集镇	420684106
雷河镇	420684107
鄂州市（4 街道，18 镇，3 乡）	**420700**
梁子湖区（5 镇）	**420702**
太和镇	420702100
东沟镇	420702101
梁子镇	420702102
涂家垴镇	420702103
沼山镇	420702104
华容区（4 镇，2 乡）	**420703**
华容镇	420703100
葛店镇	420703101
庙岭镇	420703102
段店镇	420703103
临江乡	420703200
蒲团乡	420703201
鄂城区（4 街道，9 镇，1 乡）	**420704**
凤凰街道	420704001
古楼街道	420704002
西山街道	420704003
樊口街道	420704004
泽林镇	420704100
杜山镇	420704101
新庙镇	420704102
碧石渡镇	420704103
汀祖镇	420704104
燕矶镇	420704105
杨叶镇	420704106
花湖镇	420704107
长港镇	420704108
沙窝乡	420704200
荆门市（11 街道，48 镇，1 乡，1 民族乡）	**420800**
东宝区（2 街道，6 镇，1 乡）	**420802**
龙泉街道	420802001
泉口街道	420802002
栗溪镇	420802100
子陵铺镇	420802101
漳河镇	420802102
马河镇	420802103
石桥驿镇	420802104
牌楼镇	420802105
仙居乡	420802200
掇刀区（4 街道，2 镇）	**420804**
掇刀石街道	420804001
白庙街道	420804002
兴隆街道	420804003
双喜街道	420804004
团林铺镇	420804100
麻城镇	420804101
沙洋县（13 镇）	**420822**
沙洋镇	420822100
五里铺镇	420822101
十里铺镇	420822102
纪山镇	420822103
拾回桥镇	420822104
后港镇	420822105
毛李镇	420822107
官垱镇	420822108
李市镇	420822109
马良镇	420822110
高阳镇	420822111
沈集镇	420822112
曾集镇	420822113
钟祥市（2 街道，15 镇，1 民族乡）	**420881**
郢中街道	420881001
皇庄街道	420881002
洋梓镇	420881100
长寿镇	420881101
丰乐镇	420881102
胡集镇	420881103
双河镇	420881104
磷矿镇	420881105
文集镇	420881106
冷水镇	420881107
石牌镇	420881108
旧口镇	420881109
柴湖镇	420881110
长滩镇	420881111
东桥镇	420881112
客店镇	420881113
张集镇	420881114
九里回族乡	420881200
京山市（3 街道，12 镇）	**420882**
新市街道	420882001
永兴街道	420882002
温泉街道	420882003
曹武镇	420882102

续表 6

行政区划名称	行政区划代码
罗店镇	420882103
宋河镇	420882105
坪坝镇	420882106
三阳镇	420882107
绿林镇	420882108
杨集镇	420882109
孙桥镇	420882110
石龙镇	420882111
永漋镇	420882112
雁门口镇	420882114
钱场镇	420882115
孝感市（13 街道，72 镇，23 乡）	**420900**
孝南区（4 街道，8 镇，3 乡）	**420902**
书院街道	420902001
新华街道	420902002
广场街道	420902003
车站街道	420902004
新铺镇	420902100
西河镇	420902101
杨店镇	420902102
陡岗镇	420902103
肖港镇	420902104
毛陈镇	420902105
三汊镇	420902106
祝站镇	420902107
朋兴乡	420902200
卧龙乡	420902201
闵集乡	420902202
孝昌县（8 镇，4 乡）	**420921**
花园镇	420921100
丰山镇	420921101
周巷镇	420921102
小河镇	420921103
王店镇	420921104
卫店镇	420921105
白沙镇	420921106
邹岗镇	420921107
小悟乡	420921200
季店乡	420921201
花西乡	420921202
陡山乡	420921203
大悟县（14 镇，3 乡）	**420922**
城关镇	420922100
阳平镇	420922101
芳畈镇	420922102
新城镇	420922103
夏店镇	420922104
刘集镇	420922105
河口镇	420922106
四姑镇	420922107
吕王镇	420922108
黄站镇	420922109
宣化店镇	420922110
丰店镇	420922111
大新镇	420922112
三里城镇	420922113
高店乡	420922201
彭店乡	420922202
东新乡	420922203
云梦县（9 镇，3 乡）	**420923**
城关镇	420923100
义堂镇	420923101
曾店镇	420923102
吴铺镇	420923103
伍洛镇	420923104
下辛店镇	420923105
道桥镇	420923106
隔蒲潭镇	420923107
胡金店镇	420923108
倒店乡	420923200
沙河乡	420923201
清明河乡	420923202
应城市（5 街道，10 镇）	**420981**
城中街道	420981001
城北街道	420981002
四里棚街道	420981003
东马坊街道	420981004
长江埠街道	420981005
田店镇	420981100
杨河镇	420981101
三合镇	420981102
郎君镇	420981103
天鹅镇	420981105
义和镇	420981106
陈河镇	420981107
杨岭镇	420981108
汤池镇	420981109
黄滩镇	420981110
安陆市（2 街道，9 镇，4 乡）	**420982**
府城街道	420982001
南城街道	420982002
赵棚镇	420982100
李店镇	420982101
巡店镇	420982102
棠棣镇	420982103
雷公镇	420982104
王义贞镇	420982105
孛畈镇	420982106
烟店镇	420982107
洑水镇	420982108
陈店乡	420982200
辛榨乡	420982201
木梓乡	420982202
接官乡	420982203
汉川市（2 街道，14 镇，6 乡）	**420984**
仙女山街道	420984001
汈东街道	420984002
马口镇	420984101
脉旺镇	420984102
城隍镇	420984103
分水镇	420984104
沉湖镇	420984105
田二河镇	420984106
回龙镇	420984107
新堰镇	420984108

续表 7

行政区划名称	行政区划代码
垌塚镇	420984109
麻河镇	420984110
刘家隔镇	420984111
新河镇	420984112
庙头镇	420984113
杨林沟镇	420984114
西江乡	420984200
湾潭乡	420984201
南河乡	420984202
马鞍乡	420984203
里潭乡	420984204
韩集乡	420984205
荆州市（19 街道，88 镇，10 乡，2 民族乡）	**421000**
沙市区（8 街道，4 镇，1 乡）	**421002**
中山路街道	421002001
崇文街街道	421002002
解放路街道	421002003
胜利街街道	421002004
朝阳路街道	421002005
西湖街道	421002006
立新街道	421002007
鱼农桥街道	421002008
锣场镇	421002100
岑河镇	421002101
观音垱镇	421002102
关沮镇	421002103
联合乡	421002202
荆州区（5 街道，7 镇）	**421003**
西城街道	421003001
东城街道	421003002
城南街道	421003003
凤凰街道	421003004
太湖港街道	421003005
纪南镇	421003100
川店镇	421003101
马山镇	421003102
八岭山镇	421003103
李埠镇	421003104
弥市镇	421003105
郢城镇	421003106
公安县（14 镇，2 乡）	**421022**
埠河镇	421022100
斗湖堤镇	421022101
夹竹园镇	421022102
闸口镇	421022103
杨家厂镇	421022104
麻豪口镇	421022105
藕池镇	421022106
黄山头镇	421022107
孟家溪镇	421022108
南平镇	421022109
章庄铺镇	421022110
狮子口镇	421022111
斑竹垱镇	421022112
毛家港镇	421022113
甘家厂乡	421022200
章田寺乡	421022201
江陵县（7 镇，2 乡）	**421024**
资市镇	421024100
滩桥镇	421024101
熊河镇	421024102
白马寺镇	421024103
沙岗镇	421024104
普济镇	421024105
郝穴镇	421024106
马家寨乡	421024200
秦市乡	421024201
石首市（2 街道，11 镇，1 乡）	**421081**
绣林街道	421081001
笔架山街道	421081002
新厂镇	421081100
横沟市镇	421081101
小河口镇	421081102
桃花山镇	421081103
调关镇	421081104
东升镇	421081105
高基庙镇	421081106
南口镇	421081107
高陵镇	421081108
团山寺镇	421081109
大垸镇	421081120
久合垸乡	421081202
洪湖市（2 街道，14 镇，1 民族乡）	**421083**
新堤街道	421083001
滨湖街道	421083004
螺山镇	421083100
乌林镇	421083101
龙口镇	421083102
燕窝镇	421083103
新滩镇	421083104
峰口镇	421083105
曹市镇	421083106
府场镇	421083107
戴家场镇	421083108
瞿家湾镇	421083109
沙口镇	421083110
万全镇	421083111
汊河镇	421083112
黄家口镇	421083113
老湾回族乡	421083200
松滋市（2 街道，13 镇，1 乡，1 民族乡）	**421087**
新江口街道	421087001
乐乡街道	421087002
南海镇	421087101
八宝镇	421087102
涴市镇	421087103
老城镇	421087104
陈店镇	421087105
王家桥镇	421087106
斯家场镇	421087107
杨林市镇	421087108
纸厂河镇	421087109
街河市镇	421087110

续表 8

行政区划名称	行政区划代码	行政区划名称	行政区划代码	行政区划名称	行政区划代码
沲水镇	421087111	**团风县（8 镇，2 乡）**	**421121**	金家铺镇	421124103
刘家场镇	421087112	团风镇	421121100	石头咀镇	421124104
沙道观镇	421087113	淋山河镇	421121101	草盘地镇	421124105
万家乡	421087200	方高坪镇	421121102	雷家店镇	421124106
卸甲坪土家族乡	421087201	回龙山镇	421121103	杨柳湾镇	421124107
监利市（18 镇，3 乡）	**421088**	马曹庙镇	421121104	方家咀乡	421124200
容城镇	421088100	上巴河镇	421121105	孔家坊乡	421124201
朱河镇	421088101	总路咀镇	421121106	陶家河乡	421124202
新沟镇	421088102	但店镇	421121107	**浠水县（12 镇，1 乡）**	**421125**
龚场镇	421088103	贾庙乡	421121200	清泉镇	421125100
周老嘴镇	421088104	杜皮乡	421121201	巴河镇	421125101
黄歇口镇	421088105	**红安县（10 镇，1 乡）**	**421122**	竹瓦镇	421125102
汪桥镇	421088106	城关镇	421122100	汪岗镇	421125103
程集镇	421088107	七里坪镇	421122101	团陂镇	421125104
分盐镇	421088108	华家河镇	421122102	关口镇	421125105
毛市镇	421088109	二程镇	421122103	白莲镇	421125106
福田寺镇	421088110	上新集镇	421122104	蔡河镇	421125107
上车湾镇	421088111	高桥镇	421122105	洗马镇	421125108
汴河镇	421088112	觅儿寺镇	421122106	丁司垱镇	421125109
尺八镇	421088113	八里湾镇	421122107	散花镇	421125110
白螺镇	421088114	太平桥镇	421122108	兰溪镇	421125111
网市镇	421088115	永佳河镇	421122109	绿杨乡	421125200
三洲镇	421088116	杏花乡	421122200	**蕲春县（13 镇，1 乡）**	**421126**
桥市镇	421088117	**罗田县（10 镇，2 乡）**	**421123**	漕河镇	421126100
红城乡	421088200	凤山镇	421123100	赤东镇	421126101
棋盘乡	421088201	骆驼坳镇	421123101	蕲州镇	421126102
柘木乡	421088202	大河岸镇	421123103	管窑镇	421126103
黄冈市（13 街道，99 镇，16 乡）	**421100**	九资河镇	421123104	彭思镇	421126104
		胜利镇	421123105	横车镇	421126105
黄州区（5 街道，3 镇，1 乡）	**421102**	河铺镇	421123106	株林镇	421126106
		三里畈镇	421123107	刘河镇	421126107
赤壁街道	421102001	匡河镇	421123108	狮子镇	421126108
东湖街道	421102002	白庙河镇	421123109	青石镇	421126109
禹王街道	421102003	大崎镇	421123110	张塝镇	421126110
南湖街道	421102004	白莲河乡	421123201	大同镇	421126111
西湖街道	421102005	平湖乡	421123209	檀林镇	421126112
路口镇	421102101	**英山县（8 镇，3 乡）**	**421124**	向桥乡	421126200
堵城镇	421102102	温泉镇	421124100	**黄梅县（12 镇，4 乡）**	**421127**
陈策楼镇	421102103	南河镇	421124101	黄梅镇	421127100
陶店乡	421102200	红山镇	421124102	孔垄镇	421127101

续表 9

行政区划名称	行政区划代码	行政区划名称	行政区划代码	行政区划名称	行政区划代码
小池镇	421127102	万丈湖街道	421182004	沙堆镇	421222104
下新镇	421127103	梅川镇	421182100	五里镇	421222105
大河镇	421127104	余川镇	421182101	石南镇	421222106
停前镇	421127105	花桥镇	421182102	北港镇	421222107
五祖镇	421127106	大金镇	421182103	马港镇	421222108
濯港镇	421127107	石佛寺镇	421182104	四庄乡	421222200
蔡山镇	421127108	四望镇	421182105	大坪乡	421222201
新开镇	421127109	大法寺镇	421182106	**崇阳县（8 镇，4 乡）**	**421223**
独山镇	421127110	龙坪镇	421182107	天城镇	421223100
分路镇	421127111	**咸宁市（6 街道，52 镇，12 乡）**	**421200**	沙坪镇	421223101
柳林乡	421127200			石城镇	421223102
杉木乡	421127201	**咸安区（3 街道，9 镇，1 乡）**	**421202**	桂花泉镇	421223103
苦竹乡	421127202			白霓镇	421223104
刘佐乡	421127203	温泉街道	421202001	路口镇	421223105
麻城市（4 街道，15 镇，1 乡）	**421181**	浮山街道	421202002	金塘镇	421223106
		永安街道	421202003	青山镇	421223107
鼓楼街道	421181002	汀泗桥镇	421202100	肖岭乡	421223200
南湖街道	421181003	向阳湖镇	421202101	铜钟乡	421223201
龙池桥街道	421181004	官埠桥镇	421202102	港口乡	421223202
黄金桥街道	421181005	横沟桥镇	421202103	高枧乡	421223203
中馆驿镇	421181100	贺胜桥镇	421202104	**通山县（8 镇，4 乡）**	**421224**
宋埠镇	421181101	双溪桥镇	421202105	通羊镇	421224100
歧亭镇	421181102	马桥镇	421202106	南林桥镇	421224101
白果镇	421181103	桂花镇	421202107	厦铺镇	421224102
夫子河镇	421181104	高桥镇	421202108	闯王镇	421224103
阎家河镇	421181105	大幕乡	421202200	九宫山镇	421224104
张家畈镇	421181106	**嘉鱼县（8 镇）**	**421221**	洪港镇	421224105
木子店镇	421181107	陆溪镇	421221100	大畈镇	421224106
盐田河镇	421181108	高铁岭镇	421221101	黄沙铺镇	421224108
三河口镇	421181109	官桥镇	421221102	大路乡	421224200
黄土岗镇	421181110	鱼岳镇	421221103	杨芳林乡	421224201
福田河镇	421181111	新街镇	421221104	燕厦乡	421224202
乘马岗镇	421181112	渡普镇	421221105	慈口乡	421224203
顺河镇	421181113	潘家湾镇	421221106	**赤壁市（3 街道，10 镇，1 乡）**	**421281**
龟山镇	421181114	簰洲湾镇	421221107		
铁门岗乡	421181200	**通城县（9 镇，2 乡）**	**421222**	蒲圻街道	421281001
武穴市（4 街道，8 镇）	**421182**	隽水镇	421222100	陆水湖街道	421281002
武穴街道	421182001	麦市镇	421222101	赤马港街道	421281003
刊江街道	421182002	塘湖镇	421222102	新店镇	421281100
田家镇街道	421182003	关刀镇	421222103	赵李桥镇	421281101

续表 10

行政区划名称	行政区划代码
茶庵岭镇	421281102
中伙铺镇	421281103
官塘驿镇	421281104
神山镇	421281105
车埠镇	421281106
周郎嘴回族镇	421281107
柳山湖镇	421281108
黄盖湖镇	421281109
余家桥乡	421281200
随州市（9 街道，37 镇）	**421300**
曾都区（5 街道，5 镇）	**421303**
西城街道	421303001
东城街道	421303002
南郊街道	421303003
北郊街道	421303004
涢水街道	421303005
淅河镇	421303100
万店镇	421303101
何店镇	421303122
洛阳镇	421303123
府河镇	421303124
随县（19 镇）	**421321**
高城镇	421321100
殷店镇	421321101
草店镇	421321102
小林镇	421321103
淮河镇	421321104
万和镇	421321105
尚市镇	421321106
厉山镇	421321107
唐县镇	421321108
吴山镇	421321109
安居镇	421321110
新街镇	421321111
澴潭镇	421321112
洪山镇	421321113
长岗镇	421321114
三里岗镇	421321115
柳林镇	421321116
均川镇	421321117
万福镇	421321118
广水市（4 街道，13 镇）	**421381**
应山街道	421381001
十里街道	421381002
广水街道	421381003
城郊街道	421381004
武胜关镇	421381100
杨寨镇	421381101
陈巷镇	421381102
长岭镇	421381104
马坪镇	421381105
关庙镇	421381106
余店镇	421381107
吴店镇	421381108
郝店镇	421381109
蔡河镇	421381110
太平镇	421381111
李店镇	421381112
骆店镇	421381113
恩施土家族苗族自治州（7 街道，54 镇，25 乡，4 民族乡）	**422800**
恩施市（5 街道，6 镇，6 乡，1 民族乡）	**422801**
舞阳坝街道	422801001
六角亭街道	422801002
小渡船街道	422801003
金子坝街道	422801004
七里坪街道	422801005
龙凤镇	422801100
崔家坝镇	422801101
板桥镇	422801102
白杨坪镇	422801103
三岔镇	422801104
盛家坝镇	422801105
新塘乡	422801201
红土乡	422801202
沙地乡	422801203
太阳河乡	422801205
屯堡乡	422801206
白果乡	422801207
芭蕉侗族乡	422801208
利川市（2 街道，8 镇，4 乡）	**422802**
都亭街道	422802001
东城街道	422802002
柏杨坝镇	422802101
汪营镇	422802102
建南镇	422802103
忠路镇	422802104
团堡镇	422802105
谋道镇	422802106
毛坝镇	422802107
文斗镇	422802108
凉雾乡	422802200
元堡乡	422802201
南坪乡	422802202
沙溪乡	422802205
建始县（7 镇，3 乡）	**422822**
业州镇	422822100
高坪镇	422822101
红岩寺镇	422822102
景阳镇	422822103
官店镇	422822104
花坪镇	422822105
长梁镇	422822106
茅田乡	422822201
龙坪乡	422822202
三里乡	422822203
巴东县（10 镇，2 乡）	**422823**
信陵镇	422823100
东瀼口镇	422823101
沿渡河镇	422823102
官渡口镇	422823103
茶店子镇	422823104
绿葱坡镇	422823105
大支坪镇	422823106
野三关镇	422823107
水布垭镇	422823108
清太坪镇	422823109

续表 11

行政区划名称	行政区划代码	行政区划名称	行政区划代码	行政区划名称	行政区划代码
溪丘湾乡	422823200	铁炉白族乡	422828201	张金镇	429005108
金果坪乡	422823201	五里乡	422828202	龙湾镇	429005109
宣恩县（5 镇，2 乡，2 民族乡）	**422825**	下坪乡	422828204	**天门市（3 街道，21 镇，1 乡）**	**429006**
珠山镇	422825100	邬阳乡	422828205	竟陵街道	429006001
椒园镇	422825101	**仙桃市（4 街道，15 镇）**	**429004**	侯口街道	429006002
沙道沟镇	422825102	沙嘴街道	429004001	杨林街道	429006003
李家河镇	422825103	干河街道	429004002	多宝镇	429006100
高罗镇	422825104	龙华山街道	429004003	拖市镇	429006101
万寨乡	422825200	杜湖街道	429004004	张港镇	429006102
长潭河侗族乡	422825201	郑场镇	429004101	蒋场镇	429006103
晓关侗族乡	422825203	毛嘴镇	429004102	汪场镇	429006104
椿木营乡	422825205	剅河镇	429004103	渔薪镇	429006105
咸丰县（7 镇，3 乡）	**422826**	三伏潭镇	429004104	黄潭镇	429006106
高乐山镇	422826100	胡场镇	429004105	岳口镇	429006107
朝阳寺镇	422826101	长埫口镇	429004106	横林镇	429006108
坪坝营镇	422826102	西流河镇	429004107	彭市镇	429006109
忠堡镇	422826103	沙湖镇	429004108	麻洋镇	429006110
清坪镇	422826104	杨林尾镇	429004109	多祥镇	429006111
唐崖镇	422826105	彭场镇	429004110	干驿镇	429006112
曲江镇	422826106	张沟镇	429004111	马湾镇	429006113
活龙坪乡	422826202	郭河镇	429004112	卢市镇	429006114
小村乡	422826203	沔城回族镇	429004113	小板镇	429006115
黄金洞乡	422826204	通海口镇	429004114	九真镇	429006116
来凤县（6 镇，2 乡）	**422827**	陈场镇	429004115	皂市镇	429006118
翔凤镇	422827100	**潜江市（7 街道，10 镇）**	**429005**	胡市镇	429006119
百福司镇	422827101	园林街道	429005001	石家河镇	429006120
大河镇	422827102	泽口街道	429005002	佛子山镇	429006121
绿水镇	422827103	广华寺街道	429005003	净潭乡	429006201
旧司镇	422827104	周矶街道	429005004	**神农架林区（6 镇，1 乡，1 民族乡）**	**429021**
革勒车镇	422827105	杨市街道	429005005	松柏镇	429021100
漫水乡	422827201	泰丰街道	429005006	阳日镇	429021101
三胡乡	422827203	高场街道	429005007	木鱼镇	429021102
鹤峰县（5 镇，3 乡，1 民族乡）	**422828**	竹根滩镇	429005100	红坪镇	429021103
容美镇	422828100	渔洋镇	429005101	新华镇	429021104
走马镇	422828101	老新镇	429005102	大九湖镇	429021105
太平镇	422828102	熊口镇	429005103	宋洛乡	429021201
燕子镇	422828103	王场镇	429005104	下谷坪土家族乡	429021203
中营镇	422828104	高石碑镇	429005105		
		积玉口镇	429005106		
		浩口镇	429005107		

「湖南省」

湖南省（湘）

行政区划名称	行政区划代码
湖南省（424街道，1134镇，305乡，83民族乡）	**430000**
长沙市（96街道，69镇，5乡）	**430100**
芙蓉区（13街道）	**430102**
文艺路街道	430102001
朝阳街街道	430102002
韭菜园街道	430102003
五里牌街道	430102008
火星街道	430102009
马王堆街道	430102010
东屯渡街道	430102011
湘湖街道	430102012
东岸街道	430102013
荷花园街道	430102014
马坡岭街道	430102015
东湖街道	430102016
定王台街道	430102017
天心区（14街道）	**430103**
坡子街街道	430103002
城南路街道	430103004
裕南街街道	430103005
金盆岭街道	430103006
新开铺街道	430103007
青园街道	430103008
桂花坪街道	430103009
先锋街道	430103010
赤岭路街道	430103011
文源街道	430103012
黑石铺街道	430103013
大托铺街道	430103014
暮云街道	430103015
南托街道	430103016
岳麓区（17街道，2镇）	**430104**
望月湖街道	430104001
岳麓街道	430104002
桔子洲街道	430104003
银盆岭街道	430104004
观沙岭街道	430104005
望城坡街道	430104006
西湖街道	430104007
咸嘉湖街道	430104008
望岳街道	430104009
梅溪湖街道	430104010
麓谷街道	430104011
坪塘街道	430104012
含浦街道	430104013
天顶街道	430104014
洋湖街道	430104015
学士街道	430104016
东方红街道	430104017
莲花镇	430104101
雨敞坪镇	430104104
开福区（16街道）	**430105**
芙蓉北路街道	430105001
东风路街道	430105002
清水塘街道	430105003
望麓园街道	430105004
湘雅路街道	430105005
伍家岭街道	430105006
新河街道	430105009
通泰街街道	430105010
四方坪街道	430105012
洪山街道	430105013
捞刀河街道	430105015
浏阳河街道	430105016
月湖街道	430105017
沙坪街道	430105018
秀峰街道	430105019
青竹湖街道	430105020
雨花区（12街道，1镇）	**430111**
侯家塘街道	430111001
左家塘街道	430111002
圭塘街道	430111003
砂子塘街道	430111004
东塘街道	430111005
雨花亭街道	430111006
高桥街道	430111007
井湾子街道	430111008
洞井街道	430111009
黎托街道	430111010
同升街道	430111011
东山街道	430111012
跳马镇	430111100
望城区（11街道，5镇）	**430112**
高塘岭街道	430112001
白沙洲街道	430112006
大泽湖街道	430112007
月亮岛街道	430112008
丁字湾街道	430112009
金山桥街道	430112011
黄金园街道	430112012
铜官街道	430112014
乌山街道	430112015
雷锋街道	430112016
白马街道	430112017
桥驿镇	430112101
茶亭镇	430112103
靖港镇	430112106
乔口镇	430112107
白箬铺镇	430112115
长沙县（5街道，13镇）	**430121**
星沙街道	430121001
湘龙街道	430121002
泉塘街道	430121003
榔梨街道	430121004
长龙街道	430121005
黄兴镇	430121102
江背镇	430121104
黄花镇	430121105
春华镇	430121106
果园镇	430121107
路口镇	430121108
高桥镇	430121109
金井镇	430121110
福临镇	430121111

续表 1

行政区划名称	行政区划代码	行政区划名称	行政区划代码	行政区划名称	行政区划代码
青山铺镇	430121112	城郊街道	430182002	建宁街道	430203003
安沙镇	430121113	白马桥街道	430182003	董家塅街道	430203004
北山镇	430121114	历经铺街道	430182004	庆云街道	430203005
开慧镇	430121117	道林镇	430182101	龙泉街道	430203006
浏阳市（4 街道，27 镇，1 乡）	**430181**	花明楼镇	430182102	枫溪街道	430203007
淮川街道	430181001	东湖塘镇	430182103	白关镇	430203100
集里街道	430181002	夏铎铺镇	430182104	**石峰区（7 街道，1 镇）**	**430204**
荷花街道	430181003	双江口镇	430182105	田心街道	430204001
关口街道	430181004	煤炭坝镇	430182106	响石岭街道	430204002
沙市镇	430181100	坝塘镇	430182107	清水塘街道	430204003
淳口镇	430181101	灰汤镇	430182109	铜塘湾街道	430204004
社港镇	430181102	双凫铺镇	430182110	井龙街道	430204005
大围山镇	430181103	老粮仓镇	430182111	学林街道	430204006
官渡镇	430181104	流沙河镇	430182112	龙头铺街道	430204007
张坊镇	430181105	巷子口镇	430182113	云田镇	430204101
达浒镇	430181106	龙田镇	430182114	**天元区（4 街道，3 镇）**	**430211**
沿溪镇	430181107	黄材镇	430182115	嵩山路街道	430211001
古港镇	430181108	横市镇	430182116	泰山路街道	430211002
永和镇	430181109	回龙铺镇	430182117	栗雨街道	430211003
大瑶镇	430181110	大成桥镇	430182118	马家河街道	430211004
金刚镇	430181111	青山桥镇	430182119	群丰镇	430211101
文家市镇	430181112	金洲镇	430182120	雷打石镇	430211102
枨冲镇	430181114	大屯营镇	430182121	三门镇	430211103
镇头镇	430181115	资福镇	430182122	**渌口区（8 镇）**	**430212**
普迹镇	430181116	菁华铺乡	430182203	渌口镇	430212100
永安镇	430181117	喻家坳乡	430182209	朱亭镇	430212101
北盛镇	430181118	沩山乡	430182211	淦田镇	430212102
龙伏镇	430181120	沙田乡	430182213	古岳峰镇	430212103
澄潭江镇	430181121	**株洲市（37 街道，61 镇，6 乡，1 民族乡）**	**430200**	南洲镇	430212104
中和镇	430181122	**荷塘区（6 街道，1 镇）**	**430202**	龙潭镇	430212105
柏加镇	430181123	月塘街道	430202001	龙船镇	430212106
洞阳镇	430181124	茨菇塘街道	430202002	龙门镇	430212107
高坪镇	430181125	宋家桥街道	430202003	**攸县（4 街道，13 镇）**	**430223**
官桥镇	430181127	金山街道	430202004	春联街道	430223003
葛家镇	430181128	桂花街道	430202005	谭桥街道	430223004
蕉溪镇	430181132	明照街道	430202006	联星街道	430223005
小河乡	430181201	仙庾镇	430202100	江桥街道	430223006
宁乡市（4 街道，21 镇，4 乡）	**430182**	**芦淞区（7 街道，1 镇）**	**430203**	酒埠江镇	430223102
玉潭街道	430182001	贺家土街道	430203001	桃水镇	430223103
		建设街道	430203002	鸾山镇	430223104

续表 2

行政区划名称	行政区划代码	行政区划名称	行政区划代码	行政区划名称	行政区划代码
丫江桥镇	430223108	阳三石街道	430281002	长城乡	430302202
渌田镇	430223109	来龙门街道	430281006	响水乡	430302205
石羊塘镇	430223115	仙岳山街道	430281008	**岳塘区（11 街道，1 镇）**	**430304**
皇图岭镇	430223119	国瓷街道	430281009	岳塘街道	430304001
菜花坪镇	430223120	长庆街道	430281010	东坪街道	430304002
莲塘坳镇	430223121	白兔潭镇	430281102	书院路街道	430304004
黄丰桥镇	430223122	浦口镇	430281103	下摄司街道	430304005
新市镇	430223123	王仙镇	430281105	建设路街道	430304006
宁家坪镇	430223124	东富镇	430281106	五里堆街道	430304008
网岭镇	430223125	泗汾镇	430281107	宝塔街道	430304010
茶陵县（4 街道，10 镇，2 乡）	**430224**	沈潭镇	430281108	霞城街道	430304012
		船湾镇	430281109	荷塘街道	430304013
云阳街道	430224001	均楚镇	430281116	板塘街道	430304014
思聪街道	430224002	石亭镇	430281117	双马街道	430304015
洣江街道	430224003	李畋镇	430281120	昭山镇	430304101
下东街道	430224004	明月镇	430281121	**湘潭县（14 镇，3 乡）**	**430321**
界首镇	430224101	茶山镇	430281122	易俗河镇	430321100
严塘镇	430224102	左权镇	430281123	谭家山镇	430321102
湖口镇	430224103	枫林镇	430281124	中路铺镇	430321103
马江镇	430224105	沩山镇	430281125	茶恩寺镇	430321104
高陇镇	430224106	孙家湾镇	430281126	河口镇	430321105
虎踞镇	430224109	嘉树镇	430281127	射埠镇	430321106
枣市镇	430224111	板杉镇	430281128	花石镇	430321107
火田镇	430224112	官庄镇	430281129	青山桥镇	430321108
秩堂镇	430224113	**湘潭市（25 街道，35 镇，10 乡）**	**430300**	石鼓镇	430321109
腰潞镇	430224114			云湖桥镇	430321111
桃坑乡	430224201	**雨湖区（10 街道，3 镇，2 乡）**	**430302**	石潭镇	430321112
舲舫乡	430224203			杨嘉桥镇	430321113
炎陵县（5 镇，4 乡，1 民族乡）	**430225**	雨湖路街道	430302001	乌石镇	430321114
		城正街街道	430302002	白石镇	430321115
霞阳镇	430225100	云塘街道	430302004	分水乡	430321202
沔渡镇	430225101	广场街道	430302005	排头乡	430321203
十都镇	430225102	窑湾街道	430302007	锦石乡	430321205
水口镇	430225103	昭潭街道	430302009	**湘乡市（4 街道，15 镇，3 乡）**	**430381**
鹿原镇	430225105	先锋街道	430302010		
垄溪乡	430225200	万楼街道	430302011	望春门街道	430381001
策源乡	430225202	和平街道	430302012	新湘路街道	430381002
下村乡	430225203	九华街道	430302013	昆仑桥街道	430381003
船形乡	430225207	鹤岭镇	430302100	东山街道	430381004
中村瑶族乡	430225208	楠竹山镇	430302101	山枣镇	430381100
醴陵市（5 街道，19 镇）	**430281**	姜畲镇	430302102	栗山镇	430381101

续表 3

行政区划名称	行政区划代码
中沙镇	430381102
虞唐镇	430381103
潭市镇	430381104
棋梓镇	430381105
壶天镇	430381106
翻江镇	430381107
金石镇	430381108
白田镇	430381109
月山镇	430381110
泉塘镇	430381111
梅桥镇	430381112
毛田镇	430381113
龙洞镇	430381114
东郊乡	430381200
金薮乡	430381202
育塅乡	430381203
韶山市（2 镇，2 乡）	**430382**
清溪镇	430382100
银田镇	430382101
韶山乡	430382200
杨林乡	430382203
衡阳市（42 街道，114 镇，30 乡，1 民族乡）	**430400**
珠晖区（7 街道，1 镇，2 乡）	**430405**
广东路街道	430405001
东风街道	430405002
冶金街道	430405003
苗圃街道	430405004
粤汉街道	430405005
衡州路街道	430405007
东阳渡街道	430405008
茶山坳镇	430405100
和平乡	430405200
酃湖乡	430405201
雁峰区（6 街道，1 镇）	**430406**
先锋街道	430406001
雁峰街道	430406002
天马山街道	430406003
黄茶岭街道	430406004
白沙洲街道	430406005
金龙坪街道	430406006
岳屏镇	430406100
石鼓区（7 街道，1 镇）	**430407**
人民路街道	430407001
青山街道	430407002
潇湘街道	430407003
五一街道	430407004
合江街道	430407005
黄沙湾街道	430407006
金源街道	430407007
角山镇	430407101
蒸湘区（4 街道，2 镇）	**430408**
红湘街道	430408002
华兴街道	430408003
联合街道	430408004
蒸湘街道	430408005
呆鹰岭镇	430408100
雨母山镇	430408101
南岳区（1 街道，1 镇，1 乡）	**430412**
祝融街道	430412001
南岳镇	430412100
寿岳乡	430412203
衡阳县（17 镇，8 乡）	**430421**
西渡镇	430421100
集兵镇	430421101
杉桥镇	430421103
井头镇	430421104
演陂镇	430421105
金兰镇	430421106
洪市镇	430421107
曲兰镇	430421108
金溪镇	430421109
界牌镇	430421110
渣江镇	430421111
三湖镇	430421112
台源镇	430421113
关市镇	430421114
库宗桥镇	430421115
岘山镇	430421116
石市镇	430421117
樟木乡	430421200
岣嵝乡	430421201
栏垅乡	430421205
大安乡	430421207
溪江乡	430421208
长安乡	430421210
板市乡	430421211
樟树乡	430421212
衡南县（3 街道，19 镇，1 乡）	**430422**
云集街道	430422001
车江街道	430422002
向阳桥街道	430422003
茶市镇	430422103
冠市镇	430422104
江口镇	430422105
宝盖镇	430422106
铁丝塘镇	430422108
泉溪镇	430422109
洪山镇	430422110
谭子山镇	430422112
泉湖镇	430422114
柞市镇	430422115
茅市镇	430422116
硫市镇	430422117
栗江镇	430422118
近尾洲镇	430422119
咸塘镇	430422121
松江镇	430422122
三塘镇	430422124
花桥镇	430422125
岐山镇	430422127
相市乡	430422200
衡山县（7 镇，5 乡）	**430423**
长江镇	430423104
新桥镇	430423105
店门镇	430423107
东湖镇	430423108
白果镇	430423109
萱洲镇	430423110

续表 4

行政区划名称	行政区划代码	行政区划名称	行政区划代码	行政区划名称	行政区划代码
开云镇	430423111	石亭子镇	430426113	**常宁市（4 街道，14 镇，3 乡，1 民族乡）**	**430482**
永和乡	430423201	官家嘴镇	430426114	泉峰街道	430482001
福田铺乡	430423203	步云桥镇	430426115	培元街道	430482002
贯塘乡	430423207	砖塘镇	430426116	宜阳街道	430482003
江东乡	430423208	蒋家桥镇	430426117	曲潭街道	430482005
岭坡乡	430423209	太和堂镇	430426118	柏坊镇	430482101
衡东县（15 镇，2 乡）	**430424**	马杜桥乡	430426200	烟洲镇	430482103
石湾镇	430424101	凤歧坪乡	430426201	荫田镇	430482104
新塘镇	430424102	城连墟乡	430426202	白沙镇	430482105
大浦镇	430424103	**耒阳市（6 街道，19 镇，5 乡）**	**430481**	西岭镇	430482106
吴集镇	430424104	蔡子池街道	430481001	三角塘镇	430482108
甘溪镇	430424105	灶市街街道	430481002	洋泉镇	430482109
杨林镇	430424106	水东江街道	430481003	庙前镇	430482110
草市镇	430424107	五里牌街道	430481004	罗桥镇	430482111
杨桥镇	430424108	三架街道	430481006	板桥镇	430482112
霞流镇	430424109	余庆街道	430481007	胜桥镇	430482113
荣桓镇	430424110	黄市镇	430481100	官岭镇	430482114
高湖镇	430424111	小水镇	430481101	新河镇	430482115
白莲镇	430424112	公平圩镇	430481102	水口山镇	430482116
蓬源镇	430424114	三都镇	430481104	蓬塘乡	430482201
洣水镇	430424115	南阳镇	430481105	兰江乡	430482202
三樟镇	430424117	夏塘镇	430481107	大堡乡	430482203
南湾乡	430424204	龙塘镇	430481108	塔山瑶族乡	430482206
石滩乡	430424211	哲桥镇	430481109	**邵阳市（36 街道，113 镇，38 乡，15 民族乡）**	**430500**
祁东县（4 街道，17 镇，3 乡）	**430426**	永济镇	430481110	**双清区（9 街道，2 镇，1 乡）**	**430502**
洪桥街道	430426001	遥田镇	430481111	兴隆街道	430502001
玉合街道	430426002	新市镇	430481112	龙须塘街道	430502002
永昌街道	430426003	淝田镇	430481113	汽车站街道	430502003
白鹤街道	430426004	仁义镇	430481114	小江湖街道	430502004
金桥镇	430426102	南京镇	430481115	东风路街道	430502005
鸟江镇	430426103	大市镇	430481116	桥头街道	430502006
粮市镇	430426104	导子镇	430481117	滨江街道	430502007
河洲镇	430426105	马水镇	430481118	石桥街道	430502008
归阳镇	430426106	大义镇	430481119	爱莲街道	430502009
过水坪镇	430426107	东湖圩镇	430481120	高崇山镇	430502100
双桥镇	430426108	亮源乡	430481201	渡头桥镇	430502101
灵官镇	430426109	太平圩乡	430481203		
风石堰镇	430426110	长坪乡	430481213		
白地市镇	430426111	大和圩乡	430481214		
黄土铺镇	430426112	坛下乡	430481215		

续表 5

行政区划名称	行政区划代码	行政区划名称	行政区划代码	行政区划名称	行政区划代码
火车站乡	430502202	白仓镇	430523101	羊古坳镇	430524119
大祥区（11街道，1镇，2乡）	**430503**	金称市镇	430523102	麻塘山乡	430524200
		塘田市镇	430523103	虎形山瑶族乡	430524201
中心路街道	430503001	黄亭市镇	430523104	大水田乡	430524203
红旗路街道	430503002	长阳铺镇	430523105	荷田乡	430524207
城北路街道	430503003	岩口铺镇	430523106	山界回族乡	430524212
城西街道	430503004	九公桥镇	430523107	**洞口县（3街道，14镇，3乡，3民族乡）**	**430525**
翠园街道	430503005	下花桥镇	430523108		
百春园街道	430503006	谷洲镇	430523109		
城南街道	430503007	郦家坪镇	430523110	文昌街道	430525001
火车南站街道	430503008	五峰铺镇	430523111	雪峰街道	430525002
学院路街道	430503009	小溪市乡	430523201	花古街道	430525003
雨溪街道	430503010	长乐乡	430523203	江口镇	430525101
檀江街道	430503011	蔡桥乡	430523204	毓兰镇	430525102
罗市镇	430503101	河伯乡	430523205	高沙镇	430525103
蔡锷乡	430503203	黄荆乡	430523206	竹市镇	430525104
板桥乡	430503204	诸甲亭乡	430523207	石江镇	430525105
北塔区（4街道，1镇）	**430511**	罗城乡	430523208	黄桥镇	430525106
新滩镇街道	430511001	金江乡	430523209	山门镇	430525107
状元洲街道	430511002	**隆回县（2街道，18镇，3乡，2民族乡）**	**430524**	醪田镇	430525108
茶元头街道	430511003			花园镇	430525109
田江街道	430511004			岩山镇	430525110
陈家桥镇	430511101	桃花坪街道	430524001	水东镇	430525111
新邵县（13镇，2乡）	**430522**	花门街道	430524002	杨林镇	430525112
酿溪镇	430522100	小沙江镇	430524101	石柱镇	430525113
严塘镇	430522101	金石桥镇	430524102	月溪镇	430525114
雀塘镇	430522102	司门前镇	430524103	古楼乡	430525201
陈家坊镇	430522103	高平镇	430524104	长塘瑶族乡	430525202
潭溪镇	430522104	六都寨镇	430524105	罗溪瑶族乡	430525203
寸石镇	430522105	荷香桥镇	430524106	渣坪乡	430525205
坪上镇	430522106	横板桥镇	430524107	桐山乡	430525211
龙溪铺镇	430522107	周旺镇	430524108	大屋瑶族乡	430525212
巨口铺镇	430522108	滩头镇	430524109	**绥宁县（8镇，1乡，8民族乡）**	**430527**
新田铺镇	430522109	鸭田镇	430524110		
小塘镇	430522110	西洋江镇	430524111	长铺镇	430527100
太芝庙镇	430522111	岩口镇	430524113	武阳镇	430527101
大新镇	430522112	北山镇	430524114	李熙桥镇	430527102
潭府乡	430522200	三阁司镇	430524115	红岩镇	430527103
迎光乡	430522203	七江镇	430524116	唐家坊镇	430527104
邵阳县（12镇，8乡）	**430523**	南岳庙镇	430524117	金屋塘镇	430527105
塘渡口镇	430523100	罗洪镇	430524118	瓦屋塘镇	430527106

续表 6

行政区划名称	行政区划代码	行政区划名称	行政区划代码	行政区划名称	行政区划代码
黄土矿镇	430527107	金紫乡	430529206	黑田铺镇	430582116
东山侗族乡	430527200	**武冈市（4 街道，11 镇，3 乡）**	**430581**	简家陇镇	430582117
鹅公岭侗族苗族乡	430527201			界岭镇	430582118
寨市苗族侗族乡	430527203	辕门口街道	430581001	双凤乡	430582201
乐安铺苗族侗族乡	430527204	迎春亭街道	430581002	周官桥乡	430582202
关峡苗族乡	430527206	法相岩街道	430581003	堡面前乡	430582203
长铺子苗族侗族乡	430527207	水西门街道	430581004	斫曹乡	430582204
麻塘苗族瑶族乡	430527210	邓元泰镇	430581100	**岳阳市（29 街道，88 镇，14 乡）**	**430600**
河口苗族乡	430527212	湾头桥镇	430581101		
水口乡	430527217	文坪镇	430581102	**岳阳楼区（17 街道，1 镇，2 乡）**	**430602**
新宁县（8 镇，6 乡，2 民族乡）	**430528**	荆竹铺镇	430581103		
		稠树塘镇	430581104	岳阳楼街道	430602001
水庙镇	430528101	邓家铺镇	430581105	三眼桥街道	430602002
崀山镇	430528102	龙溪镇	430581106	吕仙亭街道	430602003
黄龙镇	430528104	司马冲镇	430581107	金鹗山街道	430602004
高桥镇	430528105	秦桥镇	430581108	东茅岭街道	430602005
回龙寺镇	430528106	大甸镇	430581109	五里牌街道	430602006
一渡水镇	430528107	双牌镇	430581110	望岳路街道	430602007
马头桥镇	430528108	马坪乡	430581204	城陵矶街道	430602008
金石镇	430528109	晏田乡	430581205	枫桥湖街道	430602009
黄金瑶族乡	430528200	水浸坪乡	430581207	奇家岭街道	430602010
麻林瑶族乡	430528201	**邵东市（3 街道，18 镇，4 乡）**	**430582**	洛王街道	430602012
万塘乡	430528203			站前路街道	430602014
清江桥乡	430528204	两市塘街道	430582001	王家河街道	430602015
安山乡	430528205	宋家塘街道	430582002	湖滨街道	430602016
丰田乡	430528206	大禾塘街道	430582003	南湖街道	430602017
巡田乡	430528208	牛马司镇	430582101	求索街道	430602018
靖位乡	430528209	廉桥镇	430582102	梅溪街道	430602020
城步苗族自治县（7 镇，5 乡）	**430529**	火厂坪镇	430582103	西塘镇	430602100
		仙槎桥镇	430582104	郭镇乡	430602201
儒林镇	430529100	佘田桥镇	430582105	康王乡	430602202
茅坪镇	430529101	砂石镇	430582106	**云溪区（3 街道，2 镇）**	**430603**
西岩镇	430529102	团山镇	430582107	长岭街道	430603001
丹口镇	430529103	灵官殿镇	430582108	云溪街道	430603002
五团镇	430529104	九龙岭镇	430582109	松杨湖街道	430603003
长安营镇	430529106	流光岭镇	430582110	陆城镇	430603101
白毛坪镇	430529107	流泽镇	430582111	路口镇	430603102
威溪乡	430529200	魏家桥镇	430582112	**君山区（1 街道，4 镇）**	**430611**
兰蓉乡	430529203	杨桥镇	430582113	柳林洲街道	430611002
汀坪乡	430529204	水东江镇	430582114	广兴洲镇	430611101
蒋坊乡	430529205	野鸡坪镇	430582115	许市镇	430611102

续表 7

行政区划名称	行政区划代码	行政区划名称	行政区划代码	行政区划名称	行政区划代码
钱粮湖镇	430611103	湘滨镇	430624115	白水镇	430681104
良心堡镇	430611104	三塘镇	430624117	川山坪镇	430681105
岳阳县（12 镇，2 乡）	**430621**	静河镇	430624120	弼时镇	430681107
荣家湾镇	430621100	石塘镇	430624124	大荆镇	430681111
黄沙街镇	430621104	洋沙湖镇	430624125	桃林寺镇	430681112
新墙镇	430621105	金龙镇	430624126	三江镇	430681113
柏祥镇	430621106	六塘乡	430624201	屈子祠镇	430681118
筻口镇	430621107	杨林寨乡	430624217	白塘镇	430681119
公田镇	430621108	**平江县（2 街道，18 镇，5 乡）**	**430626**	河市镇	430681120
毛田镇	430621109			营田镇	430681121
月田镇	430621110	汉昌街道	430626001	罗江镇	430681124
张谷英镇	430621111	天岳街道	430626002	归义镇	430681125
新开镇	430621112	安定镇	430626101	神鼎山镇	430681126
步仙镇	430621113	三市镇	430626102	长乐镇	430681127
杨林街镇	430621114	加义镇	430626103	凤凰乡	430681215
中洲乡	430621202	长寿镇	430626104	**临湘市（4 街道，10 镇）**	**430682**
长湖乡	430621203	龙门镇	430626105	长安街道	430682001
华容县（12 镇，2 乡）	**430623**	虹桥镇	430626106	桃矿街道	430682003
三封寺镇	430623101	南江镇	430626107	五里牌街道	430682004
治河渡镇	430623102	梅仙镇	430626108	云湖街道	430682006
北景港镇	430623103	浯口镇	430626109	忠防镇	430682101
鲇鱼须镇	430623104	瓮江镇	430626110	聂市镇	430682103
万庾镇	430623106	伍市镇	430626111	江南镇	430682105
梅田湖镇	430623109	向家镇	430626112	羊楼司镇	430682106
插旗镇	430623110	童市镇	430626113	桃林镇	430682107
注滋口镇	430623111	岑川镇	430626114	长塘镇	430682108
操军镇	430623112	福寿山镇	430626115	白羊田镇	430682109
东山镇	430623113	上塔市镇	430626116	詹桥镇	430682110
章华镇	430623114	石牛寨镇	430626117	黄盖镇	430682113
禹山镇	430623115	余坪镇	430626118	坦渡镇	430682114
新河乡	430623201	三阳乡	430626200	**常德市（43 街道，107 镇，15 乡，4 民族乡）**	**430700**
团洲乡	430623207	木金乡	430626205		
湘阴县（1 街道，12 镇，2 乡）	**430624**	板江乡	430626208	**武陵区（15 街道，2 镇，2 乡）**	**430702**
		大洲乡	430626209		
文星街道	430624001	三墩乡	430626211	启明街道	430702001
东塘镇	430624101	**汨罗市（1 街道，17 镇，1 乡）**	**430681**	府坪街道	430702002
樟树镇	430624104			穿紫河街道	430702003
鹤龙湖镇	430624105	天问街道	430681001	丹阳街道	430702004
新泉镇	430624107	汨罗镇	430681101	白马湖街道	430702005
南湖洲镇	430624111	新市镇	430681102	长庚街道	430702006
岭北镇	430624114	古培镇	430681103	南坪街道	430702007

续表 8

行政区划名称	行政区划代码	行政区划名称	行政区划代码	行政区划名称	行政区划代码
东江街道	430702008	**安乡县（8 镇，4 乡）**	**430721**	澧西街道	430723001
永安街道	430702009	深柳镇	430721100	澧阳街道	430723002
芙蓉街道	430702010	黄山头镇	430721102	澧浦街道	430723003
芷兰街道	430702011	下渔口镇	430721105	澧澹街道	430723004
德山街道	430702012	大鲸港镇	430721108	城头山镇	430723101
柳叶湖街道	430702013	官垱镇	430721109	小渡口镇	430723102
七里桥街道	430702014	陈家嘴镇	430721110	梦溪镇	430723103
樟木桥街道	430702015	三岔河镇	430721111	复兴镇	430723104
河洑镇	430702100	大湖口镇	430721112	盐井镇	430723105
白鹤镇	430702104	安障乡	430721201	大堰垱镇	430723107
芦荻山乡	430702200	安全乡	430721205	王家厂镇	430723108
丹洲乡	430702204	安丰乡	430721208	金罗镇	430723109
鼎城区（7 街道，18 镇，1 民族乡）	**430703**	安康乡	430721210	码头铺镇	430723110
玉霞街道	430703001	**汉寿县（4 街道，16 镇，2 乡，1 民族乡）**	**430722**	甘溪滩镇	430723112
红云街道	430703002	辰阳街道	430722001	火连坡镇	430723113
郭家铺街道	430703003	龙阳街道	430722002	澧南镇	430723114
斗姆湖街道	430703004	沧浪街道	430722003	如东镇	430723115
金凤街道	430703005	株木山街道	430722004	涔南镇	430723116
龙泉街道	430703006	蒋家嘴镇	430722101	官垸镇	430723117
灌溪街道	430703007	岩汪湖镇	430722102	**临澧县（2 街道，7 镇，2 乡）**	**430724**
蒿子港镇	430703101	坡头镇	430722103	安福街道	430724001
中河口镇	430703102	西港镇	430722104	望城街道	430724002
十美堂镇	430703103	洲口镇	430722105	合口镇	430724101
牛鼻滩镇	430703104	罐头嘴镇	430722106	新安镇	430724102
韩公渡镇	430703105	沧港镇	430722107	佘市桥镇	430724103
石公桥镇	430703106	朱家铺镇	430722108	太浮镇	430724104
镇德桥镇	430703107	太子庙镇	430722109	四新岗镇	430724105
周家店镇	430703108	崔家桥镇	430722111	停弦渡镇	430724106
双桥坪镇	430703110	军山铺镇	430722112	修梅镇	430724107
蔡家岗镇	430703112	百禄桥镇	430722113	烽火乡	430724204
草坪镇	430703114	西湖镇	430722114	刻木山乡	430724209
谢家铺镇	430703116	洋淘湖镇	430722115	**桃源县（2 街道，24 镇，1 乡，2 民族乡）**	**430725**
黄土店镇	430703117	丰家铺镇	430722116	漳江街道	430725001
尧天坪镇	430703118	龙潭桥镇	430722117	浔阳街道	430725002
花岩溪镇	430703119	聂家桥乡	430722205	陬市镇	430725101
石板滩镇	430703121	毛家滩回族维吾尔族乡	430722206	盘塘镇	430725102
石门桥镇	430703122	西洲乡	430722217	热市镇	430725103
祝丰镇	430703123	**澧县（4 街道，15 镇）**	**430723**	黄石镇	430725104
许家桥回族维吾尔族乡	430703204				

续表 9

行政区划名称	行政区划代码	行政区划名称	行政区划代码	行政区划名称	行政区划代码
漆河镇	430725105	新铺镇	430726113	**武陵源区（2 街道，2 乡）**	**430811**
理公港镇	430725106	三圣乡	430726203	军地坪街道	430811004
观音寺镇	430725107	所街乡	430726205	锣鼓塔街道	430811005
龙潭镇	430725108	雁池乡	430726206	协合乡	430811201
三阳港镇	430725109	罗坪乡	430726207	中湖乡	430811202
剪市镇	430725110	**津市市（5 街道，4 镇）**	**430781**	**慈利县（2 街道，14 镇，3 乡，7 民族乡）**	**430821**
茶庵铺镇	430725111	三洲驿街道	430781001	零阳街道	430821001
西安镇	430725112	汪家桥街道	430781002	金慈街道	430821002
沙坪镇	430725113	襄阳街街道	430781003	岩泊渡镇	430821101
桃花源镇	430725114	金鱼岭街道	430781004	溪口镇	430821102
架桥镇	430725115	嘉山街道	430781005	东岳观镇	430821103
马鬃岭镇	430725116	新洲镇	430781100	通津铺镇	430821104
夷望溪镇	430725117	药山镇	430781101	杉木桥镇	430821105
杨溪桥镇	430725118	毛里湖镇	430781102	象市镇	430821106
郑家驿镇	430725119	白衣镇	430781103	江垭镇	430821107
双溪口镇	430725120	**张家界市（10 街道，33 镇，18 乡，12 民族乡）**	**430800**	苗市镇	430821108
牛车河镇	430725121	**永定区（6 街道，7 镇，7 乡）**	**430802**	高桥镇	430821110
九溪镇	430725122	永定街道	430802001	广福桥镇	430821112
木塘垸镇	430725123	大庸桥街道	430802002	零溪镇	430821113
佘家坪镇	430725124	西溪坪街道	430802003	二坊坪镇	430821114
青林回族维吾尔族乡	430725200	官黎坪街道	430802004	三合镇	430821115
枫树维吾尔族回族乡	430725202	崇文街道	430802005	龙潭河镇	430821116
泥窝潭乡	430725216	南庄坪街道	430802006	南山坪乡	430821200
石门县（4 街道，13 镇，4 乡）	**430726**	新桥镇	430802100	洞溪乡	430821202
楚江街道	430726001	茅岩河镇	430802101	杨柳铺乡	430821209
永兴街道	430726002	教字垭镇	430802102	三官寺土家族乡	430821211
宝峰街道	430726003	天门山镇	430802103	高峰土家族乡	430821212
二都街道	430726004	沅古坪镇	430802104	许家坊土家族乡	430821213
蒙泉镇	430726101	尹家溪镇	430802105	金岩土家族乡	430821214
夹山镇	430726102	王家坪镇	430802108	赵家岗土家族乡	430821215
易家渡镇	430726103	三家馆乡	430802201	阳和土家族乡	430821217
新关镇	430726104	合作桥乡	430802204	甘堰土家族乡	430821218
皂市镇	430726105	谢家垭乡	430802206	**桑植县（12 镇，6 乡，5 民族乡）**	**430822**
维新镇	430726106	罗塔坪乡	430802208	澧源镇	430822100
太平镇	430726107	罗水乡	430802209	瑞塔铺镇	430822101
磨市镇	430726108	桥头乡	430802210	官地坪镇	430822102
壶瓶山镇	430726109	四都坪乡	430802212	凉水口镇	430822103
南北镇	430726110				
白云镇	430726111				
子良镇	430726112				

续表 10

行政区划名称	行政区划代码	行政区划名称	行政区划代码	行政区划名称	行政区划代码
龙潭坪镇	430822104	兰溪镇	430903100	高桥镇	430922113
五道水镇	430822105	八字哨镇	430903101	浮邱山乡	430922202
陈家河镇	430822106	泉交河镇	430903103	鲊埠回族乡	430922208
廖家村镇	430822107	欧江岔镇	430903104	**安化县（19镇，4乡）**	**430923**
利福塔镇	430822108	沧水铺镇	430903105	东坪镇	430923100
人潮溪镇	430822109	衡龙桥镇	430903106	清塘铺镇	430923101
八大公山镇	430822110	岳家桥镇	430903107	梅城镇	430923102
桥自弯镇	430822111	泥江口镇	430903108	仙溪镇	430923103
空壳树乡	430822200	新市渡镇	430903110	大福镇	430923104
竹叶坪乡	430822202	谢林港镇	430903111	长塘镇	430923105
走马坪白族乡	430822203	笔架山乡	430903203	小淹镇	430923106
刘家坪白族乡	430822207	**南县（14镇，1乡）**	**430921**	江南镇	430923107
芙蓉桥白族乡	430822208	南洲镇	430921100	羊角塘镇	430923108
马合口白族乡	430822210	华阁镇	430921101	冷市镇	430923109
洪家关白族乡	430822213	明山头镇	430921102	马路镇	430923110
沙塔坪乡	430822216	青树嘴镇	430921103	奎溪镇	430923111
河口乡	430822224	三仙湖镇	430921104	烟溪镇	430923112
上河溪乡	430822225	茅草街镇	430921105	渠江镇	430923113
上洞街乡	430822228	厂窖镇	430921106	平口镇	430923114
益阳市（11街道，72镇，8乡，1民族乡）	**430900**	武圣宫镇	430921107	柘溪镇	430923115
		麻河口镇	430921108	乐安镇	430923116
		浪拔湖镇	430921125	滔溪镇	430923117
资阳区（2街道，5镇，1乡）	**430902**	中鱼口镇	430921126	龙塘镇	430923123
		金盆镇	430921127	高明乡	430923200
大码头街道	430902001	北洲子镇	430921128	田庄乡	430923209
汽车路街道	430902003	河坝镇	430921129	南金乡	430923211
长春镇	430902100	乌嘴乡	430921201	古楼乡	430923212
新桥河镇	430902101	**桃江县（13镇，1乡，1民族乡）**	**430922**	**沅江市（2街道，11镇）**	**430981**
迎风桥镇	430902102	桃花江镇	430922100	琼湖街道	430981006
沙头镇	430902104	修山镇	430922101	胭脂湖街道	430981007
茈湖口镇	430902105	三堂街镇	430922102	南大膳镇	430981100
张家塞乡	430902203	鸬鹚渡镇	430922103	黄茅洲镇	430981101
赫山区（7街道，10镇，1乡）	**430903**	大栗港镇	430922104	四季红镇	430981102
		武潭镇	430922105	阳罗洲镇	430981103
赫山街道	430903001	马迹塘镇	430922106	草尾镇	430981104
桃花仑街道	430903002	石牛江镇	430922107	泗湖山镇	430981105
金银山街道	430903003	牛田镇	430922108	共华镇	430981106
会龙山街道	430903004	松木塘镇	430922109	南嘴镇	430981107
鱼形山街道	430903005	灰山港镇	430922111	新湾镇	430981108
龙光桥街道	430903006	沾溪镇	430922112	茶盘洲镇	430981110
朝阳街道	430903007				

续表 11

行政区划名称	行政区划代码	行政区划名称	行政区划代码	行政区划名称	行政区划代码
千山红镇	430981111	仁义镇	431021102	**永兴县（2 街道，10 镇，4 乡）**	**431023**
郴州市（23 街道，99 镇，28 乡，9 民族乡）	**431000**	太和镇	431021103	便江街道	431023001
北湖区（10 街道，2 镇，2 民族乡）	**431002**	洋市镇	431021104	湘阴渡街道	431023002
人民路街道	431002001	和平镇	431021105	马田镇	431023101
北湖街道	431002002	流峰镇	431021106	金龟镇	431023104
燕泉街道	431002003	塘市镇	431021107	柏林镇	431023105
下湄桥街道	431002004	莲塘镇	431021108	鲤鱼塘镇	431023106
郴江街道	431002005	荷叶镇	431021110	悦来镇	431023108
骆仙街道	431002006	方元镇	431021111	黄泥镇	431023111
增福街道	431002007	樟市镇	431021112	樟树镇	431023112
涌泉街道	431002008	敖泉镇	431021113	太和镇	431023113
石盖塘街道	431002009	正和镇	431021114	油麻镇	431023115
安和街道	431002010	春陵江镇	431021116	高亭司镇	431023116
华塘镇	431002101	雷坪镇	431021122	洋塘乡	431023203
鲁塘镇	431002102	四里镇	431021123	大布江乡	431023214
仰天湖瑶族乡	431002209	欧阳海镇	431021124	龙形市乡	431023215
保和瑶族乡	431002210	浩塘镇	431021125	七甲乡	431023216
苏仙区（6 街道，8 镇）	**431003**	桥市乡	431021209	**嘉禾县（9 镇，1 乡）**	**431024**
苏仙岭街道	431003001	白水瑶族乡	431021226	塘村镇	431024102
南塔街道	431003002	**宜章县（14 镇，4 乡，1 民族乡）**	**431022**	袁家镇	431024103
白鹿洞街道	431003003	白石渡镇	431022101	行廊镇	431024104
王仙岭街道	431003004	梅田镇	431022104	龙潭镇	431024106
卜里坪街道	431003005	黄沙镇	431022106	石桥镇	431024107
观山洞街道	431003006	迎春镇	431022107	珠泉镇	431024108
白露塘镇	431003101	一六镇	431022108	坦坪镇	431024110
良田镇	431003102	栗源镇	431022109	广发镇	431024111
栖凤渡镇	431003103	岩泉镇	431022110	晋屏镇	431024120
坳上镇	431003104	玉溪镇	431022111	普满乡	431024201
五盖山镇	431003108	瑶岗仙镇	431022112	**临武县（9 镇，3 乡，1 民族乡）**	**431025**
五里牌镇	431003110	杨梅山镇	431022113	金江镇	431025101
许家洞镇	431003111	笆篱镇	431022114	南强镇	431025105
飞天山镇	431003112	五岭镇	431022115	麦市镇	431025109
桂阳县（3 街道，17 镇，1 乡，1 民族乡）	**431021**	里田镇	431022116	楚江镇	431025110
龙潭街道	431021001	天塘镇	431022117	香花镇	431025111
鹿峰街道	431021002	浆水乡	431022201	舜峰镇	431025112
黄沙坪街道	431021003	长村乡	431022202	汾市镇	431025113
		莽山瑶族乡	431022205	水东镇	431025114
		关溪乡	431022208	武水镇	431025115
		赤石乡	431022212	花塘乡	431025208

续表 12

行政区划名称	行政区划代码
万水乡	431025211
镇南乡	431025214
西山瑶族乡	431025217
汝城县（9 镇，3 乡，2 民族乡）	**431026**
热水镇	431026102
泉水镇	431026104
大坪镇	431026106
三江口镇	431026107
卢阳镇	431026108
马桥镇	431026110
暖水镇	431026111
土桥镇	431026112
井坡镇	431026113
南洞乡	431026207
濠头乡	431026209
集益乡	431026215
延寿瑶族乡	431026216
文明瑶族乡	431026217
桂东县（7 镇，4 乡）	**431027**
沙田镇	431027101
清泉镇	431027102
大塘镇	431027103
四都镇	431027104
沤江镇	431027105
寨前镇	431027106
普乐镇	431027107
桥头乡	431027200
新坊乡	431027208
东洛乡	431027210
青山乡	431027213
安仁县（5 镇，8 乡）	**431028**
安平镇	431028101
龙海镇	431028102
灵官镇	431028105
永乐江镇	431028106
金紫仙镇	431028107
龙市乡	431028201
渡口乡	431028204
华王乡	431028205
牌楼乡	431028206
平背乡	431028207
承坪乡	431028209
竹山乡	431028210
洋际乡	431028214
资兴市（2 街道，9 镇，2 民族乡）	**431081**
唐洞街道	431081001
东江街道	431081002
滁口镇	431081100
三都镇	431081102
蓼江镇	431081103
兴宁镇	431081105
州门司镇	431081106
黄草镇	431081108
汤溪镇	431081110
白廊镇	431081112
清江镇	431081113
回龙山瑶族乡	431081219
八面山瑶族乡	431081220
永州市（32 街道，111 镇，18 乡，21 民族乡）	**431100**
零陵区（6 街道，7 镇，3 乡）	**431102**
朝阳街道	431102001
南津渡街道	431102002
七里店街道	431102003
徐家井街道	431102004
接履桥街道	431102005
石山脚街道	431102006
水口山镇	431102101
珠山镇	431102102
黄田铺镇	431102103
富家桥镇	431102104
菱角塘镇	431102105
邮亭圩镇	431102106
石岩头镇	431102108
大庆坪乡	431102200
梳子铺乡	431102201
凼底乡	431102203
冷水滩区（10 街道，8 镇，1 乡）	**431103**
梅湾街道	431103001
菱角山街道	431103002
肖家园街道	431103003
杨家桥街道	431103004
凤凰街道	431103005
梧桐街道	431103006
珊瑚街道	431103007
曲河街道	431103008
岚角山街道	431103009
仁湾街道	431103010
花桥街镇	431103101
普利桥镇	431103102
牛角坝镇	431103103
高溪市镇	431103104
黄阳司镇	431103105
上岭桥镇	431103106
伊塘镇	431103108
蔡市镇	431103110
杨村甸乡	431103201
东安县（13 镇，2 乡）	**431122**
白牙市镇	431122100
大庙口镇	431122101
紫溪市镇	431122102
横塘镇	431122103
石期市镇	431122104
井头圩镇	431122105
端桥铺镇	431122106
鹿马桥镇	431122107
芦洪市镇	431122108
新圩江镇	431122109
花桥镇	431122110
大盛镇	431122111
南桥镇	431122112
川岩乡	431122201
水岭乡	431122202
双牌县（6 镇，4 乡，1 民族乡）	**431123**
泷泊镇	431123100
江村镇	431123101

续表 13

行政区划名称	行政区划代码	行政区划名称	行政区划代码	行政区划名称	行政区划代码
五里牌镇	431123102	松柏瑶族乡	431125200	湘江源瑶族乡	431127209
茶林镇	431123103	千家峒瑶族乡	431125202	**新田县（2 街道，10 镇，1 民族乡）**	**431128**
何家洞镇	431123104	兰溪瑶族乡	431125203	龙泉街道	431128001
麻江镇	431123105	源口瑶族乡	431125204	中山街道	431128002
塘底乡	431123206	**宁远县（4 街道，12 镇，4 民族乡）**	**431126**	金陵镇	431128101
上梧江瑶族乡	431123207	文庙街道	431126001	骥村镇	431128102
理家坪乡	431123208	舜陵街道	431126002	枧头镇	431128103
五星岭乡	431123209	桐山街道	431126003	新圩镇	431128104
打鼓坪乡	431123210	东溪街道	431126004	石羊镇	431128105
道县（7 街道，12 镇，3 民族乡）	**431124**	天堂镇	431126101	新隆镇	431128106
濂溪街道	431124001	水市镇	431126102	大坪塘镇	431128108
西洲街道	431124002	湾井镇	431126103	陶岭镇	431128109
上关街道	431124003	冷水镇	431126104	金盆镇	431128110
营江街道	431124004	太平镇	431126105	三井镇	431128111
东门街道	431124005	禾亭镇	431126106	门楼下瑶族乡	431128202
富塘街道	431124006	仁和镇	431126107	**江华瑶族自治县（9 镇，6 乡，1 民族乡）**	**431129**
万家庄街道	431124007	中和镇	431126108	沱江镇	431129100
梅花镇	431124101	柏家坪镇	431126109	大路铺镇	431129103
寿雁镇	431124102	清水桥镇	431126110	白芒营镇	431129104
仙子脚镇	431124103	鲤溪镇	431126111	涛圩镇	431129105
清塘镇	431124104	保安镇	431126112	河路口镇	431129106
祥霖铺镇	431124105	九疑瑶族乡	431126200	大圩镇	431129108
蚣坝镇	431124106	五龙山瑶族乡	431126202	水口镇	431129109
四马桥镇	431124107	棉花坪瑶族乡	431126203	码市镇	431129110
白马渡镇	431124108	桐木漯瑶族乡	431126204	涔天河镇	431129111
柑子园镇	431124109	**蓝山县（8 镇，6 民族乡）**	**431127**	界牌乡	431129200
白芒铺镇	431124111	塔峰镇	431127100	桥市乡	431129201
桥头镇	431124112	毛俊镇	431127102	大石桥乡	431129202
乐福堂镇	431124113	楠市镇	431127103	湘江乡	431129207
审章塘瑶族乡	431124210	所城镇	431127104	蔚竹口乡	431129209
横岭瑶族乡	431124212	新圩镇	431127105	大锡乡	431129210
洪塘营瑶族乡	431124213	土市镇	431127106	小圩壮族乡	431129211
江永县（6 镇，4 民族乡）	**431125**	太平圩镇	431127107	**祁阳市（3 街道，20 镇，2 乡，1 民族乡）**	**431181**
潇浦镇	431125100	祠堂圩镇	431127108	龙山街道	431181001
上江圩镇	431125101	汇源瑶族乡	431127200	长虹街道	431181002
夏层铺镇	431125103	犁头瑶族乡	431127201	浯溪街道	431181003
桃川镇	431125104	浆洞瑶族乡	431127202		
粗石江镇	431125105	大桥瑶族乡	431127204		
回龙圩镇	431125106	荆竹瑶族乡	431127205		

续表 14

行政区划名称	行政区划代码
观音滩镇	431181101
茅竹镇	431181102
三口塘镇	431181103
大忠桥镇	431181104
肖家镇	431181105
八宝镇	431181106
白水镇	431181107
进宝塘镇	431181108
黄泥塘镇	431181109
羊角塘镇	431181110
梅溪镇	431181111
潘市镇	431181112
七里桥镇	431181113
下马渡镇	431181114
黎家坪镇	431181115
文富市镇	431181116
大村甸镇	431181117
文明铺镇	431181118
龚家坪镇	431181119
金洞镇	431181120
凤凰乡	431181201
石鼓源乡	431181202
晒北滩瑶族乡	431181203
怀化市（11 街道，103 镇，71 乡，19 民族乡）	**431200**
鹤城区（7 街道，1 镇，2 乡）	**431202**
城中街道	431202001
城北街道	431202002
红星街道	431202003
迎丰街道	431202004
河西街道	431202006
城南街道	431202008
坨院街道	431202009
黄金坳镇	431202102
盈口乡	431202201
凉亭坳乡	431202206
中方县（11 镇，1 民族乡）	**431221**
桐木镇	431221105
新建镇	431221107
接龙镇	431221108
铜鼎镇	431221109
中方镇	431221111
泸阳镇	431221112
花桥镇	431221113
铜湾镇	431221114
铁坡镇	431221115
新路河镇	431221116
袁家镇	431221117
蒿吉坪瑶族乡	431221214
沅陵县（8 镇，11 乡，2 民族乡）	**431222**
明溪口镇	431222101
麻溪铺镇	431222102
凉水井镇	431222103
官庄镇	431222104
五强溪镇	431222105
筲箕湾镇	431222107
七甲坪镇	431222108
沅陵镇	431222109
盘古乡	431222204
二酉苗族乡	431222207
荔溪乡	431222215
杜家坪乡	431222223
楠木铺乡	431222224
马底驿乡	431222225
北溶乡	431222228
肖家桥乡	431222230
大合坪乡	431222232
火场土家族乡	431222234
借母溪乡	431222235
陈家滩乡	431222238
清浪乡	431222239
辰溪县（9 镇，9 乡，5 民族乡）	**431223**
辰阳镇	431223100
孝坪镇	431223101
田湾镇	431223102
火马冲镇	431223103
黄溪口镇	431223104
潭湾镇	431223105
安坪镇	431223106
修溪镇	431223107
锦滨镇	431223108
船溪乡	431223200
长田湾乡	431223204
小龙门乡	431223205
后塘瑶族乡	431223206
苏木溪瑶族乡	431223207
罗子山瑶族乡	431223208
上蒲溪瑶族乡	431223209
仙人湾瑶族乡	431223210
龙头庵乡	431223211
大水田乡	431223215
桥头溪乡	431223216
龙泉岩乡	431223218
柿溪乡	431223221
谭家场乡	431223222
溆浦县（18 镇，7 乡）	**431224**
卢峰镇	431224100
大江口镇	431224101
低庄镇	431224102
桥江镇	431224103
龙潭镇	431224104
均坪镇	431224105
观音阁镇	431224106
双井镇	431224107
水东镇	431224108
两丫坪镇	431224109
黄茅园镇	431224110
祖师殿镇	431224111
葛竹坪镇	431224112
深子湖镇	431224114
三江镇	431224115
北斗溪镇	431224116
思蒙镇	431224117
统溪河镇	431224118
舒溶溪乡	431224204
油洋乡	431224213
小横垅乡	431224219

续表 15

行政区划名称	行政区划代码
淘金坪乡	431224222
中都乡	431224223
沿溪乡	431224224
龙庄湾乡	431224230
会同县（8 镇，4 乡，6 民族乡）	**431225**
林城镇	431225100
坪村镇	431225101
堡子镇	431225102
团河镇	431225103
若水镇	431225104
广坪镇	431225106
马鞍镇	431225107
金竹镇	431225110
沙溪乡	431225200
金子岩侗族苗族乡	431225201
高椅乡	431225204
宝田侗族苗族乡	431225209
漠滨侗族苗族乡	431225210
蒲稳侗族苗族乡	431225211
青朗侗族苗族乡	431225212
炮团侗族苗族乡	431225213
地灵乡	431225214
连山乡	431225215
麻阳苗族自治县（8 镇，10 乡）	**431226**
高村镇	431226100
锦和镇	431226101
江口墟镇	431226102
岩门镇	431226103
兰里镇	431226104
吕家坪镇	431226105
尧市镇	431226106
郭公坪镇	431226107
文昌阁乡	431226204
大桥江乡	431226205
舒家村乡	431226206
隆家堡乡	431226207
谭家寨乡	431226208
石羊哨乡	431226209
板栗树乡	431226210
兰村乡	431226213
和平溪乡	431226216
黄桑乡	431226217
新晃侗族自治县（9 镇，2 民族乡）	**431227**
波洲镇	431227101
鱼市镇	431227103
中寨镇	431227106
晃州镇	431227107
凉伞镇	431227108
林冲镇	431227109
禾滩镇	431227110
贡溪镇	431227111
扶罗镇	431227112
步头降苗族乡	431227200
米贝苗族乡	431227215
芷江侗族自治县（9 镇，9 乡）	**431228**
罗旧镇	431228101
公坪镇	431228104
新店坪镇	431228105
碧涌镇	431228106
土桥镇	431228107
三道坑镇	431228108
岩桥镇	431228109
楠木坪镇	431228110
芷江镇	431228111
牛牯坪乡	431228201
水宽乡	431228204
大树坳乡	431228212
梨溪口乡	431228215
洞下场乡	431228216
禾梨坳乡	431228220
冷水溪乡	431228221
晓坪乡	431228223
罗卜田乡	431228224
靖州苗族侗族自治县（6 镇，5 乡）	**431229**
渠阳镇	431229100
甘棠镇	431229101
大堡子镇	431229102
坳上镇	431229103
新厂镇	431229104
平茶镇	431229105
太阳坪乡	431229200
三锹乡	431229201
文溪乡	431229202
寨牙乡	431229203
藕团乡	431229206
通道侗族自治县（9 镇，1 乡，1 民族乡）	**431230**
播阳镇	431230102
牙屯堡镇	431230104
菁芜洲镇	431230105
双江镇	431230108
陇城镇	431230109
万佛山镇	431230110
溪口镇	431230111
县溪镇	431230112
独坡镇	431230113
大高坪苗族乡	431230203
坪坦乡	431230220
洪江市（4 街道，7 镇，13 乡，2 民族乡）	**431281**
河滨路街道	431281001
沅江路街道	431281002
新街街道	431281003
高坡街街道	431281004
黔城镇	431281101
安江镇	431281102
托口镇	431281103
雪峰镇	431281104
江市镇	431281106
沅河镇	431281107
塘湾镇	431281108
岔头乡	431281202
茅渡乡	431281203
大崇乡	431281204

续表 16

行政区划名称	行政区划代码	行政区划名称	行政区划代码	行政区划名称	行政区划代码
熟坪乡	431281205	三塘铺镇	431321109	锡矿山街道	431381005
铁山乡	431281206	青树坪镇	431321110	沙塘湾街道	431381006
群峰乡	431281207	花门镇	431321111	冷水江街道	431381007
湾溪乡	431281208	锁石镇	431321112	三尖镇	431381105
洗马乡	431281209	石牛乡	431321200	金竹山镇	431381106
沙湾乡	431281211	沙塘乡	431321201	铎山镇	431381107
深渡苗族乡	431281212	印塘乡	431321202	渣渡镇	431381108
龙船塘瑶族乡	431281213	**新化县（3 街道，18 镇，7 乡）**	**431322**	禾青镇	431381109
太平乡	431281214	上梅街道	431322001	中连乡	431381205
岩坨乡	431281217	上渡街道	431322002	**涟源市（3 街道，15 镇，2 乡）**	**431382**
横岩乡	431281218	枫林街道	431322003	蓝田街道	431382001
桂花园乡	431281220	石冲口镇	431322101	六亩塘街道	431382002
娄底市（19 街道，54 镇，14 乡）	**431300**	洋溪镇	431322102	石马山街道	431382003
娄星区（7 街道，5 镇，1 乡）	**431302**	槎溪镇	431322103	安平镇	431382102
乐坪街道	431302001	水车镇	431322104	湄江镇	431382103
花山街道	431302002	文田镇	431322105	伏口镇	431382104
黄泥塘街道	431302003	奉家镇	431322106	桥头河镇	431382105
长青街道	431302004	炉观镇	431322107	七星街镇	431382106
大科街道	431302005	游家镇	431322108	杨市镇	431382107
大埠桥街道	431302006	西河镇	431322109	枫坪镇	431382108
涟滨街道	431302007	孟公镇	431322110	斗笠山镇	431382109
杉山镇	431302100	琅塘镇	431322111	白马镇	431382111
万宝镇	431302101	白溪镇	431322112	茅塘镇	431382112
石井镇	431302104	圳上镇	431322113	荷塘镇	431382113
蛇形山镇	431302105	吉庆镇	431322114	金石镇	431382114
水洞底镇	431302106	温塘镇	431322115	龙塘镇	431382115
双江乡	431302204	田坪镇	431322116	渡头塘镇	431382116
双峰县（2 街道，11 镇，3 乡）	**431321**	桑梓镇	431322117	湖泉镇	431382117
永丰街道	431321001	曹家镇	431322118	三甲乡	431382200
金开街道	431321002	科头乡	431322200	古塘乡	431382202
荷叶镇	431321101	维山乡	431322201	**湘西土家族苗族自治州（10 街道，75 镇，30 乡）**	**433100**
井字镇	431321102	天门乡	431322202	**吉首市（6 街道，5 镇，1 乡）**	**433101**
梓门桥镇	431321103	荣华乡	431322203	镇溪街道	433101005
杏子铺镇	431321104	金凤乡	431322204	峒河街道	433101006
走马街镇	431321105	油溪乡	431322205	乾州街道	433101007
洪山殿镇	431321107	坐石乡	431322206	吉凤街道	433101008
甘棠镇	431321108	**冷水江市（4 街道，5 镇，1 乡）**	**431381**	石家冲街道	433101009
		布溪街道	431381004		

续表 17

行政区划名称	行政区划代码	行政区划名称	行政区划代码	行政区划名称	行政区划代码
双塘街道	433101010	龙潭镇	433124102	松柏镇	433127111
矮寨镇	433101100	民乐镇	433124103	灵溪镇	433127112
马颈坳镇	433101101	吉卫镇	433124105	小溪镇	433127113
河溪镇	433101102	麻栗场镇	433124106	芙蓉镇	433127114
丹青镇	433101104	雅酉镇	433124107	两岔乡	433127200
太平镇	433101105	双龙镇	433124108	西歧乡	433127202
己略乡	433101203	石栏镇	433124109	对山乡	433127203
泸溪县（7 镇，4 乡）	**433122**	长乐乡	433124200	高坪乡	433127210
浦市镇	433122101	猫儿乡	433124206	朗溪乡	433127216
达岚镇	433122102	补抽乡	433124208	润雅乡	433127220
合水镇	433122103	**保靖县（10 镇，2 乡）**	**433125**	车坪乡	433127222
兴隆场镇	433122104	迁陵镇	433125100	毛坝乡	433127228
潭溪镇	433122105	水田河镇	433125101	万民乡	433127229
洗溪镇	433122106	葫芦镇	433125102	盐井乡	433127230
武溪镇	433122107	毛沟镇	433125103	颗砂乡	433127236
石榴坪乡	433122203	普戎镇	433125104	**龙山县（4 街道，12 镇，5 乡）**	**433130**
解放岩乡	433122206	比耳镇	433125105		
小章乡	433122207	清水坪镇	433125106	民安街道	433130001
白羊溪乡	433122208	复兴镇	433125108	华塘街道	433130002
凤凰县（13 镇，4 乡）	**433123**	碗米坡镇	433125109	石羔街道	433130004
沱江镇	433123100	吕洞山镇	433125110	兴隆街道	433130005
廖家桥镇	433123101	阳朝乡	433125201	茨岩塘镇	433130102
木江坪镇	433123102	长潭河乡	433125216	红岩溪镇	433130103
阿拉营镇	433123103	**古丈县（7 镇）**	**433126**	洗车河镇	433130104
茶田镇	433123104	默戎镇	433126101	苗儿滩镇	433130105
吉信镇	433123105	红石林镇	433126103	里耶镇	433130107
山江镇	433123106	断龙山镇	433126105	召市镇	433130108
腊尔山镇	433123107	古阳镇	433126106	桂塘镇	433130109
禾库镇	433123108	岩头寨镇	433126107	石牌镇	433130110
新场镇	433123109	高峰镇	433126108	靛房镇	433130111
竿子坪镇	433123110	坪坝镇	433126109	洗洛镇	433130112
千工坪镇	433123111	**永顺县（12 镇，11 乡）**	**433127**	水田坝镇	433130113
落潮井镇	433123112	首车镇	433127101	农车镇	433130114
水打田乡	433123204	泽家镇	433127102	洛塔乡	433130200
林峰乡	433123205	永茂镇	433127104	大安乡	433130210
麻冲乡	433123216	石堤镇	433127105	茅坪乡	433130215
两林乡	433123220	塔卧镇	433127106	内溪乡	433130222
花垣县（9 镇，3 乡）	**433124**	万坪镇	433127107	咱果乡	433130236
花垣镇	433124100	青坪镇	433127109		
边城镇	433124101	砂坝镇	433127110		

广东省

广东省（粤）

行政区划名称	行政区划代码
广东省（490 街道，1112 镇，4 乡，7 民族乡）	**440000**
广州市（143 街道，34 镇）	**440100**
荔湾区（22 街道）	**440103**
沙面街道	440103001
岭南街道	440103002
华林街道	440103003
多宝街道	440103004
昌华街道	440103005
逢源街道	440103006
龙津街道	440103007
金花街道	440103008
彩虹街道	440103009
南源街道	440103010
西村街道	440103011
站前街道	440103012
桥中街道	440103013
白鹤洞街道	440103014
冲口街道	440103015
花地街道	440103016
石围塘街道	440103017
茶滘街道	440103018
东漖街道	440103019
海龙街道	440103020
东沙街道	440103021
中南街道	440103022
越秀区（18 街道）	**440104**
洪桥街道	440104001
北京街道	440104003
六榕街道	440104004
流花街道	440104005
光塔街道	440104007
人民街道	440104010
东山街道	440104011
农林街道	440104012
梅花村街道	440104013
黄花岗街道	440104014
华乐街道	440104015
大塘街道	440104017
珠光街道	440104018
大东街道	440104019
白云街道	440104020
登峰街道	440104021
矿泉街道	440104022
建设街道	440104024
海珠区（18 街道）	**440105**
赤岗街道	440105001
新港街道	440105002
昌岗街道	440105003
江南中街道	440105004
滨江街道	440105005
素社街道	440105006
海幢街道	440105007
南华西街道	440105008
龙凤街道	440105009
沙园街道	440105010
南石头街道	440105011
凤阳街道	440105012
瑞宝街道	440105013
江海街道	440105014
琶洲街道	440105015
南洲街道	440105016
华洲街道	440105017
官洲街道	440105018
天河区（21 街道）	**440106**
五山街道	440106001
员村街道	440106002
车陂街道	440106003
沙河街道	440106004
石牌街道	440106006
沙东街道	440106007
天河南街道	440106008
林和街道	440106009
兴华街道	440106010
棠下街道	440106011
天园街道	440106012
猎德街道	440106013
冼村街道	440106014
元岗街道	440106015
黄村街道	440106016
凤凰街道	440106017
龙洞街道	440106018
长兴街道	440106019
前进街道	440106020
珠吉街道	440106021
新塘街道	440106022
白云区（20 街道，4 镇）	**440111**
三元里街道	440111002
松洲街道	440111003
景泰街道	440111004
同德街道	440111005
黄石街道	440111006
棠景街道	440111007
新市街道	440111008
同和街道	440111009
京溪街道	440111010
永平街道	440111011
嘉禾街道	440111012
均禾街道	440111013
石井街道	440111014
金沙街道	440111015
云城街道	440111016
鹤龙街道	440111017
白云湖街道	440111018
石门街道	440111019
龙归街道	440111020
大源街道	440111021
人和镇	440111103
太和镇	440111107
钟落潭镇	440111108
江高镇	440111113
黄埔区（16 街道，1 镇）	**440112**
黄埔街道	440112001
红山街道	440112002
鱼珠街道	440112003
大沙街道	440112005
文冲街道	440112006
穗东街道	440112007

续表 1

行政区划名称	行政区划代码	行政区划名称	行政区划代码	行政区划名称	行政区划代码
南岗街道	440112008	港湾街道	440115004	车站街道	440204002
长洲街道	440112010	横沥镇	440115101	风采街道	440204006
夏港街道	440112011	万顷沙镇	440115102	新韶镇	440204100
萝岗街道	440112012	黄阁镇	440115103	乐园镇	440204101
联和街道	440112014	东涌镇	440115104	花坪镇	440204102
永和街道	440112015	大岗镇	440115105	犁市镇	440204103
长岭街道	440112016	榄核镇	440115106	十里亭镇	440204104
云埔街道	440112017	**从化区（3 街道，5 镇）**	**440117**	**曲江区（1 街道，9 镇）**	**440205**
龙湖街道	440112018	街口街道	440117001	松山街道	440205001
九佛街道	440112019	城郊街道	440117002	马坝镇	440205100
新龙镇	440112101	江埔街道	440117003	大塘镇	440205103
番禺区（11 街道，5 镇）	**440113**	温泉镇	440117100	枫湾镇	440205104
沙湾街道	440113002	良口镇	440117101	小坑镇	440205105
钟村街道	440113003	吕田镇	440117102	沙溪镇	440205106
大石街道	440113004	太平镇	440117103	乌石镇	440205108
市桥街道	440113005	鳌头镇	440117104	樟市镇	440205109
沙头街道	440113006	**增城区（6 街道，7 镇）**	**440118**	白土镇	440205110
东环街道	440113007	荔城街道	440118001	罗坑镇	440205119
桥南街道	440113008	增江街道	440118002	**始兴县（9 镇，1 民族乡）**	**440222**
小谷围街道	440113009	朱村街道	440118003	太平镇	440222100
洛浦街道	440113010	永宁街道	440118004	马市镇	440222101
石壁街道	440113011	荔湖街道	440118005	澄江镇	440222102
大龙街道	440113012	宁西街道	440118006	顿岗镇	440222103
石碁镇	440113102	正果镇	440118100	罗坝镇	440222104
南村镇	440113103	石滩镇	440118101	司前镇	440222105
新造镇	440113104	新塘镇	440118102	隘子镇	440222106
化龙镇	440113105	中新镇	440118103	城南镇	440222107
石楼镇	440113106	派潭镇	440118104	沈所镇	440222108
花都区（4 街道，6 镇）	**440114**	小楼镇	440118105	深渡水瑶族乡	440222203
新华街道	440114001	仙村镇	440118106	**仁化县（1 街道，10 镇）**	**440224**
新雅街道	440114002	**韶关市（10 街道，94 镇，1 民族乡）**	**440200**	丹霞街道	440224001
花城街道	440114003			闻韶镇	440224102
秀全街道	440114004	**武江区（2 街道，5 镇）**	**440203**	扶溪镇	440224103
梯面镇	440114103			长江镇	440224104
花山镇	440114104	新华街道	440203001	城口镇	440224105
花东镇	440114105	惠民街道	440203002	红山镇	440224106
炭步镇	440114107	西联镇	440203100	石塘镇	440224107
赤坭镇	440114108	西河镇	440203101	董塘镇	440224108
狮岭镇	440114109	重阳镇	440203102	黄坑镇	440224109
南沙区（4 街道，6 镇）	**440115**	龙归镇	440203103	周田镇	440224110
南沙街道	440115001	江湾镇	440203104	大桥镇	440224111
珠江街道	440115002	**浈江区（3 街道，5 镇）**	**440204**	**翁源县（8 镇）**	**440229**
龙穴街道	440115003	东河街道	440204001	龙仙镇	440229100

续表 2

行政区划名称	行政区划代码	行政区划名称	行政区划代码	行政区划名称	行政区划代码
坝仔镇	440229104	白石镇	440281119	**南山区（8 街道）**	**440305**
江尾镇	440229106	**南雄市（1 街道，17 镇）**	**440282**	南头街道	440305001
官渡镇	440229109	雄州街道	440282001	南山街道	440305002
周陂镇	440229111	乌迳镇	440282100	沙河街道	440305003
翁城镇	440229113	界址镇	440282103	蛇口街道	440305005
新江镇	440229114	坪田镇	440282104	招商街道	440305006
铁龙镇	440229115	黄坑镇	440282105	粤海街道	440305007
乳源瑶族自治县（9 镇）	**440232**	邓坊镇	440282106	桃源街道	440305008
		油山镇	440282107	西丽街道	440305009
乳城镇	440232100	南亩镇	440282109	**宝安区（10 街道）**	**440306**
一六镇	440232103	水口镇	440282110	新安街道	440306001
桂头镇	440232104	江头镇	440282111	西乡街道	440306003
洛阳镇	440232106	湖口镇	440282112	福永街道	440306004
大布镇	440232108	珠玑镇	440282113	沙井街道	440306005
大桥镇	440232109	主田镇	440282115	松岗街道	440306006
东坪镇	440232111	古市镇	440282116	石岩街道	440306008
游溪镇	440232112	全安镇	440282118	航城街道	440306009
必背镇	440232113	百顺镇	440282120	福海街道	440306010
新丰县（1 街道，6 镇）	**440233**	澜河镇	440282121	新桥街道	440306011
丰城街道	440233001	帽子峰镇	440282122	燕罗街道	440306012
黄磜镇	440233101	**深圳市（74 街道）**	**440300**	**龙岗区（14 街道）**	**440307**
马头镇	440233102	**罗湖区（10 街道）**	**440303**	横岗街道	440307003
梅坑镇	440233103	桂园街道	440303001	布吉街道	440307004
沙田镇	440233104	黄贝街道	440303002	葵涌街道	440307005
遥田镇	440233105	东门街道	440303003	大鹏街道	440307006
回龙镇	440233106	翠竹街道	440303004	南澳街道	440307007
乐昌市（1 街道，16 镇）	**440281**	南湖街道	440303005	平湖街道	440307008
乐城街道	440281001	笋岗街道	440303006	坪地街道	440307009
北乡镇	440281102	东湖街道	440303007	龙岗街道	440307011
九峰镇	440281103	莲塘街道	440303008	龙城街道	440307012
廊田镇	440281104	东晓街道	440303009	坂田街道	440307013
长来镇	440281105	清水河街道	440303010	南湾街道	440307014
梅花镇	440281106	**福田区（10 街道）**	**440304**	吉华街道	440307015
三溪镇	440281107	南园街道	440304001	园山街道	440307016
坪石镇	440281108	园岭街道	440304002	宝龙街道	440307017
黄圃镇	440281110	福田街道	440304004	**盐田区（4 街道）**	**440308**
五山镇	440281111	沙头街道	440304005	梅沙街道	440308001
两江镇	440281112	香蜜湖街道	440304006	盐田街道	440308002
沙坪镇	440281113	梅林街道	440304007	沙头角街道	440308003
云岩镇	440281114	莲花街道	440304008	海山街道	440308004
秀水镇	440281115	华富街道	440304009	**龙华区（6 街道）**	**440309**
大源镇	440281117	华强北街道	440304010	龙华街道	440309001
庆云镇	440281118	福保街道	440304011	大浪街道	440309002

续表 3

行政区划名称	行政区划代码
民治街道	440309003
观澜街道	440309004
观湖街道	440309005
福城街道	440309006
坪山区（6 街道）	**440310**
坪山街道	440310001
坑梓街道	440310002
马峦街道	440310003
碧岭街道	440310004
石井街道	440310005
龙田街道	440310006
光明区（6 街道）	**440311**
公明街道	440311001
光明街道	440311002
新湖街道	440311003
凤凰街道	440311004
玉塘街道	440311005
马田街道	440311006
珠海市（10 街道，15 镇）	**440400**
香洲区（9 街道，6 镇）	**440402**
翠香街道	440402001
梅华街道	440402002
前山街道	440402003
吉大街道	440402004
拱北街道	440402005
香湾街道	440402006
狮山街道	440402007
湾仔街道	440402008
凤山街道	440402009
唐家湾镇	440402100
南屏镇	440402102
横琴镇	440402104
桂山镇	440402105
担杆镇	440402106
万山镇	440402107
斗门区（1 街道，5 镇）	**440403**
白藤街道	440403001
莲洲镇	440403102
斗门镇	440403103
乾务镇	440403105
白蕉镇	440403106
井岸镇	440403107
金湾区（4 镇）	**440404**
三灶镇	440404100
南水镇	440404101
红旗镇	440404103
平沙镇	440404104
汕头市（37 街道，30 镇）	**440500**
龙湖区（10 街道）	**440507**
金霞街道	440507001
龙祥街道	440507002
鸥汀街道	440507003
新津街道	440507004
龙华街道	440507006
外砂街道	440507007
珠池街道	440507008
新溪街道	440507009
新海街道	440507010
龙腾街道	440507011
金平区（12 街道）	**440511**
鮀莲街道	440511006
鮀江街道	440511007
大华街道	440511009
石炮台街道	440511010
东方街道	440511011
金砂街道	440511013
广厦街道	440511015
岐山街道	440511016
月浦街道	440511017
小公园街道	440511018
金东街道	440511019
光华街道	440511020
濠江区（7 街道）	**440512**
岩石街道	440512001
达濠街道	440512002
马滘街道	440512003
广澳街道	440512004
河浦街道	440512005
玉新街道	440512006
滨海街道	440512007
潮阳区（4 街道，9 镇）	**440513**
文光街道	440513001
城南街道	440513002
棉北街道	440513003
金浦街道	440513004
海门镇	440513101
和平镇	440513102
贵屿镇	440513103
铜盂镇	440513104
谷饶镇	440513105
河溪镇	440513106
西胪镇	440513107
关埠镇	440513108
金灶镇	440513110
潮南区（1 街道，10 镇）	**440514**
峡山街道	440514001
井都镇	440514101
陇田镇	440514102
成田镇	440514104
胪岗镇	440514105
两英镇	440514107
司马浦镇	440514108
陈店镇	440514109
仙城镇	440514111
红场镇	440514112
雷岭镇	440514113
澄海区（3 街道，8 镇）	**440515**
凤翔街道	440515001
澄华街道	440515002
广益街道	440515003
东里镇	440515101
盐鸿镇	440515102
莲华镇	440515103
溪南镇	440515104
隆都镇	440515105
莲上镇	440515106
莲下镇	440515107
上华镇	440515108
南澳县（3 镇）	**440523**
后宅镇	440523101
云澳镇	440523102
深澳镇	440523103
佛山市（11 街道，21 镇）	**440600**
禅城区（3 街道，1 镇）	**440604**
祖庙街道	440604001
石湾镇街道	440604002
张槎街道	440604003

续表 4

行政区划名称	行政区划代码
南庄镇	440604100
南海区（1街道，6镇）	**440605**
桂城街道	440605001
里水镇	440605100
九江镇	440605101
丹灶镇	440605102
西樵镇	440605104
大沥镇	440605105
狮山镇	440605106
顺德区（4街道，6镇）	**440606**
容桂街道	440606001
伦教街道	440606002
勒流街道	440606003
大良街道	440606004
陈村镇	440606100
北滘镇	440606101
乐从镇	440606102
龙江镇	440606103
杏坛镇	440606104
均安镇	440606105
三水区（2街道，5镇）	**440607**
西南街道	440607001
云东海街道	440607004
大塘镇	440607101
乐平镇	440607103
白坭镇	440607104
芦苞镇	440607105
南山镇	440607106
高明区（1街道，3镇）	**440608**
荷城街道	440608001
明城镇	440608103
杨和镇	440608107
更合镇	440608108
江门市（12街道，61镇）	**440700**
蓬江区（3街道，3镇）	**440703**
白沙街道	440703002
潮连街道	440703005
环市街道	440703006
荷塘镇	440703101
杜阮镇	440703102
棠下镇	440703103
江海区（3街道）	**440704**
江南街道	440704001
外海街道	440704004
礼乐街道	440704005
新会区（1街道，10镇）	**440705**
会城街道	440705001
大泽镇	440705101
司前镇	440705103
沙堆镇	440705110
古井镇	440705111
三江镇	440705112
睦洲镇	440705113
大鳌镇	440705114
罗坑镇	440705119
双水镇	440705120
崖门镇	440705121
台山市（1街道，16镇）	**440781**
台城街道	440781001
大江镇	440781101
水步镇	440781102
四九镇	440781103
白沙镇	440781105
三合镇	440781106
冲蒌镇	440781107
斗山镇	440781108
都斛镇	440781109
赤溪镇	440781110
端芬镇	440781111
广海镇	440781112
海宴镇	440781113
汶村镇	440781114
深井镇	440781115
北陡镇	440781117
川岛镇	440781120
开平市（2街道，13镇）	**440783**
三埠街道	440783001
长沙街道	440783002
月山镇	440783101
水口镇	440783102
沙塘镇	440783103
苍城镇	440783104
龙胜镇	440783105
大沙镇	440783106
马冈镇	440783107
塘口镇	440783108
赤坎镇	440783109
百合镇	440783110
蚬冈镇	440783111
金鸡镇	440783112
赤水镇	440783113
鹤山市（1街道，9镇）	**440784**
沙坪街道	440784001
龙口镇	440784101
雅瑶镇	440784102
古劳镇	440784103
桃源镇	440784104
鹤城镇	440784105
共和镇	440784106
址山镇	440784107
宅梧镇	440784108
双合镇	440784110
恩平市（1街道，10镇）	**440785**
恩城街道	440785001
横陂镇	440785100
圣堂镇	440785101
良西镇	440785102
沙湖镇	440785103
牛江镇	440785104
君堂镇	440785105
大田镇	440785106
那吉镇	440785107
大槐镇	440785108
东成镇	440785109
湛江市（38街道，82镇，2乡）	**440800**
赤坎区（8街道）	**440802**
中华街道	440802001
寸金街道	440802002
民主街道	440802003
中山街道	440802004
调顺街道	440802005
沙湾街道	440802006
南桥街道	440802007
北桥街道	440802008
霞山区（12街道）	**440803**
解放街道	440803001
爱国街道	440803002
工农街道	440803003

续表 5

行政区划名称	行政区划代码
友谊街道	440803004
新兴街道	440803005
海滨街道	440803006
建设街道	440803009
东新街道	440803010
新园街道	440803011
海头街道	440803012
乐华街道	440803013
泉庄街道	440803014
坡头区（2 街道，5 镇）	**440804**
南调街道	440804001
麻斜街道	440804002
南三镇	440804100
坡头镇	440804101
乾塘镇	440804102
龙头镇	440804103
官渡镇	440804104
麻章区（3 街道，4 镇）	**440811**
东山街道	440811001
东简街道	440811002
民安街道	440811003
麻章镇	440811100
太平镇	440811101
湖光镇	440811102
硇洲镇	440811106
遂溪县（1 街道，15 镇）	**440823**
遂城街道	440823001
黄略镇	440823101
洋青镇	440823102
界炮镇	440823104
杨柑镇	440823106
城月镇	440823107
乌塘镇	440823108
建新镇	440823109
岭北镇	440823110
北坡镇	440823111
港门镇	440823112
草潭镇	440823113
河头镇	440823115
乐民镇	440823116
江洪镇	440823117
附城镇	440823118
徐闻县（1 街道，12 镇，2 乡）	**440825**
徐城街道	440825001
迈陈镇	440825102
海安镇	440825103
曲界镇	440825104
前山镇	440825105
西连镇	440825106
下桥镇	440825107
龙塘镇	440825108
下洋镇	440825109
锦和镇	440825110
和安镇	440825111
新寮镇	440825112
南山镇	440825113
城北乡	440825201
角尾乡	440825204
廉江市（3 街道，18 镇）	**440881**
罗州街道	440881001
城北街道	440881002
城南街道	440881003
石城镇	440881101
新民镇	440881102
吉水镇	440881103
河唇镇	440881104
石角镇	440881105
良垌镇	440881106
横山镇	440881109
安铺镇	440881110
营仔镇	440881111
青平镇	440881112
车板镇	440881113
高桥镇	440881114
石岭镇	440881115
雅塘镇	440881117
石颈镇	440881118
长山镇	440881119
塘蓬镇	440881120
和寮镇	440881121
雷州市（3 街道，18 镇）	**440882**
雷城街道	440882001
新城街道	440882002
西湖街道	440882003
附城镇	440882101
白沙镇	440882102
沈塘镇	440882103
客路镇	440882104
杨家镇	440882105
唐家镇	440882106
纪家镇	440882107
企水镇	440882108
南兴镇	440882109
松竹镇	440882110
调风镇	440882111
雷高镇	440882112
东里镇	440882113
龙门镇	440882114
英利镇	440882115
北和镇	440882116
覃斗镇	440882118
乌石镇	440882119
吴川市（5 街道，10 镇）	**440883**
梅菉街道	440883001
塘尾街道	440883002
大山江街道	440883003
博铺街道	440883004
海滨街道	440883005
浅水镇	440883100
长岐镇	440883101
覃巴镇	440883102
王村港镇	440883103
振文镇	440883104
樟铺镇	440883105
吴阳镇	440883106
塘㙍镇	440883107
黄坡镇	440883109
兰石镇	440883111
茂名市（26 街道，86 镇）	**440900**
茂南区（8 街道，9 镇）	**440902**
红旗街道	440902001
河西街道	440902002
河东街道	440902003
露天矿街道	440902004
新华街道	440902005
官渡街道	440902006
站前街道	440902007

续表 6

行政区划名称	行政区划代码	行政区划名称	行政区划代码	行政区划名称	行政区划代码
城南街道	440902008	云潭镇	440981102	文楼镇	440982117
金塘镇	440902100	分界镇	440981103	江湖镇	440982118
公馆镇	440902101	根子镇	440981104	**信宜市（2 街道，18 镇）**	**440983**
新坡镇	440902102	泗水镇	440981105	东镇街道	440983001
镇盛镇	440902103	石鼓镇	440981106	玉都街道	440983002
鳌头镇	440902104	镇江镇	440981107	镇隆镇	440983101
袂花镇	440902105	沙田镇	440981109	水口镇	440983102
高山镇	440902106	南塘镇	440981110	北界镇	440983103
山阁镇	440902107	荷花镇	440981111	丁堡镇	440983105
羊角镇	440902108	石板镇	440981112	池洞镇	440983106
电白区（5 街道，19 镇）	**440904**	东岸镇	440981113	金垌镇	440983107
南海街道	440904001	大井镇	440981115	朱砂镇	440983109
高地街道	440904002	潭头镇	440981116	贵子镇	440983112
水东街道	440904003	长坡镇	440981117	怀乡镇	440983113
电海街道	440904004	大坡镇	440981119	茶山镇	440983114
陈村街道	440904005	平山镇	440981120	洪冠镇	440983115
坡心镇	440904101	深镇镇	440981121	白石镇	440983116
小良镇	440904102	马贵镇	440981122	大成镇	440983117
沙院镇	440904103	古丁镇	440981123	钱排镇	440983118
马踏镇	440904104	曹江镇	440981124	合水镇	440983119
岭门镇	440904105	荷塘镇	440981126	新宝镇	440983120
树仔镇	440904106	**化州市（6 街道，17 镇）**	**440982**	平塘镇	440983121
麻岗镇	440904107	河西街道	440982001	思贺镇	440983122
旦场镇	440904108	东山街道	440982002	**肇庆市（17 街道，87 镇，1 民族乡）**	**441200**
林头镇	440904109	下郭街道	440982003		
霞洞镇	440904110	南盛街道	440982004	**端州区（4 街道）**	**441202**
观珠镇	440904111	石湾街道	440982005	城东街道	441202001
沙琅镇	440904112	鉴江街道	440982006	城西街道	441202003
黄岭镇	440904113	长岐镇	440982100	黄岗街道	441202005
望夫镇	440904114	同庆镇	440982101	睦岗街道	441202006
罗坑镇	440904115	杨梅镇	440982102	**鼎湖区（3 街道，4 镇）**	**441203**
那霍镇	440904116	良光镇	440982103	坑口街道	441203001
电城镇	440904118	笪桥镇	440982104	桂城街道	441203002
博贺镇	440904119	丽岗镇	440982106	广利街道	441203003
七迳镇	440904120	新安镇	440982107	永安镇	441203101
高州市（5 街道，23 镇）	**440981**	官桥镇	440982108	沙浦镇	441203102
石仔岭街道	440981002	林尘镇	440982110	凤凰镇	441203103
山美街道	440981003	中垌镇	440982111	莲花镇	441203104
金山街道	440981006	合江镇	440982112	**高要区（1 街道，16 镇）**	**441204**
宝光街道	440981007	那务镇	440982113	南岸街道	441204001
潘州街道	440981008	播扬镇	440982114	河台镇	441204100
谢鸡镇	440981100	宝圩镇	440982115	乐城镇	441204101
新垌镇	440981101	平定镇	440982116	水南镇	441204102

续表 7

行政区划名称	行政区划代码	行政区划名称	行政区划代码	行政区划名称	行政区划代码
禄步镇	441204103	蓝钟镇	441224112	大旺街道	441284004
小湘镇	441204104	永固镇	441224113	龙甫镇	441284100
大湾镇	441204105	诗洞镇	441224114	地豆镇	441284101
新桥镇	441204106	桥头镇	441224115	威整镇	441284102
白诸镇	441204107	中洲镇	441224116	罗源镇	441284103
莲塘镇	441204108	连麦镇	441224118	迳口镇	441284104
活道镇	441204109	下帅壮族瑶族乡	441224200	大沙镇	441284105
蛟塘镇	441204110	**封开县（1 街道，15 镇）**	**441225**	石狗镇	441284107
回龙镇	441204111			黄田镇	441284108
白土镇	441204112	江口街道	441225001	江谷镇	441284110
金渡镇	441204113	江川镇	441225101	下茆镇	441284113
金利镇	441204114	白垢镇	441225102	**惠州市（22 街道，48 镇，1 民族乡）**	**441300**
蚬岗镇	441204115	大洲镇	441225103		
广宁县（1 街道，14 镇）	**441223**	渔涝镇	441225104	**惠城区（10 街道，8 镇）**	**441302**
南街街道	441223001	河儿口镇	441225105		
排沙镇	441223100	莲都镇	441225106	桥东街道	441302001
潭布镇	441223102	杏花镇	441225107	桥西街道	441302002
江屯镇	441223103	罗董镇	441225108	江南街道	441302003
螺岗镇	441223105	长岗镇	441225109	江北街道	441302004
北市镇	441223106	平凤镇	441225110	龙丰街道	441302005
坑口镇	441223107	南丰镇	441225111	小金口街道	441302006
赤坑镇	441223108	大玉口镇	441225112	惠环街道	441302007
宾亨镇	441223110	都平镇	441225113	河南岸街道	441302008
五和镇	441223111	金装镇	441225114	陈江街道	441302009
横山镇	441223112	长安镇	441225115	水口街道	441302010
木格镇	441223113	**德庆县（1 街道，12 镇）**	**441226**	汝湖镇	441302100
石咀镇	441223114	德城街道	441226001	三栋镇	441302103
古水镇	441223115	新圩镇	441226101	沥林镇	441302106
洲仔镇	441223116	回龙镇	441226102	潼湖镇	441302107
怀集县（2 街道，16 镇，1 民族乡）	**441224**	官圩镇	441226103	马安镇	441302108
		马圩镇	441226105	横沥镇	441302110
怀城街道	441224001	高良镇	441226106	芦洲镇	441302113
幸福街道	441224002	莫村镇	441226107	潼侨镇	441302114
坳仔镇	441224102	永丰镇	441226109	**惠阳区（6 街道，6 镇）**	**441303**
汶朗镇	441224103	武垄镇	441226110	淡水街道	441303001
甘洒镇	441224104	播植镇	441226111	秋长街道	441303002
凤岗镇	441224105	凤村镇	441226112	三和街道	441303003
洽水镇	441224106	悦城镇	441226113	西区街道	441303004
梁村镇	441224107	九市镇	441226114	澳头街道	441303005
大岗镇	441224108	**四会市（4 街道，10 镇）**	**441284**	霞涌街道	441303006
岗坪镇	441224109	城中街道	441284001	沙田镇	441303101
冷坑镇	441224110	东城街道	441284002	新圩镇	441303103
马宁镇	441224111	贞山街道	441284003	镇隆镇	441303104

续表 8

行政区划名称	行政区划代码
永湖镇	441303108
良井镇	441303109
平潭镇	441303110
博罗县（2 街道，15 镇）	**441322**
罗阳街道	441322001
龙溪街道	441322002
石坝镇	441322100
麻陂镇	441322102
观音阁镇	441322103
公庄镇	441322104
杨村镇	441322105
柏塘镇	441322106
泰美镇	441322108
湖镇镇	441322113
长宁镇	441322115
福田镇	441322116
龙华镇	441322117
园洲镇	441322119
石湾镇	441322121
杨侨镇	441322122
横河镇	441322123
惠东县（2 街道，12 镇）	**441323**
平山街道	441323001
大岭街道	441323002
白花镇	441323102
梁化镇	441323103
稔山镇	441323104
铁涌镇	441323105
平海镇	441323106
吉隆镇	441323109
多祝镇	441323113
安墩镇	441323115
高潭镇	441323118
宝口镇	441323120
白盆珠镇	441323121
黄埠镇	441323124
龙门县（2 街道，7 镇，1 民族乡）	**441324**
龙城街道	441324001
平陵街道	441324002
麻榨镇	441324100
永汉镇	441324101
龙华镇	441324103
龙江镇	441324105
龙田镇	441324107
龙潭镇	441324109
地派镇	441324110
蓝田瑶族乡	441324200
梅州市（6 街道，104 镇）	**441400**
梅江区（3 街道，4 镇）	**441402**
江南街道	441402004
金山街道	441402006
西郊街道	441402007
三角镇	441402102
长沙镇	441402103
城北镇	441402105
西阳镇	441402106
梅县区（17 镇）	**441403**
松口镇	441403100
城东镇	441403101
石扇镇	441403102
梅西镇	441403103
大坪镇	441403104
石坑镇	441403105
南口镇	441403106
畲江镇	441403107
水车镇	441403108
梅南镇	441403109
丙村镇	441403110
雁洋镇	441403111
白渡镇	441403112
松源镇	441403113
隆文镇	441403114
桃尧镇	441403115
程江镇	441403116
大埔县（14 镇）	**441422**
湖寮镇	441422100
茶阳镇	441422101
高陂镇	441422102
青溪镇	441422103
三河镇	441422105
大麻镇	441422107
银江镇	441422108
洲瑞镇	441422109
光德镇	441422112
桃源镇	441422113
枫朗镇	441422114
百侯镇	441422116
大东镇	441422117
西河镇	441422118
丰顺县（16 镇）	**441423**
汤坑镇	441423100
北斗镇	441423103
汤西镇	441423104
汤南镇	441423105
埔寨镇	441423106
八乡山镇	441423108
丰良镇	441423109
建桥镇	441423110
龙岗镇	441423111
潘田镇	441423112
黄金镇	441423114
鄱隍镇	441423115
大龙华镇	441423118
潭江镇	441423120
小胜镇	441423122
砂田镇	441423123
五华县（16 镇）	**441424**
水寨镇	441424100
河东镇	441424101
转水镇	441424103
华城镇	441424104
岐岭镇	441424106
潭下镇	441424108
长布镇	441424109
周江镇	441424111
横陂镇	441424113
郭田镇	441424117
双华镇	441424118
安流镇	441424120
棉洋镇	441424123
梅林镇	441424125
华阳镇	441424126
龙村镇	441424127
平远县（12 镇）	**441426**
大柘镇	441426100
石正镇	441426101
东石镇	441426102

续表 9

行政区划名称	行政区划代码
仁居镇	441426103
八尺镇	441426104
差干镇	441426105
河头镇	441426107
中行镇	441426108
上举镇	441426109
泗水镇	441426110
长田镇	441426114
热柘镇	441426115
蕉岭县（8 镇）	**441427**
蕉城镇	441427100
长潭镇	441427102
三圳镇	441427103
新铺镇	441427104
文福镇	441427106
广福镇	441427107
蓝坊镇	441427108
南礤镇	441427110
兴宁市（3 街道，17 镇）	**441481**
福兴街道	441481001
兴田街道	441481002
宁新街道	441481003
宁中镇	441481102
新陂镇	441481104
刁坊镇	441481105
永和镇	441481107
径南镇	441481108
坭陂镇	441481110
新圩镇	441481111
水口镇	441481112
罗浮镇	441481115
罗岗镇	441481116
黄槐镇	441481117
黄陂镇	441481118
合水镇	441481122
龙田镇	441481123
石马镇	441481124
大坪镇	441481125
叶塘镇	441481126
汕尾市（14 街道，40 镇）	**441500**
城区（7 街道，3 镇）	**441502**
新港街道	441502001
香洲街道	441502002
凤山街道	441502003
田墘街道	441502004
东洲街道	441502005
遮浪街道	441502006
马宫街道	441502007
红草镇	441502100
东涌镇	441502102
捷胜镇	441502103
海丰县（4 街道，12 镇）	**441521**
小漠街道	441521001
鹅埠街道	441521002
赤石街道	441521003
鲘门街道	441521004
海城镇	441521100
梅陇镇	441521101
联安镇	441521106
陶河镇	441521107
赤坑镇	441521108
大湖镇	441521109
可塘镇	441521110
公平镇	441521111
黄羌镇	441521112
平东镇	441521113
附城镇	441521114
城东镇	441521115
陆河县（8 镇）	**441523**
河田镇	441523100
水唇镇	441523101
河口镇	441523102
新田镇	441523103
上护镇	441523104
螺溪镇	441523105
东坑镇	441523106
南万镇	441523107
陆丰市（3 街道，17 镇）	**441581**
东海街道	441581001
城东街道	441581002
河西街道	441581003
甲子镇	441581101
碣石镇	441581102
湖东镇	441581103
大安镇	441581104
博美镇	441581105
内湖镇	441581106
南塘镇	441581107
陂洋镇	441581108
八万镇	441581109
金厢镇	441581110
潭西镇	441581111
甲东镇	441581112
河东镇	441581115
上英镇	441581116
桥冲镇	441581117
甲西镇	441581118
西南镇	441581119
河源市（6 街道，94 镇，1 民族乡）	**441600**
源城区（6 街道，2 镇）	**441602**
上城街道	441602001
新江街道	441602002
东埔街道	441602003
源西街道	441602004
高埔岗街道	441602005
城东街道	441602006
源南镇	441602100
埔前镇	441602101
紫金县（18 镇）	**441621**
紫城镇	441621100
龙窝镇	441621102
九和镇	441621103
上义镇	441621104
蓝塘镇	441621105
凤安镇	441621106
义容镇	441621107
古竹镇	441621108
临江镇	441621109
柏埔镇	441621110
黄塘镇	441621111
敬梓镇	441621112
水墩镇	441621114
南岭镇	441621116
苏区镇	441621117

续表 10

行政区划名称	行政区划代码	行政区划名称	行政区划代码	行政区划名称	行政区划代码
瓦溪镇	441621119	阳明镇	441624100	南恩街道	441702001
好义镇	441621120	大坝镇	441624102	城南街道	441702002
中坝镇	441621122	长塘镇	441624103	中洲街道	441702005
龙川县（24 镇）	**441622**	下车镇	441624104	城东街道	441702006
老隆镇	441622100	上陵镇	441624105	城北街道	441702007
义都镇	441622102	优胜镇	441624106	白沙街道	441702008
佗城镇	441622103	贝墩镇	441624107	岗列街道	441702009
鹤市镇	441622104	古寨镇	441624108	城西街道	441702010
黄布镇	441622105	彭寨镇	441624110	埠场镇	441702102
紫市镇	441622106	合水镇	441624112	平冈镇	441702103
通衢镇	441622107	公白镇	441624113	闸坡镇	441702105
登云镇	441622109	青州镇	441624114	双捷镇	441702106
丰稔镇	441622110	浰源镇	441624115	**阳东区（11 镇）**	**441704**
四都镇	441622111	热水镇	441624116	东城镇	441704100
铁场镇	441622112	东水镇	441624117	北惯镇	441704101
龙母镇	441622114	礼士镇	441624118	那龙镇	441704102
田心镇	441622115	林寨镇	441624119	东平镇	441704103
黎咀镇	441622116	**东源县（20 镇，1 民族乡）**	**441625**	雅韶镇	441704104
黄石镇	441622117			大沟镇	441704105
赤光镇	441622118	仙塘镇	441625100	新洲镇	441704106
廻龙镇	441622119	灯塔镇	441625101	合山镇	441704107
新田镇	441622120	骆湖镇	441625102	塘坪镇	441704108
车田镇	441622121	船塘镇	441625103	大八镇	441704109
岩镇	441622123	顺天镇	441625104	红丰镇	441704110
麻布岗镇	441622124	上莞镇	441625105	**阳西县（8 镇）**	**441721**
贝岭镇	441622125	曾田镇	441625106	织篢镇	441721100
细坳镇	441622126	柳城镇	441625107	程村镇	441721101
上坪镇	441622127	义合镇	441625108	塘口镇	441721102
连平县（13 镇）	**441623**	蓝口镇	441625109	上洋镇	441721103
元善镇	441623100	黄田镇	441625110	溪头镇	441721104
上坪镇	441623101	叶潭镇	441625111	儒洞镇	441721106
内莞镇	441623102	黄村镇	441625112	新墟镇	441721107
陂头镇	441623104	康禾镇	441625113	沙扒镇	441721108
溪山镇	441623105	锡场镇	441625114	**阳春市（2 街道，15 镇）**	**441781**
隆街镇	441623107	新港镇	441625115		
田源镇	441623108	双江镇	441625116	春城街道	441781001
油溪镇	441623109	涧头镇	441625117	河西街道	441781002
忠信镇	441623110	新回龙镇	441625121	河塱镇	441781101
高莞镇	441623111	半江镇	441625122	松柏镇	441781102
大湖镇	441623113	漳溪畲族乡	441625200	石望镇	441781103
三角镇	441623114	**阳江市（10 街道，38 镇）**	**441700**	春湾镇	441781105
绣缎镇	441623115			合水镇	441781106
和平县（17 镇）	**441624**	**江城区（8 街道，4 镇）**	**441702**	陂面镇	441781107

续表 11

行政区划名称	行政区划代码
圭岗镇	441781108
永宁镇	441781109
马水镇	441781110
岗美镇	441781111
河口镇	441781112
潭水镇	441781113
三甲镇	441781114
双滘镇	441781116
八甲镇	441781117
清远市（5 街道，77 镇，3 民族乡）	**441800**
清城区（4 街道，4 镇）	**441802**
凤城街道	441802001
东城街道	441802002
洲心街道	441802003
横荷街道	441802004
源潭镇	441802100
龙塘镇	441802101
石角镇	441802102
飞来峡镇	441802103
清新区（8 镇）	**441803**
太和镇	441803102
太平镇	441803104
山塘镇	441803105
三坑镇	441803106
龙颈镇	441803112
禾云镇	441803113
浸潭镇	441803117
石潭镇	441803118
佛冈县（6 镇）	**441821**
石角镇	441821100
水头镇	441821101
汤塘镇	441821102
龙山镇	441821103
高岗镇	441821104
迳头镇	441821107
阳山县（12 镇，1 民族乡）	**441823**
青莲镇	441823100
江英镇	441823101
杜步镇	441823104
七拱镇	441823105
太平镇	441823107
杨梅镇	441823108
大崀镇	441823110
小江镇	441823111
岭背镇	441823113
黄坌镇	441823115
黎埠镇	441823116
阳城镇	441823119
秤架瑶族乡	441823201
连山壮族瑶族自治县（7 镇）	**441825**
永和镇	441825100
吉田镇	441825104
太保镇	441825105
禾洞镇	441825106
福堂镇	441825108
小三江镇	441825109
上帅镇	441825111
连南瑶族自治县（7 镇）	**441826**
三江镇	441826100
大麦山镇	441826101
寨岗镇	441826102
三排镇	441826105
涡水镇	441826106
大坪镇	441826108
香坪镇	441826109
英德市（1 街道，23 镇）	**441881**
英城街道	441881001
沙口镇	441881101
望埠镇	441881102
横石水镇	441881103
东华镇	441881104
桥头镇	441881105
青塘镇	441881106
白沙镇	441881108
大站镇	441881109
西牛镇	441881110
九龙镇	441881111
浛洸镇	441881112
大湾镇	441881114
石灰铺镇	441881115
石牯塘镇	441881116
下太镇	441881120
黄花镇	441881121
波罗镇	441881124
横石塘镇	441881125
大洞镇	441881126
连江口镇	441881129
黎溪镇	441881130
水边镇	441881131
英红镇	441881132
连州市（10 镇，2 民族乡）	441882
连州镇	441882100
星子镇	441882101
大路边镇	441882102
龙坪镇	441882103
西岸镇	441882104
保安镇	441882105
丰阳镇	441882106
东陂镇	441882107
九陂镇	441882109
西江镇	441882118
瑶安瑶族乡	441882200
三水瑶族乡	441882201
东莞市（4 街道，28 镇）	**441900**
东城街道	441900003
南城街道	441900004
万江街道	441900005
莞城街道	441900006
石碣镇	441900101
石龙镇	441900102
茶山镇	441900103
石排镇	441900104
企石镇	441900105
横沥镇	441900106
桥头镇	441900107
谢岗镇	441900108
东坑镇	441900109
常平镇	441900110
寮步镇	441900111
樟木头镇	441900112
大朗镇	441900113
黄江镇	441900114
清溪镇	441900115

续表 12

行政区划名称	行政区划代码	行政区划名称	行政区划代码	行政区划名称	行政区划代码
塘厦镇	441900116	太平街道	445102010	汫洲镇	445122123
凤岗镇	441900117	西新街道	445102011	海山镇	445122124
大岭山镇	441900118	意溪镇	445102100	**揭阳市（24 街道，62 镇，2 乡）**	**445200**
长安镇	441900119	磷溪镇	445102101	**榕城区（14 街道，3 镇）**	**445202**
虎门镇	441900121	官塘镇	445102102	榕华街道	445202001
厚街镇	441900122	铁铺镇	445102103	新兴街道	445202002
沙田镇	441900123	**潮安区（16 镇）**	**445103**	中山街道	445202003
道滘镇	441900124	古巷镇	445103100	西马街道	445202004
洪梅镇	441900125	登塘镇	445103101	榕东街道	445202006
麻涌镇	441900126	凤塘镇	445103102	东阳街道	445202008
望牛墩镇	441900127	浮洋镇	445103103	东升街道	445202009
中堂镇	441900128	龙湖镇	445103104	东兴街道	445202010
高埗镇	441900129	金石镇	445103105	仙桥街道	445202011
中山市（8 街道，15 镇）	**442000**	沙溪镇	445103106	梅云街道	445202012
石岐街道	442000001	彩塘镇	445103107	渔湖街道	445202013
东区街道	442000002	东凤镇	445103108	溪南街道	445202014
中山港街道	442000003	庵埠镇	445103109	凤美街道	445202015
西区街道	442000004	江东镇	445103110	京冈街道	445202016
南区街道	442000005	归湖镇	445103111	地都镇	445202102
五桂山街道	442000006	文祠镇	445103112	砲台镇	445202103
民众街道	442000007	凤凰镇	445103113	登岗镇	445202104
南朗街道	442000008	赤凤镇	445103114	**揭东区（2 街道，11 镇）**	**445203**
黄圃镇	442000101	枫溪镇	445103115	曲溪街道	445203001
东凤镇	442000103	**饶平县（21 镇）**	**445122**	磐东街道	445203002
古镇镇	442000105	黄冈镇	445122100	云路镇	445203100
沙溪镇	442000106	上饶镇	445122102	霖磐镇	445203102
坦洲镇	442000107	饶洋镇	445122103	月城镇	445203103
港口镇	442000108	新丰镇	445122104	白塔镇	445203104
三角镇	442000109	建饶镇	445122106	龙尾镇	445203105
横栏镇	442000110	三饶镇	445122107	桂岭镇	445203106
南头镇	442000111	新塘镇	445122108	锡场镇	445203107
阜沙镇	442000112	汤溪镇	445122109	新亨镇	445203108
三乡镇	442000114	浮滨镇	445122110	玉湖镇	445203109
板芙镇	442000115	浮山镇	445122112	埔田镇	445203110
大涌镇	442000116	东山镇	445122113	玉滘镇	445203112
神湾镇	442000117	新圩镇	445122114	**揭西县（1 街道，15 镇，1 乡）**	**445222**
小榄镇	442000118	樟溪镇	445122116	河婆街道	445222001
潮州市（5 街道，41 镇）	**445100**	钱东镇	445122117	龙潭镇	445222102
湘桥区（5 街道，4 镇）	**445102**	高堂镇	445122118	南山镇	445222103
桥东街道	445102007	联饶镇	445122119	五经富镇	445222104
城西街道	445102008	所城镇	445122120		
凤新街道	445102009	大埕镇	445122121		
		柘林镇	445122122		

续表 13

行政区划名称	行政区划代码
京溪园镇	445222105
灰寨镇	445222106
塔头镇	445222107
东园镇	445222108
凤江镇	445222109
棉湖镇	445222110
金和镇	445222111
大溪镇	445222112
钱坑镇	445222113
坪上镇	445222114
五云镇	445222115
上砂镇	445222116
良田乡	445222201
惠来县（15 镇）	**445224**
惠城镇	445224100
靖海镇	445224101
神泉镇	445224102
仙庵镇	445224103
周田镇	445224104
华湖镇	445224105
前詹镇	445224106
葵潭镇	445224107
隆江镇	445224108
溪西镇	445224109
鳌江镇	445224110
东港镇	445224111
东陇镇	445224112
岐石镇	445224113
侨园镇	445224114
普宁市（7 街道，18 镇，1 乡）	**445281**
池尾街道	445281001
流沙北街道	445281002
流沙西街道	445281003
流沙东街道	445281004
流沙南街道	445281005
燎原街道	445281006
大南山街道	445281007
赤岗镇	445281102
大坝镇	445281103
洪阳镇	445281104
南溪镇	445281105
广太镇	445281106
麒麟镇	445281107
南径镇	445281108
占陇镇	445281109
军埠镇	445281110
下架山镇	445281111
高埔镇	445281113
云落镇	445281114
大坪镇	445281115
船埔镇	445281116
梅林镇	445281117
里湖镇	445281119
梅塘镇	445281121
普侨镇	445281122
鲘溪乡	445281201
云浮市（8 街道，55 镇）	**445300**
云城区（4 街道，4 镇）	**445302**
云城街道	445302001
高峰街道	445302002
河口街道	445302003
安塘街道	445302004
腰古镇	445302102
思劳镇	445302103
前锋镇	445302105
南盛镇	445302106
云安区（7 镇）	**445303**
六都镇	445303100
高村镇	445303101
白石镇	445303102
镇安镇	445303103
富林镇	445303104
石城镇	445303107
都杨镇	445303108
新兴县（12 镇）	**445321**
新城镇	445321100
车岗镇	445321101
水台镇	445321103
稔村镇	445321104
东成镇	445321105
太平镇	445321107
里洞镇	445321108
大江镇	445321110
天堂镇	445321112
河头镇	445321113
簕竹镇	445321114
六祖镇	445321115
郁南县（15 镇）	**445322**
都城镇	445322100
平台镇	445322101
桂圩镇	445322102
通门镇	445322104
建城镇	445322105
宝珠镇	445322106
大方镇	445322108
千官镇	445322110
大湾镇	445322111
河口镇	445322112
宋桂镇	445322113
东坝镇	445322114
连滩镇	445322115
历洞镇	445322116
南江口镇	445322117
罗定市（4 街道，17 镇）	**445381**
罗城街道	445381001
素龙街道	445381002
附城街道	445381003
双东街道	445381004
罗镜镇	445381100
太平镇	445381101
分界镇	445381102
罗平镇	445381104
船步镇	445381105
莳塘镇	445381106
苹塘镇	445381107
金鸡镇	445381108
围底镇	445381109
华石镇	445381110
榃滨镇	445381111
黎少镇	445381113
生江镇	445381114
连州镇	445381115
泗纶镇	445381116
加益镇	445381118
龙湾镇	445381119

「广西壮族自治区」

广西壮族自治区（桂）

行政区划名称	行政区划代码
广西壮族自治区(138 街道,806 镇,253 乡,59 民族乡)	**450000**
南宁市（25 街道，89 镇，10 乡，3 民族乡）	**450100**
兴宁区（3 街道，3 镇）	**450102**
民生街道	450102001
朝阳街道	450102002
兴东街道	450102003
三塘镇	450102101
五塘镇	450102107
昆仑镇	450102109
青秀区（5 街道，4 镇）	**450103**
新竹街道	450103001
中山街道	450103002
建政街道	450103003
南湖街道	450103004
津头街道	450103005
刘圩镇	450103100
南阳镇	450103101
伶俐镇	450103102
长塘镇	450103103
江南区（5 街道，4 镇）	**450105**
福建园街道	450105001
江南街道	450105002
沙井街道	450105003
那洪街道	450105004
金凯街道	450105005
吴圩镇	450105102
苏圩镇	450105103
延安镇	450105104
江西镇	450105105
西乡塘区（10 街道，3 镇）	**450107**
衡阳街道	450107001
北湖街道	450107002
西乡塘街道	450107003
安吉街道	450107004
华强街道	450107005
新阳街道	450107006
上尧街道	450107007
安宁街道	450107008
石埠街道	450107009
心圩街道	450107010
金陵镇	450107100
双定镇	450107101
坛洛镇	450107105
良庆区（2 街道，5 镇）	**450108**
大沙田街道	450108001
玉洞街道	450108002
良庆镇	450108100
那马镇	450108101
那陈镇	450108102
大塘镇	450108103
南晓镇	450108104
邕宁区（5 镇）	**450109**
蒲庙镇	450109100
那楼镇	450109101
新江镇	450109102
百济镇	450109103
中和镇	450109104
武鸣区（13 镇）	**450110**
城厢镇	450110100
太平镇	450110102
双桥镇	450110103
宁武镇	450110104
锣圩镇	450110105
仙湖镇	450110106
府城镇	450110107
陆斡镇	450110108
两江镇	450110109
罗波镇	450110110
灵马镇	450110111
甘圩镇	450110112
马头镇	450110113
隆安县（6 镇，4 乡）	**450123**
城厢镇	450123100
南圩镇	450123101
雁江镇	450123102
那桐镇	450123103
乔建镇	450123104
丁当镇	450123105
古潭乡	450123201
都结乡	450123203
布泉乡	450123204
屏山乡	450123205
马山县（7 镇，2 乡，2 民族乡）	**450124**
白山镇	450124100
百龙滩镇	450124101
林圩镇	450124102
古零镇	450124103
金钗镇	450124104
周鹿镇	450124105
永州镇	450124106
乔利乡	450124200
加方乡	450124201
古寨瑶族乡	450124202
里当瑶族乡	450124203
上林县（7 镇，3 乡，1 民族乡）	**450125**
大丰镇	450125100
明亮镇	450125101
巷贤镇	450125102
白圩镇	450125103
三里镇	450125104
乔贤镇	450125105
西燕镇	450125106
澄泰乡	450125200
木山乡	450125202
塘红乡	450125203
镇圩瑶族乡	450125205
宾阳县（16 镇）	**450126**
宾州镇	450126100
黎塘镇	450126101
甘棠镇	450126102
思陇镇	450126103
新桥镇	450126104
新圩镇	450126105

续表 1

行政区划名称	行政区划代码
邹圩镇	450126106
大桥镇	450126107
武陵镇	450126108
中华镇	450126109
古辣镇	450126110
露圩镇	450126111
王灵镇	450126112
和吉镇	450126113
洋桥镇	450126114
陈平镇	450126115
横州市（16 镇，1 乡）	**450181**
横州镇	450181100
百合镇	450181101
那阳镇	450181102
南乡镇	450181103
新福镇	450181104
莲塘镇	450181105
平马镇	450181106
峦城镇	450181107
六景镇	450181108
石塘镇	450181110
陶圩镇	450181112
校椅镇	450181113
云表镇	450181114
马岭镇	450181115
马山镇	450181116
平朗镇	450181117
镇龙乡	450181204
柳州市（32 街道，53 镇，27 乡，6 民族乡）	**450200**
城中区（7 街道）	**450202**
城中街道	450202001
公园街道	450202002
中南街道	450202003
沿江街道	450202004
潭中街道	450202005
河东街道	450202006
静兰街道	450202007
鱼峰区（8 街道，4 镇）	**450203**
天马街道	450203001
驾鹤街道	450203002
箭盘山街道	450203003
五里亭街道	450203004
荣军街道	450203005
白莲街道	450203007
麒麟街道	450203008
阳和街道	450203009
洛埠镇	450203100
雒容镇	450203101
里雍镇	450203102
白沙镇	450203103
柳南区（8 街道，3 镇）	**450204**
河西街道	450204001
柳南街道	450204002
柳石街道	450204003
南站街道	450204004
鹅山街道	450204005
银山街道	450204006
潭西街道	450204007
南环街道	450204008
太阳村镇	450204100
洛满镇	450204101
流山镇	450204102
柳北区（9 街道，3 镇）	**450205**
解放街道	450205001
雅儒街道	450205002
胜利街道	450205003
雀儿山街道	450205004
钢城街道	450205005
柳长街道	450205006
锦绣街道	450205007
白露街道	450205008
跃进街道	450205009
石碑坪镇	450205100
沙塘镇	450205101
长塘镇	450205102
柳江区（8 镇）	**450206**
拉堡镇	450206100
百朋镇	450206102
成团镇	450206103
三都镇	450206106
里高镇	450206107
进德镇	450206108
穿山镇	450206109
土博镇	450206110
柳城县（10 镇，1 乡，1 民族乡）	**450222**
大埔镇	450222100
龙头镇	450222101
太平镇	450222102
沙埔镇	450222103
东泉镇	450222104
凤山镇	450222105
六塘镇	450222106
冲脉镇	450222107
寨隆镇	450222108
马山镇	450222109
社冲乡	450222201
古砦仫佬族乡	450222202
鹿寨县（6 镇，3 乡）	**450223**
鹿寨镇	450223100
中渡镇	450223102
寨沙镇	450223103
平山镇	450223104
黄冕镇	450223105
四排镇	450223106
江口乡	450223202
导江乡	450223203
拉沟乡	450223205
融安县（6 镇，6 乡）	**450224**
长安镇	450224100
浮石镇	450224101
泗顶镇	450224102
板榄镇	450224103
大将镇	450224104
大良镇	450224105
雅瑶乡	450224202
大坡乡	450224203
东起乡	450224204
沙子乡	450224205
桥板乡	450224206

续表 2

行政区划名称	行政区划代码	行政区划名称	行政区划代码	行政区划名称	行政区划代码
潭头乡	450224207	同乐苗族乡	450226212	茶洞镇	450312108
融水苗族自治县（7镇，11乡，2民族乡）	**450225**	**桂林市（13街道，88镇，31乡，15民族乡）**	**450300**	宛田瑶族乡	450312203
				黄沙瑶族乡	450312204
				阳朔县（6镇，3乡）	**450321**
融水镇	450225100	**秀峰区（3街道）**	**450302**	阳朔镇	450321100
和睦镇	450225101	秀峰街道	450302001	白沙镇	450321101
三防镇	450225102	丽君街道	450302002	福利镇	450321102
怀宝镇	450225103	甲山街道	450302003	兴坪镇	450321103
洞头镇	450225104	**叠彩区（2街道，1乡）**	**450303**	葡萄镇	450321104
大浪镇	450225105	叠彩街道	450303001	高田镇	450321105
永乐镇	450225106	北门街道	450303002	金宝乡	450321200
四荣乡	450225202	大河乡	450303200	普益乡	450321201
香粉乡	450225203	**象山区（3街道，1乡）**	**450304**	杨堤乡	450321202
安太乡	450225204	南门街道	450304001	**灵川县（7镇，3乡，2民族乡）**	**450323**
汪洞乡	450225206	象山街道	450304002		
同练瑶族乡	450225207	平山街道	450304003	灵川镇	450323100
滚贝侗族乡	450225208	二塘乡	450304200	大圩镇	450323101
杆洞乡	450225209	**七星区（4街道，1乡）**	**450305**	定江镇	450323102
安陲乡	450225210	七星街道	450305001	三街镇	450323103
白云乡	450225212	东江街道	450305002	潭下镇	450323104
红水乡	450225213	穿山街道	450305003	九屋镇	450323106
拱洞乡	450225214	漓东街道	450305004	灵田镇	450323107
良寨乡	450225215	朝阳乡	450305201	潮田乡	450323200
大年乡	450225216	**雁山区（1街道，2镇，1乡，1民族乡）**	**450311**	大境瑶族乡	450323201
三江侗族自治县（6镇，6乡，3民族乡）	**450226**			海洋乡	450323202
				兰田瑶族乡	450323206
		良丰街道	450311001	公平乡	450323207
古宜镇	450226100	雁山镇	450311100	**全州县（15镇，1乡，2民族乡）**	**450324**
丹洲镇	450226101	柘木镇	450311101		
斗江镇	450226102	大埠乡	450311200	全州镇	450324100
林溪镇	450226103	草坪回族乡	450311201	黄沙河镇	450324101
八江镇	450226104	**临桂区（9镇，2民族乡）**	**450312**	庙头镇	450324102
独峒镇	450226105			文桥镇	450324103
程村乡	450226201	临桂镇	450312100	大西江镇	450324104
和平乡	450226202	六塘镇	450312101	龙水镇	450324105
老堡乡	450226203	会仙镇	450312102	才湾镇	450324106
高基瑶族乡	450226204	两江镇	450312103	绍水镇	450324107
良口乡	450226205	五通镇	450312104	石塘镇	450324108
洋溪乡	450226206	四塘镇	450312105	安和镇	450324109
富禄苗族乡	450226207	南边山镇	450312106	两河镇	450324110
梅林乡	450226208	中庸镇	450312107	凤凰镇	450324111

续表 3

行政区划名称	行政区划代码
咸水镇	450324112
枧塘镇	450324113
永岁镇	450324114
蕉江瑶族乡	450324204
白宝乡	450324208
东山瑶族乡	450324209
兴安县（6 镇，3 乡，1 民族乡）	**450325**
兴安镇	450325100
湘漓镇	450325101
界首镇	450325102
高尚镇	450325103
严关镇	450325104
溶江镇	450325105
漠川乡	450325200
白石乡	450325201
崔家乡	450325202
华江瑶族乡	450325203
永福县（6 镇，3 乡）	**450326**
永福镇	450326100
罗锦镇	450326101
百寿镇	450326102
苏桥镇	450326103
三皇镇	450326104
堡里镇	450326105
广福乡	450326202
永安乡	450326204
龙江乡	450326205
灌阳县（6 镇，1 乡，2 民族乡）	**450327**
灌阳镇	450327100
黄关镇	450327101
文市镇	450327102
新街镇	450327103
新圩镇	450327104
水车镇	450327105
洞井瑶族乡	450327200
观音阁乡	450327201
西山瑶族乡	450327202
龙胜各族自治县（6 镇，4 乡）	**450328**
龙胜镇	450328100
瓢里镇	450328101
三门镇	450328102
平等镇	450328103
龙脊镇	450328104
乐江镇	450328105
泗水乡	450328201
江底乡	450328202
马堤乡	450328203
伟江乡	450328204
资源县（3 镇，1 乡，3 民族乡）	**450329**
资源镇	450329101
梅溪镇	450329102
中峰镇	450329103
瓜里乡	450329203
车田苗族乡	450329204
两水苗族乡	450329205
河口瑶族乡	450329206
平乐县（6 镇，3 乡，1 民族乡）	**450330**
平乐镇	450330100
二塘镇	450330101
沙子镇	450330102
同安镇	450330103
张家镇	450330104
源头镇	450330105
阳安乡	450330201
青龙乡	450330202
桥亭乡	450330203
大发瑶族乡	450330205
恭城瑶族自治县（6 镇，3 乡）	**450332**
恭城镇	450332100
栗木镇	450332101
莲花镇	450332102
嘉会镇	450332103
西岭镇	450332104
平安镇	450332105
三江乡	450332201
观音乡	450332204
龙虎乡	450332205
荔浦市（10 镇，2 乡，1 民族乡）	**450381**
荔城镇	450381100
东昌镇	450381101
新坪镇	450381102
杜莫镇	450381103
青山镇	450381104
修仁镇	450381105
大塘镇	450381106
花篢镇	450381107
双江镇	450381108
马岭镇	450381109
龙怀乡	450381200
茶城乡	450381201
蒲芦瑶族乡	450381202
梧州市（8 街道，53 镇，3 乡，2 民族乡）	**450400**
万秀区（5 街道，3 镇）	**450403**
城南街道	450403002
城北街道	450403004
角嘴街道	450403005
东兴街道	450403006
富民街道	450403007
城东镇	450403105
龙湖镇	450403107
夏郢镇	450403108
长洲区（3 街道，2 镇）	**450405**
大塘街道	450405001
兴龙街道	450405002
红岭街道	450405003
长洲镇	450405101
倒水镇	450405102
龙圩区（4 镇）	**450406**
龙圩镇	450406100
新地镇	450406101
广平镇	450406102
大坡镇	450406103
苍梧县（9 镇）	**450421**
岭脚镇	450421105
京南镇	450421108

续表 4

行政区划名称	行政区划代码	行政区划名称	行政区划代码	行政区划名称	行政区划代码
狮寨镇	450421109	大隆镇	450481106	石湾镇	450521110
六堡镇	450421112	梨木镇	450481107	石康镇	450521111
梨埠镇	450421113	大业镇	450481108	常乐镇	450521112
木双镇	450421114	筋竹镇	450481109	星岛湖镇	450521113
石桥镇	450421115	诚谏镇	450481110	曲樟乡	450521200
沙头镇	450421116	归义镇	450481111	**防城港市（7 街道，17 镇，4 乡，2 民族乡）**	**450600**
旺甫镇	450421117	糯垌镇	450481112		
藤县（15 镇，2 乡）	**450422**	安平镇	450481113	**港口区（4 街道，2 镇）**	**450602**
藤州镇	450422100	三堡镇	450481114	渔洲坪街道	450602001
塘步镇	450422103	波塘镇	450481115	白沙沥街道	450602002
埌南镇	450422104	**北海市（7 街道，22 镇，1 乡）**	**450500**	沙潭江街道	450602003
同心镇	450422105			王府街道	450602004
金鸡镇	450422106	**海城区（7 街道，1 镇）**	**450502**	企沙镇	450602100
新庆镇	450422107	中街街道	450502001	光坡镇	450602101
象棋镇	450422108	东街街道	450502002	**防城区（3 街道，8 镇，1 乡，1 民族乡）**	**450603**
岭景镇	450422109	西街街道	450502003		
天平镇	450422110	海角街道	450502004		
濛江镇	450422111	地角街道	450502005	水营街道	450603001
和平镇	450422112	高德街道	450502006	珠河街道	450603002
太平镇	450422113	驿马街道	450502007	文昌街道	450603003
古龙镇	450422114	涠洲镇	450502100	大菉镇	450603101
东荣镇	450422115	**银海区（4 镇）**	**450503**	华石镇	450603102
大黎镇	450422116	福成镇	450503100	那梭镇	450603103
平福乡	450422200	银滩镇	450503101	那良镇	450603104
宁康乡	450422201	平阳镇	450503102	峒中镇	450603105
蒙山县（6 镇，1 乡，2 民族乡）	**450423**	侨港镇	450503103	茅岭镇	450603106
		铁山港区（3 镇）	**450512**	江山镇	450603107
蒙山镇	450423100	南康镇	450512100	扶隆镇	450603108
西河镇	450423101	营盘镇	450512101	滩营乡	450603204
新圩镇	450423102	兴港镇	450512102	十万山瑶族乡	450603209
文圩镇	450423103	**合浦县（14 镇，1 乡）**	**450521**	**上思县（4 镇，3 乡，1 民族乡）**	**450621**
黄村镇	450423104	廉州镇	450521100		
陈塘镇	450423105	党江镇	450521101	思阳镇	450621100
汉豪乡	450423200	西场镇	450521102	在妙镇	450621101
长坪瑶族乡	450423201	沙岗镇	450521103	华兰镇	450621102
夏宜瑶族乡	450423202	乌家镇	450521104	叫安镇	450621103
岑溪市（14 镇）	**450481**	闸口镇	450521105	南屏瑶族乡	450621203
岑城镇	450481100	公馆镇	450521106	平福乡	450621204
马路镇	450481102	白沙镇	450521107	那琴乡	450621206
南渡镇	450481103	山口镇	450521108	公正乡	450621208
水汶镇	450481105	沙田镇	450521109		

续表 5

行政区划名称	行政区划代码
东兴市（3 镇）	**450681**
东兴镇	450681100
江平镇	450681101
马路镇	450681102
钦州市（12 街道，54 镇）	**450700**
钦南区（5 街道，11 镇）	**450702**
向阳街道	450702001
水东街道	450702002
文峰街道	450702003
南珠街道	450702004
尖山街道	450702005
沙埠镇	450702100
康熙岭镇	450702101
黄屋屯镇	450702102
大番坡镇	450702104
龙门港镇	450702105
犀牛脚镇	450702106
久隆镇	450702107
东场镇	450702108
那丽镇	450702109
那彭镇	450702110
那思镇	450702111
钦北区（3 街道，11 镇）	**450703**
长田街道	450703001
鸿亭街道	450703002
子材街道	450703003
大垌镇	450703100
平吉镇	450703101
青塘镇	450703102
小董镇	450703103
板城镇	450703104
那蒙镇	450703106
长滩镇	450703107
新棠镇	450703108
大直镇	450703109
大寺镇	450703110
贵台镇	450703111
灵山县（2 街道，17 镇）	**450721**
三海街道	450721001
灵城街道	450721002
新圩镇	450721102
丰塘镇	450721103
平山镇	450721104
石塘镇	450721105
佛子镇	450721106
平南镇	450721107
烟墩镇	450721108
檀圩镇	450721109
那隆镇	450721110
三隆镇	450721111
陆屋镇	450721112
旧州镇	450721113
太平镇	450721114
沙坪镇	450721115
武利镇	450721116
文利镇	450721117
伯劳镇	450721118
浦北县（2 街道，15 镇）	**450722**
小江街道	450722001
江城街道	450722002
泉水镇	450722101
石埇镇	450722102
安石镇	450722103
张黄镇	450722104
大成镇	450722105
白石水镇	450722106
北通镇	450722107
三合镇	450722108
龙门镇	450722109
福旺镇	450722111
寨圩镇	450722112
乐民镇	450722113
六硍镇	450722114
平睦镇	450722115
官垌镇	450722116
贵港市（10 街道，55 镇，10 乡，2 民族乡）	**450800**
港北区（5 街道，4 镇，2 乡）	**450802**
贵城街道	450802001
港城街道	450802002
荷城街道	450802003
布山街道	450802004
西江街道	450802005
大圩镇	450802101
庆丰镇	450802102
根竹镇	450802103
武乐镇	450802104
奇石乡	450802200
中里乡	450802201
港南区（2 街道，7 镇）	**450803**
江南街道	450803001
八塘街道	450803002
桥圩镇	450803100
木格镇	450803101
木梓镇	450803102
湛江镇	450803103
东津镇	450803104
新塘镇	450803106
瓦塘镇	450803107
覃塘区（1 街道，7 镇，2 乡）	**450804**
覃塘街道	450804001
东龙镇	450804101
三里镇	450804102
黄练镇	450804103
石卡镇	450804104
五里镇	450804105
樟木镇	450804106
蒙公镇	450804107
山北乡	450804200
大岭乡	450804203
平南县（2 街道，16 镇，1 乡，2 民族乡）	**450821**
平南街道	450821001
上渡街道	450821002
平山镇	450821101
寺面镇	450821102
六陈镇	450821103
大新镇	450821104

续表 6

行政区划名称	行政区划代码	行政区划名称	行政区划代码	行政区划名称	行政区划代码
大安镇	450821105	罗播乡	450881203	珊罗镇	450922104
武林镇	450821106	厚禄乡	450881204	平乐镇	450922105
大坡镇	450821107	**玉林市（8街道，102镇）**	**450900**	沙坡镇	450922106
大洲镇	450821108	**玉州区（5街道，4镇）**	**450902**	大桥镇	450922107
镇隆镇	450821109	玉城街道	450902001	乌石镇	450922108
安怀镇	450821112	南江街道	450902002	良田镇	450922109
丹竹镇	450821113	城西街道	450902003	清湖镇	450922110
官成镇	450821114	城北街道	450902004	古城镇	450922111
思旺镇	450821115	名山街道	450902005	横山镇	450922112
大鹏镇	450821116	茂林镇	450902101	滩面镇	450922113
同和镇	450821117	仁东镇	450902102	沙湖镇	450922114
东华镇	450821118	仁厚镇	450902103	**博白县（28镇）**	**450923**
思界乡	450821202	大塘镇	450902104	博白镇	450923100
国安瑶族乡	450821203	**福绵区（6镇）**	**450903**	径口镇	450923101
马练瑶族乡	450821204	福绵镇	450903100	双凤镇	450923102
桂平市（21镇，5乡）	**450881**	成均镇	450903101	顿谷镇	450923105
西山镇	450881100	樟木镇	450903102	水鸣镇	450923106
木乐镇	450881101	新桥镇	450903103	那林镇	450923107
木圭镇	450881102	沙田镇	450903104	江宁镇	450923108
石咀镇	450881103	石和镇	450903105	三滩镇	450923109
油麻镇	450881104	**容县（15镇）**	**450921**	黄凌镇	450923110
社坡镇	450881105	容州镇	450921100	亚山镇	450923111
罗秀镇	450881106	杨梅镇	450921102	旺茂镇	450923112
麻垌镇	450881107	灵山镇	450921103	东平镇	450923114
社步镇	450881108	六王镇	450921104	沙河镇	450923115
下湾镇	450881109	黎村镇	450921105	菱角镇	450923116
木根镇	450881110	杨村镇	450921106	新田镇	450923117
中沙镇	450881111	县底镇	450921107	凤山镇	450923118
大洋镇	450881113	自良镇	450921108	宁潭镇	450923119
大湾镇	450881114	松山镇	450921109	文地镇	450923120
白沙镇	450881115	罗江镇	450921110	英桥镇	450923121
石龙镇	450881116	石头镇	450921111	那卜镇	450923122
蒙圩镇	450881117	石寨镇	450921112	大垌镇	450923123
紫荆镇	450881118	十里镇	450921113	沙陂镇	450923124
南木镇	450881119	容西镇	450921114	双旺镇	450923125
江口镇	450881120	浪水镇	450921115	松旺镇	450923126
金田镇	450881121	**陆川县（14镇）**	**450922**	龙潭镇	450923127
马皮乡	450881200	温泉镇	450922101	大坝镇	450923128
垌心乡	450881201	米场镇	450922102	永安镇	450923129
寻旺乡	450881202	马坡镇	450922103	浪平镇	450923130

续表 7

行政区划名称	行政区划代码
兴业县（13 镇）	**450924**
石南镇	450924100
大平山镇	450924101
葵阳镇	450924102
城隍镇	450924103
山心镇	450924104
沙塘镇	450924105
蒲塘镇	450924106
北市镇	450924107
龙安镇	450924108
高峰镇	450924109
小平山镇	450924110
卖酒镇	450924111
洛阳镇	450924124
北流市（3 街道，22 镇）	**450981**
陵城街道	450981001
城南街道	450981002
城北街道	450981003
北流镇	450981100
新荣镇	450981101
民安镇	450981102
山围镇	450981103
民乐镇	450981104
西埌镇	450981105
新圩镇	450981106
大里镇	450981107
塘岸镇	450981108
清水口镇	450981109
隆盛镇	450981110
大坡外镇	450981111
六麻镇	450981112
新丰镇	450981113
沙垌镇	450981114
平政镇	450981115
白马镇	450981116
大伦镇	450981117
扶新镇	450981118
六靖镇	450981119
石窝镇	450981120
清湾镇	450981122
百色市（2 街道，75 镇，45 乡，13 民族乡）	**451000**
右江区（2 街道，4 镇，2 乡，1 民族乡）	**451002**
百城街道	451002001
龙景街道	451002002
阳圩镇	451002101
四塘镇	451002102
龙川镇	451002103
永乐镇	451002104
汪甸瑶族乡	451002202
大楞乡	451002204
泮水乡	451002206
田阳区（9 镇，1 乡）	**451003**
田州镇	451003100
那坡镇	451003101
坡洪镇	451003102
那满镇	451003103
百育镇	451003104
玉凤镇	451003105
头塘镇	451003106
五村镇	451003107
洞靖镇	451003108
巴别乡	451003204
田东县（9 镇，1 民族乡）	**451022**
平马镇	451022100
祥周镇	451022101
林逢镇	451022103
思林镇	451022105
印茶镇	451022106
江城镇	451022107
朔良镇	451022108
义圩镇	451022109
那拔镇	451022110
作登瑶族乡	451022201
德保县（7 镇，5 乡）	**451024**
城关镇	451024100
隆桑镇	451024101
敬德镇	451024102
足荣镇	451024103
马隘镇	451024122
东凌镇	451024123
那甲镇	451024124
都安乡	451024201
荣华乡	451024205
燕峒乡	451024207
龙光乡	451024208
巴头乡	451024210
那坡县（3 镇，6 乡）	**451026**
城厢镇	451026100
平孟镇	451026101
龙合镇	451026102
坡荷乡	451026200
德隆乡	451026203
百合乡	451026204
百南乡	451026205
百省乡	451026207
百都乡	451026208
凌云县（4 镇，4 民族乡）	**451027**
泗城镇	451027100
逻楼镇	451027101
加尤镇	451027102
下甲镇	451027103
伶站瑶族乡	451027201
朝里瑶族乡	451027202
沙里瑶族乡	451027203
玉洪瑶族乡	451027205
乐业县（4 镇，4 乡）	**451028**
同乐镇	451028100
甘田镇	451028101
新化镇	451028102
花坪镇	451028103
逻沙乡	451028201
逻西乡	451028203
幼平乡	451028204
雅长乡	451028205
田林县（5 镇，5 乡，4 民族乡）	**451029**
乐里镇	451029100
旧州镇	451029101
定安镇	451029102

续表 8

行政区划名称	行政区划代码
六隆镇	451029103
浪平镇	451029104
潞城瑶族乡	451029200
利周瑶族乡	451029202
平塘乡	451029203
八桂瑶族乡	451029206
八渡瑶族乡	451029208
那比乡	451029210
高龙乡	451029211
百乐乡	451029213
者苗乡	451029215
西林县（4镇，1乡，3民族乡）	**451030**
八达镇	451030100
古障镇	451030101
那劳镇	451030102
马蚌镇	451030103
普合苗族乡	451030203
西平乡	451030204
那佐苗族乡	451030206
足别瑶族苗族乡	451030208
隆林各族自治县（6镇，10乡）	**451031**
新州镇	451031100
桠杈镇	451031101
天生桥镇	451031102
平班镇	451031103
德峨镇	451031104
隆或镇	451031105
沙梨乡	451031200
者保乡	451031203
者浪乡	451031204
革步乡	451031205
金钟山乡	451031206
猪场乡	451031208
蛇场乡	451031210
克长乡	451031211
岩茶乡	451031213
介廷乡	451031215
靖西市（11镇，8乡）	**451081**
新靖镇	451081100
化峒镇	451081101
湖润镇	451081102
安德镇	451081103
龙临镇	451081104
渠洋镇	451081105
岳圩镇	451081106
龙邦镇	451081107
武平镇	451081108
禄峒镇	451081109
地州镇	451081110
同德乡	451081200
壬庄乡	451081201
安宁乡	451081202
南坡乡	451081206
吞盘乡	451081207
果乐乡	451081209
新甲乡	451081210
魁圩乡	451081215
平果市（9镇，3乡）	**451082**
马头镇	451082100
新安镇	451082101
果化镇	451082102
太平镇	451082103
坡造镇	451082104
四塘镇	451082105
旧城镇	451082106
榜圩镇	451082107
凤梧镇	451082108
海城乡	451082202
黎明乡	451082205
同老乡	451082206
贺州市（4街道，47镇，5乡，5民族乡）	**451100**
八步区（3街道，12镇，1民族乡）	**451102**
八步街道	451102001
城东街道	451102002
江南街道	451102003
贺街镇	451102101
步头镇	451102102
莲塘镇	451102103
大宁镇	451102104
南乡镇	451102105
桂岭镇	451102106
开山镇	451102107
里松镇	451102109
信都镇	451102114
灵峰镇	451102115
仁义镇	451102116
铺门镇	451102117
黄洞瑶族乡	451102200
平桂区（1街道，7镇，1民族乡）	**451103**
西湾街道	451103001
黄田镇	451103100
鹅塘镇	451103101
沙田镇	451103102
公会镇	451103103
水口镇	451103104
望高镇	451103105
羊头镇	451103106
大平瑶族乡	451103200
昭平县（9镇，2乡，1民族乡）	**451121**
昭平镇	451121100
文竹镇	451121101
黄姚镇	451121102
富罗镇	451121103
北陀镇	451121104
马江镇	451121105
五将镇	451121107
走马镇	451121108
樟木林镇	451121109
仙回瑶族乡	451121201
凤凰乡	451121206
木格乡	451121208
钟山县（10镇，2民族乡）	**451122**
钟山镇	451122100
回龙镇	451122105
石龙镇	451122106
凤翔镇	451122107

续表 9

行政区划名称	行政区划代码
珊瑚镇	451122108
同古镇	451122109
公安镇	451122110
清塘镇	451122112
燕塘镇	451122113
红花镇	451122114
花山瑶族乡	451122200
两安瑶族乡	451122201
富川瑶族自治县（9 镇，3 乡）	**451123**
富阳镇	451123100
白沙镇	451123101
莲山镇	451123102
古城镇	451123103
福利镇	451123104
麦岭镇	451123105
葛坡镇	451123106
城北镇	451123107
朝东镇	451123108
新华乡	451123200
石家乡	451123201
柳家乡	451123203
河池市（3 街道，65 镇，62 乡，11 民族乡）	**451200**
金城江区（1 街道，7 镇，4 乡）	**451202**
金城江街道	451202001
东江镇	451202101
六圩镇	451202102
六甲镇	451202103
河池镇	451202104
拔贡镇	451202105
九圩镇	451202106
五圩镇	451202107
白土乡	451202200
侧岭乡	451202203
保平乡	451202204
长老乡	451202205
宜州区（9 镇，5 乡，2 民族乡）	**451203**
庆远镇	451203100
三岔镇	451203101
洛西镇	451203102
怀远镇	451203103
德胜镇	451203104
石别镇	451203105
北山镇	451203106
洛东镇	451203107
刘三姐镇	451203108
祥贝乡	451203200
屏南乡	451203203
福龙瑶族乡	451203207
北牙瑶族乡	451203208
同德乡	451203210
安马乡	451203211
龙头乡	451203213
南丹县（8 镇，3 民族乡）	**451221**
城关镇	451221100
大厂镇	451221101
车河镇	451221102
芒场镇	451221103
六寨镇	451221104
月里镇	451221105
吾隘镇	451221106
罗富镇	451221107
中堡苗族乡	451221202
八圩瑶族乡	451221203
里湖瑶族乡	451221204
天峨县（2 镇，6 乡，1 民族乡）	**451222**
六排镇	451222100
向阳镇	451222101
岜暮乡	451222200
八腊瑶族乡	451222201
纳直乡	451222203
更新乡	451222204
下老乡	451222206
坡结乡	451222207
三堡乡	451222208
凤山县（1 街道，3 镇，3 乡，3 民族乡）	**451223**
思源街道	451223001
凤城镇	451223100
长洲镇	451223101
三门海镇	451223102
砦牙乡	451223201
乔音乡	451223203
金牙瑶族乡	451223205
中亭乡	451223207
平乐瑶族乡	451223208
江洲瑶族乡	451223209
东兰县（6 镇，7 乡，1 民族乡）	**451224**
东兰镇	451224100
隘洞镇	451224101
长乐镇	451224102
三石镇	451224103
武篆镇	451224104
长江镇	451224105
泗孟乡	451224200
兰木乡	451224201
巴畴乡	451224203
金谷乡	451224204
三弄瑶族乡	451224205
大同乡	451224206
花香乡	451224207
切学乡	451224208
罗城仫佬族自治县（7 镇，4 乡）	**451225**
东门镇	451225100
龙岸镇	451225101
黄金镇	451225102
小长安镇	451225103
四把镇	451225105
天河镇	451225106
怀群镇	451225107
宝坛乡	451225200
乔善乡	451225202
纳翁乡	451225203

续表 10

行政区划名称	行政区划代码
兼爱乡	451225204
环江毛南族自治县（1 街道，6 镇，5 乡，1 民族乡）	**451226**
城西街道	451226001
思恩镇	451226100
水源镇	451226101
洛阳镇	451226102
川山镇	451226103
明伦镇	451226104
东兴镇	451226105
大才乡	451226200
下南乡	451226202
大安乡	451226204
长美乡	451226205
龙岩乡	451226206
驯乐苗族乡	451226207
巴马瑶族自治县（3 镇，7 乡）	**451227**
巴马镇	451227100
甲篆镇	451227101
燕洞镇	451227102
那社乡	451227202
所略乡	451227203
西山乡	451227205
东山乡	451227207
凤凰乡	451227208
百林乡	451227209
那桃乡	451227210
都安瑶族自治县（10 镇，9 乡）	**451228**
安阳镇	451228100
高岭镇	451228101
地苏镇	451228102
下坳镇	451228103
拉烈镇	451228104
百旺镇	451228105
澄江镇	451228106
大兴镇	451228107
拉仁镇	451228108
永安镇	451228109
东庙乡	451228204
隆福乡	451228208
保安乡	451228209
板岭乡	451228210
三只羊乡	451228212
龙湾乡	451228213
菁盛乡	451228214
加贵乡	451228217
九渡乡	451228219
大化瑶族自治县（4 镇，12 乡）	**451229**
大化镇	451229100
都阳镇	451229101
岩滩镇	451229102
北景镇	451229103
共和乡	451229200
贡川乡	451229201
百马乡	451229202
古河乡	451229203
古文乡	451229204
江南乡	451229205
羌圩乡	451229206
乙圩乡	451229207
板升乡	451229210
七百弄乡	451229211
雅龙乡	451229213
六也乡	451229214
来宾市（4 街道，45 镇，21 乡）	**451300**
兴宾区（4 街道，16 镇，4 乡）	**451302**
城北街道	451302001
城东街道	451302002
河西街道	451302003
来华街道	451302004
凤凰镇	451302101
良江镇	451302102
小平阳镇	451302103
迁江镇	451302104
石陵镇	451302105
平阳镇	451302106
蒙村镇	451302107
大湾镇	451302108
桥巩镇	451302109
寺山镇	451302110
城厢镇	451302111
三五镇	451302112
陶邓镇	451302113
石牙镇	451302114
五山镇	451302115
良塘镇	451302116
七洞乡	451302206
南泗乡	451302213
高安乡	451302214
正龙乡	451302216
忻城县（6 镇，6 乡）	**451321**
城关镇	451321100
大塘镇	451321101
思练镇	451321102
红渡镇	451321103
古蓬镇	451321104
果遂镇	451321105
马泗乡	451321201
欧洞乡	451321202
安东乡	451321203
新圩乡	451321205
遂意乡	451321206
北更乡	451321207
象州县（8 镇，3 乡）	**451322**
象州镇	451322100
石龙镇	451322101
运江镇	451322102
寺村镇	451322103
中平镇	451322104
罗秀镇	451322105
大乐镇	451322106
马坪镇	451322107
妙皇乡	451322201

续表 11

行政区划名称	行政区划代码
百丈乡	451322202
水晶乡	451322203
武宣县（9 镇，1 乡）	**451323**
武宣镇	451323100
桐岭镇	451323101
通挽镇	451323102
东乡镇	451323103
三里镇	451323104
二塘镇	451323105
黄茆镇	451323106
禄新镇	451323107
思灵镇	451323108
金鸡乡	451323205
金秀瑶族自治县（3 镇，7 乡）	**451324**
金秀镇	451324100
桐木镇	451324101
头排镇	451324102
三角乡	451324200
忠良乡	451324201
罗香乡	451324202
长垌乡	451324203
大樟乡	451324204
六巷乡	451324205
三江乡	451324207
合山市（3 镇）	**451381**
岭南镇	451381100
北泗镇	451381101
河里镇	451381102
崇左市（3 街道，41 镇，34 乡）	**451400**
江州区（3 街道，6 镇，2 乡）	**451402**
太平街道	451402001
江南街道	451402002
石景林街道	451402003
新和镇	451402101
濑湍镇	451402102
江州镇	451402103
左州镇	451402104
那隆镇	451402105
驮卢镇	451402106
罗白乡	451402201
板利乡	451402202
扶绥县（8 镇，3 乡）	**451421**
新宁镇	451421100
渠黎镇	451421101
渠旧镇	451421102
柳桥镇	451421103
东门镇	451421104
山圩镇	451421105
中东镇	451421106
东罗镇	451421107
龙头乡	451421201
岜盆乡	451421202
昌平乡	451421203
宁明县（7 镇，6 乡）	**451422**
城中镇	451422100
爱店镇	451422101
明江镇	451422102
海渊镇	451422103
那堪镇	451422104
桐棉镇	451422105
亭亮镇	451422106
寨安乡	451422202
峙浪乡	451422203
东安乡	451422204
板棍乡	451422205
北江乡	451422206
那楠乡	451422209
龙州县（5 镇，7 乡）	**451423**
龙州镇	451423100
下冻镇	451423101
水口镇	451423102
金龙镇	451423103
响水镇	451423104
八角乡	451423201
上降乡	451423202
彬桥乡	451423203
上龙乡	451423204
武德乡	451423205
逐卜乡	451423206
上金乡	451423207
大新县（5 镇，9 乡）	**451424**
桃城镇	451424100
全茗镇	451424101
雷平镇	451424102
硕龙镇	451424103
下雷镇	451424104
五山乡	451424200
龙门乡	451424201
昌明乡	451424202
福隆乡	451424203
那岭乡	451424204
恩城乡	451424205
榄圩乡	451424206
宝圩乡	451424207
堪圩乡	451424208
天等县（6 镇，7 乡）	**451425**
天等镇	451425100
龙茗镇	451425101
进结镇	451425102
向都镇	451425103
东平镇	451425104
福新镇	451425105
都康乡	451425200
宁干乡	451425201
驮堪乡	451425202
进远乡	451425205
上映乡	451425206
把荷乡	451425207
小山乡	451425208
凭祥市（4 镇）	**451481**
凭祥镇	451481100
友谊镇	451481101
上石镇	451481102
夏石镇	451481103

「海南省」

海南省（琼）

行政区划名称	行政区划代码
海南省（22 街道，175 镇，21 乡）	**460000**
海口市（21 街道，22 镇）	**460100**
秀英区（2 街道，6 镇）	**460105**
秀英街道	460105001
海秀街道	460105002
长流镇	460105100
西秀镇	460105101
海秀镇	460105102
石山镇	460105103
永兴镇	460105104
东山镇	460105105
龙华区（6 街道，5 镇）	**460106**
中山街道	460106001
滨海街道	460106002
金贸街道	460106003
大同街道	460106004
海垦街道	460106005
金宇街道	460106006
城西镇	460106100
龙桥镇	460106101
新坡镇	460106102
遵谭镇	460106103
龙泉镇	460106104
琼山区（4 街道，7 镇）	**460107**
国兴街道	460107001
府城街道	460107002
滨江街道	460107003
凤翔街道	460107004
龙塘镇	460107101
云龙镇	460107102
红旗镇	460107103
三门坡镇	460107104
大坡镇	460107105
甲子镇	460107106
旧州镇	460107107
美兰区（9 街道，4 镇）	**460108**
海府街道	460108001
蓝天街道	460108002
博爱街道	460108003
海甸街道	460108004
人民路街道	460108005
白龙街道	460108006
和平南街道	460108007
白沙街道	460108008
新埠街道	460108009
灵山镇	460108101
演丰镇	460108102
三江镇	460108103
大致坡镇	460108104
三亚市（0 街道）	**460200**
海棠区（0 街道）	**460202**
吉阳区（0 街道）	**460203**
天涯区（0 街道）	**460204**
崖州区（0 街道）	**460205**
三沙市（0 街道）	**460300**
西沙区（0 街道）	
南沙区（0 街道）	
儋州市（1 街道，16 镇）	**460400**
三都街道	460400001
那大镇	460400100
和庆镇	460400101
南丰镇	460400102
大成镇	460400103
雅星镇	460400104
兰洋镇	460400105
光村镇	460400106
木棠镇	460400107
海头镇	460400108
峨蔓镇	460400109
王五镇	460400111
白马井镇	460400112
中和镇	460400113
排浦镇	460400114
东成镇	460400115
新州镇	460400116
五指山市（4 镇，3 乡）	**469001**
通什镇	469001100
南圣镇	469001101
毛阳镇	469001102
番阳镇	469001103
畅好乡	469001200
毛道乡	469001201
水满乡	469001202
琼海市（12 镇）	**469002**
嘉积镇	469002100
万泉镇	469002101
石壁镇	469002102
中原镇	469002103
博鳌镇	469002104
阳江镇	469002105
龙江镇	469002106
潭门镇	469002107
塔洋镇	469002108
长坡镇	469002109
大路镇	469002110
会山镇	469002111
文昌市（17 镇）	**469005**
文城镇	469005100
重兴镇	469005101
蓬莱镇	469005102
会文镇	469005103
东路镇	469005104
潭牛镇	469005105
东阁镇	469005106
文教镇	469005107
东郊镇	469005108
龙楼镇	469005109
昌洒镇	469005110
翁田镇	469005111
抱罗镇	469005112
冯坡镇	469005113
锦山镇	469005114
铺前镇	469005115
公坡镇	469005116
万宁市（12 镇）	**469006**
万城镇	469006100
龙滚镇	469006101
和乐镇	469006102
后安镇	469006103
大茂镇	469006104
东澳镇	469006105
礼纪镇	469006106
长丰镇	469006107
山根镇	469006108
北大镇	469006109

续表 1

行政区划名称	行政区划代码
南桥镇	469006110
三更罗镇	469006111
东方市（8 镇，2 乡）	**469007**
八所镇	469007100
东河镇	469007101
大田镇	469007102
感城镇	469007103
板桥镇	469007104
三家镇	469007105
四更镇	469007106
新龙镇	469007107
天安乡	469007200
江边乡	469007201
定安县（10 镇）	**469021**
定城镇	469021100
新竹镇	469021101
龙湖镇	469021102
黄竹镇	469021103
雷鸣镇	469021104
龙门镇	469021105
龙河镇	469021106
岭口镇	469021107
翰林镇	469021108
富文镇	469021109
屯昌县（8 镇）	**469022**
屯城镇	469022100
新兴镇	469022101
枫木镇	469022102
乌坡镇	469022103
南吕镇	469022104
南坤镇	469022105
坡心镇	469022106
西昌镇	469022107
澄迈县（11 镇）	**469023**
金江镇	469023100
老城镇	469023101
瑞溪镇	469023102
永发镇	469023103
加乐镇	469023104
文儒镇	469023105
中兴镇	469023106
仁兴镇	469023107
福山镇	469023108
桥头镇	469023109
大丰镇	469023110
临高县（11 镇）	**469024**
临城镇	469024100
波莲镇	469024101
东英镇	469024102
博厚镇	469024103
皇桐镇	469024104
多文镇	469024105
和舍镇	469024106
南宝镇	469024107
新盈镇	469024108
调楼镇	469024109
加来镇	469024110
白沙黎族自治县（4 镇，7 乡）	**469025**
牙叉镇	469025100
七坊镇	469025101
邦溪镇	469025102
打安镇	469025103
细水乡	469025200
元门乡	469025201
南开乡	469025202
阜龙乡	469025203
青松乡	469025204
金波乡	469025205
荣邦乡	469025206
昌江黎族自治县（7 镇，1 乡）	**469026**
石碌镇	469026100
叉河镇	469026101
十月田镇	469026102
乌烈镇	469026103
昌化镇	469026104
海尾镇	469026105
七叉镇	469026106
王下乡	469026200
乐东黎族自治县（11 镇）	**469027**
抱由镇	469027100
万冲镇	469027101
大安镇	469027102
志仲镇	469027103
千家镇	469027104
九所镇	469027105
利国镇	469027106
黄流镇	469027107
佛罗镇	469027108
尖峰镇	469027109
莺歌海镇	469027110
陵水黎族自治县（9 镇，2 乡）	**469028**
椰林镇	469028100
光坡镇	469028101
三才镇	469028102
英州镇	469028103
隆广镇	469028104
文罗镇	469028105
本号镇	469028106
新村镇	469028107
黎安镇	469028108
提蒙乡	469028200
群英乡	469028201
保亭黎族苗族自治县（6 镇，3 乡）	**469029**
保城镇	469029100
什玲镇	469029101
加茂镇	469029102
响水镇	469029103
新政镇	469029104
三道镇	469029105
六弓乡	469029200
南林乡	469029201
毛感乡	469029202
琼中黎族苗族自治县（7 镇，3 乡）	**469030**
营根镇	469030100
湾岭镇	469030101
黎母山镇	469030102
和平镇	469030103
长征镇	469030104
红毛镇	469030105
中平镇	469030106
吊罗山乡	469030200
上安乡	469030201
什运乡	469030202

重庆市

重庆市（渝）

行政区划名称	行政区划代码
重庆市（245街道，625镇，147乡，14民族乡）	**500000**
万州区（14街道，27镇，9乡，2民族乡）	**500101**
高笋塘街道	500101001
太白街道	500101002
牌楼街道	500101003
双河口街道	500101004
龙都街道	500101005
周家坝街道	500101006
沙河街道	500101007
钟鼓楼街道	500101008
百安坝街道	500101009
五桥街道	500101010
陈家坝街道	500101011
高峰街道	500101012
天城街道	500101013
九池街道	500101014
龙沙镇	500101102
响水镇	500101103
武陵镇	500101104
瀼渡镇	500101105
甘宁镇	500101106
熊家镇	500101108
小周镇	500101109
大周镇	500101110
高梁镇	500101111
李河镇	500101112
分水镇	500101113
孙家镇	500101114
余家镇	500101115
后山镇	500101116
弹子镇	500101117
长岭镇	500101118
新田镇	500101119
新乡镇	500101120
走马镇	500101121
罗田镇	500101122
龙驹镇	500101123
白土镇	500101124
长滩镇	500101125
太安镇	500101126
白羊镇	500101127
太龙镇	500101128
郭村镇	500101129
柱山乡	500101201
铁峰乡	500101203
茨竹乡	500101204
溪口乡	500101205
长坪乡	500101206
燕山乡	500101207
梨树乡	500101208
恒合土家族乡	500101209
普子乡	500101210
地宝土家族乡	500101211
黄柏乡	500101212
涪陵区（11街道，14镇，2乡）	**500102**
敦仁街道	500102001
崇义街道	500102002
荔枝街道	500102003
江北街道	500102004
江东街道	500102005
李渡街道	500102006
龙桥街道	500102007
白涛街道	500102008
马鞍街道	500102009
蔺市街道	500102010
义和街道	500102011
百胜镇	500102100
珍溪镇	500102101
清溪镇	500102102
南沱镇	500102103
焦石镇	500102104
马武镇	500102106
青羊镇	500102107
龙潭镇	500102108
新妙镇	500102112
石沱镇	500102113
同乐镇	500102116
大顺镇	500102117
增福镇	500102118
罗云镇	500102119
大木乡	500102206
武陵山乡	500102208
渝中区（11街道）	**500103**
七星岗街道	500103001
解放碑街道	500103003
两路口街道	500103004
上清寺街道	500103005
菜园坝街道	500103007
南纪门街道	500103008
朝天门街道	500103010
大溪沟街道	500103011
大坪街道	500103012
化龙桥街道	500103013
石油路街道	500103014
大渡口区(5街道,3镇)	**500104**
新山村街道	500104001
跃进村街道	500104002
九宫庙街道	500104003
茄子溪街道	500104004
春晖路街道	500104005
八桥镇	500104101
建胜镇	500104102
跳磴镇	500104103
江北区（9街道，3镇）	**500105**

续表 1

行政区划名称	行政区划代码	行政区划名称	行政区划代码	行政区划名称	行政区划代码
华新街街道	500105004	回龙坝镇	500106106	长生桥镇	500108106
寸滩街道	500105005	曾家镇	500106108	迎龙镇	500108107
观音桥街道	500105006	中梁镇	500106112	广阳镇	500108108
五里店街道	500105007	**九龙坡区（9 街道，10 镇）**	**500107**	**北碚区（9 街道，8 镇）**	**500109**
郭家沱街道	500105008	杨家坪街道	500107001	天生街道	500109001
铁山坪街道	500105009	黄桷坪街道	500107002	朝阳街道	500109002
江北城街道	500105010	谢家湾街道	500107003	龙凤桥街道	500109003
石马河街道	500105011	石坪桥街道	500107004	北温泉街道	500109004
大石坝街道	500105012	中梁山街道	500107006	东阳街道	500109005
鱼嘴镇	500105100	渝州路街道	500107007	蔡家岗街道	500109006
复盛镇	500105101	石桥铺街道	500107008	歇马街道	500109007
五宝镇	500105102	二郎街道	500107009	水土街道	500109008
沙坪坝区（21 街道，5 镇）	**500106**	九龙街道	500107010	复兴街道	500109009
小龙坎街道	500106001	华岩镇	500107102	澄江镇	500109102
沙坪坝街道	500106002	含谷镇	500107103	童家溪镇	500109104
渝碚路街道	500106003	金凤镇	500107104	天府镇	500109105
磁器口街道	500106004	白市驿镇	500107105	施家梁镇	500109106
童家桥街道	500106005	走马镇	500107106	静观镇	500109108
石井坡街道	500106006	石板镇	500107107	柳荫镇	500109109
双碑街道	500106007	巴福镇	500107108	三圣镇	500109111
井口街道	500106008	陶家镇	500107109	金刀峡镇	500109112
歌乐山街道	500106009	西彭镇	500107110	**綦江区（7 街道，24 镇）**	**500110**
山洞街道	500106010	铜罐驿镇	500107111	万盛街道	500110001
新桥街道	500106011	**南岸区（8 街道，7 镇）**	**500108**	东林街道	500110002
天星桥街道	500106012	铜元局街道	500108001	古南街道	500110003
土湾街道	500106013	花园路街道	500108002	文龙街道	500110004
覃家岗街道	500106014	南坪街道	500108003	三江街道	500110005
陈家桥街道	500106015	海棠溪街道	500108004	新盛街道	500110006
虎溪街道	500106016	龙门浩街道	500108005	通惠街道	500110007
西永街道	500106017	弹子石街道	500108006	万东镇	500110100
联芳街道	500106018	南山街道	500108007	南桐镇	500110101
丰文街道	500106019	天文街道	500108008	青年镇	500110102
香炉山街道	500106020	南坪镇	500108101	关坝镇	500110103
土主街道	500106021	涂山镇	500108102	丛林镇	500110104
青木关镇	500106104	鸡冠石镇	500108103	石林镇	500110105
凤凰镇	500106105	峡口镇	500108105	金桥镇	500110106
				黑山镇	500110107

续表 2

行政区划名称	行政区划代码	行政区划名称	行政区划代码	行政区划名称	行政区划代码
石角镇	500110108	龙石镇	500111117	玉峰山镇	500112130
东溪镇	500110109	邮亭镇	500111118	**巴南区（9 街道，14 镇）**	**500113**
赶水镇	500110110	铁山镇	500111119	鱼洞街道	500113001
打通镇	500110111	高升镇	500111120	李家沱街道	500113002
石壕镇	500110112	季家镇	500111121	龙洲湾街道	500113003
永新镇	500110113	古龙镇	500111122	花溪街道	500113004
三角镇	500110114	高坪镇	500111123	南泉街道	500113005
隆盛镇	500110115	**渝北区（19 街道，11 镇）**	**500112**	南彭街道	500113006
郭扶镇	500110116	双凤桥街道	500112001	一品街道	500113007
篆塘镇	500110117	双龙湖街道	500112002	惠民街道	500113008
丁山镇	500110118	龙溪街道	500112003	莲花街道	500113009
安稳镇	500110119	回兴街道	500112004	界石镇	500113103
扶欢镇	500110120	龙山街道	500112005	安澜镇	500113107
永城镇	500110121	龙塔街道	500112006	圣灯山镇	500113108
中峰镇	500110123	悦来街道	500112007	木洞镇	500113109
横山镇	500110124	两路街道	500112008	双河口镇	500113110
大足区（6 街道，21 镇）	**500111**	王家街道	500112009	麻柳嘴镇	500113111
龙滩子街道	500111001	宝圣湖街道	500112010	丰盛镇	500113112
龙岗街道	500111002	人和街道	500112011	二圣镇	500113113
棠香街道	500111003	大竹林街道	500112012	东温泉镇	500113114
双路街道	500111004	天宫殿街道	500112013	姜家镇	500113115
通桥街道	500111005	鸳鸯街道	500112014	天星寺镇	500113116
智凤街道	500111006	翠云街道	500112015	接龙镇	500113117
龙水镇	500111102	礼嘉街道	500112016	石滩镇	500113118
宝顶镇	500111104	金山街道	500112017	石龙镇	500113119
中敖镇	500111105	康美街道	500112018	**黔江区（6 街道，18 镇，6 乡）**	**500114**
三驱镇	500111106	仙桃街道	500112019		
宝兴镇	500111107	木耳镇	500112111	城东街道	500114001
玉龙镇	500111108	兴隆镇	500112113	城南街道	500114002
石马镇	500111109	茨竹镇	500112115	城西街道	500114003
拾万镇	500111110	大湾镇	500112117	正阳街道	500114004
回龙镇	500111111	龙兴镇	500112119	舟白街道	500114005
金山镇	500111112	石船镇	500112120	冯家街道	500114006
万古镇	500111113	统景镇	500112121	小南海镇	500114102
国梁镇	500111114	大盛镇	500112123	邻鄂镇	500114104
雍溪镇	500111115	洛碛镇	500112125	阿蓬江镇	500114105
珠溪镇	500111116	古路镇	500112126	石会镇	500114106

续表 3

行政区划名称	行政区划代码	行政区划名称	行政区划代码	行政区划名称	行政区划代码
黑溪镇	500114107	葛兰镇	500115110	南津街街道	500117003
黄溪镇	500114108	洪湖镇	500115113	云门街道	500117004
黎水镇	500114109	万顺镇	500115114	大石街道	500117005
金溪镇	500114110	**江津区（5 街道，25 镇）**	**500116**	盐井街道	500117006
马喇镇	500114111	几江街道	500116001	草街街道	500117007
濯水镇	500114112	德感街道	500116002	钱塘镇	500117101
石家镇	500114113	双福街道	500116004	沙鱼镇	500117102
鹅池镇	500114114	鼎山街道	500116005	官渡镇	500117103
中塘镇	500114115	圣泉街道	500116006	涞滩镇	500117104
沙坝镇	500114116	油溪镇	500116100	龙市镇	500117105
白石镇	500114117	吴滩镇	500116101	肖家镇	500117106
太极镇	500114118	石门镇	500116102	古楼镇	500117108
五里镇	500114119	朱杨镇	500116103	三庙镇	500117109
水市镇	500114120	石蟆镇	500116104	燕窝镇	500117110
蓬东乡	500114201	永兴镇	500116105	二郎镇	500117111
杉岭乡	500114204	塘河镇	500116106	龙凤镇	500117112
水田乡	500114206	白沙镇	500116107	太和镇	500117113
白土乡	500114207	龙华镇	500116108	隆兴镇	500117114
金洞乡	500114208	李市镇	500116109	铜溪镇	500117115
新华乡	500114211	慈云镇	500116110	渭沱镇	500117116
长寿区（7 街道，12 镇）	**500115**	蔡家镇	500116111	双凤镇	500117119
凤城街道	500115001	中山镇	500116112	狮滩镇	500117120
晏家街道	500115002	嘉平镇	500116113	清平镇	500117121
江南街道	500115003	柏林镇	500116114	土场镇	500117122
渡舟街道	500115004	先锋镇	500116115	小沔镇	500117123
八颗街道	500115005	珞璜镇	500116116	双槐镇	500117124
新市街道	500115006	贾嗣镇	500116117	三汇镇	500117125
菩提街道	500115007	夏坝镇	500116118	香龙镇	500117126
邻封镇	500115101	西湖镇	500116119	**永川区（7 街道，16 镇）**	**500118**
但渡镇	500115102	杜市镇	500116120	中山路街道	500118001
云集镇	500115103	广兴镇	500116121	胜利路街道	500118002
长寿湖镇	500115104	四面山镇	500116122	南大街街道	500118003
双龙镇	500115105	支坪镇	500116123	茶山竹海街道	500118004
龙河镇	500115106	四屏镇	500116124	卫星湖街道	500118005
石堰镇	500115107	**合川区（7 街道，23 镇）**	**500117**	大安街道	500118006
云台镇	500115108	合阳城街道	500117001	陈食街道	500118007
海棠镇	500115109	钓鱼城街道	500117002	临江镇	500118102

续表 4

行政区划名称	行政区划代码	行政区划名称	行政区划代码	行政区划名称	行政区划代码
何埂镇	500118104	楠竹山镇	500119117	二坪镇	500151102
松溉镇	500118105	石溪镇	500119118	水口镇	500151103
朱沱镇	500118106	民主镇	500119119	安居镇	500151104
仙龙镇	500118107	德隆镇	500119120	白羊镇	500151105
五间镇	500118108	福寿镇	500119121	平滩镇	500151106
来苏镇	500118109	河图镇	500119122	虎峰镇	500151107
宝峰镇	500118110	古花镇	500119123	石鱼镇	500151108
红炉镇	500118111	庆元镇	500119124	福果镇	500151109
永荣镇	500118112	乾丰镇	500119125	少云镇	500151110
双石镇	500118113	石莲镇	500119126	维新镇	500151111
三教镇	500118114	冷水关镇	500119127	高楼镇	500151112
板桥镇	500118115	骑龙镇	500119128	大庙镇	500151113
青峰镇	500118116	中桥乡	500119207	围龙镇	500151114
金龙镇	500118117	峰岩乡	500119212	华兴镇	500151115
吉安镇	500118118	**璧山区（6 街道，9 镇）**	**500120**	永嘉镇	500151117
南川区（3 街道，	**500119**	璧城街道	500120001	安溪镇	500151118
29 镇，2 乡）		青杠街道	500120002	西河镇	500151119
东城街道	500119001	璧泉街道	500120003	侣俸镇	500151120
南城街道	500119002	来凤街道	500120004	太平镇	500151121
西城街道	500119003	丁家街道	500120005	小林镇	500151122
三泉镇	500119100	大路街道	500120006	双山镇	500151123
南平镇	500119101	河边镇	500120100	庆隆镇	500151124
神童镇	500119102	福禄镇	500120101	**潼南区（3 街道，20 镇）**	**500152**
鸣玉镇	500119103	大兴镇	500120102	梓潼街道	500152001
大观镇	500119104	广普镇	500120103	桂林街道	500152002
兴隆镇	500119105	三合镇	500120104	大佛街道	500152003
太平场镇	500119106	正兴镇	500120105	上和镇	500152100
白沙镇	500119107	八塘镇	500120106	龙形镇	500152101
水江镇	500119108	七塘镇	500120107	古溪镇	500152102
石墙镇	500119109	健龙镇	500120108	宝龙镇	500152103
金山镇	500119110	**铜梁区（5 街道，23 镇）**	**500151**	玉溪镇	500152104
头渡镇	500119111	东城街道	500151001	米心镇	500152105
大有镇	500119112	南城街道	500151002	群力镇	500152106
合溪镇	500119113	巴川街道	500151003	双江镇	500152107
黎香湖镇	500119114	蒲吕街道	500151004	花岩镇	500152108
山王坪镇	500119115	旧县街道	500151005	柏梓镇	500152109
木凉镇	500119116	土桥镇	500151100	崇龛镇	500152110

续表5

行政区划名称	行政区划代码	行政区划名称	行政区划代码	行政区划名称	行政区划代码
塘坝镇	500152111	白鹤街道	500154004	紫水乡	500154206
新胜镇	500152112	文峰街道	500154005	**梁平区（5街道，26镇，2乡）**	**500155**
太安镇	500152113	云枫街道	500154006	梁山街道	500155001
小渡镇	500152114	赵家街道	500154007	双桂街道	500155002
卧佛镇	500152115	正安街道	500154008	合兴街道	500155003
五桂镇	500152116	大进镇	500154100	仁贤街道	500155004
田家镇	500152117	厚坝镇	500154101	金带街道	500155005
别口镇	500152118	长沙镇	500154102	礼让镇	500155102
寿桥镇	500152119	郭家镇	500154103	云龙镇	500155103
荣昌区（6街道，15镇）	**500153**	临江镇	500154104	屏锦镇	500155104
昌元街道	500153001	天和镇	500154105	袁驿镇	500155106
广顺街道	500153002	温泉镇	500154106	新盛镇	500155107
昌州街道	500153003	铁桥镇	500154107	福禄镇	500155108
峰高街道	500153004	义和镇	500154108	聚奎镇	500155110
安富街道	500153005	中和镇	500154109	明达镇	500155111
双河街道	500153006	岳溪镇	500154110	荫平镇	500155112
直升镇	500153100	南门镇	500154111	和林镇	500155113
万灵镇	500153101	南雅镇	500154112	回龙镇	500155114
清江镇	500153102	河堰镇	500154113	碧山镇	500155115
仁义镇	500153103	和谦镇	500154114	虎城镇	500155116
河包镇	500153104	九龙山镇	500154115	七星镇	500155117
古昌镇	500153105	敦好镇	500154117	龙门镇	500155118
吴家镇	500153106	竹溪镇	500154118	文化镇	500155119
观胜镇	500153107	渠口镇	500154119	石安镇	500155121
铜鼓镇	500153108	高桥镇	500154120	柏家镇	500155122
清流镇	500153109	金峰镇	500154121	大观镇	500155123
盘龙镇	500153110	大德镇	500154122	竹山镇	500155124
远觉镇	500153111	白桥镇	500154123	蟠龙镇	500155125
清升镇	500153112	巫山镇	500154124	星桥镇	500155126
荣隆镇	500153113	谭家镇	500154125	曲水镇	500155127
龙集镇	500153114	满月镇	500154126	安胜镇	500155128
开州区（8街道，27镇，5乡）	**500154**	雪宝山镇	500154127	复平镇	500155129
汉丰街道	500154001	三汇口乡	500154200	紫照镇	500155130
丰乐街道	500154002	五通乡	500154201	铁门乡	500155201
镇东街道	500154003	关面乡	500154203	龙胜乡	500155202
		麻柳乡	500154205		

续表 6

行政区划名称	行政区划代码
武隆区（4 街道，10 镇，8 乡，4 民族乡）	**500156**
凤山街道	500156001
芙蓉街道	500156002
仙女山街道	500156003
羊角街道	500156004
桐梓镇	500156101
火炉镇	500156102
江口镇	500156103
长坝镇	500156106
白马镇	500156107
鸭江镇	500156108
平桥镇	500156109
和顺镇	500156111
双河镇	500156112
凤来镇	500156113
黄莺乡	500156201
后坪苗族土家族乡	500156207
接龙乡	500156209
土地乡	500156210
沧沟乡	500156213
石桥苗族土家族乡	500156216
浩口苗族仡佬族乡	500156218
文复苗族土家族乡	500156219
赵家乡	500156225
白云乡	500156226
大洞河乡	500156227
庙垭乡	500156231
城口县（2 街道，10 镇，13 乡）	**500229**
葛城街道	500229001
复兴街道	500229002
巴山镇	500229102
坪坝镇	500229104
庙坝镇	500229105
明通镇	500229106
修齐镇	500229107

行政区划名称	行政区划代码
高观镇	500229108
高燕镇	500229109
东安镇	500229110
咸宜镇	500229111
高楠镇	500229112
龙田乡	500229201
北屏乡	500229202
左岚乡	500229205
沿河乡	500229208
双河乡	500229210
蓼子乡	500229211
鸡鸣乡	500229212
周溪乡	500229214
明中乡	500229216
治平乡	500229217
岚天乡	500229219
厚坪乡	500229220
河鱼乡	500229221
丰都县（2 街道，23 镇，5 乡）	**500230**
三合街道	500230001
名山街道	500230002
虎威镇	500230101
社坛镇	500230102
三元镇	500230103
许明寺镇	500230104
董家镇	500230105
树人镇	500230106
十直镇	500230107
高家镇	500230109
兴义镇	500230110
双路镇	500230111
江池镇	500230112
龙河镇	500230113
武平镇	500230114
包鸾镇	500230115

行政区划名称	行政区划代码
湛普镇	500230116
保合镇	500230118
南天湖镇	500230119
仁沙镇	500230120
兴龙镇	500230121
龙孔镇	500230122
暨龙镇	500230123
双龙镇	500230124
仙女湖镇	500230125
青龙乡	500230202
太平坝乡	500230206
都督乡	500230207
栗子乡	500230209
三建乡	500230210
垫江县（2 街道，22 镇，2 乡）	**500231**
桂溪街道	500231001
桂阳街道	500231002
新民镇	500231101
沙坪镇	500231102
周嘉镇	500231103
普顺镇	500231104
永安镇	500231105
高安镇	500231106
高峰镇	500231107
五洞镇	500231108
太平镇	500231109
澄溪镇	500231110
砚台镇	500231111
鹤游镇	500231112
坪山镇	500231113
曹回镇	500231114
杠家镇	500231115
包家镇	500231116
白家镇	500231117
裴兴镇	500231118

续表 7

行政区划名称	行政区划代码
三溪镇	500231119
永平镇	500231120
黄沙镇	500231121
长龙镇	500231122
沙河乡	500231202
大石乡	500231204
忠县（4 街道，19 镇，5 乡，1 民族乡）	**500233**
忠州街道	500233001
白公街道	500233002
新生街道	500233003
乌杨街道	500233004
任家镇	500233102
洋渡镇	500233104
东溪镇	500233105
复兴镇	500233106
石宝镇	500233107
汝溪镇	500233108
野鹤镇	500233109
官坝镇	500233110
石黄镇	500233111
马灌镇	500233112
金鸡镇	500233113
新立镇	500233114
双桂镇	500233115
拔山镇	500233116
花桥镇	500233117
永丰镇	500233118
三汇镇	500233119
白石镇	500233120
黄金镇	500233122
善广乡	500233201
石子乡	500233203
磨子土家族乡	500233204
涂井乡	500233206
金声乡	500233208
兴峰乡	500233210
云阳县（4 街道，31 镇，6 乡，1 民族乡）	**500235**
青龙街道	500235001
双江街道	500235002
人和街道	500235003
盘龙街道	500235004
云阳镇	500235100
云安镇	500235101
凤鸣镇	500235103
龙角镇	500235105
宝坪镇	500235106
故陵镇	500235107
红狮镇	500235108
南溪镇	500235109
双土镇	500235111
桑坪镇	500235112
江口镇	500235113
路阳镇	500235115
农坝镇	500235116
高阳镇	500235117
渠马镇	500235118
黄石镇	500235121
巴阳镇	500235122
鱼泉镇	500235124
平安镇	500235126
沙市镇	500235127
双龙镇	500235128
栖霞镇	500235129
水口镇	500235130
蔈草镇	500235131
泥溪镇	500235132
养鹿镇	500235133
后叶镇	500235134
龙洞镇	500235135
堰坪镇	500235136
大阳镇	500235137
耀灵镇	500235138
外郎乡	500235208
新津乡	500235215
普安乡	500235216
洞鹿乡	500235218
石门乡	500235219
上坝乡	500235239
清水土家族乡	500235241
奉节县（4 街道，18 镇，7 乡，4 民族乡）	**500236**
夔门街道	500236001
鱼复街道	500236002
永安街道	500236003
夔州街道	500236004
白帝镇	500236101
草堂镇	500236102
汾河镇	500236103
康乐镇	500236104
大树镇	500236105
竹园镇	500236106
公平镇	500236107
朱衣镇	500236108
甲高镇	500236109
羊市镇	500236110
吐祥镇	500236111
青龙镇	500236112
兴隆镇	500236113
新民镇	500236114
永乐镇	500236115
青莲镇	500236116
五马镇	500236117
安坪镇	500236118
红土乡	500236200
平安乡	500236201
岩湾乡	500236203

续表 8

行政区划名称	行政区划代码
石岗乡	500236204
康坪乡	500236205
云雾土家族乡	500236207
太和土家族乡	500236208
龙桥土家族乡	500236209
长安土家族乡	500236210
冯坪乡	500236211
鹤峰乡	500236213
巫山县（2 街道，11 镇，11 乡，2 民族乡）	**500237**
高唐街道	500237001
龙门街道	500237002
巫峡镇	500237100
庙宇镇	500237101
大昌镇	500237102
福田镇	500237103
龙溪镇	500237104
双龙镇	500237105
官阳镇	500237106
骡坪镇	500237107
抱龙镇	500237108
官渡镇	500237109
铜鼓镇	500237110
红椿土家族乡	500237200
两坪乡	500237207
曲尺乡	500237208
建平乡	500237210
大溪乡	500237211
金坪乡	500237214
平河乡	500237216
当阳乡	500237219
竹贤乡	500237222
三溪乡	500237225
培石乡	500237227
笃坪乡	500237229
邓家土家族乡	500237231
巫溪县（2 街道，19 镇，11 乡）	**500238**
宁河街道	500238001
柏杨街道	500238002
城厢镇	500238100
凤凰镇	500238101
宁厂镇	500238102
上磺镇	500238103
古路镇	500238104
文峰镇	500238105
徐家镇	500238106
白鹿镇	500238107
尖山镇	500238108
下堡镇	500238109
峰灵镇	500238110
塘坊镇	500238111
朝阳镇	500238112
田坝镇	500238113
通城镇	500238114
土城镇	500238115
菱角镇	500238116
蒲莲镇	500238117
红池坝镇	500238118
胜利乡	500238200
大河乡	500238202
天星乡	500238203
长桂乡	500238204
鱼鳞乡	500238209
乌龙乡	500238210
花台乡	500238214
兰英乡	500238215
双阳乡	500238216
中梁乡	500238217
天元乡	500238218
石柱土家族自治县（3 街道，17 镇，13 乡）	**500240**
南宾街道	500240001
万安街道	500240002
下路街道	500240003
西沱镇	500240101
悦崃镇	500240103
临溪镇	500240104
黄水镇	500240105
马武镇	500240106
沙子镇	500240107
王场镇	500240108
沿溪镇	500240109
龙沙镇	500240110
鱼池镇	500240111
大歇镇	500240112
三河镇	500240113
万朝镇	500240114
桥头镇	500240115
冷水镇	500240116
黄鹤镇	500240117
枫木镇	500240118
黎场乡	500240203
三星乡	500240204
六塘乡	500240205
三益乡	500240207
王家乡	500240208
河嘴乡	500240209
石家乡	500240210
中益乡	500240213
洗新乡	500240214
龙潭乡	500240216
新乐乡	500240217
金铃乡	500240218
金竹乡	500240219
秀山土家族苗族自治县（5 街道，18 镇，4 乡）	**500241**
乌杨街道	500241001
中和街道	500241002

续表 9

行政区划名称	行政区划代码	行政区划名称	行政区划代码	行政区划名称	行政区划代码
平凯街道	500241003	龚滩镇	500242108	郁山镇	500243102
官庄街道	500241004	李溪镇	500242109	高谷镇	500243103
清溪场街道	500241005	泔溪镇	500242110	桑柘镇	500243104
隘口镇	500241103	酉水河镇	500242111	鹿角镇	500243105
溶溪镇	500241104	苍岭镇	500242112	黄家镇	500243106
龙池镇	500241106	小河镇	500242113	普子镇	500243107
石堤镇	500241107	板溪镇	500242114	龙射镇	500243108
峨溶镇	500241108	涂市镇	500242115	连湖镇	500243109
洪安镇	500241109	铜鼓镇	500242116	万足镇	500243110
雅江镇	500241110	万木镇	500242117	新田镇	500243111
石耶镇	500241111	五福镇	500242118	鞍子镇	500243112
梅江镇	500241112	南腰界镇	500242119	平安镇	500243113
兰桥镇	500241113	可大乡	500242204	长生镇	500243114
膏田镇	500241114	偏柏乡	500242205	梅子垭镇	500243115
溪口镇	500241115	木叶乡	500242207	太原镇	500243116
妙泉镇	500241116	毛坝乡	500242208	龙溪镇	500243117
宋农镇	500241117	花田乡	500242209	大同镇	500243118
钟灵镇	500241118	后坪乡	500242210	岩东乡	500243201
里仁镇	500241119	天馆乡	500242211	鹿鸣乡	500243202
龙凤坝镇	500241120	宜居乡	500242212	棣棠乡	500243204
涌洞镇	500241121	两罾乡	500242214	三义乡	500243206
海洋乡	500241207	板桥乡	500242215	联合乡	500243207
大溪乡	500241208	官清乡	500242216	石柳乡	500243208
中平乡	500241214	车田乡	500242218	走马乡	500243210
岑溪乡	500241215	腴地乡	500242219	芦塘乡	500243211
酉阳土家族苗族自治县（2 街道，19 镇，18 乡）	**500242**	清泉乡	500242220	乔梓乡	500243213
		庙溪乡	500242221	诸佛乡	500243217
		浪坪乡	500242222	桐楼乡	500243219
钟多街道	500242001	双泉乡	500242223	善感乡	500243222
桃花源街道	500242002	楠木乡	500242224	双龙乡	500243223
龙潭镇	500242101	**彭水苗族土家族自治县（3 街道，18 镇，18 乡）**	**500243**	石盘乡	500243224
麻旺镇	500242102			大垭乡	500243225
酉酬镇	500242103			润溪乡	500243226
大溪镇	500242104	汉葭街道	500243001	朗溪乡	500243227
兴隆镇	500242105	绍庆街道	500243002	龙塘乡	500243228
黑水镇	500242106	靛水街道	500243003		
丁市镇	500242107	保家镇	500243101		

「四川省」

四川省（川、蜀）

行政区划名称	行政区划代码
四川省（459街道，2016镇，543乡，83民族乡）	**510000**
成都市（161街道，100镇）	**510100**
锦江区（11街道）	**510104**
春熙路街道	510104003
书院街街道	510104004
牛市口街道	510104007
沙河街道	510104011
狮子山街道	510104013
成龙路街道	510104014
柳江街道	510104015
三圣街道	510104016
锦官驿街道	510104017
东湖街道	510104018
锦华路街道	510104019
青羊区（12街道）	**510105**
草市街街道	510105002
西御河街道	510105003
草堂街道	510105007
府南街道	510105008
光华街道	510105009
黄田坝街道	510105012
文家街道	510105014
少城街道	510105015
苏坡街道	510105016
金沙街道	510105017
蔡桥街道	510105018
康河街道	510105019
金牛区（13街道）	**510106**
荷花池街道	510106002
驷马桥街道	510106007
茶店子街道	510106009
营门口街道	510106010
九里堤街道	510106012
西安路街道	510106013
抚琴街道	510106014
五块石街道	510106015
金泉街道	510106016
沙河源街道	510106017
天回镇街道	510106018
西华街道	510106019
凤凰山街道	510106020
武侯区（15街道）	**510107**
浆洗街街道	510107001
红牌楼街道	510107002
簇桥街道	510107003
望江路街道	510107004
玉林街道	510107005
火车南站街道	510107007
晋阳街道	510107011
机投桥街道	510107012
金花桥街道	510107013
华兴街道	510107016
簇锦街道	510107017
肖家河街道	510107018
芳草街街道	510107019
石羊街道	510107020
桂溪街道	510107021
成华区（11街道）	**510108**
府青路街道	510108001
双水碾街道	510108003
万年场街道	510108005
双桥子街道	510108006
猛追湾街道	510108007
跳蹬河街道	510108008
二仙桥街道	510108009
保和街道	510108012
青龙街道	510108013
龙潭街道	510108014
白莲池街道	510108015
龙泉驿区（7街道，3镇）	**510112**
龙泉街道	510112001
大面街道	510112002
同安街道	510112003
十陵街道	510112004
西河街道	510112005
柏合街道	510112006
东安街道	510112007
洛带镇	510112102
洪安镇	510112108
山泉镇	510112115
青白江区（2街道，5镇）	**510113**
大弯街道	510113002
大同街道	510113003
弥牟镇	510113102
城厢镇	510113104
姚渡镇	510113106
清泉镇	510113107
福洪镇	510113108
新都区（7街道，2镇）	**510114**
三河街道	510114001
大丰街道	510114002
新都街道	510114003
新繁街道	510114005
石板滩街道	510114006
斑竹园街道	510114007
桂湖街道	510114008
清流镇	510114109
军屯镇	510114116
温江区（6街道，3镇）	**510115**
柳城街道	510115001
公平街道	510115002
天府街道	510115003
涌泉街道	510115004
金马街道	510115005
永宁街道	510115006
和盛镇	510115101
万春镇	510115106
寿安镇	510115110
双流区（15街道，4镇）	**510116**
东升街道	510116001
西航港街道	510116002
中和街道	510116003
华阳街道	510116004
九江街道	510116005
黄甲街道	510116006
怡心街道	510116017
万安街道	510116018

续表 1

行政区划名称	行政区划代码	行政区划名称	行政区划代码	行政区划名称	行政区划代码
正兴街道	510116019	五凤镇	510121106	石羊镇	510181106
兴隆街道	510116020	三溪镇	510121109	青城山镇	510181110
煎茶街道	510116021	福兴镇	510121110	龙池镇	510181111
新兴街道	510116022	金龙镇	510121111	**彭州市（4 街道，9 镇）**	**510182**
籍田街道	510116023	赵家镇	510121112	天彭街道	510182001
太平街道	510116024	竹篙镇	510121113	隆丰街道	510182002
永兴街道	510116025	转龙镇	510121116	濛阳街道	510182003
彭镇	510116108	土桥镇	510121117	致和街道	510182004
黄龙溪镇	510116111	云合镇	510121118	龙门山镇	510182101
永安镇	510116112	又新镇	510121119	丽春镇	510182103
黄水镇	510116115	**大邑县（3 街道，8 镇）**	**510129**	九尺镇	510182104
郫都区（9 街道，3 镇）	**510117**	晋原街道	510129001	通济镇	510182106
郫筒街道	510117001	沙渠街道	510129002	丹景山镇	510182107
合作街道	510117002	青霞街道	510129003	敖平镇	510182109
西园街道	510117003	王泗镇	510129101	桂花镇	510182111
安德街道	510117004	新场镇	510129103	白鹿镇	510182121
红光街道	510117005	悦来镇	510129104	葛仙山镇	510182122
犀浦街道	510117006	安仁镇	510129105	**邛崃市（6 街道，8 镇）**	**510183**
德源街道	510117007	鄐江镇	510129106	临邛街道	510183001
安靖街道	510117008	西岭镇	510129108	文君街道	510183002
团结街道	510117009	花水湾镇	510129118	固驿街道	510183003
唐昌镇	510117104	鹤鸣镇	510129119	羊安街道	510183004
三道堰镇	510117106	**蒲江县（2 街道，6 镇）**	**510131**	高埂街道	510183005
友爱镇	510117115	鹤山街道	510131001	孔明街道	510183006
新津区（4 街道，4 镇）	**510118**	寿安街道	510131002	桑园镇	510183103
五津街道	510118001	西来镇	510131104	平乐镇	510183104
普兴街道	510118002	大塘镇	510131105	夹关镇	510183105
花桥街道	510118003	甘溪镇	510131106	火井镇	510183106
花源街道	510118004	大兴镇	510131107	临济镇	510183115
兴义镇	510118101	成佳镇	510131108	天台山镇	510183118
安西镇	510118102	朝阳湖镇	510131109	南宝山镇	510183120
永商镇	510118103	**都江堰市（6 街道，5 镇）**	**510181**	大同镇	510183122
宝墩镇	510118104	灌口街道	510181001	**崇州市（6 街道，9 镇）**	**510184**
金堂县（6 街道，10 镇）	**510121**	幸福街道	510181002	崇阳街道	510184001
赵镇街道	510121001	银杏街道	510181003	羊马街道	510184002
官仓街道	510121002	奎光塔街道	510181005	三江街道	510184003
栖贤街道	510121003	玉堂街道	510181006	江源街道	510184004
高板街道	510121004	蒲阳街道	510181007	大划街道	510184005
白果街道	510121005	聚源镇	510181103	崇庆街道	510184006
淮口街道	510121006	天马镇	510181105	廖家镇	510184104

续表 2

行政区划名称	行政区划代码
元通镇	510184105
观胜镇	510184106
怀远镇	510184107
街子镇	510184109
白头镇	510184112
道明镇	510184113
隆兴镇	510184114
文井江镇	510184120
简阳市(16 街道,21 镇)	**510185**
简城街道	510185001
射洪坝街道	510185002
新市街道	510185003
东溪街道	510185005
平泉街道	510185006
石桥街道	510185007
赤水街道	510185008
石盘街道	510185009
养马街道	510185010
贾家街道	510185011
石板凳街道	510185012
三岔街道	510185013
草池街道	510185014
福田街道	510185015
玉成街道	510185016
丹景街道	510185017
杨家镇	510185101
禾丰镇	510185105
云龙镇	510185106
三星镇	510185107
镇金镇	510185112
石钟镇	510185113
施家镇	510185114
三合镇	510185115
平武镇	510185116
踏水镇	510185118
江源镇	510185119
涌泉镇	510185120
芦葭镇	510185121
青龙镇	510185124
高明镇	510185126
武庙镇	510185127
壮溪镇	510185128
宏缘镇	510185129
雷家镇	510185130
董家埂镇	510185131
海螺镇	510185132
自贡市（25 街道，63 镇，2 乡）	**510300**
自流井区(9 街道,3 镇)	**510302**
五星街道	510302001
东兴寺街道	510302002
新街街道	510302003
郭家坳街道	510302004
丹桂街道	510302005
学苑街道	510302006
舒坪街道	510302007
红旗街道	510302008
高峰街道	510302009
仲权镇	510302101
荣边镇	510302103
飞龙峡镇	510302105
贡井区（3 街道，7 镇）	**510303**
筱溪街道	510303001
贡井街道	510303002
长土街道	510303003
艾叶镇	510303100
建设镇	510303101
成佳镇	510303103
龙潭镇	510303105
五宝镇	510303106
桥头镇	510303107
莲花镇	510303108
大安区（6 街道，9 镇）	**510304**
大安街道	510304001
龙井街道	510304002
马冲口街道	510304003
凉高山街道	510304004
和平街道	510304005
凤凰街道	510304006
大山铺镇	510304100
新民镇	510304101
团结镇	510304102
三多寨镇	510304103
何市镇	510304104
新店镇	510304105
牛佛镇	510304106
庙坝镇	510304107
回龙镇	510304108
沿滩区（2 街道，9 镇，1 乡）	**510311**
卫坪街道	510311001
邓关街道	510311002
沿滩镇	510311100
兴隆镇	510311102
富全镇	510311105
永安镇	510311106
联络镇	510311107
王井镇	510311109
黄市镇	510311110
瓦市镇	510311111
仙市镇	510311112
九洪乡	510311204
荣县（2 街道，19 镇）	**510321**
梧桐街道	510321001
青阳街道	510321002
旭阳镇	510321100
双石镇	510321102
鼎新镇	510321107
乐德镇	510321110
古文镇	510321112
河口镇	510321113
新桥镇	510321114
正紫镇	510321115
度佳镇	510321116
东佳镇	510321117
长山镇	510321118
保华镇	510321119
留佳镇	510321120
来牟镇	510321121
双古镇	510321122

续表 3

行政区划名称	行政区划代码
观山镇	510321123
高山镇	510321124
东兴镇	510321125
铁厂镇	510321126
富顺县（3 街道，16 镇，1 乡）	**510322**
富世街道	510322001
邓井关街道	510322002
东湖街道	510322003
琵琶镇	510322102
狮市镇	510322103
骑龙镇	510322104
代寺镇	510322111
童寺镇	510322113
古佛镇	510322114
永年镇	510322115
兜山镇	510322117
板桥镇	510322118
福善镇	510322119
李桥镇	510322120
赵化镇	510322121
安溪镇	510322122
飞龙镇	510322124
怀德镇	510322125
长滩镇	510322126
龙万乡	510322200
攀枝花市（11 街道，23 镇，5 乡，10 民族乡）	**510400**
东区（5 街道，1 镇）	**510402**
大渡口街道	510402001
炳草岗街道	510402002
弄弄坪街道	510402005
瓜子坪街道	510402009
东华街道	510402010
银江镇	510402100
西区（5 街道，1 镇）	**510403**
清香坪街道	510403001
玉泉街道	510403002
河门口街道	510403003
陶家渡街道	510403004
大宝鼎街道	510403006
格里坪镇	510403100
仁和区（1 街道，8 镇，3 乡，2 民族乡）	**510411**
大河中路街道	510411001
仁和镇	510411100
平地镇	510411101
大田镇	510411102
福田镇	510411103
同德镇	510411104
金江镇	510411105
布德镇	510411106
前进镇	510411107
大龙潭彝族乡	510411200
啊喇彝族乡	510411201
太平乡	510411203
务本乡	510411204
中坝乡	510411205
米易县(7 镇,4 民族乡)	**510421**
攀莲镇	510421100
丙谷镇	510421101
得石镇	510421102
撒莲镇	510421103
普威镇	510421106
白马镇	510421112
草场镇	510421113
麻陇彝族乡	510421213
新山傈僳族乡	510421219
湾丘彝族乡	510421220
白坡彝族乡	510421221
盐边县（6 镇，2 乡，4 民族乡）	**510422**
桐子林镇	510422100
红格镇	510422101
渔门镇	510422102
永兴镇	510422103
新九镇	510422104
惠民镇	510422105
红果彝族乡	510422205
共和乡	510422212
国胜乡	510422215
红宝苗族彝族乡	510422216
温泉彝族乡	510422224
格萨拉彝族乡	510422226
泸州市（26 街道，92 镇，8 民族乡）	**510500**
江阳区（9 街道，6 镇）	**510502**
南城街道	510502001
北城街道	510502002
大山坪街道	510502003
邻玉街道	510502004
蓝田街道	510502005
茜草街道	510502006
华阳街道	510502007
泰安街道	510502009
况场街道	510502010
黄舣镇	510502103
通滩镇	510502106
江北镇	510502107
方山镇	510502108
分水岭镇	510502109
丹林镇	510502111
纳溪区（3 街道，10 镇）	**510503**
安富街道	510503001
永宁街道	510503002
东升街道	510503003
大渡口镇	510503100
护国镇	510503101
打古镇	510503102
上马镇	510503103
合面镇	510503104
丰乐镇	510503106
白节镇	510503107
天仙镇	510503108
新乐镇	510503109
龙车镇	510503111
龙马潭区(8 街道,3 镇)	**510504**
小市街道	510504001
红星街道	510504003
莲花池街道	510504004

续表 4

行政区划名称	行政区划代码
罗汉街道	510504005
鱼塘街道	510504006
安宁街道	510504007
石洞街道	510504008
特兴街道	510504009
胡市镇	510504103
双加镇	510504106
金龙镇	510504107
泸县（1街道，19镇）	**510521**
玉蟾街道	510521001
福集镇	510521100
嘉明镇	510521101
喻寺镇	510521102
得胜镇	510521103
牛滩镇	510521105
兆雅镇	510521106
玄滩镇	510521107
太伏镇	510521108
云龙镇	510521109
石桥镇	510521110
毗卢镇	510521111
奇峰镇	510521112
潮河镇	510521113
云锦镇	510521114
立石镇	510521115
百和镇	510521116
天兴镇	510521117
方洞镇	510521118
海潮镇	510521119
合江县（2街道，19镇）	**510522**
符阳街道	510522001
临港街道	510522002
望龙镇	510522101
白沙镇	510522102
先市镇	510522104
尧坝镇	510522105
九支镇	510522106
凤鸣镇	510522108
榕山镇	510522109
白鹿镇	510522110
甘雨镇	510522111
福宝镇	510522112
先滩镇	510522113
大桥镇	510522115
车辋镇	510522116
白米镇	510522117
法王寺镇	510522119
神臂城镇	510522121
石龙镇	510522124
真龙镇	510522125
荔江镇	510522126
叙永县（18镇，5民族乡）	**510524**
叙永镇	510524100
江门镇	510524101
马岭镇	510524102
天池镇	510524103
水尾镇	510524104
两河镇	510524105
落卜镇	510524106
后山镇	510524107
分水镇	510524108
摩尼镇	510524109
赤水镇	510524110
观兴镇	510524111
正东镇	510524112
龙凤镇	510524113
麻城镇	510524115
向林镇	510524116
大石镇	510524118
黄坭镇	510524119
合乐苗族乡	510524210
白腊苗族乡	510524211
枧槽苗族乡	510524212
水潦彝族乡	510524213
石厢子彝族乡	510524214
古蔺县（3街道，17镇，3民族乡）	**510525**
彰德街道	510525001
金兰街道	510525002
永乐街道	510525003
龙山镇	510525101
太平镇	510525103
二郎镇	510525104
大村镇	510525105
石宝镇	510525106
丹桂镇	510525107
茅溪镇	510525108
观文镇	510525109
双沙镇	510525110
德耀镇	510525111
石屏镇	510525112
皇华镇	510525113
东新镇	510525117
马蹄镇	510525118
椒园镇	510525119
黄荆镇	510525121
白泥镇	510525122
马嘶苗族乡	510525209
箭竹苗族乡	510525212
大寨苗族乡	510525214
德阳市（13街道，67镇，4乡）	**510600**
旌阳区（6街道，7镇）	**510603**
旌阳街道	510603001
旌东街道	510603004
八角井街道	510603006
东湖街道	510603009
天元街道	510603010
孝感街道	510603011
黄许镇	510603100
孝泉镇	510603101
柏隆镇	510603103
德新镇	510603108
双东镇	510603110
新中镇	510603111
和新镇	510603117
罗江区（7镇）	**510604**
万安镇	510604100
鄢家镇	510604101

续表 5

行政区划名称	行政区划代码	行政区划名称	行政区划代码	行政区划名称	行政区划代码
金山镇	510604102	三水镇	510681101	城郊街道	510703010
略坪镇	510604103	连山镇	510681102	石塘街道	510703011
调元镇	510604106	高坪镇	510681103	塘汛街道	510703013
新盛镇	510604107	向阳镇	510681105	丰谷镇	510703100
白马关镇	510604109	小汉镇	510681106	青义镇	510703103
中江县（26 镇，4 乡）	**510623**	金轮镇	510681107	吴家镇	510703106
凯江镇	510623100	金鱼镇	510681114	杨家镇	510703107
南华镇	510623101	南丰镇	510681116	新皂镇	510703110
回龙镇	510623102	三星堆镇	510681117	永兴镇	510703113
通济镇	510623103	**什邡市（2 街道，8 镇）**	**510682**	**游仙区（4 街道，10 镇）**	**510704**
永太镇	510623104	方亭街道	510682001	涪江街道	510704001
黄鹿镇	510623105	雍城街道	510682002	富乐街道	510704003
集凤镇	510623106	洛水镇	510682105	科学城春雷街道	510704006
富兴镇	510623107	禾丰镇	510682106	游仙街道	510704009
辑庆镇	510623108	马祖镇	510682108	石马镇	510704101
兴隆镇	510623109	马井镇	510682110	新桥镇	510704102
龙台镇	510623110	蓥华镇	510682111	魏城镇	510704104
永安镇	510623111	南泉镇	510682113	沉抗镇	510704105
玉兴镇	510623113	师古镇	510682114	忠兴镇	510704106
永兴镇	510623114	湔氐镇	510682116	松垭镇	510704112
悦来镇	510623115	**绵竹市（2 街道，10 镇）**	**510683**	小枧镇	510704121
继光镇	510623116	剑南街道	510683001	信义镇	510704122
仓山镇	510623117	紫岩街道	510683002	仙鹤镇	510704123
广福镇	510623118	九龙镇	510683104	盐泉镇	510704124
会龙镇	510623119	汉旺镇	510683106	**安州区（9 镇，1 乡）**	**510705**
万福镇	510623120	麓棠镇	510683109	花荄镇	510705100
普兴镇	510623121	广济镇	510683110	桑枣镇	510705102
联合镇	510623122	玉泉镇	510683112	黄土镇	510705103
冯店镇	510623123	新市镇	510683115	塔水镇	510705104
积金镇	510623124	孝德镇	510683116	秀水镇	510705105
太安镇	510623125	富新镇	510683119	河清镇	510705106
东北镇	510623131	什地镇	510683122	界牌镇	510705108
柏树乡	510623206	清平镇	510683124	雎水镇	510705110
白果乡	510623207	**绵阳市（13 街道，122 镇，17 乡，14 民族乡）**	**510700**	千佛镇	510705116
永丰乡	510623214			高川乡	510705204
通山乡	510623218	**涪城区（7 街道，6 镇）**	**510703**	**三台县（31 镇，2 乡）**	**510722**
广汉市（3 街道，9 镇）	**510681**	城厢街道	510703001	潼川镇	510722101
雒城街道	510681001	工区街道	510703003	塔山镇	510722104
汉州街道	510681002	普明街道	510703007	龙树镇	510722106
金雁街道	510681003	创业园街道	510703009	石安镇	510722107

续表 6

行政区划名称	行政区划代码	行政区划名称	行政区划代码	行政区划名称	行政区划代码
富顺镇	510722108	岐伯镇	510723116	开坪乡	510726211
三元镇	510722109	文通镇	510723117	坝底乡	510726212
秋林镇	510722110	永泰镇	510723118	马槽乡	510726214
新德镇	510722112	九龙镇	510723119	白什乡	510726215
新生镇	510722113	西陵镇	510723120	青片乡	510726216
鲁班镇	510722114	嫘祖镇	510723121	都贯乡	510726217
景福镇	510722115	大兴回族乡	510723211	**平武县（6镇，2乡，12民族乡）**	**510727**
紫河镇	510722116	莲花湖乡	510723222		
观桥镇	510722118	**梓潼县（15镇，1乡）**	**510725**	龙安镇	510727100
郪江镇	510722119	文昌镇	510725100	古城镇	510727101
中新镇	510722120	长卿镇	510725101	响岩镇	510727103
古井镇	510722121	许州镇	510725102	大桥镇	510727107
西平镇	510722123	黎雅镇	510725103	水晶镇	510727108
八洞镇	510722124	卧龙镇	510725105	江油关镇	510727109
乐安镇	510722126	观义镇	510725106	高村乡	510727200
建平镇	510722127	玛瑙镇	510725107	坝子乡	510727202
中太镇	510722131	石牛镇	510725108	锁江羌族乡	510727206
金石镇	510722132	自强镇	510725109	土城藏族乡	510727207
新鲁镇	510722133	仁和镇	510725110	旧堡羌族乡	510727208
刘营镇	510722135	双板镇	510725111	阔达藏族乡	510727209
灵兴镇	510722136	金龙镇	510725112	黄羊关藏族乡	510727210
芦溪镇	510722137	文兴镇	510725113	虎牙藏族乡	510727211
立新镇	510722138	演武镇	510725114	泗耳藏族乡	510727212
永明镇	510722140	宏仁镇	510725118	白马藏族乡	510727213
建中镇	510722141	宝石乡	510725217	木座藏族乡	510727214
老马镇	510722145	**北川羌族自治县(9镇，9乡,1民族乡)**	**510726**	木皮藏族乡	510727215
北坝镇	510722151			豆叩羌族乡	510727216
忠孝乡	510722201	曲山镇	510726100	平通羌族乡	510727217
断石乡	510722204	擂鼓镇	510726101	**江油市（1街道，22镇，1乡）**	**510781**
盐亭县(1街道,14镇，1乡,1民族乡)	**510723**	永安镇	510726104		
		永昌镇	510726105	中坝街道	510781006
凤灵街道	510723002	禹里镇	510726106	太平镇	510781101
云溪镇	510723100	桂溪镇	510726107	三合镇	510781102
玉龙镇	510723101	小坝镇	510726108	含增镇	510781103
富驿镇	510723102	陈家坝镇	510726109	青莲镇	510781104
金孔镇	510723103	通泉镇	510726110	彰明镇	510781105
黄甸镇	510723105	漩坪乡	510726206	龙凤镇	510781106
巨龙镇	510723113	白坭乡	510726207	武都镇	510781107
高渠镇	510723114	桃龙藏族乡	510726209	大康镇	510781108
鹅溪镇	510723115	片口乡	510726210	新安镇	510781109

续表 7

行政区划名称	行政区划代码	行政区划名称	行政区划代码	行政区划名称	行政区划代码
战旗镇	510781110	虎跳镇	510811106	天星镇	510821122
双河镇	510781111	红岩镇	510811107	燕子乡	510821204
永胜镇	510781112	昭化镇	510811108	檬子乡	510821207
小溪坝镇	510781113	青牛镇	510811111	**青川县（12 镇，6 乡，2 民族乡）**	**510822**
河口镇	510781114	射箭镇	510811112	乔庄镇	510822100
重华镇	510781115	清水镇	510811113	青溪镇	510822101
厚坝镇	510781116	**朝天区（10 镇，2 乡）**	**510812**	房石镇	510822102
二郎庙镇	510781117	朝天镇	510812100	关庄镇	510822103
马角镇	510781118	大滩镇	510812101	凉水镇	510822104
雁门镇	510781119	羊木镇	510812102	竹园镇	510822105
大堰镇	510781122	曾家镇	510812103	木鱼镇	510822106
西屏镇	510781124	中子镇	510812104	沙州镇	510822107
方水镇	510781125	沙河镇	510812105	姚渡镇	510822108
枫顺乡	510781219	两河口镇	510812109	三锅镇	510822109
广元市（7 街道，112 镇，21 乡，2 民族乡）	**510800**	云雾山镇	510812110	建峰镇	510822111
		水磨沟镇	510812111	乐安镇	510822112
利州区（7 街道，5 镇，3 乡）	**510802**	李家镇	510812112	茶坝乡	510822203
		麻柳乡	510812214	蒿溪回族乡	510822207
东坝街道	510802001	临溪乡	510812215	曲河乡	510822210
嘉陵街道	510802002	**旺苍县（21 镇，2 乡）**	**510821**	石坝乡	510822212
雪峰街道	510802004	东河镇	510821100	大院回族乡	510822216
河西街道	510802007	嘉川镇	510821101	七佛乡	510822220
上西街道	510802009	木门镇	510821102	骑马乡	510822224
南河街道	510802010	白水镇	510821103	观音店乡	510822225
万缘街道	510802011	张华镇	510821105	**剑阁县（27 镇，2 乡）**	**510823**
荣山镇	510802100	黄洋镇	510821106	普安镇	510823100
大石镇	510802101	普济镇	510821107	龙源镇	510823101
盘山镇	510802102	三江镇	510821108	盐店镇	510823103
宝轮镇	510802103	五权镇	510821110	柳沟镇	510823104
三堆镇	510802105	高阳镇	510821111	武连镇	510823105
白朝乡	510802200	双汇镇	510821112	东宝镇	510823106
金洞乡	510802201	英萃镇	510821113	开封镇	510823107
龙潭乡	510802202	国华镇	510821114	元山镇	510823108
昭化区（12 镇）	**510811**	九龙镇	510821115	演圣镇	510823109
元坝镇	510811100	龙凤镇	510821116	王河镇	510823110
卫子镇	510811101	米仓山镇	510821117	公兴镇	510823111
王家镇	510811102	大德镇	510821118	金仙镇	510823112
磨滩镇	510811103	大两镇	510821119	香沉镇	510823113
柏林沟镇	510811104	水磨镇	510821120	白龙镇	510823114
太公镇	510811105	盐河镇	510821121		

续表 8

行政区划名称	行政区划代码	行政区划名称	行政区划代码	行政区划名称	行政区划代码
鹤龄镇	510823115	河地镇	510824128	中兴镇	510904103
杨村镇	510823116	白鹤乡	510824208	横山镇	510904104
羊岭镇	510823117	浙水乡	510824209	会龙镇	510904105
江口镇	510823118	月山乡	510824223	东禅镇	510904106
木马镇	510823119	白山乡	510824226	分水镇	510904107
剑门关镇	510823120	彭店乡	510824228	石洞镇	510904108
汉阳镇	510823121	桥溪乡	510824229	拦江镇	510904109
下寺镇	510823122	**遂宁市（20 街道，72 镇，3 乡）**	**510900**	保石镇	510904110
张王镇	510823123			三家镇	510904111
店子镇	510823125	**船山区（14 街道，9 镇，1 乡）**	**510903**	玉丰镇	510904112
涂山镇	510823126			西眉镇	510904113
姚家镇	510823127	凯旋路街道	510903001	磨溪镇	510904114
义兴镇	510823128	南津路街道	510903002	聚贤镇	510904115
秀钟乡	510823210	镇江寺街道	510903004	常理镇	510904116
樵店乡	510823228	育才路街道	510903005	**蓬溪县（1 街道，17 镇，2 乡）**	**510921**
苍溪县（25 镇，6 乡）	**510824**	介福路街道	510903006		
陵江镇	510824100	嘉禾街道	510903007	普安街道	510921001
云峰镇	510824102	广德街道	510903008	赤城镇	510921100
东青镇	510824104	九莲街道	510903009	新会镇	510921101
白桥镇	510824105	富源路街道	510903011	文井镇	510921102
五龙镇	510824107	灵泉街道	510903012	明月镇	510921103
永宁镇	510824108	慈音街道	510903013	常乐镇	510921104
鸳溪镇	510824109	南强街道	510903014	天福镇	510921105
三川镇	510824110	西宁街道	510903016	红江镇	510921106
龙王镇	510824111	杨渡街道	510903017	宝梵镇	510921107
元坝镇	510824112	仁里镇	510903101	大石镇	510921108
唤马镇	510824113	河沙镇	510903103	吉祥镇	510921109
歧坪镇	510824114	新桥镇	510903104	鸣凤镇	510921110
白驿镇	510824115	桂花镇	510903105	任隆镇	510921111
漓江镇	510824116	龙凤镇	510903110	三凤镇	510921112
文昌镇	510824117	永兴镇	510903111	蓬南镇	510921114
岳东镇	510824118	老池镇	510903112	群利镇	510921115
石马镇	510824119	保升镇	510903113	金桥镇	510921117
运山镇	510824120	北固镇	510903114	槐花镇	510921118
东溪镇	510824121	唐家乡	510903202	荷叶乡	510921207
高坡镇	510824122	**安居区（2 街道，16 镇）**	**510904**	高升乡	510921213
龙山镇	510824123	柔刚街道	510904001	**大英县（1 街道，9 镇）**	**510923**
亭子镇	510824125	凤凰街道	510904002	盐井街道	510923001
百利镇	510824126	安居镇	510904101	隆盛镇	510923101
黄猫垭镇	510824127	白马镇	510904102	回马镇	510923102

续表 9

行政区划名称	行政区划代码	行政区划名称	行政区划代码	行政区划名称	行政区划代码
天保镇	510923103	史家镇	511002101	连界镇	511024115
河边镇	510923104	凌家镇	511002102	越溪镇	511024116
卓筒井镇	510923105	朝阳镇	511002103	小河镇	511024119
玉峰镇	510923106	永安镇	511002104	**资中县（22 镇）**	**511025**
象山镇	510923107	全安镇	511002105	重龙镇	511025100
蓬莱镇	510923108	靖民镇	511002106	归德镇	511025102
金元镇	510923112	交通镇	511002110	鱼溪镇	511025103
射洪市（2 街道，21 镇）	**510981**	龙门镇	511002113	铁佛镇	511025105
平安街道	510981001	**东兴区（5 街道，14 镇）**	**511011**	球溪镇	511025106
太和街道	510981002	东兴街道	511011001	龙结镇	511025108
大榆镇	510981101	西林街道	511011002	罗泉镇	511025109
广兴镇	510981102	新江街道	511011003	发轮镇	511025110
金华镇	510981103	胜利街道	511011004	银山镇	511025112
沱牌镇	510981104	高桥街道	511011005	太平镇	511025114
太乙镇	510981105	田家镇	511011100	水南镇	511025116
金家镇	510981106	郭北镇	511011101	新桥镇	511025118
复兴镇	510981107	高梁镇	511011102	明心寺镇	511025119
天仙镇	510981108	白合镇	511011103	双河镇	511025120
仁和镇	510981109	顺河镇	511011104	公民镇	511025121
青岗镇	510981110	双才镇	511011107	龙江镇	511025122
洋溪镇	510981111	杨家镇	511011109	双龙镇	511025123
香山镇	510981112	椑木镇	511011110	高楼镇	511025124
明星镇	510981113	石子镇	511011111	陈家镇	511025125
涪西镇	510981114	永兴镇	511011113	孟塘镇	511025128
潼射镇	510981117	平坦镇	511011114	马鞍镇	511025129
曹碑镇	510981118	双桥镇	511011117	狮子镇	511025130
官升镇	510981119	富溪镇	511011118	**隆昌市（2 街道，11 镇）**	**511083**
文升镇	510981120	永福镇	511011120	古湖街道	511083001
东岳镇	510981121	**威远县（14 镇）**	**511024**	金鹅街道	511083002
瞿河镇	510981122	严陵镇	511024100	响石镇	511083101
武安镇	510981123	新店镇	511024102	圣灯镇	511083102
内江市（13 街道，70 镇）	**511000**	向义镇	511024103	黄家镇	511083103
市中区（6 街道，9 镇）	**511002**	界牌镇	511024104	双凤镇	511083104
城东街道	511002001	龙会镇	511024105	龙市镇	511083105
城西街道	511002003	高石镇	511024106	界市镇	511083107
玉溪街道	511002004	东联镇	511024107	石碾镇	511083108
牌楼街道	511002005	镇西镇	511024109	石燕桥镇	511083111
壕子口街道	511002006	山王镇	511024111	胡家镇	511083113
乐贤街道	511002007	观英滩镇	511024113	云顶镇	511083114
白马镇	511002100	新场镇	511024114	普润镇	511083115

续表 10

行政区划名称	行政区划代码
乐山市(11 街道,103 镇,16 乡,2 民族乡)	**511100**
市中区(5 街道,12 镇)	**511102**
大佛街道	511102004
通江街道	511102007
海棠街道	511102008
绿心街道	511102009
全福街道	511102010
牟子镇	511102101
土主镇	511102102
白马镇	511102103
茅桥镇	511102104
青平镇	511102105
苏稽镇	511102106
水口镇	511102107
安谷镇	511102108
棉竹镇	511102109
平兴镇	511102116
悦来镇	511102117
剑峰镇	511102118
沙湾区（1 街道，8 镇）	**511111**
铜河街道	511111002
沙湾镇	511111100
嘉农镇	511111101
太平镇	511111102
福禄镇	511111103
牛石镇	511111104
葫芦镇	511111106
踏水镇	511111107
轸溪镇	511111108
五通桥区（8 镇）	**511112**
竹根镇	511112100
牛华镇	511112101
金粟镇	511112104
金山镇	511112105
西坝镇	511112107
冠英镇	511112108
蔡金镇	511112109
石麟镇	511112110
金口河区（2 镇，1 乡，2 民族乡）	**511113**
永和镇	511113100
金河镇	511113101
和平彝族乡	511113200
共安彝族乡	511113201
永胜乡	511113203
犍为县（15 镇）	**511123**
玉津镇	511123100
孝姑镇	511123101
石溪镇	511123102
清溪镇	511123103
罗城镇	511123105
芭沟镇	511123106
龙孔镇	511123107
定文镇	511123108
舞雩镇	511123112
玉屏镇	511123113
大兴镇	511123114
九井镇	511123115
铁炉镇	511123116
寿保镇	511123117
双溪镇	511123118
井研县（1 街道，14 镇）	**511124**
研城街道	511124001
马踏镇	511124101
竹园镇	511124102
研经镇	511124103
周坡镇	511124104
千佛镇	511124105
王村镇	511124106
三江镇	511124107
东林镇	511124108
集益镇	511124110
纯复镇	511124111
宝五镇	511124112
镇阳镇	511124113
高凤镇	511124114
门坎镇	511124115
夹江县（2 街道，7 镇）	**511126**
漹城街道	511126001
青衣街道	511126002
黄土镇	511126101
甘江镇	511126102
吴场镇	511126106
木城镇	511126107
华头镇	511126108
新场镇	511126110
马村镇	511126111
沐川县（8 镇，5 乡）	**511129**
沐溪镇	511129100
永福镇	511129101
大楠镇	511129102
箭板镇	511129103
舟坝镇	511129104
黄丹镇	511129105
利店镇	511129106
富新镇	511129107
底堡乡	511129205
杨村乡	511129206
高笋乡	511129207
茨竹乡	511129208
武圣乡	511129210
峨边彝族自治县（7 镇，6 乡）	**511132**
沙坪镇	511132100
大堡镇	511132101
毛坪镇	511132102
五渡镇	511132103
新林镇	511132104
黑竹沟镇	511132105
红旗镇	511132106
宜坪乡	511132201
杨河乡	511132206
新场乡	511132208
平等乡	511132209
金岩乡	511132211
勒乌乡	511132212
马边彝族自治县（12 镇，3 乡）	**511133**
民建镇	511133100
荣丁镇	511133101
烟峰镇	511133102

续表 11

行政区划名称	行政区划代码	行政区划名称	行政区划代码	行政区划名称	行政区划代码
苏坝镇	511133103	西山街道	511302011	金凤镇	511304105
下溪镇	511133104	搬罾街道	511302012	安福镇	511304106
劳动镇	511133105	共兴镇	511302104	安平镇	511304107
莜坝镇	511133106	金台镇	511302105	世阳镇	511304108
建设镇	511133107	芦溪镇	511302106	大通镇	511304109
民主镇	511133108	李家镇	511302107	一立镇	511304110
梅林镇	511133109	双桥镇	511302108	龙蟠镇	511304111
雪口山镇	511133110	渔溪镇	511302109	里坝镇	511304112
三河口镇	511133111	新复乡	511302200	金宝镇	511304114
大竹堡乡	511133211	**高坪区（8 街道，10 镇，1 乡）**	**511303**	三会镇	511304115
高卓营乡	511133223	白塔街道	511303001	双桂镇	511304117
永红乡	511133226	清溪街道	511303002	七宝寺镇	511304119
峨眉山市（2 街道，10 镇，1 乡）	**511181**	小龙街道	511303004	河西镇	511304122
胜利街道	511181001	青莲街道	511303005	盐溪乡	511304215
峨山街道	511181002	龙门街道	511303006	大兴乡	511304220
绥山镇	511181100	都京街道	511303007	**南部县（4 街道，33 镇，5 乡）**	**511321**
高桥镇	511181101	螺溪街道	511303008	滨江街道	511321001
罗目镇	511181102	老君街道	511303009	蜀北街道	511321002
九里镇	511181103	江陵镇	511303103	满福街道	511321003
龙池镇	511181104	擦耳镇	511303104	南隆街道	511321004
符溪镇	511181106	东观镇	511303106	老鸦镇	511321102
双福镇	511181108	长乐镇	511303107	永定镇	511321103
桂花桥镇	511181109	胜观镇	511303108	碑院镇	511321104
大为镇	511181110	阙家镇	511303110	谢河镇	511321105
黄湾镇	511181112	石圭镇	511303111	盘龙镇	511321106
龙门乡	511181200	青居镇	511303112	铁佛塘镇	511321107
南充市（42 街道，162 镇，37 乡，1 民族乡）	**511300**	会龙镇	511303115	石河镇	511321108
		走马镇	511303117	王家镇	511321110
顺庆区（12 街道，6 镇，1 乡）	**511302**	佛门乡	511303211	富利镇	511321111
中城街道	511302001	**嘉陵区（5 街道，17 镇，2 乡）**	**511304**	楠木镇	511321112
北城街道	511302002			长坪镇	511321113
西城街道	511302003	火花街道	511304001	东坝镇	511321114
东南街道	511302004	文峰街道	511304002	河坝镇	511321115
和平路街道	511302005	都尉街道	511304004	定水镇	511321116
舞凤街道	511302006	西兴街道	511304005	大王镇	511321117
新建街道	511302007	南湖街道	511304006	黄金镇	511321118
华凤街道	511302008	曲水镇	511304101	流马镇	511321119
潆溪街道	511302009	李渡镇	511304102	建兴镇	511321120
荆溪街道	511302010	吉安镇	511304103	三官镇	511321121
		龙岭镇	511304104	伏虎镇	511321122

续表 12

行政区划名称	行政区划代码	行政区划名称	行政区划代码	行政区划名称	行政区划代码
双佛镇	511321123	木顶乡	511322208	观紫镇	511324107
花罐镇	511321124	明德乡	511322212	先锋镇	511324108
大桥镇	511321125	太蓬乡	511322215	三蛟镇	511324109
大河镇	511321126	柏林乡	511322216	回春镇	511324110
万年镇	511321127	悦中乡	511322220	柳垭镇	511324111
升钟镇	511321128	大庙乡	511322223	义路镇	511324112
升水镇	511321129	安化乡	511322225	立山镇	511324113
大坪镇	511321130	清水乡	511322229	三河镇	511324114
神坝镇	511321131	**蓬安县（2 街道，14 镇，5 乡）**	**511323**	瓦子镇	511324115
八尔湖镇	511321132			大寅镇	511324116
石龙镇	511321133	相如街道	511323003	二道镇	511324117
西水镇	511321134	周口街道	511323004	赛金镇	511324118
桐坪镇	511321136	锦屏镇	511323101	丁字桥镇	511324119
五灵乡	511321211	巨龙镇	511323102	大仪镇	511324120
小元乡	511321230	正源镇	511323103	张公镇	511324121
宏观乡	511321234	河舒镇	511323107	五福镇	511324122
双峰乡	511321239	利溪镇	511323108	杨桥镇	511324124
太霞乡	511321244	龙蚕镇	511323109	保平镇	511324125
营山县（3 街道，18 镇，8 乡）	**511322**	杨家镇	511323110	文星镇	511324126
		福德镇	511323112	双胜镇	511324127
绥安街道	511322001	银汉镇	511323113	永光镇	511324129
朗池街道	511322002	兴旺镇	511323114	思德镇	511324130
城南街道	511322003	金溪镇	511323116	铜鼓乡	511324202
渌井镇	511322101	罗家镇	511323117	凤仪乡	511324207
东升镇	511322102	徐家镇	511323118	福临乡	511324210
骆市镇	511322103	睦坝镇	511323119	来仪乡	511324212
黄渡镇	511322104	平头乡	511323208	板桥乡	511324226
小桥镇	511322105	鲜店乡	511323209	芭蕉乡	511324230
灵鹫镇	511322106	新园乡	511323217	柴井乡	511324241
老林镇	511322107	石孔乡	511323222	**西充县（2 街道，16 镇，5 乡）**	**511325**
木垭镇	511322108	金甲乡	511323232		
消水镇	511322109	**仪陇县（1 街道，29 镇，7 乡）**	**511324**	南台街道	511325001
双流镇	511322110			晋城街道	511325002
绿水镇	511322111	度门街道	511324001	太平镇	511325101
蓼叶镇	511322113	金城镇	511324100	大全镇	511325102
新店镇	511322114	新政镇	511324101	仙林镇	511325103
回龙镇	511322115	马鞍镇	511324102	古楼镇	511325104
星火镇	511322116	永乐镇	511324103	义兴镇	511325105
西桥镇	511322117	日兴镇	511324104	关文镇	511325106
望龙湖镇	511322120	土门镇	511324105	凤鸣镇	511325107
青山镇	511322121	复兴镇	511324106	青狮镇	511325108

续表 13

行政区划名称	行政区划代码	行政区划名称	行政区划代码	行政区划名称	行政区划代码
槐树镇	511325109	峰占乡	511381214	钟祥镇	511421106
鸣龙镇	511325110	博树回族乡	511381219	始建镇	511421107
双凤镇	511325111	**眉山市（13 街道，62 镇，5 乡）**	**511400**	彰加镇	511421108
高院镇	511325112	**东坡区（3 街道，13 镇）**	**511402**	慈航镇	511421109
仁和镇	511325113	通惠街道	511402001	龙正镇	511421110
多扶镇	511325114	大石桥街道	511402002	北斗镇	511421111
莲池镇	511325115	苏祠街道	511402003	禾加镇	511421112
常林镇	511325116	太和镇	511402102	禄加镇	511421114
占山乡	511325203	尚义镇	511402104	宝飞镇	511421115
罐垭乡	511325220	多悦镇	511402105	龙马镇	511421116
祥龙乡	511325226	秦家镇	511402106	方家镇	511421117
车龙乡	511325227	修文镇	511402110	满井镇	511421120
东太乡	511325229	松江镇	511402112	黑龙滩镇	511421121
阆中市（5 街道，19 镇，3 乡，1 民族乡）	**511381**	崇礼镇	511402113	宝马镇	511421125
保宁街道	511381001	富牛镇	511402114	珠嘉镇	511421126
七里街道	511381002	永寿镇	511402115	曹家镇	511421128
沙溪街道	511381003	万胜镇	511402118	谢安镇	511421142
江南街道	511381004	思蒙镇	511402119	新店镇	511421143
河溪街道	511381005	三苏镇	511402120	藕塘镇	511421144
彭城镇	511381103	复兴镇	511402121	板桥镇	511421145
玉台镇	511381104	**彭山区（5 街道，3 镇）**	**511403**	贵平镇	511421146
柏垭镇	511381105	凤鸣街道	511403001	青岗乡	511421202
飞凤镇	511381106	青龙街道	511403003	虞丞乡	511421206
思依镇	511381107	观音街道	511403004	**洪雅县（12 镇）**	**511423**
文成镇	511381108	谢家街道	511403006	洪川镇	511423100
二龙镇	511381109	江口街道	511403007	止戈镇	511423101
石滩镇	511381110	公义镇	511403103	余坪镇	511423103
老观镇	511381111	黄丰镇	511403107	槽渔滩镇	511423105
龙泉镇	511381112	锦江镇	511403110	中保镇	511423106
千佛镇	511381113	**仁寿县（4 街道，26 镇，2 乡）**	**511421**	东岳镇	511423107
望垭镇	511381114	文林街道	511421001	柳江镇	511423109
妙高镇	511381116	普宁街道	511421002	高庙镇	511423110
洪山镇	511381117	怀仁街道	511421003	瓦屋山镇	511423111
水观镇	511381120	视高街道	511421004	七里坪镇	511423112
金垭镇	511381121	大化镇	511421101	将军镇	511423113
五马镇	511381124	文宫镇	511421102	中山镇	511423114
木兰镇	511381125	高家镇	511421103	**丹棱县（4 镇，1 乡）**	**511424**
天宫镇	511381126	富加镇	511421104	杨场镇	511424101
鹤丰乡	511381207	汪洋镇	511421105	仁美镇	511424102
桥楼乡	511381212			张场镇	511424104

续表 14

行政区划名称	行政区划代码	行政区划名称	行政区划代码	行政区划名称	行政区划代码
齐乐镇	511424105	汪家镇	511503105	梅硐镇	511524101
顺龙乡	511424204	黄沙镇	511503106	双河镇	511524102
青神县（1街道，4镇，2乡）	**511425**	仙临镇	511503107	硐底镇	511524103
青竹街道	511425001	长兴镇	511503108	花滩镇	511524104
瑞峰镇	511425101	裴石镇	511503109	竹海镇	511524105
汉阳镇	511425102	**叙州区（3街道，12镇，2乡）**	**511504**	老翁镇	511524106
西龙镇	511425104	南岸街道	511504001	古河镇	511524107
高台镇	511425108	赵场街道	511504002	龙头镇	511524110
白果乡	511425202	柏溪街道	511504003	井江镇	511524112
罗波乡	511425208	观音镇	511504102	铜鼓镇	511524113
宜宾市（14街道，105镇，5乡，12民族乡）	**511500**	横江镇	511504103	梅白镇	511524119
翠屏区（8街道，12镇）	**511502**	柳嘉镇	511504104	铜锣镇	511524120
西郊街道	511502006	泥溪镇	511504105	**高县（13镇）**	**511525**
安阜街道	511502007	蕨溪镇	511504106	文江镇	511525100
白沙湾街道	511502008	商州镇	511504107	庆符镇	511525101
象鼻街道	511502009	高场镇	511504108	沙河镇	511525102
沙坪街道	511502011	安边镇	511504109	嘉乐镇	511525103
双城街道	511502013	双龙镇	511504110	罗场镇	511525105
合江门街道	511502014	合什镇	511504112	蕉村镇	511525106
大观楼街道	511502015	南广镇	511504118	可久镇	511525107
李庄镇	511502101	樟海镇	511504119	来复镇	511525108
菜坝镇	511502102	龙池乡	511504201	月江镇	511525109
金坪镇	511502104	凤仪乡	511504202	胜天镇	511525110
牟坪镇	511502108	**江安县（14镇）**	**511523**	复兴镇	511525111
李端镇	511502109	江安镇	511523100	落润镇	511525115
宗场镇	511502110	红桥镇	511523101	庆岭镇	511525116
宋家镇	511502112	怡乐镇	511523104	**珙县（10镇，3民族乡）**	**511526**
思坡镇	511502113	留耕镇	511523105	珙泉镇	511526100
白花镇	511502118	五矿镇	511523108	巡场镇	511526101
永兴镇	511502119	迎安镇	511523109	孝儿镇	511526102
双谊镇	511502120	夕佳山镇	511523110	底洞镇	511526103
金秋湖镇	511502121	铁清镇	511523113	上罗镇	511526104
南溪区（3街道，8镇）	**511503**	四面山镇	511523114	洛表镇	511526105
南溪街道	511503001	大井镇	511523115	洛亥镇	511526106
罗龙街道	511503002	阳春镇	511523116	王家镇	511526107
仙源街道	511503003	下长镇	511523117	沐滩镇	511526109
刘家镇	511503102	大妙镇	511523118	曹营镇	511526110
江南镇	511503103	仁和镇	511523119	玉和苗族乡	511526205
大观镇	511503104	**长宁县（13镇）**	**511524**	罗渡苗族乡	511526209
		长宁镇	511524100	观斗苗族乡	511526212

续表 15

行政区划名称	行政区划代码
筠连县（7 镇，2 乡，3 民族乡）	**511527**
筠连镇	511527100
腾达镇	511527101
巡司镇	511527102
沐爱镇	511527104
大雪山镇	511527106
镇舟镇	511527107
蒿坝镇	511527108
乐义乡	511527205
团林苗族乡	511527208
联合苗族乡	511527209
高坪苗族乡	511527210
丰乐乡	511527211
兴文县(8 镇,4 民族乡)	**511528**
古宋镇	511528100
僰王山镇	511528101
共乐镇	511528103
莲花镇	511528105
九丝城镇	511528107
石海镇	511528108
周家镇	511528110
五星镇	511528111
大坝苗族乡	511528203
大河苗族乡	511528205
麒麟苗族乡	511528206
仙峰苗族乡	511528207
屏山县（8 镇，1 乡，2 民族乡）	**511529**
锦屏镇	511529100
新市镇	511529101
中都镇	511529102
龙华镇	511529103
大乘镇	511529104
新安镇	511529107
书楼镇	511529108
屏山镇	511529109
夏溪乡	511529208
屏边彝族乡	511529210
清平彝族乡	511529211
广安市（15 街道，99 镇，10 乡）	**511600**
广安区（6 街道，16 镇，3 乡）	**511602**
浓洄街道	511602001
北辰街道	511602002
广福街道	511602004
万盛街道	511602005
中桥街道	511602006
枣山街道	511602007
官盛镇	511602101
协兴镇	511602102
浓溪镇	511602103
悦来镇	511602104
兴平镇	511602105
井河镇	511602106
花桥镇	511602107
龙台镇	511602108
肖溪镇	511602109
恒升镇	511602110
石笋镇	511602111
白市镇	511602112
大安镇	511602113
穿石镇	511602121
大龙镇	511602122
东岳镇	511602123
龙安乡	511602207
彭家乡	511602208
白马乡	511602216
前锋区（4 街道，8 镇）	**511603**
奎阁街道	511603001
大佛寺街道	511603002
龙塘街道	511603003
新桥街道	511603004
代市镇	511603101
观塘镇	511603102
护安镇	511603103
广兴镇	511603104
观阁镇	511603105
桂兴镇	511603106
虎城镇	511603107
龙滩镇	511603108
岳池县（2 街道，23 镇，2 乡）	**511621**
九龙街道	511621001
朝阳街道	511621002
花园镇	511621101
坪滩镇	511621102
龙孔镇	511621103
镇裕镇	511621104
白庙镇	511621105
酉溪镇	511621106
同兴镇	511621107
兴隆镇	511621108
秦溪镇	511621109
顾县镇	511621110
苟角镇	511621111
天平镇	511621112
石垭镇	511621113
乔家镇	511621114
罗渡镇	511621115
裕民镇	511621116
中和镇	511621117
新场镇	511621118
普安镇	511621119
临溪镇	511621121
西板镇	511621122
齐福镇	511621123
伏龙镇	511621124
黄龙乡	511621212
鱼峰乡	511621216
武胜县（19 镇，4 乡）	**511622**
沿口镇	511622100
中心镇	511622101
烈面镇	511622102
飞龙镇	511622103
乐善镇	511622104
万善镇	511622105
龙女镇	511622106
三溪镇	511622107
赛马镇	511622108
胜利镇	511622109

续表 16

行政区划名称	行政区划代码	行政区划名称	行政区划代码	行政区划名称	行政区划代码
金牛镇	511622110	双河街道	511681001	杨柳街道	511703006
清平镇	511622111	华龙街道	511681002	亭子镇	511703100
街子镇	511622112	古桥街道	511681003	麻柳镇	511703101
万隆镇	511622113	天池镇	511681101	大树镇	511703103
礼安镇	511622114	禄市镇	511681102	南岳镇	511703104
华封镇	511622115	永兴镇	511681103	景市镇	511703105
宝箴塞镇	511622116	明月镇	511681104	赵家镇	511703106
石盘镇	511622117	阳和镇	511681105	河市镇	511703107
鸣钟镇	511622118	高兴镇	511681106	渡市镇	511703109
真静乡	511622201	溪口镇	511681108	管村镇	511703110
猛山乡	511622202	庆华镇	511681109	石梯镇	511703111
双星乡	511622203	红岩乡	511681200	石桥镇	511703112
鼓匠乡	511622208	**达州市（21 街道，149 镇，26 乡，4 民族乡）**	**511700**	堡子镇	511703113
邻水县（25 镇）	**511623**			福善镇	511703114
鼎屏镇	511623100	**通川区（5 街道，12 镇，1 乡）**	**511702**	万家镇	511703115
城北镇	511623101			百节镇	511703116
城南镇	511623102	东城街道	511702001	金垭镇	511703117
柑子镇	511623103	西城街道	511702002	双庙镇	511703119
观音桥镇	511623105	朝阳街道	511702003	桥湾镇	511703120
牟家镇	511623106	凤西街道	511702004	赵固镇	511703121
合流镇	511623107	凤北街道	511702005	平滩镇	511703123
坛同镇	511623108	罗江镇	511702102	大堰镇	511703125
高滩镇	511623109	蒲家镇	511702103	罐子镇	511703127
九龙镇	511623110	复兴镇	511702104	安仁乡	511703203
御临镇	511623111	双龙镇	511702105	幺塘乡	511703215
袁市镇	511623112	碑庙镇	511702107	龙会乡	511703217
丰禾镇	511623113	江陵镇	511702108	虎让乡	511703234
八耳镇	511623114	东岳镇	511702109	米城乡	511703235
石永镇	511623115	磐石镇	511702110	**宣汉县（2 街道，28 镇，3 乡，4 民族乡）**	**511722**
兴仁镇	511623116	北山镇	511702111		
王家镇	511623117	金石镇	511702112	东乡街道	511722001
石滓镇	511623118	梓桐镇	511702113	蒲江街道	511722002
三古镇	511623119	青宁镇	511702114	君塘镇	511722101
两河镇	511623120	安云乡	511702205	清溪镇	511722102
太和镇	511623121	**达川区（6 街道，22 镇，5 乡）**	**511703**	普光镇	511722103
椿木镇	511623122			天生镇	511722104
梁板镇	511623123	三里坪街道	511703001	柏树镇	511722105
复盛镇	511623124	翠屏街道	511703002	芭蕉镇	511722106
黎家镇	511623125	石板街道	511703003	南坝镇	511722107
华蓥市（3 街道，8 镇，1 乡）	**511681**	斌郎街道	511703004	五宝镇	511722108
		明月江街道	511703005	峰城镇	511722109

续表 17

行政区划名称	行政区划代码	行政区划名称	行政区划代码	行政区划名称	行政区划代码
土黄镇	511722110	**大竹县（3 街道，23 镇，5 乡）**	**511724**	有庆镇	511725105
华景镇	511722111	竹阳街道	511724001	土溪镇	511725106
樊哙镇	511722112	东柳街道	511724002	文崇镇	511725107
新华镇	511722113	白塔街道	511724003	贵福镇	511725108
黄金镇	511722114	乌木镇	511724101	岩峰镇	511725109
胡家镇	511722115	团坝镇	511724102	静边镇	511725110
毛坝镇	511722116	杨家镇	511724103	清溪场镇	511725111
大成镇	511722118	清河镇	511724104	宝城镇	511725112
下八镇	511722120	柏林镇	511724105	澌渡镇	511725113
塔河镇	511722122	石河镇	511724106	琅琊镇	511725114
茶河镇	511722123	石桥铺镇	511724108	李渡镇	511725115
厂溪镇	511722124	观音镇	511724109	中滩镇	511725116
马渡关镇	511722126	周家镇	511724110	三板镇	511725118
红峰镇	511722127	石子镇	511724111	丰乐镇	511725119
白马镇	511722129	文星镇	511724112	李馥镇	511725120
桃花镇	511722130	妈妈镇	511724113	青龙镇	511725123
庙安镇	511722131	高穴镇	511724114	卷硐镇	511725125
上峡镇	511722132	欧家镇	511724115	望溪镇	511725126
南坪镇	511722133	庙坝镇	511724116	龙凤镇	511725128
老君乡	511722204	清水镇	511724117	新市镇	511725129
黄石乡	511722205	月华镇	511724118	渠北镇	511725131
三墩土家族乡	511722222	高明镇	511724119	定远镇	511725132
漆树土家族乡	511722223	童家镇	511724120	合力镇	511725133
龙泉土家族乡	511722224	天城镇	511724121	万寿镇	511725134
渡口土家族乡	511722225	四合镇	511724125	东安镇	511725135
石铁乡	511722226	永胜镇	511724126	报恩乡	511725227
开江县（1 街道，11 镇，1 乡）	**511723**	中华镇	511724128	安北乡	511725228
淙城街道	511723001	朝阳乡	511724204	大义乡	511725238
新宁镇	511723100	安吉乡	511724218	巨光乡	511725245
普安镇	511723101	八渡乡	511724224	望江乡	511725255
回龙镇	511723102	杨通乡	511724228	拱市乡	511725263
永兴镇	511723104	川主乡	511724244	**万源市（1 街道，25 镇，5 乡）**	**511781**
讲治镇	511723105	**渠县（3 街道，28 镇，6 乡）**	**511725**	古东关街道	511781001
甘棠镇	511723106	渠江街道	511725001	太平镇	511781100
任市镇	511723107	天星街道	511725002	青花镇	511781101
广福镇	511723108	渠南街道	511725003	旧院镇	511781102
长岭镇	511723109	临巴镇	511725102	罗文镇	511781103
八庙镇	511723110	三汇镇	511725103	河口镇	511781104
灵岩镇	511723112	涌兴镇	511725104	草坝镇	511781105
梅家乡	511723207			竹峪镇	511781106

续表 18

行政区划名称	行政区划代码
大竹镇	511781107
官渡镇	511781108
黄钟镇	511781109
白沙镇	511781110
沙滩镇	511781111
石塘镇	511781112
八台镇	511781113
石窝镇	511781114
铁矿镇	511781115
大沙镇	511781116
魏家镇	511781117
白果镇	511781118
井溪镇	511781119
长坝镇	511781121
鹰背镇	511781122
永宁镇	511781123
固军镇	511781124
黑宝山镇	511781125
蜂桶乡	511781208
曾家乡	511781212
玉带乡	511781218
紫溪乡	511781227
庙子乡	511781229
雅安市（10 街道，57 镇，16 乡，13 民族乡）	**511800**
雨城区（5 街道，8 镇）	**511802**
东城街道	511802001
西城街道	511802002
河北街道	511802003
青江街道	511802004
大兴街道	511802005
草坝镇	511802101
上里镇	511802107
晏场镇	511802109
多营镇	511802110
碧峰峡镇	511802111
望鱼镇	511802112
周公山镇	511802113
八步镇	511802114
名山区（2 街道，11 镇）	**511803**
永兴街道	511803001
蒙阳街道	511803002
百丈镇	511803101
车岭镇	511803102
马岭镇	511803104
新店镇	511803105
蒙顶山镇	511803106
黑竹镇	511803107
红星镇	511803108
中峰镇	511803109
茅河镇	511803112
前进镇	511803118
万古镇	511803119
荥经县（1 街道，7 镇，2 乡，2 民族乡）	**511822**
严道街道	511822001
花滩镇	511822101
龙苍沟镇	511822102
牛背山镇	511822103
新添镇	511822104
青龙镇	511822105
荥河镇	511822106
五宪镇	511822107
安靖乡	511822203
民建彝族乡	511822205
泗坪乡	511822209
宝峰彝族乡	511822216
汉源县（12 镇，4 乡，5 民族乡）	**511823**
富林镇	511823100
九襄镇	511823101
乌斯河镇	511823102
宜东镇	511823103
富庄镇	511823104
清溪镇	511823105
大树镇	511823106
皇木镇	511823107
富泉镇	511823108
唐家镇	511823109
安乐镇	511823110
前域镇	511823111
富乡乡	511823209
马烈乡	511823220
河南乡	511823224
晒经乡	511823225
小堡藏族彝族乡	511823227
片马彝族乡	511823228
坭美彝族乡	511823229
永利彝族乡	511823230
顺河彝族乡	511823231
石棉县（1 街道，3 镇，3 乡，5 民族乡）	**511824**
新棉街道	511824002
回隆镇	511824101
美罗镇	511824102
安顺场镇	511824106
蟹螺藏族乡	511824202
永和乡	511824203
栗子坪彝族乡	511824207
迎政乡	511824209
丰乐乡	511824211
新民藏族彝族乡	511824212
草科藏族乡	511824215
王岗坪彝族藏族乡	511824216
天全县（7 镇，3 乡）	**511825**
城厢镇	511825100
始阳镇	511825101
思经镇	511825102
喇叭河镇	511825103
小河镇	511825104
仁义镇	511825105
新场镇	511825106
乐英乡	511825210
新华乡	511825216
兴业乡	511825219
芦山县（1 街道，6 镇，1 乡）	**511826**
芦阳街道	511826001
飞仙关镇	511826101
双石镇	511826102
太平镇	511826103
大川镇	511826104
龙门镇	511826105

续表 19

行政区划名称	行政区划代码	行政区划名称	行政区划代码	行政区划名称	行政区划代码
思延镇	511826106	登科街道	511903001	空山镇	511921120
宝盛乡	511826208	文治街道	511903002	三溪镇	511921121
宝兴县（3 镇，3 乡，1 民族乡）	**511827**	司城街道	511903003	春在镇	511921122
穆坪镇	511827100	玉山镇	511903101	杨柏镇	511921123
灵关镇	511827101	茶坝镇	511903102	唱歌镇	511921124
陇东镇	511827102	花丛镇	511903104	陈河镇	511921125
硗碛藏族乡	511827202	柳林镇	511903105	青峪镇	511921126
五龙乡	511827205	下八庙镇	511903106	兴隆镇	511921127
大溪乡	511827207	渔溪镇	511903107	烟溪镇	511921128
蜂桶寨乡	511827208	上八庙镇	511903111	长坪镇	511921129
巴中市（17 街道，116 镇，6 乡）	**511900**	明阳镇	511903112	松溪乡	511921214
巴州区（9 街道，14 镇，2 乡）	**511902**	兴隆镇	511903113	胜利乡	511921216
东城街道	511902001	群乐镇	511903114	**南江县（1 街道，29 镇，2 乡）**	**511922**
西城街道	511902002	双胜镇	511903115	集州街道	511922001
回风街道	511902003	关公镇	511903116	沙河镇	511922101
宕梁街道	511902004	尹家镇	511903118	长赤镇	511922103
玉堂街道	511902005	九镇	511903119	正直镇	511922104
江北街道	511902006	雪山镇	511903120	大河镇	511922105
兴文街道	511902007	**通江县（1 街道，30 镇，2 乡）**	**511921**	光雾山镇	511922106
奇章街道	511902008	壁州街道	511921001	下两镇	511922108
时新街道	511902009	诺江镇	511921100	赶场镇	511922109
大茅坪镇	511902100	民胜镇	511921101	杨坝镇	511922110
清江镇	511902101	火炬镇	511921102	关坝镇	511922111
水宁寺镇	511902103	广纳镇	511921103	天池镇	511922112
曾口镇	511902105	铁佛镇	511921104	红光镇	511922113
梁永镇	511902106	麻石镇	511921105	元潭镇	511922114
鼎山镇	511902110	至诚镇	511921106	赤溪镇	511922116
大罗镇	511902111	洪口镇	511921107	双流镇	511922117
化成镇	511902118	沙溪镇	511921108	坪河镇	511922118
三江镇	511902121	瓦室镇	511921109	仁和镇	511922119
枣林镇	511902122	永安镇	511921110	和平镇	511922120
平梁镇	511902123	铁溪镇	511921111	侯家镇	511922121
光辉镇	511902125	涪阳镇	511921112	桥亭镇	511922122
凤溪镇	511902127	诺水河镇	511921113	高塔镇	511922123
天马山镇	511902128	毛浴镇	511921114	兴马镇	511922125
大和乡	511902203	两河口镇	511921115	关门镇	511922126
白庙乡	511902205	泥溪镇	511921116	石滩镇	511922127
恩阳区（3 街道，15 镇）	**511903**	板桥口镇	511921117	高桥镇	511922128
		新场镇	511921118	八庙镇	511922129
		龙凤场镇	511921119	贵民镇	511922130

续表 20

行政区划名称	行政区划代码	行政区划名称	行政区划代码	行政区划名称	行政区划代码
关路镇	511922131	三贤祠街道	512002002	镇子镇	512021117
云顶镇	511922132	资溪街道	512002003	文化镇	512021118
公山镇	511922133	狮子山街道	512002004	周礼镇	512021119
团结乡	511922209	宝莲街道	512002005	驯龙镇	512021120
神门乡	511922247	雁江镇	512002100	华严镇	512021121
平昌县（3 街道，28 镇）	**511923**	松涛镇	512002101	长河源镇	512021122
同州街道	511923001	宝台镇	512002102	护建镇	512021123
金宝街道	511923002	临江镇	512002103	忠义镇	512021124
江口街道	511923003	保和镇	512002104	卧佛镇	512021125
响滩镇	511923101	老君镇	512002105	南薰镇	512021126
西兴镇	511923102	中和镇	512002106	思贤镇	512021127
佛楼镇	511923103	丹山镇	512002107	协和镇	512021129
白衣镇	511923104	小院镇	512002108	清流镇	512021130
涵水镇	511923105	堪嘉镇	512002109	朝阳镇	512021131
岳家镇	511923106	伍隍镇	512002110	乾龙镇	512021132
兰草镇	511923107	石岭镇	512002111	大平镇	512021133
驷马镇	511923108	东峰镇	512002112	来凤乡	512021205
元山镇	511923110	南津镇	512002113	天马乡	512021206
云台镇	511923111	丰裕镇	512002116	云峰乡	512021212
邱家镇	511923112	迎接镇	512002117	岳新乡	512021213
笔山镇	511923113	祥符镇	512002118	东胜乡	512021215
镇龙镇	511923114	**安岳县（2 街道，32 镇，12 乡）**	**512021**	高升乡	512021218
得胜镇	511923115			横庙乡	512021219
灵山镇	511923118	岳城街道	512021001	白塔寺乡	512021221
望京镇	511923119	石桥街道	512021002	双龙街乡	512021222
土兴镇	511923120	岳阳镇	512021100	合义乡	512021227
泥龙镇	511923122	鸳大镇	512021101	千佛乡	512021240
板庙镇	511923123	通贤镇	512021103	拱桥乡	512021241
龙岗镇	511923124	龙台镇	512021104	**乐至县（2 街道，18 镇，1 乡）**	**512022**
青云镇	511923125	姚市镇	512021105		
大寨镇	511923126	林凤镇	512021106	天池街道	512022001
土垭镇	511923127	毛家镇	512021107	南塔街道	512022002
澌岸镇	511923128	永清镇	512021108	石佛镇	512022101
粉壁镇	511923130	永顺镇	512021109	回澜镇	512022102
三十二梁镇	511923133	石羊镇	512021110	石湍镇	512022103
江家口镇	511923134	两板桥镇	512021111	童家镇	512022104
岩口镇	511923135	护龙镇	512021112	宝林镇	512022105
资阳市（9 街道，67 镇，13 乡）	**512000**	李家镇	512021113	大佛镇	512022106
		元坝镇	512021114	良安镇	512022107
雁江区（5 街道，17 镇）	**512002**	兴隆镇	512021115	金顺镇	512022108
莲花街道	512002001	天林镇	512021116	中和场镇	512022109

续表 21

行政区划名称	行政区划代码	行政区划名称	行政区划代码	行政区划名称	行政区划代码
劳动镇	512022110	桃坪镇	513222104	南坪镇	513225103
中天镇	512022111	朴头镇	513222105	黑河镇	513225104
佛星镇	512022112	甘堡乡	513222202	勿角镇	513225105
蟠龙镇	512022113	蒲溪乡	513222203	永和乡	513225201
东山镇	512022114	上孟乡	513222204	白河乡	513225203
通旅镇	512022115	下孟乡	513222205	保华乡	513225205
高寺镇	512022116	通化乡	513222207	郭元乡	513225209
龙门镇	512022117	**茂县（11 镇）**	**513223**	草地乡	513225210
盛池镇	512022118	凤仪镇	513223100	玉瓦乡	513225213
双河场乡	512022204	南新镇	513223101	大录乡	513225214
阿坝藏族羌族自治州（82 镇,91 乡,1 民族乡）	**513200**	叠溪镇	513223102	**金川县（4 镇，15 乡）**	**513226**
		富顺镇	513223105	观音桥镇	513226101
马尔康市（3 镇，10 乡）	**513201**	土门镇	513223107	安宁镇	513226102
马尔康镇	513201100	洼底镇	513223109	勒乌镇	513226103
松岗镇	513201102	沙坝镇	513223110	马奈镇	513226104
沙尔宗镇	513201103	渭门镇	513223111	沙耳乡	513226200
梭磨乡	513201200	黑虎镇	513223112	庆宁乡	513226201
白湾乡	513201201	沟口镇	513223113	咯尔乡	513226202
党坝乡	513201202	赤不苏镇	513223114	河东乡	513226205
木尔宗乡	513201203	**松潘县（7 镇，9 乡，1 民族乡）**	**513224**	河西乡	513226206
脚木足乡	513201204			集沐乡	513226207
龙尔甲乡	513201206	进安镇	513224100	撒瓦脚乡	513226208
大藏乡	513201207	川主寺镇	513224101	卡拉脚乡	513226209
康山乡	513201208	青云镇	513224102	俄热乡	513226210
草登乡	513201209	毛儿盖镇	513224103	二嘎里乡	513226212
日部乡	513201210	镇江关镇	513224104	阿科里乡	513226213
汶川县（9 镇）	**513221**	红土镇	513224105	卡撒乡	513226215
威州镇	513221100	小河镇	513224106	曾达乡	513226216
绵虒镇	513221101	十里回族乡	513224201	独松乡	513226217
映秀镇	513221102	安宏乡	513224203	毛日乡	513226220
卧龙镇	513221103	镇坪乡	513224207	**小金县（7 镇，11 乡）**	**513227**
漩口镇	513221104	岷江乡	513224208	美兴镇	513227100
水磨镇	513221105	大姓乡	513224209	四姑娘山镇	513227101
三江镇	513221106	白羊乡	513224210	两河口镇	513227103
耿达镇	513221107	小姓乡	513224213	达维镇	513227104
灞州镇	513221111	燕云乡	513224214	沃日镇	513227105
理县（6 镇，5 乡）	**513222**	黄龙乡	513224219	宅垄镇	513227106
杂谷脑镇	513222100	下八寨乡	513224221	八角镇	513227107
米亚罗镇	513222101	**九寨沟县（5 镇，7 乡）**	**513225**	崇德乡	513227201
古尔沟镇	513222102	漳扎镇	513225101	新桥乡	513227202
薛城镇	513222103	双河镇	513225102		

续表 22

行政区划名称	行政区划代码	行政区划名称	行政区划代码	行政区划名称	行政区划代码
美沃乡	513227203	麦尔玛镇	513231102	**康定市（2街道，8镇，7乡）**	**513301**
沙龙乡	513227204	河支镇	513231103	榆林街道	513301001
日尔乡	513227208	各莫镇	513231104	炉城街道	513301002
结斯乡	513227209	安羌镇	513231105	姑咱镇	513301101
木坡乡	513227211	麦昆乡	513231201	新都桥镇	513301102
抚边乡	513227213	龙藏乡	513231203	塔公镇	513301103
窝底乡	513227216	求吉玛乡	513231204	沙德镇	513301104
汗牛乡	513227217	四洼乡	513231208	金汤镇	513301105
潘安乡	513227218	安斗乡	513231209	甲根坝镇	513301106
黑水县（8镇，7乡）	**513228**	柯河乡	513231210	贡嘎山镇	513301107
芦花镇	513228100	垮沙乡	513231211	鱼通镇	513301108
卡龙镇	513228101	查理乡	513231213	雅拉乡	513301200
色尔古镇	513228102	茸安乡	513231214	麦崩乡	513301204
沙石多镇	513228103	**若尔盖县（7镇，6乡）**	**513232**	捧塔乡	513301206
知木林镇	513228104	达扎寺镇	513232100	普沙绒乡	513301208
扎窝镇	513228105	唐克镇	513232102	吉居乡	513301209
西尔镇	513228106	红星镇	513232103	呷巴乡	513301211
木苏镇	513228107	辖曼镇	513232104	孔玉乡	513301214
瓦钵梁子乡	513228204	巴西镇	513232105	**泸定县（8镇，1乡）**	**513322**
石碉楼乡	513228206	阿西镇	513232106	泸桥镇	513322100
龙坝乡	513228207	铁布镇	513232107	冷碛镇	513322101
洛多乡	513228208	麦溪乡	513232205	兴隆镇	513322102
维古乡	513228210	嫩哇乡	513232206	磨西镇	513322103
晴朗乡	513228213	降扎乡	513232207	得妥镇	513322104
慈坝乡	513228214	占哇乡	513232208	烹坝镇	513322105
壤塘县（3镇，8乡）	**513230**	求吉乡	513232214	燕子沟镇	513322106
南木达镇	513230101	包座乡	513232215	德威镇	513322107
中壤塘镇	513230102	**红原县（6镇，4乡）**	**513233**	岚安乡	513322200
岗木达镇	513230103	邛溪镇	513233100	**丹巴县（9镇，3乡）**	**513323**
蒲西乡	513230200	刷经寺镇	513233101	章谷镇	513323100
宗科乡	513230201	瓦切镇	513233102	巴底镇	513323101
石里乡	513230202	安曲镇	513233103	革什扎镇	513323102
吾伊乡	513230203	色地镇	513233104	东谷镇	513323103
上杜柯乡	513230205	龙日镇	513233105	墨尔多山镇	513323104
茸木达乡	513230206	江茸乡	513233202	甲居镇	513323105
尕多乡	513230208	阿木乡	513233204	格宗镇	513323106
上壤塘乡	513230210	麦洼乡	513233206	半扇门镇	513323107
阿坝县（6镇，9乡）	**513231**	查尔玛乡	513233208	丹东镇	513323108
阿坝镇	513231100	**甘孜藏族自治州（2街道，110镇，174乡，3民族乡）**	**513300**	巴旺乡	513323201
贾洛镇	513231101			梭坡乡	513323209

续表 23

行政区划名称	行政区划代码	行政区划名称	行政区划代码	行政区划名称	行政区划代码
太平桥乡	513323213	玉科镇	513326104	贡隆乡	513328204
九龙县（9 镇，4 乡，3 民族乡）	**513324**	仲尼镇	513326105	扎科乡	513328205
		泰宁镇	513326106	昔色乡	513328207
呷尔镇	513324100	瓦日镇	513326107	卡攻乡	513328208
烟袋镇	513324101	麻孜乡	513326201	仁果乡	513328209
三垭镇	513324102	孔色乡	513326202	拖坝乡	513328210
雪洼龙镇	513324103	葛卡乡	513326203	庭卡乡	513328212
湾坝镇	513324104	扎拖乡	513326207	下雄乡	513328213
汤古镇	513324105	下拖乡	513326208	四通达乡	513328214
乌拉溪镇	513324106	木茹乡	513326210	夺多乡	513328215
魁多镇	513324107	甲斯孔乡	513326211	泥柯乡	513328216
乃渠镇	513324108	七美乡	513326213	茶扎乡	513328217
三岩龙乡	513324202	银恩乡	513326214	大德乡	513328218
上团乡	513324203	龙灯乡	513326216	卡龙乡	513328219
八窝龙乡	513324204	色卡乡	513326218	**新龙县（6 镇，10 乡）**	**513329**
子耳彝族乡	513324209	沙冲乡	513326219	如龙镇	513329100
小金彝族乡	513324212	**炉霍县（4 镇，11 乡）**	**513327**	拉日马镇	513329101
朵洛彝族乡	513324213	新都镇	513327100	大盖镇	513329102
洪坝乡	513324216	朱倭镇	513327101	色威镇	513329103
雅江县（6 镇，10 乡）	**513325**	上罗科马镇	513327103	通宵镇	513329104
河口镇	513325100	虾拉沱镇	513327104	尤拉西镇	513329105
呷拉镇	513325101	泥巴乡	513327200	沙堆乡	513329200
西俄洛镇	513325102	雅德乡	513327201	绕鲁乡	513329203
红龙镇	513325103	洛秋乡	513327202	博美乡	513329207
波斯河镇	513325104	仁达乡	513327205	子拖西乡	513329209
麻郎措镇	513325105	旦都乡	513327207	和平乡	513329210
八角楼乡	513325201	充古乡	513327208	洛古乡	513329211
普巴绒乡	513325202	更知乡	513327209	雄龙西乡	513329212
祝桑乡	513325203	卡娘乡	513327210	麻日乡	513329213
米龙乡	513325204	宗塔乡	513327211	友谊乡	513329215
八衣绒乡	513325205	宗麦乡	513327212	银多乡	513329217
牙衣河乡	513325208	下罗科马乡	513327214	**德格县（10 镇，13 乡）**	**513330**
德差乡	513325211	**甘孜县（3 镇，18 乡）**	**513328**	更庆镇	513330100
柯拉乡	513325213	甘孜镇	513328100	马尼干戈镇	513330101
瓦多乡	513325214	查龙镇	513328101	竹庆镇	513330102
木绒乡	513325215	来马镇	513328102	阿须镇	513330103
道孚县（7 镇，12 乡）	**513326**	呷拉乡	513328200	错阿镇	513330105
鲜水镇	513326100	色西底乡	513328201	龚垭镇	513330106
八美镇	513326101	南多乡	513328202	温拖镇	513330107
亚卓镇	513326102	生康乡	513328203	打滚镇	513330108

续表 24

行政区划名称	行政区划代码	行政区划名称	行政区划代码	行政区划名称	行政区划代码
麦宿镇	513330109	真达乡	513332200	莫坝乡	513334203
中扎科镇	513330110	奔达乡	513332201	亚火乡	513334204
岳巴乡	513330202	正科乡	513332202	绒坝乡	513334205
八帮乡	513330203	德荣马乡	513332204	嘎哇乡	513334206
白垭乡	513330205	长沙贡马乡	513332206	奔戈乡	513334207
汪布顶乡	513330206	呷衣乡	513332207	村戈乡	513334208
柯洛洞乡	513330207	格孟乡	513332208	禾尼乡	513334209
卡松渡乡	513330208	新荣乡	513332210	曲登乡	513334210
俄南乡	513330209	宜牛乡	513332211	上木拉乡	513334213
俄支乡	513330211	起坞乡	513332213	濯桑乡	513334216
玉隆乡	513330213	长须贡马乡	513332215	藏坝乡	513334218
上然姑乡	513330216	长沙干马乡	513332216	格木乡	513334219
年古乡	513330219	长须干马乡	513332217	麦洼乡	513334221
浪多乡	513330220	瓦须乡	513332219	德巫乡	513334222
亚丁乡	513330223	**色达县（5镇，11乡）**	**513333**	**巴塘县（5镇，12乡）**	**513335**
白玉县（4镇，12乡）	**513331**	色柯镇	513333100	夏邛镇	513335100
建设镇	513331100	翁达镇	513333101	中咱镇	513335101
阿察镇	513331101	洛若镇	513333102	措拉镇	513335102
河坡镇	513331102	泥朵镇	513333103	甲英镇	513335103
盖玉镇	513331103	甲学镇	513333104	地巫镇	513335104
绒盖乡	513331201	克戈乡	513333201	拉哇乡	513335200
章都乡	513331202	然充乡	513333202	竹巴龙乡	513335202
麻绒乡	513331203	康勒乡	513333203	苏哇龙乡	513335204
热加乡	513331205	大章乡	513333204	昌波乡	513335205
登龙乡	513331206	大则乡	513333205	亚日贡乡	513335208
赠科乡	513331207	亚龙乡	513333206	波密乡	513335209
辽西乡	513331210	塔子乡	513333207	莫多乡	513335210
纳塔乡	513331211	年龙乡	513333208	松多乡	513335211
麻邛乡	513331212	霍西乡	513333210	波戈溪乡	513335212
沙马乡	513331214	旭日乡	513333211	茶洛乡	513335215
安孜乡	513331215	杨各乡	513333212	列衣乡	513335216
金沙乡	513331216	**理塘县（7镇，15乡）**	**513334**	德达乡	513335217
石渠县（7镇，14乡）	**513332**	高城镇	513334100	**乡城县（3镇，7乡）**	**513336**
尼呷镇	513332100	甲洼镇	513334101	香巴拉镇	513336100
洛须镇	513332101	觉吾镇	513334102	青德镇	513336101
色须镇	513332102	拉波镇	513334103	热打镇	513336103
虾扎镇	513332103	君坝镇	513334104	沙贡乡	513336201
温波镇	513332104	格聂镇	513334105	水洼乡	513336202
蒙宜镇	513332105	木拉镇	513334106	然乌乡	513336205
阿日扎镇	513332106	哈依乡	513334201	洞松乡	513336206

续表 25

行政区划名称	行政区划代码	行政区划名称	行政区划代码	行政区划名称	行政区划代码
定波乡	513336208	礼州镇	513401101	**木里藏族自治县（6 镇，16 乡，5 民族乡）**	**513422**
正斗乡	513336209	安宁镇	513401102	乔瓦镇	513422100
白依乡	513336210	川兴镇	513401103	瓦厂镇	513422101
稻城县（5 镇，8 乡）	**513337**	黄联关镇	513401104	茶布朗镇	513422102
金珠镇	513337100	佑君镇	513401105	雅砻江镇	513422103
香格里拉镇	513337101	太和镇	513401106	水洛镇	513422104
桑堆镇	513337102	安哈镇	513401107	列瓦镇	513422105
吉呷镇	513337103	阿七镇	513401108	博科乡	513422201
噶通镇	513337104	樟木箐镇	513401109	宁朗乡	513422202
省母乡	513337201	琅环镇	513401110	依吉乡	513422203
巨龙乡	513337204	巴汝镇	513401111	俄亚纳西族乡	513422204
邓坡乡	513337205	四合乡	513401203	牦牛坪乡	513422206
木拉乡	513337206	开元乡	513401211	屋脚蒙古族乡	513422207
赤土乡	513337207	大兴乡	513401212	项脚蒙古族乡	513422208
蒙自乡	513337209	经久乡	513401215	李子坪乡	513422209
各卡乡	513337210	裕隆回族乡	513401219	西秋乡	513422213
俄牙同乡	513337212	高草回族乡	513401220	克尔乡	513422214
得荣县（4 镇，6 乡）	**513338**	马鞍山乡	513401228	白碉苗族乡	513422215
瓦卡镇	513338101	**会理市（3 街道，13 镇，3 乡，1 民族乡）**	**513402**	三桷垭乡	513422216
白松镇	513338102	城北街道	513402001	倮波乡	513422217
日雨镇	513338103	城南街道	513402002	卡拉乡	513422218
太阳谷镇	513338104	古城街道	513402003	后所乡	513422219
徐龙乡	513338201	鹿厂镇	513402101	沙湾乡	513422220
奔都乡	513338204	黎溪镇	513402102	固增苗族乡	513422222
八日乡	513338205	通安镇	513402103	麦日乡	513422223
古学乡	513338206	太平镇	513402104	东朗乡	513422224
贡波乡	513338208	益门镇	513402105	唐央乡	513422225
茨巫乡	513338210	绿水镇	513402106	博窝乡	513422226
凉山彝族自治州(16 街道,183 镇,92 乡，13 民族乡)	**513400**	云甸镇	513402107	**盐源县（1 街道，17 镇，5 乡，1 民族乡）**	**513423**
		新发镇	513402108	盐井街道	513423001
西昌市（7 街道，11 镇，5 乡，2 民族乡）	**513401**	关河镇	513402109	卫城镇	513423101
		彰冠镇	513402110	梅雨镇	513423102
西城街道	513401001	木古镇	513402111	白乌镇	513423103
东城街道	513401002	六华镇	513402112	树河镇	513423104
北城街道	513401003	小黑箐镇	513402113	黄草镇	513423105
长安街道	513401004	内东乡	513402201	平川镇	513423106
新村街道	513401005	树堡乡	513402202	泸沽湖镇	513423107
海南街道	513401007	新安傣族乡	513402203	官地镇	513423108
马道街道	513401008	槽元乡	513402204		

续表 26

行政区划名称	行政区划代码
梅子坪镇	513423109
润盐镇	513423110
长柏镇	513423111
甲米镇	513423112
棉桠镇	513423113
盐塘镇	513423114
金河镇	513423115
龙塘镇	513423116
兴隆镇	513423117
藤桥乡	513423206
田湾乡	513423207
右所乡	513423214
沃底乡	513423221
大坡蒙古族乡	513423222
洼里乡	513423223
德昌县（2 街道，8 镇，2 民族乡）	**513424**
德州街道	513424001
昌州街道	513424002
永郎镇	513424101
乐跃镇	513424102
麻栗镇	513424103
茨达镇	513424104
巴洞镇	513424109
铁炉镇	513424113
黑龙潭镇	513424114
热河镇	513424115
南山傈僳族乡	513424217
金沙傈僳族乡	513424218
会东县（2 街道，13 镇，4 乡）	**513426**
鱼城街道	513426001
金江街道	513426002
铅锌镇	513426101
乌东德镇	513426102
姜州镇	513426103
堵格镇	513426104
淌塘镇	513426105
铁柳镇	513426106
嘎吉镇	513426107
松坪镇	513426108
新街镇	513426109
满银沟镇	513426110
大崇镇	513426111
鲁吉镇	513426112
鲹鱼河镇	513426113
溜姑乡	513426235
野租乡	513426246
老君滩乡	513426251
江西街乡	513426252
宁南县（13 镇）	**513427**
松新镇	513427101
竹寿镇	513427102
华弹镇	513427103
白鹤滩镇	513427104
西瑶镇	513427106
大同镇	513427108
骑骡沟镇	513427109
跑马镇	513427110
幸福镇	513427111
石梨镇	513427112
六铁镇	513427113
宁远镇	513427116
俱乐镇	513427117
普格县（8 镇，5 乡）	**513428**
普基镇	513428100
荞窝镇	513428101
螺髻山镇	513428102
五道箐镇	513428103
花山镇	513428104
日都迪萨镇	513428105
西洛镇	513428106
夹铁镇	513428107
黎安乡	513428203
大坪乡	513428206
特兹乡	513428213
瓦洛乡	513428218
大槽乡	513428227
布拖县（8 镇，4 乡）	**513429**
特木里镇	513429100
龙潭镇	513429101
拖觉镇	513429102
九都镇	513429103
乐安镇	513429104
俄里坪镇	513429105
地洛镇	513429106
牛角湾镇	513429107
补尔乡	513429206
拉果乡	513429209
委只洛乡	513429224
基只乡	513429226
金阳县（9 镇，6 乡）	**513430**
天地坝镇	513430100
派来镇	513430101
芦稿镇	513430102
对坪镇	513430103
南瓦镇	513430104
百草坡镇	513430105
洛觉镇	513430106
德溪镇	513430107
丙底镇	513430108
热水河乡	513430201
甲依乡	513430206
基觉乡	513430210
小银木乡	513430211
青松乡	513430214
山江乡	513430217
昭觉县（11 镇，9 乡）	**513431**
新城镇	513431100
城北镇	513431101
竹核镇	513431102
谷曲镇	513431103
比尔镇	513431104
解放沟镇	513431105
三岔河镇	513431106
四开镇	513431107
地莫镇	513431108
古里镇	513431109
俄尔镇	513431110
美甘乡	513431205

续表 27

行政区划名称	行政区划代码	行政区划名称	行政区划代码	行政区划名称	行政区划代码
博洛乡	513431210	和爱藏族乡	513433226	巴普镇	513436100
特布洛乡	513431227	新兴乡	513433230	洪溪镇	513436101
庆恒乡	513431228	健美乡	513433231	新桥镇	513436102
补约乡	513431231	**越西县（17 镇，2 乡，1 民族乡）**	**513434**	牛牛坝镇	513436103
金曲乡	513431234			拉马镇	513436104
则普乡	513431238	越城镇	513434100	候播乃拖镇	513436105
日哈乡	513431244	中所镇	513434101	候古莫镇	513436106
哈甘乡	513431245	新民镇	513434102	觉洛乡	513436200
喜德县（7 镇，6 乡）	**513432**	乃托镇	513434103	井叶特西乡	513436201
光明镇	513432100	普雄镇	513434104	合姑洛乡	513436202
冕山镇	513432101	大瑞镇	513434105	典补乡	513436208
红莫镇	513432102	竹阿觉镇	513434106	九口乡	513436217
两河口镇	513432103	书古镇	513434107	洛俄依甘乡	513436218
米市镇	513432104	依洛地坝镇	513434108	柳洪乡	513436221
洛哈镇	513432105	南箐镇	513434109	峨曲古乡	513436225
尼波镇	513432106	贡莫镇	513434110	龙门乡	513436229
贺波洛乡	513432202	梅花镇	513434111	洒库乡	513436231
鲁基乡	513432203	尔觉镇	513434112	瓦候乡	513436235
李子乡	513432204	拉普镇	513434113	**雷波县（11 镇，10 乡）**	**513437**
北山乡	513432205	马拖镇	513434114	锦城镇	513437100
且拖乡	513432208	大花镇	513434115	西宁镇	513437101
沙马拉达乡	513432210	板桥镇	513434116	汶水镇	513437102
冕宁县（1 街道，15 镇，2 乡，1 民族乡）	**513433**	保安藏族乡	513434211	黄琅镇	513437103
		拉吉乡	513434235	金沙镇	513437104
高阳街道	513433001	申果庄乡	513434236	永盛镇	513437105
漫水湾镇	513433101	**甘洛县（9 镇，4 乡）**	**513435**	渡口镇	513437106
大桥镇	513433102	新市坝镇	513435100	宝山镇	513437107
复兴镇	513433103	田坝镇	513435101	马颈子镇	513437108
泸沽镇	513433104	海棠镇	513435102	瓦岗镇	513437109
石龙镇	513433107	吉米镇	513435103	上田坝镇	513437110
彝海镇	513433108	斯觉镇	513435104	箐口乡	513437203
河边镇	513433109	普昌镇	513435105	柑子乡	513437214
锦屏镇	513433110	玉田镇	513435106	桂花乡	513437217
里庄镇	513433112	苏雄镇	513435107	山棱岗乡	513437220
惠安镇	513433113	乌史大桥镇	513435108	谷堆乡	513437222
宏模镇	513433114	新茶乡	513435202	拉咪乡	513437224
泽远镇	513433115	团结乡	513435211	千万贯乡	513437227
若水镇	513433116	嘎日乡	513435212	莫红乡	513437233
棉沙镇	513433117	沙岱乡	513435219	巴姑乡	513437237
磨房沟镇	513433118	**美姑县（7 镇，11 乡）**	**513436**	卡哈洛乡	513437241

贵州省

贵州省（贵、黔）

行政区划名称	行政区划代码
贵州省（365街道，831镇，122乡，192民族乡）	**520000**
贵阳市（74街道，45镇，9乡，18民族乡）	**520100**
南明区（19街道，3乡，1民族乡）	**520102**
五里冲街道	520102001
小车河街道	520102002
新华路街道	520102003
西湖路街道	520102004
中华南路街道	520102005
河滨街道	520102006
遵义路街道	520102007
兴关路街道	520102008
沙冲路街道	520102009
太慈桥街道	520102010
湘雅街道	520102011
油榨街道	520102012
中曹司街道	520102013
二戈街道	520102014
龙洞堡街道	520102015
水口寺街道	520102016
望城街道	520102017
花果园街道	520102018
兰花都街道	520102019
后巢乡	520102200
云关乡	520102201
永乐乡	520102202
小碧布依族苗族乡	520102203
云岩区（17街道，1镇）	**520103**
文昌阁街道	520103001
毓秀路街道	520103002
八鸽岩街道	520103003
市西河街道	520103004
普陀路街道	520103005
大营路街道	520103006
黔灵东路街道	520103007
威清门街道	520103008
头桥街道	520103009
三桥路街道	520103010
盐务街街道	520103011
金关街道	520103012
马王街道	520103013
茶园路街道	520103014
杨惠街道	520103015
水东路街道	520103016
渔安街道	520103017
黔灵镇	520103100
花溪区（9街道，4镇，1乡，5民族乡）	**520111**
贵筑街道	520111001
阳光街道	520111002
清溪街道	520111003
溪北街道	520111004
黄河路街道	520111005
平桥街道	520111006
小孟街道	520111007
金筑街道	520111008
党武街道	520111009
青岩镇	520111101
石板镇	520111102
麦坪镇	520111104
燕楼镇	520111105
孟关苗族布依族乡	520111201
湖潮苗族布依族乡	520111204
久安乡	520111205
高坡苗族乡	520111207
黔陶布依族苗族乡	520111208
马铃布依族苗族乡	520111209
乌当区（5街道，6镇，2民族乡）	**520112**
龙广路街道	520112001
新创路街道	520112002
观溪路街道	520112003
新光路街道	520112004
高新路街道	520112005
东风镇	520112101
水田镇	520112102
羊昌镇	520112103
新场镇	520112104
下坝镇	520112105
百宜镇	520112106
新堡布依族乡	520112203
偏坡布依族乡	520112206
白云区（5街道，3镇，2民族乡）	**520113**
泉湖街道	520113001
大山洞街道	520113010
云城街道	520113013
龚家寨街道	520113014
都拉营街道	520113015
麦架镇	520113101
沙文镇	520113102
艳山红镇	520113103
都拉布依族乡	520113202
牛场布依族乡	520113204
观山湖区（7街道，3镇）	**520115**
宾阳街道	520115001
云潭街道	520115002
观山街道	520115003
金华园街道	520115004
金阳街道	520115005
世纪城街道	520115006
长岭街道	520115007
金华镇	520115100
朱昌镇	520115101
百花湖镇	520115102
开阳县（3街道，7镇，5乡，3民族乡）	**520121**
硒城街道	520121001
云开街道	520121002
紫兴街道	520121003
双流镇	520121101
金中镇	520121102
冯三镇	520121103
楠木渡镇	520121104
龙岗镇	520121105
花梨镇	520121106
永温镇	520121107
南龙乡	520121200

续表 1

行政区划名称	行政区划代码
宅吉乡	520121202
龙水乡	520121204
米坪乡	520121205
禾丰布依族苗族乡	520121206
南江布依族苗族乡	520121207
高寨苗族布依族乡	520121208
毛云乡	520121209
息烽县（1 街道，9 镇，1 民族乡）	**520122**
永阳街道	520122001
永靖镇	520122100
温泉镇	520122101
九庄镇	520122102
小寨坝镇	520122103
养龙司镇	520122104
石硐镇	520122105
西山镇	520122106
鹿窝镇	520122107
流长镇	520122108
青山苗族乡	520122200
修文县（5 街道，6 镇，1 民族乡）	**520123**
龙场街道	520123001
阳明洞街道	520123002
景阳街道	520123003
扎佐街道	520123004
久长街道	520123005
六广镇	520123103
六桶镇	520123104
洒坪镇	520123105
六屯镇	520123106
谷堡镇	520123107
小箐镇	520123108
大石布依族乡	520123204
清镇市（3 街道，6 镇，3 民族乡）	**520181**
滨湖街道	520181002
巢凤街道	520181003
青龙山街道	520181004
红枫湖镇	520181100
站街镇	520181101
卫城镇	520181102
新店镇	520181103
犁倭镇	520181104
暗流镇	520181105
麦格苗族布依族乡	520181201
王庄布依族苗族乡	520181203
流长苗族乡	520181204
六盘水市（27 街道，39 镇，1 乡，25 民族乡）	**520200**
钟山区（9 街道，5 镇，3 民族乡）	**520201**
黄土坡街道	520201001
荷城街道	520201002
凤凰街道	520201003
德坞街道	520201004
荷泉街道	520201005
红岩街道	520201006
杨柳街道	520201007
月照街道	520201008
双戛街道	520201009
大河镇	520201101
汪家寨镇	520201102
大湾镇	520201103
木果镇	520201104
保华镇	520201105
青林苗族彝族乡	520201201
金盆苗族彝族乡	520201202
南开苗族彝族乡	520201203
六枝特区（3 街道，9 镇，1 乡，5 民族乡）	**520203**
九龙街道	520203001
银壶街道	520203002
塔山街道	520203003
岩脚镇	520203102
木岗镇	520203103
大用镇	520203104
关寨镇	520203105
牂牁镇	520203106
新华镇	520203107
龙河镇	520203108
新窑镇	520203109
郎岱镇	520203110
梭戛苗族彝族回族乡	520203203
牛场苗族彝族乡	520203204
新场乡	520203205
中寨苗族彝族布依族乡	520203208
落别布依族彝族乡	520203213
月亮河彝族布依族苗族乡	520203214
水城区（9 街道，11 镇，10 民族乡）	**520204**
尖山街道	520204001
双水街道	520204002
老鹰山街道	520204003
董地街道	520204004
海坪街道	520204005
新桥街道	520204006
以朵街道	520204007
石龙街道	520204008
红桥街道	520204009
蟠龙镇	520204100
发耳镇	520204101
都格镇	520204102
鸡场镇	520204103
勺米镇	520204104
化乐镇	520204105
比德镇	520204106
阿戛镇	520204107
玉舍镇	520204108
陡箐镇	520204109
米箩镇	520204110
坪寨彝族乡	520204200
龙场苗族白族彝族乡	520204201
营盘苗族彝族白族乡	520204202
顺场苗族彝族布依族乡	520204203
花戛苗族布依族彝族乡	520204204
杨梅彝族苗族回族乡	520204205
新街彝族苗族布依族乡	520204206

续表 2

行政区划名称	行政区划代码	行政区划名称	行政区划代码	行政区划名称	行政区划代码
野钟苗族彝族布依族乡	520204207	万里路街道	520302003	桂花桥街道	520304004
果布戛彝族苗族布依族乡	520204208	延安路街道	520302005	龙坑街道	520304005
猴场苗族布依族乡	520204209	中山路街道	520302006	三岔镇	520304102
盘州市（6 街道，14 镇，7 民族乡）	**520281**	迎红街道	520302007	苟江镇	520304103
亦资街道	520281001	中华路街道	520302008	三合镇	520304104
翰林街道	520281002	长征街道	520302009	乌江镇	520304105
两河街道	520281003	南关街道	520302010	龙坪镇	520304106
刘官街道	520281004	忠庄街道	520302011	团溪镇	520304107
胜境街道	520281005	北京路街道	520302012	铁厂镇	520304108
红果街道	520281006	新蒲街道	520302013	西坪镇	520304109
响水镇	520281111	新中街道	520302014	尚嵇镇	520304110
民主镇	520281118	礼仪街道	520302015	茅栗镇	520304111
新民镇	520281121	巷口镇	520302103	新民镇	520304112
柏果镇	520281123	海龙镇	520302105	鸭溪镇	520304113
盘关镇	520281124	深溪镇	520302107	石板镇	520304114
石桥镇	520281125	金鼎山镇	520302108	乐山镇	520304115
竹海镇	520281126	新舟镇	520302109	枫香镇	520304116
保田镇	520281127	永乐镇	520302110	泮水镇	520304117
英武镇	520281128	喇叭镇	520302111	马蹄镇	520304118
大山镇	520281129	虾子镇	520302112	平正仡佬族乡	520304200
鸡场坪镇	520281130	三渡镇	520302113	洪关苗族乡	520304201
双凤镇	520281131	**汇川区（6 街道，8 镇）**	**520303**	**桐梓县（2 街道，20 镇，2 乡，1 民族乡）**	**520322**
丹霞镇	520281132	上海路街道	520303001	娄山关街道	520322001
乌蒙镇	520281133	洗马路街道	520303002	海校街道	520322002
坪地彝族乡	520281201	大连路街道	520303003	楚米镇	520322101
羊场布依族白族苗族乡	520281206	董公寺街道	520303005	新站镇	520322102
旧营白族彝族苗族乡	520281207	高坪街道	520303006	松坎镇	520322103
保基苗族彝族乡	520281208	高桥街道	520303007	高桥镇	520322104
淤泥彝族乡	520281209	团泽镇	520303102	水坝塘镇	520322105
普古彝族苗族乡	520281210	板桥镇	520303104	官仓镇	520322106
普田回族乡	520281214	泗渡镇	520303105	花秋镇	520322107
遵义市（54 街道，179 镇，13 乡，8 民族乡）	**520300**	沙湾镇	520303106	羊磴镇	520322108
红花岗区（14 街道，9 镇）	**520302**	松林镇	520303107	九坝镇	520322109
舟水桥街道	520302001	毛石镇	520303108	大河镇	520322110
老城街道	520302002	山盆镇	520303109	夜郎镇	520322111
		芝麻镇	520303110	木瓜镇	520322112
		播州区（5 街道，17 镇，2 民族乡）	**520304**	坡渡镇	520322113
		南白街道	520304001	燎原镇	520322114
		播南街道	520304002	狮溪镇	520322115
		影山湖街道	520304003		

续表 3

行政区划名称	行政区划代码	行政区划名称	行政区划代码	行政区划名称	行政区划代码
茅石镇	520322116	碧峰镇	520324113	石朝乡	520326204
尧龙山镇	520322117	乐俭镇	520324114	**凤冈县（4 街道，10 镇）**	**520327**
风水镇	520322118	杨兴镇	520324115	龙泉街道	520327001
容光镇	520322119	桴樆镇	520324116	何坝街道	520327002
芭蕉镇	520322120	谢坝仡佬族苗族乡	520324202	凤岭街道	520327003
小水乡	520322203	市坪苗族仡佬族乡	520324203	花坪街道	520327004
黄莲乡	520322205	**道真仡佬族苗族自治县（1 街道，11 镇，2 乡，1 民族乡）**	**520325**	进化镇	520327101
马鬃苗族乡	520322207	尹珍街道	520325001	琊川镇	520327102
绥阳县（1 街道，12 镇，2 乡）	**520323**	玉溪镇	520325100	蜂岩镇	520327103
洋川街道	520323001	三江镇	520325101	永和镇	520327104
郑场镇	520323101	隆兴镇	520325102	绥阳镇	520327106
旺草镇	520323102	旧城镇	520325103	土溪镇	520327107
蒲场镇	520323103	忠信镇	520325104	永安镇	520327108
风华镇	520323104	洛龙镇	520325105	天桥镇	520327109
茅垭镇	520323105	阳溪镇	520325106	新建镇	520327111
枧坝镇	520323106	三桥镇	520325107	王寨镇	520327112
宽阔镇	520323107	大磏镇	520325108	**湄潭县（3 街道，12 镇）**	**520328**
黄杨镇	520323108	平模镇	520325109	湄江街道	520328004
青杠塘镇	520323109	河口镇	520325110	黄家坝街道	520328005
太白镇	520323110	上坝土家族乡	520325200	鱼泉街道	520328006
温泉镇	520323111	棕坪乡	520325201	永兴镇	520328101
坪乐镇	520323112	桃源乡	520325202	复兴镇	520328102
大路槽乡	520323200	**务川仡佬族苗族自治县（3 街道，11 镇，2 乡）**	**520326**	马山镇	520328103
小关乡	520323201	都濡街道	520326001	高台镇	520328106
正安县（2 街道，16 镇，2 民族乡）	**520324**	丹砂街道	520326002	茅坪镇	520328107
凤仪街道	520324001	大坪街道	520326003	兴隆镇	520328108
瑞濠街道	520324002	丰乐镇	520326101	新南镇	520328109
瑞溪镇	520324101	黄都镇	520326102	石莲镇	520328110
和溪镇	520324102	涪洋镇	520326103	抄乐镇	520328111
安场镇	520324103	镇南镇	520326104	洗马镇	520328112
土坪镇	520324104	砚山镇	520326105	西河镇	520328113
流渡镇	520324105	浞水镇	520326106	天城镇	520328114
格林镇	520324106	茅天镇	520326107	**余庆县（1 街道，8 镇，1 民族乡）**	**520329**
新洲镇	520324107	柏村镇	520326108	子营街道	520329001
庙塘镇	520324108	蕉坝镇	520326110	龙溪镇	520329102
小雅镇	520324109	分水镇	520326111	构皮滩镇	520329103
中观镇	520324110	泥高镇	520326112	大乌江镇	520329104
班竹镇	520324111	红丝乡	520326203	敖溪镇	520329105
芙蓉江镇	520324112			龙家镇	520329106
				松烟镇	520329107

续表 4

行政区划名称	行政区划代码	行政区划名称	行政区划代码	行政区划名称	行政区划代码
关兴镇	520329108	元厚镇	520381105	华西街道	520402006
白泥镇	520329109	官渡镇	520381106	西航街道	520402007
花山苗族乡	520329200	长期镇	520381107	新安街道	520402010
习水县（4 街道，20 镇，2 乡）	**520330**	长沙镇	520381108	宋旗镇	520402100
		丙安镇	520381109	幺铺镇	520402101
东皇街道	520330001	两河口镇	520381110	宁谷镇	520402102
杉王街道	520330002	宝源乡	520381202	龙宫镇	520402103
九龙街道	520330003	石堡乡	520381203	双堡镇	520402104
马临街道	520330004	白云乡	520381204	大西桥镇	520402105
土城镇	520330101	**仁怀市（5 街道，14 镇，1 民族乡）**	**520382**	七眼桥镇	520402106
同民镇	520330102			蔡官镇	520402107
醒民镇	520330103	中枢街道	520382001	轿子山镇	520402108
隆兴镇	520330104	盐津街道	520382002	旧州镇	520402109
习酒镇	520330105	苍龙街道	520382003	新场布依族苗族乡	520402200
回龙镇	520330106	坛厂街道	520382004	岩腊苗族布依族乡	520402201
桑木镇	520330107	鲁班街道	520382005	鸡场布依族苗族乡	520402202
永安镇	520330108	长岗镇	520382103	杨武布依族苗族乡	520402203
良村镇	520330109	五马镇	520382105	东屯乡	520402204
温水镇	520330110	茅坝镇	520382106	黄腊布依族苗族乡	520402205
仙源镇	520330111	九仓镇	520382107	刘官乡	520402206
官店镇	520330112	喜头镇	520382108	**平坝区（2 街道，7 镇，2 民族乡）**	**520403**
寨坝镇	520330113	大坝镇	520382109		
民化镇	520330114	三合镇	520382110	鼓楼街道	520403001
二郎镇	520330115	合马镇	520382111	安平街道	520403002
二里镇	520330116	火石镇	520382113	白云镇	520403100
三岔河镇	520330117	学孔镇	520382114	天龙镇	520403101
大坡镇	520330118	龙井镇	520382115	夏云镇	520403102
桃林镇	520330120	美酒河镇	520382116	乐平镇	520403103
程寨镇	520330122	高大坪镇	520382117	齐伯镇	520403104
双龙乡	520330205	茅台镇	520382118	高峰镇	520403105
坭坝乡	520330207	后山苗族布依族乡	520382201	马场镇	520403106
赤水市（3 街道，11 镇，3 乡）	**520381**	**安顺市（26 街道，48 镇，8 乡，10 民族乡）**	**520400**	十字回族苗族乡	520403200
				羊昌布依族苗族乡	520403201
市中街道	520381001			**普定县（4 街道，6 镇，3 民族乡）**	**520422**
文华街道	520381002	**西秀区（8 街道，10 镇，2 乡，5 民族乡）**	**520402**		
金华街道	520381003			定南街道	520422001
天台镇	520381100	南街街道	520402001	黄桶街道	520422002
复兴镇	520381101	东街街道	520402002	穿洞街道	520422003
大同镇	520381102	西街街道	520402003	玉秀街道	520422004
旺隆镇	520381103	北街街道	520402004	马官镇	520422101
葫市镇	520381104	东关街道	520402005	化处镇	520422102

续表 5

行政区划名称	行政区划代码	行政区划名称	行政区划代码	行政区划名称	行政区划代码
马场镇	520422103	**紫云苗族布依族自治县（3 街道，8 镇，2 乡）**	**520425**	放珠镇	520502108
白岩镇	520422104	松山街道	520425001	青场镇	520502109
坪上镇	520422105	五峰街道	520425002	水箐镇	520502110
鸡场坡镇	520422106	云岭街道	520425003	何官屯镇	520502111
补郎苗族乡	520422203	格凸河镇	520425101	对坡镇	520502112
猴场苗族仡佬族乡	520422204	猴场镇	520425102	大银镇	520502113
猫洞苗族仡佬族乡	520422205	猫营镇	520425103	林口镇	520502114
镇宁布依族苗族自治县（5 街道，8 镇，3 乡）	**520423**	板当镇	520425104	生机镇	520502115
白马湖街道	520423001	大营镇	520425105	清水铺镇	520502116
环翠街道	520423002	宗地镇	520425106	亮岩镇	520502117
双龙山街道	520423003	坝羊镇	520425107	燕子口镇	520502118
丁旗街道	520423004	火花镇	520425108	八寨镇	520502119
宁西街道	520423005	白石岩乡	520425200	田坝桥镇	520502120
黄果树镇	520423102	四大寨乡	520425203	海子街镇	520502121
马厂镇	520423104	**毕节市（53 街道，135 镇，19 乡，72 民族乡）**	**520500**	小坝镇	520502122
良田镇	520423107	**七星关区（13 街道，27 镇，2 乡，6 民族乡）**	**520502**	层台镇	520502123
扁担山镇	520423108	市西街道	520502001	小吉场镇	520502124
募役镇	520423109	市东街道	520502002	普宜镇	520502125
本寨镇	520423110	三板桥街道	520502003	龙场营镇	520502126
江龙镇	520423111	大新桥街道	520502005	千溪彝族苗族白族乡	520502200
六马镇	520423112	观音桥街道	520502006	阴底彝族苗族白族乡	520502201
沙子乡	520423204	洪山街道	520502007	野角乡	520502202
革利乡	520423206	麻园街道	520502008	大河乡	520502203
简嘎乡	520423210	碧海街道	520502009	团结彝族苗族乡	520502204
关岭布依族苗族自治县（4 街道，9 镇，1 乡）	**520424**	碧阳街道	520502010	阿市苗族彝族乡	520502205
顶云街道	520424002	德溪街道	520502011	大屯彝族乡	520502206
关索街道	520424003	青龙街道	520502012	田坎彝族乡	520502207
龙潭街道	520424004	柏杨林街道	520502013	**大方县（6 街道，10 镇，6 乡，18 民族乡）**	**520521**
百合街道	520424005	甘河街道	520502014	慕俄格古城街道	520521001
永宁镇	520424102	鸭池镇	520502100	顺德街道	520521002
白水镇	520424103	梨树镇	520502101	红旗街道	520521003
坡贡镇	520424104	岔河镇	520502102	九驿街道	520521004
上关镇	520424105	朱昌镇	520502103	归化街道	520521005
岗乌镇	520424106	田坝镇	520502104	鹏程街道	520521006
沙营镇	520424108	长春堡镇	520502105	双山镇	520521101
新铺镇	520424109	撒拉溪镇	520502106	猫场镇	520521102
断桥镇	520424110	杨家湾镇	520502107	马场镇	520521103
花江镇	520424111			羊场镇	520521104
普利乡	520424204			黄泥塘镇	520521105

续表 6

行政区划名称	行政区划代码
六龙镇	520521106
达溪镇	520521107
瓢井镇	520521108
长石镇	520521109
对江镇	520521110
东关乡	520521200
竹园彝族苗族乡	520521201
响水白族彝族仡佬族乡	520521202
文阁乡	520521203
绿塘乡	520521204
鼎新彝族苗族乡	520521205
牛场苗族彝族乡	520521206
小屯乡	520521208
理化苗族彝族乡	520521209
凤山彝族蒙古族乡	520521211
安乐彝族仡佬族乡	520521212
核桃彝族白族乡	520521213
八堡彝族苗族乡	520521214
兴隆苗族乡	520521215
果瓦乡	520521216
大山苗族彝族乡	520521217
雨冲乡	520521218
黄泥彝族苗族满族乡	520521219
大水彝族苗族布依族乡	520521220
沙厂彝族乡	520521221
普底彝族苗族白族乡	520521222
百纳彝族乡	520521223
三元彝族苗族白族乡	520521224
星宿苗族彝族仡佬族乡	520521225
金沙县（5 街道，14 镇，1 乡，6 民族乡）	**520523**
鼓场街道	520523001
岩孔街道	520523002
西洛街道	520523003
五龙街道	520523004
民兴街道	520523005
安底镇	520523101
沙土镇	520523102
禹谟镇	520523104
岚头镇	520523105
清池镇	520523106
柳塘镇	520523107
平坝镇	520523108
源村镇	520523109
木孔镇	520523111
长坝镇	520523112
茶园镇	520523113
后山镇	520523114
高坪镇	520523115
化觉镇	520523116
石场苗族彝族乡	520523202
桂花乡	520523203
太平彝族苗族乡	520523204
安洛苗族彝族满族乡	520523215
新化苗族彝族满族乡	520523216
大田彝族苗族布依族乡	520523217
马路彝族苗族乡	520523218
织金县（7 街道，16 镇，3 乡，7 民族乡）	**520524**
金凤街道	520524001
双堰街道	520524002
文腾街道	520524003
八步街道	520524004
绮陌街道	520524005
三甲街道	520524006
惠民街道	520524007
桂果镇	520524101
牛场镇	520524102
猫场镇	520524103
化起镇	520524104
龙场镇	520524105
以那镇	520524107
三塘镇	520524108
阿弓镇	520524109
珠藏镇	520524110
马场镇	520524111
少普镇	520524112
熊家场镇	520524113
白泥镇	520524114
黑土镇	520524115
板桥镇	520524116
中寨镇	520524117
自强苗族乡	520524201
大平苗族彝族乡	520524202
官寨苗族乡	520524203
茶店布依族苗族彝族乡	520524204
金龙苗族彝族布依族乡	520524205
后寨苗族乡	520524206
鸡场苗族彝族布依族乡	520524207
实兴乡	520524211
上坪寨乡	520524213
纳雍乡	520524215
纳雍县（6 街道，13 镇，10 民族乡）	**520525**
雍熙街道	520525001
文昌街道	520525002
居仁街道	520525003
宣慰街道	520525004
利园街道	520525005
珙桐街道	520525006
鬃岭镇	520525101
阳长镇	520525102
维新镇	520525103
龙场镇	520525104
乐治镇	520525105
百兴镇	520525107
张家湾镇	520525108
玉龙坝镇	520525109
曙光镇	520525110
水东镇	520525111
沙包镇	520525112
寨乐镇	520525113
勺窝镇	520525114
新房彝族苗族乡	520525201
库东关彝族苗族白族乡	520525202
董地苗族彝族乡	520525203
化作苗族彝族乡	520525205
姑开苗族彝族乡	520525210

续表 7

行政区划名称	行政区划代码
羊场苗族彝族乡	520525211
锅圈岩苗族彝族乡	520525212
昆寨苗族彝族白族乡	520525213
左鸦戛彝族苗族乡	520525214
猪场苗族彝族乡	520525215
威宁彝族回族苗族自治县（6 街道，30 镇，4 乡，1 民族乡）	**520526**
五里岗街道	520526001
六桥街道	520526002
海边街道	520526003
陕桥街道	520526004
雄山街道	520526005
开华街道	520526006
草海镇	520526100
么站镇	520526101
金钟镇	520526102
炉山镇	520526103
龙场镇	520526104
黑石头镇	520526105
哲觉镇	520526106
观风海镇	520526107
牛棚镇	520526108
迤那镇	520526109
中水镇	520526110
龙街镇	520526111
雪山镇	520526112
羊街镇	520526113
小海镇	520526114
盐仓镇	520526115
东风镇	520526116
二塘镇	520526117
猴场镇	520526118
秀水镇	520526119
双龙镇	520526120
麻乍镇	520526121
玉龙镇	520526122
兔街镇	520526123
海拉镇	520526124
岔河镇	520526125
黑土河镇	520526126
金斗镇	520526127
哈喇河镇	520526128
斗古镇	520526129
新发布依族乡	520526201
石门乡	520526210
云贵乡	520526211
板底乡	520526214
大街乡	520526215
赫章县（5 街道，10 镇，3 乡，12 民族乡）	**520527**
双河街道	520527001
白果街道	520527002
汉阳街道	520527003
金银山街道	520527004
七家湾街道	520527005
妈姑镇	520527102
财神镇	520527103
六曲河镇	520527104
野马川镇	520527105
德卓镇	520527106
平山镇	520527107
哲庄镇	520527108
古基镇	520527109
朱明镇	520527110
罗州镇	520527111
达依乡	520527200
水塘堡彝族苗族乡	520527201
兴发苗族彝族回族乡	520527202
松林坡白族彝族苗族乡	520527203
雉街彝族苗族乡	520527204
珠市彝族乡	520527205
双坪彝族苗族乡	520527207
铁匠苗族乡	520527208
辅处彝族苗族乡	520527209
可乐彝族苗族乡	520527210
河镇彝族苗族乡	520527211
安乐溪乡	520527213
结构彝族苗族乡	520527215
古达苗族彝族乡	520527219
威奢乡	520527220
黔西市（5 街道，15 镇，12 民族乡）	**520581**
水西街道	520581001
莲城街道	520581002
文峰街道	520581003
杜鹃街道	520581004
锦绣街道	520581005
金碧镇	520581100
雨朵镇	520581101
大关镇	520581102
谷里镇	520581103
素朴镇	520581104
中坪镇	520581105
重新镇	520581106
林泉镇	520581107
金兰镇	520581108
锦星镇	520581109
洪水镇	520581110
甘棠镇	520581111
钟山镇	520581112
协和镇	520581113
观音洞镇	520581114
五里布依族苗族乡	520581200
绿化白族彝族乡	520581201
新仁苗族乡	520581202
铁石苗族彝族乡	520581203
太来彝族苗族乡	520581204
永燊彝族苗族乡	520581205
中建苗族彝族乡	520581206
花溪彝族苗族乡	520581207
定新彝族苗族乡	520581208
金坡苗族彝族满族乡	520581209
仁和彝族苗族乡	520581210
红林彝族苗族乡	520581211
铜仁市（38 街道，94 镇，11 乡，38 民族乡）	**520600**
碧江区（7 街道，3 镇，5 民族乡）	**520602**
锦江街道	520602001
环北街道	520602002
河西街道	520602003

续表 8

行政区划名称	行政区划代码
灯塔街道	520602005
川硐街道	520602006
铜兴街道	520602007
正光街道	520602008
坝黄镇	520602101
云场坪镇	520602102
漾头镇	520602103
桐木坪侗族乡	520602200
滑石侗族苗族土家族乡	520602201
和平土家族侗族乡	520602202
瓦屋侗族乡	520602203
六龙山侗族土家族乡	520602204
万山区（4 街道，1 镇，6 民族乡）	**520603**
谢桥街道	520603001
茶店街道	520603002
仁山街道	520603003
丹都街道	520603004
万山镇	520603100
高楼坪侗族乡	520603200
黄道侗族乡	520603201
敖寨侗族乡	520603202
下溪侗族乡	520603203
大坪侗族土家族苗族乡	520603205
鱼塘侗族苗族乡	520603206
江口县（2 街道，6 镇，2 民族乡）	**520621**
双江街道	520621001
凯德街道	520621002
闵孝镇	520621101
桃映镇	520621102
民和镇	520621103
怒溪镇	520621104
太平镇	520621105
坝盘镇	520621106
德旺土家族苗族乡	520621200
官和侗族土家族苗族乡	520621201
玉屏侗族自治县（4 街道，3 镇，1 乡）	**520622**
平溪街道	520622001
皂角坪街道	520622002
麻音塘街道	520622003
大龙街道	520622004
朱家场镇	520622102
田坪镇	520622103
新店镇	520622104
亚鱼乡	520622201
石阡县（3 街道，6 镇，1 乡，9 民族乡）	**520623**
汤山街道	520623001
泉都街道	520623002
中坝街道	520623003
本庄镇	520623101
白沙镇	520623102
龙塘镇	520623103
花桥镇	520623104
五德镇	520623105
河坝镇	520623106
国荣乡	520623201
聚凤仡佬族侗族乡	520623202
龙井仡佬族侗族乡	520623203
大沙坝仡佬族侗族乡	520623204
枫香仡佬族侗族乡	520623205
青阳苗族仡佬族侗族乡	520623206
石固仡佬族侗族乡	520623207
坪地场仡佬族侗族乡	520623208
甘溪仡佬族侗族乡	520623209
坪山仡佬族侗族乡	520623210
思南县（3 街道，17 镇，8 民族乡）	**520624**
思唐街道	520624001
关中坝街道	520624002
双塘街道	520624003
凉水井镇	520624101
鹦鹉溪镇	520624102
张家寨镇	520624103
许家坝镇	520624104
合朋溪镇	520624105
塘头镇	520624106
大坝场镇	520624107
孙家坝镇	520624108
邵家桥镇	520624109
文家店镇	520624110
瓮溪镇	520624111
青杠坡镇	520624112
长坝镇	520624113
板桥镇	520624114
大河坝镇	520624115
香坝镇	520624116
亭子坝镇	520624117
思林土家族苗族乡	520624201
胡家湾苗族土家族乡	520624203
宽坪苗族土家族乡	520624204
枫芸土家族苗族乡	520624206
天桥土家族苗族乡	520624210
兴隆土家族苗族乡	520624211
杨家坳苗族土家族乡	520624212
三道水土家族苗族乡	520624213
印江土家族苗族自治县（3 街道，13 镇，1 乡）	**520625**
峨岭街道	520625001
龙津街道	520625002
中兴街道	520625003
板溪镇	520625101
沙子坡镇	520625102
天堂镇	520625103
合水镇	520625105
朗溪镇	520625106
缠溪镇	520625107
洋溪镇	520625108
新寨镇	520625109
杉树镇	520625110
紫薇镇	520625111
刀坝镇	520625112
杨柳镇	520625113
木黄镇	520625114
罗场乡	520625206
德江县（3 街道，11 镇，8 民族乡）	**520626**
青龙街道	520626001
玉水街道	520626002
安化街道	520626003
煎茶镇	520626101

续表 9

行政区划名称	行政区划代码
潮砥镇	520626102
稳坪镇	520626103
枫香溪镇	520626104
复兴镇	520626105
合兴镇	520626106
高山镇	520626107
泉口镇	520626108
长堡镇	520626109
共和镇	520626110
平原镇	520626111
堰塘土家族乡	520626200
沙溪土家族乡	520626203
钱家土家族乡	520626204
龙泉土家族乡	520626205
楠杆土家族乡	520626209
桶井土家族乡	520626210
荆角土家族乡	520626211
长丰土家族乡	520626212
沿河土家族自治县（4街道，17镇，2乡）	**520627**
和平街道	520627001
团结街道	520627002
沙子街道	520627003
祐溪街道	520627004
谯家镇	520627102
夹石镇	520627103
淇滩镇	520627104
官舟镇	520627105
土地坳镇	520627106
思渠镇	520627107
客田镇	520627108
洪渡镇	520627109
黑水镇	520627110
甘溪镇	520627111
中界镇	520627112
泉坝镇	520627113
中寨镇	520627114
黄土镇	520627115
新景镇	520627116
板场镇	520627117
塘坝镇	520627118
晓景乡	520627203
后坪乡	520627211
松桃苗族自治县（5街道，17镇，6乡）	**520628**
大兴街道	520628001
蓼皋街道	520628002
世昌街道	520628003
太平营街道	520628004
九江街道	520628005
盘石镇	520628101
盘信镇	520628102
大坪场镇	520628103
普觉镇	520628104
寨英镇	520628105
孟溪镇	520628106
乌罗镇	520628107
甘龙镇	520628108
长兴堡镇	520628109
迓驾镇	520628110
牛郎镇	520628112
大路镇	520628114
木树镇	520628115
冷水溪镇	520628116
黄板镇	520628117
正大镇	520628118
平头镇	520628119
长坪乡	520628203
妙隘乡	520628207
石梁乡	520628209
瓦溪乡	520628210
永安乡	520628211
沙坝河乡	520628214
黔西南布依族苗族自治州（43街道，83镇，12乡，2民族乡）	**522300**
兴义市（12街道，17镇，3乡）	**522301**
黄草街道	522301001
桔山街道	522301002
坪东街道	522301003
下五屯街道	522301004
兴泰街道	522301005
丰都街道	522301006
木贾街道	522301007
万峰林街道	522301008
马岭街道	522301009
洒金街道	522301010
顶效街道	522301011
木陇街道	522301012
敬南镇	522301104
泥凼镇	522301105
南盘江镇	522301106
捧乍镇	522301107
鲁布格镇	522301108
三江口镇	522301109
乌沙镇	522301110
白碗窑镇	522301111
威舍镇	522301113
清水河镇	522301114
郑屯镇	522301116
万屯镇	522301117
鲁屯镇	522301118
仓更镇	522301119
七舍镇	522301120
猪场坪镇	522301121
则戎镇	522301122
沧江乡	522301201
洛万乡	522301202
雄武乡	522301204
兴仁市（6街道，11镇，1民族乡）	**522302**
城北街道	522302001
真武山街道	522302002
城南街道	522302003
东湖街道	522302004
陆官街道	522302005
薏品田园街道	522302006
屯脚镇	522302101
百德镇	522302103
雨樟镇	522302104
潘家庄镇	522302105
下山镇	522302107
新龙场镇	522302108

续表 10

行政区划名称	行政区划代码
大山镇	522302109
波阳镇	522302110
马马崖镇	522302111
巴铃镇	522302112
回龙镇	522302113
鲁础营回族乡	522302200
普安县（4街道，8镇，2乡）	**522323**
盘水街道	522323001
南湖街道	522323002
茶源街道	522323003
九峰街道	522323004
龙吟镇	522323101
江西坡镇	522323103
地瓜镇	522323105
楼下镇	522323107
罗汉镇	522323108
新店镇	522323109
兴中镇	522323110
青山镇	522323111
白沙乡	522323200
高棉乡	522323201
晴隆县（4街道，8镇，3乡）	**522324**
莲城街道	522324001
东观街道	522324002
三宝街道	522324003
腾龙街道	522324004
沙子镇	522324101
碧痕镇	522324102
大厂镇	522324103
鸡场镇	522324104
花贡镇	522324105
中营镇	522324106
光照镇	522324107
茶马镇	522324108
长流乡	522324200
紫马乡	522324204
安谷乡	522324205
贞丰县（5街道，9镇，3乡）	**522325**
永丰街道	522325001
珉谷街道	522325002
丰茂街道	522325003
双峰街道	522325004
龙兴街道	522325005
龙场镇	522325101
者相镇	522325102
北盘江镇	522325103
白层镇	522325104
鲁贡镇	522325105
小屯镇	522325106
长田镇	522325107
沙坪镇	522325108
挽澜镇	522325109
连环乡	522325200
平街乡	522325204
鲁容乡	522325205
望谟县（4街道，11镇，1民族乡）	**522326**
王母街道	522326001
平洞街道	522326002
新屯街道	522326003
蟠桃街道	522326004
乐元镇	522326101
打易镇	522326102
乐旺镇	522326103
桑郎镇	522326104
郊纳镇	522326108
蔗香镇	522326109
大观镇	522326110
石屯镇	522326112
麻山镇	522326113
边饶镇	522326114
昂武镇	522326115
油迈瑶族乡	522326206
册亨县（3街道，9镇，1乡）	**522327**
者楼街道	522327001
纳福街道	522327002
高洛街道	522327003
丫他镇	522327103
巧马镇	522327104
秧坝镇	522327105
岩架镇	522327107
八渡镇	522327108
双江镇	522327109
坡妹镇	522327110
冗渡镇	522327111
弼佑镇	522327112
百口乡	522327204
安龙县（5街道，10镇）	**522328**
钱相街道	522328003
招堤街道	522328004
栖凤街道	522328005
五福街道	522328006
春潭街道	522328007
龙广镇	522328101
德卧镇	522328102
万峰湖镇	522328103
海子镇	522328104
洒雨镇	522328105
龙山镇	522328107
笃山镇	522328110
普坪镇	522328111
木咱镇	522328112
新桥镇	522328113
黔东南苗族侗族自治州（28街道，129镇，45乡，15民族乡）	**522600**
凯里市（9街道，11镇）	**522601**
城西街道	522601001
大十字街道	522601002
西门街道	522601003
洗马河街道	522601004
湾溪街道	522601005
鸭塘街道	522601006
开怀街道	522601007
白午街道	522601008
白果井街道	522601009
三棵树镇	522601100
舟溪镇	522601101
旁海镇	522601103

续表 11

行政区划名称	行政区划代码
湾水镇	522601104
炉山镇	522601105
万潮镇	522601106
龙场镇	522601107
下司镇	522601108
碧波镇	522601109
凯棠镇	522601110
大风洞镇	522601111
黄平县（8 镇，3 乡）	**522622**
新州镇	522622100
旧州镇	522622101
重安镇	522622102
谷陇镇	522622103
平溪镇	522622104
野洞河镇	522622105
上塘镇	522622106
浪洞镇	522622107
一碗水乡	522622203
纸房乡	522622204
翁坪乡	522622206
施秉县（5 镇，3 乡）	**522623**
城关镇	522623100
杨柳塘镇	522623101
双井镇	522623102
牛大场镇	522623103
马号镇	522623104
白垛乡	522623200
甘溪乡	522623201
马溪乡	522623203
三穗县（2 街道，7 镇，2 乡）	**522624**
文笔街道	522624001
武笔街道	522624002
八弓镇	522624100
台烈镇	522624101
瓦寨镇	522624102
桐林镇	522624103
雪洞镇	522624104
长吉镇	522624105
良上镇	522624106
滚马乡	522624200
款场乡	522624202
镇远县（8 镇，3 乡，1 民族乡）	**522625**
㵲阳镇	522625100
蕉溪镇	522625101
青溪镇	522625102
羊坪镇	522625103
羊场镇	522625104
都坪镇	522625105
江古镇	522625106
金堡镇	522625107
涌溪乡	522625201
报京乡	522625203
大地乡	522625204
尚寨土家族乡	522625205
岑巩县（1 街道，9 镇，1 乡，1 民族乡）	**522626**
㵲水街道	522626001
思旸镇	522626100
水尾镇	522626101
天马镇	522626102
龙田镇	522626103
注溪镇	522626104
大有镇	522626105
凯本镇	522626106
客楼镇	522626107
平庄镇	522626108
天星乡	522626202
羊桥土家族乡	522626203
天柱县（4 街道，11 镇，2 乡）	**522627**
凤城街道	522627001
邦洞街道	522627002
社学街道	522627003
联山街道	522627004
坪地镇	522627102
蓝田镇	522627103
瓮洞镇	522627104
高酿镇	522627105
石洞镇	522627106
远口镇	522627107
坌处镇	522627108
白市镇	522627109
渡马镇	522627110
竹林镇	522627111
江东镇	522627112
注溪乡	522627202
地湖乡	522627203
锦屏县（7 镇，8 乡）	**522628**
三江镇	522628100
茅坪镇	522628101
敦寨镇	522628102
启蒙镇	522628103
平秋镇	522628104
铜鼓镇	522628105
平略镇	522628106
大同乡	522628200
新化乡	522628201
隆里乡	522628202
钟灵乡	522628203
偶里乡	522628204
固本乡	522628205
河口乡	522628206
彦洞乡	522628207
剑河县（1 街道，11 镇，1 乡）	**522629**
仰阿莎街道	522629001
柳川镇	522629100
岑松镇	522629101
南加镇	522629102
南明镇	522629103
革东镇	522629104
磻溪镇	522629105
太拥镇	522629106
久仰镇	522629107
南哨镇	522629108
南寨镇	522629109
观么镇	522629110
敏洞乡	522629205
台江县（2 街道，4 镇，3 乡）	**522630**

续表 12

行政区划名称	行政区划代码	行政区划名称	行政区划代码	行政区划名称	行政区划代码
台拱街道	522630001	古州镇	522632100	加勉乡	522633212
革文街道	522630002	忠诚镇	522632101	**雷山县（1街道，5镇，2乡，1民族乡）**	**522634**
施洞镇	522630101	寨蒿镇	522632102	龙头街道	522634001
南宫镇	522630102	平永镇	522632103	丹江镇	522634100
革一镇	522630103	乐里镇	522632104	西江镇	522634101
方召镇	522630104	朗洞镇	522632105	永乐镇	522634102
排羊乡	522630201	栽麻镇	522632106	郎德镇	522634103
台盘乡	522630202	平江镇	522632107	大塘镇	522634104
老屯乡	522630204	八开镇	522632108	望丰乡	522634200
黎平县（3街道，14镇，7乡，2民族乡）	**522631**	崇义乡	522632202	达地水族乡	522634203
德凤街道	522631001	三江水族乡	522632204	方祥乡	522634204
高屯街道	522631002	仁里水族乡	522632205	**麻江县（2街道，4镇，1民族乡）**	**522635**
龙形街道	522631003	塔石瑶族水族乡	522632206	杏山街道	522635001
中潮镇	522631102	定威水族乡	522632208	金竹街道	522635002
孟彦镇	522631103	兴华水族乡	522632209	谷硐镇	522635101
敖市镇	522631104	计划乡	522632210	宣威镇	522635103
九潮镇	522631105	水尾水族乡	522632211	龙山镇	522635105
岩洞镇	522631106	平阳乡	522632212	贤昌镇	522635106
水口镇	522631107	两汪乡	522632213	坝芒布依族乡	522635203
洪州镇	522631108	**从江县（1街道，12镇，4乡，3民族乡）**	**522633**	**丹寨县（1街道，4镇，2乡）**	**522636**
尚重镇	522631109	丙梅街道	522633001	金泉街道	522636001
肇兴镇	522631110	贯洞镇	522633101	龙泉镇	522636100
龙额镇	522631111	洛香镇	522633102	兴仁镇	522636101
双江镇	522631112	下江镇	522633103	排调镇	522636102
永从镇	522631113	宰便镇	522633104	扬武镇	522636103
茅贡镇	522631114	西山镇	522633105	雅灰乡	522636202
地坪镇	522631115	停洞镇	522633106	南皋乡	522636203
顺化瑶族乡	522631200	往洞镇	522633107	**黔南布依族苗族自治州（22街道，79镇，4乡，4民族乡）**	**522700**
雷洞瑶族水族乡	522631201	加鸠镇	522633108	**都匀市（5街道，4镇，1民族乡）**	**522701**
罗里乡	522631203	斗里镇	522633109	文峰街道	522701006
坝寨乡	522631205	庆云镇	522633110	广惠街道	522701007
口江乡	522631206	东朗镇	522633111	小围寨街道	522701008
德顺乡	522631211	丙妹镇	522633112	沙包堡街道	522701009
大稼乡	522631212	高增乡	522633200	绿茵湖街道	522701010
平寨乡	522631213	谷坪乡	522633201	墨冲镇	522701108
德化乡	522631214	刚边壮族乡	522633204		
榕江县（1街道，9镇，4乡，6民族乡）	**522632**	加榜乡	522633205		
车民街道	522632001	秀塘壮族乡	522633206		
		翠里瑶族壮族乡	522633208		

续表 13

行政区划名称	行政区划代码
平浪镇	522701109
毛尖镇	522701112
匀东镇	522701113
归兰水族乡	522701208
福泉市（2 街道，5 镇，1 乡）	**522702**
金山街道	522702001
马场坪街道	522702002
凤山镇	522702102
陆坪镇	522702103
龙昌镇	522702105
牛场镇	522702106
道坪镇	522702107
仙桥乡	522702203
荔波县（1 街道，5 镇，2 民族乡）	**522722**
玉屏街道	522722001
朝阳镇	522722101
茂兰镇	522722102
甲良镇	522722104
佳荣镇	522722105
小七孔镇	522722106
瑶山瑶族乡	522722203
黎明关水族乡	522722211
贵定县（2 街道，6 镇）	**522723**
宝山街道	522723001
金南街道	522723002
德新镇	522723101
新巴镇	522723102
盘江镇	522723103
沿山镇	522723104
昌明镇	522723106
云雾镇	522723107
瓮安县（2 街道，10 镇，1 乡）	**522725**
瓮水街道	522725001
雍阳街道	522725002
平定营镇	522725101
猴场镇	522725102
中坪镇	522725103
建中镇	522725104
永和镇	522725105
珠藏镇	522725106
玉山镇	522725107
天文镇	522725108
江界河镇	522725109
银盏镇	522725110
岚关乡	522725205
独山县（1 街道，8 镇）	**522726**
井城街道	522726002
麻万镇	522726102
基长镇	522726103
上司镇	522726104
下司镇	522726105
麻尾镇	522726107
百泉镇	522726108
影山镇	522726109
玉水镇	522726110
平塘县（1 街道，9 镇，1 民族乡）	**522727**
金盆街道	522727001
平舟镇	522727100
牙舟镇	522727101
通州镇	522727102
大塘镇	522727103
克度镇	522727104
塘边镇	522727105
甲茶镇	522727106
者密镇	522727107
掌布镇	522727108
卡蒲毛南族乡	522727200
罗甸县（1 街道，8 镇，1 乡）	**522728**
斛兴街道	522728001
龙坪镇	522728100
边阳镇	522728101
逢亭镇	522728102
沫阳镇	522728103
茂井镇	522728104
罗悃镇	522728105
红水河镇	522728106
木引镇	522728107
凤亭乡	522728212
长顺县（1 街道，5 镇，1 乡）	**522729**
长寨街道	522729001
广顺镇	522729101
摆所镇	522729103
代化镇	522729104
白云山镇	522729105
鼓扬镇	522729106
敦操乡	522729209
龙里县（1 街道，5 镇）	**522730**
冠山街道	522730001
龙山镇	522730100
醒狮镇	522730102
谷脚镇	522730103
洗马镇	522730105
湾滩河镇	522730106
惠水县（3 街道，8 镇）	**522731**
涟江街道	522731001
濛江街道	522731002
明田街道	522731003
摆金镇	522731103
雅水镇	522731104
断杉镇	522731105
芦山镇	522731106
王佑镇	522731107
好花红镇	522731108
羡塘镇	522731109
岗度镇	522731110
三都水族自治县（2 街道，6 镇）	**522732**
三合街道	522732001
凤羽街道	522732002
大河镇	522732101
普安镇	522732102
都江镇	522732103
中和镇	522732104
周覃镇	522732105
九阡镇	522732106

云南省

云南省（云、滇）

行政区划名称	行政区划代码	行政区划名称	行政区划代码	行政区划名称	行政区划代码
云南省（223街道，666镇，397乡，140民族乡）	**530000**	小哨街道	530111012	上蒜镇	530115102
昆明市（83街道，42镇，12乡，4民族乡）	**530100**	**西山区（10街道）**	**530112**	六街镇	530115103
五华区（10街道）	**530102**	金碧街道	530112001	双河彝族乡	530115200
护国街道	530102001	永昌街道	530112002	夕阳彝族乡	530115201
大观街道	530102002	前卫街道	530112003	**富民县（2街道，5镇）**	**530124**
华山街道	530102003	福海街道	530112004	永定街道	530124001
龙翔街道	530102004	棕树营街道	530112005	大营街道	530124002
莲华街道	530102005	马街街道	530112006	罗免镇	530124102
丰宁街道	530102006	西苑街道	530112007	赤鹫镇	530124103
红云街道	530102007	海口街道	530112008	东村镇	530124104
黑林铺街道	530102008	碧鸡街道	530112009	款庄镇	530124105
普吉街道	530102009	团结街道	530112010	散旦镇	530124106
西翥街道	530102010	**东川区（2街道，6镇，1乡）**	**530113**	**宜良县（3街道，4镇，2民族乡）**	**530125**
盘龙区（12街道）	**530103**	铜都街道	530113001	匡远街道	530125001
拓东街道	530103001	碧谷街道	530113002	汤池街道	530125002
鼓楼街道	530103002	汤丹镇	530113102	南羊街道	530125003
东华街道	530103003	因民镇	530113103	北古城镇	530125101
联盟街道	530103004	阿旺镇	530113104	狗街镇	530125103
金辰街道	530103005	乌龙镇	530113106	马街镇	530125105
青云街道	530103006	拖布卡镇	530113107	竹山镇	530125106
龙泉街道	530103007	红土地镇	530113108	耿家营彝族苗族乡	530125204
茨坝街道	530103008	舍块乡	530113200	九乡彝族回族乡	530125205
双龙街道	530103009	**呈贡区（10街道）**	**530114**	**石林彝族自治县（3街道，3镇，1乡）**	**530126**
松华街道	530103010	龙城街道	530114001	鹿阜街道	530126001
滇源街道	530103012	斗南街道	530114003	石林街道	530126002
阿子营街道	530103013	吴家营街道	530114005	板桥街道	530126003
官渡区（12街道）	**530111**	乌龙街道	530114008	西街口镇	530126104
吴井街道	530111001	洛龙街道	530114009	长湖镇	530126105
关上街道	530111002	雨花街道	530114010	圭山镇	530126106
金马街道	530111003	马金铺街道	530114011	大可乡	530126202
太和街道	530111004	洛羊街道	530114012	**嵩明县（2街道，3镇）**	**530127**
官渡街道	530111005	大渔街道	530114013	嵩阳街道	530127001
小板桥街道	530111006	七甸街道	530114014	杨桥街道	530127002
大板桥街道	530111007	**晋宁区（3街道，3镇，2民族乡）**	**530115**	小街镇	530127101
矣六街道	530111008	昆阳街道	530115001	杨林镇	530127102
六甲街道	530111009	宝峰街道	530115002	牛栏江镇	530127103
阿拉街道	530111010	晋城街道	530115003	**禄劝彝族苗族自治县（2街道，9镇，6乡）**	**530128**
长水街道	530111011	二街镇	530115101		

续表 1

行政区划名称	行政区划代码	行政区划名称	行政区划代码	行政区划名称	行政区划代码
屏山街道	530128001	温泉街道	530181006	王家庄街道	530304003
崇德街道	530128002	草铺街道	530181007	张安屯街道	530304004
撒营盘镇	530128101	青龙街道	530181008	旧县街道	530304005
茂山镇	530128103	禄脿街道	530181009	马过河镇	530304100
翠华镇	530128104	**曲靖市（46 街道，51 镇，32 乡，8 民族乡）**	**530300**	纳章镇	530304101
团街镇	530128105			马鸣乡	530304200
中屏镇	530128106	**麒麟区（13 街道，3 镇）**	**530302**	大庄乡	530304201
皎平渡镇	530128107			月望乡	530304202
乌东德镇	530128108	南宁街道	530302001	**陆良县（2 街道，7 镇，2 乡）**	**530322**
九龙镇	530128109	建宁街道	530302002		
转龙镇	530128110	白石江街道	530302003	中枢街道	530322001
云龙乡	530128204	寥廓街道	530302004	同乐街道	530322002
汤郎乡	530128208	西城街道	530302005	板桥镇	530322101
马鹿塘乡	530128209	珠街街道	530302006	三岔河镇	530322102
则黑乡	530128212	沿江街道	530302007	马街镇	530322103
乌蒙乡	530128213	三宝街道	530302008	召夸镇	530322104
雪山乡	530128214	太和街道	530302009	大莫古镇	530322105
寻甸回族彝族自治县（3 街道，9 镇，4 乡）	**530129**	文华街道	530302010	芳华镇	530322106
		潇湘街道	530302011	小百户镇	530322107
仁德街道	530129001	益宁街道	530302012	活水乡	530322200
塘子街道	530129002	翠峰街道	530302013	龙海乡	530322202
金所街道	530129003	越州镇	530302101	**师宗县（3 街道，4 镇，3 民族乡）**	**530323**
羊街镇	530129102	东山镇	530302102		
柯渡镇	530129103	茨营镇	530302103	丹凤街道	530323001
功山镇	530129105	**沾益区（4 街道，2 镇，5 乡）**	**530303**	漾月街道	530323002
七星镇	530129106			大同街道	530323003
河口镇	530129107	龙华街道	530303001	雄壁镇	530323101
先锋镇	530129108	金龙街道	530303002	葵山镇	530323103
鸡街镇	530129109	西平街道	530303003	彩云镇	530323104
倘甸镇	530129110	花山街道	530303004	竹基镇	530323105
凤合镇	530129111	白水镇	530303100	龙庆彝族壮族乡	530323201
六哨乡	530129205	盘江镇	530303101	五龙壮族乡	530323202
甸沙乡	530129210	炎方乡	530303200	高良壮族苗族瑶族乡	530323203
联合乡	530129211	播乐乡	530303201	**罗平县（3 街道，4 镇，3 乡，3 民族乡）**	**530324**
金源乡	530129212	大坡乡	530303202		
安宁市（9 街道）	**530181**	菱角乡	530303203		
连然街道	530181001	德泽乡	530303204	罗雄街道	530324001
金方街道	530181002	**马龙区（5 街道，2 镇，3 乡）**	**530304**	腊山街道	530324002
八街街道	530181003			九龙街道	530324003
县街街道	530181004	通泉街道	530304001	板桥镇	530324101
太平新城街道	530181005	鸡头村街道	530304002	马街镇	530324102

续表 2

行政区划名称	行政区划代码
富乐镇	530324103
阿岗镇	530324105
大水井乡	530324201
鲁布革布依族苗族乡	530324202
旧屋基彝族乡	530324203
钟山乡	530324204
长底布依族乡	530324205
老厂乡	530324208
富源县（2 街道，9 镇，1 民族乡）	**530325**
中安街道	530325001
胜境街道	530325002
营上镇	530325101
黄泥河镇	530325102
竹园镇	530325103
后所镇	530325104
大河镇	530325105
墨红镇	530325106
富村镇	530325107
老厂镇	530325109
十八连山镇	530325110
古敢水族乡	530325203
会泽县（5 街道，7 镇，12 乡，1 民族乡）	**530326**
金钟街道	530326001
古城街道	530326002
宝云街道	530326003
钟屏街道	530326007
以礼街道	530326008
娜姑镇	530326101
迤车镇	530326102
矿山镇	530326104
者海镇	530326105
待补镇	530326106
乐业镇	530326107
大井镇	530326108
纸厂乡	530326200
马路乡	530326202
火红乡	530326203
新街回族乡	530326206
雨碌乡	530326208
大海乡	530326209
鲁纳乡	530326210
老厂乡	530326211
上村乡	530326212
五星乡	530326213
驾车乡	530326214
大桥乡	530326215
田坝乡	530326216
宣威市（9 街道，13 镇，7 乡）	**530381**
宛水街道	530381001
西宁街道	530381002
双龙街道	530381003
虹桥街道	530381004
来宾街道	530381005
板桥街道	530381006
凤凰街道	530381007
丰华街道	530381008
复兴街道	530381009
格宜镇	530381102
田坝镇	530381103
羊场镇	530381104
倘塘镇	530381106
落水镇	530381107
务德镇	530381108
海岱镇	530381109
龙场镇	530381110
龙潭镇	530381111
宝山镇	530381112
东山镇	530381113
热水镇	530381114
杨柳镇	530381115
普立乡	530381201
西泽乡	530381204
得禄乡	530381205
双河乡	530381207
乐丰乡	530381208
文兴乡	530381209
阿都乡	530381210
玉溪市（25 街道，25 镇，16 乡，10 民族乡）	**530400**
红塔区（9 街道，2 民族乡）	**530402**
玉兴街道	530402001
凤凰街道	530402002
玉带街道	530402003
北城街道	530402004
春和街道	530402005
李棋街道	530402006
大营街街道	530402007
研和街道	530402008
高仓街道	530402009
小石桥彝族乡	530402200
洛河彝族乡	530402201
江川区（2 街道，4 镇，1 乡，1 民族乡）	**530403**
星云街道	530403002
宁海街道	530403003
江城镇	530403101
前卫镇	530403102
九溪镇	530403103
路居镇	530403104
安化彝族乡	530403200
雄关乡	530403201
通海县（2 街道，4 镇，3 民族乡）	**530423**
秀山街道	530423001
九龙街道	530423002
杨广镇	530423101
河西镇	530423103
四街镇	530423104
纳古镇	530423105
里山彝族乡	530423200
高大傣族彝族乡	530423201
兴蒙蒙古族乡	530423202
华宁县（1 街道，3 镇，1 民族乡）	**530424**
宁州街道	530424001
盘溪镇	530424101

续表 3

行政区划名称	行政区划代码
华溪镇	530424102
青龙镇	530424103
通红甸彝族苗族乡	530424200
易门县（2 街道，1 镇，1 乡，3 民族乡）	**530425**
龙泉街道	530425001
六街街道	530425002
绿汁镇	530425102
浦贝彝族乡	530425200
十街彝族乡	530425201
铜厂彝族乡	530425202
小街乡	530425203
峨山彝族自治县（2 街道，3 镇，3 乡）	**530426**
双江街道	530426001
小街街道	530426002
甸中镇	530426102
化念镇	530426103
塔甸镇	530426104
岔河乡	530426200
大龙潭乡	530426201
富良棚乡	530426202
新平彝族傣族自治县（2 街道，4 镇，6 乡）	**530427**
桂山街道	530427001
古城街道	530427002
扬武镇	530427101
漠沙镇	530427102
戛洒镇	530427103
水塘镇	530427104
平甸乡	530427200
新化乡	530427201
建兴乡	530427202
老厂乡	530427203
者竜乡	530427204
平掌乡	530427205
元江哈尼族彝族傣族自治县（3 街道，2 镇，5 乡）	**530428**
澧江街道	530428001
红河街道	530428002
甘庄街道	530428003
因远镇	530428101
曼来镇	530428102
羊街乡	530428201
那诺乡	530428202
洼垤乡	530428203
咪哩乡	530428204
龙潭乡	530428205
澄江市（2 街道，4 镇）	**530481**
凤麓街道	530481001
龙街街道	530481002
阳宗镇	530481100
右所镇	530481101
海口镇	530481102
九村镇	530481103
保山市（8 街道，36 镇，22 乡，10 民族乡）	**530500**
隆阳区（6 街道，5 镇，6 乡，4 民族乡）	**530502**
兰城街道	530502001
永昌街道	530502002
河图街道	530502003
永盛街道	530502004
九隆街道	530502005
青华街道	530502006
板桥镇	530502101
蒲缥镇	530502103
汉庄镇	530502104
潞江镇	530502105
瓦窑镇	530502106
金鸡乡	530502200
辛街乡	530502201
西邑乡	530502202
丙麻乡	530502203
瓦渡乡	530502204
水寨乡	530502205
瓦马彝族白族乡	530502208
瓦房彝族苗族乡	530502210
杨柳白族彝族乡	530502211
芒宽彝族傣族乡	530502214
施甸县（5 镇，6 乡，2 民族乡）	**530521**
甸阳镇	530521100
由旺镇	530521101
姚关镇	530521102
太平镇	530521103
仁和镇	530521104
万兴乡	530521202
摆榔彝族布朗族乡	530521203
酒房乡	530521204
旧城乡	530521205
木老元布朗族彝族乡	530521206
老麦乡	530521207
何元乡	530521208
水长乡	530521209
龙陵县（5 镇，4 乡，1 民族乡）	**530523**
镇安镇	530523101
勐糯镇	530523102
龙山镇	530523103
腊勐镇	530523104
象达镇	530523105
龙江乡	530523201
碧寨乡	530523204
龙新乡	530523205
平达乡	530523207
木城彝族傈僳族乡	530523208
昌宁县（9 镇，1 乡，3 民族乡）	**530524**
漭水镇	530524102
柯街镇	530524103
卡斯镇	530524104
勐统镇	530524105
田园镇	530524106
温泉镇	530524107
鸡飞镇	530524108
大田坝镇	530524109
翁堵镇	530524110
湾甸傣族乡	530524204

续表 4

行政区划名称	行政区划代码	行政区划名称	行政区划代码	行政区划名称	行政区划代码
更戛乡	530524205	炎山镇	530602110	炉房乡	530622216
珠街彝族乡	530524206	布嘎回族乡	530602202	**盐津县（6镇，4乡）**	**530623**
耈街彝族苗族乡	530524207	守望回族乡	530602203	盐井镇	530623100
腾冲市（2街道，12镇，5乡）	**530581**	小龙洞回族彝族乡	530602205	普洱镇	530623101
腾越街道	530581001	青岗岭回族彝族乡	530602208	豆沙镇	530623102
西源街道	530581002	苏甲乡	530602212	中和镇	530623103
固东镇	530581101	大寨子乡	530602214	庙坝镇	530623104
滇滩镇	530581103	田坝乡	530602216	柿子镇	530623105
猴桥镇	530581104	**鲁甸县（2街道，9镇，2民族乡）**	**530621**	兴隆乡	530623202
和顺镇	530581105	文屏街道	530621001	落雁乡	530623204
界头镇	530581106	砚池街道	530621002	滩头乡	530623205
曲石镇	530581107	龙头山镇	530621101	牛寨乡	530623206
明光镇	530581108	水磨镇	530621102	**大关县（9镇，1民族乡）**	**530624**
中和镇	530581109	小寨镇	530621103	翠华镇	530624100
芒棒镇	530581110	江底镇	530621104	玉碗镇	530624101
荷花镇	530581111	龙树镇	530621105	吉利镇	530624102
北海镇	530581112	新街镇	530621106	天星镇	530624103
清水镇	530581113	火德红镇	530621107	木杆镇	530624104
马站乡	530581203	乐红镇	530621108	悦乐镇	530624105
五合乡	530581210	梭山镇	530621109	高桥镇	530624106
新华乡	530581211	桃源回族乡	530621200	寿山镇	530624107
蒲川乡	530581212	茨院回族乡	530621201	靖安镇	530624108
团田乡	530581213	**巧家县（2街道，11镇，4乡）**	**530622**	上高桥回族彝族苗族乡	530624200
昭通市（16街道，94镇，23乡，17民族乡）	**530600**	白鹤滩街道	530622001	**永善县（2街道，7镇，5乡，2民族乡）**	**530625**
昭阳区（4街道，8镇，3乡，4民族乡）	**530602**	玉屏街道	530622002	溪洛渡街道	530625001
龙泉街道	530602001	马树镇	530622101	永兴街道	530625002
凤凰街道	530602002	药山镇	530622102	桧溪镇	530625102
太平街道	530602003	小河镇	530622103	黄华镇	530625103
北闸街道	530602004	大寨镇	530622104	茂林镇	530625104
旧圃镇	530602101	老店镇	530622105	大兴镇	530625105
永丰镇	530602102	蒙姑镇	530622106	莲峰镇	530625106
大山包镇	530602104	金塘镇	530622107	码口镇	530625107
苏家院镇	530602106	新店镇	530622108	务基镇	530625108
洒渔镇	530602107	茂租镇	530622109	团结乡	530625201
乐居镇	530602108	崇溪镇	530622110	细沙乡	530625203
盘河镇	530602109	东坪镇	530622111	青胜乡	530625204
		红山乡	530622202	马楠苗族彝族乡	530625208
		包谷垴乡	530622209	水竹乡	530625209
		中寨乡	530622212	墨翰乡	530625212

续表 5

行政区划名称	行政区划代码
伍寨彝族苗族乡	530625214
绥江县（5 镇）	**530626**
中城镇	530626100
南岸镇	530626101
新滩镇	530626103
会仪镇	530626104
板栗镇	530626105
镇雄县（3 街道，20 镇，5 乡，2 民族乡）	**530627**
乌峰街道	530627001
南台街道	530627002
旧府街道	530627003
泼机镇	530627101
黑树镇	530627102
母享镇	530627103
坡头镇	530627104
大湾镇	530627105
以勒镇	530627106
赤水源镇	530627107
芒部镇	530627108
雨河镇	530627109
罗坎镇	530627110
牛场镇	530627111
五德镇	530627112
塘房镇	530627113
场坝镇	530627114
以古镇	530627115
木卓镇	530627116
坪上镇	530627117
碗厂镇	530627118
盐源镇	530627119
中屯镇	530627120
鱼洞乡	530627202
花朗乡	530627205
尖山乡	530627207
杉树乡	530627213
花山乡	530627214
果珠彝族乡	530627219
林口彝族苗族乡	530627221
彝良县（2 街道，9 镇，5 民族乡）	**530628**
角奎街道	530628001
发界街道	530628002
洛泽河镇	530628101
牛街镇	530628102
小草坝镇	530628103
龙安镇	530628104
龙海镇	530628105
荞山镇	530628106
钟鸣镇	530628107
海子镇	530628108
两河镇	530628109
龙街苗族彝族乡	530628202
奎香苗族彝族乡	530628203
树林彝族苗族乡	530628204
柳溪苗族乡	530628213
洛旺苗族乡	530628214
威信县（7 镇，2 乡，1 民族乡）	**530629**
扎西镇	530629100
旧城镇	530629101
罗布镇	530629102
麟凤镇	530629103
庙沟镇	530629104
水田镇	530629105
长安镇	530629106
双河苗族彝族乡	530629201
高田乡	530629202
三桃乡	530629207
水富市（1 街道，3 镇）	**530681**
云富街道	530681001
向家坝镇	530681100
太平镇	530681101
两碗镇	530681102
丽江市（10 街道，24 镇，17 乡，15 民族乡）	**530700**
古城区（7 街道，2 镇，1 乡，1 民族乡）	**530702**
大研街道	530702001
西安街道	530702002
祥和街道	530702003
束河街道	530702004
金山街道	530702005
开南街道	530702006
文化街道	530702007
金安镇	530702100
七河镇	530702101
金江白族乡	530702207
大东乡	530702215
玉龙纳西族自治县（1 街道，6 镇，6 乡，3 民族乡）	**530721**
黄山街道	530721001
石鼓镇	530721101
巨甸镇	530721102
鸣音镇	530721104
奉科镇	530721105
白沙镇	530721106
拉市镇	530721107
太安乡	530721205
石头白族乡	530721208
黎明傈僳族乡	530721211
鲁甸乡	530721212
塔城乡	530721213
大具乡	530721216
宝山乡	530721217
九河白族乡	530721219
龙蟠乡	530721220
永胜县（9 镇，6 民族乡）	**530722**
永北镇	530722100
仁和镇	530722101
期纳镇	530722102
三川镇	530722103
程海镇	530722105
涛源镇	530722106
片角镇	530722107
顺州镇	530722108
鲁地拉镇	530722109
羊坪彝族乡	530722200

续表 6

行政区划名称	行政区划代码
六德傈僳族彝族乡	530722201
东山傈僳族彝族乡	530722202
光华傈僳族彝族乡	530722207
松坪傈僳族彝族乡	530722208
大安彝族纳西族乡	530722209
华坪县（4镇，4民族乡）	**530723**
中心镇	530723100
荣将镇	530723101
兴泉镇	530723102
石龙坝镇	530723103
新庄傈僳族傣族乡	530723205
通达傈僳族乡	530723206
永兴傈僳族乡	530723207
船房傈僳族傣族乡	530723208
宁蒗彝族自治县（2街道，3镇，10乡，1民族乡）	**530724**
大兴街道	530724001
紫玛街道	530724002
永宁镇	530724101
红桥镇	530724102
战河镇	530724103
拉伯乡	530724200
翠玉傈僳族普米族乡	530724202
宁利乡	530724205
金棉乡	530724206
西川乡	530724207
西布河乡	530724208
永宁坪乡	530724210
跑马坪乡	530724211
蝉战河乡	530724212
新营盘乡	530724213
烂泥箐乡	530724214
普洱市（1街道，65镇，27乡，10民族乡）	**530800**
思茅区（1街道，4镇，2民族乡）	**530802**
思茅街道	530802001
南屏镇	530802101
倚象镇	530802102
思茅港镇	530802103
六顺镇	530802104
龙潭彝族傣族乡	530802200
云仙彝族乡	530802201
宁洱哈尼族彝族自治县（6镇，3乡）	**530821**
宁洱镇	530821100
磨黑镇	530821101
勐先镇	530821102
德化镇	530821103
同心镇	530821104
梅子镇	530821105
普义乡	530821204
黎明乡	530821205
德安乡	530821207
墨江哈尼族自治县（12镇，2乡，1民族乡）	**530822**
联珠镇	530822100
通关镇	530822101
鱼塘镇	530822102
雅邑镇	530822103
泗南江镇	530822104
坝溜镇	530822105
文武镇	530822106
景星镇	530822107
新抚镇	530822108
新安镇	530822109
团田镇	530822110
龙坝镇	530822111
孟弄彝族乡	530822202
龙潭乡	530822207
那哈乡	530822211
景东彝族自治县（10镇，3乡）	**530823**
锦屏镇	530823100
文井镇	530823101
漫湾镇	530823102
大朝山东镇	530823103
花山镇	530823104
大街镇	530823105
安定镇	530823106
太忠镇	530823107
文龙镇	530823108
景福镇	530823109
龙街乡	530823204
林街乡	530823207
曼等乡	530823209
景谷傣族彝族自治县（6镇，4乡）	**530824**
威远镇	530824100
永平镇	530824101
正兴镇	530824102
民乐镇	530824103
景谷镇	530824104
凤山镇	530824105
半坡乡	530824205
勐班乡	530824206
碧安乡	530824207
益智乡	530824208
镇沅彝族哈尼族拉祜族自治县（8镇，1乡）	**530825**
恩乐镇	530825100
按板镇	530825101
勐大镇	530825102
者东镇	530825103
九甲镇	530825104
振太镇	530825105
古城镇	530825106
和平镇	530825107
田坝乡	530825200
江城哈尼族彝族自治县（5镇，2乡）	**530826**
勐烈镇	530826100
整董镇	530826101
康平镇	530826102
宝藏镇	530826103
曲水镇	530826104
国庆乡	530826201
嘉禾乡	530826202
孟连傣族拉祜族佤族自治县（4镇，2乡）	**530827**
娜允镇	530827100

续表 7

行政区划名称	行政区划代码
勐马镇	530827101
芒信镇	530827102
富岩镇	530827103
景信乡	530827200
公信乡	530827203
澜沧拉祜族自治县(5镇,9乡,6民族乡)	**530828**
勐朗镇	530828100
上允镇	530828101
糯扎渡镇	530828102
东回镇	530828103
惠民镇	530828104
谦六彝族乡	530828201
东河乡	530828203
大山乡	530828204
南岭乡	530828205
酒井哈尼族乡	530828208
拉巴乡	530828211
竹塘乡	530828212
富邦乡	530828213
安康佤族乡	530828214
文东佤族乡	530828215
富东乡	530828216
雪林佤族乡	530828217
木戛乡	530828218
发展河哈尼族乡	530828219
糯福乡	530828220
西盟佤族自治县(5镇，1乡，1民族乡)	**530829**
勐梭镇	530829100
勐卡镇	530829101
翁嘎科镇	530829102
新厂镇	530829103
中课镇	530829104
力所拉祜族乡	530829201
岳宋乡	530829202
临沧市(2街道，32镇，30乡，13民族乡)	**530900**
临翔区(2街道，1镇，5乡，2民族乡)	**530902**
凤翔街道	530902001
忙畔街道	530902002
博尚镇	530902101
南美拉祜族乡	530902201
蚂蚁堆乡	530902202
章驮乡	530902203
圈内乡	530902205
马台乡	530902206
邦东乡	530902207
平村彝族傣族乡	530902208
凤庆县(8镇，2乡，3民族乡)	**530921**
凤山镇	530921100
鲁史镇	530921101
小湾镇	530921102
营盘镇	530921103
勐佑镇	530921104
洛党镇	530921107
雪山镇	530921108
三岔河镇	530921109
诗礼乡	530921200
新华彝族苗族乡	530921201
大寺乡	530921203
腰街彝族乡	530921206
郭大寨彝族白族乡	530921210
云县(7镇，2乡，3民族乡)	**530922**
爱华镇	530922100
漫湾镇	530922101
大朝山西镇	530922102
茂兰镇	530922103
大寨镇	530922104
涌宝镇	530922105
幸福镇	530922106
忙怀彝族布朗族乡	530922201
晓街乡	530922202
茶房乡	530922203
栗树彝族傣族乡	530922206
后箐彝族乡	530922207
永德县(3镇，5乡，2民族乡)	**530923**
德党镇	530923100
小勐统镇	530923101
永康镇	530923102
勐板乡	530923202
亚练乡	530923203
乌木龙彝族乡	530923204
大雪山彝族拉祜族傣族乡	530923205
班卡乡	530923206
崇岗乡	530923207
大山乡	530923208
镇康县(3镇，3乡，1民族乡)	**530924**
凤尾镇	530924100
勐捧镇	530924101
南伞镇	530924102
忙丙乡	530924200
勐堆乡	530924201
木场乡	530924203
军赛佤族拉祜族傈僳族德昂族乡	530924204
双江拉祜族佤族布朗族傣族自治县(2镇，4乡)	**530925**
勐勐镇	530925100
勐库镇	530925101
沙河乡	530925200
大文乡	530925201
忙糯乡	530925202
邦丙乡	530925204
耿马傣族佤族自治县(4镇,4乡,1民族乡)	**530926**
耿马镇	530926100
勐永镇	530926101
勐撒镇	530926102
孟定镇	530926103
大兴乡	530926200
芒洪拉祜族布朗族乡	530926201
四排山乡	530926202
贺派乡	530926203
勐简乡	530926204

续表 8

行政区划名称	行政区划代码
沧源佤族自治县(4 镇,5 乡,1 民族乡)	**530927**
勐董镇	530927100
岩帅镇	530927101
勐省镇	530927102
芒卡镇	530927103
单甲乡	530927201
糯良乡	530927202
勐来乡	530927203
勐角傣族彝族拉祜族乡	530927204
班洪乡	530927205
班老乡	530927207
楚雄彝族自治州(65 镇,34 乡,4 民族乡)	**532300**
楚雄市(12 镇,3 乡)	**532301**
鹿城镇	532301100
东瓜镇	532301102
吕合镇	532301103
东华镇	532301104
子午镇	532301105
苍岭镇	532301108
三街镇	532301109
中山镇	532301110
八角镇	532301111
紫溪镇	532301112
新村镇	532301113
西舍路镇	532301114
树苴乡	532301201
大过口乡	532301203
大地基乡	532301205
禄丰市(11 镇,3 乡)	**532302**
金山镇	532302100
仁兴镇	532302101
碧城镇	532302102
勤丰镇	532302103
一平浪镇	532302104
和平镇	532302105
广通镇	532302106
黑井镇	532302107
土官镇	532302108
彩云镇	532302109
恐龙山镇	532302110
中村乡	532302200
高峰乡	532302201
妥安乡	532302202
双柏县(5 镇,3 乡)	**532322**
妥甸镇	532322100
大庄镇	532322101
法脿镇	532322102
碍嘉镇	532322103
大麦地镇	532322104
安龙堡乡	532322204
爱尼山乡	532322206
独田乡	532322207
牟定县(4 镇,3 乡)	**532323**
共和镇	532323100
新桥镇	532323101
江坡镇	532323102
凤屯镇	532323103
蟠猫乡	532323201
戌街乡	532323202
安乐乡	532323203
南华县(6 镇,3 乡,1 民族乡)	**532324**
龙川镇	532324100
红土坡镇	532324103
沙桥镇	532324105
五街镇	532324106
马街镇	532324107
兔街镇	532324108
雨露白族乡	532324201
一街乡	532324204
罗武庄乡	532324205
五顶山乡	532324207
姚安县(6 镇,3 乡)	**532325**
栋川镇	532325100
光禄镇	532325101
前场镇	532325102
官屯镇	532325103
弥兴镇	532325106
太平镇	532325108
适中乡	532325204
左门乡	532325205
大河口乡	532325208
大姚县(8 镇,3 乡,1 民族乡)	**532326**
金碧镇	532326100
石羊镇	532326101
六苴镇	532326102
龙街镇	532326103
赵家店镇	532326104
新街镇	532326105
桂花镇	532326106
三岔河镇	532326107
昙华乡	532326205
湾碧傣族傈僳族乡	532326207
铁锁乡	532326208
三台乡	532326209
永仁县(3 镇,3 乡,1 民族乡)	**532327**
永定镇	532327100
宜就镇	532327101
中和镇	532327103
莲池乡	532327200
维的乡	532327201
猛虎乡	532327202
永兴傣族乡	532327205
元谋县(3 镇,7 乡)	**532328**
元马镇	532328100
黄瓜园镇	532328102
羊街镇	532328103
老城乡	532328201
物茂乡	532328202
平田乡	532328203
江边乡	532328204
新华乡	532328205
姜驿乡	532328206
凉山乡	532328209
武定县(7 镇,3 乡,1 民族乡)	**532329**
高桥镇	532329101
猫街镇	532329102

续表 9

行政区划名称	行政区划代码
狮山镇	532329103
插甸镇	532329104
白路镇	532329105
己衣镇	532329106
万德镇	532329107
田心乡	532329202
发窝乡	532329203
环州乡	532329208
东坡傣族乡	532329209
红河哈尼族彝族自治州(15街道,60镇,55乡,5民族乡)	**532500**
个旧市(5街道,4镇,2乡)	**532501**
大屯街道	532501002
沙甸街道	532501003
锡城街道	532501004
金湖街道	532501005
宝华街道	532501006
鸡街镇	532501101
老厂镇	532501104
卡房镇	532501105
蔓耗镇	532501107
贾沙乡	532501201
保和乡	532501202
开远市(2街道,2镇,2乡,1民族乡)	**532502**
灵泉街道	532502002
乐白道街道	532502003
小龙潭镇	532502101
中和营镇	532502103
大庄回族乡	532502200
羊街乡	532502201
碑格乡	532502204
蒙自市(5街道,4镇,2乡,2民族乡)	**532503**
文澜街道	532503001
雨过铺街道	532503002
观澜街道	532503003
文萃街道	532503004
新安所街道	532503005
草坝镇	532503101
芷村镇	532503104
鸣鹫镇	532503106
冷泉镇	532503109
期路白苗族乡	532503200
老寨苗族乡	532503201
水田乡	532503202
西北勒乡	532503203
弥勒市(3街道,8镇,2乡)	**532504**
弥阳街道	532504001
太平街道	532504002
福城街道	532504003
新哨镇	532504101
虹溪镇	532504102
竹园镇	532504103
巡检司镇	532504105
西一镇	532504107
西二镇	532504108
西三镇	532504109
东山镇	532504110
五山乡	532504201
江边乡	532504202
屏边苗族自治县(4镇,3乡)	**532523**
玉屏镇	532523100
新现镇	532523101
和平镇	532523102
白河镇	532523103
白云乡	532523204
新华乡	532523205
湾塘乡	532523206
建水县(8镇,4乡)	**532524**
临安镇	532524100
官厅镇	532524101
西庄镇	532524102
青龙镇	532524103
南庄镇	532524104
岔科镇	532524105
曲江镇	532524106
面甸镇	532524107
普雄乡	532524200
坡头乡	532524202
盘江乡	532524203
甸尾乡	532524205
石屏县(7镇,2乡)	**532525**
异龙镇	532525100
宝秀镇	532525101
坝心镇	532525102
龙朋镇	532525103
龙武镇	532525106
哨冲镇	532525107
牛街镇	532525108
新城乡	532525200
大桥乡	532525202
泸西县(5镇,3乡)	**532527**
中枢镇	532527100
金马镇	532527101
旧城镇	532527103
午街铺镇	532527105
白水镇	532527106
向阳乡	532527200
三塘乡	532527201
永宁乡	532527202
元阳县(3镇,11乡)	**532528**
南沙镇	532528100
新街镇	532528101
牛角寨镇	532528102
沙拉托乡	532528202
嘎娘乡	532528203
上新城乡	532528204
小新街乡	532528205
逢春岭乡	532528206
大坪乡	532528207
攀枝花乡	532528208
黄茅岭乡	532528209
黄草岭乡	532528210
俄扎乡	532528211
马街乡	532528212
红河县(5镇,8乡)	**532529**
迤萨镇	532529100

续表 10

行政区划名称	行政区划代码	行政区划名称	行政区划代码	行政区划名称	行政区划代码
甲寅镇	532529101	河口镇	532532100	**西畴县(2 镇,7 乡)**	**532623**
宝华镇	532529102	南溪镇	532532101	西洒镇	532623100
乐育镇	532529103	老范寨乡	532532200	兴街镇	532623101
浪堤镇	532529104	桥头苗族壮族乡	532532201	蚌谷乡	532623200
洛恩乡	532529203	瑶山乡	532532202	莲花塘乡	532623201
石头寨乡	532529204	莲花滩乡	532532203	新马街乡	532623202
阿扎河乡	532529205	**文山壮族苗族自治州(3 街道,42 镇,43 乡,16 民族乡)**	**532600**	柏林乡	532623203
大羊街乡	532529208			法斗乡	532623204
车古乡	532529209			董马乡	532623205
架车乡	532529210	**文山市(3 街道,7 镇,2 乡,5 民族乡)**	**532601**	鸡街乡	532623206
垤玛乡	532529211			**麻栗坡县(4 镇,6 乡,1 民族乡)**	**532624**
三村乡	532529212	开化街道	532601001		
金平苗族瑶族傣族自治县(4 镇,8 乡,1 民族乡)	**532530**	卧龙街道	532601002	麻栗镇	532624100
		新平街道	532601003	大坪镇	532624101
		古木镇	532601102	董干镇	532624102
金河镇	532530100	平坝镇	532601103	天保镇	532624103
金水河镇	532530101	马塘镇	532601104	猛硐瑶族乡	532624201
勐拉镇	532530102	德厚镇	532601105	下金厂乡	532624202
老勐镇	532530103	小街镇	532601106	八布乡	532624203
铜厂乡	532530201	薄竹镇	532601107	六河乡	532624204
老集寨乡	532530203	追栗街镇	532601108	杨万乡	532624205
者米拉祜族乡	532530204	东山彝族乡	532601200	铁厂乡	532624206
阿得博乡	532530205	柳井彝族乡	532601201	马街乡	532624207
沙依坡乡	532530206	新街乡	532601202	**马关县(9 镇,4 乡)**	**532625**
大寨乡	532530207	喜古乡	532601203	马白镇	532625100
马鞍底乡	532530208	坝心彝族乡	532601204	八寨镇	532625101
勐桥乡	532530209	秉烈彝族乡	532601205	仁和镇	532625102
营盘乡	532530210	红甸回族乡	532601206	木厂镇	532625103
绿春县(4 镇,5 乡)	**532531**	**砚山县(4 镇,3 乡,4 民族乡)**	**532622**	夹寒箐镇	532625104
大兴镇	532531100			小坝子镇	532625105
牛孔镇	532531101	江那镇	532622100	都龙镇	532625106
大黑山镇	532531102	平远镇	532622101	金厂镇	532625107
平河镇	532531103	稼依镇	532622102	坡脚镇	532625108
戈奎乡	532531200	阿猛镇	532622103	南捞乡	532625200
大水沟乡	532531202	阿舍彝族乡	532622200	大栗树乡	532625201
半坡乡	532531204	维摩彝族乡	532622201	篾厂乡	532625202
骑马坝乡	532531205	盘龙彝族乡	532622202	古林箐乡	532625203
三猛乡	532531206	八嘎乡	532622203	**丘北县(3 镇,4 乡,5 民族乡)**	**532626**
河口瑶族自治县(2 镇,3 乡,1 民族乡)	**532532**	者腊乡	532622204		
		蚌峨乡	532622205	锦屏镇	532626100
		干河彝族乡	532622207	曰者镇	532626101

续表 11

行政区划名称	行政区划代码	行政区划名称	行政区划代码	行政区划名称	行政区划代码
双龙营镇	532626102	洞波瑶族乡	532628204	勐伴镇	532823105
八道哨彝族乡	532626200	阿用乡	532628205	关累镇	532823106
天星乡	532626201	花甲乡	532628206	易武镇	532823107
平寨乡	532626202	**西双版纳傣族自治州(5 街道,18 镇,5 乡,7 民族乡)**	**532800**	象明彝族乡	532823204
树皮彝族乡	532626203	**景洪市(5 街道,4 镇,3 乡,2 民族乡)**	**532801**	瑶区瑶族乡	532823205
腻脚彝族乡	532626204	允景洪街道	532801001	**大理白族自治州(3 街道,69 镇,29 乡,11 民族乡)**	**532900**
新店彝族乡	532626205	江北街道	532801002	**大理市(3 街道,9 镇,1 民族乡)**	**532901**
舍得彝族乡	532626206	嘎洒街道	532801003	下关街道	532901001
官寨乡	532626207	嘎栋街道	532801004	太和街道	532901002
温浏乡	532626209	曼弄枫街道	532801005	满江街道	532901003
广南县(7 镇,11 乡)	**532627**	勐龙镇	532801102	大理镇	532901101
莲城镇	532627100	勐罕镇	532801103	凤仪镇	532901102
八宝镇	532627101	勐养镇	532801104	喜洲镇	532901103
南屏镇	532627102	普文镇	532801105	海东镇	532901104
珠街镇	532627103	景哈哈尼族乡	532801202	挖色镇	532901105
那洒镇	532627104	景讷乡	532801203	湾桥镇	532901106
珠琳镇	532627105	大渡岗乡	532801204	银桥镇	532901107
坝美镇	532627106	勐旺乡	532801205	双廊镇	532901109
董堡乡	532627201	基诺山基诺族乡	532801206	上关镇	532901110
旧莫乡	532627202	**勐海县(6 镇,2 乡,3 民族乡)**	**532822**	太邑彝族乡	532901200
杨柳井乡	532627203	勐海镇	532822100	**漾濞彝族自治县(4 镇,5 乡)**	**532922**
板蚌乡	532627204	打洛镇	532822101	苍山西镇	532922101
曙光乡	532627205	勐遮镇	532822103	漾江镇	532922102
黑支果乡	532627206	勐混镇	532822104	平坡镇	532922104
篆角乡	532627207	勐满镇	532822105	顺濞镇	532922105
五珠乡	532627208	勐阿镇	532822106	富恒乡	532922201
者兔乡	532627209	勐宋乡	532822201	太平乡	532922202
者太乡	532627210	勐往乡	532822203	瓦厂乡	532922204
底圩乡	532627211	格朗和哈尼族乡	532822205	龙潭乡	532922205
富宁县(6 镇,6 乡,1 民族乡)	**532628**	布朗山布朗族乡	532822206	鸡街乡	532922206
新华镇	532628100	西定哈尼族布朗族乡	532822209	**祥云县(8 镇,1 乡,1 民族乡)**	**532923**
归朝镇	532628101	**勐腊县(8 镇,2 民族乡)**	**532823**	祥城镇	532923100
剥隘镇	532628102	勐腊镇	532823100	云南驿镇	532923101
里达镇	532628103	勐捧镇	532823101	下庄镇	532923102
田蓬镇	532628104	勐满镇	532823102	刘厂镇	532923103
木央镇	532628105	勐仑镇	532823103	禾甸镇	532923104
板仑乡	532628200	磨憨镇	532823104		
谷拉乡	532628201				
者桑乡	532628202				
那能乡	532628203				

续表 12

行政区划名称	行政区划代码	行政区划名称	行政区划代码	行政区划名称	行政区划代码
沙龙镇	532923105	永建镇	532927103	甸南镇	532931102
米甸镇	532923106	巍宝山乡	532927200	马登镇	532931103
普淜镇	532923107	马鞍山乡	532927201	沙溪镇	532931104
鹿鸣乡	532923203	紫金乡	532927202	老君山镇	532931105
东山彝族乡	532923204	五印乡	532927203	羊岑乡	532931200
宾川县(8镇,2民族乡)	**532924**	牛街乡	532927204	弥沙乡	532931202
金牛镇	532924100	青华乡	532927206	象图乡	532931203
宾居镇	532924101	**永平县(3镇,1乡,3民族乡)**	**532928**	**鹤庆县(7镇,1乡,1民族乡)**	**532932**
州城镇	532924102	博南镇	532928100	云鹤镇	532932100
鸡足山镇	532924104	杉阳镇	532928102	辛屯镇	532932101
力角镇	532924105	龙街镇	532928103	松桂镇	532932102
乔甸镇	532924107	龙门乡	532928200	黄坪镇	532932103
大营镇	532924108	厂街彝族乡	532928202	草海镇	532932104
平川镇	532924109	水泄彝族乡	532928203	西邑镇	532932105
钟英傈僳族彝族乡	532924200	北斗彝族乡	532928204	龙开口镇	532932106
拉乌彝族乡	532924202	**云龙县(4镇,5乡,2民族乡)**	**532929**	金墩乡	532932200
弥渡县(6镇,1乡,1民族乡)	**532925**	诺邓镇	532929100	六合彝族乡	532932202
弥城镇	532925100	功果桥镇	532929101	**德宏傣族景颇族自治州(2街道,23镇,21乡,5民族乡)**	**533100**
红岩镇	532925101	漕涧镇	532929102	**瑞丽市(1街道,3镇,2乡)**	**533102**
新街镇	532925102	白石镇	532929103	勐卯街道	533102001
寅街镇	532925103	宝丰乡	532929201	畹町镇	533102101
苴力镇	532925104	关坪乡	532929202	弄岛镇	533102102
密祉镇	532925105	团结彝族乡	532929203	姐相镇	533102103
德苴乡	532925203	长新乡	532929204	户育乡	533102202
牛街彝族乡	532925204	检槽乡	532929205	勐秀乡	533102203
南涧彝族自治县(5镇,3乡)	**532926**	苗尾傈僳族乡	532929206	**芒市(1街道,5镇,5乡,1民族乡)**	**533103**
南涧镇	532926100	民建乡	532929207	勐焕街道	533103001
小湾东镇	532926101	**洱源县(6镇,3乡)**	**532930**	芒市镇	533103107
宝华镇	532926103	茈碧湖镇	532930100	风平镇	533103108
公郎镇	532926104	邓川镇	532930103	勐戛镇	533103109
无量山镇	532926105	右所镇	532930104	芒海镇	533103110
拥翠乡	532926201	三营镇	532930105	遮放镇	533103111
乐秋乡	532926202	凤羽镇	532930106	三台山德昂族乡	533103208
碧溪乡	532926203	乔后镇	532930107	江东乡	533103210
巍山彝族回族自治县(4镇,6乡)	**532927**	牛街乡	532930201	轩岗乡	533103211
南诏镇	532927100	炼铁乡	532930202	中山乡	533103212
庙街镇	532927101	西山乡	532930203		
大仓镇	532927102	**剑川县(5镇,3乡)**	**532931**		
		金华镇	532931100		

续表 13

行政区划名称	行政区划代码
西山乡	533103213
五岔路乡	533103214
梁河县(3 镇,4 乡,2 民族乡)	**533122**
遮岛镇	533122100
芒东镇	533122101
勐养镇	533122102
平山乡	533122200
小厂乡	533122201
大厂乡	533122202
九保阿昌族乡	533122204
曩宋阿昌族乡	533122205
河西乡	533122206
盈江县(8 镇,6 乡,1 民族乡)	**533123**
平原镇	533123100
旧城镇	533123101
那邦镇	533123102
太平镇	533123103
弄璋镇	533123104
盏西镇	533123105
卡场镇	533123106
昔马镇	533123107
新城乡	533123205
油松岭乡	533123206
芒章乡	533123207
支那乡	533123209
苏典傈僳族乡	533123210
勐弄乡	533123211
铜壁关乡	533123214
陇川县(4 镇,4 乡,1 民族乡)	**533124**
章凤镇	533124100
陇把镇	533124101
景罕镇	533124102
城子镇	533124103
户撒阿昌族乡	533124200
护国乡	533124201
清平乡	533124202
王子树乡	533124204
勐约乡	533124207

行政区划名称	行政区划代码
怒江傈僳族自治州(4 街道,11 镇,14 乡,2 民族乡)	**533300**
泸水市(2 街道,5 镇,2 乡,1 民族乡)	**533301**
六库街道	533301001
大练地街道	533301002
鲁掌镇	533301100
片马镇	533301102
上江镇	533301103
老窝镇	533301104
大兴地镇	533301105
称杆乡	533301200
古登乡	533301201
洛本卓白族乡	533301202
福贡县(1 镇,5 乡,1 民族乡)	**533323**
上帕镇	533323100
匹河怒族乡	533323200
子里甲乡	533323201
架科底乡	533323202
鹿马登乡	533323203
石月亮乡	533323204
马吉乡	533323205
贡山独龙族怒族自治县(2 镇,3 乡)	**533324**
茨开镇	533324100
丙中洛镇	533324101
捧当乡	533324201
普拉底乡	533324202
独龙江乡	533324203
兰坪白族普米族自治县(2 街道,3 镇,4 乡)	**533325**
金顶街道	533325001
翠屏街道	533325002
拉井镇	533325101
营盘镇	533325102
通甸镇	533325103
河西乡	533325201
中排乡	533325202
石登乡	533325203

行政区划名称	行政区划代码
兔峨乡	533325204
迪庆藏族自治州(9 镇,17 乡,3 民族乡)	**533400**
香格里拉市(4 镇,6 乡,1 民族乡)	**533401**
建塘镇	533401100
虎跳峡镇	533401101
金江镇	533401102
小中甸镇	533401103
上江乡	533401200
三坝纳西族乡	533401202
洛吉乡	533401203
尼西乡	533401205
格咱乡	533401206
东旺乡	533401207
五境乡	533401208
德钦县(2 镇,4 乡,2 民族乡)	**533422**
升平镇	533422100
奔子栏镇	533422101
佛山乡	533422200
云岭乡	533422201
燕门乡	533422202
拖顶傈僳族乡	533422203
霞若傈僳族乡	533422204
羊拉乡	533422206
维西傈僳族自治县(3 镇,7 乡)	**533423**
保和镇	533423100
塔城镇	533423101
叶枝镇	533423102
永春乡	533423200
攀天阁乡	533423201
白济汛乡	533423202
康普乡	533423203
巴迪乡	533423205
中路乡	533423207
维登乡	533423208

「西藏自治区」

西藏自治区(藏)

行政区划名称	行政区划代码
西藏自治区(35街道,142镇,525乡,9民族乡)	**540000**
拉萨市(21街道,12镇,37乡)	**540100**
城关区(15街道)	**540102**
八廓街道	540102002
吉日街道	540102003
吉崩岗街道	540102004
扎细街道	540102005
公德林街道	540102006
嘎玛贡桑街道	540102007
两岛街道	540102008
金珠西路街道	540102009
蔡公堂街道	540102010
夺底街道	540102011
娘热街道	540102012
纳金街道	540102013
慈觉林街道	540102014
塔玛街道	540102015
八一街道	540102016
堆龙德庆区(6街道,3镇)	**540103**
东嘎街道	540103001
乃琼街道	540103002
羊达街道	540103003
柳梧街道	540103004
热玛岗街道	540103006
加玛街道	540103007
古荣镇	540103102
马镇	540103103
德庆镇	540103104
达孜区(1镇,5乡)	**540104**
德庆镇	540104100
塔杰乡	540104200
章多乡	540104201
唐嘎乡	540104202
雪乡	540104203
帮堆乡	540104204
林周县(1镇,9乡)	**540121**
甘丹曲果镇	540121100
春堆乡	540121200
松盘乡	540121201
强嘎乡	540121202
边交林乡	540121203
江热夏乡	540121204
卡孜乡	540121205
旁多乡	540121206
唐古乡	540121207
阿朗乡	540121208
当雄县(2镇,6乡)	**540122**
当曲卡镇	540122100
羊八井镇	540122101
格达乡	540122200
宁中乡	540122201
公塘乡	540122202
龙仁乡	540122203
乌玛塘乡	540122204
纳木湖乡	540122205
尼木县(2镇,6乡)	**540123**
塔荣镇	540123100
吞巴镇	540123101
麻江乡	540123200
普松乡	540123201
卡如乡	540123202
尼木乡	540123203
续迈乡	540123204
帕古乡	540123205
曲水县(2镇,4乡)	**540124**
曲水镇	540124100
达嘎镇	540124101
才纳乡	540124201
南木乡	540124202
聂当乡	540124203
茶巴拉乡	540124204
墨竹工卡县(1镇,7乡)	**540127**
工卡镇	540127100
唐加乡	540127200
甲玛乡	540127201
尼玛江热乡	540127202
日多乡	540127203
扎西岗乡	540127204
门巴乡	540127205
扎雪乡	540127206
日喀则市(4街道,27镇,175乡)	**540200**
桑珠孜区(4街道,10乡)	**540202**
城南街道	540202001
城北街道	540202002
城东街道	540202003
城西街道	540202004
曲布雄乡	540202200
曲美乡	540202201
聂日雄乡	540202202
甲措雄乡	540202203
纳尔乡	540202204
东嘎乡	540202205
边雄乡	540202206
江当乡	540202207
年木乡	540202208
联乡	540202209
南木林县(1镇,16乡)	**540221**
南木林镇	540221100
达那乡	540221200
卡孜乡	540221201
多角乡	540221202
秋木乡	540221203
艾玛乡	540221204
土布加乡	540221205
查尔乡	540221206
索金乡	540221207
达孜乡	540221208

续表 1

行政区划名称	行政区划代码
奴玛乡	540221209
热当乡	540221210
拉布普乡	540221211
普当乡	540221212
仁堆乡	540221213
芒热乡	540221214
甲措乡	540221215
江孜县(1 镇,18 乡)	**540222**
江孜镇	540222100
纳如乡	540222200
卡麦乡	540222201
卡堆乡	540222202
藏改乡	540222203
日朗乡	540222204
达孜乡	540222205
热索乡	540222206
重孜乡	540222207
龙马乡	540222208
加克西乡	540222209
紫金乡	540222210
江热乡	540222211
年堆乡	540222212
康卓乡	540222213
金嘎乡	540222214
日星乡	540222215
车仁乡	540222216
热龙乡	540222217
定日县(2 镇,11 乡)	**540223**
协格尔镇	540223100
岗嘎镇	540223101
扎西宗乡	540223200
绒辖乡	540223201
曲当乡	540223202
措果乡	540223203
曲洛乡	540223204
长所乡	540223205
尼辖乡	540223206
扎果乡	540223207
克玛乡	540223208
盆吉乡	540223209
加措乡	540223210
萨迦县(2 镇,9 乡)	**540224**
萨迦镇	540224100
吉定镇	540224101
雄麦乡	540224200
麻布加乡	540224201
雄玛乡	540224202
扎西岗乡	540224203
扯休乡	540224204
赛乡	540224205
拉洛乡	540224206
查荣乡	540224207
木拉乡	540224208
拉孜县(2 镇,9 乡)	**540225**
曲下镇	540225100
拉孜镇	540225101
扎西宗乡	540225200
曲玛乡	540225201
彭措林乡	540225202
扎西岗乡	540225203
柳乡	540225204
热萨乡	540225205
锡钦乡	540225206
芒普乡	540225207
查务乡	540225208
昂仁县(2 镇,15 乡)	**540226**
卡嘎镇	540226100
桑桑镇	540226101
达若乡	540226200
贡久布乡	540226201
措迈乡	540226202
雄巴乡	540226203
查孜乡	540226204
阿木雄乡	540226205
如萨乡	540226206
孔隆乡	540226207
尼果乡	540226208
日吾其乡	540226209
多白乡	540226210
切热乡	540226211
秋窝乡	540226212
达居乡	540226213
亚木乡	540226214
谢通门县(1 镇,18 乡)	**540227**
卡嘎镇	540227100
达木夏乡	540227200
查布乡	540227201
春哲乡	540227202
则许乡	540227203
娘热乡	540227204
措布西乡	540227205
纳当乡	540227206
青都乡	540227207
切琼乡	540227208
美巴切勤乡	540227209
列巴乡	540227210
塔丁乡	540227211
荣玛乡	540227212
通门乡	540227213

续表 2

行政区划名称	行政区划代码	行政区划名称	行政区划代码	行政区划名称	行政区划代码
达那普乡	540227214	涅如堆乡	540230205	康布乡	540233202
达那答乡	540227215	涅如麦乡	540230206	堆纳乡	540233203
南木切乡	540227216	雄章乡	540230207	吉汝乡	540233204
仁钦则乡	540227217	**定结县(3 镇,7 乡)**	**540231**	**吉隆县(2 镇,4 乡)**	**540234**
白朗县(2 镇,9 乡)	**540228**	江嘎镇	540231100	宗嘎镇	540234100
洛江镇	540228100	陈塘镇	540231101	吉隆镇	540234101
嘎东镇	540228101	日屋镇	540231102	差那乡	540234200
巴扎乡	540228200	确布乡	540231201	折巴乡	540234201
玛乡	540228201	定结乡	540231202	贡当乡	540234202
旺丹乡	540228202	多布扎乡	540231203	萨勒乡	540234203
曲奴乡	540228203	扎西岗乡	540231204	**聂拉木县(2 镇,5 乡)**	**540235**
杜琼乡	540228204	琼孜乡	540231205	聂拉木镇	540235100
强堆乡	540228205	萨尔乡	540231206	樟木镇	540235101
嘎普乡	540228206	郭加乡	540231207	亚来乡	540235200
者下乡	540228207	**仲巴县(1 镇,12 乡)**	**540232**	琐作乡	540235201
东喜乡	540228208	帕羊镇	540232100	乃龙乡	540235202
仁布县(1 镇,8 乡)	**540229**	拉让乡	540232200	门布乡	540235203
德吉林镇	540229100	琼果乡	540232201	波绒乡	540235204
康雄乡	540229200	亚热乡	540232202	**萨嘎县(1 镇,7 乡)**	**540236**
普松乡	540229201	布多乡	540232203	加加镇	540236100
帕当乡	540229202	偏吉乡	540232204	昌果乡	540236200
然巴乡	540229203	纳久乡	540232205	雄如乡	540236201
查巴乡	540229204	吉拉乡	540232206	拉藏乡	540236202
切娃乡	540229205	霍尔巴乡	540232207	如角乡	540236203
姆乡	540229206	隆格尔乡	540232208	达吉岭乡	540236204
仁布乡	540229207	吉玛乡	540232209	旦嘎乡	540236205
康马县(1 镇,8 乡)	**540230**	仁多乡	540232210	夏如乡	540236206
康马镇	540230100	帕江乡	540232211	**岗巴县(1 镇,4 乡)**	**540237**
南尼乡	540230200	**亚东县(2 镇,5 乡)**	**540233**	岗巴镇	540237100
少岗乡	540230201	下司马镇	540233100	昌龙乡	540237200
康如乡	540230202	帕里镇	540233101	直克乡	540237201
萨玛达乡	540230203	下亚东乡	540233200	孔玛乡	540237202
嘎拉乡	540230204	上亚东乡	540233201	龙中乡	540237203

续表 3

行政区划名称	行政区划代码	行政区划名称	行政区划代码	行政区划名称	行政区划代码
昌都市(28 镇,109 乡,1 民族乡)	**540300**	相皮乡	540322200	嘎塔乡	540324208
卡若区(3 镇,12 乡)	**540302**	哈加乡	540322201	色扎乡	540324209
城关镇	540302100	雄松乡	540322202	协雄乡	540324210
俄洛镇	540302101	拉妥乡	540322203	**察雅县(3 镇,10 乡)**	**540325**
卡若镇	540302102	阿旺乡	540322204	烟多镇	540325100
芒达乡	540302200	木协乡	540322205	香堆镇	540325101
约巴乡	540302201	罗麦乡	540322206	吉塘镇	540325102
妥坝乡	540302202	沙东乡	540322207	宗沙乡	540325200
拉多乡	540302203	克日乡	540322208	卡贡乡	540325201
面达乡	540302204	则巴乡	540322209	荣周乡	540325202
嘎玛乡	540302205	敏都乡	540322210	巴日乡	540325203
柴维乡	540302206	**类乌齐县(2 镇,8 乡)**	**540323**	阿孜乡	540325204
日通乡	540302207	类乌齐镇	540323100	王卡乡	540325205
如意乡	540302208	桑多镇	540323101	新卡乡	540325206
埃西乡	540302209	加桑卡乡	540323200	肯通乡	540325207
若巴乡	540302210	长毛岭乡	540323201	扩达乡	540325208
沙贡乡	540302211	岗色乡	540323202	察拉乡	540325209
江达县(2 镇,11 乡)	**540321**	吉多乡	540323203	**八宿县(4 镇,10 乡)**	**540326**
江达镇	540321100	滨达乡	540323204	白玛镇	540326100
岗托镇	540321101	卡玛多乡	540323205	帮达镇	540326101
卡贡乡	540321200	尚卡乡	540323206	然乌镇	540326102
岩比乡	540321201	伊日乡	540323207	同卡镇	540326103
邓柯乡	540321202	**丁青县(2 镇,11 乡)**	**540324**	郭庆乡	540326202
生达乡	540321203	丁青镇	540324100	拉根乡	540326203
娘西乡	540321204	尺犊镇	540324101	益庆乡	540326204
字呷乡	540321205	觉恩乡	540324200	吉中乡	540326205
青泥洞乡	540321206	沙贡乡	540324201	卡瓦白庆乡	540326206
汪布顶乡	540321207	当堆乡	540324202	吉达乡	540326207
德登乡	540321208	桑多乡	540324203	夏里乡	540326208
同普乡	540321209	木塔乡	540324204	拥巴乡	540326209
波罗乡	540321210	布塔乡	540324205	瓦乡	540326210
贡觉县(1 镇,11 乡)	**540322**	巴达乡	540324206	林卡乡	540326211
莫洛镇	540322100	甘岩乡	540324207	**左贡县(3 镇,7 乡)**	**540327**

续表 4

行政区划名称	行政区划代码	行政区划名称	行政区划代码	行政区划名称	行政区划代码
旺达镇	540327100	新荣乡	540329201	巴河镇	540421102
田妥镇	540327101	白达乡	540329202	朱拉乡	540421200
扎玉镇	540327102	玉西乡	540329203	错高乡	540421201
东坝乡	540327203	腊久乡	540329204	仲萨乡	540421202
仁果乡	540327204	俄西乡	540329205	江达乡	540421203
绕金乡	540327207	中亦乡	540329206	娘蒲乡	540421204
碧土乡	540327208	**边坝县(2 镇,9 乡)**	**540330**	加兴乡	540421205
美玉乡	540327210	边坝镇	540330100	**墨脱县(1 镇,6 乡,1 民族乡)**	**540423**
中林卡乡	540327211	草卡镇	540330101	墨脱镇	540423100
下林卡乡	540327212	沙丁乡	540330201	加热萨乡	540423200
芒康县(2 镇,13 乡,1 民族乡)	**540328**	金岭乡	540330202	甘登乡	540423201
嘎托镇	540328100	加贡乡	540330203	达木珞巴民族乡	540423202
如美镇	540328101	马武乡	540330204	帮辛乡	540423203
索多西乡	540328200	热玉乡	540330205	格当乡	540423204
莽岭乡	540328201	尼木乡	540330206	德兴乡	540423205
宗西乡	540328202	马秀乡	540330207	背崩乡	540423206
昂多乡	540328203	拉孜乡	540330208	**波密县(3 镇,7 乡)**	**540424**
措瓦乡	540328204	都瓦乡	540330209	扎木镇	540424100
洛尼乡	540328205	**林芝市(2 街道,20 镇,31 乡,3 民族乡)**	**540400**	倾多镇	540424101
戈波乡	540328206	**巴宜区(2 街道,4 镇,2 乡,1 民族乡)**	**540402**	松宗镇	540424102
帮达乡	540328207	白玛岗街道	540402001	易贡乡	540424200
徐中乡	540328208	觉木街道	540402002	玉普乡	540424201
曲登乡	540328209	林芝镇	540402100	康玉乡	540424202
木许乡	540328210	百巴镇	540402101	多吉乡	540424203
纳西民族乡	540328211	八一镇	540402102	玉许乡	540424204
朱巴龙乡	540328212	鲁朗镇	540402103	八盖乡	540424205
曲孜卡乡	540328213	更章门巴民族乡	540402200	古乡	540424207
洛隆县(4 镇,7 乡)	**540329**	布久乡	540402202	**察隅县(3 镇,3 乡)**	**540425**
孜托镇	540329100	米瑞乡	540402203	竹瓦根镇	540425100
硕督镇	540329101	**工布江达县(3 镇,6 乡)**	**540421**	上察隅镇	540425101
康沙镇	540329111	工布江达镇	540421100	下察隅镇	540425102
马利镇	540329112	金达镇	540421101	察瓦龙乡	540425200
达龙乡	540329200			古拉乡	540425201

续表 5

行政区划名称	行政区划代码	行政区划名称	行政区划代码	行政区划名称	行政区划代码
古玉乡	540425202	扎其乡	540521200	古堆乡	540526201
朗县(3 镇,3 乡)	**540426**	阿扎乡	540521201	**洛扎县(2 镇,5 乡)**	**540527**
朗镇	540426100	吉汝乡	540521202	洛扎镇	540527100
仲达镇	540426101	**贡嘎县(5 镇,4 乡)**	**540522**	拉康镇	540527101
洞嘎镇	540426102	吉雄镇	540522100	扎日乡	540527201
拉多乡	540426200	甲竹林镇	540522101	色乡	540527202
金东乡	540426201	杰德秀镇	540522102	生格乡	540527203
登木乡	540426202	岗堆镇	540522103	边巴乡	540527204
米林市(3 镇,4 乡,1 民族乡)	**540481**	江塘镇	540522104	拉郊乡	540527205
米林镇	540481100	朗杰学乡	540522200	**加查县(2 镇,5 乡)**	**540528**
派镇	540481101	昌果乡	540522201	加查镇	540528100
卧龙镇	540481102	东拉乡	540522205	安绕镇	540528101
丹娘乡	540481200	克西乡	540522206	拉绥乡	540528200
南伊珞巴民族乡	540481201	**桑日县(1 镇,3 乡)**	**540523**	崔久乡	540528201
扎西绕登乡	540481202	桑日镇	540523100	坝乡	540528202
里龙乡	540481203	增期乡	540523200	冷达乡	540528203
羌纳乡	540481204	白堆乡	540523201	洛林乡	540528204
山南市(3 街道,23 镇,54 乡,5 民族乡)	**540500**	绒乡	540523202	**隆子县(2 镇,8 乡,1 民族乡)**	**540529**
乃东区(3 街道,1 镇,5 乡)	**540502**	**琼结县(1 镇,3 乡)**	**540524**	隆子镇	540529100
泽当街道	540502001	琼结镇	540524100	日当镇	540529101
乃东街道	540502002	加麻乡	540524200	列麦乡	540529200
结莎街道	540502003	下水乡	540524201	热荣乡	540529201
昌珠镇	540502101	拉玉乡	540524202	三安曲林乡	540529202
亚堆乡	540502200	**曲松县(2 镇,3 乡)**	**540525**	准巴乡	540529203
索珠乡	540502201	曲松镇	540525100	雪萨乡	540529204
多颇章乡	540502202	罗布萨镇	540525101	扎日乡	540529205
结巴乡	540502203	下江乡	540525200	玉麦乡	540529206
颇章乡	540502204	邱多江乡	540525201	加玉乡	540529207
扎囊县(2 镇,3 乡)	**540521**	堆随乡	540525202	斗玉珞巴民族乡	540529208
扎塘镇	540521100	**措美县(2 镇,2 乡)**	**540526**	**浪卡子县(2 镇,8 乡)**	**540531**
桑耶镇	540521101	措美镇	540526100	浪卡子镇	540531100
		哲古镇	540526101	打隆镇	540531101
		乃西乡	540526200	张达乡	540531200

续表 6

行政区划名称	行政区划代码	行政区划名称	行政区划代码	行政区划名称	行政区划代码
伦布雪乡	540531201	那玛切乡	540602205	下曲乡	540623206
多却乡	540531202	达前乡	540602209	白雄乡	540623207
普玛江塘乡	540531203	洛麦乡	540602210	索雄乡	540623208
阿扎乡	540531204	孔玛乡	540602211	当木江乡	540623210
卡龙乡	540531205	尼玛乡	540602213	查当乡	540623211
白地乡	540531206	色雄乡	540602217	永曲乡	540623212
卡热乡	540531207	**嘉黎县(2 镇,8 乡)**	**540621**	**安多县(4 镇,9 乡)**	**540624**
错那市(1 镇,5 乡,4 民族乡)	**540581**	阿扎镇	540621100	帕那镇	540624100
错那镇	540581100	嘉黎镇	540621101	强玛镇	540624101
卡达乡	540581200	尼屋乡	540621201	扎仁镇	540624102
觉拉乡	540581201	藏比乡	540621202	雁石坪镇	540624103
浪坡乡	540581202	措多乡	540621203	多玛乡	540624201
曲卓木乡	540581203	夏玛乡	540621204	玛曲乡	540624202
库局乡	540581204	林提乡	540621206	滩堆乡	540624205
麻麻门巴民族乡	540581205	麦地卡乡	540621207	帮麦乡	540624207
贡日门巴民族乡	540581206	绒多乡	540621209	玛荣乡	540624209
吉巴门巴民族乡	540581207	鸽群乡	540621210	扎曲乡	540624210
勒门巴民族乡	540581208	**比如县(2 镇,8 乡)**	**540622**	色务乡	540624211
那曲市(5 街道,25 镇,89 乡)	**540600**	比如镇	540622100	措玛乡	540624212
色尼区(5 街道,3 镇,9 乡)	**540602**	夏曲镇	540622101	岗尼乡	540624213
黑河街道	540602001	白嘎乡	540622201	**申扎县(2 镇,6 乡)**	**540625**
团结街道	540602002	达塘乡	540622202	申扎镇	540625100
幸福街道	540602003	恰则乡	540622203	雄梅镇	540625101
红旗街道	540602004	扎拉乡	540622204	下过乡	540625201
羌塘街道	540602005	羊秀乡	540622207	恰乡	540625202
那曲镇	540602100	香曲乡	540622208	巴扎乡	540625203
罗玛镇	540602101	良曲乡	540622209	塔尔玛乡	540625204
古露镇	540602102	茶曲乡	540622210	买巴乡	540625206
达萨乡	540602200	**聂荣县(1 镇,9 乡)**	**540623**	马跃乡	540625207
油恰乡	540602202	聂荣镇	540623100	**索县(2 镇,8 乡)**	**540626**
香茂乡	540602203	尼玛乡	540623201	亚拉镇	540626100
		色庆乡	540623203	荣布镇	540626101
		桑荣乡	540623205	若达乡	540626201

续表 7

行政区划名称	行政区划代码	行政区划名称	行政区划代码	行政区划名称	行政区划代码
加勤乡	540626202	阿索乡	540629203	狮泉河镇	542523100
赤多乡	540626203	荣玛乡	540629204	昆莎乡	542523200
西昌乡	540626205	中仓乡	540629205	左左乡	542523201
江达乡	540626206	来多乡	540629206	门士乡	542523202
热瓦乡	540626208	申亚乡	540629207	扎西岗乡	542523203
嘎美乡	540626209	卓瓦乡	540629208	**日土县(1 镇,4 乡)**	**542524**
嘎木乡	540626210	俄久乡	540629209	日土镇	542524100
班戈县(4 镇,6 乡)	**540627**	文部乡	540629210	多玛乡	542524200
普保镇	540627100	甲谷乡	540629211	东汝乡	542524201
北拉镇	540627101	军仓乡	540629212	热帮乡	542524202
德庆镇	540627102	吉瓦乡	540629213	日松乡	542524203
佳琼镇	540627103	**双湖县(1 镇,6 乡)**	**540630**	**革吉县(1 镇,4 乡)**	**542525**
尼玛乡	540627205	措折罗玛镇	540630101	革吉镇	542525100
保吉乡	540627207	协德乡	540630200	雄巴乡	542525200
青龙乡	540627209	雅曲乡	540630201	亚热乡	542525201
马前乡	540627211	嘎措乡	540630202	擦咔乡	542525202
门当乡	540627215	措折强玛乡	540630203	文布当桑乡	542525203
新吉乡	540627216	多玛乡	540630204	**改则县(1 镇,6 乡)**	**542526**
巴青县(3 镇,7 乡)	**540628**	巴岭乡	540630205	改则镇	542526100
拉西镇	540628100	**阿里地区(7 镇,30 乡)**	**542500**	物玛乡	542526200
杂色镇	540628101	**普兰县(1 镇,2 乡)**	**542521**	先遣乡	542526201
雅安镇	540628102	普兰镇	542521100	麻米乡	542526202
江绵乡	540628201	巴嘎乡	542521200	洞措乡	542526203
玛如乡	540628202	霍尔乡	542521201	古姆乡	542526204
阿秀乡	540628204	**札达县(1 镇,6 乡)**	**542522**	察布乡	542526205
贡日乡	540628205	托林镇	542522100	**措勤县(1 镇,4 乡)**	**542527**
岗切乡	540628206	萨让乡	542522200	措勤镇	542527100
巴青乡	540628210	达巴乡	542522201	磁石乡	542527200
本塔乡	540628211	底雅乡	542522202	曲洛乡	542527201
尼玛县(1 镇,13 乡)	**540629**	香孜乡	542522203	江让乡	542527202
尼玛镇	540629100	曲松乡	542522204	达雄乡	542527203
卓尼乡	540629201	楚鲁松杰乡	542522205		
达果乡	540629202	**噶尔县(1 镇,4 乡)**	**542523**		

陕西省

陕西省(陕、秦)

行政区划名称	行政区划代码	行政区划名称	行政区划代码	行政区划名称	行政区划代码
陕西省(327街道,973镇,17乡)	**610000**	席王街道	610111004	武屯街道	610114006
西安市(135街道,37镇)	**610100**	洪庆街道	610111005	关山街道	610114007
新城区(9街道)	**610102**	狄寨街道	610111006	**临潼区(23街道)**	**610115**
西一路街道	610102001	灞桥街道	610111007	骊山街道	610115001
长乐中路街道	610102002	新筑街道	610111008	秦陵街道	610115002
中山门街道	610102003	新合街道	610111009	新丰街道	610115003
韩森寨街道	610102004	**未央区(12街道)**	**610112**	代王街道	610115004
解放门街道	610102005	张家堡街道	610112001	斜口街道	610115005
自强路街道	610102006	三桥街道	610112002	行者街道	610115006
太华路街道	610102007	辛家庙街道	610112003	马额街道	610115007
长乐西路街道	610102008	徐家湾街道	610112004	零口街道	610115008
胡家庙街道	610102009	大明宫街道	610112005	雨金街道	610115009
碑林区(8街道)	**610103**	谭家街道	610112006	栎阳街道	610115010
南院门街道	610103001	草滩街道	610112007	相桥街道	610115011
柏树林街道	610103002	六村堡街道	610112008	徐杨街道	610115012
长乐坊街道	610103003	未央宫街道	610112009	西泉街道	610115013
东关南街街道	610103004	汉城街道	610112010	新市街道	610115014
太乙路街道	610103005	建章路街道	610112011	交口街道	610115015
文艺路街道	610103006	未央湖街道	610112012	北田街道	610115016
长安路街道	610103007	**雁塔区(10街道)**	**610113**	油槐街道	610115017
张家村街道	610103008	小寨路街道	610113001	何寨街道	610115018
莲湖区(9街道)	**610104**	大雁塔街道	610113002	铁炉街道	610115019
青年路街道	610104001	长延堡街道	610113003	任留街道	610115020
北院门街道	610104002	电子城街道	610113004	穆寨街道	610115021
北关街道	610104003	等驾坡街道	610113005	小金街道	610115022
红庙坡街道	610104004	鱼化寨街道	610113006	仁宗街道	610115023
环城西路街道	610104005	丈八街道	610113007	**长安区(25街道)**	**610116**
西关街道	610104006	曲江街道	610113008	韦曲街道	610116001
土门街道	610104007	杜城街道	610113009	郭杜街道	610116002
桃园路街道	610104008	漳浒寨街道	610113010	马王街道	610116003
枣园街道	610104009	**阎良区(7街道)**	**610114**	滦镇街道	610116004
灞桥区(9街道)	**610111**	凤凰路街道	610114001	子午街道	610116005
纺织城街道	610111001	新华路街道	610114002	太乙宫街道	610116006
十里铺街道	610111002	振兴街道	610114003	引镇街道	610116007
红旗街道	610111003	新兴街道	610114004	斗门街道	610116008
		北屯街道	610114005	王寺街道	610116009

续表 1

行政区划名称	行政区划代码
东大街道	610116010
王曲街道	610116011
杜曲街道	610116012
鸣犊街道	610116013
细柳街道	610116014
黄良街道	610116015
兴隆街道	610116016
大兆街道	610116017
高桥街道	610116018
五台街道	610116019
王莽街道	610116020
灵沼街道	610116021
五星街道	610116022
杨庄街道	610116023
砲里街道	610116024
魏寨街道	610116025
高陵区(7 街道)	**610117**
鹿苑街道	610117001
泾渭街道	610117002
崇皇街道	610117003
姬家街道	610117004
通远街道	610117005
耿镇街道	610117006
张卜街道	610117007
鄠邑区 (14 街道)	**610118**
甘亭街道	610118001
余下街道	610118002
五竹街道	610118003
玉蝉街道	610118004
秦渡街道	610118005
草堂街道	610118006
庞光街道	610118007
大王街道	610118008
祖庵街道	610118009
渭丰街道	610118010
涝店街道	610118011
甘河街道	610118012
蒋村街道	610118013
石井街道	610118014
蓝田县(1 街道,18 镇)	**610122**
蓝关街道	610122001
洩湖镇	610122101
华胥镇	610122102
前卫镇	610122103
汤峪镇	610122104
焦岱镇	610122105
玉山镇	610122106
三里镇	610122107
普化镇	610122108
葛牌镇	610122109
蓝桥镇	610122111
辋川镇	610122112
灞源镇	610122113
孟村镇	610122114
安村镇	610122115
小寨镇	610122117
三官庙镇	610122118
九间房镇	610122120
厚镇	610122121
周至县(1 街道,19 镇)	**610124**
二曲街道	610124001
哑柏镇	610124101
终南镇	610124102
马召镇	610124103
集贤镇	610124104
楼观镇	610124105
尚村镇	610124106
广济镇	610124107
厚畛子镇	610124108
四屯镇	610124109
竹峪镇	610124111
青化镇	610124112
翠峰镇	610124113
九峰镇	610124114
富仁镇	610124115
司竹镇	610124116
骆峪镇	610124118
陈河镇	610124119
板房子镇	610124120
王家河镇	610124121
铜川市(17 街道,20 镇,1 乡)	**610200**
王益区(6 街道,1 镇)	**610202**
七一路街道	610202001
红旗街街道	610202002
桃园街道	610202003
青年路街道	610202004
王家河街道	610202005
王益街道	610202006
黄堡镇	610202100
印台区(4 街道,5 镇)	**610203**
城关街道	610203001
三里洞街道	610203002
王石凹街道	610203003
印台街道	610203004
陈炉镇	610203100
红土镇	610203101
广阳镇	610203102
金锁关镇	610203104
阿庄镇	610203106
耀州区(6 街道,8 镇)	**610204**
天宝路街道	610204001
永安路街道	610204002
咸丰路街道	610204003
正阳路街道	610204004

续表 2

行政区划名称	行政区划代码	行政区划名称	行政区划代码	行政区划名称	行政区划代码
锦阳路街道	610204005	中山西路街道	610303003	南指挥镇	610305107
坡头街道	610204006	群众路街道	610303004	陈村镇	610305108
董家河镇	610204101	东风路街道	610303006	长青镇	610305109
庙湾镇	610204102	十里铺街道	610303007	柳林镇	610305110
瑶曲镇	610204103	卧龙寺街道	610303008	姚家沟镇	610305111
照金镇	610204104	陈仓镇	610303100	范家寨镇	610305112
小丘镇	610204107	蟠龙镇	610303101	**岐山县(9 镇)**	**610323**
孙塬镇	610204108	金河镇	610303102	益店镇	610323103
关庄镇	610204109	硖石镇	610303103	蒲村镇	610323104
石柱镇	610204113	**陈仓区(3 街道,15 镇)**	**610304**	青化镇	610323106
宜君县(1 街道,6 镇,1 乡)	**610222**	虢镇街道	610304001	枣林镇	610323107
宜阳街道	610222001	东关街道	610304002	雍川镇	610323108
彭镇	610222101	千渭街道	610304003	凤鸣镇	610323111
五里镇	610222102	阳平镇	610304100	蔡家坡镇	610323112
太安镇	610222103	千河镇	610304101	京当镇	610323113
棋盘镇	610222104	磻溪镇	610304102	故郡镇	610323114
尧生镇	610222105	天王镇	610304103	**扶风县(1 街道,7 镇)**	**610324**
哭泉镇	610222106	慕仪镇	610304104	城关街道	610324001
云梦乡	610222201	周原镇	610304105	天度镇	610324101
宝鸡市(17 街道,99 镇)	**610300**	贾村镇	610304106	午井镇	610324102
渭滨区(5 街道,5 镇)	**610302**	县功镇	610304108	绛帐镇	610324103
金陵街道	610302001	新街镇	610304109	段家镇	610324104
经二路街道	610302002	坪头镇	610304110	杏林镇	610324105
清姜街道	610302003	香泉镇	610304111	召公镇	610324106
姜谭路街道	610302004	赤沙镇	610304112	法门镇	610324107
桥南街道	610302005	拓石镇	610304113	**眉县(1 街道,7 镇)**	**610326**
马营镇	610302100	凤阁岭镇	610304114	首善街道	610326001
石鼓镇	610302101	钓渭镇	610304115	横渠镇	610326101
神农镇	610302102	**凤翔区(12 镇)**	**610305**	槐芽镇	610326102
高家镇	610302103	城关镇	610305100	汤峪镇	610326103
八鱼镇	610302105	虢王镇	610305101	常兴镇	610326104
金台区(7 街道,4 镇)	**610303**	彪角镇	610305102	金渠镇	610326105
中山东路街道	610303001	横水镇	610305103	营头镇	610326106
西关街道	610303002	田家庄镇	610305104	齐镇	610326107
		糜杆桥镇	610305105	**陇县(10 镇)**	**610327**

续表 3

行政区划名称	行政区划代码
城关镇	610327100
东风镇	610327101
八渡镇	610327102
温水镇	610327106
天成镇	610327107
曹家湾镇	610327108
固关镇	610327109
东南镇	610327111
河北镇	610327112
新集川镇	610327114
千阳县(7 镇)	**610328**
城关镇	610328100
崔家头镇	610328101
南寨镇	610328102
张家塬镇	610328103
水沟镇	610328104
草碧镇	610328105
高崖镇	610328107
麟游县(7 镇)	**610329**
九成宫镇	610329100
崔木镇	610329101
招贤镇	610329102
两亭镇	610329103
常丰镇	610329104
丈八镇	610329105
酒房镇	610329106
凤县(9 镇)	**610330**
双石铺镇	610330100
凤州镇	610330101
黄牛铺镇	610330102
红花铺镇	610330103
河口镇	610330104
唐藏镇	610330105
平木镇	610330106
坪坎镇	610330107
留凤关镇	610330111
太白县(7 镇)	**610331**
嘴头镇	610331100
桃川镇	610331101
靖口镇	610331103
太白河镇	610331104
鹦鸽镇	610331105
王家堎镇	610331106
黄柏塬镇	610331107
咸阳市(41 街道,101 镇)	**610400**
秦都区(12 街道)	**610402**
人民路街道	610402001
西兰路街道	610402002
吴家堡街道	610402003
渭阳西路街道	610402004
陈杨寨街道	610402005
古渡街道	610402006
上林街道	610402007
钓台街道	610402008
马泉街道	610402009
渭滨街道	610402010
双照街道	610402011
马庄街道	610402012
杨陵区(3 街道,2 镇)	**610403**
杨陵街道	610403001
李台街道	610403002
大寨街道	610403003
五泉镇	610403100
揉谷镇	610403102
渭城区(10 街道)	**610404**
中山街道	610404001
文汇路街道	610404002
新兴路街道	610404003
渭阳街道	610404004
渭城街道	610404005
窑店街道	610404006
正阳街道	610404007
周陵街道	610404008
底张街道	610404009
北杜街道	610404010
三原县(1 街道,9 镇)	**610422**
城关街道	610422001
陂西镇	610422102
独李镇	610422103
大程镇	610422104
西阳镇	610422105
鲁桥镇	610422106
陵前镇	610422107
新兴镇	610422109
嵯峨镇	610422110
渠岸镇	610422111
泾阳县(1 街道,12 镇)	**610423**
泾干街道	610423001
永乐镇	610423101
云阳镇	610423102
桥底镇	610423103
王桥镇	610423104
口镇	610423105
三渠镇	610423107
高庄镇	610423108
太平镇	610423111
崇文镇	610423112
安吴镇	610423114
中张镇	610423115
兴隆镇	610423116
乾县(1 街道,15 镇)	**610424**
城关街道	610424001
薛录镇	610424101
梁村镇	610424102

续表 4

行政区划名称	行政区划代码	行政区划名称	行政区划代码	行政区划名称	行政区划代码
临平镇	610424103	昭仁街道	610428001	小村镇	610431106
姜村镇	610424104	相公镇	610428101	大庄镇	610431107
王村镇	610424105	巨家镇	610428102	**兴平市(5 街道,8 镇)**	**610481**
马连镇	610424106	丁家镇	610428103	东城街道	610481001
阳峪镇	610424107	洪家镇	610428104	西城街道	610481002
峰阳镇	610424108	亭口镇	610428105	店张街道	610481003
注泔镇	610424109	彭公镇	610428106	马嵬街道	610481004
灵源镇	610424110	枣园镇	610428108	西吴街道	610481005
阳洪镇	610424111	**旬邑县(1 街道,9 镇)**	**610429**	赵村镇	610481101
梁山镇	610424112	城关街道	610429001	桑镇	610481102
周城镇	610424113	土桥镇	610429101	南市镇	610481104
新阳镇	610424114	职田镇	610429102	庄头镇	610481105
大杨镇	610424115	张洪镇	610429103	南位镇	610481106
礼泉县(1 街道,11 镇)	**610425**	太村镇	610429104	汤坊镇	610481107
城关街道	610425001	郑家镇	610429105	丰仪镇	610481108
史德镇	610425101	湫坡头镇	610429106	阜寨镇	610481109
西张堡镇	610425102	底庙镇	610429107	**彬州市(2 街道,8 镇)**	**610482**
阡东镇	610425103	马栏镇	610429109	城关街道	610482001
烽火镇	610425104	清塬镇	610429110	豳风街道	610482002
烟霞镇	610425105	**淳化县(1 街道,7 镇)**	**610430**	北极镇	610482100
赵镇	610425106	城关街道	610430001	新民镇	610482101
昭陵镇	610425107	官庄镇	610430101	龙高镇	610482102
叱干镇	610425108	方里镇	610430103	永乐镇	610482103
南坊镇	610425109	润镇	610430104	义门镇	610482104
石潭镇	610425110	车坞镇	610430105	水口镇	610482105
骏马镇	610425111	铁王镇	610430106	韩家镇	610482106
永寿县(1 街道,6 镇)	**610426**	石桥镇	610430107	太峪镇	610482107
监军街道	610426001	十里塬镇	610430109	**渭南市(25 街道,108 镇)**	**610500**
店头镇	610426101	**武功县(1 街道,7 镇)**	**610431**	**临渭区(13 街道,14 镇)**	**610502**
常宁镇	610426102	普集街道	610431001	杜桥街道	610502001
甘井镇	610426104	苏坊镇	610431101	人民街道	610502002
马坊镇	610426105	武功镇	610431102	解放街道	610502003
渠子镇	610426107	游凤镇	610431103	向阳街道	610502004
永平镇	610426110	贞元镇	610431104	站南街道	610502005
长武县(1 街道,7 镇)	**610428**	长宁镇	610431105		

续表 5

行政区划名称	行政区划代码	行政区划名称	行政区划代码	行政区划名称	行政区划代码
双王街道	610502006	桐峪镇	610522100	金峪镇	610524112
崇业路街道	610502007	太要镇	610522101	**澄城县(1 街道,9 镇)**	**610525**
良田街道	610502008	秦东镇	610522103	城关街道	610525001
辛市街道	610502009	代字营镇	610522104	冯原镇	610525101
龙背街道	610502010	**大荔县(1 街道,15 镇)**	**610523**	王庄镇	610525102
阳曲街道	610502011			尧头镇	610525103
信义街道	610502012	城关街道	610523001	赵庄镇	610525104
白杨街道	610502013	两宜镇	610523104	交道镇	610525105
桥南镇	610502100	冯村镇	610523107	寺前镇	610525106
阳郭镇	610502101	双泉镇	610523108	韦庄镇	610525107
故市镇	610502102	范家镇	610523112	安里镇	610525108
下邽镇	610502103	官池镇	610523113	庄头镇	610525109
三张镇	610502104	韦林镇	610523114	**蒲城县(1 街道,15 镇)**	**610526**
交斜镇	610502105	羌白镇	610523115		
崇凝镇	610502107	下寨镇	610523116	城关街道	610526001
孝义镇	610502108	安仁镇	610523117	罕井镇	610526101
蔺店镇	610502109	许庄镇	610523118	孙镇	610526102
官底镇	610502111	朝邑镇	610523119	兴镇	610526103
官路镇	610502112	埝桥镇	610523120	党睦镇	610526104
丰原镇	610502113	段家镇	610523121	高阳镇	610526105
阎村镇	610502114	苏村镇	610523122	永丰镇	610526106
官道镇	610502116	赵渡镇	610523125	荆姚镇	610526107
华州区(1 街道,9 镇)	**610503**	**合阳县(1 街道,11 镇)**	**610524**	苏坊镇	610526108
华州街道	610503001			龙阳镇	610526109
杏林镇	610503100	城关街道	610524001	洛滨镇	610526112
赤水镇	610503101	甘井镇	610524101	陈庄镇	610526113
高塘镇	610503102	坊镇	610524102	龙池镇	610526116
大明镇	610503103	洽川镇	610524103	椿林镇	610526117
瓜坡镇	610503104	新池镇	610524104	桥陵镇	610526118
莲花寺镇	610503105	黑池镇	610524105	尧山镇	610526119
柳枝镇	610503106	路井镇	610524106	**白水县(1 街道,7 镇)**	**610527**
下庙镇	610503107	和家庄镇	610524107	城关街道	610527001
金堆镇	610503108	王村镇	610524108	尧禾镇	610527102
潼关县(1 街道,4 镇)	**610522**	同家庄镇	610524110	杜康镇	610527103
城关街道	610522001	百良镇	610524111	西固镇	610527104

续表 6

行政区划名称	行政区划代码	行政区划名称	行政区划代码	行政区划名称	行政区划代码
林皋镇	610527106	华山镇	610582104	高桥镇	610603108
史官镇	610527107	罗敷镇	610582105	坪桥镇	610603109
北塬镇	610527108	**延安市(22 街道,88 镇,8 乡)**	**610600**	镰刀湾镇	610603110
雷牙镇	610527110			**延长县(1 街道,7 镇)**	**610621**
富平县(1 街道,14 镇)	**610528**	**宝塔区(7 街道,12 镇,1 乡)**	**610602**	七里村街道	610621001
城关街道	610528001	宝塔山街道	610602001	黑家堡镇	610621101
庄里镇	610528101	南市街道	610602002	郑庄镇	610621102
张桥镇	610528102	凤凰山街道	610602003	张家滩镇	610621103
美原镇	610528103	桥沟街道	610602004	交口镇	610621104
淡村镇	610528105	枣园街道	610602005	罗子山镇	610621106
留古镇	610528107	新城街道	610602006	雷赤镇	610621107
老庙镇	610528108	肤施街道	610602007	安沟镇	610621108
薛镇	610528109	河庄坪镇	610602102	**延川县(1 街道,7 镇)**	**610622**
曹村镇	610528111	李渠镇	610602103	大禹街道	610622001
宫里镇	610528112	青化砭镇	610602105	永坪镇	610622101
梅家坪镇	610528113	柳林镇	610602107	延水关镇	610622102
刘集镇	610528114	甘谷驿镇	610602110	文安驿镇	610622103
齐村镇	610528115	临镇	610602111	杨家圪坮镇	610622104
到贤镇	610528118	蟠龙镇	610602112	贾家坪镇	610622105
流曲镇	610528119	姚店镇	610602113	关庄镇	610622107
韩城市(2 街道,6 镇)	**610581**	南泥湾镇	610602114	乾坤湾镇	610622108
新城街道	610581001	川口镇	610602115	**志丹县(1 街道,7 镇)**	**610625**
金城街道	610581002	麻洞川镇	610602116	保安街道	610625001
龙门镇	610581100	万花山镇	610602117	旦八镇	610625103
桑树坪镇	610581101	冯庄乡	610602202	金鼎镇	610625104
芝川镇	610581103	**安塞区(3 街道,8 镇)**	**610603**	永宁镇	610625105
西庄镇	610581104	真武洞街道	610603001	杏河镇	610625106
芝阳镇	610581106	金明街道	610603002	顺宁镇	610625107
板桥镇	610581108	白坪街道	610603003	义正镇	610625108
华阴市(2 街道,4 镇)	**610582**	砖窑湾镇	610603101	双河镇	610625109
太华路街道	610582001	沿河湾镇	610603102	**吴起县(1 街道,8 镇)**	**610626**
岳庙街道	610582002	化子坪镇	610603104	吴起街道	610626001
孟塬镇	610582100	建华镇	610603106	周湾镇	610626102
华西镇	610582103	招安镇	610603107	白豹镇	610626103
				长官庙镇	610626104

续表 7

行政区划名称	行政区划代码	行政区划名称	行政区划代码	行政区划名称	行政区划代码
长城镇	610626105	丹州街道	610630001	**汉中市(25 街道,152 镇)**	**610700**
铁边城镇	610626108	秋林镇	610630101	**汉台区(8 街道,7 镇)**	**610702**
吴仓堡镇	610626109	集义镇	610630104	北关街道	610702001
庙沟镇	610626110	云岩镇	610630105	东大街街道	610702002
五谷城镇	610626111	壶口镇	610630106	汉中路街道	610702003
甘泉县(1 街道,3 镇,2 乡)	**610627**	英旺乡	610630200	中山街街道	610702004
美水街道	610627001	交里乡	610630201	东关街道	610702005
下寺湾镇	610627101	**黄龙县(5 镇,2 乡)**	**610631**	龙江街道	610702006
道镇	610627102	石堡镇	610631100	鑫源街道	610702007
石门镇	610627103	白马滩镇	610631101	七里街道	610702008
桥镇乡	610627200	瓦子街镇	610631102	铺镇	610702100
劳山乡	610627203	界头庙镇	610631104	武乡镇	610702101
富县(1 街道,6 镇,1 乡)	**610628**	三岔镇	610631105	河东店镇	610702102
茶坊街道	610628001	圪台乡	610631205	宗营镇	610702104
张村驿镇	610628102	崾崄乡	610631206	老君镇	610702105
张家湾镇	610628103	**黄陵县(1 街道,5 镇)**	**610632**	汉王镇	610702106
直罗镇	610628104	桥山街道	610632001	徐望镇	610702107
牛武镇	610628106	店头镇	610632101	**南郑区(2 街道,20 镇)**	**610703**
寺仙镇	610628110	隆坊镇	610632102	汉山街道	610703001
羊泉镇	610628111	田庄镇	610632103	中所营街道	610703002
北道德乡	610628204	阿党镇	610632104	圣水镇	610703101
洛川县(1 街道,8 镇)	**610629**	双龙镇	610632105	大河坎镇	610703102
凤栖街道	610629001	**子长市(3 街道,8 镇)**	**610681**	协税镇	610703103
旧县镇	610629101	瓦窑堡街道	610681001	梁山镇	610703104
交口河镇	610629102	秀延街道	610681002	阳春镇	610703105
老庙镇	610629103	栾家坪街道	610681003	高台镇	610703106
土基镇	610629104	玉家湾镇	610681102	新集镇	610703107
石头镇	610629105	安定镇	610681103	濂水镇	610703108
槐柏镇	610629106	马家砭镇	610681104	黄官镇	610703109
永乡镇	610629107	南沟岔镇	610681105	青树镇	610703110
菩提镇	610629108	涧峪岔镇	610681106	红庙镇	610703111
宜川县(1 街道,4 镇,2 乡)	**610630**	李家岔镇	610681107	牟家坝镇	610703112
		杨家园则镇	610681108	法镇	610703113
		余家坪镇	610681109		

续表 8

行政区划名称	行政区划代码
湘水镇	610703114
小南海镇	610703115
碑坝镇	610703116
黎坪镇	610703117
福成镇	610703118
两河镇	610703119
胡家营镇	610703120
城固县(2 街道，15 镇)	**610722**
莲花街道	610722001
博望街道	610722002
龙头镇	610722101
沙河营镇	610722102
文川镇	610722103
柳林镇	610722104
老庄镇	610722105
桔园镇	610722107
原公镇	610722108
上元观镇	610722109
天明镇	610722110
二里镇	610722111
五堵镇	610722112
双溪镇	610722114
小河镇	610722116
三合镇	610722118
董家营镇	610722119
洋县(3 街道，15 镇)	**610723**
洋州街道	610723001
戚氏街道	610723002
纸坊街道	610723003
龙亭镇	610723103
谢村镇	610723104
马畅镇	610723105
溢水镇	610723107
磨子桥镇	610723108
黄家营镇	610723109
黄安镇	610723110
黄金峡镇	610723111
槐树关镇	610723112
金水镇	610723113
华阳镇	610723114
茅坪镇	610723115
关帝镇	610723119
桑溪镇	610723120
八里关镇	610723121
西乡县(2 街道，15 镇)	**610724**
城北街道	610724001
城南街道	610724002
杨河镇	610724101
柳树镇	610724102
沙河镇	610724103
私渡镇	610724104
桑园镇	610724105
白龙塘镇	610724106
峡口镇	610724108
堰口镇	610724109
茶镇	610724110
高川镇	610724111
两河口镇	610724112
大河镇	610724114
骆家坝镇	610724116
子午镇	610724117
白勉峡镇	610724118
勉县(1 街道，17 镇)	**610725**
勉阳街道	610725001
武侯镇	610725101
周家山镇	610725102
同沟寺镇	610725103
新街子镇	610725105
老道寺镇	610725106
褒城镇	610725107
金泉镇	610725109
定军山镇	610725110
温泉镇	610725111
元墩镇	610725112
阜川镇	610725113
新铺镇	610725114
茶店镇	610725116
镇川镇	610725117
长沟河镇	610725118
张家河镇	610725119
漆树坝镇	610725120
宁强县(2 街道，16 镇)	**610726**
高寨子街道	610726001
汉源街道	610726002
大安镇	610726102
代家坝镇	610726103
阳平关镇	610726104
燕子砭镇	610726105
广坪镇	610726106
青木川镇	610726107
毛坝河镇	610726108
铁锁关镇	610726109
胡家坝镇	610726110
巴山镇	610726111
巨亭镇	610726112
舒家坝镇	610726113
太阳岭镇	610726116
安乐河镇	610726118
禅家岩镇	610726119
二郎坝镇	610726120
略阳县(2 街道，15 镇)	**610727**

续表 9

行政区划名称	行政区划代码	行政区划名称	行政区划代码	行政区划名称	行政区划代码
兴州街道	610727001	大池镇	610728117	沙河路街道	610802011
横现河街道	610727002	平安镇	610728118	明珠路街道	610802012
接官亭镇	610727101	仁村镇	610728119	鱼河镇	610802100
两河口镇	610727103	黎坝镇	610728120	上盐湾镇	610802101
金家河镇	610727104	**留坝县(1 街道,7 镇)**	**610729**	镇川镇	610802102
徐家坪镇	610727105	紫柏街道	610729001	麻黄梁镇	610802105
白水江镇	610727106	马道镇	610729101	牛家梁镇	610802106
硖口驿镇	610727107	武关驿镇	610729102	金鸡滩镇	610802107
乐素河镇	610727109	留侯镇	610729103	马合镇	610802108
郭镇	610727110	江口镇	610729104	巴拉素镇	610802109
黑河镇	610727111	青桥驿镇	610729105	鱼河峁镇	610802111
白雀寺镇	610727112	火烧店镇	610729106	大河塔镇	610802112
西淮坝镇	610727113	玉皇庙镇	610729107	古塔镇	610802113
五龙洞镇	610727114	**佛坪县(1 街道,6 镇)**	**610730**	青云镇	610802114
观音寺镇	610727115	袁家庄街道	610730001	小纪汗镇	610802118
马蹄湾镇	610727116	陈家坝镇	610730101	芹河镇	610802119
仙台坝镇	610727117	大河坝镇	610730102	孟家湾乡	610802205
镇巴县(1 街道,19 镇)	**610728**	西岔河镇	610730103	小壕兔乡	610802206
泾洋街道	610728001	长角坝镇	610730104	岔河则乡	610802207
渔渡镇	610728101	石墩河镇	610730106	补浪河乡	610802208
盐场镇	610728102	岳坝镇	610730107	红石桥乡	610802209
观音镇	610728103	**榆林市(29 街道,147 镇,8 乡)**	**610800**	**横山区(5 街道,13 镇)**	**610803**
巴庙镇	610728104	**榆阳区(12 街道,14 镇,5 乡)**	**610802**	城关街道	610803001
兴隆镇	610728105			怀远街道	610803002
长岭镇	610728106	鼓楼街道	610802001	夏州街道	610803003
三元镇	610728107	青山路街道	610802002	怀仁路街道	610803004
简池镇	610728108	上郡路街道	610802003	崇德路街道	610803005
碾子镇	610728109	新明楼街道	610802004	石湾镇	610803101
小洋镇	610728110	航宇路街道	610802005	高镇	610803102
青水镇	610728111	崇文路街道	610802006	武镇	610803103
永乐镇	610728112	驼峰路街道	610802007	党岔镇	610803104
杨家河镇	610728114	长城路街道	610802008	响水镇	610803105
赤南镇	610728115	金沙路街道	610802009	波罗镇	610803106
巴山镇	610728116	朝阳路街道	610802010	殿市镇	610803107

续表 10

行政区划名称	行政区划代码	行政区划名称	行政区划代码	行政区划名称	行政区划代码
塔湾镇	610803108	海则滩镇	610824112	田庄镇	610826110
赵石畔镇	610803109	黄蒿界镇	610824113	中角镇	610826112
韩岔镇	610803110	席麻湾镇	610824114	四十铺镇	610826113
魏家楼镇	610803111	小河镇	610824115	名州镇	610826114
雷龙湾镇	610803112	镇靖镇	610824116	张家砭镇	610826115
白界镇	610803113	**定边县(1 街道,16 镇,2 乡)**	**610825**	白家硷镇	610826116
府谷县(14 镇)	**610822**	定边街道	610825001	满堂川镇	610826117
府谷镇	610822100	贺圈镇	610825101	**米脂县(1 街道,8 镇)**	**610827**
黄甫镇	610822101	红柳沟镇	610825102	银州街道	610827001
哈镇	610822103	砖井镇	610825103	桃镇	610827101
庙沟门镇	610822104	白泥井镇	610825104	龙镇	610827102
新民镇	610822105	安边镇	610825105	杨家沟镇	610827103
孤山镇	610822106	堆子梁镇	610825106	杜家石沟镇	610827104
清水镇	610822108	白湾子镇	610825107	沙家店镇	610827105
古城镇	610822109	姬塬镇	610825108	印斗镇	610827106
三道沟镇	610822110	杨井镇	610825109	郭兴庄镇	610827107
大昌汗镇	610822112	新安边镇	610825110	城郊镇	610827108
老高川镇	610822113	张崾崄镇	610825111	**佳县(1 街道,12 镇)**	**610828**
武家庄镇	610822114	樊学镇	610825112	佳州街道	610828001
木瓜镇	610822115	盐场堡镇	610825113	坑镇	610828101
田家寨镇	610822116	郝滩镇	610825114	店镇	610828102
靖边县(1 街道,16 镇)	**610824**	石洞沟镇	610825115	乌镇	610828103
张家畔街道	610824001	冯地坑镇	610825116	金明寺镇	610828104
东坑镇	610824101	油房庄乡	610825204	通镇	610828105
青阳岔镇	610824102	学庄乡	610825210	王家砭镇	610828106
宁条梁镇	610824103	**绥德县(15 镇)**	**610826**	方塌镇	610828107
周河镇	610824104	薛家峁镇	610826101	朱官寨镇	610828108
红墩界镇	610824105	崔家湾镇	610826102	朱家坬镇	610828109
杨桥畔镇	610824106	定仙墕镇	610826103	螅镇	610828110
王渠则镇	610824107	枣林坪镇	610826104	刘国具镇	610828111
中山涧镇	610824108	义合镇	610826105	木头峪镇	610828112
杨米涧镇	610824109	吉镇镇	610826106	**吴堡县(1 街道,5 镇)**	**610829**
天赐湾镇	610824110	薛家河镇	610826107	宋家川街道	610829001
龙洲镇	610824111	石家湾镇	610826109	辛家沟镇	610829101
				郭家沟镇	610829102

续表 11

行政区划名称	行政区划代码	行政区划名称	行政区划代码	行政区划名称	行政区划代码
寇家塬镇	610829103	西沟街道	610881006	双龙镇	610902117
岔上镇	610829104	高家堡镇	610881101	叶坪镇	610902118
张家山镇	610829105	店塔镇	610881102	中原镇	610902119
清涧县(9 镇)	**610830**	孙家岔镇	610881103	早阳镇	610902120
宽州镇	610830100	大柳塔镇	610881104	石梯镇	610902122
石咀驿镇	610830101	花石崖镇	610881105	关家镇	610902123
折家坪镇	610830102	中鸡镇	610881106	县河镇	610902124
玉家河镇	610830103	贺家川镇	610881107	晏坝镇	610902126
高杰村镇	610830104	尔林兔镇	610881108	谭坝镇	610902128
李家塔镇	610830105	万镇	610881109	坝河镇	610902129
店则沟镇	610830106	大保当镇	610881110	牛蹄镇	610902131
解家沟镇	610830107	马镇	610881111	紫荆镇	610902132
下廿里铺镇	610830108	栏杆堡镇	610881112	**汉阴县(10 镇)**	**610921**
子洲县(1 街道,11 镇,1 乡)	**610831**	沙峁镇	610881113	城关镇	610921100
		锦界镇	610881114	涧池镇	610921101
双湖峪街道	610831001	**安康市(4 街道,135 镇)**	**610900**	蒲溪镇	610921102
何家集镇	610831101			平梁镇	610921103
老君殿镇	610831102	**汉滨区(4 街道,24 镇)**	**610902**	双乳镇	610921104
裴家湾镇	610831103			铁佛寺镇	610921105
苗家坪镇	610831104	老城街道	610902001	漩涡镇	610921107
三川口镇	610831105	新城街道	610902002	汉阳镇	610921108
马蹄沟镇	610831106	江北街道	610902003	双河口镇	610921110
周家砭镇	610831107	建民街道	610902004	观音河镇	610921112
电市镇	610831108	关庙镇	610902100	**石泉县(11 镇)**	**610922**
砖庙镇	610831109	张滩镇	610902101	城关镇	610922100
淮宁湾镇	610831110	瀛湖镇	610902102	饶峰镇	610922101
马岔镇	610831111	五里镇	610902104	两河镇	610922102
驼耳巷乡	610831200	恒口镇	610902107	迎丰镇	610922103
神木市(6 街道,14 镇)	**610881**	吉河镇	610902109	池河镇	610922104
		流水镇	610902110	后柳镇	610922105
滨河新区街道	610881001	大竹园镇	610902111	喜河镇	610922106
西沙街道	610881002	洪山镇	610902112	熨斗镇	610922107
麟州街道	610881003	茨沟镇	610902114	云雾山镇	610922108
迎宾路街道	610881004	大河镇	610902115	曾溪镇	610922109
永兴街道	610881005	沈坝镇	610902116	中池镇	610922110

续表 12

行政区划名称	行政区划代码	行政区划名称	行政区划代码	行政区划名称	行政区划代码
宁陕县(11 镇)	**610923**	石门镇	610925105	西营镇	610929106
城关镇	610923100	民主镇	610925106	仓上镇	610929107
四亩地镇	610923101	大道河镇	610925107	双丰镇	610929109
江口回族镇	610923102	蔺河镇	610925108	麻虎镇	610929111
广货街镇	610923104	四季镇	610925110	冷水镇	610929112
龙王镇	610923105	孟石岭镇	610925111	**旬阳市(21 镇)**	**610981**
筒车湾镇	610923106	堰门镇	610925113	城关镇	610981100
金川镇	610923108	南宫山镇	610925115	棕溪镇	610981101
皇冠镇	610923109	**平利县(11 镇)**	**610926**	关口镇	610981102
梅子镇	610923111	城关镇	610926100	蜀河镇	610981103
新场镇	610923112	兴隆镇	610926101	双河镇	610981104
太山庙镇	610923113	老县镇	610926102	小河镇	610981105
紫阳县(17 镇)	**610924**	大贵镇	610926103	赵湾镇	610981106
城关镇	610924100	三阳镇	610926104	麻坪镇	610981107
蒿坪镇	610924101	洛河镇	610926105	甘溪镇	610981108
汉王镇	610924102	广佛镇	610926106	白柳镇	610981109
焕古镇	610924103	八仙镇	610926107	吕河镇	610981110
向阳镇	610924104	长安镇	610926108	神河镇	610981111
洞河镇	610924105	西河镇	610926109	铜钱关镇	610981112
洄水镇	610924106	正阳镇	610926110	段家河镇	610981113
双桥镇	610924108	**镇坪县(7 镇)**	**610927**	金寨镇	610981114
高桥镇	610924109	城关镇	610927100	桐木镇	610981115
红椿镇	610924110	曾家镇	610927101	仙河镇	610981116
高滩镇	610924111	牛头店镇	610927102	构元镇	610981117
毛坝镇	610924112	钟宝镇	610927103	石门镇	610981118
瓦庙镇	610924113	上竹镇	610927105	红军镇	610981119
麻柳镇	610924114	曙坪镇	610927106	仁河口镇	610981120
双安镇	610924115	华坪镇	610927108	**商洛市(12 街道,86 镇)**	**611000**
东木镇	610924116	**白河县(11 镇)**	**610929**		
界岭镇	610924122	城关镇	610929100	**商州区(4 街道,14 镇)**	**611002**
岚皋县(12 镇)	**610925**	中厂镇	610929101		
城关镇	610925100	构朳镇	610929102	城关街道	611002001
佐龙镇	610925101	卡子镇	610929103	大赵峪街道	611002002
滔河镇	610925103	茅坪镇	610929104	陈塬街道	611002003
官元镇	610925104	宋家镇	610929105	刘湾街道	611002004

续表 13

行政区划名称	行政区划代码	行政区划名称	行政区划代码	行政区划名称	行政区划代码
夜村镇	611002101	庾岭镇	611022101	色河铺镇	611024112
沙河子镇	611002104	蔡川镇	611022102	板岩镇	611024113
杨峪河镇	611002105	峦庄镇	611022103	延坪镇	611024116
金陵寺镇	611002106	铁峪铺镇	611022104	两岭镇	611024118
黑山镇	611002107	武关镇	611022105	王阎镇	611024119
杨斜镇	611002108	竹林关镇	611022106	法官镇	611024122
麻街镇	611002109	土门镇	611022107	**镇安县(1 街道，14 镇)**	**611025**
牧护关镇	611002111	寺坪镇	611022108	永乐街道	611025001
大荆镇	611002112	商镇	611022109	回龙镇	611025101
腰市镇	611002113	棣花镇	611022110	铁厂镇	611025102
板桥镇	611002114	花瓶子镇	611022114	大坪镇	611025103
北宽坪镇	611002115	**商南县(1 街道,9 镇)**	**611023**	米粮镇	611025104
三岔河镇	611002119	城关街道	611023001	茅坪回族镇	611025105
闫村镇	611002121	富水镇	611023101	西口回族镇	611025106
洛南县(2 街道，14 镇)	**611021**	湘河镇	611023102	高峰镇	611025107
城关街道	611021001	赵川镇	611023104	青铜关镇	611025108
四皓街道	611021002	金丝峡镇	611023106	柴坪镇	611025109
景村镇	611021101	过风楼镇	611023107	达仁镇	611025110
古城镇	611021102	试马镇	611023108	木王镇	611025111
三要镇	611021103	清油河镇	611023109	云盖寺镇	611025113
灵口镇	611021104	十里坪镇	611023110	庙沟镇	611025114
寺耳镇	611021106	青山镇	611023111	月河镇	611025117
巡检镇	611021107	**山阳县(2 街道,16 镇)**	**611024**	**柞水县(1 街道,8 镇)**	**611026**
石坡镇	611021108	城关街道	611024001	乾佑街道	611026001
石门镇	611021109	十里铺街道	611024002	营盘镇	611026101
麻坪镇	611021110	高坝店镇	611024101	下梁镇	611026102
洛源镇	611021111	天竺山镇	611024102	小岭镇	611026104
保安镇	611021112	中村镇	611024103	凤凰镇	611026105
永丰镇	611021114	银花镇	611024104	红岩寺镇	611026106
高耀镇	611021115	西照川镇	611024105	曹坪镇	611026107
柏峪寺镇	611021116	漫川关镇	611024106	杏坪镇	611026109
丹凤县(1 街道，11 镇)	**611022**	南宽坪镇	611024107	瓦房口镇	611026110
龙驹寨街道	611022001	户家塬镇	611024108		
		杨地镇	611024109		
		小河口镇	611024111		

「甘肃省」

甘肃省(甘、陇)

行政区划名称	行政区划代码
甘肃省(127 街道,892 镇,305 乡,32 民族乡)	**620000**
兰州市(53 街道,47 镇,14 乡)	**620100**
城关区(26 街道)	**620102**
酒泉路街道	620102001
张掖路街道	620102002
雁南街道	620102003
临夏路街道	620102004
雁北街道	620102005
五泉街道	620102006
白银路街道	620102007
皋兰路街道	620102008
广武门街道	620102009
伏龙坪街道	620102010
靖远路街道	620102011
草场街道	620102012
火车站街道	620102013
拱星墩街道	620102014
东岗街道	620102015
团结新村街道	620102016
东岗西路街道	620102017
铁路东村街道	620102018
铁路西村街道	620102019
渭源路街道	620102020
盐场路街道	620102021
嘉峪关路街道	620102022
焦家湾街道	620102023
青白石街道	620102024
高新区街道	620102025
雁园街道	620102026
七里河区(9 街道,5 镇,1 乡)	**620103**
秀川街道	620103001
西园街道	620103002
西湖街道	620103003
建兰路街道	620103004
敦煌路街道	620103005
西站街道	620103006
晏家坪街道	620103007
龚家湾街道	620103008
土门墩街道	620103009
阿干镇	620103100
八里镇	620103101
彭家坪镇	620103102
西果园镇	620103103
黄峪镇	620103104
魏岭乡	620103201
西固区(7 街道,5 镇,1 乡)	**620104**
陈坪街道	620104001
先锋路街道	620104002
福利路街道	620104003
西固城街道	620104004
临洮街街道	620104005
西柳沟街道	620104006
四季青街道	620104007
新城镇	620104100
东川镇	620104101
河口镇	620104102
达川镇	620104103
柳泉镇	620104104
金沟乡	620104203
安宁区(8 街道,2 镇)	**620105**
培黎街道	620105001
安宁西路街道	620105002
沙井驿街道	620105003
十里店街道	620105004
孔家崖街道	620105005
银滩路街道	620105006
刘家堡街道	620105007
安宁堡街道	620105008
忠和镇	620105100
九合镇	620105101
红古区(3 街道,4 镇)	**620111**
窑街街道	620111001
矿区街道	620111003
华龙街道	620111004
海石湾镇	620111100
花庄镇	620111101
平安镇	620111102
红古镇	620111103
永登县(12 镇,3 乡)	**620121**
城关镇	620121100
红城镇	620121101
中堡镇	620121102
武胜驿镇	620121103
河桥镇	620121104
连城镇	620121105
苦水镇	620121106
大同镇	620121109
龙泉寺镇	620121110
树屏镇	620121111
柳树镇	620121113
通远镇	620121114
坪城乡	620121203
民乐乡	620121205
七山乡	620121208
皋兰县(8 镇)	**620122**
西岔镇	620122101
什川镇	620122103
石洞镇	620122104
水阜镇	620122106
黑石镇	620122107
中川镇	620122108
秦川镇	620122109
上川镇	620122110
榆中县(11 镇,9 乡)	**620123**
城关镇	620123100
夏官营镇	620123101
高崖镇	620123102
金崖镇	620123103
和平镇	620123104
甘草店镇	620123105
青城镇	620123106
定远镇	620123107
连搭镇	620123108
新营镇	620123109
贡井镇	620123110
小康营乡	620123200
马坡乡	620123202
清水驿乡	620123204
龙泉乡	620123205

续表 1

行政区划名称	行政区划代码	行政区划名称	行政区划代码	行政区划名称	行政区划代码
韦营乡	620123206	工农路街道	620402004	郭城驿镇	620422101
中连川乡	620123207	纺织路街道	620402005	河畔镇	620422102
园子岔乡	620123209	水川镇	620402100	头寨子镇	620422103
上花岔乡	620123210	四龙镇	620402101	太平店镇	620422104
哈岘乡	620123211	王岘镇	620402102	甘沟驿镇	620422105
嘉峪关市(3 街道,3 镇)	**620200**	强湾乡	620402201	柴家门镇	620422106
		武川乡	620402202	侯家川镇	620422107
第一街道	620200001	**平川区(4 街道,5 镇,2 乡)**	**620403**	中川镇	620422108
雄关街道	620200002			汉家岔镇	620422109
钢城街道	620200003	长征街道	620403001	刘家寨子镇	620422110
峪泉镇	620200100	电力路街道	620403002	白草塬镇	620422111
新城镇	620200101	红会路街道	620403003	大沟镇	620422112
文殊镇	620200102	兴平路街道	620403004	四房吴镇	620422113
金昌市(6 街道,11 镇,1 乡)	**620300**	王家山镇	620403100	老君坡镇	620422114
		水泉镇	620403101	平头川镇	620422115
金川区(6 街道,2 镇)	**620302**	共和镇	620403102	杨崖集镇	620422116
滨河路街道	620302001	宝积镇	620403103	丁家沟镇	620422117
桂林路街道	620302002	黄峤镇	620403104	翟家所镇	620422118
北京路街道	620302003	种田乡	620403204	韩家集镇	620422119
金川路街道	620302004	复兴乡	620403205	土门岘镇	620422120
新华路街道	620302005	**靖远县(13 镇,5 乡)**	**620421**	新塬镇	620422121
广州路街道	620302006	乌兰镇	620421100	草滩镇	620422122
宁远堡镇	620302100	北湾镇	620421101	新庄镇	620422123
双湾镇	620302101	东湾镇	620421102	新添堡回族乡	620422202
永昌县(9 镇,1 乡)	**620321**	刘川镇	620421103	党家岘乡	620422204
城关镇	620321100	北滩镇	620421104	八里湾乡	620422213
河西堡镇	620321101	平堡镇	620421105	土高山乡	620422225
新城子镇	620321102	糜滩镇	620421106	**景泰县(8 镇,3 乡)**	**620423**
朱王堡镇	620321103	三滩镇	620421107	一条山镇	620423100
东寨镇	620321104	大芦镇	620421108	芦阳镇	620423101
水源镇	620321105	双龙镇	620421109	上沙沃镇	620423102
红山窑镇	620321106	东升镇	620421110	喜泉镇	620423103
焦家庄镇	620321107	高湾镇	620421111	草窝滩镇	620423104
六坝镇	620321108	五合镇	620421112	红水镇	620423105
南坝乡	620321203	兴隆乡	620421206	正路镇	620423106
白银市(9 街道,53 镇,15 乡,1 民族乡)	**620400**	石门乡	620421208	中泉镇	620423107
		靖安乡	620421211	寺滩乡	620423203
白银区(5 街道,3 镇,2 乡)	**620402**	永新乡	620421215	五佛乡	620423205
		若笠乡	620421216	漫水滩乡	620423207
人民路街道	620402001	**会宁县(24 镇,3 乡,1 民族乡)**	**620422**	**天水市(10 街道,101 镇,12 乡)**	**620500**
公园路街道	620402002				
四龙路街道	620402003	会师镇	620422100	**秦州区(7 街道,16 镇)**	**620502**

续表 2

行政区划名称	行政区划代码	行政区划名称	行政区划代码	行政区划名称	行政区划代码
大城街道	620502001	五龙镇	620503115	磐安镇	620523102
七里墩街道	620502002	党川镇	620503116	六峰镇	620523103
东关街道	620502003	**清水县(15 镇,3 乡)**	**620521**	安远镇	620523104
中城街道	620502004	永清镇	620521100	金山镇	620523105
西关街道	620502005	红堡镇	620521101	大石镇	620523106
石马坪街道	620502006	白驼镇	620521102	礼辛镇	620523107
天水郡街道	620502007	金集镇	620521103	武家河镇	620523108
玉泉镇	620502100	秦亭镇	620521104	大庄镇	620523109
皂郊镇	620502101	山门镇	620521105	古坡镇	620523110
太京镇	620502102	白沙镇	620521106	八里湾镇	620523111
藉口镇	620502103	王河镇	620521107	西坪镇	620523112
关子镇	620502104	郭川镇	620521108	谢家湾乡	620523200
牡丹镇	620502105	黄门镇	620521109	白家湾乡	620523207
天水镇	620502106	松树镇	620521110	**武山县(13 镇,2 乡)**	**620524**
平南镇	620502107	远门镇	620521111	城关镇	620524100
娘娘坝镇	620502108	土门镇	620521112	鸳鸯镇	620524101
汪川镇	620502109	草川铺镇	620521113	洛门镇	620524102
中梁镇	620502110	陇东镇	620521114	马力镇	620524103
大门镇	620502111	贾川乡	620521206	滩歌镇	620524104
杨家寺镇	620502112	丰望乡	620521207	四门镇	620524105
齐寿镇	620502113	新城乡	620521211	山丹镇	620524106
秦岭镇	620502114	**秦安县(17 镇)**	**620522**	温泉镇	620524107
华岐镇	620502115	兴国镇	620522100	龙台镇	620524108
麦积区(3 街道,17 镇)	**620503**	陇城镇	620522101	桦林镇	620524109
道北街道	620503001	莲花镇	620522102	榆盘镇	620524110
北道埠街道	620503002	郭嘉镇	620522103	高楼镇	620524111
桥南街道	620503003	西川镇	620522104	杨河镇	620524112
社棠镇	620503100	五营镇	620522105	嘴头乡	620524206
马跑泉镇	620503101	叶堡镇	620522106	沿安乡	620524208
花牛镇	620503102	魏店镇	620522107	**张家川回族自治县(10 镇,5 乡)**	**620525**
渭南镇	620503103	千户镇	620522108		
中滩镇	620503104	兴丰镇	620522109	张家川镇	620525100
新阳镇	620503105	安伏镇	620522110	龙山镇	620525101
元龙镇	620503106	王尹镇	620522111	恭门镇	620525102
伯阳镇	620503107	刘坪镇	620522112	马鹿镇	620525103
甘泉镇	620503108	王窑镇	620522113	马关镇	620525104
麦积镇	620503109	中山镇	620522114	梁山镇	620525105
东岔镇	620503110	王铺镇	620522115	刘堡镇	620525106
石佛镇	620503111	云山镇	620522116	胡川镇	620525107
三岔镇	620503112	**甘谷县(13 镇,2 乡)**	**620523**	大阳镇	620525108
利桥镇	620503113	大像山镇	620523100	川王镇	620525109
琥珀镇	620503114	新兴镇	620523101	张棉驿乡	620525202

续表 3

行政区划名称	行政区划代码	行政区划名称	行政区划代码	行政区划名称	行政区划代码
木河乡	620525204	长城镇	620602126	西靖镇	620622111
阎家乡	620525205	吴家井镇	620602127	民权镇	620622112
连五乡	620525209	金河镇	620602128	直滩镇	620622113
平安乡	620525211	新华镇	620602129	古丰镇	620622114
武威市(9 街道,84 镇,9 乡)	**620600**	金塔镇	620602130	新堡乡	620622210
		大柳镇	620602131	干城乡	620622211
凉州区(9 街道,37 镇)	**620602**	康宁镇	620602132	横梁乡	620622212
东大街街道	620602001	九墩镇	620602133	十八里堡乡	620622215
西大街街道	620602002	柏树镇	620602134	**天祝藏族自治县(14 镇,5 乡)**	**620623**
东关街街道	620602003	韩佐镇	620602135		
西关街街道	620602004	金山镇	620602136	华藏寺镇	620623100
火车站街街道	620602005	**民勤县(18 镇)**	**620621**	打柴沟镇	620623101
地质新村街街道	620602006	东坝镇	620621101	安远镇	620623102
荣华街道	620602007	泉山镇	620621102	炭山岭镇	620623103
黄羊河街道	620602008	西渠镇	620621103	哈溪镇	620623104
宣武街街道	620602009	东湖镇	620621104	松山镇	620623105
黄羊镇	620602100	三雷镇	620621105	赛什斯镇	620623106
武南镇	620602101	红砂岗镇	620621106	石门镇	620623107
清源镇	620602102	昌宁镇	620621107	天堂镇	620623108
永昌镇	620602103	重兴镇	620621108	朵什镇	620623109
双城镇	620602104	薛百镇	620621109	西大滩镇	620623110
丰乐镇	620602105	大坝镇	620621110	大红沟镇	620623120
高坝镇	620602106	苏武镇	620621111	抓喜秀龙镇	620623130
金羊镇	620602107	大滩镇	620621112	祁连镇	620623140
和平镇	620602108	双茨科镇	620621113	东坪乡	620623203
羊下坝镇	620602109	红沙梁镇	620621114	赛拉隆乡	620623205
中坝镇	620602110	蔡旗镇	620621115	东大滩乡	620623206
永丰镇	620602111	收成镇	620621116	旦马乡	620623213
古城镇	620602112	夹河镇	620621117	毛藏乡	620623214
张义镇	620602113	南湖镇	620621118	**张掖市(5 街道,48 镇,8 乡,4 民族乡)**	**620700**
发放镇	620602114	**古浪县(15 镇,4 乡)**	**620622**		
西营镇	620602115	古浪镇	620622100	**甘州区(5 街道,13 镇,4 乡,1 民族乡)**	**620702**
四坝镇	620602116	泗水镇	620622101		
洪祥镇	620602117	土门镇	620622102	东街街道	620702001
谢河镇	620602118	大靖镇	620622103	南街街道	620702002
金沙镇	620602119	裴家营镇	620622104	西街街道	620702003
怀安镇	620602120	海子滩镇	620622105	北街街道	620702004
河东镇	620602121	定宁镇	620622106	火车站街道	620702005
松树镇	620602122	黄羊川镇	620622107	梁家墩镇	620702100
清水镇	620602123	黑松驿镇	620622108	上秦镇	620702101
下双镇	620602124	永丰滩镇	620622109	大满镇	620702102
五和镇	620602125	黄花滩镇	620622110	沙井镇	620702103

续表 4

行政区划名称	行政区划代码
乌江镇	620702104
甘浚镇	620702105
新墩镇	620702106
党寨镇	620702107
碱滩镇	620702108
三闸镇	620702109
小满镇	620702110
长安镇	620702111
明永镇	620702112
平山湖蒙古族乡	620702201
龙渠乡	620702202
安阳乡	620702203
花寨乡	620702204
靖安乡	620702207
肃南裕固族自治县（3镇,2乡,3民族乡）	**620721**
红湾寺镇	620721100
皇城镇	620721101
康乐镇	620721102
马蹄藏族乡	620721200
白银蒙古族乡	620721202
大河乡	620721203
明花乡	620721204
祁丰藏族乡	620721205
民乐县（10镇）	**620722**
洪水镇	620722101
六坝镇	620722102
新天镇	620722103
南古镇	620722104
永固镇	620722105
三堡镇	620722106
南丰镇	620722107
民联镇	620722108
顺化镇	620722109
丰乐镇	620722110
临泽县（7镇）	**620723**
沙河镇	620723101
新华镇	620723102
蓼泉镇	620723103
平川镇	620723104
板桥镇	620723105
鸭暖镇	620723106

行政区划名称	行政区划代码
倪家营镇	620723107
高台县（9镇）	**620724**
城关镇	620724100
宣化镇	620724101
南华镇	620724102
巷道镇	620724103
新坝镇	620724104
骆驼城镇	620724105
合黎镇	620724106
黑泉镇	620724107
罗城镇	620724108
山丹县（6镇，2乡）	**620725**
清泉镇	620725101
位奇镇	620725102
霍城镇	620725103
陈户镇	620725104
大马营镇	620725105
东乐镇	620725106
老军乡	620725203
李桥乡	620725204
平凉市（3街道，70镇，23乡，9民族乡）	**620800**
崆峒区（3街道，7镇，3乡，7民族乡）	**620802**
东关街道	620802001
中街街道	620802002
西郊街道	620802003
四十里铺镇	620802100
崆峒镇	620802101
草峰镇	620802102
白水镇	620802103
安国镇	620802104
柳湖镇	620802105
花所镇	620802106
索罗乡	620802206
西阳回族乡	620802208
大秦回族乡	620802209
白庙回族乡	620802210
寨河回族乡	620802211
香莲乡	620802212
麻武乡	620802214
峡门回族乡	620802216

行政区划名称	行政区划代码
上杨回族乡	620802217
大寨回族乡	620802219
泾川县（11镇，3乡）	**620821**
城关镇	620821100
玉都镇	620821101
高平镇	620821102
荔堡镇	620821103
王村镇	620821104
窑店镇	620821105
党原镇	620821106
丰台镇	620821107
飞云镇	620821108
汭丰镇	620821109
太平镇	620821110
罗汉洞乡	620821204
泾明乡	620821205
红河乡	620821206
灵台县（9镇，4乡）	**620822**
中台镇	620822100
什字镇	620822101
朝那镇	620822102
邵寨镇	620822103
独店镇	620822104
西屯镇	620822105
上良镇	620822106
百里镇	620822107
蒲窝镇	620822108
新开乡	620822206
梁原乡	620822207
龙门乡	620822208
星火乡	620822210
崇信县（4镇，2乡）	**620823**
锦屏镇	620823100
新窑镇	620823101
柏树镇	620823102
黄寨镇	620823103
黄花乡	620823205
木林乡	620823207
庄浪县（15镇，3乡）	**620825**
水洛镇	620825100
南湖镇	620825101
朱店镇	620825102

续表 5

行政区划名称	行政区划代码
万泉镇	620825103
韩店镇	620825104
卧龙镇	620825105
阳川镇	620825106
盘安镇	620825107
通化镇	620825108
大庄镇	620825109
永宁镇	620825110
良邑镇	620825111
岳堡镇	620825112
柳梁镇	620825113
南坪镇	620825114
杨河乡	620825201
赵墩乡	620825202
郑河乡	620825215
静宁县（17 镇，7 乡）	**620826**
城关镇	620826100
威戎镇	620826101
界石铺镇	620826102
李店镇	620826103
八里镇	620826104
甘沟镇	620826105
古城镇	620826106
仁大镇	620826107
城川镇	620826108
曹务镇	620826109
雷大镇	620826110
四河镇	620826111
细巷镇	620826112
治平镇	620826113
原安镇	620826114
红寺镇	620826115
双岘镇	620826116
司桥乡	620826202
余湾乡	620826209
贾河乡	620826212
深沟乡	620826214
新店乡	620826216
三合乡	620826224
灵芝乡	620826226
华亭市（7 镇，1 乡，2 民族乡）	**620881**
东华镇	620881100
安口镇	620881101
西华镇	620881102
马峡镇	620881103
策底镇	620881104
上关镇	620881105
河西镇	620881106
神峪回族乡	620881200
山寨回族乡	620881201
砚峡乡	620881202
酒泉市（8 街道，53 镇，9 乡，6 民族乡）	**620900**
肃州区（7 街道，14 镇，1 民族乡）	**620902**
东北街道	620902001
东南街道	620902002
工业园街道	620902003
西北街道	620902004
西南街道	620902005
新城街道	620902006
玉门油田生活基地街道	620902007
西洞镇	620902100
总寨镇	620902102
金佛寺镇	620902103
三墩镇	620902105
上坝镇	620902106
清水镇	620902107
银达镇	620902108
泉湖镇	620902109
果园镇	620902110
西峰镇	620902111
铧尖镇	620902112
东洞镇	620902113
丰乐镇	620902114
下河清镇	620902115
黄泥堡裕固族乡	620902207
金塔县（7 镇，2 乡）	**620921**
中东镇	620921100
鼎新镇	620921101
金塔镇	620921102
东坝镇	620921103
航天镇	620921105
大庄子镇	620921106
西坝镇	620921107
古城乡	620921204
羊井子湾乡	620921209
瓜州县（10 镇，2 乡，3 民族乡）	**620922**
渊泉镇	620922100
柳园镇	620922101
三道沟镇	620922102
南岔镇	620922103
锁阳城镇	620922104
西湖镇	620922105
河东镇	620922106
腰站子东乡族镇	620922107
双塔镇	620922108
瓜州镇	620922109
布隆吉乡	620922201
七墩回族东乡族乡	620922206
广至藏族乡	620922207
梁湖乡	620922208
沙河回族乡	620922209
肃北蒙古族自治县（2 镇，2 乡）	**620923**
马鬃山镇	620923101
党城湾镇	620923102
石包城乡	620923202
盐池湾乡	620923203
阿克塞哈萨克族自治县（1 镇，3 乡）	**620924**
红柳湾镇	620924100
阿克旗乡	620924205
阿勒腾乡	620924206
阿伊纳乡	620924207
玉门市（1 街道，10 镇，2 民族乡）	**620981**
新市区街道	620981001
玉门镇	620981101
赤金镇	620981102
花海镇	620981103
老君庙镇	620981104
柳河镇	620981105

续表 6

行政区划名称	行政区划代码
黄闸湾镇	620981106
下西号镇	620981107
柳湖镇	620981108
昌马镇	620981109
六墩镇	620981110
小金湾东乡族乡	620981206
独山子东乡族乡	620981208
敦煌市（9 镇）	**620982**
沙州镇	620982100
七里镇	620982101
肃州镇	620982102
莫高镇	620982103
转渠口镇	620982104
阳关镇	620982105
月牙泉镇	620982106
郭家堡镇	620982107
黄渠镇	620982108
庆阳市（3 街道，73 镇，42 乡，1 民族乡）	**621000**
西峰区（3 街道，5 镇，2 乡）	**621002**
北街街道	621002001
南街街道	621002002
西街街道	621002003
肖金镇	621002100
董志镇	621002101
后官寨镇	621002102
温泉镇	621002103
彭原镇	621002104
什社乡	621002205
显胜乡	621002207
庆城县（9 镇，6 乡）	**621021**
驿马镇	621021100
三十里铺镇	621021101
马岭镇	621021102
庆城镇	621021103
玄马镇	621021104
白马铺镇	621021105
桐川镇	621021106
赤城镇	621021107
高楼镇	621021108
太白梁乡	621021205
土桥乡	621021207
蔡口集乡	621021208
南庄乡	621021210
翟家河乡	621021212
蔡家庙乡	621021213
环县（10 镇，10 乡）	**621022**
环城镇	621022100
曲子镇	621022101
甜水镇	621022102
木钵镇	621022103
洪德镇	621022104
合道镇	621022105
樊家川镇	621022106
虎洞镇	621022107
毛井镇	621022108
车道镇	621022109
天池乡	621022200
演武乡	621022202
八珠乡	621022208
耿湾乡	621022211
秦团庄乡	621022213
山城乡	621022214
南湫乡	621022215
罗山川乡	621022216
小南沟乡	621022218
芦家湾乡	621022221
华池县（6 镇，9 乡）	**621023**
悦乐镇	621023100
柔远镇	621023101
元城镇	621023102
南梁镇	621023103
城壕镇	621023104
五蛟镇	621023105
上里塬乡	621023205
王咀子乡	621023206
白马乡	621023208
怀安乡	621023209
乔川乡	621023210
乔河乡	621023211
山庄乡	621023213
林镇乡	621023215
紫坊畔乡	621023216
合水县（8 镇，4 乡）	**621024**
西华池镇	621024100
老城镇	621024101
太白镇	621024102
板桥镇	621024103
何家畔镇	621024104
吉岘镇	621024105
肖咀镇	621024106
固城镇	621024107
段家集乡	621024202
太莪乡	621024204
店子乡	621024205
蒿咀铺乡	621024211
正宁县（8 镇，1 乡，1 民族乡）	**621025**
山河镇	621025100
榆林子镇	621025101
宫河镇	621025102
永和镇	621025103
永正镇	621025104
周家镇	621025105
湫头镇	621025106
西坡镇	621025107
五顷塬回族乡	621025207
三嘉乡	621025208
宁县（14 镇，4 乡）	**621026**
新宁镇	621026100
平子镇	621026101
早胜镇	621026102
长庆桥镇	621026103
和盛镇	621026104
湘乐镇	621026105
新庄镇	621026107
盘克镇	621026108
焦村镇	621026109
中村镇	621026110
米桥镇	621026111
良平镇	621026112
太昌镇	621026113
春荣镇	621026114
南义乡	621026208
瓦斜乡	621026210

续表 7

行政区划名称	行政区划代码	行政区划名称	行政区划代码	行政区划名称	行政区划代码
金村乡	621026213	石峡湾乡	621102202	德兴乡	621122207
九岘乡	621026214	新集乡	621102203	**渭源县（12 镇，4 乡）**	**621123**
镇原县（13 镇，6 乡）	**621027**	青岚山乡	621102204	清源镇	621123100
城关镇	621027100	高峰乡	621102205	莲峰镇	621123101
屯字镇	621027101	石泉乡	621102206	会川镇	621123102
孟坝镇	621027102	杏园乡	621102207	五竹镇	621123103
三岔镇	621027103	**通渭县（14 镇，4 乡）**	**621121**	路园镇	621123104
平泉镇	621027104	平襄镇	621121101	北寨镇	621123105
太平镇	621027105	马营镇	621121102	麻家集镇	621123106
开边镇	621027106	鸡川镇	621121103	新寨镇	621123107
临泾镇	621027107	榜罗镇	621121104	庆坪镇	621123108
新城镇	621027108	常家河镇	621121105	祁家庙镇	621123109
上肖镇	621027109	义岗川镇	621121106	上湾镇	621123110
新集镇	621027110	华家岭镇	621121115	锹峪镇	621123111
马渠镇	621027111	陇山镇	621121116	大安乡	621123203
庙渠镇	621027112	陇川镇	621121117	秦祁乡	621123204
南川乡	621027201	碧玉镇	621121118	峡城乡	621123210
方山乡	621027208	陇阳镇	621121119	田家河乡	621123211
殷家城乡	621027209	襄南镇	621121120	**临洮县（12 镇，6 乡）**	**621124**
武沟乡	621027213	北城铺镇	621121121	洮阳镇	621124101
郭原乡	621027214	什川镇	621121122	八里铺镇	621124102
中原乡	621027216	新景乡	621121203	新添镇	621124103
定西市（3 街道，87 镇，32 乡）	**621100**	李家店乡	621121207	辛店镇	621124104
		寺子川乡	621121209	太石镇	621124105
安定区（3 街道，12 镇，7 乡）	**621102**	第三铺乡	621121212	中铺镇	621124106
		陇西县（12 镇，5 乡）	**621122**	峡口镇	621124107
永定路街道	621102001	巩昌镇	621122100	龙门镇	621124108
中华路街道	621102002	文峰镇	621122101	窑店镇	621124109
福台路街道	621102003	首阳镇	621122103	玉井镇	621124110
凤翔镇	621102101	菜子镇	621122104	衙下集镇	621124111
内官营镇	621102102	云田镇	621122105	南屏镇	621124112
巉口镇	621102103	通安驿镇	621122106	红旗乡	621124201
称钩驿镇	621102104	碧岩镇	621122109	上营乡	621124202
鲁家沟镇	621102105	福星镇	621122110	康家集乡	621124203
西巩驿镇	621102106	马河镇	621122112	站滩乡	621124204
宁远镇	621102107	柯寨镇	621122113	连儿湾乡	621124205
李家堡镇	621102108	双泉镇	621122114	漫洼乡	621124206
团结镇	621102109	权家湾镇	621122115	**漳县（10 镇，3 乡）**	**621125**
葛家岔镇	621102110	永吉乡	621122201	武阳镇	621125101
符家川镇	621102111	和平乡	621122202	三岔镇	621125102
香泉镇	621102112	渭阳乡	621122203	新寺镇	621125103
白碌乡	621102201	宏伟乡	621122205	金钟镇	621125104

续表 8

行政区划名称	行政区划代码
盐井镇	621125105
殪虎桥镇	621125106
大草滩镇	621125107
四族镇	621125108
石川镇	621125109
贵清山镇	621125110
马泉乡	621125204
武当乡	621125208
东泉乡	621125209
岷县（15 镇，3 乡）	**621126**
岷阳镇	621126101
西寨镇	621126102
梅川镇	621126103
西江镇	621126104
闾井镇	621126105
十里镇	621126106
茶埠镇	621126107
中寨镇	621126108
蒲麻镇	621126109
马坞镇	621126110
清水镇	621126111
寺沟镇	621126112
麻子川镇	621126113
禾驮镇	621126114
维新镇	621126115
秦许乡	621126204
申都乡	621126207
锁龙乡	621126208
陇南市（4 街道，140 镇，51 乡，4 民族乡）	**621200**
武都区（4 街道，26 镇，8 乡，2 民族乡）	**621202**
钟楼街道	621202001
吉石坝街道	621202002
江北街道	621202003
江南街道	621202004
城关镇	621202100
安化镇	621202101
东江镇	621202102
两水镇	621202103
汉王镇	621202104
洛塘镇	621202105
三河镇	621202106
角弓镇	621202107
马街镇	621202108
鱼龙镇	621202109
甘泉镇	621202110
琵琶镇	621202111
外纳镇	621202112
马营镇	621202113
柏林镇	621202114
姚寨镇	621202115
佛崖镇	621202116
石门镇	621202117
五马镇	621202118
裕河镇	621202119
汉林镇	621202120
桔柑镇	621202121
隆兴镇	621202122
黄坪镇	621202123
五库镇	621202124
三仓镇	621202125
坪垭藏族乡	621202201
蒲池乡	621202203
池坝乡	621202211
龙坝乡	621202218
龙凤乡	621202219
磨坝藏族乡	621202221
玉皇乡	621202225
郭河乡	621202226
枫相乡	621202229
月照乡	621202233
成县（14 镇，3 乡）	**621221**
城关镇	621221100
黄渚镇	621221101
红川镇	621221102
小川镇	621221103
纸坊镇	621221104
抛沙镇	621221105
黄陈镇	621221106
陈院镇	621221107
鸡峰镇	621221108
王磨镇	621221109
店村镇	621221110
沙坝镇	621221111
索池镇	621221112
苏元镇	621221113
宋坪乡	621221203
二郎乡	621221206
镡河乡	621221213
文县（14 镇，5 乡，1 民族乡）	**621222**
城关镇	621222100
碧口镇	621222101
尚德镇	621222102
中寨镇	621222103
桥头镇	621222104
临江镇	621222105
梨坪镇	621222106
天池镇	621222107
堡子坝镇	621222108
石坊镇	621222109
石鸡坝镇	621222110
丹堡镇	621222111
中庙镇	621222112
范坝镇	621222113
铁楼藏族乡	621222200
刘家坪乡	621222205
玉垒乡	621222206
口头坝乡	621222211
尖山乡	621222212
舍书乡	621222215
宕昌县（11 镇，13 乡，1 民族乡）	**621223**
城关镇	621223100
哈达铺镇	621223101
理川镇	621223102
南阳镇	621223103
官亭镇	621223104
沙湾镇	621223105
阿坞镇	621223106
南河镇	621223107
八力镇	621223108
临江铺镇	621223109

续表 9

行政区划名称	行政区划代码	行政区划名称	行政区划代码	行政区划名称	行政区划代码
两河口镇	621223110	何坝镇	621225104	沙金乡	621226224
木耳乡	621223206	洛峪镇	621225105	草坪乡	621226228
庞家乡	621223207	马元镇	621225106	肖良乡	621226231
何家堡乡	621223209	大桥镇	621225107	三峪乡	621226232
贾河乡	621223211	西峪镇	621225108	**徽县（13 镇，2 乡）**	**621227**
将台乡	621223212	十里镇	621225109	城关镇	621227100
车拉乡	621223213	石堡镇	621225110	伏家镇	621227101
新城子藏族乡	621223214	兴隆镇	621225111	江洛镇	621227102
好梯乡	621223216	苏合镇	621225112	泥阳镇	621227103
韩院乡	621223217	稍峪镇	621225113	柳林镇	621227104
竹院乡	621223218	卢河镇	621225114	嘉陵镇	621227105
兴化乡	621223219	西高山镇	621225115	永宁镇	621227106
甘江头乡	621223220	晒经乡	621225206	银杏树镇	621227107
新寨乡	621223223	六巷乡	621225208	水阳镇	621227108
狮子乡	621223224	太石河乡	621225209	栗川镇	621227109
康县（18 镇，3 乡）	**621224**	蒿林乡	621225210	麻沿河镇	621227110
城关镇	621224100	**礼县（22 镇，7 乡）**	**621226**	大河店镇	621227111
平洛镇	621224101	城关镇	621226100	高桥镇	621227112
大堡镇	621224102	盐官镇	621226101	榆树乡	621227208
岸门口镇	621224103	石桥镇	621226102	虞关乡	621227211
两河镇	621224104	白河镇	621226103	**两当县（6 镇，6 乡）**	**621228**
长坝镇	621224105	红河镇	621226104	城关镇	621228100
云台镇	621224106	宽川镇	621226105	站儿巷镇	621228101
阳坝镇	621224107	祁山镇	621226106	西坡镇	621228102
周家坝镇	621224108	永兴镇	621226107	杨店镇	621228103
望关镇	621224109	永坪镇	621226108	显龙镇	621228104
王坝镇	621224110	中坝镇	621226109	云屏镇	621228105
大南峪镇	621224111	雷坝镇	621226110	左家乡	621228201
碾坝镇	621224112	罗坝镇	621226111	鱼池乡	621228203
豆坝镇	621224113	崖城镇	621226112	兴化乡	621228204
铜钱镇	621224114	洮坪镇	621226113	张家乡	621228205
三河坝镇	621224115	龙林镇	621226114	泰山乡	621228207
白杨镇	621224116	固城镇	621226115	金洞乡	621228208
寺台镇	621224117	湫山镇	621226116	**临夏回族自治州（7 街道，58 镇，61 乡，4 民族乡）**	**622900**
迷坝乡	621224204	江口镇	621226117		
店子乡	621224209	白关镇	621226118		
太石乡	621224214	王坝镇	621226119	**临夏市（7 街道，4 镇）**	**622901**
西和县（16 镇，4 乡）	**621225**	滩坪镇	621226120	城南街道	622901001
汉源镇	621225100	桥头镇	621226121	城北街道	622901002
长道镇	621225101	马河乡	621226203	东关街道	622901003
姜席镇	621225102	上坪乡	621226215	西关街道	622901004
石峡镇	621225103	雷王乡	621226219	八坊街道	622901005

续表 10

行政区划名称	行政区划代码	行政区划名称	行政区划代码	行政区划名称	行政区划代码
红园街道	622901006	白王乡	622922203	买家集镇	622925105
东区街道	622901007	八松乡	622922204	松鸣镇	622925106
城郊镇	622901100	鸣鹿乡	622922205	陈家集镇	622925107
枹罕镇	622901101	八丹乡	622922206	新营镇	622925108
南龙镇	622901102	上湾乡	622922207	罗家集镇	622925109
折桥镇	622901103	草滩乡	622922210	梁家寺东乡族乡	622925200
临夏县（9镇，14乡，2民族乡）	**622921**	五户乡	622922211	卜家庄乡	622925203
韩集镇	622921100	**永靖县（10镇，7乡）**	**622923**	新庄乡	622925207
土桥镇	622921101	刘家峡镇	622923100	达浪乡	622925209
马集镇	622921103	盐锅峡镇	622923101	**东乡族自治县（8镇，15乡）**	**622926**
尹集镇	622921106	太极镇	622923102	锁南镇	622926100
莲花镇	622921119	西河镇	622923103	达板镇	622926101
新集镇	622921121	三塬镇	622923104	河滩镇	622926103
黄泥湾镇	622921122	岘塬镇	622923105	那勒寺镇	622926107
刁祁镇	622921123	陈井镇	622923106	唐汪镇	622926118
北塬镇	622921124	川城镇	622923107	果园镇	622926119
营滩乡	622921200	王台镇	622923108	汪集镇	622926120
掌子沟乡	622921201	红泉镇	622923109	龙泉镇	622926121
麻尼寺沟乡	622921202	关山乡	622923200	春台乡	622926200
漠泥沟乡	622921204	徐顶乡	622923201	柳树乡	622926201
漫路乡	622921208	三条岘乡	622923202	东塬乡	622926202
榆林乡	622921209	坪沟乡	622923203	坪庄乡	622926204
井沟东乡族乡	622921210	新寺乡	622923206	百和乡	622926205
坡头乡	622921213	小岭乡	622923207	关卜乡	622926206
桥寺乡	622921214	杨塔乡	622923208	赵家乡	622926208
先锋乡	622921215	**广河县（6镇，2乡，1民族乡）**	**622924**	五家乡	622926209
河西乡	622921216	城关镇	622924100	沿岭乡	622926212
安家坡东乡族乡	622921217	三甲集镇	622924101	风山乡	622926214
南塬乡	622921218	祁家集镇	622924102	车家湾乡	622926215
红台乡	622921220	庄窠集镇	622924103	大树乡	622926219
路盘乡	622921223	买家巷镇	622924104	北岭乡	622926220
民主乡	622921224	齐家镇	622924105	考勒乡	622926222
康乐县（5镇，10乡）	**622922**	水泉乡	622924202	董岭乡	622926223
附城镇	622922100	官坊乡	622924203	**积石山保安族东乡族撒拉族自治县（7镇，10乡）**	**622927**
苏集镇	622922101	阿力麻土东乡族乡	622924204	吹麻滩镇	622927100
胭脂镇	622922108	**和政县（9镇，3乡，1民族乡）**	**622925**	大河家镇	622927101
景古镇	622922112	城关镇	622925100	居集镇	622927108
莲麓镇	622922113	三合镇	622925101	癿藏镇	622927113
康丰乡	622922200	三十里铺镇	622925102	石塬镇	622927114
虎关乡	622922201	马家堡镇	622925103		
流川乡	622922202				

续表 11

行政区划名称	行政区划代码
安集镇	622927115
银川镇	622927116
刘集乡	622927201
柳沟乡	622927203
关家川乡	622927204
胡林家乡	622927205
寨子沟乡	622927207
郭干乡	622927209
徐扈家乡	622927210
中咀岭乡	622927211
小关乡	622927212
铺川乡	622927214
甘南藏族自治州（4 街道，64 镇，28 乡，3 民族乡）	**623000**
合作市（4 街道，3 镇，3 乡）	**623001**
当周街道	623001001
伊合昂街道	623001002
坚木克尔街道	623001003
通钦街道	623001004
佐盖曼玛镇	623001100
那吾镇	623001101
勒秀镇	623001102
卡加曼乡	623001200
卡加道乡	623001201
佐盖多玛乡	623001202
临潭县（11 镇，3 乡，2 民族乡）	**623021**
城关镇	623021101
新城镇	623021102
冶力关镇	623021103
羊永镇	623021104
王旗镇	623021105
古战镇	623021106
洮滨镇	623021107
八角镇	623021108
流顺镇	623021109
店子镇	623021110
羊沙镇	623021111
术布乡	623021201
卓洛回族乡	623021203
长川回族乡	623021204
三岔乡	623021209
石门乡	623021211
卓尼县（11 镇，3 乡，1 民族乡）	**623022**
柳林镇	623022100
木耳镇	623022101
扎古录镇	623022102
喀尔钦镇	623022103
藏巴哇镇	623022104
纳浪镇	623022105
洮砚镇	623022106
阿子滩镇	623022107
申藏镇	623022108
完冒镇	623022109
尼巴镇	623022110
刀告乡	623022204
恰盖乡	623022208
康多乡	623022209
杓哇土族乡	623022210
舟曲县（15 镇，4 乡）	**623023**
城关镇	623023100
大川镇	623023101
峰迭镇	623023102
立节镇	623023103
东山镇	623023104
曲告纳镇	623023105
博峪镇	623023106
巴藏镇	623023107
憨班镇	623023108
坪定镇	623023109
果耶镇	623023110
武坪镇	623023111
大峪镇	623023112
江盘镇	623023113
拱坝镇	623023114
曲瓦乡	623023200
南峪乡	623023209
八楞乡	623023211
插岗乡	623023213
迭部县（5 镇，6 乡）	**623024**
电尕镇	623024101
益哇镇	623024102
旺藏镇	623024103
腊子口镇	623024104
洛大镇	623024105
卡坝乡	623024201
达拉乡	623024202
桑坝乡	623024203
尼傲乡	623024204
阿夏乡	623024206
多儿乡	623024207
玛曲县（6 镇，2 乡）	**623025**
尼玛镇	623025101
阿万仓镇	623025102
齐哈玛镇	623025103
曼日玛镇	623025104
欧拉镇	623025105
采日玛镇	623025106
欧拉秀玛乡	623025202
木西合乡	623025204
碌曲县（5 镇，2 乡）	**623026**
郎木寺镇	623026101
玛艾镇	623026102
尕海镇	623026103
西仓镇	623026104
双岔镇	623026105
拉仁关乡	623026203
阿拉乡	623026205
夏河县（8 镇，5 乡）	**623027**
拉卜楞镇	623027100
王格尔塘镇	623027101
阿木去乎镇	623027102
桑科镇	623027103
甘加镇	623027104
麻当镇	623027105
博拉镇	623027106
科才镇	623027107
达麦乡	623027203
曲奥乡	623027205
唐尕昂乡	623027206
扎油乡	623027207
吉仓乡	623027208

青海省

青海省（青）

行政区划名称	行政区划代码
青海省（42 街道，140 镇，194 乡，28 民族乡）	**630000**
西宁市（25 街道，27 镇，17 乡，6 民族乡）	**630100**
城东区（7 街道，2 镇）	**630102**
东关大街街道	630102001
清真巷街道	630102002
大众街街道	630102003
周家泉街道	630102004
火车站街道	630102005
八一路街道	630102006
林家崖街道	630102007
乐家湾镇	630102100
韵家口镇	630102101
城中区（7 街道，1 镇）	**630103**
人民街街道	630103001
南滩街道	630103002
仓门街街道	630103003
礼让街街道	630103004
饮马街街道	630103005
南川东路街道	630103006
南川西路街道	630103007
总寨镇	630103100
城西区（7 街道，1 镇）	**630104**
西关大街街道	630104001
古城台街道	630104002
虎台街道	630104003
胜利路街道	630104004
兴海路街道	630104005
文汇路街道	630104006
通海路街道	630104007
彭家寨镇	630104100
城北区（4 街道，2 镇）	**630105**
朝阳街道	630105001
小桥大街街道	630105002
马坊街道	630105003
火车西站街道	630105004
大堡子镇	630105100
二十里铺镇	630105101
湟中区（10 镇，2 乡，3 民族乡）	**630106**
田家寨镇	630106100
上新庄镇	630106101
鲁沙尔镇	630106102
甘河滩镇	630106103
共和镇	630106104
多巴镇	630106105
拦隆口镇	630106106
上五庄镇	630106107
李家山镇	630106108
西堡镇	630106109
群加藏族乡	630106200
土门关乡	630106201
汉东回族乡	630106202
大才回族乡	630106203
海子沟乡	630106204
大通回族土族自治县（9 镇，9 乡，2 民族乡）	**630121**
桥头镇	630121100
城关镇	630121101
塔尔镇	630121102
东峡镇	630121103
黄家寨镇	630121104
长宁镇	630121105
景阳镇	630121106
多林镇	630121107
新庄镇	630121108
青林乡	630121200
青山乡	630121201
逊让乡	630121202
极乐乡	630121203
宝库乡	630121205
斜沟乡	630121206
良教乡	630121207
向化藏族乡	630121208
桦林乡	630121209
朔北藏族乡	630121210
石山乡	630121212
湟源县（2 镇，6 乡，1 民族乡）	**630123**
城关镇	630123100
大华镇	630123101
东峡乡	630123201
日月藏族乡	630123202
和平乡	630123203
波航乡	630123204
申中乡	630123205
巴燕乡	630123207
寺寨乡	630123208
海东市（5 街道，31 镇，40 乡，19 民族乡）	**630200**
乐都区（2 街道，6 镇，9 乡，3 民族乡）	**630202**
碾伯街道	630202001
岗沟街道	630202002
高庙镇	630202101
瞿昙镇	630202102
洪水镇	630202103
雨润镇	630202104
高店镇	630202105
寿乐镇	630202106
下营藏族乡	630202200
城台乡	630202201
峰堆乡	630202202
达拉土族乡	630202203
共和乡	630202204
中岭乡	630202205
李家乡	630202206
芦花乡	630202207
马营乡	630202208
马厂乡	630202209
中坝藏族乡	630202210
蒲台乡	630202211
平安区（2 街道，1 镇，5 民族乡）	**630203**
平安街道	630203001
小峡街道	630203002
三合镇	630203102

续表 1

行政区划名称	行政区划代码
洪水泉回族乡	630203200
石灰窑回族乡	630203201
古城回族乡	630203202
沙沟回族乡	630203203
巴藏沟回族乡	630203204
民和回族土族自治县（8镇,13乡,1民族乡）	**630222**
川口镇	630222100
古鄯镇	630222101
马营镇	630222102
官亭镇	630222103
巴州镇	630222104
满坪镇	630222105
李二堡镇	630222106
峡门镇	630222107
马场垣乡	630222200
北山乡	630222201
西沟乡	630222202
总堡乡	630222203
隆治乡	630222204
大庄乡	630222205
转导乡	630222206
前河乡	630222207
甘沟乡	630222208
中川乡	630222209
杏儿藏族乡	630222210
核桃庄乡	630222211
新民乡	630222212
松树乡	630222213
互助土族自治县（1街道，7镇，9乡，2民族乡）	**630223**
高寨街道	630223001
威远镇	630223100
丹麻镇	630223101
南门峡镇	630223103
加定镇	630223104
塘川镇	630223105
五十镇	630223106
五峰镇	630223107
红崖子沟乡	630223200
哈拉直沟乡	630223201
松多藏族乡	630223202
东山乡	630223203
东和乡	630223204
东沟乡	630223205
林川乡	630223206
台子乡	630223207
西山乡	630223208
蔡家堡乡	630223209
巴扎藏族乡	630223210
化隆回族自治县（6镇，7乡，4民族乡）	**630224**
巴燕镇	630224100
群科镇	630224101
牙什尕镇	630224102
甘都镇	630224103
扎巴镇	630224104
昂思多镇	630224105
雄先藏族乡	630224200
查甫藏族乡	630224201
二塘乡	630224202
谢家滩乡	630224203
德恒隆乡	630224204
沙连堡乡	630224205
阿什努乡	630224206
石大仓乡	630224207
初麻乡	630224208
金源藏族乡	630224209
塔加藏族乡	630224210
循化撒拉族自治县（3镇，2乡，4民族乡）	**630225**
积石镇	630225100
白庄镇	630225101
街子镇	630225102
道帏藏族乡	630225200
清水乡	630225201
查汗都斯乡	630225202
文都藏族乡	630225203
尕楞藏族乡	630225204
岗察藏族乡	630225205
海北藏族自治州（11镇，17乡，2民族乡）	**632200**
门源回族自治县（4镇，7乡，1民族乡）	**632221**
浩门镇	632221100
青石嘴镇	632221101
泉口镇	632221102
东川镇	632221103
皇城蒙古族乡	632221200
苏吉滩乡	632221201
北山乡	632221202
西滩乡	632221203
麻莲乡	632221204
阴田乡	632221205
仙米乡	632221206
珠固乡	632221207
祁连县（3镇，4乡）	**632222**
八宝镇	632222100
峨堡镇	632222101
默勒镇	632222102
扎麻什乡	632222200
阿柔乡	632222201
野牛沟乡	632222202
央隆乡	632222203
海晏县（2镇，3乡，1民族乡）	**632223**
三角城镇	632223100
西海镇	632223101
金滩乡	632223200
哈勒景蒙古族乡	632223201
青海湖乡	632223202
甘子河乡	632223203
刚察县（2镇，3乡）	**632224**
沙柳河镇	632224100
哈尔盖镇	632224101
伊克乌兰乡	632224201
泉吉乡	632224202
吉尔孟乡	632224203
黄南藏族自治州（12镇，21乡）	**632300**

续表 2

行政区划名称	行政区划代码
同仁市（3镇，8乡）	**632301**
隆务镇	632301100
保安镇	632301101
多哇镇	632301102
兰采乡	632301200
双朋西乡	632301201
扎毛乡	632301202
黄乃亥乡	632301203
曲库乎乡	632301204
年都乎乡	632301205
瓜什则乡	632301206
加吾乡	632301207
尖扎县（3镇，6乡）	**632322**
马克唐镇	632322100
康杨镇	632322101
坎布拉镇	632322102
贾加乡	632322200
措周乡	632322201
昂拉乡	632322202
能科乡	632322203
当顺乡	632322204
尖扎滩乡	632322205
泽库县（4镇，3乡）	**632323**
泽曲镇	632323100
和日镇	632323102
麦秀镇	632323105
宁秀镇	632323106
王家乡	632323203
西卜沙乡	632323206
多禾茂乡	632323207
河南蒙古族自治县（2镇，4乡）	**632324**
优干宁镇	632324100
宁木特镇	632324101
赛尔龙乡	632324202
柯生乡	632324203
多松乡	632324204
托叶玛乡	632324205
海南藏族自治州（19镇，16乡，1民族乡）	**632500**
共和县（7镇，4乡）	**632521**
恰卜恰镇	632521100
塘格木镇	632521101
倒淌河镇	632521102
龙羊峡镇	632521103
江西沟镇	632521104
黑马河镇	632521105
石乃亥镇	632521106
廿地乡	632521201
沙珠玉乡	632521202
铁盖乡	632521204
切吉乡	632521211
同德县（2镇，3乡）	**632522**
尕巴松多镇	632522100
唐谷镇	632522101
巴沟乡	632522200
秀麻乡	632522203
河北乡	632522204
贵德县（4镇，2乡，1民族乡）	**632523**
河阴镇	632523101
河西镇	632523102
拉西瓦镇	632523103
常牧镇	632523104
河东乡	632523201
尕让乡	632523203
新街回族乡	632523204
兴海县（3镇，4乡）	**632524**
子科滩镇	632524100
河卡镇	632524101
曲什安镇	632524102
唐乃亥乡	632524200
中铁乡	632524202
龙藏乡	632524204
温泉乡	632524205
贵南县（3镇，3乡）	**632525**
茫曲镇	632525100
过马营镇	632525101
森多镇	632525102
沙沟乡	632525200
茫拉乡	632525202
塔秀乡	632525203
果洛藏族自治州（8镇，36乡）	**632600**
玛沁县（2镇，6乡）	**632621**
大武镇	632621100
拉加镇	632621101
大武乡	632621200
东倾沟乡	632621201
雪山乡	632621202
下大武乡	632621203
当洛乡	632621204
优云乡	632621205
班玛县（1镇，8乡）	**632622**
赛来塘镇	632622100
多贡麻乡	632622200
马可河乡	632622201
吉卡乡	632622202
达卡乡	632622203
知钦乡	632622204
江日堂乡	632622205
亚尔堂乡	632622206
灯塔乡	632622207
甘德县（1镇，6乡）	**632623**
柯曲镇	632623100
上贡麻乡	632623200
下贡麻乡	632623201
岗龙乡	632623202
江千乡	632623203
青珍乡	632623204
下藏科乡	632623205
达日县（1镇，9乡）	**632624**
吉迈镇	632624100
下红科乡	632624200
上红科乡	632624201
莫坝乡	632624202
桑日麻乡	632624203
特合土乡	632624204
建设乡	632624205
窝赛乡	632624206

续表 3

行政区划名称	行政区划代码	行政区划名称	行政区划代码	行政区划名称	行政区划代码
德昂乡	632624207	清水河镇	632723103	郭勒木德镇	632801100
满掌乡	632624208	珍秦镇	632723104	唐古拉山镇	632801101
久治县（1镇，5乡）	**632625**	尕朵乡	632723200	大格勒乡	632801200
智青松多镇	632625100	拉布乡	632723201	乌图美仁乡	632801201
白玉乡	632625200	**治多县（1镇，5乡）**	**632724**	**德令哈市(3街道,3镇,1乡)**	**632802**
哇尔依乡	632625201	加吉博洛镇	632724100	火车站街道	632802001
哇赛乡	632625202	索加乡	632724200	河东街道	632802002
索乎日麻乡	632625203	扎河乡	632724201	河西街道	632802003
门堂乡	632625204	多彩乡	632724202	尕海镇	632802100
玛多县（2镇，2乡）	**632626**	治渠乡	632724203	怀头他拉镇	632802101
玛查理镇	632626100	立新乡	632724205	柯鲁柯镇	632802102
花石峡镇	632626101	**囊谦县（1镇，9乡）**	**632725**	蓄集乡	632802200
黄河乡	632626200	香达镇	632725100	**茫崖市（3镇）**	**632803**
扎陵湖乡	632626201	白扎乡	632725201	茫崖镇	632803100
玉树藏族自治州（4街道，11镇，33乡）	**632700**	娘拉乡	632725202	花土沟镇	632803101
		毛庄乡	632725203	冷湖镇	632803102
玉树市(4街道,2镇,5乡)	**632701**	觉拉乡	632725204	**乌兰县（4镇）**	**632821**
结古街道	632701001	东坝乡	632725205	希里沟镇	632821100
西杭街道	632701002	吉曲乡	632725206	茶卡镇	632821101
扎西科街道	632701003	尕羊乡	632725207	柯柯镇	632821102
新寨街道	632701004	吉尼赛乡	632725208	铜普镇	632821103
隆宝镇	632701101	着晓乡	632725209	**都兰县（4镇，4乡）**	**632822**
下拉秀镇	632701102	**曲麻莱县（1镇，5乡）**	**632726**	察汗乌苏镇	632822100
仲达乡	632701200	约改镇	632726100	香日德镇	632822101
巴塘乡	632701201	巴干乡	632726200	夏日哈镇	632822102
小苏莽乡	632701202	秋智乡	632726202	宗加镇	632822103
上拉秀乡	632701203	叶格乡	632726203	热水乡	632822200
安冲乡	632701204	麻多乡	632726204	香加乡	632822201
杂多县（1镇，7乡）	**632722**	曲麻河乡	632726205	沟里乡	632822202
萨呼腾镇	632722100	**海西蒙古族藏族自治州（8街道，21镇，14乡）**	**632800**	巴隆乡	632822203
查旦乡	632722200			**天峻县（3镇，7乡）**	**632823**
昂赛乡	632722201			新源镇	632823100
结多乡	632722202	柴旦镇	632823105	江河镇	632823101
阿多乡	632722203	锡铁山镇	632823106	木里镇	632823102
苏鲁乡	632722204	**格尔木市(5街道,2镇,2乡)**	**632801**	阳康乡	632823200
莫云乡	632722206			织合玛乡	632823201
扎青乡	632722207	昆仑路街道	632801001	龙门乡	632823202
称多县（5镇，2乡）	**632723**	金峰路街道	632801002	快尔玛乡	632823203
称文镇	632723100	河西街道	632801003	苏里乡	632823204
歇武镇	632723101	黄河路街道	632801004	生格乡	632823205
扎朵镇	632723102	西藏路街道	632801005	舟群乡	632823206

宁夏回族自治区

宁夏回族自治区（宁）

行政区划名称	行政区划代码
宁夏回族自治区（50 街道，103 镇，90 乡）	**640000**
银川市（28 街道，21 镇，6 乡）	**640100**
兴庆区（12 街道，2 镇，2 乡）	**640104**
凤凰北街街道	640104001
解放西街街道	640104002
文化街街道	640104003
富宁街街道	640104004
新华街街道	640104005
玉皇阁北街街道	640104006
前进街街道	640104007
中山南街街道	640104008
银古路街道	640104009
胜利街街道	640104010
丽景街街道	640104011
星河街街道	640104012
掌政镇	640104100
大新镇	640104101
通贵乡	640104200
月牙湖乡	640104201
西夏区（7 街道，2 镇）	**640105**
西花园路街道	640105001
北京西路街道	640105002
文昌路街道	640105003
朔方路街道	640105004
宁华路街道	640105005
贺兰山西路街道	640105006
怀远路街道	640105007
兴泾镇	640105100
镇北堡镇	640105101
金凤区（6 街道，2 镇）	**640106**
满城北街街道	640106001
黄河东路街道	640106002
长城中路街道	640106003
北京中路街道	640106004
上海西路街道	640106005
贺兰山中路街道	640106006
良田镇	640106100
丰登镇	640106101
永宁县（1 街道，5 镇，1 乡）	**640121**
团结西路街道	640121001
杨和镇	640121100
李俊镇	640121101
望远镇	640121102
望洪镇	640121103
闽宁镇	640121104
胜利乡	640121200
贺兰县（1 街道，4 镇，1 乡）	**640122**
富兴街街道	640122001
习岗镇	640122100
金贵镇	640122101
立岗镇	640122102
洪广镇	640122103
常信乡	640122200
灵武市（1 街道，6 镇，2 乡）	**640181**
城区街道	640181001
东塔镇	640181100
郝家桥镇	640181101
崇兴镇	640181102
宁东镇	640181103
马家滩镇	640181104
临河镇	640181105
梧桐树乡	640181200
白土岗乡	640181201
石嘴山市（16 街道，11 镇，9 乡）	**640200**
大武口区（10 街道，1 镇）	**640202**
长胜街道	640202001
朝阳街道	640202002
人民路街道	640202003
长城街道	640202004
青山街道	640202005
石炭井街道	640202006
白芨沟街道	640202007
沟口街道	640202008
长兴街道	640202010
锦林街道	640202011
星海镇	640202100
惠农区（6 街道，3 镇，3 乡）	**640205**
育才路街道	640205001
南街街道	640205002
中街街道	640205003
北街街道	640205004
河滨街街道	640205005
火车站街道	640205006
红果子镇	640205100
尾闸镇	640205101
园艺镇	640205102
庙台乡	640205200
礼和乡	640205201
燕子墩乡	640205202
平罗县（7 镇，6 乡）	**640221**
城关镇	640221100
黄渠桥镇	640221101
宝丰镇	640221102
头闸镇	640221103
姚伏镇	640221104
崇岗镇	640221105
陶乐镇	640221106
高庄乡	640221200
灵沙乡	640221201
渠口乡	640221202
通伏乡	640221203
高仁乡	640221204
红崖子乡	640221205
吴忠市（3 街道，29 镇，15 乡）	**640300**
利通区（8 镇，4 乡）	**640302**
金积镇	640302100
金银滩镇	640302101
高闸镇	640302102
扁担沟镇	640302103
上桥镇	640302104
古城镇	640302105
金星镇	640302106
胜利镇	640302107
东塔寺乡	640302200
板桥乡	640302201
马莲渠乡	640302202
郭家桥乡	640302203
红寺堡区(1 街道,2 镇,3 乡)	**640303**
新民街道	640303001

续表 1

行政区划名称	行政区划代码	行政区划名称	行政区划代码	行政区划名称	行政区划代码
红寺堡镇	640303100	河川乡	640402201	城阳乡	640425201
太阳山镇	640303101	炭山乡	640402204	冯庄乡	640425203
大河乡	640303200	寨科乡	640402205	小岔乡	640425204
新庄集乡	640303201	**西吉县（4 镇，15 乡）**	**640422**	孟塬乡	640425205
柳泉乡	640303202	吉强镇	640422100	罗洼乡	640425206
盐池县(1 街道,4 镇,4 乡)	**640323**	兴隆镇	640422101	交岔乡	640425207
盐州路街道	640323001	平峰镇	640422102	草庙乡	640425208
花马池镇	640323100	将台堡镇	640422103	**中卫市（21 镇，19 乡）**	**640500**
大水坑镇	640323101	新营乡	640422200	**沙坡头区（10 镇，1 乡）**	**640502**
惠安堡镇	640323102	红耀乡	640422201	滨河镇	640502100
高沙窝镇	640323103	田坪乡	640422202	文昌镇	640502101
王乐井乡	640323200	马建乡	640422203	东园镇	640502102
冯记沟乡	640323201	震湖乡	640422204	柔远镇	640502103
青山乡	640323202	兴坪乡	640422205	镇罗镇	640502104
麻黄山乡	640323203	西滩乡	640422206	宣和镇	640502105
同心县（7 镇，4 乡）	**640324**	王民乡	640422207	永康镇	640502106
豫海镇	640324100	什字乡	640422208	常乐镇	640502107
河西镇	640324101	马莲乡	640422209	迎水桥镇	640502108
韦州镇	640324102	硝河乡	640422211	兴仁镇	640502109
下马关镇	640324103	偏城乡	640422212	香山乡	640502200
予旺镇	640324104	沙沟乡	640422213	**中宁县（6 镇，6 乡）**	**640521**
王团镇	640324105	白崖乡	640422214	宁安镇	640521100
丁塘镇	640324106	火石寨乡	640422215	鸣沙镇	640521101
田老庄乡	640324201	**隆德县（3 镇，10 乡）**	**640423**	石空镇	640521102
马高庄乡	640324202	城关镇	640423100	新堡镇	640521103
张家垣乡	640324203	沙塘镇	640423101	恩和镇	640521104
兴隆乡	640324204	联财镇	640423102	大战场镇	640521105
青铜峡市（1 街道，8 镇）	**640381**	陈靳乡	640423200	舟塔乡	640521200
裕民街道	640381001	好水乡	640423201	白马乡	640521201
小坝镇	640381100	观庄乡	640423202	余丁乡	640521202
大坝镇	640381101	杨河乡	640423203	喊叫水乡	640521204
青铜峡镇	640381102	神林乡	640423204	徐套乡	640521205
叶盛镇	640381103	张程乡	640423205	太阳梁乡	640521206
瞿靖镇	640381104	凤岭乡	640423206	**海原县（5 镇，12 乡）**	**640522**
峡口镇	640381105	山河乡	640423207	海城镇	640522100
邵岗镇	640381106	温堡乡	640423208	李旺镇	640522101
陈袁滩镇	640381107	奠安乡	640423209	西安镇	640522103
固原市（3 街道，	**640400**	**泾源县（3 镇，4 乡）**	**640424**	三河镇	640522104
21 镇，41 乡）		香水镇	640424100	七营镇	640522105
原州区(3 街道,7 镇,4 乡)	**640402**	泾河源镇	640424101	史店乡	640522200
南关街道	640402001	六盘山镇	640424102	树台乡	640522201
古雁街道	640402002	新民乡	640424200	关桥乡	640522202
北塬街道	640402003	兴盛乡	640424201	高崖乡	640522206
三营镇	640402100	黄花乡	640424202	郑旗乡	640522207
官厅镇	640402103	大湾乡	640424203	贾塘乡	640522208
开城镇	640402104	**彭阳县（4 镇，8 乡）**	**640425**	曹洼乡	640522209
张易镇	640402105	白阳镇	640425100	九彩乡	640522210
彭堡镇	640402106	王洼镇	640425101	李俊乡	640522211
头营镇	640402107	古城镇	640425102	红羊乡	640522212
黄铎堡镇	640402108	红河镇	640425103	关庄乡	640522213
中河乡	640402200	新集乡	640425200	甘城乡	640522214

新疆维吾尔自治区

新疆维吾尔自治区（新）

行政区划名称	行政区划代码
新疆维吾尔自治区（224 街道，480 镇，415 乡，42 民族乡，1 区公所）	**650000**
乌鲁木齐市（82 街道，10 镇，11 乡，1 民族乡）	**650100**
天山区（16 街道）	**650102**
燕儿窝街道	650102002
胜利路街道	650102003
团结路街道	650102004
解放南路街道	650102005
新华南路街道	650102006
和平路街道	650102007
解放北路街道	650102008
幸福路街道	650102009
东门街道	650102010
新华北路街道	650102011
青年路街道	650102012
碱泉街道	650102013
延安路街道	650102014
红雁街道	650102015
南草滩街道	650102016
东泉路街道	650102017
沙依巴克区（16 街道）	**650103**
长江路街道	650103001
和田街道	650103002
扬子江路街道	650103003
友好南路街道	650103004
友好北路街道	650103005
八一街道	650103006
炉院街街道	650103007
西山街道	650103008
雅玛里克山街道	650103009
红庙子街道	650103010
平顶山街道	650103012
长胜东街道	650103013
长胜西街道	650103014
长胜南街道	650103015
骑马山街道	650103016
环卫路街道	650103017
新市区（17 街道，1 镇，4 乡）	**650104**
北京路街道	650104001
二工街道	650104002
三工街道	650104003
石油新村街道	650104004
迎宾路街道	650104005
喀什东路街道	650104006
南纬路街道	650104009
杭州路街道	650104010
天津路街道	650104011
银川路街道	650104012
高新街街道	650104013
长春中路街道	650104014
友谊路街道	650104017
百园路街道	650104019
机场街道	650104020
正扬路街道	650104021
鲤鱼山街道	650104022
安宁渠镇	650104100
二工乡	650104200
地窝堡乡	650104201
六十户乡	650104202
青格达湖乡	650104203
水磨沟区（14 街道）	**650105**
水磨沟街道	650105001
六道湾街道	650105002
苇湖梁街道	650105003
八道湾街道	650105004
新民路街道	650105005
南湖南路街道	650105006
南湖北路街道	650105007
七道湾街道	650105008
榆树沟街道	650105009
石人子沟街道	650105010
振安街街道	650105011
华光街街道	650105012
水塔山街道	650105013
龙盛街街道	650105014
头屯河区（9 街道）	**650106**
头屯河街道	650106001
火车西站街道	650106002
王家沟街道	650106003
乌昌路街道	650106004
北站西路街道	650106005
中亚南路街道	650106016
中亚北路街道	650106017
北站东路街道	650106018
嵩山街街道	650106019
达坂城区（3 街道，1 镇，3 乡）	**650107**
乌拉泊街道	650107001
艾维尔沟街道	650107002
盐湖街道	650107003
达坂城镇	650107100
东沟乡	650107200
西沟乡	650107201
阿克苏乡	650107202
米东区（7 街道，5 镇，1 乡，1 民族乡）	**650109**
石化街道	650109001
地磅街道	650109002
卡子湾街道	650109003
古牧地东路街道	650109004
古牧地西路街道	650109005
米东南路街道	650109006
永祥街街道	650109007
古牧地镇	650109100
铁厂沟镇	650109101
长山子镇	650109102

续表 1

行政区划名称	行政区划代码
羊毛工镇	650109103
三道坝镇	650109104
芦草沟乡	650109200
柏杨河哈萨克族乡	650109300
乌鲁木齐县（3镇，3乡）	**650121**
水西沟镇	650121100
永丰镇	650121101
板房沟镇	650121102
萨尔达坂乡	650121207
甘沟乡	650121208
托里乡	650121213
克拉玛依市（14街道，1镇，1乡）	**650200**
独山子区（3街道）	**650202**
金山路街道	650202001
西宁路街道	650202002
新北区街道	650202003
克拉玛依区（7街道，1乡）	**650203**
天山路街道	650203001
胜利路街道	650203002
昆仑路街道	650203003
银河路街道	650203004
五五新镇街道	650203006
迎宾街道	650203007
古海街道	650203008
小拐乡	650203200
白碱滩区（3街道）	**650204**
中兴路街道	650204001
三平路街道	650204002
金龙镇街道	650204003
乌尔禾区（1街道，1镇）	**650205**
柳树街街道	650205001
乌尔禾镇	650205100
吐鲁番市（3街道，20镇，6乡，1民族乡）	**650400**
高昌区（3街道，6镇，3乡）	650402
老城路街道	650402001
高昌路街道	650402002
葡萄沟街道	650402003
七泉湖镇	650402100
大河沿镇	650402101
亚尔镇	650402102
葡萄镇	650402103
艾丁湖镇	650402104
火焰山镇	650402105
恰特喀勒乡	650402202
三堡乡	650402204
胜金乡	650402205
鄯善县（7镇，2乡，1民族乡）	**650421**
鄯善镇	650421100
七克台镇	650421101
鄯善火车站镇	650421102
连木沁镇	650421103
鲁克沁镇	650421104
迪坎镇	650421105
辟展镇	650421106
东巴扎回族乡	650421201
吐峪沟乡	650421202
达朗坎乡	650421203
托克逊县（7镇，1乡）	**650422**
托克逊镇	650422100
库米什镇	650422101
克尔碱镇	650422102
阿乐惠镇	650422103
伊拉湖镇	650422104
夏镇	650422105
博斯坦镇	650422106
郭勒布依乡	650422201
哈密市（5街道，15镇，20乡，3民族乡）	**650500**
伊州区（5街道，7镇，10乡，2民族乡）	**650502**
东河街道	650502001
西河街道	650502002
新市街道	650502003
丽园街道	650502004
石油新城街道	650502005
雅满苏镇	650502100
七角井镇	650502101
星星峡镇	650502102
二堡镇	650502103
五堡镇	650502104
陶家宫镇	650502105
三道岭镇	650502106
沁城乡	650502200
乌拉台哈萨克族乡	650502201
双井子乡	650502202
大泉湾乡	650502203
回城乡	650502205
花园乡	650502206
南湖乡	650502207
德外里都如克哈萨克族乡	650502209
西山乡	650502210
天山乡	650502211
白石头乡	650502212
柳树沟乡	650502214
巴里坤哈萨克自治县（5镇，7乡）	**650521**
巴里坤镇	650521100
博尔羌吉镇	650521101
大河镇	650521102
奎苏镇	650521103
三塘湖镇	650521104
萨尔乔克乡	650521200
海子沿乡	650521201
下涝坝乡	650521202
石人子乡	650521205
花园乡	650521206
大红柳峡乡	650521208

续表 2

行政区划名称	行政区划代码
八墙子乡	650521209
伊吾县（3 镇，3 乡，1 民族乡）	**650522**
伊吾镇	650522100
淖毛湖镇	650522101
盐池镇	650522102
苇子峡乡	650522201
下马崖乡	650522202
吐葫芦乡	650522204
前山哈萨克族乡	650522205
昌吉回族自治州（9 街道，46 镇，15 乡，11 民族乡）	**652300**
昌吉市（6 街道，8 镇，1 乡，1 民族乡）	**652301**
宁边路街道	652301001
延安北路街道	652301002
北京南路街道	652301003
绿洲路街道	652301004
中山路街道	652301005
建国路街道	652301016
硫磺沟镇	652301101
三工镇	652301102
榆树沟镇	652301103
六工镇	652301104
二六工镇	652301105
大西渠镇	652301106
滨湖镇	652301107
佃坝镇	652301108
庙尔沟乡	652301204
阿什里哈萨克族乡	652301205
阜康市（3 街道，4 镇，1 乡，2 民族乡）	**652302**
博峰街道	652302001
阜新街道	652302002
准东街道	652302004
甘河子镇	652302100
城关镇	652302101
九运街镇	652302102
滋泥泉子镇	652302103
三工河哈萨克族乡	652302200
上户沟哈萨克族乡	652302201
水磨沟乡	652302202
呼图壁县（6 镇，1 民族乡）	**652323**
呼图壁镇	652323100
大丰镇	652323101
雀尔沟镇	652323102
二十里店镇	652323103
园户村镇	652323104
五工台镇	652323105
石梯子哈萨克族乡	652323201
玛纳斯县（7 镇，1 乡，3 民族乡）	**652324**
玛纳斯镇	652324100
乐土驿镇	652324101
包家店镇	652324102
凉州户镇	652324103
北五岔镇	652324104
六户地镇	652324105
兰州湾镇	652324106
广东地乡	652324201
清水河哈萨克族乡	652324202
塔西河哈萨克族乡	652324203
旱卡子滩哈萨克族乡	652324204
奇台县（10 镇，3 乡，3 民族乡）	**652325**
奇台镇	652325100
老奇台镇	652325101
半截沟镇	652325102
吉布库镇	652325103
东湾镇	652325104
西地镇	652325105
碧流河镇	652325106
三个庄子镇	652325107
西北湾镇	652325108
芨芨湖镇	652325109
坎尔孜乡	652325202
五马场哈萨克族乡	652325203
古城乡	652325204
乔仁哈萨克族乡	652325205
七户乡	652325206
大泉塔塔尔族乡	652325208
吉木萨尔县（7 镇，3 乡）	**652327**
吉木萨尔镇	652327100
三台镇	652327101
泉子街镇	652327102
北庭镇	652327103
二工镇	652327104
大有镇	652327105
五彩湾镇	652327106
庆阳湖乡	652327202
老台乡	652327203
新地乡	652327205
木垒哈萨克自治县（4 镇,6 乡,1 民族乡）	**652328**
木垒镇	652328100
西吉尔镇	652328103
东城镇	652328104
新户镇	652328105
英格堡乡	652328200
照壁山乡	652328205
大南沟乌孜别克族乡	652328209
雀仁乡	652328210
白杨河乡	652328211
大石头乡	652328212
博斯坦乡	652328213
博尔塔拉蒙古自治州（6 街道,12 镇,5 乡）	**652700**
博乐市（5 街道，4 镇，1 乡）	**652701**
青得里街道	652701001
顾里木图街道	652701002
南城区街道	652701005
克尔根卓街道	652701006

续表 3

行政区划名称	行政区划代码
青达拉街道	652701007
小营盘镇	652701100
达勒特镇	652701101
乌图布拉格镇	652701102
青得里镇	652701103
贝林哈日莫墩乡	652701201
阿拉山口市（1 街道，1 镇）	**652702**
阿拉套街道	652702002
艾比湖镇	652702100
精河县（4 镇，1 乡）	**652722**
精河镇	652722100
大河沿子镇	652722101
托里镇	652722102
托托镇	652722103
茫丁乡	652722200
温泉县（3 镇，3 乡）	**652723**
博格达尔镇	652723100
哈日布呼镇	652723101
安格里格镇	652723102
查干屯格乡	652723201
扎勒木特乡	652723202
塔秀乡	652723203
巴音郭楞蒙古自治州（7 街道，39 镇，46 乡，1 民族乡）	**652800**
库尔勒市（7 街道，4 镇，8 乡）	**652801**
团结街道	652801001
萨依巴格街道	652801002
天山街道	652801003
新城街道	652801004
建设街道	652801005
梨香街道	652801006
朝阳街道	652801007
塔什店镇	652801100
上户镇	652801101
西尼尔镇	652801102
哈拉玉宫镇	652801103
铁克其乡	652801200
恰尔巴格乡	652801201
英下乡	652801202
兰干乡	652801203
和什力克乡	652801204
阿瓦提乡	652801206
托布力其乡	652801207
普惠乡	652801208
轮台县（4 镇，7 乡）	**652822**
轮台镇	652822100
轮南镇	652822101
群巴克镇	652822102
阳霞镇	652822103
哈尔巴克乡	652822201
野云沟乡	652822202
阿克萨来乡	652822203
塔尔拉克乡	652822204
草湖乡	652822205
铁热克巴扎乡	652822206
策大雅乡	652822207
尉犁县（3 镇，5 乡）	**652823**
尉犁镇	652823100
团结镇	652823101
兴平镇	652823102
塔里木乡	652823200
墩阔坦乡	652823203
喀尔曲尕乡	652823204
阿克苏甫乡	652823205
古勒巴格乡	652823206
若羌县（5 镇，3 乡）	**652824**
若羌镇	652824100
依吞布拉克镇	652824101
罗布泊镇	652824102
瓦石峡镇	652824103
铁干里克镇	652824104
吾塔木乡	652824201
铁木里克乡	652824203
祁曼塔格乡	652824204
且末县（6 镇，7 乡）	**652825**
且末镇	652825100
奥依亚依拉克镇	652825101
塔提让镇	652825102
塔中镇	652825103
阿羌镇	652825104
阿热勒镇	652825105
琼库勒乡	652825201
托格拉克勒克乡	652825202
巴格艾日克乡	652825203
英吾斯塘乡	652825204
阿克提坎墩乡	652825205
阔什萨特玛乡	652825206
库拉木勒克乡	652825209
焉耆回族自治县（4 镇，4 乡）	**652826**
焉耆镇	652826100
七个星镇	652826101
永宁镇	652826102
四十里城子镇	652826103
北大渠乡	652826200
五号渠乡	652826201
查汗采开乡	652826203
包尔海乡	652826204
和静县（8 镇，4 乡）	**652827**
和静镇	652827100
巴仑台镇	652827101
巴润哈尔莫墩镇	652827102
哈尔莫墩镇	652827103
巴音布鲁克镇	652827104
巩乃斯镇	652827105
乃门莫墩镇	652827106
协比乃尔布呼镇	652827107
克尔古提乡	652827203
阿拉沟乡	652827204
额勒再特乌鲁乡	652827205
巴音郭楞乡	652827206

续表4

行政区划名称	行政区划代码
和硕县（3镇，3乡，1民族乡）	**652828**
特吾里克镇	652828100
塔哈其镇	652828101
曲惠镇	652828102
乌什塔拉回族乡	652828200
苏哈特乡	652828203
乃仁克尔乡	652828204
新塔热乡	652828205
博湖县（2镇，5乡）	**652829**
博湖镇	652829100
本布图镇	652829101
塔温觉肯乡	652829200
乌兰再格森乡	652829202
才坎诺尔乡	652829203
查干诺尔乡	652829204
博斯腾湖乡	652829205
阿克苏地区（12街道，48镇，37乡，2民族乡）	**652900**
阿克苏市（7街道，4镇，3乡）	**652901**
兰干街道	652901001
英巴扎街道	652901002
红桥街道	652901003
新城街道	652901004
南城街道	652901005
柯柯牙街道	652901006
多浪街道	652901007
喀拉塔勒镇	652901100
阿依库勒镇	652901101
依干其镇	652901102
柳源镇	652901103
拜什吐格曼乡	652901201
托普鲁克乡	652901202
库木巴什乡	652901203
库车市（5街道，9镇，5乡）	**652902**
热斯坦街道	652902001
萨克萨克街道	652902002
新城街道	652902003
东城街道	652902004
城南街道	652902005
乌恰镇	652902100
阿拉哈格镇	652902101
齐满镇	652902102
墩阔坦镇	652902103
牙哈镇	652902104
乌尊镇	652902105
伊西哈拉镇	652902106
雅克拉镇	652902107
塔里木镇	652902108
玉奇吾斯塘乡	652902200
比西巴格乡	652902201
哈尼喀塔木乡	652902202
阿克吾斯塘乡	652902203
阿格乡	652902204
温宿县（5镇，4乡，1民族乡）	**652922**
温宿镇	652922100
吐木秀克镇	652922101
克孜勒镇	652922102
阿热勒镇	652922103
佳木镇	652922104
托乎拉乡	652922200
恰格拉克乡	652922202
依希来木其乡	652922204
古勒阿瓦提乡	652922206
博孜墩柯尔克孜族乡	652922207
沙雅县（7镇，4乡）	**652924**
沙雅镇	652924100
托依堡勒迪镇	652924101
红旗镇	652924102
英买力镇	652924103
哈德墩镇	652924104
古勒巴格镇	652924105
海楼镇	652924106
努尔巴格乡	652924205
塔里木乡	652924206
盖孜库木乡	652924207
央塔克协海尔乡	652924208
新和县（6镇，2乡）	**652925**
新和镇	652925100
尤鲁都斯巴格镇	652925101
依其艾日克镇	652925102
塔什艾日克镇	652925103
排先拜巴扎镇	652925104
玉奇喀特镇	652925105
渭干乡	652925203
塔木托格拉克乡	652925205
拜城县（4镇，10乡）	**652926**
拜城镇	652926100
铁热克镇	652926101
察尔齐镇	652926102
赛里木镇	652926103
黑英山乡	652926200
克孜尔乡	652926201
托克逊乡	652926203
亚吐尔乡	652926204
康其乡	652926205
布隆乡	652926206
米吉克乡	652926207
温巴什乡	652926208
大桥乡	652926209
老虎台乡	652926210
乌什县（3镇，5乡，1民族乡）	**652927**
乌什镇	652927100
阿合雅镇	652927101
依麻木镇	652927102
阿克托海乡	652927200
亚科瑞克乡	652927201
阿恰塔格乡	652927202
英阿瓦提乡	652927205
亚曼苏柯尔克孜族乡	652927206

续表 5

行政区划名称	行政区划代码
奥特贝希乡	652927207
阿瓦提县（7 镇，2 乡）	**652928**
阿瓦提镇	652928100
乌鲁却勒镇	652928101
拜什艾日克镇	652928102
塔木托格拉克镇	652928103
英艾日克镇	652928104
阿依巴格镇	652928105
三河镇	652928106
多浪乡	652928203
巴格托格拉克乡	652928204
柯坪县（3 镇，2 乡）	**652929**
柯坪镇	652929100
盖孜力克镇	652929101
阿恰勒镇	652929102
玉尔其乡	652929201
启浪乡	652929203
克孜勒苏柯尔克孜自治州（3 街道，12 镇，23 乡，1 民族乡）	**653000**
阿图什市（3 街道，3 镇，4 乡）	**653001**
幸福街道	653001001
光明街道	653001002
新城街道	653001003
上阿图什镇	653001100
松他克镇	653001101
阿扎克镇	653001102
阿湖乡	653001202
格达良乡	653001204
哈拉峻乡	653001205
吐古买提乡	653001206
阿克陶县（5 镇，6 乡，1 民族乡）	**653022**
阿克陶镇	653022100
奥依塔克镇	653022101
克孜勒陶镇	653022102
恰尔隆镇	653022103
玉麦镇	653022104
皮拉勒乡	653022201
巴仁乡	653022202
喀热开其克乡	653022203
加马铁热克乡	653022204
木吉乡	653022205
布伦口乡	653022206
塔尔塔吉克族乡	653022210
阿合奇县（1 镇，5 乡）	**653023**
阿合奇镇	653023100
库兰萨日克乡	653023200
色帕巴依乡	653023201
苏木塔什乡	653023202
哈拉奇乡	653023203
哈拉布拉克乡	653023204
乌恰县（3 镇，8 乡）	**653024**
乌恰镇	653024100
康苏镇	653024101
巴音库鲁提镇	653024102
乌鲁克恰提乡	653024200
吾合沙鲁乡	653024201
膘尔托阔依乡	653024202
黑孜苇乡	653024203
托云乡	653024204
铁列克乡	653024205
波斯坦铁列克乡	653024207
吉根乡	653024208
喀什地区（15 街道，58 镇，109 乡，3 民族乡，1 区公所）	**653100**
喀什市（10 街道，2 镇，9 乡）	**653101**
恰萨街道	653101001
亚瓦格街道	653101002
吾斯塘博依街道	653101003
库木代尔瓦扎街道	653101005
东湖街道	653101006
西域大道街道	653101007
西公园街道	653101008
迎宾大道街道	653101009
和谐街道	653101010
学府街道	653101011
夏马勒巴格镇	653101100
乃则尔巴格镇	653101101
多来特巴格乡	653101202
浩罕乡	653101203
色满乡	653101204
荒地乡	653101205
帕哈太克里乡	653101206
伯什克然木乡	653101207
阿瓦提乡	653101208
英吾斯坦乡	653101209
阿克喀什乡	653101210
疏附县（5 镇，5 乡）	**653121**
托克扎克镇	653121100
兰干镇	653121101
吾库萨克镇	653121102
乌帕尔镇	653121103
石园镇	653121104
塔什米里克乡	653121201
铁日木乡	653121202
布拉克苏乡	653121203
站敏乡	653121205
木什乡	653121211
疏勒县（3 镇，12 乡）	**653122**
疏勒镇	653122100
罕南力克镇	653122101
牙甫泉镇	653122102
巴仁乡	653122200
洋大曼乡	653122201
亚曼牙乡	653122202
巴合齐乡	653122203
塔孜洪乡	653122204
英尔力克乡	653122205
库木西力克乡	653122206
塔尕尔其乡	653122207
艾尔木东乡	653122208

续表 6

行政区划名称	行政区划代码	行政区划名称	行政区划代码	行政区划名称	行政区划代码
阿拉力乡	653122209	城东街道	653125003	金果镇	653126104
阿拉甫乡	653122210	城西街道	653125004	依提木孔镇	653126105
英阿瓦提乡	653122211	城北街道	653125005	白杨镇	653126106
英吉沙县（4 镇，10 乡）	**653123**	莎车镇	653125100	伯西热克镇	653126107
英吉沙镇	653123100	恰热克镇	653125101	河园镇	653126108
乌恰镇	653123101	艾力西湖镇	653125102	洛克乡	653126200
芒辛镇	653123102	荒地镇	653125103	铁提乡	653126202
萨罕镇	653123103	阿瓦提镇	653125104	吐古其乡	653126204
城关乡	653123200	白什坎特镇	653125105	江格勒斯乡	653126205
乔勒潘乡	653123201	依盖尔其镇	653125106	巴仁乡	653126207
龙甫乡	653123202	古勒巴格镇	653125107	乌吉热克乡	653126208
色提力乡	653123204	米夏镇	653125108	夏合甫乡	653126209
英也尔乡	653123206	托木吾斯塘镇	653125109	依力克其乡	653126210
克孜勒乡	653123207	塔尕尔其镇	653125110	宗朗乡	653126212
托普鲁克乡	653123208	乌达力克镇	653125111	柯克亚乡	653126213
苏盖提乡	653123209	阿拉买提镇	653125112	西合休乡	653126214
艾古斯乡	653123211	阿扎特巴格镇	653125113	棋盘乡	653126215
依格孜也尔乡	653123212	阿热勒乡	653125201	**麦盖提县（2 镇，8 乡）**	**653127**
泽普县（2 镇，10 乡，1 民族乡，1 区公所）	**653124**	恰尔巴格乡	653125202	麦盖提镇	653127100
		英吾斯塘乡	653125204	巴扎结米镇	653127101
泽普镇	653124100	阿尔斯兰巴格乡	653125206	希依提墩乡	653127201
奎依巴格镇	653124101	孜热甫夏提塔吉克族乡	653125207	央塔克乡	653127202
波斯喀木乡	653124200			吐曼塔勒乡	653127203
依玛乡	653124201	亚喀艾日克乡	653125208	尕孜库勒乡	653127204
古勒巴格乡	653124202	喀群乡	653125209	克孜勒阿瓦提乡	653127205
赛力乡	653124203	霍什拉甫乡	653125210	库木库萨尔乡	653127206
依克苏乡	653124204	达木斯乡	653125211	昂格特勒克乡	653127207
图呼其乡	653124205	伊什库力乡	653125213	库尔玛乡	653127208
奎依巴格乡	653124206	拍克其乡	653125214	**岳普湖县（4 镇，5 乡）**	**653128**
阿克塔木乡	653124207	阔什艾日克乡	653125216	岳普湖镇	653128100
阿依库勒乡	653124208	墩巴格乡	653125217	艾西曼镇	653128101
布依鲁克塔吉克族乡	653124209	巴格阿瓦提乡	653125220	铁热木镇	653128102
桐安乡	653124210	喀拉苏乡	653125221	也克先拜巴扎镇	653128103
奎依巴格区公所	653124999	**叶城县（9 镇，12 乡）**	**653126**	岳普湖乡	653128200
莎车县（5 街道，14 镇，14 乡，1 民族乡）	**653125**	喀格勒克镇	653126100	阿其克乡	653128203
		恰尔巴格镇	653126101	色也克乡	653128204
叶尔羌街道	653125001	乌夏克巴什镇	653126102	巴依阿瓦提乡	653128206
城中街道	653125002	阿克塔什镇	653126103	阿洪鲁库木乡	653128207

续表 7

行政区划名称	行政区划代码
伽师县（7 镇，6 乡）	**653129**
巴仁镇	653129100
西克尔库勒镇	653129101
夏普吐勒镇	653129102
卧里托格拉克镇	653129103
克孜勒博依镇	653129104
和夏阿瓦提镇	653129105
英买里镇	653129106
铁日木乡	653129200
江巴孜乡	653129202
米夏乡	653129205
克孜勒苏乡	653129208
古勒鲁克乡	653129209
玉代克力克乡	653129210
巴楚县（4 镇，8 乡）	**653130**
巴楚镇	653130100
色力布亚镇	653130101
阿瓦提镇	653130102
三岔口镇	653130103
恰尔巴格乡	653130200
多来提巴格乡	653130201
阿纳库勒乡	653130202
夏玛勒乡	653130203
阿克萨克马热勒乡	653130204
阿拉格尔乡	653130205
琼库尔恰克乡	653130206
英吾斯塘乡	653130207
塔什库尔干塔吉克自治县（2 镇，10 乡，1 民族乡）	**653131**
塔什库尔干镇	653131100
塔吉克阿巴提镇	653131101
塔什库尔干乡	653131200
塔合曼乡	653131201
科克亚尔柯尔克孜族乡	653131202
提孜那甫乡	653131203
达布达尔乡	653131204
马尔洋乡	653131205
瓦恰乡	653131206
班迪尔乡	653131207
库科西鲁格乡	653131208
大同乡	653131210
布伦木沙乡	653131212
和田地区（5 街道，29 镇，62 乡，2 民族乡）	**653200**
和田市（5 街道，3 镇，5 乡）	**653201**
奴尔巴格街道	653201001
古江巴格街道	653201002
古勒巴格街道	653201003
纳尔巴格街道	653201004
玉河街道	653201005
拉斯奎镇	653201100
玉龙喀什镇	653201101
吐沙拉镇	653201102
肖尔巴格乡	653201200
伊里其乡	653201201
古江巴格乡	653201202
吉亚乡	653201204
阿克恰勒乡	653201205
和田县（4 镇，10 乡）	**653221**
巴格其镇	653221100
罕艾日克镇	653221101
红柳镇	653221102
百和镇	653221103
英阿瓦提乡	653221202
英艾日克乡	653221203
布扎克乡	653221204
拉依喀乡	653221205
朗如乡	653221206
塔瓦库勒乡	653221207
依斯拉木阿瓦提乡	653221208
色格孜库勒乡	653221209
喀什塔什乡	653221210
吾宗肖乡	653221211
墨玉县（5 镇，11 乡）	**653222**
喀拉喀什镇	653222100
扎瓦镇	653222101
奎牙镇	653222102
喀尔赛镇	653222103
普恰克其镇	653222104
阿克萨拉依乡	653222203
乌尔其乡	653222204
托胡拉乡	653222205
萨依巴格乡	653222206
加汗巴格乡	653222207
芒来乡	653222209
阔依其乡	653222210
雅瓦乡	653222211
吐外特乡	653222212
英也尔乡	653222213
喀瓦克乡	653222214
皮山县（7 镇，7 乡，2 民族乡）	**653223**
固玛镇	653223100
杜瓦镇	653223101
赛图拉镇	653223102
木吉镇	653223103
阔什塔格镇	653223104
桑株镇	653223105
科克铁热克镇	653223106
克里阳乡	653223201
乔达乡	653223205
木奎拉乡	653223206
藏桂乡	653223207
皮亚勒玛乡	653223208
皮西那乡	653223209
巴什兰干乡	653223210
垴阿巴提塔吉克族乡	653223211
康克尔柯尔克孜族乡	653223212
洛浦县（5 镇，4 乡）	**653224**
洛浦镇	653224100
山普鲁镇	653224101
杭桂镇	653224102

续表 8

行政区划名称	行政区划代码
恰尔巴格镇	653224103
多鲁镇	653224104
布亚乡	653224201
纳瓦乡	653224206
拜什托格拉克乡	653224207
阿其克乡	653224208
策勒县（2 镇，6 乡）	**653225**
策勒镇	653225100
固拉合玛镇	653225101
策勒乡	653225200
达玛沟乡	653225202
恰哈乡	653225203
乌鲁克萨依乡	653225204
奴尔乡	653225205
博斯坦乡	653225206
于田县（2 镇，13 乡）	**653226**
木尕拉镇	653226100
先拜巴扎镇	653226101
加依乡	653226200
科克亚乡	653226201
阿热勒乡	653226202
阿日希乡	653226203
兰干乡	653226204
斯也克乡	653226205
托格日尕孜乡	653226206
喀拉克尔乡	653226207
奥依托格拉克乡	653226208
阿羌乡	653226209
英巴格乡	653226210
希吾勒乡	653226211
达里雅布依乡	653226212
民丰县（1 镇，6 乡）	**653227**
尼雅镇	653227100
尼雅乡	653227200
若克雅乡	653227201
萨勒吾则克乡	653227202
叶亦克乡	653227203
安迪尔乡	653227204
亚瓦通古孜乡	653227205
伊犁哈萨克自治州（23 街道，60 镇，27 乡，10 民族乡）	**654000**
伊宁市（12 街道，4 镇，5 乡）	**654002**
萨依布依街道	654002001
墩买里街道	654002002
伊犁河路街道	654002003
喀赞其街道	654002004
都来提巴格街道	654002005
琼科瑞克街道	654002006
艾兰木巴格街道	654002007
解放路街道	654002008
北京路街道	654002009
上海路街道	654002010
重庆路街道	654002011
宁远街道	654002012
巴彦岱镇	654002100
潘津镇	654002101
英也尔镇	654002102
达达木图镇	654002103
汉宾乡	654002201
塔什库勒克乡	654002202
喀尔墩乡	654002203
托格拉克乡	654002204
克伯克于孜乡	654002205
奎屯市（6 街道，1 乡）	**654003**
团结路街道	654003001
乌鲁木齐东路街道	654003002
北京路街道	654003003
乌鲁木齐西路街道	654003004
火车站街道	654003005
北京西路街道	654003006
开干齐乡	654003200
霍尔果斯市（5 街道，1 民族乡）	**654004**
卡拉苏街道	654004001
亚欧西路街道	654004002
亚欧东路街道	654004003
工业园区街道	654004004
兴城街道	654004005
伊车嘎善锡伯族乡	654004200
伊宁县（10 镇，7 乡，1 民族乡）	**654021**
吉里于孜镇	654021100
墩麻扎镇	654021101
英塔木镇	654021102
胡地亚于孜镇	654021103
巴依托海镇	654021104
阿热吾斯塘镇	654021105
萨木于孜镇	654021106
喀什镇	654021107
维吾尔玉其温镇	654021108
温亚尔镇	654021109
吐鲁番于孜乡	654021201
喀拉亚尕奇乡	654021202
愉群翁回族乡	654021205
麻扎乡	654021212
阿乌利亚乡	654021214
曲鲁海乡	654021215
武功乡	654021216
萨地克于孜乡	654021217
察布查尔锡伯自治县（7 镇，5 乡，1 民族乡）	**654022**
察布查尔镇	654022100
爱新色里镇	654022101
孙扎齐牛录镇	654022102
加尕斯台镇	654022103
琼博拉镇	654022104
绰霍尔镇	654022105
海努克镇	654022106
堆齐牛录乡	654022200
纳达齐牛录乡	654022203
扎库齐牛录乡	654022204
米粮泉回族乡	654022205

续表 9

行政区划名称	行政区划代码
坎乡	654022206
阔洪奇乡	654022207
霍城县（7 镇，1 乡，1 民族乡）	**654023**
水定镇	654023100
清水河镇	654023101
芦草沟镇	654023102
惠远镇	654023103
萨尔布拉克镇	654023104
兰干镇	654023105
大西沟镇	654023106
三道河乡	654023201
三宫回族乡	654023204
巩留县（6 镇，2 乡）	**654024**
巩留镇	654024100
阿克吐别克镇	654024101
库尔德宁镇	654024102
阿尕尔森镇	654024103
东买里镇	654024104
提克阿热克镇	654024105
吉尔格郎乡	654024201
塔斯托别乡	654024204
新源县（8 镇，1 乡）	**654025**
新源镇	654025100
阿热勒托别镇	654025102
塔勒德镇	654025103
那拉提镇	654025104
肖尔布拉克镇	654025105
喀拉布拉镇	654025106
阿勒玛勒镇	654025107
坎苏镇	654025108
吐尔根乡	654025204
昭苏县（7 镇，3 民族乡）	**654026**
昭苏镇	654026100
喀夏加尔镇	654026101
阿克达拉镇	654026102
喀拉苏镇	654026103
洪纳海镇	654026104
乌尊布拉克镇	654026105
萨尔阔布镇	654026106
察汗乌苏蒙古族乡	654026206
夏特柯尔克孜族乡	654026207
胡松图喀尔逊蒙古族乡	654026208
特克斯县（6 镇，2 民族乡）	**654027**
特克斯镇	654027100
乔拉克铁热克镇	654027101
喀拉达拉镇	654027102
齐勒乌泽克镇	654027103
喀拉托海镇	654027104
科克苏镇	654027105
呼吉尔特蒙古族乡	654027200
阔克铁热克柯尔克孜族乡	654027203
尼勒克县（5 镇，5 乡，1 民族乡）	**654028**
尼勒克镇	654028100
木斯镇	654028101
乌拉斯台镇	654028102
乌赞镇	654028103
克令镇	654028104
苏布台乡	654028200
喀拉苏乡	654028201
加哈乌拉斯台乡	654028202
科克浩特浩尔蒙古族乡	654028204
喀拉托别乡	654028207
胡吉尔台乡	654028208
塔城地区（12 街道，35 镇，28 乡，5 民族乡）	**654200**
塔城市（3 街道，3 镇，3 乡，1 民族乡）	**654201**
和平街道	654201001
杜别克街道	654201002
新城街道	654201003
二工镇	654201100
恰夏镇	654201101
博孜达克镇	654201102
喀拉哈巴克乡	654201200
阿西尔达斡尔族乡	654201202
阿不都拉乡	654201203
也门勒乡	654201204
乌苏市（5 街道，10 镇，5 乡，2 民族乡）	**654202**
新市区街道	654202001
南苑街道	654202002
西城区街道	654202003
虹桥街道	654202004
奎河街道	654202005
白杨沟镇	654202100
哈图布呼镇	654202101
皇宫镇	654202102
车排子镇	654202103
甘河子镇	654202104
百泉镇	654202105
四棵树镇	654202106
古尔图镇	654202107
西湖镇	654202108
西大沟镇	654202109
八十四户乡	654202200
夹河子乡	654202201
九间楼乡	654202202
石桥乡	654202203
头台乡	654202204
吉尔格勒特郭楞蒙古族乡	654202205
塔布勒合特蒙古族乡	654202206
沙湾市（4 街道，8 镇，3 乡）	**654203**
桃园街道	654203001
团结街道	654203002
书香街道	654203003
凯旋街道	654203004
四道河子镇	654203101
老沙湾镇	654203102
乌兰乌苏镇	654203103

续表 10

行政区划名称	行政区划代码	行政区划名称	行政区划代码	行政区划名称	行政区划代码
安集海镇	654203104	**和布克赛尔蒙古自治县（2镇，6乡）**	**654226**	禾木喀纳斯蒙古族乡	654321205
东湾镇	654203105	和布克赛尔镇	654226100	**富蕴县（5镇，5乡）**	**654322**
西戈壁镇	654203106	和什托洛盖镇	654226101	库额尔齐斯镇	654322100
柳毛湾镇	654203107	夏孜盖乡	654226200	可可托海镇	654322101
金沟河镇	654203108	铁布肯乌散乡	654226201	恰库尔图镇	654322102
商户地乡	654203200	查干库勒乡	654226202	喀拉通克镇	654322103
大泉乡	654203201	巴音敖包乡	654226203	杜热镇	654322104
博尔通古乡	654203202	莫特格乡	654226204	吐尔洪乡	654322200
额敏县（6镇，3乡，2民族乡）	**654221**	查和特乡	654226205	库尔特乡	654322202
额敏镇	654221100	**阿勒泰地区（4街道，30镇，24乡，2民族乡）**	**654300**	克孜勒希力克乡	654322203
玉什喀拉苏镇	654221101			铁买克乡	654322204
杰勒阿尕什镇	654221102			喀拉布勒根乡	654322205
上户镇	654221103	**阿勒泰市（4街道，5镇，5乡，1民族乡）**	**654301**	**福海县（3镇，3乡）**	**654323**
玛热勒苏镇	654221104			福海镇	654323100
喀拉也木勒镇	654221105			喀拉玛盖镇	654323101
郊区乡	654221200	金山路街道	654301001	解特阿热勒镇	654323102
额玛勒郭楞蒙古族乡	654221202	解放路街道	654301002	阔克阿尕什乡	654323201
喇嘛昭乡	654221207	团结路街道	654301003	齐干吉迭乡	654323202
霍吉尔特蒙古族乡	654221208	恰秀路街道	654301004	阿尔达乡	654323204
二道桥乡	654221209	北屯镇	654301100	**哈巴河县（4镇，3乡）**	**654324**
托里县（4镇，4乡）	**654224**	阿苇滩镇	654301101	阿克齐镇	654324100
托里镇	654224100	红墩镇	654301102	萨尔布拉克镇	654324101
铁厂沟镇	654224101	切木尔切克镇	654301103	齐巴尔镇	654324102
庙尔沟镇	654224102	阿拉哈克镇	654301104	库勒拜镇	654324103
哈图镇	654224103	汗德尕特蒙古族乡	654301202	萨尔塔木乡	654324200
多拉特乡	654224201	拉斯特乡	654301203	加依勒玛乡	654324201
乌雪特乡	654224202	喀拉希力克乡	654301204	铁热克提乡	654324204
库普乡	654224203	萨尔胡松乡	654301205	**青河县（5镇，3乡）**	**654325**
阿克别里斗乡	654224204	巴里巴盖乡	654301206	青河镇	654325100
裕民县（2镇，4乡）	**654225**	切尔克齐乡	654301207	塔克什肯镇	654325101
哈拉布拉镇	654225100	**布尔津县（4镇，2乡，1民族乡）**	**654321**	阿热勒托别镇	654325102
吉也克镇	654225101			阿热勒镇	654325103
哈拉布拉乡	654225200	布尔津镇	654321100	阿格达拉镇	654325104
新地乡	654225201	冲乎尔镇	654321101	萨尔托海乡	654325202
阿勒腾也木勒乡	654225202	窝依莫克镇	654321102	查干郭勒乡	654325203
江克斯乡	654225204	阔斯特克镇	654321103	阿尕什敖包乡	654325204
		杜来提乡	654321201	**吉木乃县（4镇，3乡）**	**654326**
		也格孜托别乡	654321204	托普铁热克镇	654326100

续表 11

行政区划名称	行政区划代码
吉木乃镇	654326101
喀尔交镇	654326102
乌拉斯特镇	654326103
托斯特乡	654326201
恰勒什海乡	654326202
别斯铁热克乡	654326204
石河子市（5 街道，2 镇）	**659001**
新城街道	659001001
向阳街道	659001002
红山街道	659001003
老街街道	659001004
东城街道	659001005
北泉镇	659001100
石河子镇	659001101
阿拉尔市（4 街道，15 镇，1 乡）	**659002**
幸福路街道	659002001
金银川路街道	659002002
青松路街道	659002003
南口街道	659002004
金银川镇	659002100
双城镇	659002101
沙河镇	659002102
永宁镇	659002103
新井子镇	659002104
甘泉镇	659002105
花桥镇	659002106
幸福镇	659002107
金杨镇	659002108
玛滩镇	659002109
塔门镇	659002110
梨花镇	659002111
昌安镇	659002112
塔南镇	659002113
新开岭镇	659002114
托喀依乡	659002201
图木舒克市（3 街道，14 镇）	**659003**
锦绣街道	659003001
前海街道	659003002
永安坝街道	659003003
草湖镇	659003100
龙口镇	659003101
前海镇	659003102
永兴镇	659003103
兴安镇	659003104
嘉和镇	659003105
河东镇	659003106
夏河镇	659003107
永安镇	659003108
海安镇	659003109
唐驿镇	659003110
金胡杨镇	659003111
东风镇	659003112
杏花镇	659003113
五家渠市（3 街道，3 镇）	**659004**
军垦路街道	659004001
青湖路街道	659004002
人民路街道	659004003
梧桐镇	659004100
蔡家湖镇	659004101
青湖镇	659004102
北屯市（3 街道，3 镇）	**659005**
天骄街道	659005001
龙疆街道	659005002
军垦街道	659005003
双渠镇	659005100
丰庆镇	659005101
海川镇	659005102
铁门关市（1 街道，9 镇）	**659006**
迎宾街道	659006001
博古其镇	659006100
双丰镇	659006101
河畔镇	659006102
高桥镇	659006103
天湖镇	659006104
开泽镇	659006105
米兰镇	659006106
金山镇	659006107
南屯镇	659006108
双河市（1 街道，5 镇）	**659007**
明珠街道	659007001
双桥镇	659007100
石峪镇	659007101
博河镇	659007102
双乐镇	659007103
友谊镇	659007104
可克达拉市（2 街道，5 镇）	**659008**
金山街道	659008001
花城街道	659008002
榆树庄镇	659008100
苇湖镇	659008101
长丰镇	659008102
金梁镇	659008103
金屯镇	659008104
昆玉市（1 街道，5 镇）	**659009**
玉都街道	659009001
老兵镇	659009100
昆泉镇	659009101
昆牧镇	659009102
玉泉镇	659009103
玉园镇	659009104
胡杨河市（1 街道，1 镇）	**659010**
胡杨街道	659010001
共青镇	659010100
新星市（3 镇）	**659011**
二道湖镇	659011100
骆驿镇	659011101
黄田镇	659011102
白杨市（0 街道）	**659012**

第三部分

2023年中华人民共和国行政区划变更

2023 年中华人民共和国县级及以上行政区划变更情况

新疆维吾尔自治区

原行政区划名称和代码				变更后的行政区划名称和代码		
				设立	白杨市	659012

西藏自治区

原行政区划名称和代码				变更后的行政区划名称和代码		
林芝市						
	米林县	540422	撤销	设立	米林市	540481
山南市						
	错那县	540530	撤销	设立	错那市	540581

2023 年中华人民共和国县级以下行政区划变更名录

序号	省份	原区划代码	原名称	变更原因	现区划代码	现名称	批准文件
1	河北	130123200	南牛乡	撤乡设镇	130123106	南牛镇	冀民函〔2023〕3 号
2		130125206	上方乡		130125104	上方镇	冀民函〔2023〕4 号
3		130130203	里城道乡		130130106	里城道镇	冀民函〔2023〕5 号
4		130130202	东侯坊乡		130130107	东侯坊镇	冀民函〔2023〕6 号
5		130129200	西龙门乡		130129104	西龙门镇	冀民函〔2023〕7 号
6		130129203	西阳泽乡		130129105	西阳泽镇	冀民函〔2023〕8 号
7		130129207	许亭乡		130129106	许亭镇	冀民函〔2023〕9 号
8	山西			新设街道	140602005	文远街道	朔政函〔2023〕20 号
9					140902008	和平街街道	忻政函〔2023〕91 号
10	吉林			新设街道	220102022	盛世街道	吉民行批〔2023〕1 号
11					220102023	德馨街道	
12					220102024	永顺街道	
13		220103001	新发街道	撤街道设街道	220103013	新广街道	
14		220103003	南广街道		220103014	新隆街道	
15		220103004	东广街道		220103015	长新街道	
16				新设街道	220105010	东惠街道	
17					220106011	迎宾街道	
18					220106012	自立街道	
19					220106013	广兴街道	
20					220106014	锦绣街道	
21					220113016	南山街道	

注：不含驻地迁移和行政区域界线变更。

续表 1

序号	省份	原区划代码	原名称	变更原因	现区划代码	现名称	批准文件
22	江西	360404004	浔南街道	名称变更	360404004	岳师街道	赣民函〔2023〕28 号
23				新设街道	360404005	赛城湖街道	赣民函〔2023〕7 号
24					360603002	龙岗街道	赣民函〔2023〕27 号
25					360703003	南水街道	赣民函〔2023〕10 号
26	河南	410304200	瀍河回族乡	撤乡设街道	410304008	问礼街道	豫民行批〔2023〕2 号
27		410308100	城关镇	撤镇设街道	410308008	河图街道	豫民行批〔2023〕1 号
28		410422207	龙泉乡	撤乡设镇	410422111	龙泉镇	豫民行批〔2023〕9 号
29		410523203	瓦岗乡		410523109	瓦岗镇	豫民行批〔2023〕10 号
30		410823200	嘉应观乡		410823108	嘉应观镇	豫民行批〔2023〕11 号
31		411025200	湛北乡		411025110	湛北镇	豫民行批〔2023〕12 号
32		411302201	溧河乡	撤乡设街道	411302010	溧河街道	豫民行批〔2023〕3 号
33		411302204	茶庵乡		411302011	茶庵街道	豫民行批〔2023〕4 号
34		411303200	七里园乡		411303011	七里园街道	豫民行批〔2023〕6 号
35		411303206	王村乡		411303012	王村街道	豫民行批〔2023〕5 号
36		411330100	城关镇	撤镇设街道	411330001	清淮街道	豫民行批〔2023〕7 号
37		411723211	双庙乡	撤乡设镇	411723112	双庙镇	豫民行批〔2023〕15 号
38		411724207	雷寨乡		411724109	雷寨镇	豫民行批〔2023〕14 号
39		411724214	兰青乡		411724110	兰青镇	豫民行批〔2023〕13 号
40		410527206	中召乡		410527110	中召镇	豫民行批〔2023〕17 号
41		410527205	六村乡		410527111	六村镇	豫民行批〔2023〕18 号
42		410725215	路寨乡		410725110	路寨镇	豫民行批〔2023〕19 号
43		410725216	阳阿乡		410725111	阳阿镇	豫民行批〔2023〕20 号
44		411421210	老颜集乡		411421112	老颜集镇	豫民行批〔2023〕23 号
45		411422205	河堤乡		411422108	河堤镇	豫民行批〔2023〕21 号
46		411422213	匡城乡		411422109	匡城镇	豫民行批〔2023〕22 号
47				新设街道	411503011	城东街道	信政文〔2023〕63 号

续表 2

序号	省份	原区划代码	原名称	变更原因	现区划代码	现名称	批准文件
48	湖北			新设街道	421181005	黄金桥街道	鄂民政函〔2023〕2 号
49					420607005	浩然街道	鄂民政函〔2023〕14 号
50					420607006	金华街道	
51	湖南			新设街道	430104017	东方红街道	湘民行发〔2023〕4 号
52					430112017	白马街道	
53	广东			新设街道	440115004	港湾街道	穗府函〔2023〕98 号
54	广西			新设街道	450802003	荷城街道	贵政函〔2023〕85 号
55					450802004	布山街道	
56					450802005	西江街道	
57	贵州			新设街道	520102019	兰花都街道	筑府函〔2023〕9 号
58	云南			新设街道	530111011	长水街道	昆政复〔2023〕8 号
59					530111012	小哨街道	
60		530602105	靖安镇	隶属关系变更	530624108	靖安镇	
61	西藏			新设街道	540102014	慈觉林街道	拉政函〔2023〕99 号
62					540102015	塔玛街道	
63					540102016	八一街道	
64					540103006	热玛岗街道	拉政函〔2023〕98 号
65					540103007	加玛街道	
66					540502002	乃东街道	山政复〔2023〕3 号
67					540502003	结莎街道	
68					540602001	黑河街道	那政复〔2023〕72 号
69					540602002	团结街道	
70					540602003	幸福街道	
71					540602004	红旗街道	
72					540602005	羌塘街道	
73	陕西			新设街道	610602007	肤施街道	延政函〔2023〕95 号
74	甘肃	620121107	中川镇	隶属关系变更	620122108	中川镇	甘政发〔2023〕16 号
75		620121108	秦川镇		620122109	秦川镇	
76		620121112	上川镇		620122110	上川镇	甘政函〔2023〕153 号

续表3

序号	省份	原区划代码	原名称	变更原因	现区划代码	现名称	批准文件
77	新疆	653126206	加依提勒克乡	撤乡设镇	653126106	白杨镇	新政函〔2023〕5号
78		653126201	伯西热克乡		653126107	伯西热克镇	
79		653129201	英买里乡		653129106	英买里镇	
80				新设街道	654002009	北京路街道	伊州政函〔2023〕11号
81					654002010	上海路街道	
82					654002011	重庆路街道	
83					654002012	宁远街道	
84		654027201	科克苏乡	撤乡设镇	654027105	科克苏镇	新政函〔2023〕4号
85		654203109	三道河子镇	撤销镇			
86				新设街道	654203001	桃园街道	伊州政函〔2023〕73号
87					654203002	团结街道	
88					654203003	书香街道	
89					654203004	凯旋街道	
90		654023205	大西沟乡	撤乡设镇	654023106	大西沟镇	新政函〔2023〕185号
91		654026203	萨尔阔布乡		654026106	萨尔阔布镇	
92		652801205	哈拉玉宫乡		652801103	哈拉玉宫镇	新政函〔2023〕181号
93				新设镇	652901103	柳源镇	新政函〔2023〕184号
94				新设街道	652902005	城南街道	
95					653001003	新城街道	克政函〔2023〕11号
96					653101010	和谐街道	新政函〔2023〕183号
97					653101011	学府街道	
98		653121204	萨依巴格乡	撤乡设镇	653121104	石园镇	
99		653126216	萨依巴格乡		653126108	河园镇	
100				新设街道	653201005	玉河街道	新政函〔2023〕180号
101				新设镇	653221103	百和镇	
102					653221102	红柳镇	新政函〔2023〕6号
103		653223202	科克铁热克乡	撤乡设镇	653223106	科克铁热克镇	
104		653224205	多鲁乡		653224104	多鲁镇	
105				新设街道	654004005	兴城街道	伊州政函〔2023〕235号

第四部分

中华人民共和国行政区划名称中电脑造字

中华人民共和国行政区划名称中电脑造字

序号	省份	行政区划名称	区划代码	电脑造字	索引
1	山西	宋跕乡	140781201	跕	第 135 页
2	江苏	大埨镇	321204105	埨	第 210 页
3		沈埨镇	321281115	埨	第 210 页
4	浙江	干䃭镇	330902105	䃭	第 224 页
5		硚石街道	331181004	硚	第 227 页
6	安徽	𠙶山镇	340722119	𠙶	第 235 页
7	福建	虎浿镇	350902110	浿	第 255 页
8	江西	𨳒山镇	360982108	𨳒	第 269 页
9	河南	岞岫镇	411325110	岫	第 306 页
10		滍滩镇	411381103	滍	第 307 页
11	湖北	沣源口镇	420222103	沣	第 318 页
12	湖南	㮾梨街道	430121004	㮾	第 331 页
13		茀溪瑶族乡	430525203	茀	第 336 页
14		斫曹乡	430582204	曹	第 337 页
15	广东	鮀莲街道	440511006	鮀	第 354 页
16		鮀江街道	440511007	鮀	第 354 页
17		岩石街道	440512001	岩	第 354 页
18		鄌隍镇	441423115	鄌	第 359 页
19		织篢镇	441721100	篢	第 361 页
20		下𥔲镇	441881120	𥔲	第 362 页
21		茜塘镇	445381106	茜	第 364 页

续表 1

序号	省份	行政区划名称	区划代码	电脑造字	索引
22	广西	白沙沥街道	450602002	沥	第371页
23	四川	邯江镇	510129106	邯	第398页
24		澥渡镇	511725113	澥	第414页
25	贵州	桴槁镇	520324116	槁	第430页
26		左鸠戛彝族苗族乡	520525214	鸠	第434页
27		潕阳镇	522625100	潕	第438页
28		潕水街道	522626001	潕	第438页
29	云南	碍嘉镇	532322103	碍	第451页

第五部分

县级以下行政区划代码编制规则 GB/T 10114—2003

前　言

本标准是关于 GB/T 2260《中华人民共和国行政区划代码》扩充与延拓的配套标准。

本次标准的修订版本代替 GB/T 10114–1988《县以下行政区划代码编制规则》。

与 GB/T 10114–1988 版本相比，本次标准的修订在内容方面的主要变化如下：

——标准的格式编排按 GB/T 1.1–2000 进行了修改；

——增加了前言、规范性引用文件、附录 A；

——原标准第 2 章“分类原则”的相关内容调整修改为第 3 章“定义”；原标准第 3 章“编码方法”及第 5 章“本标准的管理”的有关内容统一调整修改为第 4 章“编码规则”，其中原 3.1 条改为 4.1 条“代码结构”，原 3.2、3.3 条改为 4.2 条“编码方法”，原 3.4、4.1、5.1、5.2 和 5.3 条的内容调整到 4.3 条“赋码规则”的内容之中；原第 4 章“代码编写格式的规定”中的 4.2、4.4 条改为第 5 章“代码表格式”，并对格式的示例进行了修改；原 5.4 条改为第 6 章“标准的实施”；

——某些市辖区人民政府设立的派出机关“地区办事处”，本次标准修订将其按街道办事处同等对待，合称街道 (地区) 办事处；

——原标准中所提及的政企合一单位，因其不属于行政区划的正式范畴，故本次修订未再将其列入标准正文，而是在附录 A 中给出操作性建议。

本标准的附录 A 是资料性附录。

本标准由中国标准研究中心提出并归口。

本标准主要起草单位：中国标准研究中心、民政部区划地名司、辽宁省标准研究院。

本标准主要起草人：李小林、刘植婷、史立武、刘变飞、周千峰、周福东、李驭鹰、黄茹。

GB/T 10114 于 1988 年 12 月首次发布，本次修订为第一次修订。

县级以下行政区划代码编制规则

1 范围

本标准规定了县级以下行政区划代码的编制规则。

本标准适用于编制县级以下的行政区划代码。

依据本标准编制的县级以下行政区划代码可作为 GB/T 2260 的补充和延拓，与 GB/T 2260 配合使用。

2 规范性引用文件

下列文件中的条款通过本标准的引用而成为本标准的条款。凡是注日期的引用文件，其随后所有的修改单（不包括勘误的内容）或修订版均不适用于本标准，然而，鼓励根据本标准达成协议的各方研究是否可使用这些文件的最新版本。凡是不注日期的引用文件，其最新版本适用于本标准。

GB / T 2260　中华人民共和国行政区划代码

GB / T 7027-2002　信息分类和编码的基本原则与方法

GB / T 20001.3- 2001　标准编写规则　第 3 部分 : 信息分类编码

3 定义

本标准使用下列术语和定义：

3.1

县级以下行政区划　administrative divisions under counties

指镇、乡、民族乡。

注 1：街道（地区）办事处〔以下简称街道（地区）〕作为市辖区或不设区的市、县人民政府的派出机关，其所辖区域在本标准中按县级以下行政区划来对待。

注 2：某些省份设置的民族镇，在本标准中按镇来对待。

注 3：苏木作为内蒙古自治区的基层行政区域单位，在本标准中按乡来对待。

3.2

行政区划专名　administrative division specific terms

行政区划名称中用来区分各个行政区划实体的词。

3.3

行政区划通名　administrative division generic terms

行政区划名称中用来区分行政区划实体类别的词。

4　编码规则

4.1　代码结构

县级以下行政区划代码分两段由九位数字构成，其结构如下：

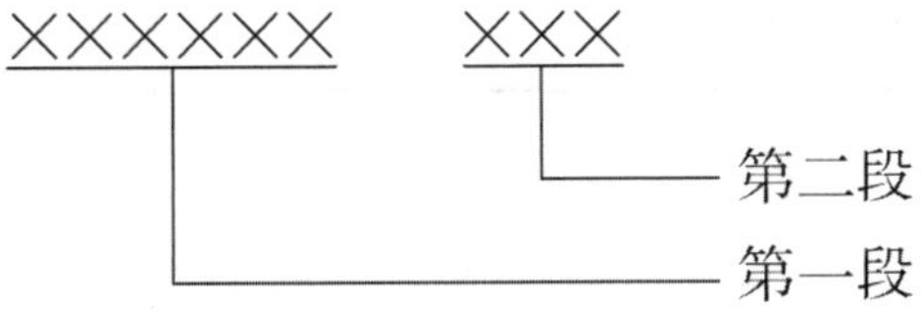

4.2　编码方法

4.2.1　县级以下行政区划代码的第一段采用 GB / T 2260 中的六位数字代码，表示县级及县级以上行政区划。

4.2.2　县级以下行政区划代码的第二段采用系列顺序码，由三位数字构成，具体划分为：

001 ～ 099　表示街道（地区）

100 ～ 199　表示镇（民族镇）

200 ～ 399　表示乡、民族乡、苏木

4.3　赋码规则

4.3.1　县级以下行政区划代码应按行政隶属关系和 4.2.2 列出的区划类型，统一排序后进行编码。

4.3.2　在编制县级以下行政区划代码时，当只表示县及县以上行政区划时，4.1 所示代码结构的第二段应为三个数字 0，用九位数字表示，以保证代码长度的一致性。

4.3.3　当 GB / T 2260 中的代码发生变更时，县级以下行政区划代码所对应的第一段应作相应的改变。

4.3.4　县级以下行政区划代码所表示的行政区划，在其专名或驻地改变时，其代码不变；而当其隶属关系或通名改变时，则须重新赋码。

4.3.5　县级以下行政区划代码所表示的行政区划被撤销或重新赋码后，原代码作废，作废代码不得再赋予其他的行政区划，以保证代码的唯一性。

5 代码表格式

5.1 为使行政区划代码标准文本格式整齐统一，应按照 GB/T 2260、GB/T 20001.3-2001 和以下规定的格式编写和印刷：

名　　称	代　　码
……	……
×× 市	×××× 00000
市辖区	×××× 01000
×× 区	×××× ××000
×× 街道（或地区）	×××× ××001
……	……
×× 镇（或民族镇）	×××× ××1××
……	……
×× 乡（或民族乡、苏木）	×××× ××2××
……	……
×× 市（县级）	×××× ××000
×× 街道	×××× ××001
……	……
×× 镇（或民族镇）	×××× ××1××
……	……
×× 乡（或民族乡、苏木）	×××× ××2××
……	……
×× 县	×××× ××000
×× 街道	×××× ××001
……	……
×× 镇（或民族镇）	×××× ××1××
……	……
×× 乡（或民族乡、苏木）	×××× ××2××
……	……

5.2 在代码表中，行政区划名称应采用法定名称。

6　标准的实施

各省、自治区、直辖市标准化管理机构负责组织相关部门共同编制本区域内的县级以下行政区划代码，作为地方标准发布，并报本标准归口单位备案。

附录 A
（资料性附录）
关于政企合一单位的代码编制建议

对于不属于行政区划范畴的政企合一单位（如农场、林场、牧场等），当需要对其所在区域进行编码时，可参照本标准 4.1 给出的代码结构分两段赋码：第一段应采用 GB/T 2260 中的六位数字代码；第二段应在本标准 4.2.2 所定义的代码区间 001 ～ 399 以外自行定义，建议在区间 901 ～ 990 按顺序自定义编码。